U0449717

归善斋《尚书》别诂十种章句集解

中卷

尤韶华 ◎ 纂

中国社会科学院创新工程学术出版资助项目

SENTENTIAL VARIORUM ON TEN OTHER ADMONISHMENT IN SHANGSHU

中国社会科学出版社

目 录

· 中 卷 ·

篇 三

周书 多士第十六 ······ 873
  成周既成 ······ 873
  迁殷顽民 ······ 883
  周公以王命诰 ······ 886
  作《多士》 ······ 889
  《多士》 ······ 892
  惟三月，周公初于新邑洛，用告商王士 ······ 899
  王若曰，尔殷遗多士 ······ 909
  弗吊旻天，大降丧于殷 ······ 915
  我有周佑命，将天明威 ······ 918
  致王罚，敕殷命终于帝 ······ 921
  肆尔多士！非我小国敢弋殷命 ······ 924
  惟天不畀，允罔固乱，弼我，我其敢求位 ······ 929
  惟帝不畀，惟我下民秉为，惟天明畏 ······ 932
  我闻曰，上帝引逸，有夏不适逸，则惟帝降格 ······ 937
  向于时夏，弗克庸帝，大淫泆有辞 ······ 948
  惟时天罔念闻，厥惟废元命，降致罚 ······ 951

1

乃命尔先祖成汤革夏，俊民甸四方 …………………………………… 954
自成汤至于帝乙，罔不明德恤祀 ……………………………………… 958
亦惟天丕建，保乂有殷，殷王亦罔敢失帝，罔不配天其泽 ……… 963
在今后嗣王，诞罔显于天，矧曰其有听念于先王勤家 …………… 967
诞淫厥泆，罔顾于天，显民祇 ………………………………………… 973
惟时上帝不保，降若兹大丧 …………………………………………… 976
惟天不畀不明厥德，凡四方小大邦丧，罔非有辞于罚 …………… 979
王若曰，尔殷多士，今惟我周王，丕灵承帝事 …………………… 983
有命曰，割殷，告敕于帝 ……………………………………………… 995
惟我事不贰适，惟尔王家我适 ………………………………………… 998
予其曰，惟尔洪无度，我不尔动，自乃邑 ………………………… 1002
予亦念天，即于殷大戾，肆不正 …………………………………… 1006
王曰，猷！告尔多士，予惟时其迁居西尔 ………………………… 1010
非我一人奉德不康宁，时惟天命 …………………………………… 1018
无违，朕不敢有后，无我怨 ………………………………………… 1021
惟尔知，惟殷先人有册有典，殷革夏命 …………………………… 1024
今尔又曰，夏迪简在王庭，有服在百僚 …………………………… 1029
予一人惟听用德，肆予敢求尔于天邑商 …………………………… 1033
予惟率肆矜尔，非予罪，时惟天命 ………………………………… 1036
王曰，多士，昔朕来自奄，予大降尔四国民命 …………………… 1039
我乃明致天罚，移尔遐逖，比事臣我宗多逊 ……………………… 1050
王曰，告尔殷多士，今予惟不尔杀，予惟时命有申 ……………… 1054
今朕作大邑于兹洛，予惟四方罔攸宾 ……………………………… 1062
亦惟尔多士攸服，奔走臣我，多逊 ………………………………… 1065
尔乃尚有尔土，尔用尚宁干止 ……………………………………… 1067
尔克敬，天惟畀矜尔 ………………………………………………… 1071
尔不克敬，尔不啻不有尔土，予亦致天之罚于尔躬 ……………… 1075
今尔惟时宅尔邑，继尔居；尔厥有干有年于兹洛 ………………… 1078
尔小子乃兴，从尔迁 ………………………………………………… 1082
王曰，又曰时予，乃或言尔攸居 …………………………………… 1085

周书　多方第二十 …… 1090

　　成王归自奄 …… 1090
　　在宗周，诰庶邦 …… 1101
　　作《多方》 …… 1104
　　《多方》 …… 1107
　　惟五月丁亥，王来自奄，至于宗周 …… 1116
　　周公曰，王若曰，猷！告尔四国多方 …… 1129
　　惟尔殷侯尹民，我惟大降尔命，尔罔不知 …… 1134
　　洪惟图天之命，弗永寅念于祀，惟帝降格于夏 …… 1139
　　有夏诞厥逸，不肯戚言于民 …… 1150
　　乃大淫昏，不克终日，劝于帝之迪 …… 1152
　　乃尔攸闻 …… 1155
　　厥图帝之命，不克开于民之丽 …… 1158
　　乃大降罚，崇乱有夏，因甲于内乱 …… 1163
　　不克灵承于旅，罔丕惟进之恭，洪舒于民 …… 1167
　　亦惟有夏之民，叨懫日钦，劓割夏邑 …… 1170
　　天惟时求民主，乃大降显休命于成汤 …… 1173
　　刑殄有夏，惟天不畀纯 …… 1181
　　乃惟以尔多方之义民，不克永于多享 …… 1186
　　惟夏之恭多士，大不克明保享于民 …… 1189
　　乃胥惟虐于民，至于百为，大不克开 …… 1192
　　乃惟成汤克以尔多方，简代夏作民主 …… 1195
　　慎厥丽，乃劝厥民，刑用劝 …… 1201
　　以至于帝乙，罔不明德慎罚，亦克用劝 …… 1206
　　要囚，殄戮多罪，亦克用劝；开释无辜，亦克用劝 …… 1210
　　今至于尔辟，弗克以尔多方，享天之命 …… 1213
　　呜呼！王若曰，诰告尔多方，非天庸释有夏 …… 1217
　　非天庸释有殷，乃惟尔辟，以尔多方大淫，图天之命，
　　　　屑有辞 …… 1231
　　乃惟有夏图厥政，不集于享，天降时丧，有邦间之 …… 1235

3

乃惟尔商后王逸厥逸 …… 1238
图厥政不蠲烝，天惟降时丧 …… 1242
惟圣罔念，作狂；惟狂克念，作圣 …… 1245
天惟五年，须暇之子孙，诞作民主，罔可念听 …… 1255
天惟求尔多方，大动以威，开厥顾天 …… 1260
惟尔多方，罔堪顾之；惟我周王灵承于旅 …… 1266
克堪用德，惟典神天 …… 1273
天惟式教我用休，简畀殷命，尹尔多方 …… 1276
今我曷敢多诰？我惟大降尔四国民命 …… 1279
尔曷不忱裕之于尔多方 …… 1288
尔曷不夹介乂我周王，享天之命 …… 1293
今尔尚宅尔宅，畋尔田，尔曷不惠王，熙天之命 …… 1296
尔乃迪屡不静，尔心未爱 …… 1300
尔乃不大宅天命，尔乃屑播天命 …… 1305
尔乃自作不典，图忱于正 …… 1307
我惟时其教告之，我惟时其战要囚之 …… 1310
至于再，至于三 …… 1316
乃有不用我降尔命，我乃其大罚殛之 …… 1319
非我有周秉德不康宁，乃惟尔自速辜 …… 1322
王曰，呜呼！猷，告尔有方多士，暨殷多士 …… 1325
今尔奔走臣我监，五祀 …… 1339
越惟有胥伯小大多正，尔罔不克臬 …… 1343
自作不和，尔惟和哉；尔室不睦，尔惟和哉；尔邑克明，
　尔惟克勤乃事 …… 1347
尔尚不忌于凶德，亦则以穆穆在乃位 …… 1351
克阅于乃邑谋介，尔乃自时洛邑，尚永力畋尔田 …… 1355
天惟畀矜尔，我有周惟其大介赉尔 …… 1362
迪简在王庭，尚尔事，有服在大僚 …… 1366
王曰，呜呼！多士，尔不克劝忱我命，尔亦则惟不克享，
　凡民惟曰不享 …… 1369

尔乃惟逸惟颇，大远王命，则惟尔多方探天之威，我则致天
之罚，离逖尔土 ·· 1375

王曰，我不惟多诰，我惟祗告尔命 ··· 1379

又曰，时惟尔初，不克敬于和，则无我怨 ··· 1384

周书　君奭第十八 ··· 1392

召公为保，周公为师，相成王，为左右。召公不说，周公作
《君奭》 ·· 1392

《君奭》 ··· 1410

周公若曰，君奭 ··· 1417

弗吊天降丧于殷，殷既坠厥命，我有周既受 ··································· 1427

我不敢知曰，厥基永孚于休，若天棐忱 ·· 1431

我亦不敢知曰，其终出于不祥 ··· 1434

呜呼！君已，曰时我，我亦不敢宁于上帝命 ···································· 1437

弗永远念天威，越我民，罔尤违 ·· 1444

惟人，在我后嗣子孙，大弗克恭上下，遏佚前人光在家
不知 ·· 1448

天命不易，天难谌，乃其坠命，弗克经历 ······································· 1453

嗣前人，恭明德，在今予小子旦 ·· 1457

非克有正，迪惟前人光施于我冲子 ··· 1461

又曰，天不可信，我道惟宁王德延 ··· 1464

天不庸释于文王受命 ·· 1470

公曰：君奭！我闻在昔，成汤既受命 ··· 1473

时则有若伊尹，格于皇天 ·· 1494

在太甲，时则有若保衡 ··· 1497

在太戊 ·· 1500

时则有若伊陟、臣扈，格于上帝，巫咸乂王家 ······························· 1504

在祖乙，时则有若巫贤 ··· 1508

在武丁，时则有若甘盘 ··· 1512

率惟兹有陈，保乂有殷，故殷礼陟配天，多历年所 ························ 1515

天维纯佑命，则商实百姓 …………………………………………… 1520

王人罔不秉德明恤，小臣，屏侯甸 …………………………… 1528

矧咸奔走，惟兹惟德称用，乂厥辟 …………………………… 1533

故一人有事于四方，若卜筮罔不是孚 ………………………… 1536

公曰，君奭！天寿平格，保乂有殷，有殷嗣，天灭威 ……… 1539

今汝永念，则有固命，厥乱，明我新造邦 …………………… 1549

公曰，君奭！在昔上帝割申劝宁王之德，其集大命于厥躬 …… 1552

惟文王尚克修和我有夏；亦惟有若虢叔，有若闳夭 ………… 1564

有若散宜生，有若泰颠，有若南宫括 ………………………… 1570

又曰，无能往来，兹迪彝教文王，蔑德降于国人 …………… 1575

亦惟纯佑秉德，迪知天威，乃惟时昭文王 …………………… 1579

迪见冒闻于上帝，惟时受有殷命哉 …………………………… 1585

武王惟兹四人，尚迪有禄 ……………………………………… 1588

后暨武王诞将天威，咸刘厥敌 ………………………………… 1596

惟兹四人，昭武王，惟冒，丕单称德 ………………………… 1599

今在予小子旦，若游大川，予往，暨汝奭其济，小子同未在位，
诞无我责 ………………………………………………………… 1602

收罔勖不及，耇造德不降，我则鸣鸟不闻，矧曰其有能格 …… 1614

公曰，呜呼！君肆其监于兹，我受命，无疆惟休，
亦大惟艰 ………………………………………………………… 1620

告君，乃猷裕，我不以后人迷 ………………………………… 1630

公曰，前人敷乃心，乃悉命汝，作汝民极 …………………… 1633

曰汝明勖，偶王在亶，乘兹大命 ……………………………… 1642

惟文王德，丕承无疆之恤 ……………………………………… 1646

公曰，君！告汝，朕允 ………………………………………… 1649

保奭，其汝克敬，以予监于殷丧大否 ………………………… 1658

肆念我天威，予不允惟若兹诰，予惟曰，襄我二人 ………… 1661

汝有合哉，言曰，在时二人，天休兹至，惟时二人弗戡 …… 1669

其汝克敬德，明我俊民在，让后人于丕时 …………………… 1673

呜呼！笃棐时二人，我式克至于今日休 ……………………… 1676

我咸成文王功于不怠，丕冒海隅出日，罔不率俾 …………… 1684

公曰，君！予不惠若兹多诰，予惟用闵于天越民 …………… 1687

公曰，呜呼！君！惟乃知民德，亦罔不能厥初，惟其终 ……… 1692

祗若兹，往敬用治 ………………………………………………… 1699

·中　卷·

篇 三

周书　多士第十六

成周既成

1.（汉）孔氏传、（唐）陆德明音义、孔颖达疏《尚书注疏》卷十五《周书·多士》

序，成周既成。

传，洛阳下都。

疏，正义曰，成周之邑既成。

传正义曰，周之成周，于汉为洛阳也。洛邑为王都，故谓此为下都。传正义曰，迁殷顽民以成周道，故名此邑为成周。

《尚书注疏》卷十五《考证》

多士序。

吕祖谦曰，迁洛之事，《召诰》经营之，《洛诰》考成之，《多士》则慰安之也。

2.（宋）苏轼《书传》卷十四《周书·多士第十六》

成周既成，迁殷顽民，周公以王命诰，作《多士》。惟三月，周公初于新邑洛，用告商王士。王若曰，尔殷遗多士，弗吊旻，天大降丧于殷。

我有周佑命，将天明威，致王罚，敕殷命终于帝。肆尔多士，非我小国敢弋殷命。

弋，取也。

3.（宋）林之奇《尚书全解》卷三十二《周书·多士》

成周既成，迁殷顽民。周公以王命诰，作《多士》。

《多士》。

惟三月，周公初于新邑洛，用告商王士。王若曰，尔殷遗多士，弗吊旻天，大降丧于殷。我有周佑命，将天明威，致王罚，当敕殷命终于帝。肆尔多士，非我小国敢弋殷命。惟天不畀允罔固乱，弼我，我其敢求位。惟帝不畀，惟我下民秉为，惟天明畏。我闻曰，上帝引逸，有夏不适逸，则惟帝降格。向于时夏，弗克庸帝，大淫泆有辞。惟时天罔念闻，厥惟废元命，降致罚。乃命尔先祖成汤革夏，俊民甸四方。自成汤至于帝乙，罔不明德恤祀，亦惟天丕建，保乂有殷。殷王亦罔敢失帝，罔不配天其泽。在今后嗣王，诞罔显于天，矧曰其有听念于先王勤家，诞淫厥泆，罔顾于天，显民祗。惟时上帝不保，降若兹大丧，惟天不畀不明厥德，凡四方小大邦丧，罔非有辞于罚。

此篇乃周公既卜洛，而言遂规度经营，建为二邑，以其一为下都，迁殷之顽民，使居之，使之密迩王室，式化厥训，遂告以迁居之意。如《盘庚》三篇，是亦告民以迁居之意。然当盘庚之将迁也，虽以耿之地卑弱昏垫，非下民之利，然其在位者不以其迁为便，乃扇为浮言，以惑民听，民遂相与咨怨而不适有居。使其驱之以刑，胁之以势，夫谁敢不听从。而盘庚则不然，雍容而晓譬之，丁宁委曲，使其心晓然，知迁之为利，不迁之为害，然后与之从事。盖以常人之情，好逸而恶劳，故安土怀居，而重于迁徙，必其所以告谕之者，较然明白，然后能使下之从上，如臂之使指也。若夫周公之营洛邑，以迁顽民，方其规度之始，命庶殷以工役之事，而庶殷之人，翕然丕作，则其迁也，必不如盘庚之民，龃龉而不肯从也。况此篇之作，即洛邑而告之，则是既已迁矣，而犹告以迁居意者，何哉？盖当武庚之叛，殷民与之相煽而起，以觊非常。其气焰甚炽，向微周公，则周之为周，未可知也。是殷人之意，妄意以为殷可以复兴，周可以遽灭也。昔宋襄公有霸诸侯之志，大司马固谏曰，天之弃商久矣，君将兴之弗可。周既衰微，苌洪欲迁都以延其祚，晋女叔宽曰，苌叔违天。天之所坏，不可支也。夫天之所弃，固不可兴；其所坏，固不可支。然自非深知天命者，不能知之也。周公虑殷之余民，知浅识短，窃不自量，而有兴复之志。当武庚之倏起而即败，则周不可遽灭，商不可复兴也，明矣。而其侥幸万一天下有变，以逞其忿怒之心，犹恐其未之已也，故于其迁也，谆谆告戒之言。先言殷以淫泆之故而自绝于天，非我周家诡谋匿计以营求之。汝惟当有尔土，以宁干止，不可有他虑，以自速罪戾也。昔秦军降诸侯，诸侯吏卒乘胜奴虏，使轻折辱秦吏卒，吏卒多窃言曰，章将军等诈吾，属降诸侯。今能入关破秦，大善。即不能，诸侯虏吾属而东，秦又尽诛吾父母妻子。诸将微闻其计，以告项羽。项羽乃召英布等计曰，秦吏卒尚众，其心不服，至关不听，事必危，不如击之。于是夜击，坑秦军二十余万人。夫以人之不服己而以计覆之，使无噍类，以绝后患，此固暴虐不仁如项羽者之所忍为；周公必不为也。然而使周公以其尝预于武庚之乱，而移之远方，夫孰以为非哉？周公之心则不然，方且建都邑而移之，以自近惟以优游宽大之言，渐摩而柔服之，以消其强梗悖乱之气，而咸归于善，此其所以为周公，而后世不可得而及也。

成周，下都也。王城所以定九鼎，是为王都，故成周为下都焉。王氏之学者，以成周即洛邑，初无王城、成周之辨说。春秋者亦多以王城、成周合而为一。夫王城之与成周，历代诸儒所纪甚详，其援证为明白不可破也。考之《微子》《毕命》之篇，则殷之民可谓顽也。王氏曰，此顽民者乃商王士，而谓之顽者，以其不则德义之经，而无常心故也。王氏之意谓，周公之所迁者，皆其士大夫，以其心之无常，故虽士而谓之民。此强说也。既谓之"顽民"，又谓之"多士"，则其迁也，不独士而已。以王命诰者，言诰者成王之命，而诰之者则周公也。先儒曰，所告者即众士，故以名篇。据此篇，多亦是撮篇中"尔殷遗多士"之言，而以二字为此简编之别。如先儒所言，是有其义，非得其本意也。

"三月"，先儒以为周公致政明年之三月，成周南临洛水，故曰"新邑洛"，言周公以此三月，始于此所建新邑之洛，用成王之命，以告商王之众士也。"殷遗多士"，所谓"殷遗民"也。"弗吊"，言不为旻天所吊闵，故大降丧于殷家，而覆宗绝祀也。先儒以"吊"训"至"言，殷道不至，非也。某于《大诰》篇已论之详矣。殷既丧亡，故我有周，受天佑助之命，奉天之明威，致王者之诛罚，敕正殷命以终于上帝，言上帝剿绝其命也。终者，所谓"天禄永终"也。殷命既终，则周代殷受命，以奄有天下，故谓"尔多士"，言我之代殷，非我周敢弋取之也。周以世世修德，故天监代殷，莫如周焉。王氏曰"肆尔多士"者，肆之而不诛也，与"眚灾肆赦""肆大眚"之"肆"同意，谓其致天罚也，惟诛独夫纣而已，胁从罔治也。盖周公将言，我小国，敢弋殷命，故呼尔多士而告之。王氏之说，盖强说也。先儒谓天佑我，故尔多士臣服我，亦非经之本意。如魏之代汉，晋之代魏，宋之代晋，齐之代宋，梁之代齐，陈之代梁，周齐之代后魏，隋之代周，是皆弋天命也。言"小国"亦如《大诰》言"兴我小邦周"，盖谦辞也。春秋诸侯多称敝邑，正此类也。"允罔固乱"当从苏氏之说，曰，固，读如"推亡固存"之"固"。信哉，天之固治，不固乱也。惟天不畀殷家以永命，盖信其不固乱者，此所以辅我周家，从百里而起。以我周家居于王位，岂敢求之哉，惟上帝既不畀殷家以永命，故下民皆秉心而为我。盖以天之明畏，自我民明威故也。我岂尝弋而求之哉？"明"者，天之所明也，此其所以佑周；"畏"者，天之所威也，此其所以弃商。"明畏"之来，如影响然，未尝有毫厘之差也。

"上帝引逸"，此古人之言，而周公闻之也，言发政施仁，以使民安逸者，上帝之所引也。"引"者，谓言其命也。惟天惠民，惟辟奉天，则逸。民岂非上帝之所引乎？有夏桀不适逸民之道，则惟上帝之于夏家，犹降格而向之。盖谴告谨戒，欲其改过。仲舒曰，天人相与之际，甚可畏也。国家将有失道之败，而天乃先出灾害以谴告之。不知自省，又出怪异以警惧之，尚不知变，而伤败乃至，以此见天心之仁爱。人君欲正其乱也，自非大亡道之世，天尽欲扶持而安全之事在强勉而已。此"上帝降格，向于时夏"之意也。天虽谴告警惧于桀，而桀不能用天之戒，大为淫泆，而为辞以自解释，所谓"矫诬上天"是也。桀虽有辞，而不足以欺天，故天无所念闻，而其惟废坠其大命，降而致其罚。乃命尔多士之先祖成汤，革夏正，以有九有之师。汤之革夏正也，则择其夏之俊民，使之治四方。下文曰"夏迪简在王庭，有服在百僚"是也。殷之君，自成汤，以至于帝乙，无有不明德而恤祀。"恤祀"者，谓致敬，以奉社稷宗庙天地之祭祀也。明德，则人安之；恤祀则神享之。人神共歆，此天所以大建而安治有殷，使之历运绵长，基业巩固。殷王又皆兢兢业业，惟恐失上天之心，不以天之"丕建保乂"于我而自怠也，故罔不配天，而布其德泽焉。

在今后嗣王，谓纣也。纣则淫酗肆虐，而不明于德，谓祭无益而不恤于祀，故视天道犹无明，况能听念先王所以勤劳国家之道乎？盖自古昏暴之君，其不能率先王之遗范者多矣，然未有不畏者，惟纣谓己有天命，天既不畏之矣，则其视先王之政为如何哉？此言正与《召诰》曰"其稽我古人之德，矧曰其有能稽谋自天"，理虽相反，而意则同也。纣虽为大淫佚，不顾于天显民祇，故惟是上帝不保降若此，大丧于殷家也。天有显道，天显也；下民祇若，民祇也。不顾于天显、民祇，上不畏天，下不敬民也，惟天之所以不畀殷家以永命。盖以殷纣之不明厥德也。故凡在于四方，其国无小无大，而至于丧亡者，皆天罚之有其辞也。如纣之不明其德，而天不畀，岂非有辞乎？今尔多士，犹谓殷未有灭亡之罪，而天犹倦倦于殷，此则不知天命也。尔当安居于此，其可怀他虑乎？唐孔氏曰，下篇说中宗、高宗、祖甲三王以外，其后立王，生则逸，亦罔弗克寿，则帝乙以上非无僻王。而此言无不明德恤祀者，立文之法，辞有抑扬。方说纣之不善，盛称其先王皆贤正以守位不失，故得美而言之。此说甚善。昔鲁庄公丹楹刻桷，御孙谏曰，先君有共德，而君纳诸大恶，无乃不可乎？夫桓公固不足道也，而以为有共德，立文抑扬之法，自当如是，古之人皆然也。

4. （宋）史浩《尚书讲义》卷十六《周书·多士》

成周既成，迁殷顽民，周公以王命诰，作《多士》。

此史氏纪周公迁商民于洛，而告以天命也。周公既成洛邑，始自别为成周，既以镐京为宗周，不得不以成周自异。既迁商民于此，又不得不以周为名也。言民，则士在其中。今不诰民而诰士，成王之意深矣。盖天下之俗有二，一曰士，二曰民。后世之治，不思率士，而求率民，此所以纷纷而不得其要也。今夫民俗之善，不过出入相友，守望相助，疾病相扶

877

持，其极则凿井、耕田、日用饮食而已，何有于君上哉？何知于礼节荣辱哉？唯夫士俗之善，则礼义廉耻由此而生。礼，以辨君臣上下之分；义，以明是非利害之端；廉，以持进退取予之节；而耻，以立曲直避就之方。横目之民，茧茧可见视士之所为，以为趋向。苟士之所为无异于横目，则亦何所贵哉？晋惠公之在秦也，小人慼谓之不免，君子恕以为必归，士民之见如是相远，则欲移风易俗，岂不望于士君子哉？孟子曰"巨室之所慕，一国慕之"，此民也，而况于士之类乎。

5.（宋）夏僎《尚书详解》卷二十《周书·多士》

《多士》。

成周既成，迁殷顽民，周公以王命诰，作《多士》。

周公营作王城于涧水之东，瀍水之西，谓之新邑，以定鼎为会朝之所，又于瀍水之东，营作成周，以迁顽民，使密迩王室，是成周乃王城东之邑也。周公营成周既成，于是迁殷民之顽不率教者居之。其迁也，恐其有安土重迁之人，故称成王之命以告之。史官叙其事，故其书谓之《多士》。所以名"多士"者，以周公所告之言，既称"尔殷遗多士"，又称"尔殷多士"，故以"多士"名篇。要之，所迁皆顽不率教者，故序谓之顽民，然其始皆殷之多士，习纣、武庚以至于顽不率教，故序书者，虽即其实而谓之顽，而周公则从其旧，以"士"而称之也。

6.（宋）时澜《增修东莱书说》卷二十四《周书·多士第十六》

迁洛之事，《召诰》则经始之也，《洛诰》则考成之也，《多士》则慰安之也。亦既慰安之矣，而践奄之后，复待《多方》之诰，然后人情始定。与其再喻之烦，曷若一喻之至乎？曰，圣人之言，不过乎物。始迁之时，如是劳来之足矣，苟预忧他日之疑，而曲喻之，于己则为躁，于民则为渎，非圣人之言也。

成周既成，迁殷顽民，周公以王命诰，作《多士》。

所谓顽民者，盖于商民之中，尤负固不悛者，非诸侯之权，所能震服也，非文诰之辞所能统率也。惟置之于醇酽泰和之地，而后日渐月渍浸以融释，此其所以有成周之迁也。然既成而后迁，则室庐有秩，疆场有经，至者莫不忘劳。既迁而后告，则天命之公，王泽之厚，听者莫不兴起。周公洛邑之政，其次第固如此。

7.（宋）黄度《尚书说》卷六《周书·多士》

成周既成，迁殷顽民，周公以王命诰，作《多士》。

殷民之为顽，不识天命去就，奉武庚为乱，动摇天下是为，不则德义。夫子定其罪，与苗民同。世儒谓于殷为忠，异乎夫子之训矣。天命已去，而欲私植之，与天下之共主争衡，以此为忠可乎？天下未尝有依违之理也。在殷为忠，在周为畔，是依违也。依违，则二理矣。理，随事为轻重。重者立，则轻者废。纣为当诛，武王为行天讨，其轻重不待言而知。殷遗臣之私忠，其能废天下之公义乎？忠不胜义，畔而已矣。《孟子》论瞽瞍杀人，舜弃天下负瞽而逃，亲为重，天下为轻。其告滕文公，以太公避狄，不以其所养人者害人，民为重，国为轻。筑城凿池效死而民弗去，国为重，君为轻。古人立论明白洞达，不以利义参，故无依违之言。苗民迁三危，殷民迁洛，周公以为先王明德之子孙，将于是而教帅之。《书》称"大降尔四国民命"，又称"今予惟不尔杀"，盖以为叛上，本当诛也。成王已亲政，周公犹以王命诰，自三监叛东征，至作洛迁殷民事之本末，故成王使周公以王命诰，终其事焉。

8.（宋）袁燮《絜斋家塾书钞》卷十二《周书·多士》

成周既成，迁殷顽民，周公以王命告，作《多士》。

读《尚书》须当考究他节目次第分明，且如此一篇，《书》所谓"成周既成，迁殷顽民"，是洛邑既成之后，方迁殷民于此也。而《召诰》之书所谓"太保乃以庶殷攻位于洛汭，厥既命殷庶，庶殷丕作"，则是营洛之始，庶殷已在洛矣。以为先迁洛民。洛邑始成，则此书之序文势不应如此；以为洛邑既成方迁，商民则又与《召诰》悖，此甚可疑者。或者不察，乃谓《多士》之书当在《洛诰》之前，编帙淆乱耳。其实不然，《召诰》所谓"庶殷"，盖经始洛邑之时，所调发从役者尔。是时，未曾迁也。其实迁民之时，在洛邑一发既成之后。盖周既得天下，则商人皆吾役也。国家有大兴，作则皆调发以从，《周礼》所谓"凡起徒役"是也。及都邑既成，然后尽迁其民。周公营洛之次第，盖如此。观"成周既成，迁殷顽民"两句，可见古圣人处事之妙。且如盘庚当时迁都，臣民弗从，必委曲开谕，待其听从也，然后始迁焉。今周公迁民，乃无一语诰谕之，何哉？此便见圣人必有道以处乎其中。盖既成而后迁，则宗庙朝社之位定矣，室庐疆场之制备矣，凡民生日用之具，无有不足，至是而迁民，谁不欣然听从。所以当时营洛，必调商民。正缘要他亲见区处经画之备，亲见夫凡事之利便，则其心服而其从之也轻。不然以久安之民，而一旦迁于新邑，一动，其怨嗟之心便足以召乱，岂小事哉？今而翕然听从，无一人敢有异志，然后见圣人处事之妙盖如此。

9. （宋）蔡沈《书经集传》卷五《周书·多士》

（归善斋按，未解）

10. （宋）黄伦《尚书精义》卷三十九《周书·多士》

成周既成，迁殷顽民，周公以王命诰，作《多士》。

无垢曰，序言营洛既成，迁此顽民，故周公以王命诰之也。呜呼先王之道，忠厚而已矣。周公之视人也，如吾亲骨肉，况此顽民皆商之士大夫，特以怀旧君，不暇顾其它耳，其心亦可嘉也。为计当以渐，不当求速。渐摩劝谕，使知周之取天下，非以为利，乃顺乎天，而应乎人耳。事久而定，则是非明白矣。此周公所以日俟其悔悟耳。

又曰，序言"顽民"，书云"多士"，孔子书其恶，所以见周家之忠厚。周公称其官，所以见顽民之为士大夫，深味孔子之意，则周之德愈见。徒言"顽民"，则不足以见殷之贤士；徒言"多士"则不足以见周之德量。是序与书，盖相为表里也。

吕氏曰，谓之顽者，何故？大抵心在一处，不知天命消息盈虚之理，便是"顽"。《多士》一篇多说个天命至公之理，以廓大殷多士志。

11. （宋）陈经《尚书详解》卷三十四《周书·多士》

成周既成，迁殷顽民，周公以王命告，作《多士》。

成周，即洛阳，下都也。前此，"庶商丕作"于营洛之日，其室家未迁。周公于复辟之明年，即迁民于洛邑。盖商民居商之故地，染之余俗，故念念在商。周公迁于洛，变易商民之观听，使之密迩王室之教化，庶几可以转移其习俗。周公以王命告，想当时周公导达王之德意志虑，使商民知成王宽恩如此，则君臣上下之情，相通无间矣。然谓之"多士"，而序书谓"顽民"，何也？盖书谓"多士"见周家之忠厚，不以顽待商。序书谓"顽民"，乃孔子直书商人之心，既不知天命废兴之理，怀疑而不服，岂非"顽"乎？

12.（宋）钱时《融堂书解》卷十五《周书·多士》

《多士》。

成周既成，迁殷顽民，周公以王命告，作《多士》。

书言，周公初于新邑洛，而序曰"成周"，未尝明言其为下都也。观此，则"成周"为洛邑总名，的然无疑矣。自《大诰》而下，皆周公之言也。而此独书"周公以王命告"者，盖复辟与居摄，事体不同。当居摄时，虽于"王曰"之下直言"孟侯，朕其弟"，而不以为嫌。王在新邑，则既复辟矣，政教号令，皆成王之所为矣，故此特着"周公以王命告"一语以别之也。

13.（宋）魏了翁《尚书要义》卷十五《周书·多士、无逸》

一、告多士，谓殷大夫士。或云邶鄘之民，非。

"成周既成"，洛阳下都；"迁殷顽民"，殷大夫心不则德义之经，故徙近王都教诲之。周公以王命诰。称王成命告令之，作多士《多士》。所告者，即众士，故以名篇。正义曰，成周之邑既成，乃迁殷之顽民，令居此邑。顽民，谓殷之大夫士，从武庚叛者，以其无知，谓之"顽民"。民性安土重迁，或有怨恨，周公以成王之命告此众士。周之成周，于汉为洛阳也。洛邑为王都，故谓此为下都。迁殷顽民，以成周道，故名此邑为"成周"。《汉书·地理志》及贾逵注《左传》皆以为迁邶鄘之民于成周，分卫民为三国，计三国俱是从叛，何以独迁邶鄘？邶鄘在殷畿，三分有

881

二、其民众矣，非一邑能容。民谓之为士，其名不类，故孔意不然。

14. （宋）陈大猷《书集传或问》卷下《周书·多士》

（归善斋按，未解）

15. （宋）胡士行《尚书详解》卷九《周书·多士第十六》

成周（王城下都之总名，一云，专指下都）既成，迁殷顽民，周公以王命诰（慰安之），作《多士》。

《多士》。

惟三月（七年之明年三月），周公初于新邑洛，用告商王士（贵之也）。

洛邑始成，以周公衮冕临之于此，发王命焉。光景之新，绘画莫陈。序言"顽民"，贱之也。所以记其实，《书》云"商士"，贵之也，所以开其善。

16. （元）吴澄《书纂言》卷四下《周书·多士》

（归善斋按，未解）

17. （元）陈栎《书集传纂疏》卷五《朱子订定蔡氏集传·周书·多士》

（归善斋按，未解）

18. （元）许谦《读书丛说》卷六

（归善斋按，未解）

19. （元）董鼎《书传辑录纂注》卷四《周书·多士》

（归善斋按，未解）

20. （元）朱祖义《尚书句解》卷九《周书·多士第十六》

成周既成（周公于涧水之东，瀍水之西，营作王城；于瀍水之东，营作成周，是成周乃王城东之邑也。成周之邑既成）。

21. （明）王樵《尚书日记》卷十二《周书·多士》

（归善斋按，未解）

22. （清）库勒纳等撰《日讲书经解义》卷九《周书·多士》

（归善斋按，未解）

迁殷顽民

1. （汉）孔氏传、（唐）陆德明音义、孔颖达疏《尚书注疏》卷十五《周书·多士》

迁殷顽民。
传，殷大夫、士，心不则德义之经，故徙近王都教诲之。
音义，不则，如字。或作测，非。近，"附近"之"近"。
疏，正义曰，乃迁殷之顽民，令居此邑。顽民谓殷之大夫士。从武庚叛者。以其无知。谓之顽民。
传正义曰，经云"商王士""殷遗多士"，皆非在官，谓之"顽民"，知是殷之大夫、士也。经止云"士"，而知有大夫者，以经云"迪简在王庭，有服在百僚"，其意言将任为王官，以为大臣，不惟告士而已，故知有大夫也。士者在官之总号，故言"士"也。"心不则德义之经"，僖二十四年《左传》文，引之以解释"顽民"之意。经云"移尔遐逖，比事臣我宗多逊"，是言徙近王都教诲之也。《汉书·地理志》及贾逵注《左传》，皆以为迁邶墉之民于成周，分卫民为三国。计三国俱是从叛，何以独迁邶墉。邶墉在殷畿，三分有二，其民众矣，非一邑能容。民谓之为士，其名不类，故孔意不然。

《尚书注疏》卷十五《考证》

疏"殷遗多士"皆非在官，谓之顽民，知是殷之大夫士也。

监本作皆"非民事"，今从阁本改。

2.（宋）苏轼《书传》卷十四《周书·多士第十六》

（归善斋按，未解）

3.（宋）林之奇《尚书全解》卷三十二《周书·多士》

（归善斋按，见"成周既成"）

4.（宋）史浩《尚书讲义》卷十六《周书·多士》

（归善斋按，见"成周既成"）

5.（宋）夏僎《尚书详解》卷二十《周书·多士》

（归善斋按，见"成周既成"）

6.（宋）时澜《增修东莱书说》卷二十四《周书·多士第十六》

（归善斋按，见"成周既成"）

7.（宋）黄度《尚书说》卷六《周书·多士》

（归善斋按，见"成周既成"）

8.（宋）袁燮《絜斋家塾书钞》卷十二《周书·多士》

（归善斋按，见"成周既成"）

9.（宋）蔡沈《书经集传》卷五《周书·多士》

（归善斋按，未解）

10.（宋）黄伦《尚书精义》卷三十九《周书·多士》

（归善斋按，见"成周既成"）

11.（宋）陈经《尚书详解》卷三十四《周书·多士》

（归善斋按，见"成周既成"）

12.（宋）钱时《融堂书解》卷十五《周书·多士》

（归善斋按，见"成周既成"）

13.（宋）魏了翁《尚书要义》卷十五《周书·多士、无逸》

（归善斋按，见"成周既成"）

14.（宋）陈大猷《书集传或问》卷下《周书·多士》

新安王氏曰，周公诸书，未尝以殷民为"顽"。成王命君陈，始有"无忿疾于顽"之语，非并以为"顽"也。康王命毕公。始"毖殷顽民"之说，则此叙或出于后之史官，故以"顽民"二字，冠于篇首。夫殷民不附于周。谓之"顽"可也。不忘殷先王之德眷。眷旧王。谓之"顽"可乎？故"顽"之一字，周公未尝出于口也。此说亦善。

15.（宋）胡士行《尚书详解》卷九《周书·多士第十六》

（归善斋按，见"成周既成"）

16.（元）吴澄《书纂言》卷四下《周书·多士》

（归善斋按，未解）

17.（元）陈栎《书集传纂疏》卷五《朱子订定蔡氏集传·周书·多士》

（归善斋按，未解）

18.（元）许谦《读书丛说》卷六

（归善斋按，未解）

19.（元）董鼎《书传辑录纂注》卷五《周书·多士》

（归善斋按，未解）

20.（元）朱祖义《尚书句解》卷九《周书·多士第十六》

迁殷顽民（迁殷顽不率教之民居之）。

21.（明）王樵《尚书日记》卷十二《周书·多士》

（归善斋按，未解）

22.（清）库勒纳等撰《日讲书经解义》卷九《周书·多士》

（归善斋按，未解）

周公以王命诰

1.（汉）孔氏传、（唐）陆德明音义、孔颖达疏《尚书注疏》卷十五《周书·多士》

周公以王命诰。

传，称成王命告令之。

疏，正义曰，民性安土重迁。或有怨恨。周公以成王之命语此众士，言其须迁之意。

2.（宋）苏轼《书传》卷十四《周书·多士第十六》

（归善斋按，未解）

3.（宋）林之奇《尚书全解》卷三十二《周书·多士》

（归善斋按，见"成周既成"）

4.（宋）史浩《尚书讲义》卷十六《周书·多士》

（归善斋按，见"成周既成"）

5.（宋）夏僎《尚书详解》卷二十《周书·多士》

（归善斋按，见"成周既成"）

6.（宋）时澜《增修东莱书说》卷二十四《周书·多士第十六》

（归善斋按，见"成周既成"）

7.（宋）黄度《尚书说》卷六《周书·多士》

（归善斋按，见"成周既成"）

8.（宋）袁燮《絜斋家塾书钞》卷十二《周书·多士》

（归善斋按，见"成周既成"）

9.（宋）蔡沈《书经集传》卷五《周书·多士》

（归善斋按，未解）

10.（宋）黄伦《尚书精义》卷三十九《周书·多士》

（归善斋按，见"成周既成"）

887

11.（宋）陈经《尚书详解》卷三十四《周书·多士》

（归善斋按，见"成周既成"）

12.（宋）钱时《融堂书解》卷十五《周书·多士》

（归善斋按，见"成周既成"）

13.（宋）魏了翁《尚书要义》卷十五《周书·多士、无逸》

（归善斋按，见"成周既成"）

14.（宋）陈大猷《书集传或问》卷下《周书·多士》

（归善斋按，未解）

15.（宋）胡士行《尚书详解》卷九《周书·多士第十六》

（归善斋按，见"成周既成"）

16.（元）吴澄《书纂言》卷四下《周书·多士》

（归善斋按，未解）

17.（元）陈栎《书集传纂疏》卷五《朱子订定蔡氏集传·周书·多士》

（归善斋按，未解）

18.（元）许谦《读书丛说》卷六

（归善斋按，未解）

19.（元）董鼎《书传辑录纂注》卷五《周书·多士》

（归善斋按，未解）

20.（元）朱祖义《尚书句解》卷九《周书·多士第十六》

周公以王命诰（公恐有安土之人，故称成王命以告）。

21.（明）王樵《尚书日记》卷十二《周书·多士》

（归善斋按，未解）

22.（清）库勒纳等撰《日讲书经解义》卷九《周书·多士》

（归善斋按，未解）

作《多士》

1.（汉）孔氏传、（唐）陆德明音义、孔颖达疏《尚书注疏》卷十五《周书·多士》

作《多士》。

疏，正义曰，史叙其事作《多士》。

2.（宋）苏轼《书传》卷十四《周书·多士第十六》

（归善斋按，未解）

3.（宋）林之奇《尚书全解》卷三十二《周书·多士》

（归善斋按，见"成周既成"）

4.（宋）史浩《尚书讲义》卷十六《周书·多士》

（归善斋按，见"成周既成"）

5.（宋）夏僎《尚书详解》卷二十《周书·多士》

（归善斋按，见"成周既成"）

6.（宋）时澜《增修东莱书说》卷二十四《周书·多士第十六》

（归善斋按，见"成周既成"）

7.（宋）黄度《尚书说》卷六《周书·多士》

（归善斋按，见"成周既成"）

8.（宋）袁燮《絜斋家塾书钞》卷十二《周书·多士》

（归善斋按，见"成周既成"）

9.（宋）蔡沈《书经集传》卷五《周书·多士》

（归善斋按，未解）

10.（宋）黄伦《尚书精义》卷三十九《周书·多士》

（归善斋按，见"成周既成"）

11.（宋）陈经《尚书详解》卷三十四《周书·多士》

（归善斋按，见"成周既成"）

12.（宋）钱时《融堂书解》卷十五《周书·多士》

（归善斋按，见"成周既成"）

13.（宋）魏了翁《尚书要义》卷十五《周书·多士、无逸》

（归善斋按，见"成周既成"）

14.（宋）陈大猷《书集传或问》卷下《周书·多士》

（归善斋按，未解）

15.（宋）胡士行《尚书详解》卷九《周书·多士第十六》

（归善斋按，见"成周既成"）

16.（元）吴澄《书纂言》卷四下《周书·多士》

（归善斋按，未解）

17.（元）陈栎《书集传纂疏》卷五《朱子订定蔡氏集传·周书·多士》

（归善斋按，未解）

18.（元）许谦《读书丛说》卷六

（归善斋按，未解）

19.（元）董鼎《书传辑录纂注》卷五《周书·多士》

（归善斋按，未解）

20.（元）朱祖义《尚书句解》卷九《周书·多士第十六》

作《多士》（作此篇书）。

21.（明）王樵《尚书日记》卷十二《周书·多士》

（归善斋按，未解）

22.（清）库勒纳等撰《日讲书经解义》卷九《周书·多士》

（归善斋按，未解）

《多士》

（汉）孔氏传、（唐）陆德明音义、孔颖达疏《尚书注疏》卷十五《周书·多士》

《多士》。

传，所告者即众士，故以名篇。

（宋）林之奇《尚书全解》卷三十二《周书·多士》

（归善斋按，见"成周既成"）

（宋）蔡沈《书经集传》卷五《周书·多士》

《多士》。

商民迁洛者，亦有有位之士，故周公洛邑初政，以王命总呼"多士"而告之。编书者，因以名篇，亦诰体也。今文、古文皆有。

吴氏曰，方迁商民于洛之时，成周未作。其后王与周公，患四方之远，鉴三监之叛，于是始作洛邑，欲徙周而居之。其曰"昔朕来自奄，大降尔四国民命。我乃明致天罚，移尔遐逖，比事臣我宗多逊"者，述迁民之初也。曰"今朕作大邑于兹洛，予惟四方罔攸宾，亦惟尔多士，攸服奔走，臣我多逊"者，言迁民而后作洛也。故《洛诰》一篇，终始皆无欲迁商民之意。惟周公既诰成王留治于洛之后，乃曰"伻来毖殷"；又曰"王伻殷"，乃承叙当时商民已迁于洛，故其言如此。

愚谓，武王已有都洛之志，故周公黜殷之后，以殷民反复难制，即迁于洛，至是建成周，造庐舍定疆场，乃告命与之更始焉尔。此《多士》之所以作也。由是而推，则《召诰》攻位之庶殷，其已迁洛之民欤，不然则受都，今卫州也。洛邑，今西京也，相去四百余里，召公安得舍近之友民，而役远之雠民哉？书序以为"成周既成迁，殷顽民"者，谬矣。吾固以为非孔子所作也。

（宋）陈经《尚书详解》卷三十四《周书·多士》

《多士》。

此篇乃洛邑既成，周公迁顽民于此，使之密迩王室，式化厥训，故作此书以诱掖之。昔者，周公初基作新邑之时，四方民大和会，而庶商亦常与乃役之事，周公亦尝作书以命商庶矣。岂有顽民未服周，而能供力役之事哉？周公知其心未纯于向周，而旧染之俗未尽除也，故于《多士》之篇，而开之以至公无私之见。盖商民之所未尽服者，正以未知天命之所在，徒以私情之故，念商家之旧人。惟有一心，不在于此，则在于彼。商民既念商，则自然不知有周。商民既溺于私情，则自然不知有废兴之公理。《多士》之篇，多言"天"者，盖示之以废兴之公理，而恢商民之心，使之不溺于浅狭之私也。

（宋）陈大猷《书集传或问》卷下《周书·多士》

《多士》。

或问吴氏，蔡氏说迁民如何，吴氏曰，方迁殷民于洛之时，成周未作，其后王与周公，患四方之远，监三监之叛，于是始作洛邑，欲徙周而居之。其曰"昔朕来自奄，大降尔四国民命，我乃明致天罚，移尔遐逖，比事臣我宗多逊"者，述迁民之初也。曰"今朕作大邑于兹洛，予惟四方罔攸宾，亦惟尔多士，攸服奔走，臣我多逊"者，言迁民而后作邑也。故《洛诰》一篇，终始皆无欲迁殷民之意。惟周公既诺成王留洛之后，乃曰"伻来毖殷"，又曰"王伻殷"，乃承叙当时殷民已迁于洛，故其言如此。蔡曰武王已有都洛之志，故周公黜殷之后，以殷民反复难制，即迁于洛，至是建成周造庐舍，定疆场，乃告命与之更始焉。由是推之，则《召诰》攻位之庶殷，其已迁洛之民欤，不然则受都今卫州也，洛邑今西京也，相去四百里，召公安得舍近之友民，而役远之仇民欤？书序以为"成周既成，迁殷顽民"者，谬矣。吾固以为非孔子所作也。曰，按《康诰》《召诰》《洛诰》皆作于七年三月。《康诰》言，"周公初基东国洛，四方民大和会，侯、甸、男邦、采、卫，百工播民和，见士于周"，《召诰》言，"太保乃以庶殷攻位于洛汭。周公命殷庶，庶殷丕作"。窃意殷民之当迁者，其丁壮，即于此时与四方之民同趋洛赴工，而后留居于洛，故《洛诰》有"伻来毖殷"之语，《召诰》有"敢以雠民保受王威德"之语，而并无迁民之说。《多士》之叙，所谓"成周既成，迁殷顽民"者，要其终，尽迁之时，而论之耳。"昔朕来"，自王留洛之后，乃曰"伻来毖殷"，又曰"王伻殷"乃承叙当时殷民已迁于洛，故其言如此。蔡曰，武王已有都洛之志，故周公黜殷之后，以殷民反覆难制，即迁于洛。至是建成周，造庐舍，定疆场，乃告命与之更始焉。由是推之，则《召诰》攻位之庶殷，其已迁洛之民欤。不然则受都今卫州也，洛邑今西京也，相去四百里，召公安得舍近之友民，而役远之仇民欤？书序以为"成周既成迁殷顽民者谬"矣。吾固以为非孔子所作也。曰，《康诰》言"惟三月周公初基作新大邑于东国洛"，《召诰》言"三月乙卯，周公朝至于洛，则达观于新邑营"，《洛诰》言"予惟乙卯朝至于洛，卜宅"。篇终言"周公诞保文武受命惟七年"。袁氏曰，《召诰》所谓"庶殷"，盖经始洛邑之时所发从役者耳。其实迁民在洛邑既成之后，所以营洛必调商民者，正缘要他亲见区处经画，与凡事之利便，则其心服而从之也轻。不然以久安之民，而一旦迁于新邑，岂不若盘庚之民怨咨哉。"昔朕来自奄"一章，所谓"移尔遐逖"者，东莱谓，我明致天罚，当移徙尔于遐逖之地，今迁于洛，乃使尔比我，事我，臣我也。蔡氏以为远徙于洛。夫荒陬僻壤，可以言"遐逖"，洛去卫非远，况为土中，为帝居，乌可以"遐逖"言乎？若以为黜殷之后，即迁民于洛，非惟无据，而周公黜殷在二年之后，作洛乃七年，之间亦非事势之宜也。蔡氏专攻《书》，叙为谬，其说若此。

（元）吴澄《书纂言》卷四下《周书·多士》

《多士》。

士，殷之诸臣，有位者。

（元）陈栎《书集传纂疏》卷五《朱子订定蔡氏集传·周书·多士》

《多士》。

商民迁洛者，亦有有位之士，故周公洛邑初政，以王命总呼"多士"而告之。编书者因以名篇，亦诰体也。今文古文皆有。吴氏曰，方迁商民于洛之时，成周未作，其后王与周公，患四方之远，鉴三监之叛，于是始作洛邑，欲徙周而居之。其曰"昔朕来自奄，大降尔四国民命，我乃明致天罚，移尔遐逖，比事臣我宗多逊"者，述迁民之初也。曰"今朕作大邑于兹洛。予惟四方罔攸宾，亦惟尔多士，攸服奔走，臣我多逊"者，言迁民而后作洛也。故《洛诰》一篇，终始皆无欲迁商民之意。惟周公既诺成王留治于洛之后，乃曰"伻来毖殷"，又曰"王伻殷"，乃承叙当时商民已迁于洛，故其言如此。愚谓武王已有都洛之志，故周公黜殷之后，以殷民反覆难制，即迁于洛。至是建成周，造庐舍，定疆场，乃告命与之更始焉尔。此《多士》之所以作也。由是而推，则《召诰》攻位之庶殷，其已迁洛之民欤。不然，则受都今卫州也，洛邑今西京也，相去四百余里，召公安得舍近之友民，而役远之雠民哉？书序以为"成周既成迁殷顽民"者，谬矣。吾固以为非孔子所作也。

纂疏：

张氏曰，周之顽民，乃商之忠臣也。

王氏曰，篇名《多士》，序乃以为"顽民"，周公未始以殷民为"顽"，成王命君陈，始有"无忿疾于顽"之语。夫殷民不附周，谓之"顽"可也；不忘殷谓之"顽"可乎？故"顽"之一字，《康诰》《酒诰》《多士》《多方》等书，未尝出诸口也。

愚按，诸家过信小序，所以"昔朕来自奄"等，全解不通。蔡说当矣。

（元）许谦《读书丛说》卷六

《多士》。

金先生以《多士》之书，即《召诰》告庶殷之书也。

（元）董鼎《书传辑录纂注》卷五《周书·多士》

《多士》。

商民迁洛者，亦有有位之士，故周公洛邑初政，以王命总呼"多士"

而告之，编书者因以名篇，亦诰体也。今文、古文皆有。吴氏曰，方迁商民于洛之时，成周未作，其后王与周公，患四方之远，鉴三监之叛，于是始作洛邑，欲徙周而居之。其曰"昔朕来自奄，大降尔四国民命。我乃明致天罚，移迩遐逖，比事臣我宗多逊"者，述迁民之初也。曰"今朕作大邑于兹洛，予惟四方罔攸宾，亦惟尔多士，攸服奔走，臣我多逊"者，言迁民而后作洛也，故《洛诰》一篇，终始皆无欲迁商民之意。惟周公既诺成王留治于洛之后，乃曰"伻来毖殷"，又曰"王伻殷"，乃承叙当时商民已迁于洛，故其言如此。

愚谓，武王已有都洛之志，故周公黜殷之后，以殷民反覆难制，即迁于洛。至是建成周，造庐舍，定疆场，乃告命与之更始焉尔。此《多士》之所以作也。由是而推，则《召诰》攻位之"庶殷"其已迁洛之民欤。不然，则受都今卫州也，洛邑今西京也，相去四百余里，召公安得舍近之友民，而役远之雠民哉？书序以为"成周既成，迁殷顽民"者，谬矣。吾固以为非孔子所作也。

纂注：

吕氏曰，迁洛之事，《召诰》经营之，《洛诰》考成之，《多士》则慰安之也。

张氏曰，周之顽民，乃商之忠臣也。

王氏曰，篇名《多士》，而序以为"顽民"何也？在官者，谓之"士"。卿大夫，士是也。在民者，谓之士，士农工商是也。此书称"士"，皆在官之殷士也。且周公未始以殷民为"顽"。成王命君陈，始有"无忿疾于顽"之语。夫殷民不附周，谓之"顽"可也，不忘殷谓之"顽"可乎？故"顽"之一字，周公于《康诰》《酒诰》《多士》《多方》等书，未尝出诸其口也。

新安陈氏曰，诸家过信小序，所以于"昔朕来自奄"全说不通。吴、蔡当矣。

（元）朱祖义《尚书句解》卷九《周书·多士第十六》

《多士第十六》。

此篇众多之士，皆纣时有位之士也，习纣之恶，顽不率教，遂迁之耳。史官以周公所告之言，称"尔殷遗多士"，又称"尔殷多士"，故以《多士》名篇。

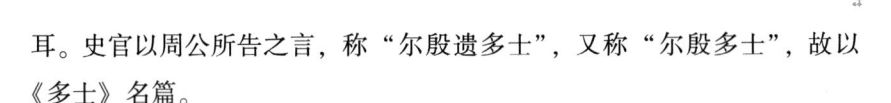

《多士》。

旧简所题。

(明) 王樵《尚书日记》卷十二《周书·多士》

《多士》。

正义曰，经云，商王士，殷遗多士，知是殷之士大夫。先哲王之多，子孙之盛，无如殷者，其"丽不亿后之肤敏，而祼将于京"者，即昔之不服者也。

(清) 库勒纳等撰《日讲书经解义》卷九《周书·多士》

《多士》。

成王既自洛邑归于宗周，周公始行治洛之事。传，王命以告殷有位之士，盖惧始迁之民不安其业，故反复谕之，使消其反侧，而劝之从善也。史臣记其事，以"多士"名篇。

(清) 毛奇龄《尚书广听录》卷五

《多士》继《洛诰》之后，先营洛，而后迁殷也。古事如是，经文亦如是也。蔡氏又谓先迁殷，而后营洛，此何所据耶？《多士》文云"予惟时其迁居西尔。尔小子乃兴，从尔迁"何解耶？

(清) 朱鹤龄《尚书埤传》卷十二《周书·多士》

《多士》。

吕祖谦曰，迁洛之事，《召诰》经营之，《洛诰》考成之，《多士》则慰安之也。王氏曰，篇名《多士》，书序以为顽民何也？士者，在官之总号。此书称士，皆其在官者也，非民也。且周公于《洛诰》《多士》《多方》等篇未，始以殷民为顽，成王命君陈，始有"无忿疾于顽"之语。夫殷民不附周，谓之顽可也；不忘殷，谓之顽，可乎？此篇称《多士》，曰"商王士",曰"殷多士"曰"天邑商",曰"我小国",所以待之者甚重且厚矣。非此,何以服其心,而驯其气乎?

(清)张英《书经衷论》卷三《周书·多士》

《多士》发端曰"用告商王士",又曰"非我小国敢弋殷命",古圣人于胜国之遗民,词命之间,有体如此,所以柔其怨忿不平之气,而使之奔走臣顺于我也。首则曰"旻天大降丧于殷",又曰"惟天明畏"皆以天命临之,而使之不敢二耳。

革命之际难言之矣。武庚禄父之叛类,必举君臣大义以为言,故周公之告多士,屡举成汤为词其言曰"乃命尔先祖成汤革夏",又曰"惟尔知殷先人有册有典,殷革夏命"。"呜呼予恐来世以台为口实",其亦深惧于此哉。汤武革命,顺乎天而应乎人,犹不免于此,况后世之僭窃人国,暗干天命者乎?

周公于殷多士,可谓告之谆复,而至于费辞矣。末复示以不忍重罚之意,而勉之以千年土田之乐,子孙百世之计,词烦而不杀,意恳而不穷。古人忠厚恻怛之意,盖可见矣。

(清)孙之騄辑《尚书大传》(辑本)卷三《周书》

《多士传》。

武王入殷,周公曰,各安其宅,各田其田,无故无新,唯仁之新(申屠刚传注引《大传》)。

天子堂,九雉;诸侯,七雉;伯子男,五雉。雉长三丈,度高以高,度长以长(《周礼》《诗》疏)。

郑玄曰,雉长三丈,高一丈,则墙高一丈(《仪礼》疏)。

天子堂,广九雉三分,其广以二,为内五分,其内以一为高,东房、西房、北堂各三雉(《明堂位》正义)。

天子贲庸,诸侯疏杼。

郑玄曰,贲,大也,言大墙正直也。疏,衰也,杼亦墙也,言衰杀,其上下不得正直。

天子将出,撞黄钟之钟,右五钟皆应;入则撞宾之钟,左五钟皆应,太师于是奏乐（《周礼》注）。

郑玄曰，黄钟阳声之音，阳主动，出则撞之。右五钟，谓林钟至应钟。右主静，是动以告静者。宾在午阴生之月，阴主静，入亦是静。左五钟，谓大吕至中吕。左阳主动，入静以告动也。太府于时奏《采荠》《肆夏》。

古者，后夫人将侍君，前息烛，后举烛，至房中释朝服，袭燕服，然后入御于君。鸡初鸣，太师奏鸡鸣于陛，夫人鸣佩玉于房中告去也，然后应门击柝告辟也，然后少师告质明于陛下，然后夫人入庭，君出朝。凡群妃御见之法，月与后妃其象也，卑者宜先，尊者宜后。自九嫔以下，九九而御于王所。女御八十一人，当九夕；世妇二十七人，当三夕；九嫔，九人当一夕；三夫人当一夕；后当一夕。十五日而遍，望后反之。凡进御君所，女史必书其日月，授之以环，以进退之，生子月辰，则以金环退之。当御者，以银环进之，著（著）于左手。既御，著（著）于右手。孔子曰，日者，天之明；月者，地之理。阴契制，故月上属为天，使妇从夫放月纪（一本有"阳"字）。

郑玄曰，朝服展衣，燕服褖衣。陛，《周礼》疏作"檐下"。

黄帝妃嫫母，于四妃之班居下，貌甚丑而最贤，心每自退。

惟三月，周公初于新邑洛，用告商王士

1.（汉）孔氏传、（唐）陆德明音义、孔颖达疏《尚书注疏》卷十五《周书·多士》

惟三月，周公初于新邑洛，用告商王士。

传，周公致政明年三月，始于新邑洛，用王命告商王之众士。

疏，正义曰，惟成王即政之明年三月，周公初始于所造新邑之洛，用成王之命，告商王之众士，言周公亲至成周，告新来者。

传正义曰，以《洛诰》之文，成周与洛邑同时成也。王以周公摄政七年十二月来至新邑，明年即政，此篇继王居洛之后，故知是致政明年之三月也。成周南临洛水,故云新邑洛。周公既以致政在王都,故新邑成周,以成王之命告商王之众士。郑云,成王元年三月,周公自王城初往成周之邑,用成王命告殷之众士,以抚安之是也。

2.（宋）苏轼《书传》卷十四《周书·多士第十六》

（归善斋按,未解）

3.（宋）林之奇《尚书全解》卷三十二《周书·多士》

（归善斋按,见"成周既成"）

4.（宋）史浩《尚书讲义》卷十六《周书·多士》

《多士》。

惟三月,周公初于新邑洛,用告商王士。王若曰,尔殷遗多士,弗吊旻天,大降丧于殷。我有周佑命,将天明威,致王罚,敕殷命终于帝。肆尔多士,非我小国敢弋殷命,惟天不畀允罔固乱,弼我,我其敢求位。惟帝不畀,惟我下民秉为,惟天明畏。

周公始宅洛,必先诰多士者,以其在民上,民视之为趋向故也。必曰"商王士"者,商之遗士也。武王伐纣许久矣,而士犹念商,而谓之"商王士",以此知三代之时,士有节操,非若后世乍臣、乍叛之徒。成王所以委曲谕之,而不忍加诛,亦以劝当世也。然而不可不谕者虑其此心不回,将复有武庚之变,故使周公镇之,而告以天命也。传曰,不知命,无以为君子,唯士然后可以天命谕也。天之弗吊,大降丧于商,而佑我有周,周将天威以致罚于王,以正商命之终于天也。今陈告尔多士,非我小国,敢猎取天命。天不与尔,故使尔王不能固守其治,天所以辅我。此言天之不与商也,非我一人敢侥求天位。帝不与尔,故使我民,相携持而至,以昭天之明威,此言帝之不与商也。曰天,曰帝,交举以明商之得罪于天深,所以使商士知天命之可畏,而不敢怨也。

5.（宋）夏僎《尚书详解》卷二十《周书·多士》

《多士》。

惟三月，周公初于新邑洛，用告商王士。王若曰，尔殷遗多士，弗吊旻天，大降丧于殷。我有周佑命，将天明威，致王罚，敕殷命终于帝。肆尔多士！非我小国敢弋殷命，惟天不畀允罔固乱，弼我，我其敢求位，惟帝不畀，惟我下民秉为，惟天明畏。

此"多士"二字，竹简旧所标之题也。

此三月，先儒谓，此周公复辟，成王即政明年之三月。其意盖谓，是七年明年之三月也。而说者又谓，此即《召诰》所谓"三月乙卯，周公朝至于洛，甲子用书命庶殷"，即此书。其意则见此三月与彼三月同兼，初于新洛邑，又与彼朝至于洛之文符合，故知彼之所谓用《书》者，即此《多士》之书。此说虽有理，然此篇序言"成周既成，迁殷顽民，周公以王命告"，则此书乃成周既成殷民欲迁之时，若以为彼时三月甲子所作，则此时周公方命庶殷以作洛，未应能成如此之速，故当如先儒之说，以此三月为次年三月也。盖周公先一年十二月，既复辟，乃以次年三月初往新邑洛。于，往也。洛，谓成周也。成周，亦谓之洛者，盖王城与成周在瀍水之东西，此地名洛，故《洛诰》于瀍水西，既言"洛食于瀍水东"，亦言"洛食"，则王城与成周，皆可谓之"洛"也。周公所以至洛者，以既迁殷民，恐其不安厥居，有反复之变，故用以告之而安慰开谕之谓之"商王士"，盖此等皆商纣时有位之士，特习纣之恶，顽不可化，故迁之耳，此二语，皆史官叙所以作《多士》之由也。

此书乃周公之言，而言"王若曰"，盖言虽出于周公，而周公则不敢自谓己之言，故称王命，诰谓王之意"若曰"也。"尔殷遗多士"者，周公言，尔众人乃殷王遗余之多士，盖呼其人而后告之以言也。"弗吊旻天大降丧于殷"者，言纣为不道，不足悯恤，虽天以悯恤下民为心，亦大降下丧乱之祸于尔殷家，故我有周为天佑助之命，遂将奉天命显然之威罚，迭致王者之罚于尔殷纣，以正殷之命，使终绝于天。正，谓彼不正，而此以天威正之也。"肆尔多士"有二说：一说以属于上，谓我周家既正殷命，使绝终于帝，但诛其君，于尔多士皆使赦而不敢杀；一说，则以"肆"为"故"，谓"故"是多士。盖周公上言殷所以亡，周所以兴，其理如此，遂言，故尔多士，当知周家所以有天下者，非是我小国之周，敢弋取殷之天命。弋，所以射取鸟雀，故"弋"训"取"。乃纣为不道，不为天之所与，天信不坚固于此为乱之人，所以弼我，故我所以受殷之天命者，非我取之也。既说我周非贪取尔殷之天命，故又言非我敢求尔殷之天位，谓我岂敢求尔天位而有之哉？乃纣为不道，不为天命所与，而我下民皆秉心协力，以为我，故我所以有天位者，亦非我求之也。或言"天不畀"，或言"帝不畀"，其实一也，特错综成文耳。周公既言天命非我敢取，乃天不畀纣，而我得之天位，非我敢求，乃天不畀纣，而我有之，则天威岂不明然，而可畏哉？故总曰，惟天明畏。由是观之，则"肆尔多士"，当从后一说也。

6.（宋）时澜《增修东莱书说》卷二十四《周书·多士第十六》

惟三月，周公初于新邑洛，用告商王士。

洛邑始成，以周公之衮舄临之，初于此而发王命焉。光景之新，绘画莫陈，而史以三语尽之，可谓善形容矣。序言"殷顽民"，贱之也，所以指其实。史言"商王士"，贵之也，所以开其善。序盖孔子之公笔，史则周公之恩意也。

7.（宋）黄度《尚书说》卷六《周书·多士》

惟三月，周公初于新邑洛，用告商王士。

自烝祭后，遂迁殷民，三月至洛。称"商王士"，皆其宗族亲戚也。《诗》曰"商之孙子，其丽不亿"。汉魏以后，革命之际，宗族诛戮殆尽。三代固无此事，然乖阻之端已见于此时。本朝受周禅，不杀一人，诚为盛德。

8.（宋）袁燮《絜斋家塾书钞》卷十二《周书·多士》

《多士》。

惟三月，周公初于新邑洛，用告商王士。王若曰，尔殷遗多士，弗吊旻天，大降丧于殷。我有周佑命，将天明威致王罚，敕殷命，终于帝。肆尔多士，非我小国敢弋殷命，惟天不畀允罔固乱，弼我，我其敢求位。惟帝不畀，惟我下民秉为，惟天明畏。我闻曰，上帝引逸，有夏不适逸，则惟帝降格。向于时夏，弗克庸帝，大淫泆有辞。惟时天罔念闻，厥惟废元命，降致罚。乃命尔先祖成汤革夏，俊民甸四方。自成汤至于帝乙，罔不明德恤祀，亦惟天丕建，保乂有殷。殷王亦罔敢失帝，罔不配天其泽。

迁顽民于新邑，作书以告之，将使之奠厥攸居以，为生生无穷之计，告之如何。第一且先晓之以天命之至公，而破其疑周之心。盖当时商士，皆以为周家弋取商命，其心不服，常有兴复之意。谓之"商士"其间，多少忠义之人。孔子序书谓之"顽民"者，言其不知天命也。周公不敢以民视之，而待之以"士"，盖其涵濡商家数百年深仁厚泽入于骨髓，岂肯一旦臣服于周，所以常以报复为心，虽不知天命，其心盖甚忠义矣。既是忠义，非"士"而何？夫其心在忠义，这个最难调停，所以周公先破其疑，谓非我有心于取商之天下也，天归之，民归之，吾不得已起而受之，何尝有一毫私心哉？曰"惟帝不畀"，则天弃商而归周矣。曰"惟我下民秉为"，则民去商而为周也。于是又引汤之所以革夏者而开谕之，言我今日之革商，即前日尔成汤之所以革夏者也。天惟保乂有殷，殷王亦无敢失帝。天向商家，商王亦能顺天之心，此所以自成汤至于帝乙，传世如此，其君道，无余蕴矣。

9. (宋) 蔡沈《书经集传》卷五《周书·多士》

惟三月，周公初于新邑洛，用告商王士。

此《多士》之本序也。三月成王祀洛，次年之三月也。周公至洛久矣，此言"初"者，成王既不果迁，留公治洛，至是公始行治洛之事，故谓之"初"也。曰"商王士"者，贵之也。

10. (宋) 黄伦《尚书精义》卷三十九《周书·多士》

《多士》。

惟三月，周公初于新邑洛。用告商王士，王若曰，尔殷遗多士，弗吊旻天，大降丧于殷。我有周佑命，将天明威致王罚，敕殷命，终于帝。

无垢曰，此三月，是成王宅洛即政，来岁之三月也。何以知之，去岁二月营洛，今岁三月洛邑既成，所以迁商民于此。"尔殷遗多士"者，以言尔等士大夫，皆商之遗民也。尔等知所以亡乎？以商纣虐民违天，天所不恤旻，天以悯恤为事，旻天且弗恤矣，况天下乎？《诗》序，旻，闵也。舜得罪于父母，号泣于旻天者，以旻天最为易动也。旻天既不恤，所以大降丧亡于殷。天以我周能奉承天命，故天下民心，皆归于我。我体天心以从事，所以将天明威以伐纣，致王者之罚，以德而不以力，乃黜殷纣而诛之，使不得居天位。而我所以为此举者，非有他也，天帝以伐殷事付我，我则勤行此举，以终天帝之意耳。

张氏曰，命有德，天之明也；讨有罪，天之威也。天虽有明威，而将之者在人。盖天非人不因故也。我有周之伐纣，非出于一人之妄意也，上则将天之威，下则致王之罚，所以敕正殷命，而告终于帝也。终者，言天禄之永终也。殷命至此而终，则周之受命可知矣。

吕氏曰，所将之威，是天之威，不是周之罚，是王之罚。在上为天，在下为王，都是至公无偏之理。自天言之，谓之天威；自人言之谓之王罚，名字不同，其理则一。若私己用威，便是人威，不是天威。若私己用罚，便是人罚，不是王罚。先说殷之所以亡，周之所以兴，皆无非天。

11.（宋）陈经《尚书详解》卷三十四《周书·多士》

惟三月，周公初于新邑洛，用告商王士。王若曰，尔殷遗多士，弗吊旻天，大降丧于殷。我有周佑命，将天明威，致王罚，敕殷命，终于帝。肆尔多士，非我小国敢弋殷命，惟天不畀允罔固乱，弼我，我其敢求位，惟帝不畀，惟我下民秉为，惟天明畏。

作史者记其时，惟周公复政之明年三月，遂于新洛邑，以告商王之多士。周公之营此洛邑，正为商民设也。复政之明日，曾不逾时，而遂迁殷民，盖莫急于此也。"王若曰"周公称上命以告之也。尔商家遗之多士"弗吊"者，言不为天所悯吊，成王慰抚劳来之辞。旻者，悯也。旻天大降下此丧亡之祸于汝商家，故我有周受上天眷佑之命，将奉上天之明威，致王者之罚。罚谓之王罚；威，谓之天威者，皆是赏善罚恶，无私者也。王罚，即天威也。我周家何尝容心于其间哉？将之而已，致之而已。惟将天威，致王罚，故敕正商家之命而黜之，以终上帝之事。上帝虽有此心，奉行而终其事者，人主也。"肆尔多士"，再呼多士而告。弋，取也，如射者之弋。有意乎取之者，弋也。我周家何尝用心要取商命。小国，谦辞也。周为诸侯时，百里之地，故曰"小国"。惟天不与商家，信无有保固其乱者。纣既为暴乱，天道自有福善祸淫之命，岂有保固其暴乱之理。天既不固纣之乱，则必有以弼。若非天之弼，我何敢求天位哉？惟帝不畀。天以形体言，帝以主宰言。帝不畀商，非我有心以求之也。"惟我下民秉为，惟天明畏"，惟周家为下民之所秉为，秉心以为上也。民既秉心以为上，岂非天之明畏，有以佑我周家乎？周公深见天命无私之理，故以此释商民之疑情。然则天命高远，周公奚自而知之，即人心而知之。纣之恶，至于失人心，即天命之所去；周之德至于下民求为，即天命之所与。商民不知，将谓周家故意取商之命，故周公大率以天意告之。

12.（宋）钱时《融堂书解》卷十五《周书·多士》

惟三月，周公初于新邑洛，用告商王士。王若曰，尔殷遗多士，弗吊旻天，大降丧于殷。我有周佑命，将天明威，致王罚，敕殷命，终于帝。肆尔多士，非我小国敢弋殷命，惟天不畀允罔固乱，弼我，我其敢求位。惟帝不畀，惟我下民秉为，惟天明畏。我闻曰，上帝引逸，有夏不适逸，则惟帝降格。向于时夏，弗克庸帝，大淫泆有辞。惟时天罔念闻，厥惟废元命，降致罚。乃命尔先祖成汤革夏，俊民甸四方。自成汤至于帝乙，罔不明德恤祀，亦惟天丕建，保乂有殷。殷王亦罔敢失帝，罔不配天其泽。在今后嗣王，诞罔显于天，矧曰其有听念于先王勤家，诞淫厥泆，罔顾于天，显民祗。惟时上帝不保，降若兹大丧。惟天不畀，不明厥德。凡四方小大邦丧，罔非有辞于罚。

"惟三月"，即营洛之三月。先儒见《洛诰》末书十二月事，遂谓此是次年三月，殆不然《洛诰》所书十二月，乃史氏后来纪述，以备一书之首尾，非十二月后，方有《多士》之诰也。"用告商王士"之上，乃史氏所序。"王若曰"而下，方是以王命告也。惟帝不与尔殷，惟我下民乃秉持一心以为我，而惟天之明威是畏耳。顽民闻斯言，宁不为之感动也。然犹未也，于是复借夏以为喻，革易夏正，不特汤也，自汤至于帝乙且无不明德恤祀焉。民祗者，民情凛乎，其不可忽也。此节将夏与殷对说，极有味。"大淫泆有辞"，与"诞淫厥泆"相应；"罔不明德恤祀"，与"不明厥德"相应。殷之后嗣王不能明德，则天命转而归周，固其理也。

13.（宋）魏了翁《尚书要义》卷十五《周书·多士、无逸》

二、周公告士，在致政明年，郑云成王元年。

"惟三月，周公初于新邑洛，用告商王士"，周公致政明年三月，始于新邑洛，用王命告商王之众士。正义曰，言周公亲至成周，告新来者，以《洛诰》之文。成周与各邑同时成也，王以周公摄政七年十二月来至新邑，明年即政，此篇继王居洛之后，故知是致政明年之三月也。成周，南临洛水，故云"新邑洛"。周公既以致政在王都，故新邑成周，以成王之命告商王之众士。郑云，成王元年三月，周公自王城，初往成周之邑，用成王命告殷之众士，以抚安之是也。

14.（宋）陈大猷《书集传或问》卷下《周书·多士》

（归善斋按，未解）

15.（宋）胡士行《尚书详解》卷九《周书·多士第十六》

（归善斋按，见"成周既成"）

16.（元）吴澄《书纂言》卷四下《周书·多士》

惟三月，周公初于新邑洛，用告商王士。

《召诰》所谓"甲子，周公朝用书命庶殷"，即此篇也。

17.（元）陈栎《书集传纂疏》卷五《朱子订定蔡氏集传·周书·多士》

惟三月，周公初于新邑洛，用告商王士。

此《多士》之本序也。三月成王祀洛，次年之三月也。周公至洛久矣，此言"初"者，成王既不果迁，留公治洛，至是公始行治洛之事，故谓之"初"也。曰"商王士"者，贵之也。

纂疏：

孔氏曰，周公致政明年三月也。

王氏曰，殷士迁于成周，从旧长所治，故先告之。殷士从，殷民皆从矣。

愚谓，蔡氏从孔氏，以此三月为祀洛次年之三月，皆以书之篇次意之耳。按，《召诰》《洛诰》，及脱简在《康诰》之日月，周公正以七年三月至洛，此之三月，即彼之三月也。得卜经营之时，便告商士。此专为告商士而作，故史自录为一书，而次之《洛诰》之后。七年无两，七年三月，亦无两三月也。

陈氏傅良曰，此一篇，皆称"王若曰"，则是相宅年之三月作之，此不待辨而知也。

18.（元）许谦《读书丛说》卷六

三月，即《召诰》周公至洛之三月。孔传以为周公致政明年三月，蔡氏以为成王祀洛次年三月，皆仿像之辞，恐不得事实。

19.（元）董鼎《书传辑录纂注》卷五《周书·多士》

惟三月，周公初于新邑洛，用告商王士。

此《多士》之本序也。三月，成王祀洛次年之三月也。周公至洛久矣，此言"初"者，成王既不果迁，留公治洛，至是公始行治洛之事，故谓之"初"也。曰"商王士"者，贵之也。

纂注：

孔氏曰，周公致政明年三月也。

夏氏曰，于，往也。

或曰，于，于也。

王氏曰，殷民迁于成周，从旧长所治，故先告之。殷士顺从，则殷民皆然矣。

新安陈氏曰，蔡氏从孔氏，以此三月为祀洛次年之三月，皆以书之篇次意料之耳，何以知其必然邪。案《召诰》《洛诰》及脱简在《康诰》之日月，周公正以七年三月至洛，此之三月即彼之三月也。得卜经营之后，便可告商士矣。作书者以此专为告商士而作，故自录为一篇，而次之《洛诰》之后，岂得以在十有二月已结局了却头年事，而此之三月遂必以为次年事邪？七年无两，七年三月亦无两三月。如此解经，皆拘蔽自抵牾耳。

907

陈氏传良曰，此二篇皆称"王若曰"，则是相宅年之三月作之，不待辨而知也。

20. （元）朱祖义《尚书句解》卷九《周书·多士第十六》

惟三月（周公摄政七年十二月既复辟，乃以次年三月迁顽民），周公初于新邑洛（公初往新邑洛），用告商王士（用安慰开谕以告商纣时有位之士）。

21. （明）王樵《尚书日记》卷十二《周书·多士》

惟三月，周公初于新邑洛，用诰商王士。

"惟三月"者，成王祀洛次年之三月。金氏谓，即《召诰》周公至洛之三月，非是。

22. （清）库勒纳等撰《日讲书经解义》卷九《周书·多士》

惟三月，周公初于新邑洛，用告商王士。王若曰，尔殷遗多士，弗吊旻天，大降丧于殷。我有周佑命，将天明威，致王罚，敕殷命，终于帝。

此二节书，是首序周公传王命，告多士之意，而次举革命之公，以告之也。"三月"，成王祀洛次年之三月。称"商王士"者，贵之也。吊，恤也。旻天，上天之通称。王罚，王者所奉之天讨。敕，正也。成王既归宗周，留周公治洛。惟三月，周公始行治洛之事于新邑，用传王命以告商王士，曰，帝王之兴，实由天命，非人力所能图。尔殷家所遗之多士，每怀反侧，岂不知尔殷王纣怙恶不悛，流毒四海，以此不为天所悯恤，天于是大降灾害以丧殷。惟我有周，世德相仍，受天眷命，不敢不奉，将天之明威，致行王者之罚，敕正殷命，以终上帝。监观求莫之事，是我周之革命，非有贪于商也，乃天命之公，虽欲辞之而不得也，尔多士何疑焉。

（明）马明衡《尚书疑义》卷五《周书·多士》

"惟三月"者，窃谓，即《召诰》"越若来三月"，盖即是营洛之年，方迁殷士，遂营洛以居之，故诰告之也。蔡注以为，成王祀洛次年之三月。盖由于周公治洛之说,也不知《康诰》之首称"三月",《召诰》周公至洛是三月,而此人称"三月",可以见皆一时之事也。夫迁徙重事,况迁商遗民,《多士》所系非轻,得不有以告之耶?蔡祖吴氏之说,以武王已有都洛之志,故周公黜殷之后,以殷民反复难制,即迁于洛,至是乃建成周,是以迁殷在营洛之先矣。而《洛诰》云,我卜河朔黎水,固欲以迁殷,不得卜。又卜瀍水东为下都,是当卜之时,未有定处。若在先已迁,则一定之所,何待至此而两加之卜耶?此其事迹明甚,无可疑者。惟其胶于周公治洛之说,故以此为周公之新政,而以意为之说耳。大抵去古既远,日月先后亦无由知。读《尚书》者,惟须得其大义为要。若是,则周公未尝自留后治洛也;若是,则告戒殷民,惟欲其顺应一德,而非以其数反复难制也。下文"予惟时其迁居西尔",与"移尔遐逖,予惟时命有申",皆谓今日迁时事,非本前日而言也。

(清)朱鹤龄《尚书埤传》卷十二《周书·多士》

用告商王士。

谢枋得曰,武王、太公既杀纣,心焦然不宁,君臣合谋,惟有兴灭继绝,以谢天下,以服人心,故立武庚于殷,尽有畿内之地,姑命三叔以监之。其王者位号,尚与周并立,至三监挟淮夷叛,始杀武庚,始降王为公,黜殷命而封微子于宋。故孔子序"微子之命"曰"成王既黜殷命杀武庚,命微子启代殷",又证之周公之诰殷民曰"用告商王士",可见前此殷命未绝,殷王如故(此说先儒未道。王鲁斋解"天惟五年须暇之子孙",与此合)。

王若曰,尔殷遗多士

1. (汉)孔氏传、(唐)陆德明音义、孔颖达疏《尚书注疏》卷十五《周书·多士》

王若曰,尔殷遗多士。

传,顺其事,称以告殷遗余众士,所顺在下。

疏,正义曰,周公以王命顺其事而呼之曰,汝殷家遗余之众士。

传正义曰,顺其殷亡之事,称王命以告之。从纣之臣,或有身已死者,遗余在者,迁于成周,故告殷遗余众士。所顺在下,下文皆是顺之辞。

2.(宋)苏轼《书传》卷十四《周书·多士第十六》

(归善斋按,未解)

3.(宋)林之奇《尚书全解》卷三十二《周书·多士》

(归善斋按,见"成周既成")

4.(宋)史浩《尚书讲义》卷十六《周书·多士》

(归善斋按,见"惟三月,周公初于新邑洛,用告商王士")

5.(宋)夏僎《尚书详解》卷二十《周书·多士》

(归善斋按,见"惟三月,周公初于新邑洛,用告商王士")

6.(宋)时澜《增修东莱书说》卷二十四《周书·多士第十六》

王若曰,尔殷遗多士,弗吊旻天,大降丧于殷。我有周佑命,将天明威,致王罚,敕殷命,终于帝。肆尔多士,非我小国敢弋殷命,惟天不畀允罔固乱,弼我,我其敢求位。惟帝不畀,惟我下民秉为,惟天明畏。

顽民,人之所忿嫉也。周公以王命诰,首呼之曰"尔殷遗多士",抚摩劳来之意,见于言表略,无忿嫉之气,亦可以见圣人之心矣。顽民之来,谓周公必以凶徒丑类见处,不自意得"殷遗多士"之称,训诰未孚,而嚣悍暴戾,固已十消其八九矣。弗吊之天,大降丧于殷者,悯其丧乱,而慰勉之也。丧乱者,非他也,周实为之也。而慰勉之辞,若无与焉者,何哉?殷得罪于天,周奉天讨而未尝有心于其间也。讨之者无心,故言之者亦若无与也。旻天者,自其秋杀者言之,各有主也。"我有周佑命,将天明威，致王罚，敕殷命，终于帝"者，推本革命之公而开喻之也。天既降丧于殷，故周受天之明威，致王罚之公，敕正殷命而革之，以终于上帝之事；威降于天而成于周，盖相为终始者也。纣固司王罚者也，惟其不王而失天职，故职移于周，反致王罚于其身焉，吁可畏也。以天言之，则曰"明威"；以人言之，则曰"王罚"，所从言者不同，而至明至公之理，非有二也。"肆尔多士，非我小国敢弋殷命，惟天不畀允罔固乱，弼我，我其敢求位"者，因其所疑而解之也。弋，犹"弋鸟"之"弋"，谓有心于取之也。周之革殷至明如此，圣人何尝以弋取求位为嫌，而急于自解哉？惟顽民以小人之虑度君子之心，则疑周之弋殷命也，又疑周之求天位也。圣人悯之，怜之，呼而告之曰，非我小邦周敢弋殷命。以强弱小大之势论之，小国亦岂能弋殷命。然而卒革殷命焉，是天也，非人也。顽民亦可以少悟矣。天之于物，栽者培之，倾者覆之，固其治而不固其乱者，天之道也。观天之不畀殷，益信其不固乱也。天既不畀殷，故相助辅弼我有周，俾作民主，我曷尝敢有求位之意哉？是乃因其疑以解之，而非以自解也。"惟帝不畀，惟我下民秉为，惟天明畏"者，前既言"惟天不畀"矣，复告之以不畀之理，岂在外哉，是乃我下民所秉之为，善善恶恶，确然不可易者也，下民之为是，乃上天之明畏也。秉为，即秉彝。《诗》言其体，此言其用也。始言"惟天不畀"，而后言"惟帝不畀"，盖将剖析精微以示之，故指其主宰，而谓之"帝"。至本其明畏之理，则谓之天也。言至于此，所以迪顽民之性者，至矣，尽矣。

7. （宋）黄度《尚书说》卷六《周书·多士》

王若曰，尔殷遗多士，弗吊旻天，大降丧于殷。我有周佑命，将天命明威，致王罚，敕殷命终于帝。

顺道而告之，称"殷多士"，着其灭亡之余也。弗吊，言人事之不至也，是憨下民，故大降丧于殷，致王罚，正殷命黜之。终，犹绝也。武庚既诛，除殷国，立微子于宋，殷民始绝。

8. （宋）袁燮《絜斋家塾书钞》卷十二《周书·多士》

（归善斋按，见"惟三月，周公初于新邑洛，用告商王士"）

9.（宋）蔡沈《书经集传》卷五《周书·多士》

王若曰，尔殷遗多士，弗吊旻天，大降丧于殷。我有周佑命，将天明威，致王罚，敕殷命终于帝。

弗吊，未详，意其为叹悯之辞，当时方言尔也。旻天，天也。主肃杀，而言叹悯言，旻天大降灾害而丧殷，我周受眷佑之命，奉将天之明威，致王罚之公，敕正殷命而革之，以终上帝之事。盖推革命之公以开谕之也。

10.（宋）黄伦《尚书精义》卷三十九《周书·多士》

（归善斋按，见"惟三月，周公初于新邑洛，用告商王士"）

11.（宋）陈经《尚书详解》卷三十四《周书·多士》

（归善斋按，见"惟三月，周公初于新邑洛，用告商王士"）

12.（宋）钱时《融堂书解》卷十五《周书·多士》

（归善斋按，见"惟三月，周公初于新邑洛，用告商王士"）

13.（宋）魏了翁《尚书要义》卷十五《周书·多士、无逸》

（归善斋按，未引）

14.（宋）陈大猷《书集传或问》卷下《周书·多士》

（归善斋按，未解）

15.（宋）胡士行《尚书详解》卷九《周书·多士第十六》

王若曰，尔殷遗（余）多士，弗吊（商道不至）旻天，大降丧于殷。我有周（受天）佑命，将（奉）天明威，致（行）王（大公）罚敕（正）殷命终（革）于帝。肆（告尔）尔多士，非我小国（周自谦）敢弋（如弋取鸟）殷命，惟天不畀（予殷）允（信）罔（无有）固（坚）乱（栽培、倾覆，天道然），弼（天助）我，我其敢求位。惟帝不畀（予殷），惟我下民（皆）秉（秉心）为（为周），惟天明畏。

味其言，矜怜恳恻，略无忿疾之意，不知商民之为顽也。

16.（元）吴澄《书纂言》卷四下《周书·多士》

王若曰，尔殷遗多士，弗吊旻天，大降丧于殷。我有周佑命，将天明威，致王罚，敕殷命，终于帝。肆尔多士，非我小国敢弋殷命，惟天不畀允罔固乱，弼我，我其敢求位。惟帝不畀惟，我下民秉为，惟天明畏。

周公称王命以诰，谓王之意，若曰，尔乃殷所遗之多士，不幸旻天大降下丧亡之祸于殷。我有周为天佑助而命之，将奉天之明，天之威，致王者之罚，以督促殷命，使终绝于天。射取禽鸟，曰弋。尔众士，当知所以王非我小国之周敢弋取殷之天命，乃纣不为天所与。天信不坚固保护为乱之人，所以弼我，而使我受殷命也。我岂敢求殷天位而有之哉。乃纣不为帝所与，而我下民皆秉心以为我。民心所归，即天命所归也。或言天，或言帝，综错成文尔，非有异也。殷命，非我敢弋，乃天不畀纣，而我得之天位，非我敢求，乃帝不畀纣，而我有之。畀我者，天之明；不畀纣者，天之威也。故总之曰"惟天明畏"畏，与"威"通。

17.（元）陈栎《书集传纂疏》卷五《朱子订定蔡氏集传·周书·多士》

王若曰，尔殷遗多士，弗吊旻天，大降丧于殷. 我有周佑命，将天明威，致王罚，敕殷命，终于帝。

弗吊，未详，意其为叹悯之辞，当时方言尔也。旻天，秋天也，主肃杀，而言叹悯，言旻天大降灾害而丧殷，我周受眷佑之命，奉将天之明威，致王罚之公，敕正殷命而革之，以终上帝之事。盖推革命之公以开谕之也。

纂疏：

王氏曰，终，如"受终于文祖"之"终"。

愚谓，弗吊，与《大诰》同，皆言殷弗为天所吊恤耳。

18.（元）许谦《读书丛说》卷六

（归善斋按，未解）

19.（元）董鼎《书传辑录纂注》卷五《周书·多士》

王若曰，尔殷遗多士，弗吊旻天，大降丧于殷。我有周佑命，将天明威，致王罚，敕殷命，终于帝。

弗吊，未详。意其为叹悯之辞，当时方言尔也。旻天，秋天也，主肃杀而言叹悯，言旻天大降灾害而丧殷，我周受眷佑之命，奉将天之明威，致王罚之公，敕正殷命，而革之以终上帝之事，盖推革命之公以开谕之也。

纂注：

息斋余氏曰，弗吊，《大诰》引"不吊昊天"为训甚明。此以为未详，何也？

吕氏曰，以天言之，曰明威；以人言之，曰王罚。

陈氏大猷曰，敕正殷命之终于帝。

王氏曰，终，与"受终于文祖"之"终"同。

20.（元）朱祖义《尚书句解》卷九《周书·多士第十六》

王若曰（公谓王意若曰），尔殷遗多士（尔众乃殷王遗余之多士）。

21.（明）王樵《尚书日记》卷十二《周书·多士》

"王若曰，尔殷遗多士"至"终于帝"。

纣固司王罚者，惟其不王而失天职，故职移于周，而致王罚于其身焉。以天言之，则曰明威；以人言之，则曰王罚。

22.（清）库勒纳等撰《日讲书经解义》卷九《周书·多士》

（归善斋按，见"惟三月，周公初于新邑洛，用告商王士"）

弗吊旻天，大降丧于殷

1. （汉）孔氏传、（唐）陆德明音义、孔颖达疏《尚书注疏》卷十五《周书·多士》

弗吊旻天，大降丧于殷。

传，称天以愍下，言愍道至者，殷道不至，故旻天下丧亡于殷。

音义，吊，音的。旻，闵巾反。"仁覆愍下"谓之"旻"。马云，秋曰旻天，秋杀气也，方言降丧，故称旻天也。愍，眉陨反。丧，息浪反。

疏，正义曰，汝殷家道教不至。旻天以殷道不至之故，天下丧亡于殷，将欲灭殷。

传正义曰，此经先言弗吊，谓殷道不至也。不至者，上不至天，事天不以道；下不至民，抚民不以理也。天有多言，独言"旻天"者，旻，愍也，称天以愍下，言天之所愍，愍道至者也。殷道不至，故旻天下丧亡于殷，言将覆灭之。

2. （宋）苏轼《书传》卷十四《周书·多士第十六》

（归善斋按，未解）

3. （宋）林之奇《尚书全解》卷三十二《周书·多士》

（归善斋按，见"成周既成"）

4. （宋）史浩《尚书讲义》卷十六《周书·多士》

（归善斋按，见"惟三月，周公初于新邑洛，用告商王士"）

5. （宋）夏僎《尚书详解》卷二十《周书·多士》

（归善斋按，见"惟三月，周公初于新邑洛，用告商王士"）

6.（宋）时澜《增修东莱书说》卷二十四《周书·多士第十六》

（归善斋按，见"王若曰，尔殷遗多士"）

7.（宋）黄度《尚书说》卷六《周书·多士》

（归善斋按，见"王若曰，尔殷遗多士"）

8.（宋）袁燮《絜斋家塾书钞》卷十二《周书·多士》

（归善斋按，见"惟三月，周公初于新邑洛，用告商王士"）

9.（宋）蔡沈《书经集传》卷五《周书·多士》

（归善斋按，见"王若曰，尔殷遗多士"）

10.（宋）黄伦《尚书精义》卷三十九《周书·多士》

（归善斋按，见"惟三月，周公初于新邑洛，用告商王士"）

11.（宋）陈经《尚书详解》卷三十四《周书·多士》

（归善斋按，见"惟三月，周公初于新邑洛，用告商王士"）

12.（宋）钱时《融堂书解》卷十五《周书·多士》

（归善斋按，见"惟三月，周公初于新邑洛，用告商王士"）

13.（宋）魏了翁《尚书要义》卷十五《周书·多士、无逸》

（归善斋按，未引）

14.（宋）陈大猷《书集传或问》卷下《周书·多士》

（归善斋按，未解）

15.（宋）胡士行《尚书详解》卷九《周书·多士第十六》

（归善斋按，见"王若曰，尔殷遗多士"）

16.（元）吴澄《书纂言》卷四下《周书·多士》

（归善斋按，见"王若曰，尔殷遗多士"）

17.（元）陈栎《书集传纂疏》卷五《朱子订定蔡氏集传·周书·多士》

（归善斋按，见"王若曰，尔殷遗多士"）

18.（元）许谦《读书丛说》卷六

（归善斋按，未解）

19.（元）董鼎《书传辑录纂注》卷五《周书·多士》

（归善斋按，见"王若曰，尔殷遗多士"）

20.（元）朱祖义《尚书句解》卷九《周书·多士第十六》

弗吊（以纣为不道，不足恤。吊，的），旻天大降丧于殷（皇天乃大降下丧亡之祸于尔殷家）。

21.（明）王樵《尚书日记》卷十二《周书·多士》

（归善斋按，见"王若曰，尔殷遗多士"）

22.（清）库勒纳等撰《日讲书经解义》卷九《周书·多士》

（归善斋按，见"惟三月，周公初于新邑洛，用告商王士"）

917

(元)陈师凯《蔡氏传旁通》卷五《多士》

弗吊未详。

《大诰》引"不吊昊天",与此同。

旻天,秋天也。

《尔雅》云,春为苍天,夏为昊天,秋为旻天,冬为上天。

(清)朱鹤龄《尚书埤传》卷十二《周书·多士》

弗吊。

吕祖谦曰,述殷丧亡,亦曰"弗吊",此圣人公天下之心。

我有周佑命,将天明威

1. (汉)孔氏传、(唐)陆德明音义、孔颖达疏《尚书注疏》卷十五《周书·多士》

我有周佑命,将天明威。

传,言我有周受天佑助之命,故得奉天明威。

疏,正义曰,我有周受天佑助之命,奉天明白之威。

2. (宋)苏轼《书传》卷十四《周书·多士第十六》

(归善斋按,未解)

3. (宋)林之奇《尚书全解》卷三十二《周书·多士》

(归善斋按,见"成周既成")

4. (宋)史浩《尚书讲义》卷十六《周书·多士》

(归善斋按,见"惟三月,周公初于新邑洛,用告商王士")

5.（宋）夏僎《尚书详解》卷二十《周书·多士》

(归善斋按，见"惟三月，周公初于新邑洛，用告商王士")

6.（宋）时澜《增修东莱书说》卷二十四《周书·多士第十六》

(归善斋按，见"王若曰，尔殷遗多士")

7.（宋）黄度《尚书说》卷六《周书·多士》

(归善斋按，见"王若曰，尔殷遗多士")

8.（宋）袁燮《絜斋家塾书钞》卷十二《周书·多士》

(归善斋按，见"惟三月，周公初于新邑洛，用告商王士")

9.（宋）蔡沈《书经集传》卷五《周书·多士》

(归善斋按，见"王若曰，尔殷遗多士")

10.（宋）黄伦《尚书精义》卷三十九《周书·多士》

(归善斋按，见"惟三月，周公初于新邑洛，用告商王士")

11.（宋）陈经《尚书详解》卷三十四《周书·多士》

(归善斋按，见"惟三月，周公初于新邑洛，用告商王士")

12.（宋）钱时《融堂书解》卷十五《周书·多士》

(归善斋按，见"惟三月，周公初于新邑洛，用告商王士")

13.（宋）魏了翁《尚书要义》卷十五《周书·多士、无逸》

(归善斋按，未引)

14. （宋）陈大猷《书集传或问》卷下《周书·多士》

（归善斋按，未解）

15. （宋）胡士行《尚书详解》卷九《周书·多士第十六》

（归善斋按，见"王若曰，尔殷遗多士"）

16. （元）吴澄《书纂言》卷四下《周书·多士》

（归善斋按，见"王若曰，尔殷遗多士"）

17. （元）陈栎《书集传纂疏》卷五《朱子订定蔡氏集传·周书·多士》

（归善斋按，见"王若曰，尔殷遗多士"）

18. （元）许谦《读书丛说》卷六

（归善斋按，未解）

19. （元）董鼎《书传辑录纂注》卷五《周书·多士》

（归善斋按，见"王若曰，尔殷遗多士"）

20. （元）朱祖义《尚书句解》卷九《周书·多士第十六》

我有周佑命（有周乃受上天佑助之命），将天明威（遂将奉上天显然之威罚）。

21. （明）王樵《尚书日记》卷十二《周书·多士》

（归善斋按，见"王若曰，尔殷遗多士"）

22.（清）库勒纳等撰《日讲书经解义》卷九《周书·多士》

（归善斋按，见"惟三月，周公初于新邑洛，用告商王士"）

致王罚，敕殷命终于帝

1.（汉）孔氏传、（唐）陆德明音义、孔颖达疏《尚书注疏》卷十五《周书·多士》

致王罚，敕殷命终于帝。

传，天命周致王者之诛罚，正黜殷命，终周于帝王。

疏，正义曰，致王者之诛罚，正黜殷命，终我周家于帝王之事，谓使我周家代殷为天子也。

传正义曰，天命周致王者之诛罚，谓奉上天之命杀无道之王，此乃王者之事，故为王者之诛罚。敕，训"正"也。正黜殷命，谓杀去虐纣，使周受其终事，是终周于帝王。终，犹"舜受尧终"，言殷祚终，而归于周。

2.（宋）苏轼《书传》卷十四《周书·多士第十六》

（归善斋按，未解）

3.（宋）林之奇《尚书全解》卷三十二《周书·多士》

（归善斋按，见"成周既成"）

4.（宋）史浩《尚书讲义》卷十六《周书·多士》

（归善斋按，见"惟三月，周公初于新邑洛，用告商王士"）

5.（宋）夏僎《尚书详解》卷二十《周书·多士》

（归善斋按，见"惟三月，周公初于新邑洛，用告商王士"）

6.（宋）时澜《增修东莱书说》卷二十四《周书·多士第十六》

（归善斋按，见"王若曰，尔殷遗多士"）

7.（宋）黄度《尚书说》卷六《周书·多士》

（归善斋按，见"王若曰，尔殷遗多士"）

8.（宋）袁燮《絜斋家塾书钞》卷十二《周书·多士》

（归善斋按，见"惟三月，周公初于新邑洛，用告商王士"）

9.（宋）蔡沈《书经集传》卷五《周书·多士》

（归善斋按，见"王若曰，尔殷遗多士"）

10.（宋）黄伦《尚书精义》卷三十九《周书·多士》

（归善斋按，见"惟三月，周公初于新邑洛，用告商王士"）

11.（宋）陈经《尚书详解》卷三十四《周书·多士》

（归善斋按，见"惟三月，周公初于新邑洛，用告商王士"）

12.（宋）钱时《融堂书解》卷十五《周书·多士》

（归善斋按，见"惟三月，周公初于新邑洛，用告商王士"）

13.（宋）魏了翁《尚书要义》卷十五《周书·多士、无逸》

（归善斋按，未引）

14. （宋）陈大猷《书集传或问》卷下《周书·多士》

（归善斋按，未解）

15. （宋）胡士行《尚书详解》卷九《周书·多士第十六》

（归善斋按，见"王若曰，尔殷遗多士"）

16. （元）吴澄《书纂言》卷四下《周书·多士》

（归善斋按，见"王若曰，尔殷遗多士"）

17. （元）陈栎《书集传纂疏》卷五《朱子订定蔡氏集传·周书·多士》

（归善斋按，见"王若曰，尔殷遗多士"）

18. （元）许谦《读书丛说》卷六

（归善斋按，未解）

19. （元）董鼎《书传辑录纂注》卷五《周书·多士》

（归善斋按，见"王若曰，尔殷遗多士"）

20. （元）朱祖义《尚书句解》卷九《周书·多士第十六》

致王罚（致王者之罚于纣），敕殷命，终于帝（以正殷之命，使终绝于天。谓彼不正，此以天威正之）。

21. （明）王樵《尚书日记》卷十二《周书·多士》

（归善斋按，见"王若曰，尔殷遗多士"）

22.（清）库勒纳等撰《日讲书经解义》卷九《周书·多士》

（归善斋按，见"惟三月，周公初于新邑洛，用告商王士"）

肆尔多士！非我小国敢弋殷命

1.（汉）孔氏传、（唐）陆德明音义、孔颖达疏《尚书注疏》卷十五《周书·多士》

肆尔多士！非我小国敢弋殷命。

传，天佑我，故汝众士臣服我。弋，取也。非我敢取殷王命，乃天命。

音义，弋，音翼，马本作翼，义同。

疏，正义曰，天既助我周王，故汝众士，来为我臣，由天助我，我得为之，非我小国敢取殷之王命以为己有，此乃天与我。

传正义曰，肆，训"故"也，直云"故尔多士"，辞无所结。此经大意叙其去殷事周，知其故尔众士，言其臣服我。弋，射也，射而取之，故"弋"为"取"也。郑玄、王肃本，"弋"作"翼"。王亦云，翼，取也。郑云，翼，犹"驱"也，非我周敢驱取汝殷之王命。虽训为"驱"，亦为"取"义。周本殷之诸侯，故周公自称小国。

2.（宋）苏轼《书传》卷十四《周书·多士第十六》

（归善斋按，见"成周既成"）

3.（宋）林之奇《尚书全解》卷三十二《周书·多士》

（归善斋按，见"成周既成"）

4. （宋）史浩《尚书讲义》卷十六《周书·多士》

（归善斋按，见"惟三月，周公初于新邑洛，用告商王士"）

5. （宋）夏僎《尚书详解》卷二十《周书·多士》

（归善斋按，见"惟三月，周公初于新邑洛，用告商王士"）

6. （宋）时澜《增修东莱书说》卷二十四《周书·多士第十六》

（归善斋按，见"王若曰，尔殷遗多士"）

7. （宋）黄度《尚书说》卷六《周书·多士》

肆尔多士！非我小国敢弋殷命。惟天不畀允罔固乱，弼我，我其敢求位。惟帝不畀，惟我下民秉为，惟天明畏。

肆，故。今以绳系矢而射，曰弋。天所不畀，信无固乱也。推亡固存，是乃天道，使文、武有求位之心，天其猒之矣。惟我下民皆秉心为周天之视听必因于民天明为可畏也

8. （宋）袁燮《絜斋家塾书钞》卷十二《周书·多士》

（归善斋按，见"惟三月，周公初于新邑洛，用告商王士"）

9. （宋）蔡沈《书经集传》卷五《周书·多士》

肆尔多士！非我小国敢弋殷命，惟天不畀允罔固乱，弼我，我其敢求位。

肆，与《康诰》"肆汝小子封"同。弋。取也，"弋鸟"之"弋"，言有心于取之也。呼多士诰之，谓以势而言，我小国亦岂敢弋取殷命，盖栽者培之，倾者覆之，固其治而不固其乱者，天之道。惟天不与殷，信其不固殷之乱矣。惟天不固殷之乱，故辅我周之治，而天位自有所不容辞者，我其敢有求位之心哉？

10.（宋）黄伦《尚书精义》卷三十九《周书·多士》

肆尔多士！非我小国敢弋殷命，惟天不畀允罔固乱，弼我，我其敢求位。惟帝不畀，惟我下民秉为，惟天明畏。

无垢曰，纣非特天不与，帝亦不与。天、帝一也。天言定体，帝言造化。日月星辰，天也。执祸福之柄，以应善恶者，帝也。夫为人君，得罪于天，又得罪于上帝，其何以王天下乎？欲知天、帝之与不与，当自民观之。民秉持我以为依赖，为爱我以为父母，则天帝之与我，可知矣。夫秉为之心，当归于纣，今乃在周，则天、帝之黜商与周，亦皦然矣。天之明善威恶如此，其可忽哉？

吕氏曰，周固无心于求天，天自左右辅翼，周固不得不去讨殷。我何尝敢求位，惟顺天公理，不得不如此。当时顽民染恶之久，都去私意上看，都不知天命废兴之常理，将谓周是仇雠，有意去取他。周之文、武，无此心，惟殷民有此心，见得周虽无心，似有心；虽不求似有求，此周公所以以天命至公，不容己之理开他私心。

11.（宋）陈经《尚书详解》卷三十四《周书·多士》

（归善斋按，见"惟三月，周公初于新邑洛，用告商王士"）

12.（宋）钱时《融堂书解》卷十五《周书·多士》

（归善斋按，见"惟三月，周公初于新邑洛，用告商王士"）

13.（宋）魏了翁《尚书要义》卷十五《周书·多士、无逸》

三、非我敢弋殷命，谓射而取之。

此经大意，叙其去殷事周，知其故尔众士，言其臣服我。弋，射也，射而取之，故"弋"为"取"也。郑云王肃本弋作翼王亦云翼取也。郑云翼同驱也非我周敢驱取汝殷之王命虽训为"驱"，亦为取义。周本殷之诸侯，故周公自称小国。

14.（宋）陈大猷《书集传或问》卷下《周书·多士》

（归善斋按，未解）

15.（宋）胡士行《尚书详解》卷九《周书·多士第十六》

（归善斋按，见"王若曰，尔殷遗多士"）

16.（元）吴澄《书纂言》卷四下《周书·多士》

（归善斋按，见"王若曰，尔殷遗多士"）

17.（元）陈栎《书集传纂疏》卷五《朱子订定蔡氏集传·周书·多士》

肆尔多士！非我小国敢弋殷命，惟天不畀允罔固乱，弼我，我其敢求位。

"肆"与《康诰》"肆汝小子封"同。弋，取也，"弋鸟"之"弋"，言有心于取之也。呼多士诰之，谓以势而言，我小国，亦岂敢弋取殷命？盖栽者培之，倾者覆之。固其治，而不固其乱者，天之道也。惟天不与殷，信其不固殷之乱矣。惟天不固殷之乱，故辅我周之治，而天位自有所不容辞者。我岂敢有求位之心哉。

纂疏：

苏氏曰，固，如"推亡固存"之"固"。

林氏曰，告以天命之公，使知殷失天命而亡，则谁能与之。周得天命而兴，则谁能废之。

18.（元）许谦《读书丛说》卷六

（归善斋按，未解）

19.（元）董鼎《书传辑录纂注》卷五《周书·多士》

肆尔多士！非我小国敢弋殷命，惟天不畀允罔固乱，弼我，我其敢求位。

"肆"与《康诰》"肆汝小子封"同。弋，取也，"弋鸟"之"弋"言有心于取之也。呼多士诰之，谓以势而言，我小国亦岂敢弋取殷命，盖栽者培之，倾者覆之。固其治，而不固其乱者，天之道也。惟天不与殷，信其不固殷之乱矣。惟天不固殷之乱，故辅我周之治，而天位自有所不容辞者，我其敢有求位之心哉？

纂注：

苏氏曰，固，如"推亡固存"之"固"，信矣。天之固治，不固乱也。

林氏曰，告殷士以天命之公，使知殷失天命而亡，则谁能兴之；周得天命而兴，则谁能违之。

20.（元）朱祖义《尚书句解》卷九《周书·多士第十六》

肆尔多士！非我小国敢弋殷命（故尔多士，当知我周之有天下，非我周小国敢弋取殷之天命）。

21.（明）王樵《尚书日记》卷十二《周书·多士》

"肆尔多士！非我小国"至"我其敢求位"。

以小国言之，非有胜商之势，以非敢言之，非有翦商之心。

22.（清）库勒纳等撰《日讲书经解义》卷九《周书·多士》

肆尔多士！非我小国敢弋殷命，惟天不畀允罔固乱，弼我，我其敢求位。惟帝不畀，惟我下民秉为，惟天明畏。

此二节书，是反复申言所以革殷命之故也。弋，取也。畀，与也。固者，保护之意。秉为，犹言"秉彝"，乃民之所秉持作为者。王命又曰，肆尔多士，当殷有天下之时，我周本小国也，宁敢觊觎非常，弋取殷命乎？无如栽者培之，倾者覆之天之道也。天心愿治，而殷乃乱之。乱则未有不亡者。今观天不与殷，信乎。天心厌乱，无曲护以固殷之理矣。是以监观四方辅弼我周，以拨乱反治，岂我周敢窥窃神器，以求此天位哉？且我所谓天不与殷者，非无。据也验之于民而已。民心之向背，即天命之去留。当日纣恶既稔，亿兆离心；周德方隆，万姓悦服。惟我下民之所秉为，一出于至公，而无所私如。此民心之去殷，非即天降丧之明威，凛然可畏者乎？尔多士，心怀反侧，或疑我周为弋取，非特不知天意，亦并不察民心矣。

（元）陈师凯《蔡氏传旁通》卷五《多士》

肆，与《康诰》"肆汝小子封"同。

肆故也

弋，取也。"弋鸟"之"弋"

《论语》曰"弋不射宿"，以生丝系矢而射也。

（明）马明衡《尚书疑义》卷五《周书·多士》

"非我小国敢弋殷命"，"我其敢求位"皆言其非出有心之私也。"惟天不畀"，"惟帝不畀"，皆本于天命之公也。然天命非他，亦视下民秉为而已。此皆至诚恻怛以告之，所谓推赤心置人腹中者也。殷士之贤者，宁不知所警动乎？

惟天不畀，允罔固乱，弼我，我其敢求位

1.（汉）孔氏传、（唐）陆德明音义、孔颖达疏《尚书注疏》卷十五《周书·多士》

惟天不畀，允罔固乱，弼我，我其敢求位。

传，惟天不与信无坚固治者，故辅佑我，我其敢求天位乎？

音义，治，直吏反。畀，必利反，下同。

疏，正义曰，惟天不与信无坚固于治者，以是故辅弼我。若其不然，我其敢妄求天子之位乎？言此位，天自与我，非我求而得之。

2.（宋）苏轼《书传》卷十四《周书·多士第十六》

惟天不畀，允罔固乱，弼我，我其敢求位？

固，读如"推亡固存"之"固"。信哉，天之固治而不固乱也。不固乱，所以辅我，我岂敢求之哉。

3.（宋）林之奇《尚书全解》卷三十二《周书·多士》

（归善斋按，见"成周既成"）

4.（宋）史浩《尚书讲义》卷十六《周书·多士》

（归善斋按，见"惟三月，周公初于新邑洛，用告商王士"）

5.（宋）夏僎《尚书详解》卷二十《周书·多士》

（归善斋按，见"惟三月，周公初于新邑洛，用告商王士"）

6.（宋）时澜《增修东莱书说》卷二十四《周书·多士第十六》

（归善斋按，见"王若曰，尔殷遗多士"）

7.（宋）黄度《尚书说》卷六《周书·多士》

（归善斋按，见"肆尔多士！非我小国敢弋殷命"）

8.（宋）袁燮《絜斋家塾书钞》卷十二《周书·多士》

（归善斋按，见"惟三月，周公初于新邑洛，用告商王士"）

9.（宋）蔡沈《书经集传》卷五《周书·多士》

（归善斋按，见"肆尔多士！非我小国敢弋殷命"）

10.（宋）黄伦《尚书精义》卷三十九《周书·多士》

（归善斋按，见"肆尔多士！非我小国敢弋殷命"）

11.（宋）陈经《尚书详解》卷三十四《周书·多士》

（归善斋按，见"惟三月，周公初于新邑洛，用告商王士"）

12.（宋）钱时《融堂书解》卷十五《周书·多士》

（归善斋按，见"惟三月，周公初于新邑洛，用告商王士"）

13.（宋）魏了翁《尚书要义》卷十五《周书·多士、无逸》

（归善斋按，未引）

14.（宋）陈大猷《书集传或问》卷下《周书·多士》

（归善斋按，未解）

15.（宋）胡士行《尚书详解》卷九《周书·多士第十六》

（归善斋按，见"王若曰，尔殷遗多士"）

16.（元）吴澄《书纂言》卷四下《周书·多士》

（归善斋按，见"王若曰，尔殷遗多士"）

17.（元）陈栎《书集传纂疏》卷五《朱子订定蔡氏集传·周书·多士》

（归善斋按，见"肆尔多士！非我小国敢弋殷命"）

18.（元）许谦《读书丛说》卷六

（归善斋按，未解）

19.（元）董鼎《书传辑录纂注》卷五《周书·多士》

（归善斋按，见"肆尔多士！非我小国敢弋殷命"）

20. (元) 朱祖义《尚书句解》卷九《周书·多士第十六》

惟天不畀（乃纣不道，不为天之所与），允罔固乱（信乎天不坚固此为乱人），弼我（所以辅弼我周），我其敢求位（我周岂敢求尔商之天位）。

21. (明) 王樵《尚书日记》卷十二《周书·多士》

(归善斋按，见"肆尔多士！非我小国敢弋殷命")

22. (清) 库勒纳等撰《日讲书经解义》卷九《周书·多士》

(归善斋按，见"肆尔多士！非我小国敢弋殷命")

(元) 陈师凯《蔡氏传旁通》卷五《多士》

栽者，培之；倾者，覆之；固其治，而不固其乱者，天之道也。《仲虺之诰》曰"推亡固存"，与此"固"字同义，盖能自种其德者，天因以加培之；自倾其德者，天因以覆灭之。福善祸淫，天之道也。圣人岂容心哉，惟天所命耳。

(明) 马明衡《尚书疑义》卷五《周书·多士》

(归善斋按，见"肆尔多士！非我小国敢弋殷命")

惟帝不畀，惟我下民秉为，惟天明畏

1. (汉) 孔氏传、(唐) 陆德明音义、孔颖达疏《尚书注疏》卷十五《周书·多士》

惟帝不畀，惟我下民秉为，惟天明畏。

传,惟天不与纣,惟我周家下民秉心为我,皆是天明德可畏之效。

音义,为,于伪反。畏,如字,一音威。

疏,正义曰,惟天不与纣,故惟我周家下民秉心为我,故我得之。惟天明德可畏之效也,亦既得、丧由天,汝等不得不服。以殷士未服,故以天命喻之。

2. (宋)苏轼《书传》卷十四《周书·多士第十六》

惟帝不畀,惟我下民秉为,惟天明畏。

秉,持也。帝既不畀殷矣,则民皆持为此说,曰天将降威于殷也。

3. (宋)林之奇《尚书全解》卷三十二《周书·多士》

(归善斋按,见"成周既成")

4. (宋)史浩《尚书讲义》卷十六《周书·多士》

(归善斋按,见"惟三月,周公初于新邑洛,用告商王士")

5. (宋)夏僎《尚书详解》卷二十《周书·多士》

(归善斋按,见"惟三月,周公初于新邑洛,用告商王士")

6. (宋)时澜《增修东莱书说》卷二十四《周书·多士第十六》

(归善斋按,见"王若曰,尔殷遗多士")

7. (宋)黄度《尚书说》卷六《周书·多士》

(归善斋按,见"肆尔多士!非我小国敢弋殷命")

8. (宋)袁燮《絜斋家塾书钞》卷十二《周书·多士》

(归善斋按,见"惟三月,周公初于新邑洛,用告商王士")

9. (宋)蔡沈《书经集传》卷五《周书·多士》

惟帝不畀,惟我下民秉为,惟天明畏。

933

秉，持也，言天命之所不与，即民心之所秉为，民心之所秉为，即天威之所明畏者也。反复天、民相因之理，以见天之果不外乎民，民之果不外乎天也。《诗》言"秉彝"。此言秉为者。"彝"以理言；"为"以用言也。

10. （宋）黄伦《尚书精义》卷三十九《周书·多士》

（归善斋按，见"肆尔多士！非我小国敢弋殷命"）

11. （宋）陈经《尚书详解》卷三十四《周书·多士》

（归善斋按，见"惟三月，周公初于新邑洛，用告商王士"）

12. （宋）钱时《融堂书解》卷十五《周书·多士》

（归善斋按，见"惟三月，周公初于新邑洛，用告商王士"）

13. （宋）魏了翁《尚书要义》卷十五《周书·多士、无逸》

（归善斋按，未引）

14. （宋）陈大猷《书集传或问》卷下《周书·多士》

（归善斋按，未解）

15. （宋）胡士行《尚书详解》卷九《周书·多士第十六》

（归善斋按，见"王若曰，尔殷遗多士"）

16. （元）吴澄《书纂言》卷四下《周书·多士》

（归善斋按，见"王若曰，尔殷遗多士"）

17. （元）陈栎《书集传纂疏》卷五《朱子订定蔡氏集传·周书·多士》

惟帝不畀，惟我下民秉为，惟天明畏。

秉，持也，言天命之所不与，即民心之所秉为，民心之所秉为，即天威之所明畏者也。反覆天、民相因之理，以见天之果不外乎民，民之果不外乎天也。《诗》言"秉彝"，此言"秉为"者，彝，以理言；为，以用言也。

纂疏：

孔氏曰，惟天不与纣，惟我下民秉心为我，皆是天明可畏之效。

愚按，蔡本吕说。今述孔注，谓天自于民，民心所归，即天命所在，以天不畀殷，民秉心为周。观之，岂非天明畏之验哉？既曰"惟天不畀"，又曰"惟帝不畀"；既曰"将天明威"，又曰"惟天明畏"，反覆以天命之去留，晓殷士而潜消其觊觎猜疑之私耳。

18.（元）许谦《读书丛说》卷六

（归善斋按，未解）

19.（元）董鼎《书传辑录纂注》卷五《周书·多士》

惟帝不畀，惟我下民秉为，惟天明畏。

秉，持也，言天命之所不与，即民心之所秉为，民心之所秉为，即天威之所明畏者也。反覆天、民相因之理，以见天之果不外乎民，民之果不外乎天也。《诗》言"秉彝"，此言"秉为"者，彝，以理言；为，以用言也。

纂注：

孔氏曰，惟天不与纣，惟我下民秉心为我，皆是天明可畏之效。

陈氏经曰，纣之恶，至于失人心，则天命之所去；周之德至于下民秉为，即天命之所与。

新安陈氏曰，蔡本吕说，然孔注为优。既曰"惟天不畀"，又曰"惟帝不畀"；既曰"将天明威"，又曰"惟天明畏"，反覆以天命之去留，晓殷士而潜消其觊觎猜疑之私耳。

息斋余氏曰，明畏，只如《皋谟》篇所训为明。

20.（元）朱祖义《尚书句解》卷九《周书·多士第十六》

惟帝不畀（纣不道不为天帝之所与），惟我下民秉为（惟我下民皆秉心协力以为我故我所以有天位也），惟天明畏（惟此天威明然可畏）。

21.（明）王樵《尚书日记》卷十二《周书·多士》

惟帝不畀，惟我下民秉为，惟天明畏。

秉为，谓其向背有常，不可移夺。上文言不畀殷而畀我，恐殷民不信，故此言惟帝所不畀者，民所秉为者也。民所秉为者，天所明畏者也。天不外乎民，民不外乎天，知天、民相因之理，则知民之所亡，亡之天之于商也。天之所亡亡之周之于商也。初何有一毫私意乎其间哉？

22.（清）库勒纳等撰《日讲书经解义》卷九《周书·多士》

(归善斋按，见"肆尔多士！非我小国敢弋殷命")

（元）王充耘《读书管见》卷下《多士》

惟帝不畀。

惟帝不畀，惟我下民秉为。

即"天视自我民视，天听自我民听"之意。盖上文言，不畀殷而畀我，恐殷民不信，以为周公托天以自神耳。天岂尝谆谆然命之乎，但民心之所向背，即天意之所予夺也。

（明）马明衡《尚书疑义》卷五《周书·多士》

(归善斋按，见"肆尔多士！非我小国敢弋殷命")

我闻曰，上帝引逸，有夏不适逸，则惟帝降格

1. （汉）孔氏传、（唐）陆德明音义、孔颖达疏《尚书注疏》卷十五《周书·多士》

我闻曰，上帝引逸，有夏不适逸，则惟帝降格。

传，言上天欲民长逸乐，有夏桀为政不之逸乐，故天下至戒以谴告之。

音义，乐，音洛，下同。谴，弃战反。

疏，正义曰，既言天之效验，去恶与善，更追说往事，比而喻之。我闻人有言曰，上天之情，欲民长得逸乐，而有夏王桀，逆天害民，不得使民之适逸乐。以此，则惟上天下灾异至戒，以谴告之，欲使夏王桀觉悟，改恶为善。

传正义曰，襄十四年《左传》称"天之爱民甚矣"，又曰"天生民而立之君，使司牧之"，是言上天欲民长得逸乐，故立君养之，使之长逸乐也。夏桀为政，割剥夏邑，使民不得之适逸乐，故上天下此至戒，以谴告之。降，下；格，至也。直言下、至，明是天下至戒，天所下戒，惟下灾异，以谴告人主，使之见灾而惧，改修德政耳。古书亡失，桀之灾异，未得尽闻。

2. （宋）苏轼《书传》卷十四《周书·多士第十六》

我闻曰，上帝引逸。

引，去也，故"逸"者，则天命去之也。

有夏不适逸，则惟帝降格。

3. （宋）林之奇《尚书全解》卷三十二《周书·多士》

（归善斋按，见"成周既成"）

937

4. （宋）史浩《尚书讲义》卷十六《周书·多士》

我闻曰，上帝引逸，有夏不适逸，则惟帝降格。向于时夏，弗克庸帝，大淫泆有辞。惟时天罔念闻，厥惟废元命，降致罚，乃命尔先祖成汤革夏，俊民甸四方。自成汤至于帝乙，罔不明德恤祀，亦惟天丕建，保乂有殷。殷王亦罔敢失帝，罔不配天其泽。在今后嗣王，诞罔显于天，矧曰其有听念于先王勤家。诞淫厥泆，罔顾于天显民祇。惟时上帝不保，降若兹大丧。惟天不畀，不明厥德。凡四方小大邦丧，罔非有辞于罚。

兹欲使商之多士知天命之所归，故举汝商之先祖所以革夏，以证我周之先考，所以代商之由，使之无疑于天命也。引，弃去也。天之所弃者，以其逸而无勤劳也。有夏之君，不趋于逸，则天降格而向之，言其与天通也。桀，既弗克用此以事天，乃大淫泆而文过以辞，惟时天罔念闻，言其与天不通也。天本有向夏之命，今则废矣不降格而降罚矣。故汝商之先祖成汤，始得革夏命。俊乂斯民，而甸治四方也。自成汤至于帝乙，贤圣之君六七作，罔不明其德于己而恤其祀于神。天向其德，乃大建立其祚，而保乂其君，其君亦罔敢失天意，罔不配天，而泽天下。自此以后嗣王，则纣矣，大不明德以显天，天且不能事，而况能听念先王之勤家乎？不勤者，如有夏之适逸也。大淫其泆，不顾于天显民祇，言其不顾显天敬民之理。天既不保，降滋大丧，亦犹天为商降罚于夏也。天既不畀，昏于厥德，小大之邦用丧，罔非有辞于罚，亦犹有夏，民欲与之皆亡也。呜呼！与乱同事，罔不亡。夏桀、商纣为恶不同，同归于乱，至其错天命，则如出一辙，岂我武王私意哉？尔商多士，于此不可不知时变也。

5. （宋）夏僎《尚书详解》卷二十《周书·多士》

我闻曰，上帝引逸，有夏不适逸，则惟帝降格。向于时夏，弗克庸帝，大淫泆有辞。惟时天罔念闻，厥惟废元命，降致罚。乃命尔先祖成汤革夏，俊民甸四方。自成汤至于帝乙，罔不明德恤祀，亦惟天丕建，保乂有殷，殷王亦罔敢失帝，罔不配天其泽。在今后嗣王，诞罔显于天，矧曰其有听念于先王勤家，诞淫厥泆，罔顾于天显民祇。惟时上帝不保，降若兹大丧。惟天不畀，不明厥德，凡四方小大邦丧，罔非有辞于罚。

周公上既言殷所以亡，周所以兴，至此又以所闻夏亡殷兴之事证之，以见尔殷当时取夏亦如此，则我今日取殷，亦犹殷之于夏，不足疑而怀不服之思也。周公谓我，闻人说，上帝于人君之好逸乐者，皆引而去之，是天不欲人君纵逸也。天不好逸乐，而有夏之君皆志于忧勤，而不敢放于逸乐，谓大禹以下诸贤君，皆能以忧勤合天意，故天于是降格，谓降至于夏，言其意常至于夏也。向于时夏，弗克庸帝，谓自是之后，渐次向至于是夏桀之君，乃不能用上帝之意，谓天引逸而，桀乃适逸也。惟桀不能用于帝，于是大淫泆过于佚荡，而有恶辞。惟是之故，天于是不复爱念，不复听闻，遂废绝其大命，降致以天罚，谓罚自天降，而遂至于桀也。惟天欲降致其罚于桀，于是命尔商家之先祖成汤，改革夏命为商，而用贤俊之人，以治四方，此即《立政》所谓"亦越成汤陟，丕厘上帝之耿命，乃用三有宅，用三有俊"也。天意既如此，而自成汤至帝乙，终始二十六君，又皆能念天之意，无不明德以忧恤于祭祀之事。盖人君为神、天之主，所以使之承上下神祇，与社稷宗庙。然黍稷非馨，明德惟馨。故祭祀之事，又当以明德为本。惟商之诸贤君知此，故皆以明德而勤恤祀事，于是大为天之所建立，而安治于有商。殷王既为天之所建立，亦无敢失帝之意，莫不益广其德，以合于上天之泽。此盖说帝乙以上，诸王能顺天意，以保天下，明纣之不然也。

　　唐孔氏谓，帝乙已上，非无僻王，此言无不明德恤祀者，立文之法，辞有抑扬。将说纣之不善，盛言前世之贤正以守位不失，故得美而言之。此说极然。周公既说帝乙已上诸王，能顺帝意守天下，遂又言在今嗣王纣，大不明于天意，谓天意引逸，而纣乃适逸，是不明于天意也。人君所畏敬者天而已，今既不明于天意，况能耳听心念先王勤劳，以建立国家之事乎？观汤自肇修人纪，而至于有万邦，则其勤可知矣。纣既不能听念于先王，于是大过于佚荡之事，全不顾视天之显然可畏，民之不可不敬，是其心惟知淫佚而已。虽上而为天，下而为民，其从违去就，能决国家之存亡，亦邈然不恤矣。惟是之故，上帝乃不保安于纣，遂降如此之大丧，必言如此者，盖纣之丧亡时，所亲见，故言如此，谓如今日之酷也。周公既言纣所以亡之故，又缴之曰，"惟天不畀不明厥德"，盖天之所以不与纣者，亦以纣不明于德故耳既。言纣以不明于德而亡，又言"凡小大邦用丧罔非有辞于罚"者，谓纣之亡不特亡其身而已，而毒流下国，凡四方小邦、大邦至于丧亡者，皆以习纣之恶。"无不有罪辞于罚"，谓我国家征伐四国，四方之国，皆有可罚之辞也。

6.（宋）时澜《增修东莱书说》卷二十四《周书·多士第十六》

我闻曰，上帝引逸，有夏不适逸，则惟帝降格，向于时夏，弗克庸帝，大淫泆有辞。惟时天罔念闻，厥惟废元命，降致罚，乃命尔先祖成汤革夏，俊民甸四方。自成汤至于帝乙，罔不明德恤祀，亦惟天丕建，保乂有殷。殷王亦罔敢失帝，罔不配天其泽。

桀之亡，即纣之亡也。汤之兴，即武王之兴也。鸣条之事，凡为商民者莫不知其应乎天，而顺乎人矣。至于商、周之际，乃有疑焉。观其前则明，处其中则蔽也。故周公举汤桀之旧闻以告之，自其明，以达其蔽也。"上帝引逸"者，非有形声之接也。人心得其所安，则亹亹而不能已，斯则上帝引之也。是理坦然，亦何间于桀。第桀丧其良心，自不适其所安耳。帝实引之，桀实避之，则其恶升闻，而惟帝降格矣。天、人之际，惟极乃通。治极则通，格于皇天是也。乱极亦通，惟帝降格是也。治乱虽殊，极乎下而通于上，则一而已。帝既降格谴告灾异，以示所向，于是夏邦可以深警矣。尚犹弗能敬用帝命，大肆淫泆，恶播人口，至于有辞，自绝于天，而天亦绝之。故惟时天罔念闻也。元命者，大善之命也，出于天而行于君者也。桀以淫泆肆于民上，举措诛赏，无非私意，安得有所谓元命哉？元命废，则降致天罚，夏祚亦从而废矣。国之元命，犹人之元气，有则生，无则死也。夏既废其命，故天乃命尔先祖成汤，爰革夏正焉。"俊民甸四方"者，汤所以尽人君之职分也。人君之于四方，岂独恃一手一足之力哉？明扬俊民，分布远迩，使之甸治区画，各有攸守，而人君之职分尽矣。伊尹之称汤曰"旁求俊彦"，《孟子》之称汤曰"立贤无方"，盖成汤治天下之规模，惟伊尹、周公、孟子则深知之也。明德者，治国平天下之本，而恤祀则致敬鬼神，聚其德而神明之者也。自成汤至于帝乙，圣贤之品差亦不一矣。谓之"罔不明德恤祀"者，言大略不失此心，所以传世不坠也。商之多哲王，是岂人力哉？亦惟天大建立，保治有殷而然也。殷之哲王，亦皆操存此心，罔敢失帝之则，无私主则无私施也。此布德行惠，所以罔不配天其泽也。苟不知操存，失其帝，则虽欲泽民，亦皆私意之为，何足以配天乎。

7.（宋）黄度《尚书说》卷六《周书·多士》

我闻曰，上帝引逸，有夏不适逸，则惟帝降格。向于时夏，弗克庸帝，大淫泆有辞，惟时天罔念闻，厥惟废元命，降致罚，乃命尔先祖成汤革夏，俊民甸四方。

引，长；逸，安。天之眷顾，有德实欲长安之。有夏乃不能承天意，自适于安，则为天之降格。向于是夏，当其时，桀不克用帝命，大为淫泆，有恶辞，惟是，天始不顽恤，无所念闻，废其大命，降致罚。乃命成汤革夏。汤即其贤人君子与之共治四方。夏之贤者，皆识天命，皆达废兴之理，皆能以天下为公，乂安生民为心，殷多士为不能进于此矣。

8.（宋）袁燮《絜斋家塾书钞》卷十二《周书·多士》

（归善斋按，见"惟三月，周公初于新邑洛，用告商王士"）

9.（宋）蔡沈《书经集传》卷五《周书·多士》

我闻曰，上帝引逸，有夏不适逸，则惟帝降格，向于时夏，弗克庸帝，大淫泆有辞。惟时，天罔念闻，厥惟废元命，降致罚。

引，导；逸，安也。降格。与《吕刑》"降格"同。吕氏曰，"上帝引逸"者，非有形声之接也。人心得其安，则亹亹而不能已，斯则上帝引之也。是理坦然，亦何间于桀。第桀丧其良心，自不适于安耳。帝实引之，桀实避之。帝犹未遽绝也，乃降格灾异以示意向于桀。桀犹不知警惧，不能敬用帝命，乃大肆淫逸，虽有矫诬之辞，而天罔念闻之。《仲虺》所谓"帝用不臧"是也。废其大命，降致其罚，而夏祚终矣。

10.（宋）黄伦《尚书精义》卷三十九《周书·多士》

我闻曰，上帝引逸，有夏不适逸，则惟帝降格。向于时夏，弗克庸帝，大淫泆有辞。惟时，天罔念闻，厥惟废元命，降致罚。

无垢曰，上言"惟帝不畀"，故今言上帝之心。上帝之心如何？为人君者措民于安逸之地，不以滥刑酷罚，暴赋横敛以困之，则合上帝之心，而引其世祚至于长久。傥困苦此民，使不知有生之乐，则上帝不畀而至于早坠厥命矣。

又曰，有夏桀不合天意，乃为瑶台，为酒池糟丘，以疲民力，又苛敛暴赋以割剥夏邑，略不使民适于安逸。天以民为心，民既不得其所，天乃出灾害以谴告之，又出怪异以警惧之。

又曰，夏桀欲不胜道，不能用帝之命，而乃不顾天变，大为淫泆污秽沉湎之行，其恶声布满四海，以至腥闻于天。

又曰，遭灾害而不知省，睹怪异而不知变，乃怗终不更，乃为恶滋甚，为君如此，天心亦何所望乎？夫天所以区区出灾害，出怪异以谴告警惧之，欲其畏天而修德也。今乃怗然不顾，偃然自如，天已绝望矣。夫望之则灾异多，绝之则无所念，无所闻，不复眷顾仁爱，废其天命，使宗社殒灭，降以极刑，使天位不保。尔桀南巢之放，此天也。

荆公曰，"引逸"者，易简则逸，反是则劳；"适逸"者，帝之所延也。

吕氏曰，再自夏时说，自上说与他，我闻上帝开导有夏，明示之，辅翼之，教他在安稳之地，桀自不肯去平稳安逸之地。天分明示人，而人自不肯去。"惟帝降格"，天何尝便肯绝夏，一个警动，悚悟之意于夏甚多，何故，国于天地与有立焉，有夏不适逸，天何尝便肯忘他，犹示一个眷向之意。灾害之出，便是天向夏处；水旱之来，亦是天向夏处。民心之怨，亦是天向夏处。上天拳拳警动他如此，桀终不能顺帝之时，则其身纵放，蹈于人欲，播恶名于四方。惟是天罔攸闻。他既自绝于天，天亦从而绝之，所以废其大命，降其罚，亡其社稷。

11.（宋）陈经《尚书详解》卷三十四《周书·多士》

我闻曰，上帝引逸，有夏不适逸，则惟帝降格。向于时夏，弗克庸帝，大淫泆有辞。惟时天罔念闻，厥惟废元命，降致罚，乃命尔先祖成汤革夏，俊民甸四方。自成汤至于帝乙，罔不明德恤祀，亦惟天丕建，保乂有殷。殷王亦罔敢失帝，罔不配天其泽。

此又举夏、商之兴亡事之已验者告之。我闻曰，上帝之于有夏也，未尝不开导之，使之趋于安逸之地。人主得民心，得天心，则天命长享，子孙长保，岂非逸乎？上天虽以逸导之，而有夏之君，不能适逸。适，之也，不于安逸之地，而乃自为危亡之行，则"惟帝降格"。降格者，下灾异以谴告之，使之知所悔悟也。天心仁爱人君，故出灾异以警之。此天有意于向之也。天意虽向有夏，而有夏之君如桀者，不能用帝之命，大为淫过佚失，恶声之着，至有辞以闻于世，则天于是无所念，无所闻。"罔念闻"者，弃绝之也。天既废绝之，而不念闻之，则废其大命，而降致罚于桀矣。乃命尔先祖成汤革夏之命。天命何尝之有，夏既不用天命，则天命移而在成汤。俊民者，贤人也。甸，治也。汤用贤人以治四方者，乃所以顺天也。天佑生贤佐，吁俊所以尊上帝。自成汤以至帝乙，贤圣之君，无不以明德恤祀为主心，道利明明者，君德之大也。惟其明德，故祭祀之礼常致，其忧念敬心无时而不存也。亦惟天大立，其保乂于有商，商之治安者，皆天建也。天建保乂于商，而商王又能不敢失天之心，无不配天，其德泽之达于民者，与天同其大。此见天、人交相与也。即夏、商之兴亡以观之、商亡而周兴，奚独不然。

12.（宋）钱时《融堂书解》卷十五《周书·多士》

(归善斋按，见"惟三月，周公初于新邑洛，用告商王士")

13.（宋）魏了翁《尚书要义》卷十五《周书·多士、无逸》

四、上帝欲民长逸，有夏不适逸。

"我闻曰，上帝引逸，有夏不适逸，则惟帝降格"，言上天欲民长逸乐，有夏桀为政不之逸乐，故天下至戒，以谴告之。正义曰，既言天之去恶与善，更连说往事，比而喻之。襄十四年《左传》称"天之爱民甚矣"。又曰，天生民而立之君，使司牧之，是言上天欲民长得逸乐，故立君养之，使之长逸乐也。夏桀为政，割剥夏邑，使民不得共适逸乐，故上天下此至戒，以谴告之，降，下；格，至也。直言下至，明是天下至戒。

14.（宋）陈大猷《书集传或问》卷下《周书·多士》

（归善斋按，未解）

15.（宋）胡士行《尚书详解》卷九《周书·多士第十六》

我闻曰，上帝引（退）逸（逸豫之人），有夏（禹）不适（纵）逸，则惟帝降（下）格（至），向（意在）于时（禹），夏弗克庸（用）帝，大淫泆（纵）有辞（播人口）。惟时天罔念闻（桀），厥惟废元（大）命，降致罚。乃命尔先祖成汤革（代）夏，俊（贤）民（人）甸（治）四方。自成汤至于帝乙，罔不明德恤祀（致敬鬼神，聚其德而神明之），亦惟天丕建（立），保（佑）乂（朕）有殷。殷王亦罔敢失帝（治天），罔不配（心）天其泽（合泽）。

此援商代夏。以为殷监也。

16.（元）吴澄《书纂言》卷四下《周书·多士》

我闻曰，上帝引逸，有夏不适逸，则惟帝降格。向于时夏，弗克庸帝，大淫泆有辞。惟时天罔念闻，厥惟废元命，降致罚。乃命尔先祖成汤革夏，俊民甸四方。自成汤至于帝乙，罔不明德恤祀，亦惟天丕建，保乂有殷。殷王亦罔敢失帝，罔不配天其泽。在今后嗣王，诞罔显于天，矧曰其有听念于先王勤家。诞淫厥泆，罔顾于天显民祗。惟时上帝不保，降若兹大丧。惟天不畀，不明厥德，凡四方小大邦丧，罔非有辞于罚。

上既言殷所以亡，周所以兴，此又言夏亡、殷兴之事，以见昔殷之代夏，亦如今周之代殷也。我闻人言，上帝于人君之好逸乐者，引而去之。有夏之君，若禹，若启，若少康，皆以忧勤合天意，而不适于逸，则上帝降格，眷佑之。向，犹"趋向"之"向"，谓趋而至也。向至于是，夏桀不能用上帝之意，天不好逸乐，而桀乃适逸，大淫溺于逸乐，而有可罪之辞。惟是之故，天无复爱念听闻之，遂废绝其大命，降致以罚，谓夏亡而桀放也。天乃命尔殷士之先祖成汤改革夏之俊民，为殷之俊民，而甸四方诸国之土地，不言改夏民，而言改夏俊民，盖谓俊民且归殷，则凡民可知，犹《孟子》言"天下之父归之，其子焉往也"。殷自成汤至帝乙，皆能合天之意，无不克明其德，勤恤祀事，盖人君为神、天之主，承上下神祇，与社稷、宗庙。然黍稷非馨，明德惟馨，故祀事以明德为本。殷之诸贤君知此，故天大建立之为王，而保治有殷之国。殷王为天所建立，亦无敢失帝之意，无不益广其德泽，以配合乎天。盖言帝乙以上诸王，能顺天意以保天下，而纣不能然也。在今后嗣王，谓纣也。天意引勉，而纣乃适逸，是大不明于天之意也，况能耳听心念先王克勤于家之事乎？大淫于其逸乐之事。洪，逸，通。无能顾视天之显道，与民之当敬，惟是之故，上帝不保殷，而降如此大丧亡之祸。天之所不与纣者，以纣不明其德故耳。因言凡四方小大之国，至于丧亡者，无非皆有可罪之辞。然则纣之亡也，亦以有辞于罚，而天罚之也。

17.（元）陈栎《书集传纂疏》卷五《朱子订定蔡氏集传·周书·多士》

我闻曰，上帝引逸，有夏不适逸，则惟帝降格。向于时夏，弗克庸帝，大淫泆有辞。惟时天罔念闻，厥惟废元命，降致罚。

引，导；逸；安也。降格，与《吕刑》"降格"同。吕氏曰，"上帝引逸"者，非有形声之接也。人心得其安，则亹亹而不能已。斯则上帝引之也。是理坦然，亦何间于桀。第桀丧其良心，自不适于安耳。帝实引之，桀实避之，帝犹未遽绝也，乃降格灾异以示意，向于桀。桀犹不知惊惧，不能敬用帝命，乃大肆淫泆，虽有矫诬之辞，而天罔念闻之。《仲虺》所谓"帝用不臧"是也。废其大命，降致其罚，而夏祚终矣。

纂疏：

陈氏大猷曰，天心于君，常欲导之于安逸，如"为善最乐作德日休"，即帝之引逸也。桀乃不适于逸，自趋于危。

吕氏曰，天人之际，惟极乃通。治极，而通"格于皇天"是也；乱极，亦通"惟帝降格"是也。桀恶升闻。故帝降格谴告灾异以示所向。董子曰，天心仁爱人君必出灾异以警戒之，即"降格"之谓也。自绝于天，天亦绝之。国之元命，犹人之元气，有则生，无则死者也。

945

18.（元）许谦《读书丛说》卷六

（归善斋按，未解）

19.（元）董鼎《书传辑录纂注》卷五《周书·多士》

我闻曰，上帝引逸，有夏不适逸，则惟帝降格。向于时夏，弗克庸帝，大淫泆有辞。惟时天罔念闻，厥惟废元命，降致罚。

引，导；逸；安也。降格，与《吕刑》"降格"同。吕氏曰，"上帝引逸"者，非有形声之接也。人心得其安，则矗矗而不能已，斯则上帝引之也。是理坦然，亦何闻于桀。第桀丧其良心自不适于安耳。帝实引之，桀实避之。帝犹未遽绝也，乃降格灾异以示意向于桀。桀犹不知警惧，不能敬用帝命，乃大肆淫逸，虽有矫诬之辞，而天罔念闻之。《仲虺》所谓"帝用不臧"是也。废其大命，降致其罚，而夏祚终矣。

纂注：

陈氏大猷曰，天于人君，常欲导之于安逸之地，如"为善最乐，作德日休"，即帝之引逸也。桀乃不适于逸，自趋于危。

吕氏曰，天、人之际，惟极乃通。治极，则通"格于皇天"是也。乱极，亦通"惟帝降格"是也。桀恶升闻，故帝降格谴告灾异以示所向，于是覆邦。

董子曰，天心仁爱人君，必出灾异以警戒之，即"降格"之谓也。自绝于天，天亦绝之。国之元命，犹人之元气，有则生，无则死者也。

20.（元）朱祖义《尚书句解》卷九《周书·多士第十六》

我闻曰（周公谓闻人说），上帝引逸（天意于君之好逸乐者，皆引以去之），有夏不适逸（是以有夏时，如大禹诸贤君，知天意所在，皆志于忧勤，不敢适情以逸乐），则惟帝降格（则惟天降至于夏，其意向在夏也）。

21.（明）王樵《尚书日记》卷十二《周书·多士》

"我闻曰，上帝引逸"至"厥惟废元命，降致罚"。

"上帝引逸，有夏不适逸"，吕氏之说甚佳。人知有"逸欲"之"逸"，而不知有义理之逸。所谓顺理则裕，则上帝引逸是也。从欲惟危，则有夏不适逸是也。《多士》《多方》，皆言"降格"，此注云，与《吕刑》"降格"同。而《吕刑》下又无明注。惟彼孔疏引《楚语》"民神不杂"之语，则《吕刑》"降格"，盖如神降之类。此"降格"于夏，亦谓天出孽祥于夏尔。"降格向"，董子所谓天心仁爱人君，必出灾异以警戒之。"有夏弗克庸帝"，所谓及其不改而伤败乃至者。

22.（清）库勒纳等撰《日讲书经解义》卷九《周书·多士》

我闻曰，上帝引逸，有夏不适逸，则惟帝降格。向于时夏，弗克庸帝，大淫泆有辞。惟时天罔念闻，厥惟废元命，降致罚。乃命尔先祖成汤革夏，俊民甸四方。

此二节书是，即夏、商之兴亡，以见商、周之兴亡也。引逸，引之于安逸也。适，往也。降格，降之灾异也。向，意向也。有辞，矫诬之词也。元命，大命也。甸，治也。王命又曰，观古所以镜今，多士不明于我周之事，盍观于夏、商之往事乎？我闻古人有言曰，上天生人，莫不予之以可安之理，使人循理而行，亹亹而不能自已，所谓"作德日休"，即上帝引之于逸也。夏桀昏德，丧失良心，自趋于危，而不适于逸，固已拂帝心矣。然帝犹未遽绝也，降格灾异以示意，向于桀，使桀能翻然改图，安在帝意之不可回乎？乃桀不知省惧，弗能敬用帝命，大肆淫泆，徒为矫诬之词。天于是赫然震怒，弗念弗听，遂废其大命，降致其罚，而夏祚终矣。夏既废其命，天乃命尔先祖成汤爰革夏正，旁求俊民，分布远近，甸治四方，以治人，行治法，而纲纪法度莫不振举焉。是盖弃其不适逸者而授之能适逸者。往事之灼然可见如此。尔多士宁不知之乎？

(清)朱鹤龄《尚书埤传》卷十二《周书·多士》

降格。

吕祖谦曰,天人之际,惟极乃通,治极则通,格于皇天是也。乱极亦通,惟帝降格是也。董子曰,天心仁爱人君,必出灾异以警戒之,降格之谓也。自绝于天,天亦绝之耳。

(清)张英《书经衷论》卷三《周书·多士》

"上帝引逸,有夏不适逸",此二语最有味,盖天心仁爱,人君作德日休,天未有不引之于安逸之地者。如崇高富厚之乐,丰亨豫大之象,天下臣民之所共戴,百世子孙之所常守,皆上帝之引逸也。乃昏暴之主不知自爱,本安也,而自趋于危;本荣也,而自招其侮;本天下之爱戴也,忽转而为天下之仇雠;本万姓之共主也,忽变而为四海之独夫。此所谓"不适逸"也。譬如慈父母之于子,淤欲其安享成业,传之无穷,乃子孙自底于不肖之地,厥心疾狠,不克畏死,父母虽爱子,则亦如之何哉?此三季之君之所同也。

向于时夏,弗克庸帝,大淫泆有辞

1. (汉)孔氏传、(唐)陆德明音义、孔颖达疏《尚书注疏》卷十五《周书·多士》

向于时夏,弗克庸帝,大淫泆有辞。

传,天下至戒,是向于时夏不背弃,桀不能用天戒,大为过逸之行,有恶辞闻于世。

音义,向,许亮反。于时夏,绝句。马以"时"字绝句。泆,音逸,又作佾,注同。马本作屑,云过也。背,音佩。之行,下孟反。

疏,正义曰,是天归向于是夏家,不背弃之。而夏桀不能用天之明戒,改悔己恶,而反大为过逸之行,致有恶辞以闻于世。

传正义曰，桀恶流毒于民，乃有恶辞闻于世。恶既有辞，是恶已成矣。

2. （宋）苏轼《书传》卷十四《周书·多士第十六》

向于时夏。

夏之先王不往从放逸之乐，故上帝格向之。

弗克庸帝，大淫泆有辞。

此桀也，淫泆且有辞饰非也。

3. （宋）林之奇《尚书全解》卷三十二《周书·多士》

（归善斋按，见"成周既成"）

4. （宋）史浩《尚书讲义》卷十六《周书·多士》

（归善斋按，见"我闻曰，上帝引逸，有夏不适逸，则惟帝降格"）

5. （宋）夏僎《尚书详解》卷二十《周书·多士》

（归善斋按，见"我闻曰，上帝引逸，有夏不适逸，则惟帝降格"）

6. （宋）时澜《增修东莱书说》卷二十四《周书·多士第十六》

（归善斋按，见"我闻曰，上帝引逸，有夏不适逸，则惟帝降格"）

7. （宋）黄度《尚书说》卷六《周书·多士》

（归善斋按，见"我闻曰，上帝引逸，有夏不适逸，则惟帝降格"）

8. （宋）袁燮《絜斋家塾书钞》卷十二《周书·多士》

（归善斋按，见"惟三月，周公初于新邑洛，用告商王士"）

9. （宋）蔡沈《书经集传》卷五《周书·多士》

（归善斋按，见"我闻曰，上帝引逸，有夏不适逸，则惟帝降格"）

949

10.（宋）黄伦《尚书精义》卷三十九《周书·多士》

（归善斋按，见"我闻曰，上帝引逸，有夏不适逸，则惟帝降格"）

11.（宋）陈经《尚书详解》卷三十四《周书·多士》

（归善斋按，见"我闻曰，上帝引逸，有夏不适逸，则惟帝降格"）

12.（宋）钱时《融堂书解》卷十五《周书·多士》

（归善斋按，见"惟三月，周公初于新邑洛，用告商王士"）

13.（宋）魏了翁《尚书要义》卷十五《周书·多士、无逸》

（归善斋按，未引）

14.（宋）陈大猷《书集传或问》卷下《周书·多士》

（归善斋按，未解）

15.（宋）胡士行《尚书详解》卷九《周书·多士第十六》

（归善斋按，见"我闻曰，上帝引逸，有夏不适逸，则惟帝降格"）

16.（元）吴澄《书纂言》卷四下《周书·多士》

（归善斋按，见"我闻曰，上帝引逸，有夏不适逸，则惟帝降格"）

17.（元）陈栎《书集传纂疏》卷五《朱子订定蔡氏集传·周书·多士》

（归善斋按，见"我闻曰，上帝引逸，有夏不适逸，则惟帝降格"）

18.（元）许谦《读书丛说》卷六

（归善斋按，未解）

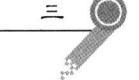

19. （元）董鼎《书传辑录纂注》卷五《周书·多士》

(归善斋按，见"我闻曰，上帝引逸，有夏不适逸，则惟帝降格")

20. （元）朱祖义《尚书句解》卷九《周书·多士第十六》

向于时夏（自是之后，渐次向至于是夏桀之君），弗克庸帝（不能用上天意），大淫泆有辞（尽大过于泆荡，而有恶辞在人。泆，逸）。

21. （明）王樵《尚书日记》卷十二《周书·多士》

(归善斋按，见"我闻曰，上帝引逸，有夏不适逸，则惟帝降格")

22. （清）库勒纳等撰《日讲书经解义》卷九《周书·多士》

(归善斋按，见"我闻曰，上帝引逸，有夏不适逸，则惟帝降格")

惟时天罔念闻，厥惟废元命，降致罚

1. （汉）孔氏传、（唐）陆德明音义、孔颖达疏《尚书注疏》卷十五《周书·多士》

惟时天罔念闻，厥惟废元命，降致罚。

传，惟是桀恶有辞，故天无所念闻，言不佑其，惟废其大命，下致天罚。

疏，正义曰，惟是桀有恶辞，故天无复爱念，无复听闻，言天不复助桀。其惟废其大命，欲绝夏祚也。下致天罚，欲诛桀身也。

传正义曰，惟是桀恶有辞，故天无所念闻，言天不爱念，不听闻，是其全弃之，不佑助也。弃而不佑，则当更求贤主，其惟废大命，欲夺其王位也。下致天罚，欲杀其凶身也，废大命，知"降致"是下罚也。

2.（宋）苏轼《书传》卷十四《周书·多士第十六》

惟时天罔念闻。

虽有饰非之辞，帝不听也。

厥惟废元命，降致罚。

3.（宋）林之奇《尚书全解》卷三十二《周书·多士》

(归善斋按，见"成周既成")

4.（宋）史浩《尚书讲义》卷十六《周书·多士》

(归善斋按，见"我闻曰，上帝引逸，有夏不适逸，则惟帝降格")

5.（宋）夏僎《尚书详解》卷二十《周书·多士》

(归善斋按，见"我闻曰，上帝引逸，有夏不适逸，则惟帝降格")

6.（宋）时澜《增修东莱书说》卷二十四《周书·多士第十六》

(归善斋按，见"我闻曰，上帝引逸，有夏不适逸，则惟帝降格")

7.（宋）黄度《尚书说》卷六《周书·多士》

(归善斋按，见"我闻曰，上帝引逸，有夏不适逸，则惟帝降格")

8.（宋）袁燮《絜斋家塾书钞》卷十二《周书·多士》

(归善斋按，见"惟三月，周公初于新邑洛，用告商王士")

9.（宋）蔡沈《书经集传》卷五《周书·多士》

(归善斋按，见"我闻曰，上帝引逸，有夏不适逸，则惟帝降格")

10.（宋）黄伦《尚书精义》卷三十九《周书·多士》

(归善斋按，见"我闻曰，上帝引逸，有夏不适逸，则惟帝降格")

11. （宋）陈经《尚书详解》卷三十四《周书·多士》

（归善斋按，见"我闻曰，上帝引逸，有夏不适逸，则惟帝降格"）

12. （宋）钱时《融堂书解》卷十五《周书·多士》

（归善斋按，见"惟三月，周公初于新邑洛，用告商王士"）

13. （宋）魏了翁《尚书要义》卷十五《周书·多士、无逸》

（归善斋按，未引）

14. （宋）陈大猷《书集传或问》卷下《周书·多士》

（归善斋按，未解）

15. （宋）胡士行《尚书详解》卷九《周书·多士第十六》

（归善斋按，见"我闻曰，上帝引逸，有夏不适逸，则惟帝降格"）

16. （元）吴澄《书纂言》卷四下《周书·多士》

（归善斋按，见"我闻曰，上帝引逸，有夏不适逸，则惟帝降格"）

17. （元）陈栎《书集传纂疏》卷五《朱子订定蔡氏集传·周书·多士》

（归善斋按，见"我闻曰，上帝引逸，有夏不适逸，则惟帝降格"）

18. （元）许谦《读书丛说》卷六

（归善斋按，未解）

19. （元）董鼎《书传辑录纂注》卷五《周书·多士》

（归善斋按，见"我闻曰，上帝引逸，有夏不适逸，则惟帝降格"）

20.（元）朱祖义《尚书句解》卷九《周书·多士第十六》

惟时天罔念闻（惟是之故，天不复爱念，不复听闻），厥惟废元命（遂废绝其大命），降致罚（而降行天罚于桀）。

21.（明）王樵《尚书日记》卷十二《周书·多士》

（归善斋按，见"我闻曰，上帝引逸，有夏不适逸，则惟帝降格"）

22.（清）库勒纳等撰《日讲书经解义》卷九《周书·多士》

（归善斋按，见"我闻曰，上帝引逸，有夏不适逸，则惟帝降格"）

乃命尔先祖成汤革夏，俊民甸四方

1.（汉）孔氏传、（唐）陆德明音义、孔颖达疏《尚书注疏》卷十五《周书·多士》

乃命尔先祖成汤革夏，俊民甸四方。
传，天命汤更代夏，用其贤人治四方。
音义，甸徒遍反。
疏，正义曰，乃命汝先祖成汤，使之改革夏命，用其贤俊之人，以治四方之国，举桀灭汤兴以譬之。

2.（宋）苏轼《书传》卷十四《周书·多士第十六》

乃命尔先祖成汤革夏，俊民甸四方。
甸，治也。

3.（宋）林之奇《尚书全解》卷三十二《周书·多士》

（归善斋按，见"成周既成"）

4.（宋）史浩《尚书讲义》卷十六《周书·多士》

（归善斋按，见"我□曰，上帝引逸，有夏不适逸，则惟帝降格"）

5.（宋）夏僎《尚书详解》卷二十《周书·多士》

（归善斋按，见"我闻曰，上帝引逸，有夏不适逸，则惟帝降格"）

6.（宋）时澜《增修东莱书说》卷二十四《周书·多士第十六》

（归善斋按，见"我闻曰，□□引逸，有夏不适逸，则惟帝降格"）

7.（宋）黄度《尚书说》卷六《周书·多士》

（归善斋按，见"我闻曰，上帝□逸，有夏不适逸，则惟帝降格"）

8.（宋）袁燮《絜斋家塾书钞》卷十二《周书·多士》

（归善斋按，见"惟三月，周公初□新邑洛，用告商王士"）

9.（宋）蔡沈《书经集传》□五《周书·多士》

乃命尔先祖成汤革夏，俊民甸四方。

甸，治也。伊尹称"，汤旁求俊彦"，《孟子》称"汤立贤无方"，盖明扬俊民，分布远迩，甸治区画，成汤立□之大经也。周公反复以夏、商为言者，盖夏之亡，即殷之亡；汤之兴，□武王之兴也。商民观是，亦可以自反矣。

10.（宋）黄伦《尚书精义》卷三十九《周书·多士》

乃命尔先祖成汤革夏，俊民甸四方。□成汤至于帝乙，罔不明德恤祀，亦惟天丕建，保乂有殷。殷王亦罔敢失帝，罔不配天其泽。在今后嗣王，诞罔显于天，矧曰其有听念于先王勤家□

无垢曰，天下岂有无君之理哉？一君为恶。则天生一圣君，为天子以代之矣。天命岂可恃哉？桀为恶不改，故天命汤伐桀，而革夏为商也。惟

《乾》九五之大，人乃能用九二之大。人有成汤革夏，则有俊民治四方，不足怪也。以圣人为君而居人上，俊民为臣而治四方，则太平之治可一日而兴也。

又曰，自成汤至于帝乙，罔不明德恤祀；而在今后嗣王纣，乃大不明于天道，以其心不畏天也。天且不畏，况肯听先王勤家之训，念先王勤家之事乎？夫为人君，上则无天，下则无先王，其亦何所不可哉？纣之败国亡家，乃商家之不幸也。

11. （宋）陈经《尚书详解》卷三十四《周书·多士》

（归善斋按，见"我闻曰，上帝引逸，有夏不适逸，则惟帝降格"）

12. （宋）钱时《融堂书解》卷十五《周书·多士》

（归善斋按，见"惟三月，周公初于新邑洛，用告商王士"）

13. （宋）魏了翁《尚书要义》卷十五《周书·多士、无逸》

（归善斋按，未引）

14. （宋）陈大猷《书集传或问》卷下《周书·多士》

（归善斋按，未解）

15. （宋）胡士行《尚书详解》卷九《周书·多士第十六》

（归善斋按，见"我闻曰，上帝引逸，有夏不适逸，则惟帝降格"）

16. （元）吴澄《书纂言》卷四下《周书·多士》

（归善斋按，见"我闻曰，上帝引逸，有夏不适逸，则惟帝降格"）

17. （元）陈栎《书集传纂疏》卷五《朱子订定蔡氏集传·周书·多士》

乃命尔先祖成汤革夏，俊民甸四方。

甸，治也。伊尹称"汤旁求俊彦"，《孟子》称"汤立贤无方"，盖明扬俊民，分布远迩，甸治区画，成汤立政之大经也。周公反覆以夏、商为言者，盖夏之亡，即殷之亡；汤之兴，即文、武之兴也。商民观是，亦可以自反矣。

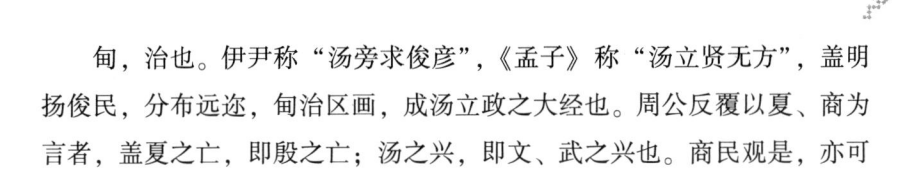

18.（元）许谦《读书丛说》卷六

（归善斋按，未解）

19.（元）董鼎《书传辑录纂注》卷五《周书·多士》

乃命尔先祖成汤革夏，俊民甸四方。

甸，治也。伊尹称"汤旁求俊彦"，《孟子》称"汤立贤无方"，盖明扬俊民，分布远迩，甸治区画，成汤立政之大经也。周公反复以夏、商为言者，盖夏之亡，即殷之亡；汤之兴，即武王之兴也。商民观是，亦可以自反矣。

纂注：
新安胡氏曰，甸，如"奄甸万姓"之"甸"。

20.（元）朱祖义《尚书句解》卷九《周书·多士第十六》

乃命尔先祖成汤革夏（天乃命尔商之先祖成汤改革夏命为商），俊民甸四方（又生贤俊，佐汤治四方）。

21.（明）王樵《尚书日记》卷十二《周书·多士》

"乃命尔先祖成汤革夏"至"罔不配天其泽"。

汤之于夏，武王之于殷也。其顺天应人一也，而商士未释然于此。然则，成汤之伐夏非与，于是以尔成汤之事告之。"俊民甸四方"，言与贤人经纶天下，盖旁求有素，又前此之事也。甸，如治田谓之甸，以喻区画四方之务，无不得宜，亦如此也。用人以治天下，立政之大经。自用则小，失人则弊。"自成汤至于帝乙"，言商家贤君之多。"罔不明德恤祀"，言皆守汤之家法。顾諟天之明命，汤之明德也。以承上下神祇、社稷、宗

957

庙，罔不祗肃，汤之恤祀也。"惟天丕建，保乂"，言天之眷商也愈隆；"罔敢失帝"，言君之事天也愈至，操存于心者，不敢失帝之则，敬之至也。推行于政者，罔不配天其泽，仁之普也。

22.（清）库勒纳等撰《日讲书经解义》卷九《周书·多士》

（归善斋按，见"我闻曰，上帝引逸，有夏不适逸，则惟帝降格"）

自成汤至于帝乙，罔不明德恤祀

1.（汉）孔氏传、（唐）陆德明音义、孔颖达疏《尚书注疏》卷十五《周书·多士》

自成汤至于帝乙，罔不明德恤祀。

传，自帝乙以上，无不显用有德，忧念齐敬，奉其祭祀，言能保宗庙社稷。

音义，上，时掌反。齐，侧皆反。

疏，正义曰，既言命汤革夏，又说后世皆贤，至纣始恶，天乃灭之。自成汤至于帝乙，无不显用有德，忧念祭祀，后世亦贤，非独成汤。

传正义曰，下篇说中宗、高宗、祖甲，三王以外，其后立王，生则逸豫，亦罔或能寿如彼文，则帝乙以上，非无僻王，而此言"无不显用有德，忧念祭祀"者，立文之法，辞有抑扬。方说纣之不善，盛言前世皆贤，正以守位不失，故得美而言之。忧念祭祀者，惟有齐肃恭敬，故言"忧念齐敬"。"奉其祭祀，言能保宗庙社稷"，为天下之主，以见纣不恭敬故丧亡之。

2.（宋）苏轼《书传》卷十四《周书·多士第十六》

自成汤至于帝乙，罔不明德恤祀。亦惟天丕建，保乂有殷。殷王亦罔敢失帝，罔不配天其泽。在今后嗣王，诞罔显于天，矧曰其有听念于先王

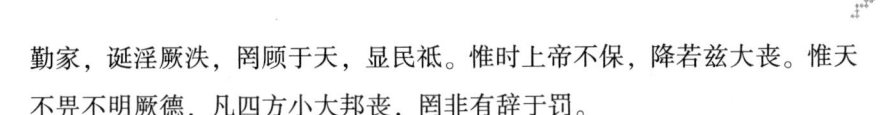

勤家，诞淫厥泆，罔顾于天，显民祗。惟时上帝不保，降若兹大丧。惟天不畀不明厥德，凡四方小大邦丧，罔非有辞于罚。

言天不畀纣，使不明于德。凡小大邦为纣所刑丧者，皆有辞于罚不暇也。

3.（宋）林之奇《尚书全解》卷三十二《周书·多士》

（归善斋按，见"成周既成"）

4.（宋）史浩《尚书讲义》卷十六《周书·多士》

（归善斋按，见"我闻曰，上帝引逸，有夏不适逸，则惟帝降格"）

5.（宋）夏僎《尚书详解》卷二十《周书·多士》

（归善斋按，见"我闻曰，上帝引逸，有夏不适逸，则惟帝降格"）

6.（宋）时澜《增修东莱书说》卷二十四《周书·多士第十六》

（归善斋按，见"我闻曰，上帝引逸，有夏不适逸，则惟帝降格"）

7.（宋）黄度《尚书说》卷六《周书·多士》

自成汤至于帝乙，罔不明德恤祀，亦惟天丕建，保乂有殷。殷王亦罔敢失帝，罔不配天其泽。

明德恤祀，乃能为百神主；配天其泽则王矣。

8.（宋）袁燮《絜斋家塾书钞》卷十二《周书·多士》

（归善斋按，见"惟三月，周公初于新邑洛，用告商王士"）

9.（宋）蔡沈《书经集传》卷五《周书·多士》

自成汤至于帝乙，罔不明德恤祀。

明德者，所以修其身；恤祀者，所以敬乎神也。

10.（宋）黄伦《尚书精义》卷三十九《周书·多士》

（归善斋按，见"乃命尔先祖成汤革夏，俊民甸四方"）

11.（宋）陈经《尚书详解》卷三十四《周书·多士》

（归善斋按，见"我闻曰，上帝引逸，有夏不适逸，则惟帝降格"）

12.（宋）钱时《融堂书解》卷十五《周书·多士》

（归善斋按，见"惟三月，周公初于新邑洛，用告商王士"）

13.（宋）魏了翁《尚书要义》卷十五《周书·多士、无逸》

（归善斋按，未引）

14.（宋）陈大猷《书集传或问》卷下《周书·多士》

（归善斋按，未解）

15.（宋）胡士行《尚书详解》卷九《周书·多士第十六》

（归善斋按，见"我闻曰，上帝引逸，有夏不适逸，则惟帝降格"）

16.（元）吴澄《书纂言》卷四下《周书·多士》

（归善斋按，见"我闻曰，上帝引逸，有夏不适逸，则惟帝降格"）

17.（元）陈栎《书集传纂疏》卷五《朱子订定蔡氏集传·周书·多士》

自成汤至于帝乙，罔不明德恤祀。
明德者，所以修其身；恤祀者，所以敬乎神也。

18.（元）许谦《读书丛说》卷六

（归善斋按，未解）

19.（元）董鼎《书传辑录纂注》卷五《周书·多士》

自成汤至于帝乙，罔不明德恤祀。

明德者，所以修其身；恤祀者，所以敬乎神也。

20.（元）朱祖义《尚书句解》卷九《周书·多士第十六》

自成汤至于帝乙（故自汤至帝乙二十六君，皆能念天之意），罔不明德恤祀（无不明一己之德，以忧恤祭祀之事。

21.（明）王樵《尚书日记》卷十二《周书·多士》

（归善斋按，见"乃命尔先祖成汤革夏，俊民甸四方"）

22.（清）库勒纳等撰《日讲书经解义》卷九《周书·多士》

自成汤至于帝乙，罔不明德恤祀，亦惟天丕建，保乂有殷。殷王亦罔敢失帝，罔不配天其泽。

此二节书是，言商之继汤而王者，皆能尽君道，以得天眷也。恤，勤恤也。丕，大也。乂，治也。泽，德泽也。王命又曰，成汤既以懋德而膺天命，克尽创业之道矣，乃商之继世而有天下者，自成汤至于帝乙，其间贤圣之君六七作，莫不夙夜明德，以治身；勤恤典祀以敬神，能守成汤家法，奕世勿替，是以天心眷顾，大建其基业，保之而不危，乂之而不乱，使国祚长安，王业无替。其得天如此，然殷王亦不敢以天之丕建保乂，而稍有安肆，兢兢然惟恐失上帝之心，罔不用贤辅治，利赖万方，使德泽之及民者。有以配天之广大，是商之所以久安长治，永保天命者，以其累世积德，克当天心故也，岂天之私于有商哉？

（元）王充耘《书义矜式》卷五《周书·多士》

自成汤至于帝乙，罔不明德恤祀，亦惟天丕建保乂有殷，殷王亦罔敢失帝，罔不配天其泽。

前代圣贤之相继也，既修己以敬乎神，尤体天而恤乎民。盖君臣者，天之所命，以为神民之主者也。在昔有殷自成汤以至于帝乙，莫不明其德，而无所昧敬乎神，而不敢慢修己事，神亦既至矣。故天大建殷国，而保乂之。殷之先王，亦体上天建立之心，罔敢失帝之则，无不配天以泽民焉。然则，有商之盛，非圣贤之相继者，能之乎（云云）？尝读伊尹书，而至于天位艰哉之语，而后知君之所以为君也。幽，则有神也；明，则有人也；上则有天也。自非至诚之感神，代天而理物者，其何能膺天眷之隆，而安天位之尊哉？是故，使之主祭而百神享之；使之主事，而百姓安之，此天之所以与舜也。弗克奋德，慢神虐民，皇天弗保，此天之所以弃桀也。夫天命之无常如此，则人君受天之命而为神民之主，宜若之何哉？亦曰，明吾之德焉而已耳。商之兴也，岂偶然之故哉？其自成汤至于太戊，世虽不同也，而所以明其德者，则不以先后而有殊。由祖乙至于帝乙时，虽有异也，而所以恤祀者，则不以圣贤而有间。德而谓之明，则必能去其人欲之私，而全其天理之正也。祀而谓之恤，则必能"有孚颙若"，而必不敢度思，而矧敢射思也。殷王之明德恤祀也如此，亦惟上天仁爱有殷之君，扶持而全安之，不容释于殷焉。殷之先王，所以受天命也如此，其何不以上天之心为心，而负其所托哉？是故"惇五典，庸五礼"，则一本于天理之公；"章五服，用五刑"则一循乎天理之正。惟知顺天之心而已，宁复有倒行逆施之事乎？惟知顺帝之则而已，宁复有反道背德之事乎？是宜膏泽之下于民庶者，不啻若雨露之沾濡，而疲癃残疾者，皆得以安其生也，恩爱之加乎四海者，不啻若日月之照临。而鳏寡孤独者，各得以遂其养也。然则有殷之所以长治久安者，非贤圣之君六七作，其能如是乎？尝因是而论之，武王之告康叔也，既曰"自成汤咸至于帝乙，成王畏相"矣。周公之告多方也，亦曰"自成汤至于帝乙罔不明德慎罚"矣。公之告多士也，又曰"自成汤至于帝乙罔不明德恤祀"焉。则夫有商盛时，其德业之盛而明君之多也，固可知；其固天命而结民心也，又可见。奈何后王不明于德，弗敬上天以至遗厥先宗庙弗祀，而商业遂以不继。呜呼以六七圣贤之君维持之，而不足以一独夫之嗣覆亡之而有余。人有常言，创业难，守成亦不易。诚哉是言也。

（元）陈悦道《书义断法》卷五《周书·多士》

自成汤至于帝乙，罔不明德恤祀，亦惟天丕建，保乂有殷。殷王亦罔敢失帝，罔不配天其泽。

修己敬神，一代相传之心法；代天泽民一代，相传之治法。心法合前后而如一，即《太甲》篇中所谓"克敬克诚"也。治法合天人而为一，即《太甲》篇中所谓"怀于有仁"者也。承上下神祇，社稷宗庙，罔不祇肃。盖其明德之贯通于幽明者，至于天之保乂殷，殷王之守帝，则德之流行，与天同功，使天下无一民一物之不被其泽，则明德之所及愈远矣。周公告殷多士，备举商王之德，宜必自其本而言之。

（元）王充耘《读书管见》卷下《多士》

明德恤祀。

自成汤至于帝乙，罔不明德恤祀。明德是教化以治民；恤祀是洁粢盛以事神君者。神，民之主也，能尽此二者，可以为君矣。故天则丕建保乂，而顾盼。有殷眷命为之益隆，殷王亦战兢惕厉，而惟恐有不合天意，其所以明德恤祀者，愈致其谨，惟其罔不明德恤祀，所以罔不配天其泽。配天其泽，即所谓克配上帝而施泽于民，言久有天下而已。汤以七十里诸侯，而升为天子，非天丕建之而何？传祚至于六百，非天保乂之而何？

亦惟天丕建，保乂有殷，殷王亦罔敢失帝，罔不配天其泽

1.（汉）孔氏传、（唐）陆德明音义、孔颖达疏《尚书注疏》卷十五《周书·多士》

亦惟天丕建，保乂有殷，殷王亦罔敢失帝，罔不配天其泽。

传，汤既革夏，亦惟天大立安治于殷。殷家诸王，皆能忧念祭祀，无敢失天道者，故无不配天，布其德泽。

疏，正义曰，以用其行合天意，亦惟天大立，安治有殷。殷家诸王，皆能明德忧祀，亦无敢失天道者，无不皆配天而布其德泽，以此得天下，久为民主。

传正义曰，帝乙已上诸王，所以长处天位者，皆由汤之圣德延及后人。汤既革夏，亦惟天大立安治于殷者，谓天安治之故，殷家得治理也。殷家诸王，自成汤之后，皆能忧念祭祀，无敢失天道者，故得常处王位，无不配天布其德泽于民，为天之子是配天也。号令于民，是布德也。

2. （宋）苏轼《书传》卷十四《周书·多士第十六》

（归善斋按，未解）

3. （宋）林之奇《尚书全解》卷三十二《周书·多士》

（归善斋按，见"成周既成"）

4. （宋）史浩《尚书讲义》卷十六《周书·多士》

（归善斋按，见"我闻曰，上帝引逸，有夏不适逸，则惟帝降格"）

5. （宋）夏僎《尚书详解》卷二十《周书·多士》

（归善斋按，见"我闻曰，上帝引逸，有夏不适逸，则惟帝降格"）

6. （宋）时澜《增修东莱书说》卷二十四《周书·多士第十六》

（归善斋按，见"我闻曰，上帝引逸，有夏不适逸，则惟帝降格"）

7. （宋）黄度《尚书说》卷六《周书·多士》

（归善斋按，见"自成汤至于帝乙，罔不明德恤祀"）

8. （宋）袁燮《絜斋家塾书钞》卷十二《周书·多士》

（归善斋按，见"惟三月，周公初于新邑洛，用告商王士"）

9. (宋)蔡沈《书经集传》卷五《周书·多士》

亦惟天丕建,保乂有殷。殷王亦罔敢失帝,罔不配天其泽。

亦惟天大建立,保治有殷。殷之先王,亦皆操存此心,无敢失帝之则,无不配天以泽民也。

10. (宋)黄伦《尚书精义》卷三十九《周书·多士》

(归善斋按,见"乃命尔先祖成汤革夏,俊民甸四方")

11. (宋)陈经《尚书详解》卷三十四《周书·多士》

(归善斋按,见"我闻曰,上帝引逸,有夏不适逸,则惟帝降格")

12. (宋)钱时《融堂书解》卷十五《周书·多士》

(归善斋按,见"惟三月,周公初于新邑洛,用告商王士")

13. (宋)魏了翁《尚书要义》卷十五《周书·多士、无逸》

(归善斋按,未引)

14. (宋)陈大猷《书集传或问》卷下《周书·多士》

(归善斋按,未解)

15. (宋)胡士行《尚书详解》卷九《周书·多士第十六》

(归善斋按,见"我闻曰,上帝引逸,有夏不适逸,则惟帝降格")

16. (元)吴澄《书纂言》卷四下《周书·多士》

(归善斋按,见"我闻曰,上帝引逸,有夏不适逸,则惟帝降格")

17.（元）陈栎《书集传纂疏》卷五《朱子订定蔡氏集传·周书·多士》

亦惟天丕建，保乂有殷。殷王亦罔敢失帝，罔不配天其泽。

亦惟天大建立，保治有殷。殷之先王，亦皆操存此心，无敢失帝之则，无不配天，以泽民也。

纂疏：

苏氏曰，天泽无所不浃，王者泽天下，无此疆尔界，配天其泽也。

愚谓，"罔敢失帝"，体承上天，不敢失其心也。以帝则言太深，此之罔不明德，与下文"惟天不畀不明厥德"相对，恤祀与罔失帝，配天泽，皆自克明德而能，然商先王以明德，而得天命也如此。

18.（元）许谦《读书丛说》卷六

（归善斋按，未解）

19.（元）董鼎《书传辑录纂注》卷五《周书·多士》

亦惟天丕建，保乂有殷。殷王亦罔敢失帝，罔不配天其泽。

亦惟天大建立，保治有殷。殷之先王，亦皆操存此心，无敢失帝之则，无不配天，以泽民也。

纂注：

薛氏曰，无所不浃天之泽也。王者宅天下，无彼疆此界之殊，配天其泽也。

新安陈氏曰，"罔敢失帝"，能体承上天，不敢失其心也。蔡氏以帝则言求之太深，此之"罔不明德"，与下文"惟天不畀不明厥德"当对观。恤祀，与罔失帝，配天泽，皆自克明德中来也。商先王以明德，而得天命也如此。

20.（元）朱祖义《尚书句解》卷九《周书·多士第十六》

亦惟天丕建，保乂有殷（亦惟天之所大建立，而安治于有商）。殷王亦罔敢失帝（殷王亦无敢失天意），罔不配天其泽（无不益广其德，以合上天之泽）。

21. （明）王樵《尚书日记》卷十二《周书·多士》

（归善斋按，见"乃命尔先祖成汤革夏，俊民甸四方"）

22. （清）库勒纳等撰《日讲书经解义》卷九《周书·多士》

（归善斋按，见"自成汤至于帝乙，罔不明德恤祀"）

（元）陈悦道《书义断法》卷五《周书·多士》

（归善斋按，见"自成汤至于帝乙，罔不明德恤祀"）

（元）王充耘《读书管见》卷下《多士》

（归善斋按，见"自成汤至于帝乙，罔不明德恤祀"）

在今后嗣王，诞罔显于天，矧曰其有听念于先王勤家

1. （汉）孔氏传、（唐）陆德明音义、孔颖达疏《尚书注疏》卷十五《周书·多士》

在今后嗣王，诞罔显于天，矧曰其有听念于先王勤家。

传，后嗣王，纣大无明于天，道行昏虐，天且忽之，况曰其有听念先祖，勤劳国家之事乎？

疏，正义曰，在今后嗣王纣，大无明于天道，敢行昏虐之政于天，天犹且忽之，况曰其有听念先王父祖，勤劳国家之事乎？

2. (宋)苏轼《书传》卷十四《周书·多士第十六》

(归善斋按,未解)

3. (宋)林之奇《尚书全解》卷三十二《周书·多士》

(归善斋按,见"成周既成")

4. (宋)史浩《尚书讲义》卷十六《周书·多士》

(归善斋按,见"我闻曰,上帝引逸,有夏不适逸,则惟帝降格")

5. (宋)夏僎《尚书详解》卷二十《周书·多士》

(归善斋按,见"我闻曰,上帝引逸,有夏不适逸,则惟帝降格")

6. (宋)时澜《增修东莱书说》卷二十四《周书·多士第十六》

在今后嗣王,诞罔显于天,矧曰其有听念于先王勤家,诞淫厥泆,罔顾于天显,民祗。惟时上帝不保,降若兹大丧。惟天不畀,不明厥德。凡四方小大邦丧,罔非有辞于罚。

积治之后,虽有失道之君,亦未易动摇也。纣袭圣贤之余业,而其亡忽焉者,积累之虽深,戕败之亦大也。"诞罔显于天"者,言纣天理昏蔽之极,其本既亡矣,况曰其有听念于先王勤劳邦家,而思所以保之乎?先言不明天理,次言不念祖宗者,盖天理犹有毫发之存,则追惟前人栉风沐雨之艰难,必不忍淫泆以荡覆之也。善恶吉凶之理,天道之甚显,民心之共祗者也。纣大淫厥泆,而皆不顾焉。天也,祖宗也,民也,自古帝王之所共畏也。纣不听念于先王勤家,则不畏祖宗矣;罔顾于天显,则不畏天矣;罔顾于民祗,则不畏民矣。三畏既除,举无忌惮,穷凶极恶,故"惟时上帝弗保降若兹大丧"也。"惟天不畀不明厥德"者,推本纣所以为天所绝者,不明其德而已。明德,天之所赋也。明其德者,人之尽乎天者也。纣虽下愚,亦岂无是德哉。惟昏蔽蛊惑,不能明其德,人欲日肆,故其恶如上所陈也。序纣恶,而以是终之,探其本也。"凡四方小大邦丧,

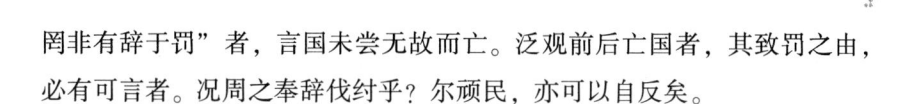

罔非有辞于罚"者，言国未尝无故而亡。泛观前后亡国者，其致罚之由，必有可言者。况周之奉辞伐纣乎？尔顽民，亦可以自反矣。

7.（宋）黄度《尚书说》卷六《周书·多士》

在今后嗣王，诞罔显于天，矧曰其有听念于先王勤家，诞淫厥泆，罔顾于天显、民祗。

陟降厥土，日监在兹，天显也。予临兆民，懔乎若朽索之御六马，民祗也。

8.（宋）袁燮《絜斋家塾书钞》卷十二《周书·多士》

在今后嗣王，诞罔显于天，矧曰其有听念于先王勤家，诞淫厥泆，罔顾于天显、民祗。惟时上帝不保降，若兹大丧。惟天不畀，不明厥德。凡四方小大邦丧，罔非有辞于罚。王若曰，尔殷多士，今惟我周王丕灵，承帝事。有命曰，割殷告敕于帝。惟我事不贰，适惟尔王家我适。予其曰，惟尔洪无度，我不尔动，自乃邑。予亦念天即于殷大戾，肆不正。王曰，猷告尔多士，予惟时其迁居西尔，非我一人奉德不康宁，时惟天命，无违，朕不敢有后，无我怨。惟尔知，惟殷先人有册有典，殷革夏命。今尔又曰，夏迪简在王庭，有服在百僚。予一人，惟听用德。肆予敢求尔于天邑商。予惟率肆矜尔，非予罪时惟天命。

（按《永乐大典》误以《多士》书序解，复载于此段之下，而袁氏原解已佚，今无可复考，姑从阙文，其复见者则删去）

9.（宋）蔡沈《书经集传》卷五《周书·多士》

在今后嗣王，诞罔显于天，矧曰其有听念于先王勤家，诞淫厥泆，罔顾于天显、民祗。

后嗣王，纣也纣。大不明于天道。况曰能听念商先王之勤劳于邦家者乎？大肆淫佚，无复顾念天之显道，民之敬畏者也。

10.（宋）黄伦《尚书精义》卷三十九《周书·多士》

（归善斋按，见"乃命尔先祖成汤革夏，俊民甸四方"）

11. (宋)陈经《尚书详解》卷三十四《周书·多士》

在今后嗣王，诞罔显于天，矧曰其有听念于先王勤家，诞淫厥泆，罔顾于天显、民祇。惟时上帝不保，降若兹大丧。惟天不畀，不明厥德。凡四方小大邦丧，罔非有辞于罚。

嗣王，指纣也。后嗣王不明于天道，言其颠倒迷谬之甚也。于天之理，既不能明，况能知先世勤劳王家，而听念之乎？不听念之，则是忘其先王之功，弃商家积累之王业也。为泆失之事，更不知有天之显道，与民之可敬也。人主知天显、民祇，则不敢有过举。既淫厥泆，则是与天显、民祇者相反矣，奚暇顾之哉？惟时上帝，见纣之所为若此，不安于纣，遂降此丧亡。盖不明厥德，天之所不与也。岂特于商纣为然，而天理、人事推之，莫不皆然。凡四方小邦大邦，至于丧亡，为天所罚者，皆有恶辞也。

12. (宋)钱时《融堂书解》卷十五《周书·多士》

(归善斋按，见"惟三月，周公初于新邑洛，用告商王士")

13. (宋)魏了翁《尚书要义》卷十五《周书·多士、无逸》

(归善斋按，未引)

14. (宋)陈大猷《书集传或问》卷下《周书·多士》

(归善斋按，未解)

15. (宋)胡士行《尚书详解》卷九《周书·多士第十六》

在今后嗣王（民），诞（纣）罔显（大）于天（明天），矧（理）曰，其有（况）听念于先王（能祖）勤家（宗创业之）。诞淫（难）厥泆（过），罔顾（纵）于天显（问天之明）民祇（威民之敬）。惟时上帝不保，降若兹大丧。惟天不畀（畏），不明厥德。凡四方小大邦丧（纣）。

罔非有辞（亡无辜之）于罚（辞受）。

此言纣之所以亡也。

16. (元) 吴澄《书纂言》卷四下《周书·多士》

(归善斋按，见"我闻曰，上帝引逸，有夏不适逸，则惟帝降格")

17. (元) 陈栎《书集传纂疏》卷五《朱子订定蔡氏集传·周书·多士》

在今后嗣王，诞罔显于天，矧曰其有听念于先王勤家，诞淫厥泆，罔顾于天显、民祇。

后嗣王，纣也。纣大不明于天道，况曰能听念商先王之勤劳于邦家者乎？大肆淫泆，无复顾念天之显道，民之敬畏者也。

18. (元) 许谦《读书丛说》卷六

(归善斋按，未解)

19. (元) 董鼎《书传辑录纂注》卷五《周书·多士》

在今后嗣王，诞罔显于天，矧曰其有听念于先王勤家，诞淫厥泆，罔顾于天显、民祇。

后嗣王，纣也。纣大不明于天道，况曰能听念商先王之勤劳于邦家者乎？大肆淫泆，无复顾念天之显道，民之敬畏者也。

20. (元) 朱祖义《尚书句解》卷九《周书·多士第十六》

在今后嗣王（奈何在今后嗣王纣），诞罔显于天（大不明于天意，是以天引逸，而纣乃适逸），矧曰（况能自言）其有听念于先王勤家（其有耳听心念先王勤劳以建立国家之事业）。

21. (明) 王樵《尚书日记》卷十二《周书·多士》

"在今后嗣王"至"罔非有辞于罚"。

吕氏曰,"诞罔显于天",言纣天理昏蔽之极,其本既亡矣,况曰其有能听念光王勤家,而思所以保之乎?先言不明天理,次言不念祖宗者,盖天理犹有毫发之存,则追惟前人栉风沐雨之劳,必不忍淫泆以荡覆之也。夫天也,祖宗也,民也,自古帝王之所共畏也。纣不听念于先王勤家,则不畏祖宗矣;罔顾于天显,则不畏天矣;罔顾于民祇,则不畏民矣。三畏既除,举无忌惮,穷凶极恶,故惟时上帝弗保,降若兹大丧也。

金氏曰,自古小邦大邦未有无罪而亡国;亦未有无辞而亡人之国。商罪贯盈,我有周奉辞伐罪,其亡乃自取也。

22. (清)库勒纳等撰《日讲书经解义》卷九《周书·多士》

在今后嗣王,诞罔显于天,矧曰其有听念于先王勤家,诞淫厥泆,罔顾于天显、民祇。惟时上帝不保,降若兹大丧。惟天不畀,不明厥德。凡四方小大邦丧,罔非有辞于罚。

此四节书,是言纣不明天道,不能爱民,以至于亡也。后嗣王,指纣言。显,明也。天显,天之显道。民,祇民之敬畏者也。盖指福善祸淫,是非赏罚之公道而言。王命又曰,殷先王明德恤祀之家法,使子孙能世守之,岂至灭亡哉?今嗣王纣,昏蔽失德,大不明于天道存心,出治之本,且不能知,况望其恢弘祖德,能听念先王勤劳邦家之道,而思所以保之乎?盖其沉湎暴虐,大肆淫泆,玩忽天戒,毒害生民。于天道之显明,民心之祇畏,直悍然而不顾之矣。夫天也,祖宗也,民也,自古帝王之所共畏也。纣不听念于先王勤家,而大为淫泆,则不畏祖宗;罔顾天显,则不畏天;罔顾民祇,则不畏民。三畏既亡,举无忌惮,恣行凶恶,故"上帝不保,降若兹大丧"也。然则,天所以不与纣者,岂有他哉,由其"不明厥德,罔顾天显、民祇",自绝于天,而天不得而庇之耳。且天之所以降罚于不德者,亦非独纣为然。凡四方小邦大邦,未有无罪而亡国者,则亦未有无辞以讨罪而亡人之国者。商罪贯盈,我周奉辞伐罪,恭承天命而已,岂无故而亡商哉。

诞淫厥泆，罔顾于天，显民祗

1. （汉）孔氏传、（唐）陆德明音义、孔颖达疏《尚书注疏》卷十五《周书·多士》

诞淫厥泆，罔顾于天，显民祗。

传，言纣大过其过，无顾于天，无能明人为敬，暴乱甚。

疏，正义曰，乃复大淫过其泆，无所顾于上天，无能明民为敬，以此反于先王，违逆天道。

传正义曰，淫、泆。俱训为过，言纣大过其愆过，无顾于天，言其纵心为恶，不畏天也。无能明民为敬，言其多行虐政，不忧民也。不畏于天，不爱于民，言其"暴乱甚"也。此经"顾于天"与"显民祗"共蒙上"罔"文。故传再言"无"也。

2. （宋）苏轼《书传》卷十四《周书·多士第十六》

（归善斋按，未解）

3. （宋）林之奇《尚书全解》卷三十二《周书·多士》

（归善斋按，见"成周既成"）

4. （宋）史浩《尚书讲义》卷十六《周书·多士》

（归善斋按，见"我闻曰，上帝引逸，有夏不适逸，则惟帝降格"）

5. （宋）夏僎《尚书详解》卷二十《周书·多士》

（归善斋按，见"我闻曰，上帝引逸，有夏不适逸，则惟帝降格"）

973

6. (宋)时澜《增修东莱书说》卷二十四《周书·多士第十六》

(归善斋按,见"在今后嗣王,诞罔显于天,矧曰其有听念于先王勤家")

7. (宋)黄度《尚书说》卷六《周书·多士》

(归善斋按,见"在今后嗣王,诞罔显于天,矧曰其有听念于先王勤家")

8. (宋)袁燮《絜斋家塾书钞》卷十二《周书·多士》

(按《永乐大典》误以《多士》书序解,复载于此段之下,而袁氏原解已佚,今无可复考,姑从阙文,其复见者则删去)

9. (宋)蔡沈《书经集传》卷五《周书·多士》

(归善斋按,见"在今后嗣王,诞罔显于天,矧曰其有听念于先王勤家")

10. (宋)黄伦《尚书精义》卷三十九《周书·多士》

诞淫厥泆,罔顾于天显、民祇。惟时上帝不保,降若兹大丧。惟天不畀,不明厥德。凡四方小大邦丧,罔非有辞于罚。

无垢曰,大为淫泆,即沉湎冒色者也。罔顾于天。而弗敬上天;罔明民可敬,而降灾下民。民所以可敬者,以民者,天之心也。上不顾天,下不明民为可敬,则天怒民怨,而大命殒坠矣。纣之所为如此,所以上天不保佑之。夫人主所以君天下者,天相之也。天相之,则国家昌明;天不相,则国丧亡矣。纣上不畏天,中不念先王,下不敬民。天绝之,先王绝之,民绝之,不亡何待乎?

又曰,心与天同,则天与之;心绝于天,则天罚之。是以凡四方小国大国所以至于灭亡者,无非不明于德,恶声宣布,腥闻于天,此天所以罚之也。

张氏曰,天之所显者,道也;民之所祇者,德也。罔顾于天显,则道不足以格天；罔显于民祗，则德不足以临民。夫皇天亲有德，享有道。今纣罔顾于天显、民祗则是反道败德者也，此上帝之所以不保，而降若兹大丧，宜矣。"惟天不畀不明厥德"，言不明厥德者，天之所不与也。商罪贯盈，则其德昏矣。"上帝不保，降若兹大丧"，则天不畀纣，此可见矣。

11.（宋）陈经《尚书详解》卷三十四《周书·多士》

（归善斋按，见"在今后嗣王，诞罔显于天，矧曰其有听念于先王勤家"）

12.（宋）钱时《融堂书解》卷十五《周书·多士》

（归善斋按，见"惟三月，周公初于新邑洛，用告商王士"）

13.（宋）魏了翁《尚书要义》卷十五《周书·多士、无逸》

（归善斋按，未引）

14.（宋）陈大猷《书集传或问》卷下《周书·多士》

（归善斋按，未解）

15.（宋）胡士行《尚书详解》卷九《周书·多士第十六》

（归善斋按，见"在今后嗣王，诞罔显于天，矧曰其有听念于先王勤家"）

16.（元）吴澄《书纂言》卷四下《周书·多士》

（归善斋按，见"我闻曰，上帝引逸，有夏不适逸，则惟帝降格"）

17.（元）陈栎《书集传纂疏》卷五《朱子订定蔡氏集传·周书·多士》

（归善斋按，见"在今后嗣王，诞罔显于天，矧曰其有听念于先王勤家"）

18.（元）许谦《读书丛说》卷六

（归善斋按，未解）

19.（元）董鼎《书传辑录纂注》卷五《周书·多士》

（归善斋按，见"在今后嗣王，诞罔显于天，矧曰其有听念于先王勤家"）

20.（元）朱祖义《尚书句解》卷九《周书·多士第十六》

诞淫厥泆（乃大过为泆荡之事），罔顾于天显、民祇（全不顾视天之显然可畏，民之不可不敬）。

21.（明）王樵《尚书日记》卷十二《周书·多士》

（归善斋按，见"在今后嗣王，诞罔显于天，矧曰其有听念于先王勤家"）

22.（清）库勒纳等撰《日讲书经解义》卷九《周书·多士》

（归善斋按，见"在今后嗣王，诞罔显于天，矧曰其有听念于先王勤家"）

惟时上帝不保，降若兹大丧

1.（汉）孔氏传、（唐）陆德明音义、孔颖达疏《尚书注疏》卷十五《周书·多士》

惟时上帝不保，降若兹大丧。

传，惟是纣恶，天不安之故，下若此大丧亡之诛。

疏，正义曰，惟是上天不安纣之所为，下若此大丧亡之诛。

2.（宋）苏轼《书传》卷十四《周书·多士第十六》

（归善斋按，未解）

3.（宋）林之奇《尚书全解》卷三十二《周书·多士》

（归善斋按，见"成周既成"）

4.（宋）史浩《尚书讲义》卷十六《周书·多士》

（归善斋按，见"我闻曰，上帝引逸，有夏不适逸，则惟帝降格"）

5.（宋）夏僎《尚书详解》卷二十《周书·多士》

（归善斋按，见"我闻曰，上帝引逸，有夏不适逸，则惟帝降格"）

6.（宋）时澜《增修东莱书说》卷二十四《周书·多士第十六》

（归善斋按，见"在今后嗣王，诞罔显于天，矧曰其有听念于先王勤家"）

7.（宋）黄度《尚书说》卷六《周书·多士》

惟时上帝不保，降若兹大丧。惟天不畀，不明厥德。凡四方小大邦丧，罔非有辞于罚。

天之不畀，不明厥德也。夫岂独殷，凡四方小大邦国丧，无非不明厥德，有辞于罚者。

8.（宋）袁燮《絜斋家塾书钞》卷十二《周书·多士》

（按《永乐大典》误以《多士》书序解，复载于此段之下，而袁氏原解已佚，今无可复考，姑从阙文，其复见者则删去）

9.（宋）蔡沈《书经集传》卷五《周书·多士》

惟时上帝不保，降若兹大丧。

大丧者，国亡而身戮也。

10.（宋）黄伦《尚书精义》卷三十九《周书·多士》

（归善斋按，见"诞淫厥泆，罔顾于天，显民祇"）

11.（宋）陈经《尚书详解》卷三十四《周书·多士》

（归善斋按，见"在今后嗣王，诞罔显于天，矧曰其有听念于先王勤家"）

12.（宋）钱时《融堂书解》卷十五《周书·多士》

（归善斋按，见"惟三月，周公初于新邑洛，用告商王士"）

13.（宋）魏了翁《尚书要义》卷十五《周书·多士、无逸》

（归善斋按，未引）

14.（宋）陈大猷《书集传或问》卷下《周书·多士》

（归善斋按，未解）

15.（宋）胡士行《尚书详解》卷九《周书·多士第十六》

（归善斋按，见"在今后嗣王，诞罔显于天，矧曰其有听念于先王勤家"）

16.（元）吴澄《书纂言》卷四下《周书·多士》

（归善斋按，见"我闻曰，上帝引逸，有夏不适逸，则惟帝降格"）

17.（元）陈栎《书集传纂疏》卷五《朱子订定蔡氏集传·周书·多士》

惟时上帝不保，降若兹大丧。

大丧者，国亡而身戮也。

18.（元）许谦《读书丛说》卷六

(归善斋按，未解)

19.（元）董鼎《书传辑录纂注》卷五《周书·多士》

惟时上帝不保，降若兹大丧。
大丧者，国亡而身戮也。

20.（元）朱祖义《尚书句解》卷九《周书·多士第十六》

惟时上帝不保（惟是天乃不安于纣），降若兹大丧（遂降此大丧亡之祸）。

21.（明）王樵《尚书日记》卷十二《周书·多士》

(归善斋按，见"在今后嗣王，诞罔显于天，矧曰其有听念于先王勤家")

22.（清）库勒纳等撰《日讲书经解义》卷九《周书·多士》

(归善斋按，见"在今后嗣王，诞罔显于天，矧曰其有听念于先王勤家")

惟天不畀不明厥德，凡四方小大邦丧，罔非有辞于罚

1.（汉）孔氏传、（唐）陆德明音义、孔颖达疏《尚书注疏》卷十五《周书·多士》

惟天不畀不明厥德，凡四方小大邦丧，罔非有辞于罚。

传，惟天不与不明其德者，故凡四方小大国丧灭，无非有辞于天所罚，言皆有暗乱之辞。

疏，正义曰，惟天不与不明其德之人故也。天不与恶，岂独纣乎？凡四方诸侯小大邦国，其丧灭者，无非皆有恶辞，是以致至于天罚。汝纣以恶而见灭，汝何以不服我也。

传正义曰，能明其德，天乃与之。惟天不与不明其德者，纣不明其德，故天丧之。因即广言天意，凡四方小大邦国，谓诸侯有土之君，其为天所丧灭者，无非皆其恶辞闻于天，乃为上天所罚，言被天罚者，皆有暗乱之辞。上天不罚无辜，纣有阇乱之辞故天灭之耳。天既灭不明其德，我有明德为天所立，汝等殷士安得不服我乎？以其心仍不服，故以天道责之。

2. （宋）苏轼《书传》卷十四《周书·多士第十六》

（归善斋按，见"自成汤至于帝乙，罔不明德恤祀"）

3. （宋）林之奇《尚书全解》卷三十二《周书·多士》

（归善斋按，见"成周既成"）

4. （宋）史浩《尚书讲义》卷十六《周书·多士》

（归善斋按，见"我闻曰，上帝引逸，有夏不适逸，则惟帝降格"）

5. （宋）夏僎《尚书详解》卷二十《周书·多士》

（归善斋按，见"我闻曰，上帝引逸，有夏不适逸，则惟帝降格"）

6. （宋）时澜《增修东莱书说》卷二十四《周书·多士第十六》

（归善斋按，见"在今后嗣王，诞罔显于天，矧曰其有听念于先王勤家"）

7. （宋）黄度《尚书说》卷六《周书·多士》

（归善斋按，见"惟时上帝不保，降若兹大丧"）

8.（宋）袁燮《絜斋家塾书钞》卷十二《周书·多士》

（按《永乐大典》误以《多士》书序解，复载于此段之下，而袁氏原解已佚，今无可复考，姑从阙文，其复见者则删去）

9.（宋）蔡沈《书经集传》卷五《周书·多士》

惟天不畀，不明厥德

商先王以明德而天丕建，则商后王不明德，而天不畀矣。

凡四方小大邦丧，罔非有辞于罚。

凡四方小大邦国丧亡，其致罚皆有可言者，况商罪贯盈，而周奉辞以伐之者乎？

10.（宋）黄伦《尚书精义》卷三十九《周书·多士》

（归善斋按，见"诞淫厥泆，罔顾于天，显民祗"）

11.（宋）陈经《尚书详解》卷三十四《周书·多士》

（归善斋按，见"在今后嗣王，诞罔显于天，矧曰其有听念于先王勤家"）

12.（宋）钱时《融堂书解》卷十五《周书·多士》

（归善斋按，见"惟三月，周公初于新邑洛，用告商王士"）

13.（宋）魏了翁《尚书要义》卷十五《周书·多士、无逸》

（归善斋按，未引）

14.（宋）陈大猷《书集传或问》卷下《周书·多士》

（归善斋按，未解）

15. （宋）胡士行《尚书详解》卷九《周书·多士第十六》

（归善斋按，见"在今后嗣王，诞罔显于天，矧曰其有听念于先王勤家"）

16. （元）吴澄《书纂言》卷四下《周书·多士》

（归善斋按，见"我闻曰，上帝引逸，有夏不适逸，则惟帝降格"）

17. （元）陈栎《书集传纂疏》卷五《朱子订定蔡氏集传·周书·多士》

惟天不畀，不明厥德。

商先王以明德，而天丕建，则商后王不明德，而天不畀矣。

凡四方小大邦丧，罔非有辞于罚。

凡四方小大邦国丧亡，其致罚皆有可言者，况商罪贯盈，而周奉辞以伐之者乎？

纂疏：

吕氏曰，天也，祖也，民也，人君所共畏也。纣不听念先王，罔顾天显、民，只三畏皆亡，无所不至矣。

愚谓，纣之众恶，皆自不明德而然，其以不明德而失天命也如此。

18. （元）许谦《读书丛说》卷六

（归善斋按，未解）

19. （元）董鼎《书传辑录纂注》卷五《周书·多士》

惟天不畀不明厥德。

商先王以明德，而天丕建，则商后王不明德，而天不畀矣。

凡四方小大邦丧，罔非有辞于罚。

凡四方小大邦国丧亡，其致罚，皆有可言者。况商罪贯盈，而周奉辞以伐之者乎？

纂注：

吕氏曰，天也，祖宗也，民也，自古帝王所共畏也。纣不听念先王，罔顾天显、民祇，三畏皆亡，无所不至矣。

新安陈氏曰，纣之众恶，皆自不明德中来，其以不明德而失天命也如此。

20.（元）朱祖义《尚书句解》卷九《周书·多士第十六》

惟天不畀（天不与纣者），不明厥德（以纣不明其德）。凡四方小大邦丧（凡四方小邦大邦，用至丧亡者），罔非有辞于罚（以习纣恶，我国家征伐四方之国，无非有可罚之辞）。

21.（明）王樵《尚书日记》卷十二《周书·多士》

（归善斋按，见"在今后嗣王，诞罔显于天，矧曰其有听念于先王勤家"）

22.（清）库勒纳等撰《日讲书经解义》卷九《周书·多士》

（归善斋按，见"在今后嗣王，诞罔显于天，矧曰其有听念于先王勤家"）

王若曰，尔殷多士，今惟我周王，丕灵承帝事

1.（汉）孔氏传、（唐）陆德明音义、孔颖达疏《尚书注疏》卷十五《周书·多士》

王若曰，尔殷多士，今惟我周王，丕灵承帝事。
传，周王，文、武也。大神奉天事，言明德恤祀。

疏，正义曰，周公又称王顺而言曰，汝殷众士，今惟我周家文、武二王，大神能奉天事。

传正义曰，文王受命，武王伐纣，故知周王兼文、武也。大神奉天事，谓以天为神，而勤奉事之，劳身敬神，言亦如汤明德恤祀也。

2.（宋）苏轼《书传》卷十四《周书·多士第十六》

王若曰，尔殷多士，今惟我周王，丕灵承帝事。

言我周文王、武王，皆继行大事。

3.（宋）林之奇《尚书全解》卷三十二《周书·多士》

王若曰，尔殷多士，今惟我周王，丕灵承帝事。有命曰，割殷告敕于帝，惟我事不贰适，惟尔王家我适。予其曰，惟尔洪无度，我不尔动，自乃邑。予亦念天，即于殷大戾，肆不正。王曰，猷！告尔多士，予惟时其迁居西尔，非我一人奉德不康宁，时惟天命。无违朕，不敢有后，无我怨。惟尔知，惟殷先人有册有典，殷革夏命。今尔其曰，夏迪简在王庭，有服在百僚。予一人惟听用德，肆予敢求尔于天邑商。予惟率肆矜尔，非予罪，时惟天命。王曰，多士，昔朕来自奄，予大降尔四国民命，我乃明致天罚，移尔遐逖，比事臣我宗多逊。王曰，告尔殷多士，今予惟不尔杀，予惟时命有申。今朕作大邑于兹洛，予惟四方罔攸宾，亦惟尔多士攸服，奔走臣我多逊。尔乃尚有尔土，尔乃尚宁干止。尔克敬，天惟畀矜尔；尔不克敬，尔不啻不有尔土，予亦致天之罚于尔躬。今尔惟时宅尔邑，继尔居。尔厥有干有年于兹洛。尔小子乃兴，从尔迁。王曰，又曰时予，乃或言尔攸居。

前既言纣之所以失天下，亦如桀之坠厥命；周之代殷，亦如成汤之革夏，其一兴一废，皆本于天，而非人之所能为，尔多士当平心定气，深思其所以然之故，安于天命而不可有他虑，故此又申言之。凡我之所以不以尔之罪为可诛而赦之，又为之迁以自近，使之渐染而自化，无非天命也。灵，善也。王者之治天下，其举措动作，无非天之事，故其典曰天叙，礼曰天秩，命曰天命，讨曰天讨。凡所以施之国家者，非人之私意所能为也。惟当承天意以从事而已矣。能奉天者，天之所予；其绝于天者，天岂享之哉？纣之肆为淫泆，而不明于德，故腥闻于天，而天所断弃，乃监求于天下四方，可以代殷者，宜莫周若也。盖周之文、武大能善奉天之事，以治其民。故天有命，而命我周曰，当断绝殷之命而汝代之也。割殷，与"割正夏"之"割"同。惟天以割殷之命，命我周王，故周王以敕殷命而告于天也。苏氏曰，将有割殷之事，必先告正于天而后行，曰将有大正于商是也。此说甚当。汉孔氏曰，告正于天，谓既克纣，柴于牧野，告天不顿兵生事。此则非也。盖此方言天命我有周，故周告于天，而后代之。此所谓告，即所谓"告于皇天、后土"之意也，非"大告武成"之"告"也。"惟我事不贰适，惟尔王家我适"，汉孔氏曰，言天下事已之我周矣，不贰之他。惟汝殷王家已之我，不复有变。其说不明白，不如苏氏于"惟我事不贰适"曰，我有事于四方，曷尝有再举而后定乎？贰适，再往也。其言是矣。至于"惟尔王家我适"，乃曰，惟于殷，则观兵而归，已而再往，不申言"贰适"者因前之辞也。此则是泥于先儒观兵之说，而为此解也。《荀子》曰"王者之兵不试，汤武之诛桀纣也，拱挹指麾，而强暴之国，莫不趋使，诛桀纣若诛独夫"。盖王者之用兵，既度之人，又度之己。己可以取之，而彼未可取，吾不动也。彼可取，而己未可以取之，吾不动也。必其彼有必败之理，己有必胜之道，计之之审而后有事焉，则岂有再往而定乎。苏氏之言是也。但观兵之说，无经见，某于《泰誓》已尝论之详矣。"惟尔王家我适"当连下文说。"尔王家"，指殷也，言凡我之事未尝再往而后定。今于尔王家，所以往而伐之者，盖我之言曰，惟尔殷纣大无法度，天人之所共弃，则我之胜商，岂至于再乎？武王数纣之罪曰，力行无度，而其所以为无度者，如曰播弃黎老，昵比罪人，朋家作仇，胁权相灭，则其无度也不亦大乎？纣既以无度之故，天人之所共弃，然后我从而伐之，则我之于尔，本岂有伐之之心哉。使纣能明厥德，以光大成汤之绪，则周文、武虽有圣德，亦将永为商之诸侯，以藩王室而已。惟其暴虐淫湎，靡所不为，天意之所愤怒，民心之所咨怨，故不得不应天而顺人也。则商之丧亡，非祸端自周而动也，其乱从而起矣。《孟子》曰"人必自侮，然后人侮之；国必自伐，然后人伐之"。纣乃自伐也，故周伐之。此所以曰"我不尔动自乃邑"。伊训曰"造攻自鸣条，朕哉自亳"，亦此意也。周人伐殷，盖我念天命，而就诛尔殷之大罪庋者，故不正治其余党也。盖奸厥渠魁，胁从罔治，旧染污俗，咸与惟新。此尔多士，所以得至于今尚存焉。王氏曰，今不正治汝，不忍助天为虐也。《酒诰》曰"天非虐，惟民自速辜"，乃以灭殷为天之虐可乎？

"猷"发语之声也。"迁居西尔"，即迁于洛邑也。洛者土中，而云西者，以殷之故都所向而言也。唐孔氏曰，从殷适洛，南行西回，故为居西也。人情莫不欲安，故王者必使民安其田里，而无丝毫之扰，然后斯民得以享其康宁。今乃使尔有迁徙之劳，非我一人所奉之德，不使尔康宁也。是惟天命之所宜然，在乎无违而已。故朕不敢有后而稽留天命，尔无以迁居为出于我之意而怨我也。惟尔之殷先人，盖皆有册书典籍，以纪载殷革夏命之故事，尔之所备知也。则我周之伐殷，亦如殷之革夏而已，尔其可以有他辞哉？今尔乃出怨言曰，殷之革夏，而夏之多士，皆迪而进之，简而择之，使在王庭。故有服行职事，列于百僚。今周之于多士也不然，则是周犹不能忘小嫌而捐小怨，如殷之于夏也。盖我一人所听察而任用之者，惟其德而已。有德则进，无德则退，岂有彼此哉？唐太宗尝曰，朕任官必以才不才，虽亲，若襄邑王，神符亦不妄授。若才，虽仇若魏征，不弃也。太宗且然，而况于周乎？今尔多士，染殷之余习，骄淫矜夸，无所不至，予其敢求尔于大邑商而用之哉？其所以舍尔而不求者，以其无德也，非以有殷之仇而弃汝也。我惟循汤故事，肆赦尔罪，而矜怜尔愚，迁之于王都，以式化厥训，此非我之罪也，亦是惟天命而已。盖王者与天地合其德。先天而天不违；后天而奉天时，故其所举动，天即圣人，圣人即天。故周公之于殷，迁其顽民，以密迩王室，与夫以其无德而不任之以官，虽皆周家之政，皆以为天命也。

奄，淮夷也。四国，三监及奄也。方武王即世，而周公摄政，三监及淮夷，挟武庚以叛，周公亲率兵以诛之。先诛三监，后伐奄。自伐奄归周，乃大降黜尔四国民命，明致天之诛罚于汝。其余民，则自遐逖之地而移之，以密迩王室，使之亲比以臣事于我家，以多为逊，顺革其不善之习也。周公东征，则"来自奄"者。周公此言"王若曰，昔朕来自奄"，则以来自奄为成王，与成王既伐管叔蔡叔同。自洛而视殷之故地，则殷为远，故以迁于洛，为"移尔遐逖"。王氏以为徙其民于远方。此事无所经见，既徙之远，何为而又迁之周哉？王氏又以"我宗"为康叔，既徙之远方，而康叔封于殷之故都，安得臣于康叔乎？"我宗"，犹言我家也，非康叔也，言尔多士之罪，固可杀，然我不忍不教而诛汝，故我惟是命令以申告汝也。我之营作大邑于此洛邑也，盖以四方诸侯朝觐贡赋，而无以宾之，又欲使尔多士服勤奔走以臣于我，而多为逊顺。以四方之故，故有王城；以多士之故，故有成周。既建此都邑，以迁尔多士矣，尔庶几能有此新土。先儒以为还有本土，非也。其迁之也，将使密迩王室，式化厥训，岂又还有本土哉？庶安居于此，干事于此，而得其所止也。尔若能修己以敬，则天必有以畀，予之矜怜之。"畀矜"者，迪简而在百僚也。《左传》曰，"敬，德之聚也。能敬必有德，德以治民，君请用之"。盖殷士之敬，则是迁善远罪，故天"畀矜"而使周用之也。如其不敬，则岂特不能有此新土而已哉，我将致天之诛罚于汝之身也。今汝惟是安居于汝之新邑，而其子子孙孙，继继承承，居于此，则尔其有干有年于兹洛邑矣。"继尔居"，则是有年也。"小子"，与《酒诰》之言"小子"同，谓其子孙。先儒以"迁"为"迁善"，其说为曲，不如苏氏曰，汝能敬天安居，汝子孙其有兴者。其所由来，皆自于迁洛。殷人怨不在王庭百僚，故成王以此答其意也。是也。盖人之爱其子孙，天下之至情也，故以此诱之。

"王曰，又曰"者，唐孔氏谓，凡言"王曰"者，皆是史官录辞，非王语也。今史官录王之言曰，以前事未尽，故言"又曰"。苏氏曰，非一日之言，故以"又曰"别之，皆不如薛博士之言曰"王曰，又曰时予，乃或言尔攸居"疑此二句有误。陈少南尤为详明，曰，"王曰"之下，当有文其简脱矣。"又曰"者承上文而言之也。《多方》之末曰"王曰，我不惟多诰，我惟祇告尔命。又曰，时惟尔初，不克敬于和，则无我怨用"，是知"王曰"之下，当有文也。"乃或言尔攸居"，其文承上，上简脱矣，予不能知其下矣。

此篇与《盘庚》，皆是告以迁居之意，故其辞意多相类。"非我一人奉德不康宁"，即《盘庚》所谓"予迓续乃命于天予岂汝威"也。"时惟天命无违"，即所谓"天其永我命于兹新邑"也。"无我怨"，即所谓"尔无共怒，协比谗言予一人"也。大抵皆然。盖古之圣人，惟不忍鄙其民而欺之。故其谆谆告谕之言，开其为此，而禁其为彼，不约而同也。汉之初，以娄敬之言，迁齐诸田，楚昭、屈、景、燕赵、韩、魏，后及豪杰名家，以实关中。其后世徙吏二千石，高赀富人，及豪杰兼并之家于诸陵，是亦"迁殷顽民"之遗意。然周公之迁殷民，盖使之密迩王室，式化厥训，故虽商之余民，染于恶化，不能自反，而成王、康王建皇极于上，周公、君陈、毕公敷大德于下，历百年然后斯民丕变于忠厚。汉之迁豪杰，徒为强本弱支之术而已，非有化之之道也。故关中以五方杂错，风俗不纯。其世家则好礼文，富人则商贾为利，豪杰则游侠通奸。其与周之风俗，固万万不侔矣。不独此也，周公之迁之也，则以优游宽大之言，雍容而渐渍之，使之感而归善。汉则不然，惟命之迁则迁，未尝有诰谕之辞。秦少游学士曰，"太上忘言，其次有言，其下不及言"。若汉者，所谓不及言者也。

4.（宋）史浩《尚书讲义》卷十六《周书·多士》

王若曰，尔殷多士，今惟我周王丕灵，承帝事。有命曰，割殷告敕于帝。惟我事不贰适，惟尔王家我适。予其曰，惟尔洪无度，我不尔动。自乃邑。予亦念天，即于殷大戾，肆不正，王曰，猷！告尔多士，予惟时其迁居西尔，非我一人奉德不康宁，时惟天命，无违，朕不敢有后，无我怨。惟尔知，惟殷先人有册有典，殷革夏命。今尔又曰，夏迪简在王庭，有服在百僚。予一人惟听用德，肆予敢求尔于天邑商。予惟率肆矜尔，非予罪，时惟天命。

"今惟我周王"，周之先王也。灵，神也，莫神于天。我既大承事于天，有命当割绝有商。我复告敕于帝，以待天命，故观兵于孟津以，归冀商之改过，期不再往。惟尔王家，既无悔过之心，此武王所以必往，故曰"惟尔王家我适"。我之受天命如是，而汝大无法度，复挟三监以叛，固非扰动尔邑，念天命之不可不征，但使大戾即罪，余党之不正者，悉宽肆之，所谓"歼厥渠魁胁从罔治"也。今迁汝而西，居于洛邑，非我所为不靖，以劳动汝。时惟天命也。呜呼！商士汝当知所归矣。自今一迁，朕不再劳，故曰"不敢有后"，当"无我怨"也。汝知商之先祖，有册有典，且载革命之初，迪简贤俊，置之王庭，使服事于百僚，是商尝用夏之遗士矣。吾非不能用尔，尔既挟我三监，是其德不可信。德不可信，又焉可用。但听其有德者用之，尔我不敢求尔于商邑，若商之用夏士也。但率循此意，以宽肆矜容之尔，非我之罪，汝自取之，亦天命也。呜呼！商士汝当知所择也。

5.（宋）夏僎《尚书详解》卷二十《周书·多士》

王若曰，尔殷多士，今惟我周王丕灵，承帝事。有命曰，割殷告敕于帝。惟我事不贰适，惟尔王家我适。予其曰，惟尔洪无度，我不尔动。自乃邑。予亦念天，即于殷大戾，肆不正。

周公既详言夏、殷之所以兴亡，于是更端称王命而言，今我文、武所以得天下之由，使商士知我周家之所以兴者，乃文、武能顺天，而天命以天下，非周劫商而取之也。盖所以折其不服之情尔。"尔殷多士"，呼其人而告之也。"今惟我周王"，谓今日周家所以得天下者，以我周文、武，大善承上帝之事，谓上帝所欲行之事，文、武皆能奉之。如天欲爱民，文武则爱之；天欲勤政，文、武则勤之，皆灵承之谓也。惟文、武能善承于天，故天于是有命，命文、武使之割绝殷纣之命，即以其正殷之事告于上帝，如"柴望，大告武成"，即是告其正殷之事于上帝也。惟文、武之兴，乃天命之，使之割殷，而告正于天，故我国家凡所作事，未尝有再往者，以其顺天命所归，每一举而可定也。"惟尔王家我适"者，周公谓我家以顺天命之故，凡所举事，无再往之者。惟尔商家，乃不明天命所归，如纣之恶，我国家已诛灭之，而尔武庚又反复，反使我于此事遂至再往，谓既灭纣，又杀武庚也。汝等既已如此劳我再伐，我亦岂怨汝哉。我但自言曰，此事乃尔商众大无法度，谓纣则君不君，武庚则臣不臣，皆无法度，自有以招致我罚，我故不为汝之恐动其罪，自汝邑中自造，有以招致我罚耳。此正如汤所谓"造攻自鸣条，朕载自亳"是也。周公既谓我国家所以再伐尔国者，皆汝自取。故又言，我国家所以不忍之意，谓再伐之事，固汝自取，而我亦念天于纣之诛，武庚之死，是已就殷而大罪之矣。故今日于汝等，虽有可诛之罪，皆肆放而不尽正其罪，谓不忍尽伐之也。自此以上，皆盛说殷、周兴亡之由，使多士明知殷之亡，实纣不道而天灭之；周之兴由文、武修德，而天命之。兴亡，皆出于天，非人所能为，则不当不服。不服是违天也。既以此折服其心，故自此以下，则告以欲迁之意。人虽欲不迁，尚谁敢违乎？此见周公所以为善于折民心，而多士之作，不至于盘庚之区区也。

6. （宋）时澜《增修东莱书说》卷二十四《周书·多士第十六》

王若曰，尔殷多士，今惟我周王丕灵，承帝事。有命曰，割殷告敕于帝。惟我事不贰适，惟尔王家我适。予其曰，惟尔洪无度，我不尔动，自乃邑。予亦念天，即于殷大戾，肆不正。

前章所叙武王革命之理，此章所谓"今惟我周王"则指当时言之也。顽民之所以憾周者，徒见东征为周公、成王之事尔，故明告以是皆帝之事。我周王特大善承之而已。周为天子，职当奉承帝事。帝既有命曰"割殷"，则不得不戡定剪除，告其敕正之功于帝也。惟我割殷之事，未尝容少私意，一于从帝，而无贰适。惟尔有殷王家，自不得不惟我之适矣。周不贰于帝，殷其可贰于周乎？上帝临汝无贰尔心，"惟我事不贰适"之谓也。上帝既命侯于周服，"惟尔王家我适"之谓也。当是时，顽民犹妄意成王、周公或可动摇，故示以确然不可移夺之志，以定其心，而一其所向云尔。然圣贤事不贰适，日用饮食，莫不皆然，盖所以事天也，亦岂徒割殷之事哉。"予其曰，惟尔洪无度，我不尔动，自乃邑"者，"其曰"乃审度之辞，盖尝审度顽民致讨之由，实惟尔大为非度，我固不先起兵端以动尔。其作孽，乃自尔邑，非他人也，又将谁咎乎？"予亦念天即于殷大戾肆不正"者，告之以迁洛之意也，言予亦念天就殷邦妹土之地，屡降大戾，纣既死焉，故今邪慝不正，要当迁徙，舍其旧而新是图，夫岂得已而不已哉。

7. （宋）黄度《尚书说》卷六《周书·多士》

王若曰，尔殷多士，今惟我周王丕灵，承帝事。有命曰，割殷告敕于帝。惟我事不贰适，惟尔王家我适。

灵，善，神明其德也。或曰，灵承帝事，或曰灵承于旅，皆祭天也。祭天而天飨，之故曰灵承。天有命，命我曰，割绝殷告正于帝。天授有德，不更改命，故曰"惟我事不贰适"。天下公器奚可强留，故曰"惟尔王家我适"。

8.（宋）袁燮《絜斋家塾书钞》卷十二《周书·多士》

（按《永乐大典》误以《多士》书序解，复载于此段之下，而袁氏原解已佚，今无可复考，姑从阙文，其复见者则删去）

9.（宋）蔡沈《书经集传》卷五《周书·多士》

王若曰，尔殷多士，今惟我周王丕灵，承帝事。

灵，善也，大善承天之所为也。《武成》言"祗承上帝以遏乱略"是也。

10.（宋）黄伦《尚书精义》卷三十九《周书·多士》

王若曰，尔殷多士，今惟我周王丕灵，承帝事。有命曰，割殷告敕于帝。惟我事不贰适，惟尔王家我适。予其曰，惟尔洪无度，我不尔动，自乃邑。予亦念天即于殷大戾，肆不正。

无垢曰，上帝全付人民于人主者，欲爱育保养之也。纣不畏上帝，以虐下民，是上帝职事有旷阙矣。故成王呼殷多士曰，汝殷纣既废坠上帝职事，今惟我周文王、武王乃大感通承，奉上帝之职事。文、武无他，职上帝爱民之心，而奉承之耳。灵，有感通之意，以言若与上帝酬答然者，灵之意也。

又曰，文、武既与上帝若相酬答，故知上帝有命于武王，曰，汝割绝殷纣，勿令虐民。武王承奉帝意，黜殷杀纣，以告正其罪于上帝。言武王终上帝之事，也。

又曰，盖以其叛，所以迁于洛邑。使商民不叛，则周公无三监之伐，亦无迁洛邑之事。所以移动尔众者，汝邑自为之也，我念天意止在即刑于殷倡乱，如管蔡武庚之为大罪者，而不在殷余，故我不正尔典刑，而使之摈于人类也。

东坡曰，我有事于四方，曷尝有再举而后定者乎？故曰"惟我事不贰适"。贰适，再往也。惟于殷，则观政而归己，而再往是我先王不忍灭商之意也，故曰"惟尔王家我适"。不申言"贰适"者，因前之辞也。

991

11.（宋）陈经《尚书详解》卷三十四《周书·多士》

王若曰，尔殷多士，今惟我周王丕灵，承帝事。有命曰，割殷告敕于帝。惟我事不贰适，惟尔王家我适。予其曰，惟尔洪无度，我不尔动，自乃邑。予亦念天即于殷大戾，肆不正。

商王之不明厥德如彼，故周王起而继之。我周王大能善承上帝之事。为人君者，在于承天意以从事，我文、武善承上帝，故上帝有命，以命我曰，割绝殷命，以敕正殷之事而告于帝，言终帝之事也，惟我周家之事也。惟我周家之事，更无他往，一心以顺天也。尔殷之王家，惟我适，一心以从周也。人惟有一心于其所当然者，不能从则是有二心也。我周家不顺天命，商之王家不从周，皆是二适也。尔王家既我适矣，而管蔡商奄之变，尔商人犹有不服从我周家。我其曰，惟尔大为无法度之事，亦何曾生事好变动，必欲黜商，皆自尔都邑先为之其过，皆尔之自取，而非干于我也。予亦惟念天意，就其大戾者诛之，若首恶渠魁，若管蔡武庚是也。正者，绳治也。既诛其首恶，则其余者不尽治之。商民未尽知成王之意，将谓成王忿其不服之故，必行诛戮于己，故周公直告之，以安反仄之情。诛其首恶而赦其余，此圣人忠厚之意也，亦天之意也。我之所以割商者，非我也，天也。我之所以赦汝者，非我也，亦天也。圣人之心动，与天合，故无往而非天之心也。

12.（宋）钱时《融堂书解》卷十五《周书·多士》

王若曰，尔殷多士，今惟我周王丕灵，承帝事。有命曰，割殷告敕于帝。惟我事不贰适，惟尔王家我适。予其曰，惟尔洪无度，我不尔动，自乃邑。予亦念天即于殷大戾，肆不正。王曰，猷！告尔多士，予惟时其迁居西尔，非我一人奉德，不康宁，时惟天命，无违，朕不敢有后，无我怨。

上节既言纣不明厥德，天大降丧，于是复呼多士而言，我周割殷之故，与今日迁民之由，以申诰之也。

13. （宋）魏了翁《尚书要义》卷十五《周书·多士、无逸》

（归善斋按，未解）

14. （宋）陈大猷《书集传或问》卷下《周书·多士》

（归善斋按，未解）

15. （宋）胡士行《尚书详解》卷九《周书·多士第十六》

王若曰，尔殷多士，今惟我周王丕（罚）灵（大）承（善）帝（奉）事，有命（天，天命）曰，割（周正）殷（治），告敕（纣）于帝。惟我事不贰适（正上帝临汝，无贰尔）。惟（心）尔（故）王家我适（殷适我）。予其曰，惟尔（周）洪（殷）无度（大），我不尔（法）动，自（先）乃（从）邑（殷自取）。予亦念天，即（祸）于殷大戾（就），肆（罪）不正。

此言周之不得不兴也。

16. （元）吴澄《书纂言》卷四下《周书·多士》

王若曰，尔殷多士，今惟我周王丕灵，承帝事。有命曰，割殷告敕于帝。惟我事不贰适，惟尔王家我适。予其曰，惟尔洪无度，我不尔动，自乃邑。予亦念天即于殷大戾，肆不正。

又呼殷士而与之言，谓周所以王，以我周王大善承奉上帝之事，故上帝有命，命之割绝殷命，遂告敕殷之事于帝。如汤将伐桀，用玄牡昭告于帝也。我于割殷之事，应天顺人，一举而定，不待再适殷都。尔乃不明天命所归，既亡复叛，使我之用兵，遂至于再，乃惟尔商王之家，召我适尔殷都也。"其曰"者，审度之辞。武庚之叛，乃惟尔大为非度，我不先起兵端于尔扰动，自尔邑作乱，有以招致我之罚。前既诛纣，后又杀武庚，我亦恻然念及天就降于殷以此大灾戾，故使汝以不正，而取诸灭亡之祸也。

993

17.（元）陈栎《书集传纂疏》卷五《朱子订定蔡氏集传·周书·多士》

王若曰，尔殷多士，今惟我周王丕灵，承帝事。

灵，善也，大善承天之所为也。《武成》言"祗承上帝，以遏乱略"是也。

18.（元）许谦《读书丛说》卷六

（归善斋按，未解）

19.（元）董鼎《书传辑录纂注》卷五《周书·多士》

王若曰，尔殷多士，今惟我周王丕灵，承帝事。

灵，善也，大善承天之所为也。《武成》言"祗承上帝以遏乱略"是也。

20.（元）朱祖义《尚书句解》卷九《周书·多士第十六》

王若曰（公又言王意）尔殷多士（尔殷众士），今惟我周王（今国家得天下者，以我周文王）丕灵，帝事（大善承顺天所欲行之事）。

21.（明）王樵《尚书日记》卷十二《周书·多士》

"王若曰，尔殷多士，今惟我周王"至"肆不正"。

蔡传，发"惟我事不贰适，惟尔王家我适"，一段极精。

金氏曰，予亦念天之就殷邦，以降大戾。纣死，于是武庚死，于是何不正，如是乎，生乎其地，而为良者鲜矣。

22.（清）库勒纳等撰《日讲书经解义》卷九《周书·多士》

王若曰，尔殷多士，今惟我周王丕灵，承帝事。有命曰，割殷告敕于帝。惟我事不贰适，惟尔王家我适。

此三节书，言我周奉天革命之公，见殷士之当从周也。灵，善也。割，断也。敕，正也。我事，即割殷之事。不贰适，专一之意。周公又传王命，若曰，尔殷多士，但知革殷为我周之事，抑知此皆帝天之事乎？天以纣不明厥德，意欲诛之，而假手于我周。惟我周王大能善承天心，敬奉帝命，以讨有罪。盖天虽无言，而荷天眷命者，不得不代行天事。天既命曰"割殷"，故我周奉而行之，戡定剪除，以告其敕正殷命之事于帝也。由是言之，我周割殷之举，无少私意，一于从帝，而无贰适。则尔殷王家，自当归于我周，而不容他适矣，周不敢贰于帝，殷其可贰于周乎？盖反复明商之所以亡，周之所以兴，皆本于天命之至公而不可违，所以潜消殷士反侧之心如此。

有命曰，割殷，告敕于帝

1. （汉）孔氏传、（唐）陆德明音义、孔颖达疏《尚书注疏》卷十五《周书·多士》

有命曰，割殷，告敕于帝。

传，天有命，命周割绝殷命，告正于天，谓既克纣，柴于牧野，告天不顿兵伤士。

疏，正义曰，故天有命，命我周王曰，当割绝殷命，告正于天。我受天命已灭殷告天。

传正义曰，以周王奉天之故，故天有命，命我周使割绝殷命，告正于天，谓《武成》之篇所云"既克纣，柴于牧野"，告天不顿兵伤士是也。前敌即服，故无顿兵伤士，师以正行，故为告正。《武成》正告功成，功成无害，即是不顿伤也。顿兵者，昭十五年《左传》文。顿，折也。

2. （宋）苏轼《书传》卷十四《周书·多士第十六》

有命曰，割殷，告敕于帝。
将有割殷之事，必先告正于天，而后行，曰，将有大正于商是也。

3.（宋）林之奇《尚书全解》卷三十二《周书·多士》

(归善斋按，见"尔殷多士，今惟我周王，丕灵承帝事"）

4.（宋）史浩《尚书讲义》卷十六《周书·多士》

(归善斋按，见"尔殷多士，今惟我周王，丕灵承帝事"）

5.（宋）夏僎《尚书详解》卷二十《周书·多士》

(归善斋按，见"尔殷多士，今惟我周王，丕灵承帝事"）

6.（宋）时澜《增修东莱书说》卷二十四《周书·多士第十六》

(归善斋按，见"尔殷多士，今惟我周王，丕灵承帝事"）

7.（宋）黄度《尚书说》卷六《周书·多士》

(归善斋按，见"尔殷多士，今惟我周王，丕灵承帝事"）

8.（宋）袁燮《絜斋家塾书钞》卷十二《周书·多士》

(按《永乐大典》误以《多士》书序解，复载于此段之下，而袁氏原解已佚，今无可复考，姑从阙文，其复见者则删去）

9.（宋）蔡沈《书经集传》卷五《周书·多士》

有命曰，割殷，告敕于帝。

帝"有命曰割殷"，则不得不裁定剪除，告其敕正之事于帝也。《武成》言"告于皇天、后土，将有大正于商"者是也。

10.（宋）黄伦《尚书精义》卷三十九《周书·多士》

(归善斋按，见"尔殷多士，今惟我周王，丕灵承帝事"）

11.（宋）陈经《尚书详解》卷三十四《周书·多士》

(归善斋按，见"尔殷多士，今惟我周王，丕灵承帝事"）

12. (宋)钱时《融堂书解》卷十五《周书·多士》

(归善斋按,见"尔殷多士,今惟我周王,丕灵承帝事")

13. (宋)魏了翁《尚书要义》卷十五《周书·多士、无逸》

(归善斋按,未引)

14. (宋)陈大猷《书集传或问》卷下《周书·多士》

(归善斋按,未解)

15. (宋)胡士行《尚书详解》卷九《周书·多士第十六》

(归善斋按,见"尔殷多士,今惟我周王,丕灵承帝事")

16. (元)吴澄《书纂言》卷四下《周书·多士》

(归善斋按,见"尔殷多士,今惟我周王,丕灵承帝事")

17. (元)陈栎《书集传纂疏》卷五《朱子订定蔡氏集传·周书·多士》

有命曰,割殷,告敕于帝。

帝有命曰"割殷",则不得不戡定剪除,告其敕正之事于帝也。《武成》言"告于皇天后土,将有大正于商"者是也。

18. (元)许谦《读书丛说》卷六

(归善斋按,未解)

19. (元)董鼎《书传辑录纂注》卷五《周书·多士》

有命曰,割殷,告敕于帝。

帝有命曰"割殷",则不得不戡定剪除,告其敕正之事于帝也。《武成》言"告于皇天后土,将有大正于商"者是也。

20. (元)朱祖义《尚书句解》卷九《周书·多士第十六》

有命曰,割殷(于是天有命,命文、武曰。可割绝殷纣之命),告敕于帝(然后以正殷之事,告于上帝也)。

21. (明)王樵《尚书日记》卷十二《周书·多士》

(归善斋按,见"尔殷多士,今惟我周王,丕灵承帝事")

22. (清)库勒纳等撰《日讲书经解义》卷九《周书·多士》

(归善斋按,见"尔殷多士,今惟我周王,丕灵承帝事")

惟我事不贰适,惟尔王家我适

1. (汉)孔氏传、(唐)陆德明音义、孔颖达疏《尚书注疏》卷十五《周书·多士》

惟我事不贰适,惟尔王家我适。

传,言天下事已之我周矣,不贰之他。惟汝殷王家已之我,不复有变。

音义,复,扶又反。

疏,正义曰,惟我天下之事不有二处之适,言已之适周,不更适他也。惟汝殷王家事,亦于我之适,不复变改。

2. (宋)苏轼《书传》卷十四《周书·多士第十六》

惟我事不贰适,惟尔王家我适。

我有事于四方,曷尝有再举而后定者乎?故曰"惟我事不贰适",贰适，再往也。惟于伐殷，则观政而归已，而再往是我先王不忍灭商之意也。故曰"惟尔王家我适"，不申言"贰适"者，因前之辞也。

3. （宋）林之奇《尚书全解》卷三十二《周书·多士》

（归善斋按，见"尔殷多士，今惟我周王，丕灵承帝事"）

4. （宋）史浩《尚书讲义》卷十六《周书·多士》

（归善斋按，见"尔殷多士，今惟我周王，丕灵承帝事"）

5. （宋）夏僎《尚书详解》卷二十《周书·多士》

（归善斋按，见"尔殷多士，今惟我周王，丕灵承帝事"）

6. （宋）时澜《增修东莱书说》卷二十四《周书·多士第十六》

（归善斋按，见"尔殷多士，今惟我周王，丕灵承帝事"）

7. （宋）黄度《尚书说》卷六《周书·多士》

（归善斋按，见"尔殷多士，今惟我周王，丕灵承帝事"）

8. （宋）袁燮《絜斋家塾书钞》卷十二《周书·多士》

（按《永乐大典》误以《多士》书序解，复载于此段之下，而袁氏原解已佚，今无可复考，姑从阙文，其复见者则删去）

9. （宋）蔡沈《书经集传》卷五《周书·多士》

惟我事不贰适，惟尔王家我适。

上帝临汝，毋贰尔心，"惟我事不贰适"之谓。上帝既命侯于周服，"惟尔王家我适"之谓，言割殷之事，非有私心，一于从帝，而"无贰适"，则尔殷王家自不容不我适矣。周不贰于帝，殷其能贰于周乎？盖示以确然不可动摇之意，而潜消顽民反侧之情尔。然圣贤事不贰适，日用饮食，莫不皆然。盖所以事天也，岂特割殷之事而已哉。

10.（宋）黄伦《尚书精义》卷三十九《周书·多士》

(归善斋按，见"尔殷多士，今惟我周王，丕灵承帝事")

11.（宋）陈经《尚书详解》卷三十四《周书·多士》

(归善斋按，见"尔殷多士，今惟我周王，丕灵承帝事")

12.（宋）钱时《融堂书解》卷十五《周书·多士》

(归善斋按，见"尔殷多士，今惟我周王，丕灵承帝事")

13.（宋）魏了翁《尚书要义》卷十五《周书·多士、无逸》

(归善斋按，未引)

14.（宋）陈大猷《书集传或问》卷下《周书·多士》

(归善斋按，未解)

15.（宋）胡士行《尚书详解》卷九《周书·多士第十六》

(归善斋按，见"尔殷多士，今惟我周王，丕灵承帝事")

16.（元）吴澄《书纂言》卷四下《周书·多士》

(归善斋按，见"尔殷多士，今惟我周王，丕灵承帝事")

17.（元）陈栎《书集传纂疏》卷五《朱子订定蔡氏集传·周书·多士》

惟我事不贰适，惟尔王家我适。

上帝临汝，毋贰尔心，"惟我事不贰适"之谓。上帝既命侯于周服，"惟尔王家我适"之谓。言割殷之事，非有私心，一于从帝，而无贰适，则尔殷王家自不容不我适矣。周不贰于帝，殷其能贰于周乎？盖示以确然不可动摇之意，而潜消顽民反侧之情耳。然圣贤事不贰适，日用饮食，莫不皆然。盖所以事天也，岂特割殷之事而已哉。

18.（元）许谦《读书丛说》卷六

（归善斋按，未解）

19.（元）董鼎《书传辑录纂注》卷五《周书·多士》

惟我事不贰适，惟尔王家我适。

上帝临汝，毋贰尔心，"惟我事不贰适"之谓，上帝既命候于周服，"惟尔王家我适"之谓。言割殷之事，非有私心，一于从帝，而无二适，则尔殷王家自不容不我适矣。周不贰于帝，殷其能贰于周乎？盖示以确然不可动摇之意，而潜消顽民反侧之情尔，然圣贤事不贰适，日用饮食，莫不皆然。盖所以事天也，岂特割殷之事而已哉。

20.（元）朱祖义《尚书句解》卷九《周书·多士第十六》

惟我事不贰适（惟我国家所作事，无有再往者，以其承帝所欲行，每一举而定），惟尔王家我适（惟尔商家，不明天命所归，如纣之恶，我国家已灭之，而尔武庚复反，使人于伐纣之事遂再往）。

21.（明）王樵《尚书日记》卷十二《周书·多士》

（归善斋按，见"尔殷多士，今惟我周王，丕灵承帝事"）

22.（清）库勒纳等撰《日讲书经解义》卷九《周书·多士》

（归善斋按，见"尔殷多士，今惟我周王，丕灵承帝事"）

（元）王充耘《读书管见》卷下《多士》

惟我事不贰适，惟尔王家我适。

不贰适者，言无二心。我周之为诸侯，惟知忠于所事耳，初未尝有二心，而欲弋取殷命也。但尔王家自我适耳，言不求而自至。殷之亡，非周之罪也。以此推之，殷人构乱，必有兴兵之辞，意其必谓周本诸侯，商之臣子耳，乃怀二心，干取大命。故周之诰告，首尾皆分析之辞。传谓周不二于帝，殊失本旨。

（明）马明衡《尚书疑义》卷五《周书·多士》

惟我事不贰适，惟尔王家我适。

谓我之事不容有贰而之他；惟尔王家亦我适，此事势之必然者。《诗》云"商之孙子，其丽不亿，上帝既命，侯于周服"，所谓"惟尔王家我适"也。予之初意以为，惟尔大无法度，"我不尔动"，听从"乃邑"言不迁，汝然"亦念天即于殷"，而"降大戾"者，由是不正其法度之故，是又不可以不迁也。纣之身死国亡。武庚又败，四国被诛，所谓大戾也。

（清）王夫之《尚书稗疏》卷四下《周书·多士》

惟我事不贰适。

贰，犹"贰过"之"贰"，谓再举也。适，与"摘"同，言武成之后，辑干戈，櫜弓矢，不复有所摘求于殷，而乱之不已，则惟尔殷王之家，乘衅挑乱而反致摘于我，以为兵端。不贰适者，即"我不尔动"之谓也。惟尔我适者，即"自乃邑"之谓也。此叙其事，下则因事而自反之言也。蔡氏谓割殷之事，一于从帝而无贰心，盖据《诗》"上帝临汝，毋贰尔心"以释。此乃《诗》以言牧野之事，警周人以果毅，而《书》则言东征之役，罪在殷而不在周，其义自别。使如蔡氏所云，则为辞失当。殷之顽民且将曰，女之专心壹志，不芟夷我，而不止在牧野之日已。然将无益鼓其怨而深其疑忌乎？且两言"适"而文意皆相因，蔡氏分之，各自为义，其亦疏矣。

予其曰，惟尔洪无度，我不尔动，自乃邑

1. （汉）孔氏传、（唐）陆德明音义、孔颖达疏《尚书注疏》卷十五《周书·多士》

予其曰，惟尔洪无度，我不尔动，自乃邑。

传，我其曰，惟汝大无法度，谓纣无道。我不先动诛汝，乱从汝邑起，言自召祸。

疏，正义曰，又追说，初伐纣之事，我其为汝言曰，惟汝殷纣大无法度，故当宜诛绝之。伐纣之时，我不先于汝动，自往诛汝。其乱从汝邑先起，汝纣自召祸耳。

传正义曰，言我亦念天者，以纣虽无法度，若使天不命我，我亦不往诛纣。以纣既为大恶，上天命我，我亦念天所遣，我就殷，加大罪者，何故，以纣不能正身念法也。

2.（宋）苏轼《书传》卷十四《周书·多士第十六》

予其曰，惟尔洪无度，我不尔动，自乃邑。予亦念天，即于殷大戾，肆不正。

今三监叛，予惟曰此乃汝大无法，非予尔动变起于尔邑，予亦念天命不可不征，即于其首乱罪大者而诛之，谓杀武庚、管叔也。"肆不正"者，言其余不尽绳治也。

3.（宋）林之奇《尚书全解》卷三十二《周书·多士》

(归善斋按，见"尔殷多士，今惟我周王，丕灵承帝事")

4.（宋）史浩《尚书讲义》卷十六《周书·多士》

(归善斋按，见"尔殷多士，今惟我周王，丕灵承帝事")

5.（宋）夏僎《尚书详解》卷二十《周书·多士》

(归善斋按，见"尔殷多士，今惟我周王，丕灵承帝事")

6.（宋）时澜《增修东莱书说》卷二十四《周书·多士第十六》

(归善斋按，见"尔殷多士，今惟我周王，丕灵承帝事")

7.（宋）黄度《尚书说》卷六《周书·多士》

予其曰，惟尔洪无度，我不尔动，自乃邑。予亦念天，即于殷大戾，肆不正。

予能言天之所以绝殷者，曰，惟尔大无法度而已。今我不尔动，祸起尔邑，谓武庚叛也，予亦念天，即殷大罪，而敢缓纵不正乎？武庚虽诛，而同乱者无所讨正，故云。

8.（宋）袁燮《絜斋家塾书钞》卷十二《周书·多士》

（按《永乐大典》误以《多士》书序解，复载于此段之下，而袁氏原解已佚，今无可复考，姑从阙文，其复见者则删去）

9.（宋）蔡沈《书经集传》卷五《周书·多士》

予其曰，惟尔洪无度，我不尔动，自乃邑。

三监倡乱，予其曰，乃汝大为非法，非我尔动变自尔邑，犹《伊训》所谓"造攻自鸣条"也。

10.（宋）黄伦《尚书精义》卷三十九《周书·多士》

（归善斋按，见"尔殷多士，今惟我周王，丕灵承帝事"）

11.（宋）陈经《尚书详解》卷三十四《周书·多士》

（归善斋按，见"尔殷多士，今惟我周王，丕灵承帝事"）

12.（宋）钱时《融堂书解》卷十五《周书·多士》

（归善斋按，见"尔殷多士，今惟我周王，丕灵承帝事"）

13.（宋）魏了翁《尚书要义》卷十五《周书·多士、无逸》

（归善斋按，未引）

14.（宋）陈大猷《书集传或问》卷下《周书·多士》

（归善斋按，未解）

15.（宋）胡士行《尚书详解》卷九《周书·多士第十六》

（归善斋按，见"尔殷多士，今惟我周王，丕灵承帝事"）

16.（元）吴澄《书纂言》卷四下《周书·多士》

（归善斋按，见"尔殷多士，今惟我周王，丕灵承帝事"）

17.（元）陈栎《书集传纂疏》卷五《朱子订定蔡氏集传·周书·多士》

予其曰，惟尔洪无度，我不尔动，自乃邑。

三监倡乱，予其曰，乃汝大为非法，非我尔动变自尔邑，犹《伊训》所谓"造攻自鸣条"也。

18.（元）许谦《读书丛说》卷六

（归善斋按，未解）

19.（元）董鼎《书传辑录纂注》卷五《周书·多士》

予其曰，惟尔洪无度，我不尔动，自乃邑。

三监倡乱，予其曰，乃汝大为非法，非我尔动变自尔邑，犹《伊训》所谓"造攻自鸣条"也。

20.（元）朱祖义《尚书句解》卷九《周书·多士第十六》

予其曰（我岂怨汝，但自言曰），惟尔洪无度（惟尔纣不君，武庚不臣，大无法度），我不尔动（我固不为汝之恐动），自乃邑（其罪皆自汝邑中自造，有以招我之罚耳）。

21.（明）王樵《尚书日记》卷十二《周书·多士》

（归善斋按，见"尔殷多士，今惟我周王，丕灵承帝事"）

22.（清）库勒纳等撰《日讲书经解义》卷九《周书·多士》

予其曰，惟尔洪无度，我不尔动，自乃邑。予亦念天，即于殷大戾，肆不正。

此二节书，述迁徙殷民之由，以消其怨望也。洪，大也。动，劳动也。即，就也。戾，祸也。王命又曰，尔王家既宜我适，而犹有所怨望于我者，得非以安土重迁之故耶？当殷之初亡，我周即封武庚于旧都，未尝有迁尔之心也。及至武庚作乱，震惊王室，予其审度尔等助恶党叛，大为非法，故不得已而为迁尔之计，非我故欲动，尔乃变乱之端，实自乃邑，于我何尤乎？且我之迁尔，非但以变乱之故也，予亦念天之就殷邦，以降大戾，纣灭于是，武庚又丧于是，尔之故居，习染凶恶，邪忒不正，以至屡遭天谴，为尔等计，亦不得不迁，以避凶趋吉也，尔何怨望之有焉？

（明）马明衡《尚书疑义》卷五《周书·多士》

（归善斋按，见"惟我事不贰适，惟尔王家我"）

予亦念天，即于殷大戾，肆不正

1.（汉）孔氏传、（唐）陆德明音义、孔颖达疏《尚书注疏》卷十五《周书·多士》

予亦念天，即于殷大戾，肆不正。
传，我亦念天，就于殷大罪而加诛者，故以纣不能正身念法。
疏，正义曰，我亦念天所以就于殷致大罪者，故以纣不能正身念法故也。

2.（宋）苏轼《书传》卷十四《周书·多士第十六》

（归善斋按，见"予其曰，惟尔洪无度，我不尔动，自乃邑"）

3.（宋）林之奇《尚书全解》卷三十二《周书·多士》

（归善斋按，见"尔殷多士，今惟我周王，丕灵承帝事"）

4.（宋）史浩《尚书讲义》卷十六《周书·多士》

（归善斋按，见"尔殷多士，今惟我周王，丕灵承帝事"）

5.（宋）夏僎《尚书详解》卷二十《周书·多士》

（归善斋按，见"尔殷多士，今惟我周王，丕灵承帝事"）

6.（宋）时澜《增修东莱书说》卷二十四《周书·多士第十六》

（归善斋按，见"尔殷多士，今惟我周王，丕灵承帝事"）

7.（宋）黄度《尚书说》卷六《周书·多士》

（归善斋按，见"予其曰，惟尔洪无度，我不尔动，自乃邑"）

8.（宋）袁燮《絜斋家塾书钞》卷十二《周书·多士》

（按《永乐大典》误以《多士》书序解，复载于此段之下，而袁氏原解已佚，今无可复考，姑从阙文，其复见者则删去）

9.（宋）蔡沈《书经集传》卷五《周书·多士》

予亦念天，即于殷大戾，肆不正。
予亦念天就殷邦，屡降大戾。纣既死，武庚又死，故邪慝不正，言当迁徙也。

10.（宋）黄伦《尚书精义》卷三十九《周书·多士》

（归善斋按，见"尔殷多士，今惟我周王，丕灵承帝事"）

11.（宋）陈经《尚书详解》卷三十四《周书·多士》

(归善斋按，见"尔殷多士，今惟我周王，丕灵承帝事")

12.（宋）钱时《融堂书解》卷十五《周书·多士》

(归善斋按，见"尔殷多士，今惟我周王，丕灵承帝事")

13.（宋）魏了翁《尚书要义》卷十五《周书·多士、无逸》

(归善斋按，未引)

14.（宋）陈大猷《书集传或问》卷下《周书·多士》

(归善斋按，未解)

15.（宋）胡士行《尚书详解》卷九《周书·多士第十六》

(归善斋按，见"尔殷多士，今惟我周王，丕灵承帝事")

16.（元）吴澄《书纂言》卷四下《周书·多士》

(归善斋按，见"尔殷多士，今惟我周王，丕灵承帝事")

17.（元）陈栎《书集传纂疏》卷五《朱子订定蔡氏集传·周书·多士》

予亦念天，即于殷大戾，肆不正，
予亦念天，就殷邦屡降大戾，纣既死，武庚又死，故邪慝不正，言当迁徙也。

纂疏：
董氏曰，肆，"肆赦"之"肆"言，肆赦之，而不尽绳正之。

18.（元）许谦《读书丛说》卷六

(归善斋按，未解)

19. （元）董鼎《书传辑录纂注》卷五《周书·多士》

予亦念天，即于殷大戾，肆不正。

予亦念天，就殷邦屡降大戾，纣既死，武庚又死，故邪慝不正，言当迁徙也。

纂注：

苏氏曰，贰适，再往也。我之有事四方，曷尝有再举而后定者乎？

复斋董氏曰，"肆"，当作"肆赦"之"肆"。下文有"率肆矜尔"，则此当言赦其罪，而不正治其余党类也。

20. （元）朱祖义《尚书句解》卷九《周书·多士第十六》

予亦念天，即于殷大戾（我亦念天，已就于殷，诛纣，杀武庚，而大加罪戾），肆不正（故今日汝等，虽有罪，我皆肆赦而不尽正其罪，谓不忍尽伐也）。

21. （明）王樵《尚书日记》卷十二《周书·多士》

（归善斋按，见"尔殷多士，今惟我周王，丕灵承帝事"）

22. （清）库勒纳等撰《日讲书经解义》卷九《周书·多士》

（归善斋按，见"予其曰，惟尔洪无度，我不尔动，自乃邑"）

（元）王充耘《读书管见》卷下《多士》

予亦念天，即于殷大戾，肆不正。

言我亦念天祸汝邦，故汝不正而谋叛者，皆天为之也。

（明）马明衡《尚书疑义》卷五《周书·多士》

（归善斋按，见"惟我事不贰适，惟尔王家我"）

1009

王曰,猷！告尔多士,予惟时其迁居西尔

1.（汉）孔氏传、（唐）陆德明音义、孔颖达疏《尚书注疏》卷十五《周书·多士》

王曰,猷！告尔多士,予惟时其迁居西尔。

传,以道告汝众士,我惟汝未达德义,是以徙居西汝于洛邑,教诲汝。

疏,正义曰,又言曰,我以道告汝众士,我惟是以汝未达德义之故,其今徙居西汝,置于洛邑,以教诲汝。

传正义曰,猷,训"道"也,故云以"道告汝众士"。上言惟是不言其故,故传辩之。惟是者,未达德义也。迁使居西,正欲教以德义,是以徙居西汝,置于洛邑,近于京师,教诲汝也。从殷适洛南,行而西回,故为居西也。

2.（宋）苏轼《书传》卷十四《周书·多士第十六》

王曰,猷！告尔多士,予惟时其迁居西尔。
洛邑,在故殷西南。

3.（宋）林之奇《尚书全解》卷三十二《周书·多士》

（归善斋按,见"尔殷多士,今惟我周王,丕灵承帝事"）

4.（宋）史浩《尚书讲义》卷十六《周书·多士》

（归善斋按,见"尔殷多士,今惟我周王,丕灵承帝事"）

5.（宋）夏僎《尚书详解》卷二十《周书·多士》

王曰,猷！告尔多士,予惟时,其迁居西尔,非我一人奉德,不康宁。时惟天命,无违,朕不敢有后,无我怨。惟尔知,惟殷先人有册有典,殷革夏命,今尔又曰,夏迪简在王庭,有服在百僚。予一人惟听用

德，肆予敢求尔于天邑商，予惟率肆矜尔，非予罪，时惟天命。

　　此一段以下，周公告以迁之之意也。猷！发语之辞。"大诰"言详矣，此亦周公之言。而言"若曰"前已言"王若曰"，故此不必言，若"康诰"之体正如此。周公谓，我告尔殷之众士，我今日惟是迁尔等之居于西耳。盖商在洛邑东，自商迁洛，是自东迁西也。然我所以迁尔者，非我一人奉持其德，好动众而不安宁，时惟天命，如此不可少违，故我所以急为成周迁尔，而西不敢有后。后，犹缓也。尔不可怨我。此盖言，今日所以迁尔之居者，乃出于天命也。先儒以"朕不敢有后"谓，汝无违我，我不敢更有复诛伐汝等，此说亦通。既言我之迁尔出于天命，因又言我今日所以不用尔等在位，而止赦尔罪者，亦非我故吝于汝，亦是天命。尔等是殷王遗民，知殷王先世自有册书、有典籍。以其载事，故谓之册；以其载道，故谓之典，其实皆史籍之名，谓因当时革改夏命为殷，自有典册纪载其事，尔等非不知之，今乃倡言于下，曰，夏民之有道，我殷王皆简拔之，使在王庭之上，皆有职事于百僚之间，谓殷革夏之后，尝用其民于王朝，未尝废绝。讥周之不然也，故周公既举其怨之之辞，因陈己意，谓我一人惟有德者是听、是用，汝果有德我，必求汝于天邑之商。其意谓，汝自无德，不足用耳；果有德，我岂不用？商邑，谓之天邑者，王都谓之天邑。商都，旧为王都，故从旧而言天邑也。然所以不用汝，止肆赦，矜怜汝者，非我之罪，亦惟天命如此而已，盖武王之初，止于诛其民，吊其民，未尝有迁汝之意，而汝等不安其居，自与武庚复叛，若更使之同恶相济，则日甚一日祸有不止今日者，此岂天眷顾我周家之意，故迁尔者，亦天意当然也。天命有德，故殷之简夏之俊民者，天也。汝等同恶，无德之可用，故我所以不用汝，而止赦汝之罪者，亦天意当然也。盖圣人之心，与天之心一也，圣人之意如此，则天之意必如此。周公于迁顽民居，与不用殷民，皆言天命，以己之意，料天之必然也，此书虽周公言，之然皆称成王命，故多言，予一人，我一人，皆若成王自谓也。

6. （宋）时澜《增修东莱书说》卷二十四《周书·多士第十六》

　　王曰，猷！告尔多士，予惟时其迁居西尔，非我一人奉德，不康宁。

1011

时惟天命，无违，朕不敢有后，无我怨。惟尔知，惟殷先人有册有典，殷革夏命。今尔又曰，夏迪简在王庭，有服在百僚。予一人惟听用德，肆予敢求尔于天邑商。予惟率，肆矜尔，非予罪，时惟天命。

　　此章明告以迁洛之意。"予时惟其迁居西尔"者，自殷视洛，则为西也。所以迁尔居于洛者，非我一人秉德不康宁，而乐为开阖动摇也，是惟天命而已。"无违"者，戒顽民不可违天命也。"朕不敢有后。无我怨"者，言我畏天命，故于迁洛之事，不敢有后，虽欲少从容而不可得尔。其体此意，而无我怨也。虽然周行天讨者也，殷受天讨者也。受讨者之惧，宜若甚于行讨者。今以文意观之，周公常惧，顽民常肆；周公常切，顽民常缓，是何邪？盖小人不知天命而不畏也。彼诚粗知之，将喘汗疾趋之不暇，亦何待他人敦勉督促邪？"惟尔知，惟殷先人有册有典，殷革夏命"者，以其父祖之旧闻而开谕之也。惟尔平日，所知尔先人典册所载殷革夏命之事，历然可考，我周之革商，正如是耳。以所闻于古，而验所见于今，废兴之理亦可识矣。"今尔又曰夏迪简在王庭有服在百僚"，盖周以商革夏之事谕顽民，顽民复以革夏之事，责周其言以谓，商革命之初，凡夏之士皆启迪简拔在商王之庭，有服列于百僚之间，今周之于商士未闻有所简拔也，安得而不怨乎？此虽顽民责周之语，然成汤革夏之政，不多见于书，因此语而推之，则其举，民望慰众心，合新旧安危，疑规摹，略可见也。"予一人惟听用德肆予敢求尔于天邑商"者，周公称王命以大义裁之，言尔顽民，虽有是言，予一人所听用者惟德而已。故予敢以德而求尔于天邑商，尔其修令德以应我之求，不可援前比后，而必我之爵也。商犹谓之天邑者，盖言其地，旧为天子之都，理当富于贤德，敢求亦敬贤之意。重其事，而敬其辞，裁之者固甚正，待之者亦甚厚矣。"予惟率肆矜尔非予罪时惟天命"者，复谕以所以迁洛者，惟欲相率安肆，矜恤尔躬，岂可反以我为罪乎？前云"非我一人奉德不康宁，时惟天命"此又云"非予罪时惟天命"夫岂欲借天以自解哉。诚以顽民蔽蒙之极，故每举天命之公，以大警省之，使于此而有发焉，则知洛邑之迁，周盖未尝与也。

7. （宋）黄度《尚书说》卷六《周书·多士》

　　王曰，猷！告尔多士，予惟时其迁居西尔，非我一人奉德不康宁，时惟天命，无违，朕不敢有后，无我怨。

猷，道，言迁殷为有道也。孔氏曰，我一人，我天子也。岂不幸其苟安不动，姑务宁息乎？天命不当如是也，汝自今能迁善改过，则定矣。

8.（宋）袁燮《絜斋家塾书钞》卷十二《周书·多士》

（按《永乐大典》误以《多士》书序解，复载于此段之下，而袁氏原解已佚，今无可复考，姑从阙文，其复见者则删去）

9.（宋）蔡沈《书经集传》卷五《周书·多士》

王曰，猷！告尔多士，予惟时其迁居西尔，非我一人奉德不康宁，时惟天命，无违，朕不敢有后，无我怨。

时，是也，指上文"殷大戾"而言，谓惟是之，故所以"迁居西尔"，非我一人乐如是之迁徙震动也，是惟天命如此，汝毋违越，我不敢有后命，谓有他罚，尔无我怨也。

10.（宋）黄伦《尚书精义》卷三十九《周书·多士》

王曰，猷！告尔多士，予惟时其迁居西尔，非我一人奉德不康宁，时惟天命，无违，朕不敢有后，无我怨。

无垢曰，武王亲救殷民于汤火之中，而民不知恩德所在，乃反与武庚为叛，傥不谋所以处之之道，则其恶念何从而弭哉？故我以道理而为此谋计，迁汝西居于洛，使密迩王家，日见周之德教，日闻周之德音，日亲周之贤士大夫，庶几其恶念熄灭，而善端扩充乎？呜呼！圣贤之处事，可谓深远矣。

又曰，非我周王所禀德性不好安静也，以汝好叛上天之意，欲令汝去此旧染，适彼新都，而尽变其恶习也。故我今日迁汝，是惟天命，非予私意也。

又曰，迁居既出天命，汝等不可违天也。我奉承天命，惟恐其后，汝等当如何，汝当知今日之举，出于上天，非我私意，无或致怨于我也。呜呼！以周王贵为天子，富有天下，号令赏罚一，出于己，何畏民之怨乎？其谆谆恐惧如此者，则知周王之心，其临兆民，凛乎若朽索之驭六马也。

盖平时暇日，君尊如天，民卑如地，俨然南面，莫敢仰视。倘不以德义固结民心，一旦变起藩篱，祸生肘腋，则舟中皆敌国，一夫能胜，予其可不惧哉？予味"无我怨"之语，见其言温晏润泽，如春风之袭人，膏雨之及物，使人感愧恋慕。呜呼！先王之心，何其忠厚如此乎？

张氏曰，成王诛管蔡商奄，则殷遗多士尝见徙矣，今又营洛邑而迁之居西，则疑于奉德不能康宁之者也。盖人情好逸而恶劳，安土而重迁，今复迁之居西，则宁不惮烦，故周公又以此言而劳之也。然而，其所以迁徙不常者，非我之所敢私也，"时惟天命"而已。天命以迁可顺不可违。故于是又告以"无违"也。"朕不敢后"者，趋时之道，非敢缓也。常人之情，扰之使迁，则不能无怨，故又告之以无我怨。

11.（宋）陈经《尚书详解》卷三十四《周书·多士》

王曰，猷！告尔多士，予惟时其迁居西尔，非我一人奉德不康宁，时惟天命，无违。朕不敢有后，无我怨。惟尔知，惟殷先人有册有典，殷革夏命。今尔又曰，夏迪简在王庭，有服在百僚。予一人惟听用德，肆予敢求尔于天邑商，予惟率肆矜尔，非予罪，时惟天命。

周公再以天命开商人之心。猷，道也，以道告尔多士，我于此时，迁居尔于西。西，即洛邑也。自商邦而来，洛土在西，故曰"西"。商民安土重迁，宁不谓成王有以劳苦之，此特未知天意尔。天之意，欲尔商民化恶为善，故不使居旧染之地，非我一人奉行其德者，好为此变动，不务康宁也，实天命如此。尔不可违。"朕不敢有后"，言天命既如此，我周即当承天意，岂敢后时而不从天。尔商之多士，倘知天命，则当无怨我。"惟尔知惟商先人有册有典"，此又即商家故事告之。商家之故事，载之典册者，惟尔知之。商之所以革夏者，何异于我周之革商也。今尔又有言曰，夏之多士有蹈于道者，商王简拔其大者，置之王庭之上，其小者服事于百僚之列。虽是汝有此言，然我周当听用德而已，尔若有德，我何敢不用尔；若无德，我何敢强用。大抵商士所言者，皆是私情，周公所言者皆是天理。我一人惟德是用，则何敢不求于天邑商。于此可以见周公虽是劳来商民，有不忍之意，亦未尝有姑息之政。苟徒知商民之可怀，而至于姑息不择其贤、不肖其皆录用之，则有害于公理矣。"予惟率肆矜尔"，我惟率循周家之故事行之,矜怜汝,故有以教汝,非我之罪也,天命也。夫以人主之尊,其与下民势甚辽绝,虽以不善行之,民谁敢以为怨,谁敢归罪于上,而况善行之,则其不敢怨,不敢归咎者,亦理之常也。周公必相与言曰"无我怨",曰"非予罪",其至诚恻怛之意,不务以势临其民,而惟务有以感其心。此周家之所以为忠厚也。

12.（宋）钱时《融堂书解》卷十五《周书·多士》

(归善斋按,见"尔殷多士,今惟我周王,丕灵承帝事")

13.（宋）魏了翁《尚书要义》卷十五《周书·多士、无逸》

七、从殷适洛,南行西回,故云居西。

告尔多士,予惟时其迁居西尔,迁使居西,正欲教以德义,是以徙居西汝,置于洛邑,近于京师,教诲汝也。从殷适洛,南行而西回,故为居西也。

14.（宋）陈大猷《书集传或问》卷下《周书·多士》

(归善斋按,未解)

15.（宋）胡士行《尚书详解》卷九《周书·多士第十六》

王曰,猷！告尔多士,予惟时（故）其迁,居（此商）西（民自河北而洛,为西）尔。非我一人（承）奉德,不康（安靖）宁。（此）时（是）惟天命（不可),无违朕,不敢有后（迟留天命),无我怨。惟尔知,惟殷先人（注绝句)。有册（书）有典（则法)。殷（亦）革夏命,今尔又曰,夏（夏王）迪（启）简（拔）在王（商王）庭,有服（列）在百僚。予一人惟（只）听（主）用德（有德者)。肆（故）予敢求尔于天邑商（贵之),予惟率（皆）肆（大）矜（怜）尔,非予罪,时惟天命。

此告以迁商之故,因其以商迪简,下至怨周不用,而告以用德,使践修以应周之求也。

16.（元）吴澄《书纂言》卷四下《周书·多士》

王曰，猷！告尔多士，予惟时其迁居西尔，非我一人奉德不康宁，时惟天命，无违，朕不敢有后，无我怨。惟尔知，惟殷先人有册有典，殷革夏命。今尔其曰，夏迪简在王庭，有服在百僚。予一人惟听用德，肆予敢求尔于天邑商。予惟率肆矜尔，非予罪，时惟天命。

承上而言，我惟是之故，所以迁尔之居而西尔也。纣都在洛东，自东迁而适西，故曰"西尔"所以迁者，非我一人奉持其德，好劳动，尔不安宁尔也。是惟天命如此，不可违逆。我顺天命不敢有后。后，犹缓也。尔无怨我，尔殷王先世改革夏命，为殷有册书典籍记载，其事尔所知也。今尔又言，殷革夏之后，简拔其人，使在王庭，有职于百僚。今我一人，惟有德者听采而用之。尔若有德，亦用尔也。"天邑商"，言商地旧为天子之都，我岂是敢以私意求索尔于天邑之商，而迁尔于洛乎？予惟皆矜悯尔，欲俾尔习于逊顺，不为叛乱，以保尔之生也。迁尔非我之罪，是惟天命当如此。

17.（元）陈栎《书集传纂疏》卷五《朱子订定蔡氏集传·周书·多士》

王曰，猷！告尔多士，予惟时其迁居西尔，非我一人奉德不康宁，时惟天命。无违。朕不敢有后，无我怨。

时，是也，指上文"殷大戾"而言，谓惟是之故，所以迁居西尔，非我一人乐如是之迁徙震动也，是惟天命如此。汝毋违越，我不敢有后命，谓有他罚尔，"无我怨"。

18.（元）许谦《读书丛说》卷六

（归善斋按，未解）

19.（元）董鼎《书传辑录纂注》卷五《周书·多士》

王曰，猷！告尔多士，予惟时其迁居西尔，非我一人奉德不康宁，时惟天命，无违。朕不敢有后，无我怨。

时，是也，指上文"殷大戾"而言，谓惟是之故，所以迁居西尔，非我一人乐如是之迁徙震动也，是惟天命如此。汝毋违越，我不敢有后命，谓有他罚尔，"无我怨"也。

20. （元）朱祖义《尚书句解》卷九《周书·多士第十六》

王曰！猷（此以下，公告以迁之之意，谓王以道而言），告尔多士（告尔殷之众士），予惟时其迁居西尔（我今惟是迁尔等之居于西尔。商在洛邑东，自商迁洛，是自东适西）。

21. （明）王樵《尚书日记》卷十二《周书·多士》

"王曰，猷！告尔多士"至"时惟天命"。

两个"时惟天命"对看，上"时惟天命"，谓变自尔邑，开尔动之端，邪慝不正，有当迁之理；下"时惟天命"，谓迪简必有德，章德乃天命，而非君之可私也。今尔灭德而欲求用得乎？循商故事，即迪简有服之故事也。盖周迁殷士于洛者，欲其率德改行，惟循迪简有服之故事，而矜恤之也。

22. （清）库勒纳等撰《日讲书经解义》卷九《周书·多士》

王曰，猷！告尔多士，予惟时其迁居西尔，非我一人奉德不康宁，时惟天命，无违。朕不敢有后，无我怨。

此一节书，承上文，而申言迁洛之意也。西指洛邑以在殷邦之西，故云。后，后命也。周公又传王命曰，猷告尔多士，汝等果能为我周守法之民，虽居故土，无害也。予惟念天屡降大戾之故，是以迁居西尔，此非我一人持德不务康宁，故为劳扰，盖欲尔等弃旧染之习，沐维新之化，乃天命当迁，予实奉行之耳尔，其可或违越乎？苟或违越，则予之告戒已至，朕不敢再有后命，必有他罚以惩尔，是尔自取罪戾，尔无我怨也。于此见王者化导顽民，委曲开谕不忍遽加刑罚。此仁厚之至，祈天永命之道也。

（明）马明衡《尚书疑义》卷五《周书·多士》

"予惟时其迁居西尔"，则告以必当迁也。盖殷既沦丧，又迁其臣士于新邑，丧败变革之形，人情岂能无不堪者。故周公告教委曲如此，若是，迁居既久，人情自渐消，亦何事多言哉？以是又见迁顽民在先，为臆说也。

非我一人奉德不康宁，时惟天命

1.（汉）孔氏传、（唐）陆德明音义、孔颖达疏《尚书注疏》卷十五《周书·多士》

非我一人奉德不康宁，时惟天命。

传，我徙汝，非我天子奉德不能使民安之，是惟天命宜然。

疏，正义曰，我之徙汝，非我一人奉行德义，不能使民安而安之，是惟天命宜然。

2.（宋）苏轼《书传》卷十四《周书·多士第十六》

非我一人奉德不康宁，时惟天命，无违朕，不敢有后，无我怨。

既迁尔于洛，乃安居，无后命矣。

3.（宋）林之奇《尚书全解》卷三十二《周书·多士》

（归善斋按，见"尔殷多士，今惟我周王，丕灵承帝事"）

4.（宋）史浩《尚书讲义》卷十六《周书·多士》

（归善斋按，见"尔殷多士，今惟我周王，丕灵承帝事"）

5.（宋）夏僎《尚书详解》卷二十《周书·多士》

（归善斋按，见"王曰，猷！告尔多士，予惟时其迁居西尔"）

6. （宋）时澜《增修东莱书说》卷二十四《周书·多士第十六》

（归善斋按，见"王曰，猷！告尔多士，予惟时其迁居西尔"）

7. （宋）黄度《尚书说》卷六《周书·多士》

（归善斋按，见"王曰，猷！告尔多士，予惟时其迁居西尔"）

8. （宋）袁燮《絜斋家塾书钞》卷十二《周书·多士》

（按《永乐大典》误以《多士》书序解，复载于此段之下，而袁氏原解已佚，今无可复考，姑从阙文，其复见者则删去）

9. （宋）蔡沈《书经集传》卷五《周书·多士》

（归善斋按，见"王曰，猷！告尔多士，予惟时其迁居西尔"）

10. （宋）黄伦《尚书精义》卷三十九《周书·多士》

（归善斋按，见"王曰，猷！告尔多士，予惟时其迁居西尔"）

11. （宋）陈经《尚书详解》卷三十四《周书·多士》

（归善斋按，见"王曰，猷！告尔多士，予惟时其迁居西尔"）

12. （宋）钱时《融堂书解》卷十五《周书·多士》

（归善斋按，见"尔殷多士，今惟我周王，丕灵承帝事"）

13. （宋）魏了翁《尚书要义》卷十五《周书·多士、无逸》

（归善斋按，未引）

14. （宋）陈大猷《书集传或问》卷下《周书·多士》

（归善斋按，未解）

1019

15. (宋）胡士行《尚书详解》卷九《周书·多士第十六》

（归善斋按，见"王曰，猷！告尔多士，予惟时其迁居西尔"）

16. (元）吴澄《书纂言》卷四下《周书·多士》

（归善斋按，见"王曰，猷！告尔多士，予惟时其迁居西尔"）

17. (元）陈栎《书集传纂疏》卷五《朱子订定蔡氏集传·周书·多士》

（归善斋按，见"王曰，猷！告尔多士，予惟时其迁居西尔"）

18. (元）许谦《读书丛说》卷六

（归善斋按，未解）

19. (元）董鼎《书传辑录纂注》卷五《周书·多士》

（归善斋按，见"王曰，猷！告尔多士，予惟时其迁居西尔"）

20. (元）朱祖义《尚书句解》卷九《周书·多士第十六》

非我一人奉德不康宁（然我所迁尔者，非我一人奉持其德，好动众，不安宁），时惟天命（是惟天命如此）。

21. (明）王樵《尚书日记》卷十二《周书·多士》

（归善斋按，见"王曰，猷！告尔多士，予惟时其迁居西尔"）

22. (清）库勒纳等撰《日讲书经解义》卷九《周书·多士》

（归善斋按，见"王曰，猷！告尔多士，予惟时其迁居西尔"）

无违，朕不敢有后，无我怨

1.（汉）孔氏传、（唐）陆德明音义、孔颖达疏《尚书注疏》卷十五《周书·多士》

无违，朕不敢有后，无我怨。

传，汝无违命，我亦不敢有后诛，汝无怨我。

疏，正义曰，汝无违我，我亦不敢更有后诛罚汝等，无于我见怨，汝既来迁，当为善事。

传正义曰，"无违朕，不敢有后"者，周既伐纣，又诛武庚，殷士惧更有诛，疑其欲违上命，故设此言以戒之，知"无违朕"者，谓戒之，使汝无违命也。汝能用命，我亦不敢有后诛。必无后诛，汝无怨我也。

2.（宋）苏轼《书传》卷十四《周书·多士第十六》

(归善斋按，见"非我一人奉德不康宁，时惟天命")

3.（宋）林之奇《尚书全解》卷三十二《周书·多士》

(归善斋按，见"尔殷多士，今惟我周王，丕灵承帝事")

4.（宋）史浩《尚书讲义》卷十六《周书·多士》

(归善斋按，见"尔殷多士，今惟我周王，丕灵承帝事")

5.（宋）夏僎《尚书详解》卷二十《周书·多士》

(归善斋按，见"王曰，猷！告尔多士，予惟时其迁居西尔")

6.（宋）时澜《增修东莱书说》卷二十四《周书·多士第十六》

(归善斋按，见"王曰，猷！告尔多士，予惟时其迁居西尔")

1021

7. （宋）黄度《尚书说》卷六《周书·多士》

（归善斋按，见"王曰，猷！告尔多士，予惟时其迁居西尔"）

8. （宋）袁燮《絜斋家塾书钞》卷十二《周书·多士》

（按《永乐大典》误以《多士》书序解，复载于此段之下，而袁氏原解已佚，今无可复考，姑从阙文，其复见者则删去）

9. （宋）蔡沈《书经集传》卷五《周书·多士》

（归善斋按，见"王曰，猷！告尔多士，予惟时其迁居西尔"）

10. （宋）黄伦《尚书精义》卷三十九《周书·多士》

（归善斋按，见"王曰，猷！告尔多士，予惟时其迁居西尔"）

11. （宋）陈经《尚书详解》卷三十四《周书·多士》

（归善斋按，见"王曰，猷！告尔多士，予惟时其迁居西尔"）

12. （宋）钱时《融堂书解》卷十五《周书·多士》

（归善斋按，见"尔殷多士，今惟我周王，丕灵承帝事"）

13. （宋）魏了翁《尚书要义》卷十五《周书·多士、无逸》

（归善斋按，未引）

14. （宋）陈大猷《书集传或问》卷下《周书·多士》

（归善斋按，未解）

15. （宋）胡士行《尚书详解》卷九《周书·多士第十六》

（归善斋按，见"王曰，猷！告尔多士，予惟时其迁居西尔"）

16.（元）吴澄《书纂言》卷四下《周书·多士》

(归善斋按，见"王曰，猷！告尔多士，予惟时其迁居西尔")

17.（元）陈栎《书集传纂疏》卷五《朱子订定蔡氏集传·周书·多士》

(归善斋按，见"王曰，猷！告尔多士，予惟时其迁居西尔")

18.（元）许谦《读书丛说》卷六

"朕不敢有后"，谓所以迁居于西者，非我乐于不安也，是惟天命如此，无敢有违，故我不敢后之，尔无我怨。

19.（元）董鼎《书传辑录纂注》卷五《周书·多士》

(归善斋按，见"王曰，猷！告尔多士，予惟时其迁居西尔")

20.（元）朱祖义《尚书句解》卷九《周书·多士第十六》

无违（不可少违），朕不敢有后（我所以急营成周迁尔而西，不敢有后时），无我怨（尔无怨我）。

21.（明）王樵《尚书日记》卷十二《周书·多士》

(归善斋按，见"王曰，猷！告尔多士，予惟时其迁居西尔")

22.（清）库勒纳等撰《日讲书经解义》卷九《周书·多士》

(归善斋按，见"王曰，猷！告尔多士，予惟时其迁居西尔")

惟尔知，惟殷先人有册有典，殷革夏命

1.（汉）孔氏传、（唐）陆德明音义、孔颖达疏《尚书注疏》卷十五《周书·多士》

惟尔知，惟殷先人有册有典，殷革夏命。

传，言汝所亲知，殷先世有册书典籍，说殷改夏王命之意。

疏，正义曰，惟汝所亲知，惟汝殷先人往世，有策书，有典籍，说殷改夏王命之意，汝当按省知之汝知先人之故事。

2.（宋）苏轼《书传》卷十四《周书·多士第十六》

惟尔知，惟殷先人有册有典，殷革夏命。

言汤之革夏，其故事皆在典册，尔所知也。

3.（宋）林之奇《尚书全解》卷三十二《周书·多士》

（归善斋按，见"尔殷多士，今惟我周王，丕灵承帝事"）

4.（宋）史浩《尚书讲义》卷十六《周书·多士》

（归善斋按，见"尔殷多士，今惟我周王，丕灵承帝事"）

5.（宋）夏僎《尚书详解》卷二十《周书·多士》

（归善斋按，见"王曰，猷！告尔多士，予惟时其迁居西尔"）

6.（宋）时澜《增修东莱书说》卷二十四《周书·多士第十六》

（归善斋按，见"王曰，猷！告尔多士，予惟时其迁居西尔"）

7.（宋）黄度《尚书说》卷六《周书·多士》

惟尔知，惟殷先人有册有典，殷革夏命。今尔又曰，夏迪简在王庭，有服在百僚。予一人，惟听用德，肆予敢求尔于天邑商。予惟率肆矜尔，非予罪，时惟天命。

册，书；典，籍。殷革夏命，尔先人有书有籍，尔所知也。今尔又言，夏士蹈德简择在王庭，有服职事在百僚。而今乃不然，乃方迁徙，治汝罪。周公答其言，以为予天子一人，惟听用德，故予敢求尔于天邑商，则自纣时沉酗乱德，草窃奸宄，舍匿罪辜，胁权相灭，往事姑已纣亡，又奉武庚为乱，而何德之可称乎？言天邑商，盖合纣、武庚之罪于其中，如尔罪皆当诛，我惟率缓纵矜怜尔，故迁汝教汝。率，犹一切也。尔多士无所选用，与夏事异，岂我罪乎？五服五章，五刑五用，皆有天命，其能以爵禄私相悦哉？武王入商，释箕子囚，式商容闾，无贤则已，有则举用之矣。

8.（宋）袁燮《絜斋家塾书钞》卷十二《周书·多士》

（按《永乐大典》误以《多士》书序解，复载于此段之下，而袁氏原解已佚，今无可复考，姑从阙文，其复见者则删去）

9.（宋）蔡沈《书经集传》卷五《周书·多士》

惟尔知，惟殷先人有册有典，殷革夏命。

即其旧闻以开谕之也。殷之先世，有册书典籍，载殷改夏命之事，正如是耳尔，何独疑于今乎？

10.（宋）黄伦《尚书精义》卷三十九《周书·多士》

惟尔知，惟殷先人有册有典，殷革夏命。今尔又曰，夏迪简在王庭，有服在百僚。予一人惟听用德，肆予敢求尔于天邑商，予惟率肆矜尔，非予罪，时惟天命。

无垢曰，周公引商革夏故事，告殷之多士，乃答周公曰，夏之士有蹈道者简择在殷王庭，有为公卿者；其次有服事于百僚为士大夫者，意谓周傥遵殷故事，何不选用商士为士大夫，而摈弃疑贰之，何哉？观此所言，则商士知天命之不可回，而将尽忠于周家矣。

又曰，周公以成王意答多士曰，我惟听有德者之言，用有德者之才，岂以商、周之士贰其心也。德之所在，听用之所在也。以势观之，商士不知恩德，好为叛乱，岂可用在朝廷，及居百僚之间乎，然予以听用有德为心，故不分彼此，敢求有德于天邑商也。他人岂敢如此乎？

又曰，汝之叛乱，理宜诛绝，然而予率皆肆汝不罪，矜汝不怒，迁汝于洛邑，又将择有德者而用之，汝无自疑也。予之迁汝，欲汝日闻善言，日见善行，日亲善人尔，非我欲罪汝，而为此纷纷也。然而予之肆汝矜汝，岂予私心哉，是惟天命尔。迁汝者天，不杀者亦天，则亦见周王之举动，无非天而已矣。

黄氏曰，方商士之在洛也，周公犹未之用，其后有简在王，庭服在大僚，则亦尝试用矣。陈豨反代，高祖封赵可将者四人，各千户，曰，吾以羽檄召天下兵，未有至者，今计惟邯郸中兵耳。吾何爱四千户，不以慰赵子弟。周初天下匈匈，正坐商人耳，徙其豪杰以解其谋，而择其可用用之，以系其心。呜呼！亦高帝计也。

张氏曰，迪之者，开迪而教导之也；简之者，甄别而升进之也。迪之所以成其德，简之所以用其才。能迪简之，使在王庭，然后得以服职在百僚也。虽然周之于殷，非不能如殷之于夏，而迪简之也，盖尔多士，顽不可训，无可听用之道而已。

又曰，夫我之所以待者，可谓尽矣。然而不能用汝，非我之罪，是惟天命而已。盖彰有德，讨有罪，莫非天命，岂人君之所敢私也。

吕氏曰，大抵暴乱之民，因他责望，便以官与他，却恣其意，其恶愈深，以天命之理至公之道说与他。此见圣人临大事之法。

11. （宋）陈经《尚书详解》卷三十四《周书·多士》

（归善斋按，见"王曰，猷！告尔多士，予惟时其迁居西尔"）

12. （宋）钱时《融堂书解》卷十五《周书·多士》

惟尔知，惟殷先人有册有典，殷革夏命。今尔其曰，夏迪简在王庭，有服在百僚。予一人惟听用德，肆予敢求尔于天邑商，予惟率肆矜尔，非予罪时惟天命。

此节方是明言迁多士于洛邑故再更端曰猷以发语也，天邑即京也，犹以商为天邑不没其旧忠厚之意也。

13.（宋）魏了翁《尚书要义》卷十五《周书·多士、无逸》

五、殷有典册，说殷改夏命，殷士所知。

"惟尔知，惟殷先人有册有典，殷革夏命"，言汝所亲知，殷先世有典书典籍，说殷改夏王命之意。

14.（宋）陈大猷《书集传或问》卷下《周书·多士》

（归善斋按，未解）

15.（宋）胡士行《尚书详解》卷九《周书·多士第十六》

（归善斋按，见"王曰，猷！告尔多士，予惟时其迁居西尔"）

16.（元）吴澄《书纂言》卷四下《周书·多士》

（归善斋按，见"王曰，猷！告尔多士，予惟时其迁居西尔"）

17.（元）陈栎《书集传纂疏》卷五《朱子订定蔡氏集传·周书·多士》

惟尔知，惟殷先人有册有典，殷革夏命。

即其旧闻以开谕之也。殷之先世有册书典籍，载殷改夏命之事，正如是耳，尔何独疑于今乎？

18.（元）许谦《读书丛说》卷六

（归善斋按，未解）

19. (元) 董鼎《书传辑录纂注》卷五《周书·多士》

惟尔知，惟殷先人有册有典，殷革夏命。

即其旧闻以开谕之也。殷之先世有册书典籍，载殷改夏命之事，正如是耳，尔何独疑于今乎？

20. (元) 朱祖义《尚书句解》卷九《周书·多士第十六》

惟尔知（尔等是殷王遗民，非不知，）惟殷先人有册有典（今日所以不用尔等在位者，殷王先世自有册书有典籍），殷革夏命（载殷家当时改革夏命之事）。

21. (明) 王樵《尚书日记》卷十二《周书·多士》

（归善斋按，见"王曰，猷！告尔多士，予惟时其迁居西尔"）

22. (清) 库勒纳等撰《日讲书经解义》卷九《周书·多士》

惟尔知，惟殷先人有册有典，殷革夏命。今尔又曰，夏迪简在王庭，有服在百僚。予一人，惟听用德，肆予敢求尔于天邑商。予惟率肆矜尔，非予罪，时惟天命。

此二节书，举殷革夏之事，又述商士之言，而以义折之，亦申言迁洛之意也。册，简册也；典，典籍也。迪，启迪之意。简，简拔也。服，列也。天邑，指商邑，尊之之词。率，循也。王命又曰，尔多士之心有所怨忿不平者，不过以周革殷命耳，独不知殷之先世有册书典籍，载殷革夏命之事，历然可考。我周之革殷，正如是耳尔等，又何疑乎？今尔则又有言曰，商之革夏，凡夏之士皆启迪简拔，使在商王之庭，而为大臣，有位列于百僚之间，而为群臣。今周不我用也，不知天命有德。予一人之所听用者，惟德而已。故予敢求尔于天邑商，而迁之于洛者，正欲循商迪简故事，以矜恤乎，尔使尔率德改行，以为待用之地耳。则今之不尔用者，非予罪也，天命当如是也。周之革命，固为天讨之公，而周之用人，独不因

1028

天命之公乎？

今尔又曰，夏迪简在王庭，有服在百僚

1.（汉）孔氏传、（唐）陆德明音义、孔颖达疏《尚书注疏》卷十五《周书·多士》

今尔又曰，夏迪简在王庭，有服在百僚。

传，简，大也。今汝又曰，夏之众士蹈道者，大在殷王庭，有服职在百官，言见任用。

疏，正义曰，今汝又有言曰，夏之诸臣蹈道者，大在殷王之庭，有服行职事在于百官，言其见任用，恐我不任汝。

传正义曰，夏人简在王庭，为其有德见用，言我亦法殷家，惟听用有德，汝但有德，我必任用。

《尚书注疏》卷十五《考证》

"时惟天命"疏"今汝又有言曰"。

"汝"字，监本讹"往"今改正。

2.（宋）苏轼《书传》卷十四《周书·多士第十六》

今尔又曰，夏迪简在王庭，有服在百僚。

夏臣之有道者，汤皆选用为近臣在王庭，其可以任事者，则为百僚，而今不然，以为怨。

3.（宋）林之奇《尚书全解》卷三十二《周书·多士》

（归善斋按，见"尔殷多士，今惟我周王，丕灵承帝事"）

4.（宋）史浩《尚书讲义》卷十六《周书·多士》

（归善斋按，见"尔殷多士，今惟我周王，丕灵承帝事"）

1029

5.（宋）夏僎《尚书详解》卷二十《周书·多士》

（归善斋按，见"王曰，猷！告尔多士，予惟时其迁居西尔"）

6.（宋）时澜《增修东莱书说》卷二十四《周书·多士第十六》

（归善斋按，见"王曰，猷！告尔多士，予惟时其迁居西尔"）

7.（宋）黄度《尚书说》卷六《周书·多士》

（归善斋按，见"惟尔知，惟殷先人有册有典，殷革夏命"）

8.（宋）袁燮《絜斋家塾书钞》卷十二《周书·多士》

（按《永乐大典》误以《多士》书序解，复载于此段之下，而袁氏原解已佚，今无可复考，姑从阙文，其复见者则删去）

9.（宋）蔡沈《书经集传》卷五《周书·多士》

今尔又曰，夏迪简在王庭，有服在百僚。予一人惟听用德，肆予敢求尔于天邑商。予惟率肆矜尔，非予罪，时惟天命。

周公既举商革夏事，以谕顽民，顽民复以商革夏事责周，谓商革夏命之初，凡夏之士，皆启迪简拔在商王之庭，有服列于百僚之间，今周于商士，未闻有所简拔也。周公举其言，以大义折之，言尔顽民，虽有是言，然予一人所听用者，惟以德而已，故予敢求尔于天邑商，而迁之于洛者，以冀率德改行焉。予惟循商故事，矜恤于尔而已，其不尔用者，非我之罪也，是惟天命如此。盖章德者，天之命，今顽民灭德，而欲求用，得乎？

10.（宋）黄伦《尚书精义》卷三十九《周书·多士》

（归善斋按，见"惟尔知，惟殷先人有册有典，殷革夏命"）

11.（宋）陈经《尚书详解》卷三十四《周书·多士》

（归善斋按，见"王曰，猷！告尔多士，予惟时其迁居西尔"）

12. （宋）钱时《融堂书解》卷十五《周书·多士》

（归善斋按，见"惟尔知，惟殷先人有册有典，殷革夏命"）

13. （宋）魏了翁《尚书要义》卷十五《周书·多士、无逸》

（归善斋按，未引）

14. （宋）陈大猷《书集传或问》卷下《周书·多士》

（归善斋按，未解）

15. （宋）胡士行《尚书详解》卷九《周书·多士第十六》

（归善斋按，见"王曰，猷！告尔多士，予惟时其迁居西尔"）

16. （元）吴澄《书纂言》卷四下《周书·多士》

（归善斋按，见"王曰，猷！告尔多士，予惟时其迁居西尔"）

17. （元）陈栎《书集传纂疏》卷五《朱子订定蔡氏集传·周书·多士》

今尔其曰，夏迪简在王庭，有服在百僚。予一人惟听用德，肆予敢求尔于天邑商，予惟率肆矜尔，非予罪，时惟天命。

周公既举商革夏事，以谕顽民，顽民复以商革夏事责周，谓商革夏命之初，凡夏之士，皆启迪简拔在商王之庭，有服列于百僚之间，今周于商士，未闻有所简拔也。周公举其言，以大义折之，言尔顽民，虽有是言，然予一人所听用者，惟以德而已。故予敢求尔于天邑商，而迁之于洛者，以冀率德改行焉。予惟循商故事，矜恤于尔而已。其不尔用者，非我之罪也，是惟天命如此。盖章德者，天之命，今顽民灭德，而欲求用，得乎？

纂疏：

唐孔氏曰，从殷适洛，南行而西向，故为西。奉德，犹秉德。

林氏曰，朕不敢有后，时而稽留，谓急于顺天命也。

陈氏大猷曰，迪简王庭，职之大者；有服百僚，职之小者，听察有德者而用之。

陈氏经曰，听用德者，尔有德，我何敢不用；尔无德，我何敢苟用。商士所言皆私情，王所言皆天理，不择贤否而用，非天理矣。

吕氏曰，我故敢以德而求尔于天邑商，尔其修德以应我之求，不可援前比，而必我之爵也。商，犹谓之"天邑"者，盖言其地旧为天子之都，理当富于贤德，敢求，亦敬贤之意，重其事，而敬其辞，裁之者固甚正；待之者，亦甚厚矣。

18. （元）许谦《读书丛说》卷六

（归善斋按，未解）

19. （元）董鼎《书传辑录纂注》卷五《周书·多士》

今尔又曰，夏迪简在王庭，有服在百僚。予一人惟听用德，肆予敢求尔于天邑商。予惟率肆矜尔，非予罪，时惟天命。

周公既举商革夏事以谕顽民，顽民复以商革夏事责周，谓商革夏命之初，凡夏之士，皆启迪简防在商王之庭，有服列于百僚之间，今周于商士，未闻有所简拔也。周公举其言，以大义折之，言尔顽民，虽有是言，然予一人所听用者，惟以德而已，故予敢求尔于天邑商，而迁之于洛者，以冀率德改行焉。予惟循商故事，矜恤于尔而已。其不尔用者，非我之罪也，是惟天命如此。盖章德者，天之命。今顽民灭德，而欲求用，得乎？

纂注：

唐孔氏曰，从殷适洛，南行而西向，故为西。

陈氏曰，奉德，犹秉德。

林氏曰，故朕不敢有后，而稽留尔，无以迁居为出于我而怨我也，我惟率循汤故事，肆赦尔罪，而矜怜尔愚，迁于王都，以式化厥训，此非我之罪，也亦惟天命而已。

陈氏大猷曰，迪简王庭职之大者，有服百僚职之小者。听用德，听察其有德者而用之。

吕氏曰，故我敢以德而求尔于天邑商，尔其修德以应我之求，不可援前此而必我之爵也。商，犹谓之"天邑"者，盖言其地，旧为天子之都，理当富于贤德，敢求，亦敬贤之意，重其事而敬其辞。裁之者固甚正，待之者亦甚厚矣。

孔氏曰，故我敢求尔于天邑商，将任用之。惟我循商故事，怜愍汝，故徙教汝。

20.（元）朱祖义《尚书句解》卷九《周书·多士第十六》

今尔又曰（今尔又倡言于下曰），夏迪简在王庭（夏民在当时，我殷王皆启迪简拔，使之在王庭），有服在百僚（皆有职事，列在百僚之间）。

21.（明）王樵《尚书日记》卷十二《周书·多士》

（归善斋按，见"王曰，猷！告尔多士，予惟时其迁居西尔"）

22.（清）库勒纳等撰《日讲书经解义》卷九《周书·多士》

（归善斋按，见"惟尔知，惟殷先人有册有典，殷革夏命"）

予一人惟听用德，肆予敢求尔于天邑商

1.（汉）孔氏传、（唐）陆德明音义、孔颖达疏《尚书注疏》卷十五《周书·多士》

予一人惟听用德，肆予敢求尔于天邑商。

传，言我周亦法殷家，惟听用有德，故我敢求汝于天邑商，将任用之。

疏，正义曰，我一人惟听用有德者，故我敢求汝有德之人，于循天邑商都，欲取贤而任用之。

传正义曰，故我往前敢求汝有德之人于天邑商都，将任用之也。郑玄云，言"天邑商"者，亦本天之所建。王肃云，言商，今为我之天邑。二者其言虽异，皆以"天邑商"为殷之旧都，言未迁之时，当求往；迁后有德任用之必矣。循殷故事，此故解经中"肆"字，谓殷用夏人，我亦用殷人。

2. （宋）苏轼《书传》卷十四《周书·多士第十六》

予一人惟听用德，肆予敢求尔于天邑商。

我知用德而已，尔乃与三监叛，我岂敢求尔于商邑而用之乎？

3. （宋）林之奇《尚书全解》卷三十二《周书·多士》

（归善斋按，见"尔殷多士，今惟我周王，丕灵承帝事"）

4. （宋）史浩《尚书讲义》卷十六《周书·多士》

（归善斋按，见"尔殷多士，今惟我周王，丕灵承帝事"）

5. （宋）夏僎《尚书详解》卷二十《周书·多士》

（归善斋按，见"王曰，猷！告尔多士，予惟时其迁居西尔"）

6. （宋）时澜《增修东莱书说》卷二十四《周书·多士第十六》

（归善斋按，见"王曰，猷！告尔多士，予惟时其迁居西尔"）

7. （宋）黄度《尚书说》卷六《周书·多士》

（归善斋按，见"惟尔知，惟殷先人有册有典，殷革夏命"）

8. （宋）袁燮《絜斋家塾书钞》卷十二《周书·多士》

（按《永乐大典》误以《多士》书序解，复载于此段之下，而袁氏原解已佚，今无可复考，姑从阙文，其复见者则删去）

9. （宋）蔡沈《书经集传》卷五《周书·多士》

（归善斋按，见"今尔又曰，夏迪简在王庭，有服在百僚"）

10. （宋）黄伦《尚书精义》卷三十九《周书·多士》

（归善斋按，见"惟尔知，惟殷先人有册有典，殷革夏命"）

11. （宋）陈经《尚书详解》卷三十四《周书·多士》

（归善斋按，见"王曰，猷！告尔多士，予惟时其迁居西尔"）

12. （宋）钱时《融堂书解》卷十五《周书·多士》

（归善斋按，见"惟尔知，惟殷先人有册有典，殷革夏命"）

13. （宋）魏了翁《尚书要义》卷十五《周书·多士、无逸》

六、殷人以殷用夏士，望于周。

今尔又曰，夏迪简在王庭，有服在百僚。简，大也。今汝又曰，夏之众士蹈道者，大在殷王庭，有服职在百官，言见任用。"予一人惟听用德肆予敢求尔于天邑商"，言我周亦法殷家，惟听用有德，故我敢求汝于天邑商，将任用之。

14. （宋）陈大猷《书集传或问》卷下《周书·多士》

（归善斋按，未解）

15. （宋）胡士行《尚书详解》卷九《周书·多士第十六》

（归善斋按，见"王曰，猷！告尔多士，予惟时其迁居西尔"）

16. （元）吴澄《书纂言》卷四下《周书·多士》

（归善斋按，见"王曰，猷！告尔多士，予惟时其迁居西尔"）

17.（元）陈栎《书集传纂疏》卷五《朱子订定蔡氏集传·周书·多士》

(归善斋按，见"今尔又曰，夏迪简在王庭，有服在百僚")

18.（元）许谦《读书丛说》卷六

(归善斋按，未解)

19.（元）董鼎《书传辑录纂注》卷五《周书·多士》

(归善斋按，见"今尔又曰，夏迪简在王庭，有服在百僚")

20.（元）朱祖义《尚书句解》卷九《周书·多士第十六》

予一人惟听用德（我一人惟于有德者是听是用），肆予敢求尔于天邑商（汝果有德故我敢求汝于天邑之商而用之商旧为王都故从旧言天邑）。

21.（明）王樵《尚书日记》卷十二《周书·多士》

(归善斋按，见"王曰，猷！告尔多士，予惟时其迁居西尔")

22.（清）库勒纳等撰《日讲书经解义》卷九《周书·多士》

(归善斋按，见"惟尔知，惟殷先人有册有典，殷革夏命")

予惟率肆矜尔，非予罪，时惟天命

1.（汉）孔氏传、（唐）陆德明音义、孔颖达疏《尚书注疏》卷十五《周书·多士》

予惟率肆矜尔，非予罪，时惟天命。

传，惟我循殷故事，怜愍汝，故徙教汝，非我罪咎，是惟天命。

疏，正义曰，我惟循殷故事，怜愍汝，故徙教汝。此徙非我有罪，是惟天命当然。圣人动合天心，故每事惟托天命也。

传正义曰，怜愍汝，故徙之教汝，此"故"解义之言，非经中"肆"。迁汝来西者，非我罪咎，是惟天命也。

2. （宋）苏轼《书传》卷十四《周书·多士第十六》

予惟率肆矜尔。

循汤故事，而矜赦汝，则可。

非予罪时惟天命。

3. （宋）林之奇《尚书全解》卷三十二《周书·多士》

（归善斋按，见"尔殷多士，今惟我周王，丕灵承帝事"）

4. （宋）史浩《尚书讲义》卷十六《周书·多士》

（归善斋按，见"尔殷多士，今惟我周王，丕灵承帝事"）

5. （宋）夏僎《尚书详解》卷二十《周书·多士》

（归善斋按，见"王曰，猷！告尔多士，予惟时其迁居西尔"）

6. （宋）时澜《增修东莱书说》卷二十四《周书·多士第十六》

（归善斋按，见"王曰，猷！告尔多士，予惟时其迁居西尔"）

7. （宋）黄度《尚书说》卷六《周书·多士》

（归善斋按，见"惟尔知，惟殷先人有册有典，殷革夏命"）

8. （宋）袁燮《絜斋家塾书钞》卷十二《周书·多士》

（按《永乐大典》误以《多士》书序解，复载于此段之下，而袁氏原解已佚，今无可复考，姑从阙文，其复见者则删去）

9.（宋）蔡沈《书经集传》卷五《周书·多士》

（归善斋按，见"今尔又曰，夏迪简在王庭，有服在百僚"）

10.（宋）黄伦《尚书精义》卷三十九《周书·多士》

（归善斋按，见"惟尔知，惟殷先人有册有典，殷革夏命"）

11.（宋）陈经《尚书详解》卷三十四《周书·多士》

（归善斋按，见"王曰，猷！告尔多士，予惟时其迁居西尔"）

12.（宋）钱时《融堂书解》卷十五《周书·多士》

（归善斋按，见"惟尔知，惟殷先人有册有典，殷革夏命"）

13.（宋）魏了翁《尚书要义》卷十五《周书·多士、无逸》

（归善斋按，未引）

14.（宋）陈大猷《书集传或问》卷下《周书·多士》

（归善斋按，未解）

15.（宋）胡士行《尚书详解》卷九《周书·多士第十六》

（归善斋按，见"王曰，猷！告尔多士，予惟时其迁居西尔"）

16.（元）吴澄《书纂言》卷四下《周书·多士》

（归善斋按，见"王曰，猷！告尔多士，予惟时其迁居西尔"）

17.（元）陈栎《书集传纂疏》卷五《朱子订定蔡氏集传·周书·多士》

（归善斋按，见"今尔又曰，夏迪简在王庭，有服在百僚"）

18.（元）许谦《读书丛说》卷六

(归善斋按,未解)

19.（元）董鼎《书传辑录纂注》卷五《周书·多士》

(归善斋按,见"今尔又曰,夏迪简在王庭,有服在百僚")

20.（元）朱祖义《尚书句解》卷九《周书·多士第十六》

予惟率肆矜尔（今我率皆肆赦矜恤所以迁改而西者），非予罪（非我之罪），时惟天命（是惟天命如此而已）。

21.（明）王樵《尚书日记》卷十二《周书·多士》

(归善斋按,见"王曰,猷！告尔多士,予惟时其迁居西尔")

22.（清）库勒纳等撰《日讲书经解义》卷九《周书·多士》

(归善斋按,见"惟尔知,惟殷先人有册有典,殷革夏命")

王曰,多士,昔朕来自奄,予大降尔四国民命

1.（汉）孔氏传、（唐）陆德明音义、孔颖达疏《尚书注疏》卷十五《周书·多士》

王曰,多士,昔朕来自奄,予大降尔四国,民命。

传,昔我来从奄,谓先诛三监,后伐奄淮夷。民命,谓君也。大下汝民命,谓诛四国君。

疏,正义曰,王复言曰,众士,昔我来从奄国,大黜下汝管蔡商奄四

国民命。民之性命,死生在君,诛杀其君,是下民命。

传正义曰,《金縢》之篇说周公东征,言"居东二年罪人斯得",则昔我来从奄者,谓摄政三年时也。于时,王不亲行,而王言我来自奄者,周公以王命诛四国,周公师还,亦是王来还也。一举而诛四国,独言来自奄者,谓先诛三监,后伐奄与淮夷,奄诛在后,诛奄即来,故言"来自奄"也。民以君为命,故"民命,谓君也"。"大下汝民命,谓诛四国君",王肃云,君为民命,为君不能顺民意,故诛之也。

《尚书注疏》卷十五《考证》

"昔朕来自奄子大降尔四国民命"传"民命,谓君也。大下汝民命,谓诛四国君。"

臣召南按,此文及《多方》"我惟大降尔四国民命",皆说四国之民,从叛当诛,而我宽减汝罪,不忍致法也。古注并谓"诛四国君",即《多方》"我惟大降汝命",亦谓是诛纣,与经意全悖。蔡下始谓,天下死生之命,人君制之;民从叛,有可杀之道,我乃诛其君,而释其民,是降民命也,后儒并从其说尔。

2. (宋) 苏轼《书传》卷十四《周书·多士第十六》

王曰,多士,昔朕来自奄,予大降尔四国民命。我乃明致天罚,移尔遐逖,比事臣我宗多逊。

东征诛三监及奄,迁四国民于远。当此时,尔协比以事我宗臣,多逊不违也。

3. (宋) 林之奇《尚书全解》卷三十二《周书·多士》

(归善斋按,见"尔殷多士,今惟我周王,丕灵承帝事")

4. (宋) 史浩《尚书讲义》卷十六《周书·多士》

王曰,多士,昔朕来自奄,予大降尔四国民命。我乃明致天罚,移尔遐逖,比事臣我宗多逊。王曰,告尔殷多士,今予惟不尔杀予,惟时命有申。今朕作大邑于兹洛,予惟四方罔攸宾,亦惟尔多士攸服,奔走臣我多逊。尔乃尚有尔土,尔乃尚宁干止。尔克敬,天惟畀矜尔;尔不克敬,尔不啻不有尔土，予亦致天之罚于尔躬。今尔惟时宅尔邑，继尔居。尔厥有干有年于兹洛，尔小子乃兴，从尔迁。王曰，又曰，时予，乃或言尔攸居。

成王欲使商之多士知畏天罚，格心以向化，故言"来自奄"。奄者，成王所伐之国。四国者，三监及奄也。"大降尔四国民命"者，以至命诰四国之人，使之晓然，然后致罚也。"移尔遐逖"者，屏之远方，虽欲宅洛不可得也。"比事臣我宗多逊"者，言令协比其心，臣事我，而尊多其逊顺之道也。岂有悖逆之患哉？我不杀尔，惟时申命者，重告之以作洛之意，言四方罔不宾服，在尔多士，亦当服我，奔走为臣，而多其逊顺之道。"尔乃尚有尔土"，循此当安土乐业也。"尔乃尚宁干止"，循此当身干安佚也。尔克敬天命，天亦予尔矜尔。尔不克敬，何止不有尔土，亦将"致天之罚于尔躬"矣。先言有尔土，宁干止，其居其身之可保者，以其敬也。后言不啻不有尔土致罚于躬，其居其身之不可保者，以其弗敬也。今尔之时不可失，能宅尔邑，自然怀念子孙，而继尔居矣。《斯干》之诗"乃安斯寝"而继之以"乃占我梦"者，此也。能保其身，自然得终其寿而有年矣。《洪范》之书"康宁寿考不可偏废"者，此也。尔既各怀长久之计，少者安得不兴起而从之迁乎？"王曰，又曰"，并言者。说者以为脱文以意考之，殆记事者之言也，王言之矣。他日又言之，此所谓"王曰又曰"也。然而虽屡言之，不过言尔所居之地，所居之地，非洛邑乎。

5. （宋）夏僎《尚书详解》卷二十《周书·多士》

王曰，多士，昔朕来自奄，予大降尔四国民命。我乃明致天罚，移尔遐逖，比事臣我宗多逊。王曰，告尔殷多士，今予惟不尔杀，予惟时命有申。今朕作大邑于兹洛，予惟四方罔攸宾，亦惟尔多士攸服，奔走臣我多逊尔。乃尚有尔土，尔乃尚宁干止。尔克敬，天惟畀矜尔；尔不克敬，尔不啻不有尔土，予亦致天之罚于尔躬。今尔惟时宅尔邑，继尔居，尔厥有干有年于兹洛，尔小子乃兴，从尔迁。王曰，又曰时予，乃或言尔攸居。

此周公又以王命告以今日不杀汝，而迁殷之意。多士，呼其人也。"昔朕来自奄"谓周公东灭三监之后，自奄来归于镐，即《诗》所谓"周公东征三年而归"之时也，唐孔氏谓，于时王不亲行，而王言我来自奄者，周公以王命诛四国，周公师还亦是王来还也。下文四国，乃谓三监与淮夷，凡四国其时奄不曾叛。奄之叛，乃成王即政之后，再与淮夷叛周，后亡。书之序所谓成王东伐淮夷，遂践奄，作《成王政》则奄之叛，乃在彼时。故成王践而灭之，此所谓"来自奄"者，乃周公东归，路经于奄耳。周公谓我归自奄之后，谓已诛四国之君也。四国之叛其谋虽肇于君，而民从之，亦不可谓无罪者。若以秦法绳之，虽尽诛其民，亦未足以泄一时之怒，而因自奄归，乃大降尔四国之民命。降，犹令法，罪在上服降一等，为下服则降者，乃降重就轻，亦宽宥之意。谓"降尔四国之民命"，乃诛其君。然经言自奄而后，大降四国民命，则是既诛其君而归，不应既归，而又诛其民，故此所谓"予大降尔四国民命"，"我乃明致天罚移尔遐逖"者，乃周公谓四国之叛，以天诛言之，则四国之民皆应致死，然我以不忍之心处之，故自奄而归，更不复罪尔等，先赦尔等死命，然后方始致行天罚于汝，特移尔等于遐远之处，谓迁之于成周也，是天罚本当置之死地，今周公乃先赦其死，然后方行天罚，特迁之洛邑，乃赦其死，而以流法处之也。然周公之迁也，亦岂屏之远方，终身不齿哉，亦使之密迩王室，式化厥训。自彼言之，则为遐逖耳。故继曰"比事臣我宗多逊"，盖谓今日之迁，乃使之亲比服事，以臣于我王家相宗，尚为多顺之事，谓将使密迩王室，化为友民也。周公既告以今日迁民之意，故又详其告更端而称王命曰，告尔殷多士，今我惟不杀汝，惟以此教命申告于汝。申，如"三令五申"之"申"，乃再三教告之意，此盖总说今日不杀汝又以此教汝也。我今作大邑于此洛地，以四方诸侯无所宾见于王，此洛地四方道里均，故营之以为朝会之所，亦以尔多士，党恶于故都，去王都远，虽奔走臣事于我，有所不可，故又营成周于其旁，使汝密迩王室，易服其奔走之劳，而臣事于我王室，而为多顺之事。此又申前言，"比事臣我宗多逊"之意也。周公既详说所以迁之之意，故自此以下，又勉敕多士，使既迁之后，各勉力以图安居长久之计也。谓尔等，今当庶几有尔所安居之土，庶几各即其土而安，以干其所止，谓既有居止，则各有事，不可不干也。尔若既迁之后，果能克敬，谓不复狃前日之恶，则天将有以畀与于尔，矜恤于尔，不复如前日尔等叛逆之时，必欲诛灭之也。汝若复狃前恶，不能致敬，则不但不有此所居，谓不能保今日新邑所居，亦将遂致天罚于尔身，不复如前日天欲罚，而我降尔命也。今尔惟是之故，须当居尔所迁之邑，谋为长久之计，使子子孙孙，皆可继尔所居，则尔凡有所干，必可长久有年于此洛邑。先儒谓汝其有安事，有丰年于此洛邑，此说亦通。尔在新邑，既能为长久之计如此，则尔子孙，亦将兴起而从尔以迁。盖周公当时所迁，特迁其身，其子孙幼稚，必有不迁者。人情莫不爱其子孙，凡有所为，莫不欲为子孙计。此盖以其至情感动之，乃其安居之甚也。

"王曰，又曰时予，乃或言尔攸居"，说者多以此"王曰"下无文，即加以"又曰"，疑其有阙文，然说经不当持阙文之见。详考此"又曰"，乃重言下文一语，王谓是我乃有言尔之所居，非我爱。汝等则迁与不迁，自有威刑以裁之。谁复言之，史官省其文，而加之以"又曰"，谓此一言王既言之，而又言之也。

6. （宋）时澜《增修东莱书说》卷二十四《周书·多士第十六》

王曰，多士，昔朕来自奄，予大降尔四国民命。我乃明致天罚，移尔遐逖，比事臣我宗多逊。

顽民之所以不安者，盖不自知其罪之大，迁洛犹为轻典，故此章明以告之。奄，盖与武庚、管叔同叛者，昔我东征，来自奄之时，尔三监、奄、淮夷之众，若正名定罪，我惟大降黜尔四国民命，尽俘为囚，可也。我乃明致天罚，移尔遐逖，流窜荒裔，可也。今迁尔洛邑，密迩王室，是以亲比尔为事，俾臣于我宗法，成周济济多逊之盛，渐染薰陶，以成其德，为汝赐不既多矣乎。舍殷就洛，迁徙之劳，顽民所知也，舍遐逖而就中都，宽宥之恩，顽民所不知也，故明以告之。

7. （宋）黄度《尚书说》卷六《周书·多士》

王曰，多士，昔朕来自奄，予大降尔四国民命。我乃明致天罚，移尔遐逖，比事臣我宗多逊。

殷、管、蔡、奄，为四国，伐管蔡黜殷，及来自伐奄，皆止诛其君，尽赦其民，是为大降四国民命，独赦其死耳。我今乃明致天罚，移徙尔，使遐远污染之俗，比近承事臣服于我，知所共尊，多为逊顺。《盘庚》曰"非汝有咎比于罚"，周公曰"我乃明致天罚移尔遐逖"，殷民之迁，本为有罪也。奄，在袭庆曲阜县。

8.（宋）袁燮《絜斋家塾书钞》卷十二《周书·多士》

王曰，多士，昔朕来自奄，予大降尔四国民命。我乃明致天罚，移尔遐逖，比事臣我宗多逊。王曰，告尔殷多士，今予惟不尔杀，予惟时命有申。今朕作大邑于兹洛，予惟四方罔攸宾，亦惟尔多士，攸服奔走臣我多逊。尔乃尚有尔土，尔乃尚宁干止。尔克敬，天惟畀矜尔；尔不克敬，尔不啻不有尔土，予亦致天之罚于尔躬。今尔惟时宅尔邑，继尔居尔，厥有干有年于兹洛。尔小子，乃兴从尔迁。王曰，又曰时予，乃或言尔攸居。

奄，乃与三监同为乱者，"移尔遐逖"，遐、逖，皆远也，言我使尔远去妹土之恶习，而适兹新邑，盖欲汝比事臣我宗周，多为逊顺之行也。此即比介于我有周御事之意，故下文又以为"亦惟尔多士攸服奔走臣我多逊"，盖迁之洛邑，变前日傲慢之心，皆为逊顺之行也。此周公营洛之本意也。夫既委曲开谕，以为我之有天下，实天与之，而非有一毫之私心；又以为尔有德者，我皆听用之，所以慰安宽裕之道，亦至矣。然一味宽以待之，亦不得，故至篇终，又有严威之言，所以恐惧之，使之耸然知所畏也。言，尔若克敬，能兢兢业业，"天惟畀矜尔"；尔不能兢兢业业，敢于为非，我"亦将致天之罚于尔躬"，商民闻此，其不肃然有动于中乎？大抵圣人说话，皆是如此宽严，未尝或偏，便如《盘庚》之迁，既是如此委曲开导，然亦有"矧予制乃短长之命"与夫"其犹可扑灭"之言，盖不如此无以耸动也。

9.（宋）蔡沈《书经集传》卷五《周书·多士》

王曰，多士！昔朕来自奄，予大降尔四国民命，我乃明致天罚，移尔遐逖，比事臣我宗多逊。

降，犹今法"降等"云者，言昔我来自商奄之时，汝四国之民，罪皆应死，我大降尔命，不忍诛戮，乃止明致天罚，移尔远居于洛，以亲比臣我宗周，有多逊之美，其罚盖亦甚轻，其恩固已甚厚。今乃犹有所怨望乎？详此章，则商民之迁固已久矣。

10.（宋）黄伦《尚书精义》卷三十九《周书·多士》

王曰，多士，昔朕来自奄，予大降尔四国民命。我乃明致天罚，移尔遐逖，比事臣我宗多逊。

无垢曰，诛其君而赦其民，所以不致杀于汝等。然而不可不为之计也，故移汝以远此恶俗，而使比近服事臣服于宗周，以下其虚骄叛乱之气。汝等见诛其君，其心震恐，又移远恶俗，其心纯一，故其所为无有前日倔强之心，而多为逊顺之行，所以不复有杀汝之心也。

吕氏曰，成周之地，周公武王之化其俗，济济多逊之人，所以我既不迁尔于遐逖，迁之于洛，乃所以使尔宗多逊之人，变移尔，今我于商民可谓厚矣。

11.（宋）陈经《尚书详解》卷三十四《周书·多士》

王曰，多士，昔朕来自奄，予大降尔四国民命，我乃明致天罚，移尔遐逖，比事臣我宗多逊。

此又言，我所以迁汝者，正所以教汝也。昔我来自奄，谓诛三监，灭淮夷之时也，奄最后伐，故曰"来自奄"。民之命，在乎君，黜尔管蔡商奄之君，是降四国民命也。"降四国民命"者，非我私意也，天罚也。我特显明而致行之尔，移尔遐逖。遐逖，远也。移尔于洛邑，正欲使尔远去恶习，转顽为善，亲比于我服事于我宗，师于我周家多逊之风。周之民济济相逊，迁汝于此，使尔渐染，亦为多逊也。

12.（宋）钱时《融堂书解》卷十五《周书·多士》

王曰，多士，昔朕来自奄，予大降尔四国民命。我乃明致天罚，移尔遐逖，比事臣我宗多逊。

此节乃承上文发明"率肆矜尔"之旨也。武王崩，三监及淮夷徐奄俱叛，此云"归自奄"，正东征而归之时也。周公东征，成王实未尝往，而曰，昔朕来自奄者，止是以王命告，实周公自谓也。呼多士而言，昔我东征自奄来归，汝辈从武庚作乱，本宜诛戮，我实大原贷尔四国之民命，言尔之命实自我降之也。我今乃明致天罚，徙尔远去旧都，比近服事，以臣乎我，使之相习于多逊为宗也。辞逊之心人皆有之，昏于私意，始不复逊多逊者，无往，无时，无一而不逊也。商民染纣之恶，怂恿相挺，傲上弗顺，习乱难化，其所以敢无忌惮者，只是一个不逊而已。周家蔼蔼吉士，济济成风郁乎，可想转移变化，钧陶炉冶，全在此一迁。上既贷其命矣，而天罚之行，乃止于移近王都，使宗多逊。忠厚之意如此，汝多士可不恻然听顺，思改过自新乎？此节比上节辞旨益紧。

13. （宋）魏了翁《尚书要义》卷十五《周书·多士、无逸》

八、周公东征，王不亲行，而王言"昔朕来自奄"。

"王曰，多士昔朕来自奄，予大降尔四国民命"，昔我来从奄，谓先诛三监，后伐奄、淮夷。民命，谓君也。大下汝民命，谓诛四国君。正义曰，《金縢》之篇，说周公东征，言"居东二年，罪人斯得"，则昔我来从奄者，谓摄政三年时也。于时不亲行，而王言我来自奄者，周公以王命诛四国，周公师还，亦是王来还也。一举而诛四国，独言来奄者，谓先诛三监，后伐奄与淮夷，奄诛在后。诛奄即来，故言"来自奄"也，民以君为命，故民命谓君也。大下汝民命，谓诛四国君。王肃云，君为民命，为君不能顺民意，故诛之也。

14. （宋）陈大猷《书集传或问》卷下《周书·多士》

（归善斋按，未解）

15. （宋）胡士行《尚书详解》卷九《周书·多士第十六》

王曰，多士，昔朕来自奄（奄国），予大降（下）尔四国（管、蔡、商、奄）民命，（教）我乃明致天罚，移（迁）尔遐逖（弃远妹土世习），比（近）事臣我宗（周）多（为）逊（顺）。

践奄之余，尝降命教尔矣，犹未同，故不得不明致罚以迁之。然岂若屏之远方者哉，密尔王室，正以玉成尔也。

16. （元）吴澄《书纂言》卷四下《周书·多士》

王曰，多士，昔朕来自奄，予大降尔四国民命，我乃明致天罚，移尔遐逖，比事臣我宗多逊。

昔我伐奄而归之时，大降下尔四国民，以教命多方之书是也。其时，殷民未迁，既告多方之后，见殷民未化，遂乃明致天罚，移尔于遐远之地，谓迁洛也。叛乱之人，得免诛戮罪，当流徙迁之者，乃致天之罚也。纣都距洛，非甚远，而曰"遐逖"者，以殷民安土之，则为"遐逖"也。迁尔者，欲俾尔亲比服事臣顺于我周多逊之宗，薰染以成习也。宗，谓士大夫之家，各有宗以相统。

17. （元）陈栎《书集传纂疏》卷五《朱子订定蔡氏集传·周书·多士》

王曰，多士，昔朕来自奄，予大降尔四国民命，我乃明致天罚，移尔遐逖，比事臣我宗多逊。

降，犹今法"降等"云者，言昔我来自商奄之时，汝四国之民，罪皆应死，我大降尔命，不忍诛戮，乃止明致天罚，移尔远居于洛，以亲比臣我宗周，有多逊之美，其罚，盖亦甚轻；其恩固已甚厚。今犹有所怨望乎？详此章，则商民之迁固已久矣。

纂疏：

陈氏大猷曰，奄，东方国，与淮夷三监同助武庚以叛，周公东征一举而诛四国，独言"来自奄"者，伐奄在后，诛奄即来也。四国，殷、管、蔡、霍也。以亲我，事我，臣我宗，法我周济济多逊之风。

林氏曰，自洛而视殷之故地，则殷为远，故以迁之于洛，为"移尔遐逖"。

真氏曰，蔡说文势顺，但迁洛，恐不可言遐逖。愚谓，武王自镐伐商，言"逖"矣，西土之人，则自商迁洛，岂不可言"移尔遐逖"，否则，以"遐逖"指朝歌，谓移尔自于遐逖，亦可也。

18.（元）许谦《读书丛说》卷六

（归善斋按，未解）

19.（元）董鼎《书传辑录纂注》卷五《周书·多士》

王曰，多士，昔朕来自奄，予大降尔四国民命，我乃明致天罚，移尔遐逖，比事臣我宗多逊。

降，犹今法"降等"云者，言昔我来自商奄之时，汝四国之民，罪皆应死，我大降尔命，不忍诛戮，乃止明致天罚，移尔远居于洛，以亲比臣我宗，周有多逊之美，其罚盖亦甚轻，其恩固已甚厚。今乃犹有所怨望乎？详此章，则商民之迁固已久矣。辑录：

奄，东方之国。孟注。

纂注：

陈氏大猷曰，此奄与淮夷、三监，同助武庚以叛。周公东征一举而诛四国，独言来自奄者，伐奄在后，诛奄即来也。四国，殷、管、蔡、霍也，以亲我、事我、臣我宗，法成周济济多逊之盛。

林氏曰，移徙尔自遐逖之地，使协比臣事于我家，以多为逊顺。我宗，犹言我家。自洛而视殷之故地，则殷为远，故以迁之于洛，谓"移尔遐逖"也。

孔氏曰，比近臣我宗周，多为顺道。

20.（元）朱祖义《尚书句解》卷九《周书·多士第十六》

王曰（公又以王命告），多士（呼众士），昔朕来自奄（昔我东灭三监之后，自奄来归于镐），予大降尔四国民命（我大降减尔管、蔡、商、奄四国之民死命。降，犹今法"降一等"，降重从轻）。

21.（明）王樵《尚书日记》卷十二《周书·多士》

"王曰，多士，昔朕来自奄"至"比事臣我宗多逊"。

昔朕来自奄，谓摄政三年时也。于时王不亲行，而言我来自奄者，周公以王命诛讨，王师还，即王来还也。有三监、淮夷，独言"自奄"者，奄诛在后，诛奄即来，故言"来自奄"也。真氏疑迁洛不可以"遐逖"言，愚谓离其故土，使远于恶俗，即"遐逖"也。四国之民。罪皆应死。而王悉从降减。所以明致天罚者。不过迁之于洛。使离其恶俗而已，罚亦薄矣。然岂真以尔有罪，而比于罚哉，亦使尔亲比臣我宗周，有多逊之美，夫固将以化之也，非罚之。而乃化之恩，何厚乎。离尔故土，尔自以为不幸，而不知其为甚幸也，而乃犹有所怨望乎？

22.（清）库勒纳等撰《日讲书经解义》卷九《周书·多士》

王曰，多士，昔朕来自奄，予大降尔四国民命，我乃明致天罚，移尔遐逖，比事臣我宗多逊。

此一节书，举前日迁洛之事，所谓感之以恩也。奄，国名，与管、蔡、霍四国，皆从武庚叛者。降，如今法"降等"之"降"。比，亲比也。宗，即宗周。逊，顺也。周公又传王命曰，昔者奄、蔡四国同恶作乱，朕来自奄之时，据法论之，尔四国民命，罪皆应死，然朕不忍穷治，姑从减等，大降尔命，止于明致天罚，移尔远居于洛，贷其当死之罪。予以生全之恩，使尔得密迩王室，亲比臣事我宗周之臣子，远离顽梗之俗，渐摩逊顺之风。其罚甚轻，其恩甚厚，尔多士，何乃犹有所怨望乎？

（元）陈师凯《蔡氏传旁通》卷五《多士》

降，犹今法降等。四国之民，罪皆应死，我大降尔命，不忍诛戮。
如今云减死一等也。
来自商奄。
《孟子》注，奄东方之国。《史记》注云，奄，于险反，兖州曲阜县奄里，即奄地。东斋陈氏曰，此奄与淮夷三监同助武庚以叛，周公东征一举而诛。四国独言来自奄者，伐奄在后，诛奄即来也。四国，殷、管、蔡、霍也。

（明）马明衡《尚书疑义》卷五《周书·多士》

"予大降尔四国民命，我乃明致天罚"，谓诛其君，吊其民，所谓大降民命也。"移尔遐逖，比事臣我宗，多逊"，当如孔氏谓，今移徙汝于洛邑，使汝远于恶俗，比近臣我宗周，多为顺道。

（清）朱鹤龄《尚书埤传》卷十二《周书·多士》

四国；宗多逊。

孔疏，四国，管、蔡、商、奄（与诗传合）。陈大猷曰，周公东征，一举而诛四国，独言来自奄者，伐奄在后，诛奄即归也。按，"比事臣我宗多逊"，言亲比我，事我，臣我，以宗法我周臣多逊之美（本陈氏说）。即《召诰》"比介于我有周御事"意也。蔡传训"宗"为"宗周"，虽本古注，文义不合。

（清）蒋廷锡《尚书地理今释·周书·多士》

奄，奄国在今山东兖州府曲阜县境。《括地志》云兖州曲阜县奄里，即奄国之北也。

我乃明致天罚，移尔遐逖，比事臣我宗多逊

1.（汉）孔氏传、（唐）陆德明音义、孔颖达疏《尚书注疏》卷十五《周书·多士》

我乃明致天罚，移尔遐逖，比事臣我宗多逊。

传，四国君叛逆，我下其命，乃所以明致天罚。今移徙汝于洛邑，使汝远于恶俗，比近臣我宗周，多为顺道。

音义，逖，他力反。比，毗志反，注同。远，于万反。

疏，正义曰，由四国叛逆，我乃明白致行天罚汝等遗余，当教之为善，故移徙汝居于远，令汝远于恶俗，比近服事臣我宗周，多为顺道，冀

1050

汝相教为善，永不为恶也。

传正义曰，天之所罚，罚有罪也。四国之君有叛逆之罪，我下其命，乃所以明致天罚，言非苟为之也。遐、逖，俱训为"远"，今移徙汝于洛邑，令去本乡远也，使汝远于恶俗，令去恶俗远也。比近京师，臣我周家，使汝从我善化，多为顺道，所以救汝之性命也。

2.（宋）苏轼《书传》卷十四《周书·多士第十六》

（归善斋按，见"昔朕来自奄，予大降尔四国民命"）

3.（宋）林之奇《尚书全解》卷三十二《周书·多士》

（归善斋按，见"尔殷多士，今惟我周王，丕灵承帝事"）

4.（宋）史浩《尚书讲义》卷十六《周书·多士》

（归善斋按，见"昔朕来自奄，予大降尔四国民命"）

5.（宋）夏僎《尚书详解》卷二十《周书·多士》

（归善斋按，见"昔朕来自奄，予大降尔四国民命"）

6.（宋）时澜《增修东莱书说》卷二十四《周书·多士第十六》

（归善斋按，见"昔朕来自奄，予大降尔四国民命"）

7.（宋）黄度《尚书说》卷六《周书·多士》

（归善斋按，见"昔朕来自奄，予大降尔四国民命"）

8.（宋）袁燮《絜斋家塾书钞》卷十二《周书·多士》

（归善斋按，见"昔朕来自奄，予大降尔四国民命"）

9.（宋）蔡沈《书经集传》卷五《周书·多士》

（归善斋按，见"昔朕来自奄，予大降尔四国民命"）

10.（宋）黄伦《尚书精义》卷三十九《周书·多士》

(归善斋按,见"昔朕来自奄,予大降尔四国民命")

11.（宋）陈经《尚书详解》卷三十四《周书·多士》

(归善斋按,见"昔朕来自奄,予大降尔四国民命")

12.（宋）钱时《融堂书解》卷十五《周书·多士》

(归善斋按,见"昔朕来自奄,予大降尔四国民命")

13.（宋）魏了翁《尚书要义》卷十五《周书·多士、无逸》

(归善斋按,未引)

14.（宋）陈大猷《书集传或问》卷下《周书·多士》

(归善斋按,未解)

15.（宋）胡士行《尚书详解》卷九《周书·多士第十六》

(归善斋按,见"昔朕来自奄,予大降尔四国民命")

16.（元）吴澄《书纂言》卷四下《周书·多士》

(归善斋按,见"昔朕来自奄,予大降尔四国民命")

17.（元）陈栎《书集传纂疏》卷五《朱子订定蔡氏集传·周书·多士》

(归善斋按,见"昔朕来自奄,予大降尔四国民命")

18.（元）许谦《读书丛说》卷六

(归善斋按,未解)

19.（元）董鼎《书传辑录纂注》卷五《周书·多士》

(归善斋按,见"昔朕来自奄,予大降尔四国民命")

20.（元）朱祖义《尚书句解》卷九《周书·多士第十六》

我乃明致天罚（然后我方始明致行天罚于汝），移尔遐逖（用移尔等于遐远之乡，谓迁之成周，是降死一等，以流法处之），比事臣我宗多逊（亦使之亲密王室，亲此服事以臣于我王家祖宗，尚为多顺之事，将使化为友民也）。

21.（明）王樵《尚书日记》卷十二《周书·多士》

（归善斋按，见"昔朕来自奄，予大降尔四国民命"）

22.（清）库勒纳等撰《日讲书经解义》卷九《周书·多士》

（归善斋按，见"昔朕来自奄，予大降尔四国民命"）

（明）马明衡《尚书疑义》卷五《周书·多士》

（归善斋按，见"昔朕来自奄，予大降尔四国民命"）

（清）王夫之《尚书稗疏》卷四下《周书·多士》

多逊。

逊，顺也，事逆则难，顺则易也。故逊，亦可释为易也。多逊云者，革商之始，殷民尚为武庚及三监侯国之民，逮其迁洛，则不复为侯国之民，而臣于宗周，为圻内之百姓，故移尔遐逖，以就近畿。其君子，简在王廷而服大僚。其小人，职贡便利而亲天子。是向者，听政令于千里之外，故阻而难；今者，服奔走于五百里之内，其为顺而易也，多矣。多云者，以彼较此，而见其便利之多也。旧注未审。

（清）张英《书经衷论》卷三《周书·多士》

"悉殷顽民迁于洛邑"，"比事臣我宗多逊"，此周公化导殷民之德，意盖亦鉴于武庚禄父之叛，而为此收拾人心之具也。后世徙豪杰以实关中，亦师此意，但所以安辑化导之者，不及古人耳。

王曰，告尔殷多士，今予惟不尔杀，予惟时命有申

1.（汉）孔氏传、（唐）陆德明音义、孔颖达疏《尚书注疏》卷十五《周书·多士》

王曰，告尔殷多士，今予惟不尔杀，予惟时命有申。

传，所以徙汝，是我不欲杀汝，故惟是教命申戒之。

疏，正义曰，王又言曰，告汝殷之多士，所以远徙汝者，今我惟不欲于汝刑杀，我惟是教命有所申戒由此也。

传正义曰，殷士远离本乡，新来此邑，或当居不安，为弃旧业，故戒之。

2.（宋）苏轼《书传》卷十四《周书·多士第十六》

王曰，告尔殷多士，今予惟不尔杀，予惟时命有申。今朕作大邑于兹洛，予惟四方罔攸宾。亦惟尔多士攸服，奔走臣我，多逊。

我惟不忍尔杀故，申明此命尔。我所以营洛者，以四方诸侯至而无所容，亦为尔等服事奔走臣我，多逊而无所居故也。

3.（宋）林之奇《尚书全解》卷三十二《周书·多士》

（归善斋按，见"尔殷多士，今惟我周王，丕灵承帝事"）

4.（宋）史浩《尚书讲义》卷十六《周书·多士》

（归善斋按，见"昔朕来自奄，予大降尔四国民命"）

5.（宋）夏僎《尚书详解》卷二十《周书·多士》

（归善斋按，见"昔朕来自奄，予大降尔四国民命"）

6.（宋）时澜《增修东莱书说》卷二十四《周书·多士第十六》

王曰，告尔殷多士，今予惟不尔杀，予惟时命有申。今朕作大邑于兹洛。予惟四方罔攸宾，亦惟尔多士攸服，奔走臣我多逊。尔乃尚有尔土，尔乃尚宁干止。尔克敬，天惟畀矜尔；尔不克敬，尔不啻不有尔土予，亦致天之罚于尔躬。今尔惟时宅尔邑，继尔居尔，厥有干有年于兹洛。尔小子乃兴，从尔迁。王曰，又曰时予，乃或言尔攸居。

告戒既终，乃示以恩意，勉以安居乐业永久之计。"今予惟不尔杀"者，盖顽民负罪怀慝，反侧不安，故明许其不死，所以洗其危疑也。盘庚既迁之后，历告百姓者，亦曰"罔罪尔众"亦是意也。胥怨之恶小。故告之以罔罪；反叛之恶大，故告之以不杀。辞之轻重，因其犯之大小，至于与民更始，则一而已。"予惟时命有申"者，前章既已详命之，而是章之命，复申告之也。"今朕作大邑于兹洛"者，盖为四方诸侯，罔有所宾礼之地，故即土中建都，以会朝，此营洛之本意也。亦惟尔多士，所服事奔走，臣我周家，进于济济多逊之盛，非居洛不可。此又营洛之意也。盖营洛有二说：一则以宾诸侯，一则以居商士。然则，待汝商士者，亦甚厚矣。尔乃尚庶几保有尔土，而无怀动摇之思，此盖分之以田也。尔乃尚庶几安宁，各干其所止，无起觊觎之望，此盖受之以业也。尔能敬，天惟畀予，矜恤尔。惟敬，则畏天命，畏圣人之言，凡所命诰，莫不祗顺福祥之所集也。即天之畀矜也。尔不能敬，尔不啻不能保有尔土。"予亦致天之罚于尔躬"，惟不敬，则不畏天命，不畏圣人之言，凡所命诰，莫不违悖，刑戮之所集也，即天之罚也。明福威以示之，彼安得不知所向背乎？今尔惟时宅尔邑，继续尔居，为长久之计，尔其有干有年于兹洛矣。有干，则有业，有年则有养，所以能胥匡其生也。尔小子乃兴。从尔迁者言，尔之迁洛，乃建立门户之祖，后世子孙之兴，实从迁始，岂不甚光荣矣乎？自亡国之末裔，而为兴国之始祖，顽民虽愚，其亦知所择矣。所以作新之者，无大于是也。《多士》《多方》篇末，皆有"又曰"，盖殷勤以续前语，然《多士》"王曰"之下阙文，失其前语，故"又曰"之辞，不可尽通，然所谓"时予"，乃或言"尔攸居"者，勉以安居之大指，则可知也。

7.（宋）黄度《尚书说》卷六《周书·多士》

王曰，告尔殷多士，今予惟不尔，杀予惟时命有申。

忿疾于顽则杀尔矣，惟不尔杀故，我惟是命申戒之。

8.（宋）袁燮《絜斋家塾书钞》卷十二《周书·多士》

（归善斋按，见"昔朕来自奄，予大降尔四国民命"）

9.（宋）蔡沈《书经集传》卷五《周书·多士》

王曰，告尔殷多士，今予惟不尔杀，予惟时命有申。今朕作大邑于兹洛，予惟四方罔攸宾，亦惟尔多士攸服，奔走臣我多逊。

以自奄之命为"初命"，则此命为"申命"也。言我惟不忍尔杀，故申明此命，且我所以营洛者，以四方诸侯无所宾礼之地，亦惟尔等服事奔走臣我多逊，而无所处故也。详此章，则迁民在营洛之先矣。吴氏曰，"来自奄"称"昔"者，远日之辞也。"作大邑"称"今"者，近日之辞也。"移尔遐逖比臣事我宗多逊"者，期之之辞也。攸服奔走臣我多逊者，果能之辞也，以此又知迁民在前，而作洛在后也。

10.（宋）黄伦《尚书精义》卷三十九《周书·多士》

王曰，告尔殷多士，今予惟不尔杀，予惟时命有申。今朕作大邑于兹洛，予惟四方罔攸宾，亦惟尔多士攸服，奔走臣我多逊。尔乃尚有尔土，尔乃尚宁干止。

无垢曰，言我所以作大邑于此洛邑者，盖有二事焉，一则为四方诸侯来朝镐京者，无宾客之馆，故于洛邑置馆舍，以宾之；二则，亦惟尔多士居纣故都，染纣恶习，故我新此洛邑，使若见，若闻，若亲近，皆周德化、周德音，与夫周贤士大夫，庶几转邪心为正路，变恶念为善端耳。

张氏曰，作新邑，非特诸侯之来宾也，于是之时，周公用书命庶殷，而庶殷丕作，则其服从而奔走，从事臣我周王，故亦多逊矣。夫殷遗多士，其始也，能臣我宗多逊，其终又能臣我多逊，则周之教化，固足以臣服之，可知矣。

11.（宋）陈经《尚书详解》卷三十四《周书·多士》

王曰，告尔殷多士，今予惟不尔杀。予惟时命有申。今朕作大邑于兹洛，予惟四方罔攸宾，亦惟尔多士攸服，奔走臣我多逊。尔乃尚有尔土，尔乃尚宁干止。尔克敬，天惟畀矜尔；尔不克敬，尔不啻不有尔土，予亦致天之罚于尔躬。今尔惟时宅尔邑，继尔居，尔厥有干有年于兹洛。尔小子乃兴，从尔迁。王曰，又曰时予，乃或言尔攸居。

此章，尤见周公开心见诚，示人以生生之路，使知所慕，知所畏。汝商民，自武庚变乱之后，尝疑我周家有杀汝之心。周公晓然告之曰，"今予惟不尔杀"，既不汝杀，所以命令至于再三申重以告汝。"时命有申"，与"随风巽"之意同。拳拳不已之意，见于命令如此。今我所以作此大邑于洛者，其说有二：一则谓四方之朝聘贡献者，无以宾待之，故迁于洛，所以取其远近道里之均；一则惟尔多士服事奔走以臣我，为多逊之风，汝之意，勿以为疑也。尔于此洛邑，庶几有土者，分之以土田也，庶几安宁其事，安宁其居。止，干事也。相与为子孙无穷之计。尔克敬，天惟畀矜尔，洛邑之迁，乃天命也。尔能敬奉天命，是顺天者也，天必畀汝矜怜，而佑尔；尔不能敬，则是违天者也，违天，则不特不能有其土而已，予亦致天之罚于尔之身，必有以戮杀。汝敬，则天畀矜之；不敬，则予治天罚。君即天也。周公至此，既示之以所慕，又示之以所畏。"今尔惟时宅尔邑"，则安其心于此；"继尔居"，则常其居于此，尔其有所事于此，有年长久于此，至于尔之子孙兴起而振作，亦惟从尔迁居之故，则迁之利，非一端而足，可以为终身之计，可以为子孙无穷之计，尔何为而不迁哉？周公所以劝勉之词，至此极矣。

"王曰，又曰"者，不能已之辞也。"时予"者，尔当是我之言。"乃或言尔攸居"，我所以有言者，非为他人，皆为尔安居之故。此篇乃商民始迁之日，周公恐其有道途之苦跋涉之劳，旧土之思，不能无动念，故其言尤详。

12. （宋）钱时《融堂书解》卷十五《周书·多士》

王曰，告尔殷多士，今予惟不尔杀，予惟时命有申。今朕作大邑于兹洛，予惟四方罔攸宾，亦惟尔多士攸服，奔走臣我多逊。尔乃尚有尔土，尔乃尚宁干止。尔克敬，天惟畀矜尔；尔不克敬，尔不啻不有尔土，予亦致天之罚于尔躬。今尔惟时宅尔邑，继尔居，尔厥有干有年于兹洛。尔小子乃兴，从尔迁。此节大旨示之以安养之利，开之以祸福之移，而使之为悠久之谋，视上节益又深切也。"宁干止"者，安其干立居止之所有。干者，有干立也，是就"宅尔邑"上说。有年者，有年所也，是就"继尔居"上说。

13. （宋）魏了翁《尚书要义》卷十五《周书·多士、无逸》

（归善斋按，未引）

14. （宋）陈大猷《书集传或问》卷下《周书·多士》

（归善斋按，未解）

15. （宋）胡士行《尚书详解》卷九《周书·多士第十六》

王曰，告尔殷多士，今予惟不尔杀，予惟时命（教）有申（重）。今朕作大邑于兹洛。予惟四方罔（无）攸（所）宾（外，一云宾礼外朝者）。亦惟尔多士攸服（事），奔走臣我多逊。尔乃尚（庶）有（长有）尔土（新邑所居），尔乃尚宁（安）干（立）止（居，勿启他望）。尔克敬，天惟畀（予）矜尔。尔不克敬，尔不啻（但）不有尔土，予亦致天之罚于尔躬。今尔惟时（是）宅（安）尔邑，继（续）尔居。尔厥有干（立）有年（永年）于兹洛。尔小子（子孙）乃兴（起），从尔迁（迁善）。王曰，又曰，时（此）予（我注绝句）。乃或言（教注绝句）。尔攸（所以）居（迁居）。

予之忠厚，乃详告尔，所以迁居之故。若他人，则有威行以裁之耳，奚若是谆谆哉。注云，尔当是我勿非我，我乃有教诲之言，则汝所当居行也。"王曰"之下必有脱简。

16.（元）吴澄《书纂言》卷四下《周书·多士》

王曰，告尔殷多士，今予惟不尔杀，予惟时命有申。今朕作大邑于兹洛，予惟四方罔攸宾，亦惟尔多士攸服，奔走臣我多逊。尔乃尚有尔，土尔乃尚宁干止。尔克敬，天惟畀矜尔；尔不克敬，尔不啻不有尔土，予亦致天之罚于尔躬，今尔惟时宅尔邑，继尔居，尔厥有干有年于兹洛，尔小子乃兴，从尔迁。

承上而言，今我惟不欲杀汝，故惟以是昔日诰多方之命，又重言以告尔殷士，欲使尔臣顺我周，而不致杀身也。今我所以作大邑于此洛者，一则为四方诸侯无所宾贡之地，以洛是中土，四方来者道里均，故营洛以为朝会之所；二则为尔殷多士迁徙在此，就此朝会，尔习见我周群臣，济济相逊，尔所服事奔走臣顺者，皆多逊之人，而尔亦化为多逊也。盖洛有二都，一以宾诸侯者，名东都，又名王城，所卜涧东瀍西之地是也；一以居殷民者，名下都，又名成周所卜涧水东之地是也。殷士化为多逊，庶几于此保有尔之土田，庶几于此安宁，如木之干有所定止，而枝叶得以生长也。敬者一心谨畏，不敢怠忽之。谓克敬则循理而致福，天所与而矜怜者也；不克敬，则悖理而取祸，是天所罚也，不但不能保有尔土，亦将不能保有尔身。此戒之之辞。今尔惟于是立家而安处尔邑，于是传世而继续尔居。有干，谓宅尔邑而基业，植立有年，谓"继尔居"而子孙永久，尔后世子孙之兴，从尔迁洛始。此劝之之辞。

17.（元）陈栎《书集传纂疏》卷五《朱子订定蔡氏集传·周书·多士》

王曰，告尔殷多士，今予惟不尔杀，予惟时命有申。今朕作大邑于兹洛。予惟四方罔攸宾。亦惟尔多士攸服。奔走臣我多逊。

以自奄之命为"初命"，则此命为"申命"也。言我惟不忍尔杀，故申明此命，且我所以营洛者，以四方诸侯无所宾礼之地，亦惟尔等服事奔走臣我多逊，而无所处故也。详此章则迁民在营洛之先矣。吴氏曰，来自奄，称"昔"者远日之辞也；作大邑称"今"者，近日之辞也。"移尔遐逖比事臣我宗多逊"者，期之之辞也。"攸服，奔走臣我多逊"者，果能之辞也。以此又知迁民在前，而作洛在后也。

18.（元）许谦《读书丛说》卷六

（归善斋按，未解）

19.（元）董鼎《书传辑录纂注》卷五《周书·多士》

王曰，告尔殷多士，今予惟不尔杀，予惟时命有申。今朕作大邑于兹洛，予惟四方罔攸宾，亦惟尔多士攸服，奔走臣我多逊。

以自奄之命为"初命"，则此命为"申命"也，言我惟不忍尔杀，故申明此命。且我所以营洛者，以四方诸侯无所宾礼之地，亦惟尔等服事奔走臣我多逊，而无所处故也。详此章，则迁民在营洛之先矣。吴氏曰，来自奄称"昔"者，远日之辞也；作大邑称"今"者，近日之辞也；"移尔遐逖比事臣我宗多逊"者，期之之辞也；"攸服奔走臣我多逊"者，果能之辞也。以此又知迁民在前，而作洛在后也。

20.（元）朱祖义《尚书句解》卷九《周书·多士第十六》

王曰（又更端称王命），告尔殷多士（告尔殷家众士），今予惟不尔杀（今我惟不杀汝者），予惟时命有申（我惟以是诰命，三令五申教汝）。

21.（明）王樵《尚书日记》卷十二《周书·多士》

"王曰，告尔殷多士，今予惟不尔杀"至"尔攸居"。

告戒将终，又示以恩意，勉以安居乐业永久之计，言我惟不忍尔杀，故惟告命之，是申自奄既命之，兹又命之，无非欲汝之晓悟而已。且我所以营洛者，有二：一为四方诸侯无所宾礼之地，故有王城之建；一则亦惟尔等服事奔走臣我多逊，而无所处，故有下都之营。分尔以田，犹旧日之有田也。任尔以职，犹旧日之有干也。授尔以廛，犹旧日之有止也。意当时殷民怀土者，有迁徙失业之忧，故言新迁未尝失业，国家之处尔，亦可谓厚矣。尔之所以自图吾之所以望尔，尽于一言，曰"敬"而已矣。小心翼翼，畏义畏法，"敬"之谓也。尔克敬，则言动，无不循理，天之所福，吉祥所集也。不敬，则言动莫不违悖，天之所祸，刑戮所加也。岂特窜徙不有尔土而已哉，身亦有所不能保矣。自今以往，尔惟宅尔邑，以安其井疆也；继尔居，以嗣修其居业，而贻之子孙也。安居乐业之下，勤耕凿而时作息者，于兹洛焉。外无王罚而享寿考者于兹洛焉，不但尔身而已，尔子孙乃兴起而繁盛者，自尔迁始焉。尔能如是，斯不负我国家待尔之意矣。前"多逊"期之也；此"多逊"称之也。"继尔居"，盖草创之后，有接续不已之意。安之而有常居之心，故续续不废而有所增也。

吕氏曰，《多方》《多士》篇末，皆有"又曰"，盖殷勤以续前诰，然《多士》"王曰"之下阙文，失其前语，故"又曰"之辞不可尽通。然所谓"时予乃或言尔攸居"者，勉以安居之大指，则可知也。《多士》一篇，言兴丧则由于天，言天命则由于德，言德则本于敬。其曰"尔土""尔止""有干""有年"，远至于子孙，备尽人情以导而勉之于善，殷勤反复，可谓至矣。抑殷人自奄师之后，使迁则迁，役则丕作，非尚有悍然难服之意，而周公诏告之勤如此，何也？盖圣贤之化，贵于表里之交孚，有一人一念之未释然者，常人以为缓，而圣人以为急也。

22.（清）库勒纳等撰《日讲书经解义》卷九《周书·多士》

王曰，告尔殷多士，今予惟不尔杀，予惟时命有申。今朕作大邑于兹洛，予惟四方罔攸宾，亦惟尔多士攸服，奔走臣我多逊，尔乃尚有尔土，尔乃尚宁干止。

此二节书，叙申命之意，而示以作洛之由，宅洛之利也。土，田业也。干，事也。止，居也。周公又传王命曰，告尔殷多士，予惟大降尔命，不忍杀尔，故反复以迁洛之命，申告于汝，无非欲汝之晓悟而已。"今朕作大邑于兹洛"，果何为乎？一则为镐京僻处西陲，四方诸侯罔有宾礼之地，惟洛邑宅中图治，故卜王城于涧瀍之间，以朝会诸侯；一则为尔多士奔走臣事于我周者，方进于多逊之美，而未有居处之所，故作下都于瀍水之东，以安集多士。我作洛之意如此，且方授尔以田，使尔犹旧日

1061

之有土,任尔以事,授尔以居,使尔犹旧日之有干、有止,既有服田力穑之资,又有乐业安居之利,何忧于迁徙失业,而犹有反侧怨望之心哉。

今朕作大邑于兹洛,予惟四方罔攸宾

1. (汉)孔氏传、(唐)陆德明音义、孔颖达疏《尚书注疏》卷十五《周书·多士》

今朕作大邑于兹洛,予惟四方罔攸宾。
传,今我作此洛邑,以待四方,无有远近,无所宾外。
音义,宾,如字,徐音殡,马云却也。
疏,正义曰,今我作大邑于此洛,非但为我,惟以待四方,无所宾外。

2. (宋)苏轼《书传》卷十四《周书·多士第十六》

(归善斋按,见"告尔殷多士,今予惟不尔杀,予惟时命有申")

3. (宋)林之奇《尚书全解》卷三十二《周书·多士》

(归善斋按,见"尔殷多士,今惟我周王,丕灵承帝事")

4. (宋)史浩《尚书讲义》卷十六《周书·多士》

(归善斋按,见"昔朕来自奄,予大降尔四国民命")

5. (宋)夏僎《尚书详解》卷二十《周书·多士》

(归善斋按,见"昔朕来自奄,予大降尔四国民命")

6. (宋)时澜《增修东莱书说》卷二十四《周书·多士第十六》

(归善斋按,见"告尔殷多士,今予惟不尔杀,予惟时命有申")

7.（宋）黄度《尚书说》卷六《周书·多士》

今朕作大邑于兹洛，予惟四方罔攸宾，亦惟尔多士攸服，奔走臣我多逊。

作洛，盖为镐京在西，四方宾贡不便；亦惟徙尔多士所当服事，奔走以臣于我，而兴多逊。

8.（宋）袁燮《絜斋家塾书钞》卷十二《周书·多士》

（归善斋按，见"昔朕来自奄，予大降尔四国民命"）

9.（宋）蔡沈《书经集传》卷五《周书·多士》

（归善斋按，见"告尔殷多士，今予惟不尔杀，予惟时命有申"）

10.（宋）黄伦《尚书精义》卷三十九《周书·多士》

（归善斋按，见"告尔殷多士，今予惟不尔杀，予惟时命有申"）

11.（宋）陈经《尚书详解》卷三十四《周书·多士》

（归善斋按，见"告尔殷多士，今予惟不尔杀，予惟时命有申"）

12.（宋）钱时《融堂书解》卷十五《周书·多士》

（归善斋按，见"告尔殷多士，今予惟不尔杀，予惟时命有申"）

13.（宋）魏了翁《尚书要义》卷十五《周书·多士、无逸》

（归善斋按，未引）

14.（宋）陈大猷《书集传或问》卷下《周书·多士》

（归善斋按，未解）

15. (宋)胡士行《尚书详解》卷九《周书·多士第十六》

(归善斋按,见"告尔殷多士,今予惟不尔杀,予惟时命有申")

16. (元)吴澄《书纂言》卷四下《周书·多士》

(归善斋按,见"告尔殷多士,今予惟不尔杀,予惟时命有申")

17. (元)陈栎《书集传纂疏》卷五《朱子订定蔡氏集传·周书·多士》

(归善斋按,见"告尔殷多士,今予惟不尔杀,予惟时命有申")

18. (元)许谦《读书丛说》卷六

(归善斋按,未解)

19. (元)董鼎《书传辑录纂注》卷五《周书·多士》

(归善斋按,见"告尔殷多士,今予惟不尔杀,予惟时命有申")

20. (元)朱祖义《尚书句解》卷九《周书·多士第十六》

今朕作大邑于兹洛(今我所以作大邑于此洛地),予惟四方罔攸宾(我意以四方诸侯无所宾见,于王此洛地,则四方道里之均,故营之以为朝会之所)。

21. (明)王樵《尚书日记》卷十二《周书·多士》

(归善斋按,见"告尔殷多士,今予惟不尔杀,予惟时命有申")

22. (清)库勒纳等撰《日讲书经解义》卷九《周书·多士》

(归善斋按,见"告尔殷多士,今予惟不尔杀,予惟时命有申")

亦惟尔多士攸服，奔走臣我，多逊

1.（汉）孔氏传、（唐）陆德明音义、孔颖达疏《尚书注疏》卷十五《周书·多士》

亦惟尔多士攸服，奔走臣我，多逊。
传，非但待四方，亦惟汝众士所当服行，奔走臣我，多为顺事。
疏，正义曰，亦惟为汝众士，所当服行，臣事我宗周，多为顺事故也。

2.（宋）苏轼《书传》卷十四《周书·多士第十六》

（归善斋按，见"告尔殷多士，今予惟不尔杀，予惟时命有申"）

3.（宋）林之奇《尚书全解》卷三十二《周书·多士》

（归善斋按，见"尔殷多士，今惟我周王，丕灵承帝事"）

4.（宋）史浩《尚书讲义》卷十六《周书·多士》

（归善斋按，见"昔朕来自奄，予大降尔四国民命"）

5.（宋）夏僎《尚书详解》卷二十《周书·多士》

（归善斋按，见"昔朕来自奄，予大降尔四国民命"）

6.（宋）时澜《增修东莱书说》卷二十四《周书·多士第十六》

（归善斋按，见"告尔殷多士，今予惟不尔杀，予惟时命有申"）

7.（宋）黄度《尚书说》卷六《周书·多士》

（归善斋按，见"今朕作大邑于兹洛，予惟四方罔攸宾"）

8. （宋）袁燮《絜斋家塾书钞》卷十二《周书·多士》

（归善斋按，见"昔朕来自奄，予大降尔四国民命"）

9. （宋）蔡沈《书经集传》卷五《周书·多士》

（归善斋按，见"告尔殷多士，今予惟不尔杀，予惟时命有申"）

10. （宋）黄伦《尚书精义》卷三十九《周书·多士》

（归善斋按，见"告尔殷多士，今予惟不尔杀，予惟时命有申"）

11. （宋）陈经《尚书详解》卷三十四《周书·多士》

（归善斋按，见"告尔殷多士，今予惟不尔杀，予惟时命有申"）

12. （宋）钱时《融堂书解》卷十五《周书·多士》

（归善斋按，见"告尔殷多士，今予惟不尔杀，予惟时命有申"）

13. （宋）魏了翁《尚书要义》卷十五《周书·多士、无逸》

（归善斋按，未引）

14. （宋）陈大猷《书集传或问》卷下《周书·多士》

（归善斋按，未解）

15. （宋）胡士行《尚书详解》卷九《周书·多士第十六》

（归善斋按，见"告尔殷多士，今予惟不尔杀，予惟时命有申"）

16. （元）吴澄《书纂言》卷四下《周书·多士》

（归善斋按，见"告尔殷多士，今予惟不尔杀，予惟时命有申"）

17.（元）陈栎《书集传纂疏》卷五《朱子订定蔡氏集传·周书·多士》

(归善斋按，见"告尔殷多士，今予惟不尔杀，予惟时命有申")

18.（元）许谦《读书丛说》卷六

(归善斋按，未解)

19.（元）董鼎《书传辑录纂注》卷五《周书·多士》

(归善斋按，见"告尔殷多士，今予惟不尔杀，予惟时命有申")

20.（元）朱祖义《尚书句解》卷九《周书·多士第十六》

亦惟尔多士（亦以尔众士去王都远，教化有所不使，故又营成周，使汝密迩王室），攸服奔走（所以易于服其奔走之劳）臣我多逊（臣事与我王室而为多顺之事）。

21.（明）王樵《尚书日记》卷十二《周书·多士》

(归善斋按，见"告尔殷多士，今予惟不尔杀，予惟时命有申")

22.（清）库勒纳等撰《日讲书经解义》卷九《周书·多士》

(归善斋按，见"告尔殷多士，今予惟不尔杀，予惟时命有申")

尔乃尚有尔土，尔用尚宁干止

1.（汉）孔氏传、（唐）陆德明音义、孔颖达疏《尚书注疏》卷十五《周书·多士》

尔乃尚有尔土，尔乃尚宁干止。

传，汝多为顺事，乃庶几还有汝本土，乃庶几安汝故事止居，以反所生诱之。

疏，正义曰，汝若多为顺事，汝乃庶几还有汝本土，乃庶几安汝故事止居，可不勉之也。

《尚书注疏》卷十五《考证》

"乃尚有尔土"传"乃庶几还有汝本土"。

林之奇曰，传，非也，其迁之也。将使密迩王室，式化厥训，岂又还有本土哉。臣召南按，汝土，指新迁之地，不指殷人旧都。此文及下文"有干有年于兹邑"，《多方》"尔乃自时洛邑，尚永力畋尔田"，大意总劝殷士安居乐业，非诱之以还本乡也。林氏说是。

2.（宋）苏轼《书传》卷十四《周书·多士第十六》

尔乃尚有尔土，尔乃尚宁干止。

干，事也。止，居也。

3.（宋）林之奇《尚书全解》卷三十二《周书·多士》

（归善斋按，见"尔殷多士，今惟我周王，丕灵承帝事"）

4.（宋）史浩《尚书讲义》卷十六《周书·多士》

（归善斋按，见"昔朕来自奄，予大降尔四国民命"）

5.（宋）夏僎《尚书详解》卷二十《周书·多士》

（归善斋按，见"昔朕来自奄，予大降尔四国民命"）

6.（宋）时澜《增修东莱书说》卷二十四《周书·多士第十六》

（归善斋按，见"告尔殷多士，今予惟不尔杀，予惟时命有申"）

7.（宋）黄度《尚书说》卷六《周书·多士》

尔乃尚有尔土，尔乃尚宁干止。

皆卿大夫之有家者也。士亦有禄田，而皆不夺其土。士，田在近郊，安宁勤干。

8. （宋）袁燮《絜斋家塾书钞》卷十二《周书·多士》

(归善斋按，见"昔朕来自奄，予大降尔四国民命")

9. （宋）蔡沈《书经集传》卷五《周书·多士》

尔乃尚有尔土，尔乃尚宁干止。

干，事；止，居也。尔乃庶几有尔田业，庶几安尔所事，安尔所居也。详此章所言，皆仍旧有土田止之辞。信商民之迁旧矣。孔氏不得其说，而以得反所生释之，于文义似矣，而事则非也。

10. （宋）黄伦《尚书精义》卷三十九《周书·多士》

(归善斋按，见"告尔殷多士，今予惟不尔杀，予惟时命有申")

11. （宋）陈经《尚书详解》卷三十四《周书·多士》

(归善斋按，见"告尔殷多士，今予惟不尔杀，予惟时命有申")

12. （宋）钱时《融堂书解》卷十五《周书·多士》

(归善斋按，见"告尔殷多士，今予惟不尔杀，予惟时命有申")

13. （宋）魏了翁《尚书要义》卷十五《周书·多士、无逸》

(归善斋按，未引)

14. （宋）陈大猷《书集传或问》卷下《周书·多士》

(归善斋按，未解)

15. （宋）胡士行《尚书详解》卷九《周书·多士第十六》

(归善斋按，见"告尔殷多士，今予惟不尔杀，予惟时命有申")

16.（元）吴澄《书纂言》卷四下《周书·多士》

（归善斋按，见"告尔殷多士，今予惟不尔杀，予惟时命有申"）

17.（元）陈栎《书集传纂疏》卷五《朱子订定蔡氏集传·周书·多士》

尔乃尚有尔土，尔乃尚宁干止。

干，事；止，居也。尔乃庶几有尔田业，庶几安尔所事，安尔所居也。详此章所言，皆仍旧有土田居止之辞。信商民之迁旧矣。孔氏不得其说，而以得反所生释之，于文义似矣，而事则非也。

18.（元）许谦《读书丛说》卷六

（归善斋按，未解）

19.（元）董鼎《书传辑录纂注》卷五《周书·多士》

尔乃尚有尔土，尔乃尚宁干止。

干；事；止，居也。尔乃庶几有尔田业，庶几安尔所事，安尔所居也。详此章所言，皆仍旧有土田居止之辞。信商民之迁旧矣。孔氏不得其说，而以得反所生释之，于文义似矣，而事则非也。

20.（元）朱祖义《尚书句解》卷九《周书·多士第十六》

尔乃尚有尔土（尔庶几有尔所居土），尔乃尚宁干止（尔乃庶几得安于干其所居止之事）。

21.（明）王樵《尚书日记》卷十二《周书·多士》

（归善斋按，见"告尔殷多士，今予惟不尔杀，予惟时命有申"）

22.（清）库勒纳等撰《日讲书经解义》卷九《周书·多士》

（归善斋按，见"告尔殷多士，今予惟不尔杀，予惟时命有申"）

尔克敬，天惟畀矜尔

1.（汉）孔氏传、（唐）陆德明音义、孔颖达疏《尚书注疏》卷十五《周书·多士》

尔克敬，天惟畀矜尔。

传，汝能敬行顺事，则为天所与，为天所怜。

疏，正义曰，汝能敬行顺事，天惟与汝，怜汝，况于人乎？

2.（宋）苏轼《书传》卷十四《周书·多士第十六》

尔克敬，天惟畀矜尔。尔不克敬，尔不啻不有尔土，予亦致天之罚于尔躬。今尔惟时宅尔邑，继尔居；尔厥有干有年于兹洛。尔小子乃兴，从尔迁。

汝能敬天安居，汝子其有兴者，非迁洛，何从得之。殷人之怨不在王庭百僚，故成王以此答其意也。

3.（宋）林之奇《尚书全解》卷三十二《周书·多士》

（归善斋按，见"尔殷多士，今惟我周王，丕灵承帝事"）

4.（宋）史浩《尚书讲义》卷十六《周书·多士》

（归善斋按，见"昔朕来自奄，予大降尔四国民命"）

5.（宋）夏僎《尚书详解》卷二十《周书·多士》

（归善斋按，见"昔朕来自奄，予大降尔四国民命"）

6.（宋）时澜《增修东莱书说》卷二十四《周书·多士第十六》

（归善斋按，见"告尔殷多士，今予惟不尔杀，予惟时命有申"）

1071

7. （宋）黄度《尚书说》卷六《周书·多士》

尔克敬，天惟畀矜尔；尔不克敬，尔不啻不有尔土，予亦致天之罚于尔躬。今尔惟时宅尔邑，继尔居，尔厥有干有年于兹洛。尔小子乃兴，从尔迁。

致天之罚，刑杀尔矣。于尔躬，罪人不孥也。然不复能宅邑，继居矣。有干，则有继易干父之蛊。有年，年谷熟也。尔小子乃兴起于善，从尔迁洛始。孔氏曰，反所生，诱之得还本土，皆术。

8. （宋）袁燮《絜斋家塾书钞》卷十二《周书·多士》

（归善斋按，见"昔朕来自奄，予大降尔四国民命"）

9. （宋）蔡沈《书经集传》卷五《周书·多士》

尔克敬，天惟畀矜尔；尔不克敬，尔不啻不有尔土，予亦致天之罚于尔躬。

敬，则言动无不循理，天之所福，吉祥所集也；不敬，则言动莫不违悖，天之所祸，刑戮所加也。岂特窜徙不有尔土而已哉，身亦有所不能保矣。

10. （宋）黄伦《尚书精义》卷三十九《周书·多士》

尔克敬，天惟畀矜尔；尔不克敬，尔不啻不有尔土，予亦致天之罚于尔躬。今尔惟时宅尔邑，继尔居，尔厥有干有年于兹洛。尔小子乃兴，从尔迁。王曰，又曰时予，乃或言尔攸居。

无垢曰，逊顺之心生于恭敬，不敬则傲慢不逊，此理之自然者也。汝等能敬，则与天同心，与天同心，则为天所与而不绝，为天所矜而不弃。天之畀矜，即君之畀矜也。君与之，则置之于士大夫之间。君怜之，则有禄赐衣食之俸。呜呼！岂特多士，凡为人臣子者，倘不知以敬存心，则悖天之道，而其祸有不可胜言者。我代天者也，汝心不敬，我亦将致天之罚于尔躬，诛杀绝灭，躬且不得有矣，而况于耕桑之业，岂得有乎？

陈氏曰，"王曰"之下，当有缺文，其简脱矣。"又曰"者承上文而言之也。《多方》之末曰"王曰,我不惟多诰,我惟祇告尔命",又曰"时惟尔初不克敬于和,则无我怨",用是知"王曰"之下当有文也,乃或言"尔攸居"其文承上上,简脱矣,予不能知其下矣。

11.（宋）陈经《尚书详解》卷三十四《周书·多士》

（归善斋按,见"告尔殷多士,今予惟不尔杀,予惟时命有申"）

12.（宋）钱时《融堂书解》卷十五《周书·多士》

（归善斋按,见"告尔殷多士,今予惟不尔杀,予惟时命有申"）

13.（宋）魏了翁《尚书要义》卷十五《周书·多士、无逸》

（归善斋按,未引）

14.（宋）陈大猷《书集传或问》卷下《周书·多士》

（归善斋按,未解）

15.（宋）胡士行《尚书详解》卷九《周书·多士第十六》

（归善斋按,见"告尔殷多士,今予惟不尔杀,予惟时命有申"）

16.（元）吴澄《书纂言》卷四下《周书·多士》

（归善斋按,见"告尔殷多士,今予惟不尔杀,予惟时命有申"）

17.（元）陈栎《书集传纂疏》卷五《朱子订定蔡氏集传·周书·多士》

尔克敬,天惟畀矜尔;尔不克敬;尔不啻不有尔土;予亦致天之罚于尔躬。

敬,则言动无不循理,天之所福,吉祥所集也;不敬,则言动莫不违悖,天之所祸,刑戮所加也。岂特窜徙不有尔土而已哉,身亦有所不能保矣。

18.（元）许谦《读书丛说》卷六

（归善斋按，未解）

19.（元）董鼎《书传辑录纂注》卷五《周书·多士》

尔克敬，天惟畀矜尔；尔不克敬，尔不啻不有尔土，予亦致天之罚于尔躬。

敬，则言动无不循理，天之所福，吉祥所集也；不敬，则言动莫不违悖，天之所祸，刑戮所加也，岂特窜徙不有尔土而已哉，身亦有所不能保矣。

20.（元）朱祖义《尚书句解》卷九《周书·多士第十六》

尔克敬（尔于既迁之后，果能致敬，不狃前日之恶），天惟畀矜尔（则天将有畀与于汝，矜恤于汝）。

21.（明）王樵《尚书日记》卷十二《周书·多士》

（归善斋按，见"告尔殷多士，今予惟不尔杀，予惟时命有申"）

22.（清）库勒纳等撰《日讲书经解义》卷九《周书·多士》

尔克敬，天惟畀矜尔；尔不克敬，尔不啻不有尔土，予亦致天之罚于尔躬。今尔惟时宅尔邑，继尔居，尔厥有干有年于兹洛，尔小子乃兴，从尔迁。

此二节书，示以祸福之机，而期以安享之利也。克敬，能检制戒惧，而无反侧动摇之意。干，以营作言；年，以寿考言。王命又曰，尔若凡事循理，而一出于敬，则必为天之所与，而天且矜恤之，使尔得以保全身家，安享福禄矣。尔若凡事悖理，而出于不敬，则天之所弃，不但室家窜徙，不得享有土田，予亦将明致天罚，以刑戮加于尔躬即。尔身且不能自保矣。祸福之机,由于敬、不敬者如此,今尔多士,若于此都邑之中,绝反侧动摇之情,为专一从周之计,将见同井者,相安相得。而宅尔之邑居室者,以嗣以续。而继尔之居,近在尔身,则经营恒业,而有干颐养性命。而有年无不于兹洛焉;远在尔之小子,朴而为农者,固当世享其乐利,秀而为士者,又当克绍其箕裘。从此以往方兴未艾,实自尔今日之迁始之也。尔可不敬以致福,为子孙永远之基乎?

尔不克敬,尔不啻不有尔土,予亦致天之罚于尔躬

1. (汉)孔氏传、(唐)陆德明音义、孔颖达疏《尚书注疏》卷十五《周书·多士》

尔不克敬,尔不啻不有尔土,予亦致天之罚于尔躬。

传,汝不能敬顺,其罚深重,不但不得还本土而已,我亦致天罚于汝身,言刑杀。

音义,啻,始豉反,徐本作翅,音同,下篇仿此。

疏,正义曰,汝若不能敬行顺事,则汝不啻不得还汝本土,我亦致天之罚于汝身。

2. (宋)苏轼《书传》卷十四《周书·多士第十六》

(归善斋按,见"尔克敬,天惟畀矜尔")

3. (宋)林之奇《尚书全解》卷三十二《周书·多士》

(归善斋按,见"尔殷多士,今惟我周王,丕灵承帝事")

4. (宋)史浩《尚书讲义》卷十六《周书·多士》

(归善斋按,见"昔朕来自奄,予大降尔四国民命")

1075

5.（宋）夏僎《尚书详解》卷二十《周书·多士》

（归善斋按，见"昔朕来自奄，予大降尔四国民命"）

6.（宋）时澜《增修东莱书说》卷二十四《周书·多士第十六》

（归善斋按，见"告尔殷多士，今予惟不尔杀，予惟时命有申"）

7.（宋）黄度《尚书说》卷六《周书·多士》

（归善斋按，见"尔克敬，天惟畀矜尔"）

8.（宋）袁燮《絜斋家塾书钞》卷十二《周书·多士》

（归善斋按，见"昔朕来自奄，予大降尔四国民命"）

9.（宋）蔡沈《书经集传》卷五《周书·多士》

（归善斋按，见"尔克敬，天惟畀矜尔"）

10.（宋）黄伦《尚书精义》卷三十九《周书·多士》

（归善斋按，见"尔克敬，天惟畀矜尔"）

11.（宋）陈经《尚书详解》卷三十四《周书·多士》

（归善斋按，见"告尔殷多士，今予惟不尔杀，予惟时命有申"）

12.（宋）钱时《融堂书解》卷十五《周书·多士》

（归善斋按，见"告尔殷多士，今予惟不尔杀，予惟时命有申"）

13.（宋）魏了翁《尚书要义》卷十五《周书·多士、无逸》

（归善斋按，未引）

14.（宋）陈大猷《书集传或问》卷下《周书·多士》

（归善斋按，未解）

15.（宋）胡士行《尚书详解》卷九《周书·多士第十六》

(归善斋按，见"告尔殷多士，今予惟不尔杀，予惟时命有申")

16.（元）吴澄《书纂言》卷四下《周书·多士》

(归善斋按，见"告尔殷多士，今予惟不尔杀，予惟时命有申")

17.（元）陈栎《书集传纂疏》卷五《朱子订定蔡氏集传·周书·多士》

(归善斋按，见"尔克敬，天惟畀矜尔")

18.（元）许谦《读书丛说》卷六

(归善斋按，未解)

19.（元）董鼎《书传辑录纂注》卷五《周书·多士》

(归善斋按，见"尔克敬，天惟畀矜尔")

20.（元）朱祖义《尚书句解》卷九《周书·多士第十六》

尔不克敬（汝若后狃前恶，不能致敬），尔不啻不有尔土（则汝不但不能保有汝今所居之土。啻，趋），予亦致天之罚于尔躬（我亦将行天罚于汝身）。

21.（明）王樵《尚书日记》卷十二《周书·多士》

(归善斋按，见"告尔殷多士，今予惟不尔杀，予惟时命有申")

22.（清）库勒纳等撰《日讲书经解义》卷九《周书·多士》

(归善斋按，见"尔克敬，天惟畀矜尔")

今尔惟时宅尔邑，继尔居；
尔厥有干有年于兹洛

1.（汉）孔氏传、（唐）陆德明音义、孔颖达疏《尚书注疏》卷十五《周书·多士》

今尔惟时宅尔邑，继尔居；尔厥有干有年于兹洛。

传，今汝惟是敬顺居汝邑，继汝所当居为，则汝其有安事，有丰年于此洛邑，言由洛修善，得还本土，有干有年。

疏，正义曰，今汝惟是敬顺居汝所受新邑，继汝旧日所居为，我当听汝，还归本乡，有干事有丰年。乃由于此洛邑行善也。

传正义曰，"今汝惟是敬顺居汝新所受邑，继汝旧日所当居为"，谓继其本土之事业也。但能知此得还本土，其有安事，有丰年也。"有干有年"，谓归本土，有干年。而言于洛者，言由在洛修善，得还本土，有干有年也。王肃云，汝其有安事，有长久年于此洛邑。王解，于文甚便。但孔上句为云"尔乃尚有尔本土"，是诱引之辞，故止为得"还本土，有干有年"也。

2.（宋）苏轼《书传》卷十四《周书·多士第十六》

（归善斋按，见"尔克敬，天惟畀矜尔"）

3.（宋）林之奇《尚书全解》卷三十二《周书·多士》

（归善斋按，见"尔殷多士，今惟我周王，丕灵承帝事"）

4.（宋）史浩《尚书讲义》卷十六《周书·多士》

（归善斋按，见"昔朕来自奄，予大降尔四国民命"）

5.（宋）夏僎《尚书详解》卷二十《周书·多士》

(归善斋按，见"昔朕来自奄，予大降尔四国民命")

6.（宋）时澜《增修东莱书说》卷二十四《周书·多士第十六》

(归善斋按，见"告尔殷多士，今予惟不尔杀，予惟时命有申")

7.（宋）黄度《尚书说》卷六《周书·多士》

(归善斋按，见"尔克敬，天惟畀矜尔")

8.（宋）袁燮《絜斋家塾书钞》卷十二《周书·多士》

(归善斋按，见"昔朕来自奄，予大降尔四国民命")

9.（宋）蔡沈《书经集传》卷五《周书·多士》

今尔惟时宅尔邑，继尔居，尔厥有干有年于兹洛。尔小子乃兴，从尔迁。

邑，"四井为邑"之"邑"。继者，承续安居之谓。有营为，有寿考，皆于兹洛焉。尔之子孙，乃兴自尔迁始也。夫自亡国之末裔，为起家之始祖，顽民虽愚，亦知所择矣。

10.（宋）黄伦《尚书精义》卷三十九《周书·多士》

(归善斋按，见"尔克敬，天惟畀矜尔")

11.（宋）陈经《尚书详解》卷三十四《周书·多士》

(归善斋按，见"告尔殷多士，今予惟不尔杀，予惟时命有申")

12.（宋）钱时《融堂书解》卷十五《周书·多士》

(归善斋按，见"告尔殷多士，今予惟不尔杀，予惟时命有申")

13. (宋)魏了翁《尚书要义》卷十五《周书·多士、无逸》

九、有干有年于兹洛,孔、王义异。

"今尔惟时宅尔邑,继尔居尔,厥有干有年于兹洛",今汝惟是敬顺,居汝邑,继汝所当居为,则汝其有安事,有丰年于此洛邑,言由洛修善,得还本土。有干有年,尔小子乃兴,从尔迁,汝能敬,则子孙乃起,从汝化而迁善。正义曰,殷士远离本乡,新来此邑,或当居不安,为弃旧业,故戒之。今汝惟是敬顺,居汝新所受邑,继汝旧日所当居为,谓继其本土之事业也。但能如此,得还本土,其有安事,有丰年也。有干有年,谓归本土有干有年,而言于洛者,言由在洛修善,得还本土,有干有年也。王肃云,汝其有安事有长久年于此洛邑。王解于文甚便。但孔上句为云"尔乃尚有尔本土",是诱引之辞,故止为得还本土有干有年也。

14. (宋)陈大猷《书集传或问》卷下《周书·多士》

(归善斋按,未解)

15. (宋)胡士行《尚书详解》卷九《周书·多士第十六》

(归善斋按,见"告尔殷多士,今予惟不尔杀,予惟时命有申")

16. (元)吴澄《书纂言》卷四下《周书·多士》

(归善斋按,见"告尔殷多士,今予惟不尔杀,予惟时命有申")

17. (元)陈栎《书集传纂疏》卷五《朱子订定蔡氏集传·周书·多士》

今尔惟时宅尔邑,继尔居,尔厥有干有年于兹洛,尔小子乃兴,从尔迁。

邑,"四井为邑"之"邑"。继者,承续安居之谓。有营为,有寿考,皆于兹洛焉。尔之子孙，乃兴自尔迁始也。夫自亡国之末裔，为起家之始祖，顽民虽愚亦知所择矣。

纂疏：

马氏曰，干，言根本也。

18.（元）许谦《读书丛说》卷六

（归善斋按，未解）

19.（元）董鼎《书传辑录纂注》卷五《周书·多士》

今尔惟时宅尔邑，继尔居，尔厥有干有年于兹洛。尔小子乃兴，从尔迁。

邑，"四井为邑"之"邑"。继者，承续安居之谓。有营为，有寿考，皆于兹洛焉。尔之子孙，乃兴自尔迁始也。夫自亡国之末裔，为起家之始祖，顽民虽愚，亦知所择矣。

纂注：

马氏曰，干，如言根本可恃也。

新安陈氏曰，蔡传多用吕说，尽之矣。惟释"不啻不有尔土"，加"窜徙"二字，尤善。

20.（元）朱祖义《尚书句解》卷九《周书·多士第十六》

今尔惟时宅尔邑（汝惟是之故，须当居汝所居之邑），继尔居（为长久之计，使子孙相继于尔所居之地），尔厥有干有年于兹洛（则凡汝所干，可长久于此洛邑）。

21.（明）王樵《尚书日记》卷十二《周书·多士》

（归善斋按，见"告尔殷多士，今予惟不尔杀，予惟时命有申"）

22.（清）库勒纳等撰《日讲书经解义》卷九《周书·多士》

（归善斋按，见"尔克敬，天惟畀矜尔"）

(元) 陈师凯《蔡氏传旁通》卷五《多士》

邑，"四井为邑"之"邑"。

四井，三十二家也，五亩之宅，二亩半在田，二亩半在邑，所谓宅尔邑也。

(清) 朱鹤龄《尚书埤传》卷十二《周书·多士》

宅尔邑。

《周礼·大司徒》"九丘为井，四井为邑"注，四井，方三里也。

尔小子乃兴，从尔迁

1. (汉) 孔氏传、(唐) 陆德明音义、孔颖达疏《尚书注疏》卷十五《周书·多士》

尔小子乃兴，从尔迁。

传，汝能敬，则子孙乃起，从汝化而迁善。

疏，正义曰，汝能敬顺，则汝之小子与孙等，乃起从汝化而迁善矣。

《尚书注疏》卷十五《考证》

"尔小子乃兴，从尔迁"传"汝能敬则子孙乃起，从汝化而迁善"。

苏轼曰，汝能安居，汝子孙有兴者，其所由来，皆自于迁始。林之奇曰，传疏以迁为迁善，其说纡曲，不如苏氏。

2. (宋) 苏轼《书传》卷十四《周书·多士第十六》

(归善斋按，见"尔克敬，天惟畀矜尔")

3. (宋) 林之奇《尚书全解》卷三十二《周书·多士》

(归善斋按，见"尔殷多士，今惟我周王，丕灵承帝事")

4.（宋）史浩《尚书讲义》卷十六《周书·多士》

(归善斋按，见"昔朕来自奄，予大降尔四国民命")

5.（宋）夏僎《尚书详解》卷二十《周书·多士》

(归善斋按，见"昔朕来自奄，予大降尔四国民命")

6.（宋）时澜《增修东莱书说》卷二十四《周书·多士第十六》

(归善斋按，见"告尔殷多士，今予惟不尔杀，予惟时命有申")

7.（宋）黄度《尚书说》卷六《周书·多士》

(归善斋按，见"尔克敬，天惟畀矜尔")

8.（宋）袁燮《絜斋家塾书钞》卷十二《周书·多士》

(归善斋按，见"昔朕来自奄，予大降尔四国民命")

9.（宋）蔡沈《书经集传》卷五《周书·多士》

(归善斋按，见"今尔惟时宅尔邑，继尔居；尔厥有干有年于兹洛")

10.（宋）黄伦《尚书精义》卷三十九《周书·多士》

(归善斋按，见"尔克敬，天惟畀矜尔")

11.（宋）陈经《尚书详解》卷三十四《周书·多士》

(归善斋按，见"告尔殷多士，今予惟不尔杀，予惟时命有申")

12.（宋）钱时《融堂书解》卷十五《周书·多士》

(归善斋按，见"告尔殷多士，今予惟不尔杀，予惟时命有申")

13. （宋）魏了翁《尚书要义》卷十五《周书·多士、无逸》

（归善斋按，未引）

14. （宋）陈大猷《书集传或问》卷下《周书·多士》

（归善斋按，未解）

15. （宋）胡士行《尚书详解》卷九《周书·多士第十六》

（归善斋按，见"告尔殷多士，今予惟不尔杀，予惟时命有申"）

16. （元）吴澄《书纂言》卷四下《周书·多士》

（归善斋按，见"告尔殷多士，今予惟不尔杀，予惟时命有申"）

17. （元）陈栎《书集传纂疏》卷五《朱子订定蔡氏集传·周书·多士》

（归善斋按，见"今尔惟时宅尔邑，继尔居；尔厥有干有年于兹洛"）

18. （元）许谦《读书丛说》卷六

（归善斋按，未解）

19. （元）董鼎《书传辑录纂注》卷五《周书·多士》

（归善斋按，见"今尔惟时宅尔邑，继尔居；尔厥有干有年于兹洛"）

20. （元）朱祖义《尚书句解》卷九《周书·多士第十六》

尔小子乃兴从尔迁（当时尔小子孙，必有不迁者，今皆兴起以从尔迁）。

21.（明）王樵《尚书日记》卷十二《周书·多士》

（归善斋按，见"告尔殷多士，今予惟不尔杀，予惟时命有申"）

22.（清）库勒纳等撰《日讲书经解义》卷九《周书·多士》

（归善斋按，见"尔克敬，天惟畀矜尔"）

王曰，又曰时予，乃或言尔攸居

1.（汉）孔氏传、（唐）陆德明音义、孔颖达疏《尚书注疏》卷十五《周书·多士》

王曰，又曰时予，乃或言尔攸居。

传，言汝众士，当是我，勿非我也。我乃有教诲之言，则汝所当居行。

疏，正义曰，王之所云又复称曰，汝当是我，勿非我也。我乃有教诲之言，则汝所当居行也。

传正义曰，王以诲之已终，故戒之云，汝当是我，勿非我。既不非我，我乃有教诲汝之言，则汝所当居行，令其居于心而行用之。郑玄《论语》注云，或之言有此，亦"或"为"有"也。凡言王曰，皆是史官录辞，非王语也。今史录称王之言曰，以前事未终，故言"又曰"也。

2.（宋）苏轼《书传》卷十四《周书·多士第十六》

王曰，又曰时予，乃或言尔攸居。

王言尔子孙，当有显者，殷人喜而记之。异日王告之曰，及尔子孙之显，是时我当复言之于尔所居，信其言，以大慰之也。非一日之言，故以"又曰"别之。

3.（宋）林之奇《尚书全解》卷三十二《周书·多士》

（归善斋按，见"尔殷多士，今惟我周王，丕灵承帝事"）

4.（宋）史浩《尚书讲义》卷十六《周书·多士》

（归善斋按，见"昔朕来自奄，予大降尔四国民命"）

5.（宋）夏僎《尚书详解》卷二十《周书·多士》

（归善斋按，见"昔朕来自奄，予大降尔四国民命"）

6.（宋）时澜《增修东莱书说》卷二十四《周书·多士第十六》

（归善斋按，见"告尔殷多士，今予惟不尔杀，予惟时命有申"）

7.（宋）黄度《尚书说》卷六《周书·多士》

王曰，又曰时予，乃或言尔攸居。
"又曰"，申敕之也。或言谓此命，不可常得闻也。

8.（宋）袁燮《絜斋家塾书钞》卷十二《周书·多士》

（归善斋按，见"昔朕来自奄，予大降尔四国民命"）

9.（宋）蔡沈《书经集传》卷五《周书·多士》

王曰，又曰时予，乃或言尔攸居。
"王曰"之下，当有阙文，以多方篇末"王曰""又曰"推之可见。时我或有所言，皆以尔之所居止为念也，申结上文"尔居"之意。

10.（宋）黄伦《尚书精义》卷三十九《周书·多士》

（归善斋按，见"尔克敬，天惟畀矜尔"）

11.（宋）陈经《尚书详解》卷三十四《周书·多士》

（归善斋按，见"告尔殷多士，今予惟不尔杀，予惟时命有申"）

12. （宋）钱时《融堂书解》卷十五《周书·多士》

王曰，又曰时予，乃或言尔攸居。

此节连着"王曰，又曰"说者不同，然篇内自有实证，殆不必疑也。"王曰"，乃史氏所书，以明更端，"又曰"二字，却是当时启谕之语，与上文"今尔又曰"正同。告语至此已无所不尽，而申警之，谓尔又将曰，今日之举，是我为此，而乃或敢有言耶？我之拳拳然者，无他无过，为尔之所居尔。此二三语，抑扬玩味，极有深意。

13. （宋）魏了翁《尚书要义》卷十五《周书·多士、无逸》

(归善斋按，未引)

14. （宋）陈大猷《书集传或问》卷下《周书·多士》

(归善斋按，未解)

15. （宋）胡士行《尚书详解》卷九《周书·多士第十六》

(归善斋按，见"告尔殷多士，今予惟不尔杀，予惟时命有申")

16. （元）吴澄《书纂言》卷四下《周书·多士》

又曰，时予乃或言尔攸居。

"又曰"上，旧有"王曰"二字。新安王氏曰，"王曰"之上必有脱简，"又曰"之下必有脱文，不可强释。今按王氏说是也。"王曰"之下脱简，即是误在《多方》篇内者，既取彼之文补之于此，则此"王曰"二字，宜衍，今删去。"又曰"，盖承上文"惟曰"而言，述凡民之"又曰"也。予，自民言之。予，周王也。尔，尔殷士也。洛邑，殷士所居。此篇叮咛告教，欲殷士永久安居于洛，所谓言"尔攸居"也。凡民又曰，是我周王，乃或能言尔所居，谆切恳至如此，非爱尔之深，其能然乎？尔殷士在下者，不能敬上，我周王在上者，乃能爱下，不为必然之辞，故曰"或"。

17. （元）陈栎《书集传纂疏》卷五《朱子订定蔡氏集传·周书·多士》

王曰，又曰时予，乃或言尔攸居。

"王曰"之下，当有阙文，以《多方》篇末"王曰""又曰"推之可见。时我或有所言。皆以尔之所居止为念也，申结上文尔居之意。

纂疏：

王氏炎曰，"王曰"下有脱简，"又曰"下有脱文。

18. （元）许谦《读书丛说》卷六

（归善斋按，未解）

19. （元）董鼎《书传辑录纂注》卷五《周书·多士》

王曰，又曰时予，乃或言尔攸居。

"王曰"之下，当有阙文，以《多方》篇末"王曰""又曰"推之可见。时我或有所言，皆以尔之所居止为念也，申结上文"尔居"之意。

纂注：

王氏炎曰，"王曰"下必有脱简，"又曰"下必有脱文，不可强解。

愚谓《多士》一书中，言兴丧则由于天，言天命则系于德，言德则本于敬，终之以"尔土""尔邑"。有恒产者，有恒心，而非诱之以利也。

20. （元）朱祖义《尚书句解》卷九《周书·多士第十六》

王曰（周公谓成王既言此），又曰（又复言曰）时予，乃或言尔攸居（于是乃或言及尔所居，而不能自已者，盖欲尔往新邑，变顽为友，庶几可以安其所居也）。

21. （明）王樵《尚书日记》卷十二《周书·多士》

（归善斋按，见"告尔殷多士，今予惟不尔杀，予惟时命有申"）

22.（清）库勒纳等撰《日讲书经解义》卷九《周书·多士》

王曰，又曰时予，乃或言尔攸居。

此一节书，总结一篇之旨，而深致其丁宁也。"王曰"下当有阙文。周公传王命于篇终。又曰。凡我所为谆谆告戒。反复丁宁者，无非以尔土田、居止为念，欲尔敬承天命，而克享迁洛之利耳。其可不自求多福耶？按周公作《洛诰》时，天下已定，百姓已安，周之武功文德，赫然丕着矣。殷之多士，固不足畏。然周公反复劝谕，示以天命之公，告以迁洛之利，不啻至再至三，使殷士晓然于祸福利害之机，而自消其反侧不安之意，由是顽民革心，海内大治。可见帝王治天下，不在胁之以威，而在感之以德，不但使民不敢为恶，而务使民乐于为善。使民不敢为恶者，其法莫严于秦；使民乐于为善者，其德莫厚于周。然秦止于二世，而周至于八百年有天下者，可以鉴矣。

周书 多方第二十

成王归自奄

1.（汉）孔氏传、（唐）陆德明音义、孔颖达疏《尚书注疏》卷十六《周书·多方》

序，成王归自奄。

传，伐奄归。

疏，正义曰，成王归自伐奄。

《尚书注疏》卷十六《考证》

多方序。

金履祥曰，《多士》有"昔朕来自奄"之文，是《多方》在《多士》之前也。自孔安国以来，惟胡弘大纪叙《多方》于前，《多士》于后。顾炎武曰，《多方》，当在《多士》前。后人倒其篇第耳。奄之叛，是武庚既诛而惧，遂与淮夷、徐戎并兴。而周公东征乃至三年之久。《孟子》曰"伐奄三年讨其君"是也。既克而成王践奄，盖行巡狩之事。孔传以为奄再叛者，拘于书序，强为之说也。

2.（宋）苏轼《书传》卷十四《周书·多方第二十》

成王归自奄，在宗周，诰庶邦，作《多方》。

自《大诰》《康诰》《酒诰》《梓材》《召诰》《洛诰》《多士》《多方》八篇，虽所诰不一，然大略以殷人不心服周而作也。予读《泰誓》《牧誓》《武成》，常怪周取殷之易；及读此八篇，又怪周安殷之难也。《多方》所告，不止殷人，乃及四方之士，是纷纷焉，不心服者，非独殷人也。予乃今知汤已下，七王之德深矣。方纣之虐人，如在膏火中，归周如流，不暇念先王之德。及天下粗定，人自膏火中出，即念殷先七王如父母，虽以武王、周公之圣，相继抚之而莫能禁也。夫以西汉道德比之殷，犹珷玞之与美玉也。然王莽、公孙述、隗嚣之流，终不能使人忘汉光武之成功若建瓴。然使周无周公，则殷之复兴也，必矣。此周公之所以畏而不敢去也。

3.（宋）林之奇《尚书全解》卷三十二《周书·多方》

成王归自奄，在宗周，诰庶邦，作《多方》。惟五月丁亥，王来自奄，至于宗周。周公曰，王若曰，猷！告尔四国多方。惟尔殷侯尹民，我惟大降尔命。尔罔不知。洪惟图天之命，弗永寅念于祀，惟帝降格于夏。有夏诞厥逸，不肯戚言于民，乃大淫昏，不克终日劝于帝之迪。乃尔攸闻，厥图帝之命，不克开于民之丽，乃大降罚，崇乱有夏。因甲于内乱，不克灵承于旅，罔丕惟进之恭，洪舒于民，亦惟有夏之民，叨懫日钦，劓割夏邑。天惟时求民主，乃大降显休命于成汤，刑殄有夏。惟天不畀纯，乃惟以尔多方之义民，不克永于多享。惟夏之恭多士，大不克明保享于民，乃胥惟虐于民，至于百为，大不克开。乃惟成汤克以尔多方，简代夏，作民主，慎厥丽，乃劝厥民，刑用劝。以至于帝乙，罔不明德慎罚，亦克用劝。要囚，殄戮多罪，亦克用劝；开释无辜，亦克用劝。今至于尔辟，弗克以尔多方享天之命。

奄，即淮夷也。上篇《逸书》之序，皆言"践奄"，则是成王之东伐淮夷所灭者奄也。而下篇《周官》之序，遂言灭淮夷，以是知"奄"即淮夷之一种。总而言之，则谓之淮夷；别其国名，则曰"奄"。考之《春秋》，赤狄之有潞氏、甲氏；留吁舒之有舒蓼、舒鸠，正如淮夷之有"奄"也。当成之初即位，周公之摄政，"奄"盖尝与武庚、三叔兴兵，以共为唇齿而间王室矣。观《大诰》序言"三监及淮夷叛",而《多士》有曰"昔朕来自奄,予大降尔四国民命",则知当时所谓淮夷叛者,即"奄"也。今成王既即政,而奄又叛焉。盖周自文、武兴于西土而化行于南,故西夷最先服,而东夷之服为最后。是以武王牧野之战,方与纣决胜负于行阵之间,而西南夷之邦,所谓庸、蜀、羌、髳、微、卢、彭、濮者,已皆作使。而成王之即政,天下已太平矣。东夷之"奄",犹兴兵以叛也。当周公之摄政,则奄之叛也,周公征之。及成王之即政,则奄之叛也,成王征之。成王之征之也,以其恃远不宾,故屡叛命。既讨平之,则迁其君而居于蒲姑。蒲姑,齐地也,使之密迩中国,以教化之故也。既自奄而归,在于宗周之镐京,诸侯皆来朝会,周公称王命以诰庶邦之诸侯,故作此篇。盖当周公之摄也,淮夷以武庚有兴复之志,三叔有流言之祸,遂与之相构以为乱。周公虽讨平之,而以殷之顽民迁于成周,然当淮夷之再叛,殷人不能无觊觎之心,故作此篇,以告之,言桀纣之所以亡商,周之所以兴,明天命之不可不畏。汝当迁善远罪,毋怀反侧以自速罪戾也,盖此篇与《多士》之意同。然《多士》之所诰者,殷之顽民,而此篇之所诰者并于多方诸侯。唐孔氏曰,自武王伐纣,及成王即位新封建者甚少,天下诸侯多是殷之旧国,其心未服周家,由是奄君重叛。今因灭奄新归,故告天下诸侯以兴亡之戒,欲令其无二心也。语虽普告天下,意在殷之旧国。此说是也。

"五月丁亥",先儒以为归政明年之五月。按《多士》之发首曰"惟三月",先儒以为致政明年之三月。然周公既成洛邑而后归政,洛邑之营以摄政七年之三月,而归政在其十二月,则以明年三月迁殷顽民于成周。其年月有所考。按此篇有曰"今尔奔走臣我监,五祀","我监"者,即所谓"监我士师工"也。周公归政而后监我士师工,既"臣于我监,五祀",则非明年之五月矣。世代辽远,不可得而考也。先儒又言,淮夷奄叛,鲁征淮夷,作《费誓》。王亲征奄灭其国,则是以鲁之征淮夷,与"成王践奄"同时,此非也。盖先儒既以周公归政,而命公之后,封伯禽于鲁,故以鲁征淮夷为在归政之明年。按伯禽之封于鲁久矣,非在周公归政之日也。《世家》曰,伯禽即位之后,有管蔡等反,淮夷徐戎亦并兴,伯禽率师伐之于费,作《费誓》。由此观之,则鲁之征淮夷,不与成王之践奄同时。先儒言之非也。"王来自奄,至于宗周",即序曰"成王归自奄在宗周"也。宗周,镐京也。

《诗》云"赫赫宗周，褒姒灭之"，皆指镐京而言。

"周公曰王若曰"者，周公以王命告也。汉孔氏曰，称周公以别王自告。唐孔氏曰，王肃云，周公摄政称成王之命以告，及还政，称"王曰"，嫌自成王辞，故加周公以明之。然《多士》之篇"王若曰"之上不加"周公曰"者，以彼上句云"周公初于新邑洛，用告"，知是周公故也。此说皆是。"猷"者，发语之辞。先儒曰，顺大道告四方，"若"字在"曰"之上，"猷"字在"曰"之下，而以"若"为"顺"，以"猷"为"道"，言顺大道。其说凿矣。此盖将以告四国多方之诸侯，故发语而有此言也。"殷侯尹民"，言殷之诸侯正民者，唐孔氏所谓天下诸侯多是殷之旧国者也。既言"告尔四国多方"，而又特言"殷侯尹民"，唐孔氏所谓语虽普告天下，意在殷之旧国是也。"我惟大降尔命"，所谓"成王既黜殷命"也。盖纣虽灭，而武庚尚封于殷之故都，则殷命未降。及武庚以叛见杀，殷之故都无复汤之子孙，是为"大降尔命"也。我之所以"大降尔命"者，盖以武庚忘我周之大德，而逞其不轨之谋，故不得已而诛之。此乃尔之所亲睹，尔无不知之也。意谓，武庚之亡，乃天之命，尔当备知之矣。于是以桀纣之所以失天下者，委曲以训之，以见夫兴废存亡皆有天命。而天之所以予夺者，又皆系其君之如何耳，不可以侥幸求也。

此惟图天之命，谓桀也，言桀大惟谋天之命，欲天之永顾于我夏家。桀虽有图天之志，而不知所以图天之道，故不能长敬念祭祀之事。尝考之《诗》，如曰"邛盛于豆，于豆于登，其香始升，上帝居歆，胡臭亶时，后稷肇祀，庶无罪悔，以迄于今"。盖先王之于祭祀，内尽其诚，外尽其物，洋洋乎，如鬼神之在其上，在其左右。故天锡之以福，而万世不绝。三百篇之中，其歌咏福寿之绵长，未有不自于祭祀。桀欲图天之命，而不敬念祭祀之事，是却行而求及前人也。桀虽不能敬念祀事，而天犹降格而向之，谴告警戒，欲扶持而安全之，桀则不知天戒之可畏，大为逸豫，不肯为忧民之言。夫有忧民之言，未必有忧民之心，桀尚不肯为忧民之言，则无忧民之心可知矣。乃大为淫昏之行，于天之道，不能劝勉于终日之间。欲其终日且不可得，况于期月乎？况于终身乎？迪，道也。天之道者，道之大原，出于天故也。此皆尔之所闻。盖武庚之事，则尔殷侯见而知之，故曰"尔罔不知"。桀之事，则尔殷侯闻而知之，故曰"乃尔攸闻"也。丽，先儒作平声读,"施"也,谓所施政教。不若只作"如"字读。薛氏曰,丽,与"离丽也"之"丽"同。陈少南曰,丽,附也。皆是也。夫天视自我民视,天听自我民听。民之所附,天未有不眷之也。民之所去,天未有不释之也。桀不明于民之所以附,则其德无以得民心,其何以得天之心乎?乃"欲图帝之命",其可哉?盖有得天之道,虽无求于天,而福寿自至;无得天之道,则虽汲汲以图之,天岂可以图而得哉。而说者亦以"图天之命""图帝之命",曰天,曰帝,从而为之分别,亦凿也。既不能明民之所附,故乃大降刑罚,以斩艾其民,是崇乱于有夏也。"崇乱"者,犹言长恶也。甲,始也,言桀之乱,自内而始也。夫言天下之治者,自身修而后家齐,家齐而后国治,国治而后天下平。及其乱也,亦然盖亦自身而及家,自家而及国,自国而及天下。故其始在内也。旅,众也。舒,惰也。《盘庚》曰"古我前后,罔不惟民之承";《论语》曰"使民如承大祭",民虽卑弱,不可以不善承之也。《五子之歌》曰"皇祖有训,民可近,不可下",为人上者,奈何不敬?禹之所以训其子孙,惟以民之所系者重,不可不敬也。桀不能善承于众,则其不遵祖训甚矣。桀之不能善承于众,则罔大进于恭德,而惟大惰于临民,则其恭德何以大进。恭德不大进,则安能善承于众乎?惟是有夏之民,饕餮者,忿愤者,加钦崇而尊用之,与之剿割夏邑。"剿割"者,言其戕贼之政,如剿割然也。饕餮者,则必厚赋重敛,以伤民之财;忿愤者,则必严刑峻治,以残民之命。此其所以为"剿割夏邑"也。盖桀之所以肆其虐政者,非独一人也。其左右前后无非小人,故其虐政,浸淫于天下,则斯民不自聊生,必将并告无辜于上下神祇,故天于是鉴万方而求为民主者也。天之爱民甚矣,必不使一人肆于民上,弃天地之性,以从其淫。其时惟汤之一德,可以享天心,故天降明美之命于汤,使王天下。而刑绝有夏,使不得保其社稷也。"惟天不畀纯",言天之不与桀者大矣。纯,与"天惟纯佑命",事虽异而意则同。天之所以不畀桀者,盖桀不能以四方之义民,长久以多享国祚也。夫义民者,用之则安富尊荣,以享箕翼之寿。桀虽有义民,而不能用,故亦不克享国。惟夏所恭敬之多士,大不能明保享于民之道。盖夏之多士,贪饕忿愤,岂能明此哉。"保享于民",谓安民而以之享国长久也。义民则明于保享之道,饕愤是用,则宜其不永矣。

此多士者,惟相与为虐,以毒斯民,凡百所为,大不能明,故成汤以是时而兴。乃以天之多方简求，可以代夏者，惟汤上当天意，故代夏而作民主。汤之所以能作民主者，盖以汤谨其民之所附者，以推之于民，故民莫不胥劝。既有以使民之附矣，虽其民之陷于刑者，亦不以为怨，皆用劝也。自成汤以后，至于帝乙，无不明德而谨罚，而民亦皆用劝。夫明德者，固所以使民劝。至于刑罚，岂亦使之劝哉。盖先王之于刑罚，谨而行之，出于不得已，故刑一人而天下莫不洗心涤虑，以迁于善。故其刑罚之行，察其要辞，以其罪而殄戮之，以其无辜而开赦之，无有不劝者矣。今至于尔君纣，则不能率乃祖之所行，故不能以尔多方而享天之命。盖德之不修，则虽有多方，而不克享。德之修，则虽七十里而可以王也。惟纣之所以至于灭亡者，无非自取之也。尔多方，其可以有他志哉。《无逸》论中宗、高宗、祖甲享国之永，自是厥后立王，生则逸，不知稼穑之艰难，亦罔弗克寿，或十年，或七八年，或五六年，或四三年。其言商之贤君，惟三宗而已，则其余无非辟王也。《多士》则自成汤至于帝乙，罔不明德恤祀；《多方》则曰，自成汤至于帝乙，罔不明德谨罚，则是由纣以前，无非贤王也。盖与成王言，则责其难，不如三宗之享国，不足称也。与商民言，则乐道前王之善，苟能克绍成汤之基绪，而不至失坠者，皆可称也。读书者苟不以意逆志，则是周公之言，自相违背，不足以为万世之训矣。

4. （宋）史浩《尚书讲义》卷十六《周书·多方》

成王归自奄，在宗周，诰庶邦，作《多方》。

成王自奄归宗周，宗周，丰镐之都也。洛，则谓之成周。作书以诰多方，多方者，周之诸侯，非如《多士》止告三监及淮夷、奄也。盖成王即政之后，三监及奄已不足虑，所诰者天下诸侯，故书曰"告尔四国多方"，因四国而告多方也。当是时周公宅洛，已能镇服天下。其叛乱之国，既以灭亡，国家骎骎无事，自此布政设官，而持盈守成，以文太平，故《立政》《周官》以次而举也。

5. （宋）夏僎《尚书详解》卷二十《周书·多方》

《多方》。

成王归自奄，在宗周，诰庶邦，作《多方》。

奄、淮夷相近之国，当周公摄政之初，管、蔡与淮夷相扇以叛、周公既诛之。今成王即政。淮夷又复与奄共叛。故成王于代淮夷践奄，或言"践"，或言"代"者，圣人非欲践人之国也，代而服罪则止矣。伐而不服，则至于加兵以践之践，盖隳其城郭，夷其宗庙也。奄既不服其伐，故至于"践"也。此篇盖周王践奄而归，在于宗周镐京而作，故序言"成王归自奄，在宗周告庶邦，作《多方》"，盖有商之兴，贤圣之君六七作，其深仁厚泽，固结于民心甚深，其国不幸，纣为不道，暴虐之甚，民不忍其荼毒，急脱水火，故武王顺人而兴，不顿甲兵而天下定。今既出水火，安衽席则商六七君之德，朝夕常在于存商之间。故武庚既叛，及此而奄淮夷又叛。此《多方》之篇所以不徒及于商民，而又及于四方之民者，盖当时不服者非一，故并告庶邦也。

6.（宋）时澜《增修东莱书说》卷二十八《周书·多方第二十》

自《大诰》讫于《多方》，所以经理殷民者，何其劳也。盖商家贤圣之君六七作，德泽在民者深，而"纣为天下逋逃主，萃渊薮"，奔播窜匿，幸灾伺变者尚多。有周不幸而武王崩，成王幼，管、蔡造祸，以喜乱之徒，因思旧之情，乘内难之隙，三者参会，故其为衅，鸱张蟠结而不可解。当斯时也，非周公之忠圣勤劳，亦曰殆哉。虽然是固周之不造，而实则天之大扶持，保佑有周者也。人之稚齿，百疾先见，则必过加调护。凡伤生伐性者，一不敢萌焉。所以培固真源，克登上寿者，盖以少年多疾之力也。成周八百年之基业，可于此占之。

成王归自奄，在宗周，诰庶邦，作《多方》。

《多方》与《多士》辞指相出入。《多士》既迁殷民而独诰新民者也，故其辞视《多方》为略。《多方》既践奄而遍诰庶邦者也，故其辞视《多士》为详。宗周，谓镐京。王者之定都，天下之所宗也。东迁之后，定都于洛，则洛亦谓之宗周。卫孔悝之鼎铭曰，"随难于汉阳，即宫于宗周"。是时，镐已封秦，宗周盖指洛也。然则，宗周初无定名，随王者所都而名耳。

7.（宋）黄度《尚书说》卷六《周书·多方》

成王归自奄,在宗周,诰庶邦,作《多方》。

自奄归,自镐乃诰庶邦还京新号令也。诰庶邦,书名《多方》,一视天下,使同底于善也,其实犹告殷民

8.（宋）袁燮《絜斋家塾书钞》

（归善斋按,无此篇）

9.（宋）蔡沈《书经集传》卷五《周书·多方》

（归善斋按未解）

10.（宋）黄伦《尚书精义》卷四十二《周书·多方》

成王归自奄,在宗周,诰庶邦,作《多方》。

无垢曰,成王见淮夷与奄又叛,其意以谓商之诸侯尚多,其心不服者颇众,故因凯旋而万国畏威服义之际,作诰以开慰之也。东莱曰,《多士》一篇,当时初迁顽民于洛,所以作书。诰多方,是既迁于洛了,其后淮夷背叛。当时叛不止商民,是以成王于归自践奄之后,遍告天下,所以作《多方》之书。

11.（宋）陈经《尚书详解》卷三十八《周书·多方》

成王归自奄,在宗周,诰庶邦,作《多方》。

成王东伐淮夷,遂灭奄矣。自灭奄而归,在镐京,诸侯朝觐之际,因作《多方》之书,以告庶邦。《多方》之书,与《多士》相类。《多士》诰商民之迁于洛邑者也;《多方》诰四国多方,并及天下之诸侯也。夫以周室堂堂天下之大势,视商之遗民不啻泰山压卵,举不服之民而诛戮之,以一天下之心,宜不为过。而成王、周公谆谆于口舌之间,不能自已,何也? 然是足以见古人忠厚之心矣。古之圣人不忍有疾图天下之心,宁使无有遗力,而不忍尽其力于天下;宁使吾有余威,不忍尽其威于天下。尧不以四凶之害治,而遂用操切之政;舜不以有苗之逆命,遂用捣其巢穴之师。此皆圣人宽

缓和柔之政，视天下如海涵春育之中，曾不以小不如意，而遂至于倾国之举也。秦汉而后吁亦薄矣。

12. （宋）钱时《融堂书解》卷十六《周书·多方》

《多方》。

成王归自奄，在宗周，诰庶邦，作《多方》。

说者谓此书是告多方诸侯，以愚观之，殆不然。详玩节节文义，未尝语及诸侯。

13. （宋）魏了翁《尚书要义》卷十六《周书·君奭、蔡仲、多方》

（归善斋按，未引）

14. （宋）陈大猷《书集传或问》卷下《周书·多方》

三山陈氏曰，以周室天下之大，视商遗民，不啻泰山压卵，举不服之民而诛戮之，以一天下之心，宜不为过。而成王、周公谆谆于口舌间，不能自已，何也？是足以见古人忠厚之心矣。古之圣人不忍有疾图天下之心，宁使吾有遗力而不忍尽其力于天下；宁使吾有余威，而不忍尽其威于天下。尧不以四凶之害，而遂用操切之政；舜不以有苗之逆命，用捣其巢穴之师。或曰，忱信，则顺理而裕；险诈，则拂理而迫。

叶曰，四国叛，则多方为之绎骚；四国定，则多方因之休息，则多方之裕，在四国也。

陈曰，孔子曰"惟上智与下愚不移"；而周公乃曰圣可作狂狂可作圣。孔子所言，言圣狂之成也，成则不可移。周公所言，言圣狂之分也。圣狂之生于一念之顷，故可改。孔子虽曰"不移"，实有可移之理。但下愚者自暴自弃，不肯移耳。若肯移，即是"惟狂克念"者也。圣人宽缓和柔之政，养天下于海涵春育之中，曾不以小不如意，而遂至于逞志之举也。秦汉之后吁亦薄矣。

15.（宋）胡士行《尚书详解》卷十《周书·多方第二十》

成王归自奄（践奄），在宗周（镐京，为天下所宗）诰庶邦，作《多方》。

《多方》。

惟五月丁亥（即政明年），王来自奄，至于宗周。周公曰，王若曰，猷（道）！告尔四国、多方（因管、蔡、商、奄并及多方者，示其公也），惟尔殷侯尹（长）民，我惟大降尔命（教命）。尔罔不知。洪（大）惟（思）图天之命，弗永（长）寅（敬）念于祀（祭）。惟帝（天）降（下）格（戒谴告）于夏（桀）。有夏诞（大）厥逸（豫）不肯戚（忧）言于民，乃大淫昏，不克终日（终一日）劝（勉）于帝之迪（道）。乃尔攸（所）闻，厥（桀）图帝之命，不克开（明）于民之丽（所依附），乃大降罚，崇（重）乱有夏。因甲（始）于内乱（妹喜），不克灵（善）承（奉）于旅（众人），罔丕惟进（用）之恭（恭德），洪（大）舒（慢）于民。亦惟有夏之民叨（贪）懫（忿）日（日日）钦（尊敬），劓（残）割（害）夏邑。天惟时（是）求民主，乃大降显（明）休（美）命于成汤，刑殄（绝）有夏。惟天不畀（予）纯（大），乃惟以尔多方之义民（夏虽多有知义之人，桀不能用），不（乃不）克（能）永（长）于多（久）享（享国）。惟夏（桀）之恭（所敬）多士（众人），大不克明保（安）享（有）于民，乃胥（相）惟虐于民，至于百（百端）为（所为），大不克开（明）。乃惟成汤克以尔多方，简（大）代夏作民主。慎厥丽（君道所依），乃劝（勉）厥民，刑（仪法）用劝（勉）。以至于帝乙，罔不明德慎罚，亦克用劝。要（察）囚（囚情），殄戮多罪，亦克用劝；开释（放宥）无辜，亦克用劝（勉于慎罚）。今至于尔辟（君纣），弗克以尔多方享（有）天之命。呜呼！王若曰，诰告尔多方，非天庸（轻）释（废）有夏，非天庸释有殷，乃惟尔辟（君纣），以尔多方，大淫图天之命屑（屑屑数数）有辞（民传播）。

天非弃殷也，殷自弃尔。

16. （元）吴澄《书纂言》卷四下《周书·多方》

（归善斋按，未解）

17. （元）陈栎《书集传纂疏》卷五《朱子订定蔡氏集传·周书·多方》

（归善斋按，未解）

18. （元）许谦《读书丛说》卷六《周书·多方》

奄，盖与淮夷、徐戎同叛，以应武庚者。成王、周公既定殷，而就伐奄至三年然后平，只一时事，未尝两出军。《孟子》谓"伐奄三年讨其君"，与《诗·东山》"三年归之"说合，即此事也。所以三年之久者，奄非能抗天下之兵也。圣贤用兵，不以多杀人，急成功为事，直欲其心服尔，故若是其久也。

19. （元）董鼎《书传辑录纂注》卷五《周书·多方》

（归善斋按，未解）

20. （元）朱祖义《尚书句解》卷十《周书·多方第二十》

成王归自奄（成王自伐奄国而归）。

21. （明）王樵《尚书日记》卷十四《周书·多方》

（归善斋按，未解）

22. （清）库勒纳等撰《日讲书经解义》卷十《周书·多方》

（归善斋按，未解）

（明）马明衡《尚书疑义》卷六《周书·多方》

《多士》云"昔朕来自奄"，"予大降尔四国民命"，此复自奄归，则奄盖数叛而亦屡征之也。但篇次日月先后亦难定。《多士》是洛邑之迁告之之辞，是时，成王方即政，而云"昔朕来自奄"，则未即政之前，年方尚幼，亦自往伐奄耶？若以"大降尔四国民命"为即周公东征之时，殷、管、蔡、霍之四国，则成王未尝亲往，而称朕者，将为成王耶？抑为周公耶？抑或据周，大总称之耶？今此云"王来自奄至于宗周"者，则是成王即政之后矣。然成王即政，犹称"周公曰"于"王若曰"之上，是周公传成王之命，诰告天下，可见周公留相王室，未尝离王而专往治洛也。蔡传以"诞保文武受命惟七年"为周公身留治洛之七年而薨，非矣。书序虽不可信，然亦大段须依之，以千古之下，而悬想千古之上，非有所据，事势自难，此书序亦不可少也。

奄之叛，想是以商为辞，故于篇内反复言天命，所以去商即周之故，以见商之自绝，而周非有意，所以开谕多方也。

（清）朱鹤龄《尚书埤传》卷十三《周书·多方》

王来自奄。

孔传，周公归政之明年，淮夷奄又叛，鲁征淮夷作《费誓》。王亲征奄，灭其国，五月还镐京。袁黄曰，注谓成王即政之明年灭奄，非也。武王时，周公诛纣伐奄三年，讨其君。成王立，奄又助武庚叛，周公东征诛之。厥后，成王来淮夷遂践奄。践者，至其地也。书序谓迁其君于蒲姑，盖此时事，未尝灭之也。蔡传奄不知所在。按《左传》注，奄，嬴姓国。郑玄云奄国在淮夷之北。《说文》云在鲁。《括地志》云，今曲阜县之奄至乡是也。

在宗周，诰庶邦

1.（汉）孔氏传、（唐）陆德明音义、孔颖达疏《尚书注疏》卷十六《周书·多方》

在宗周，诰庶邦。

传，诰以祸福。

疏，正义曰，在于宗周镐京，诸侯以王征还，皆来朝集，周公称王命，以祸福，咸告天下诸侯国。

2. （宋）苏轼《书传》卷十四《周书·多方第二十》

（归善斋按，见"成王归自奄"）

3. （宋）林之奇《尚书全解》卷三十二《周书·多方》

（归善斋按，见"成王归自奄"）

4. （宋）史浩《尚书讲义》卷十六《周书·多方》

（归善斋按，见"成王归自奄"）

5. （宋）夏僎《尚书详解》卷二十《周书·多方》

（归善斋按，见"成王归自奄"）

6. （宋）时澜《增修东莱书说》卷二十八《周书·多方第二十》

（归善斋按，见"成王归自奄"）

7. （宋）黄度《尚书说》卷六《周书·多方》

（归善斋按，见"成王归自奄"）

8. （宋）袁燮《絜斋家塾书钞》

（归善斋按，无此篇）

9. （宋）蔡沈《书经集传》卷五《周书·多方》

（归善斋按未解）

10. （宋）黄伦《尚书精义》卷四十二《周书·多方》

（归善斋按，见"成王归自奄"）

11.（宋）陈经《尚书详解》卷三十八《周书·多方》

(归善斋按,见"成王归自奄")

12.（宋）钱时《融堂书解》卷十六《周书·多方》

(归善斋按,见"成王归自奄")

13.（宋）魏了翁《尚书要义》卷十六《周书·君奭、蔡仲、多方》

(归善斋按,未引)

14.（宋）陈大猷《书集传或问》卷下《周书·多方》

(归善斋按,未解)

15.（宋）胡士行《尚书详解》卷十《周书·多方第二十》

(归善斋按,见"成王归自奄")

16.（元）吴澄《书纂言》卷四下《周书·多方》

(归善斋按,未解)

17.（元）陈栎《书集传纂疏》卷五《朱子订定蔡氏集传·周书·多方》

(归善斋按,未解)

18.（元）许谦《读书丛说》卷六《周书·多方》

(归善斋按,未解)

19.（元）董鼎《书传辑录纂注》卷五《周书·多方》

(归善斋按,未解)

20.（元）朱祖义《尚书句解》卷十《周书·多方第二十》

在宗周（归在镐京，谓之宗周。宗，尊也，言周家为天下所尊），诰庶邦（以诸侯来朝于镐京，因而诰众邦之诸侯）。

21.（明）王樵《尚书日记》卷十四《周书·多方》

(归善斋按，未解)

22.（清）库勒纳等撰《日讲书经解义》卷十《周书·多方》

(归善斋按，未解)

作《多方》

1.（汉）孔氏传、（唐）陆德明音义、孔颖达疏《尚书注疏》卷十六《周书·多方》

作《多方》。
疏，正义曰，史叙其事，作《多方》。

2.（宋）苏轼《书传》卷十四《周书·多方第二十》

(归善斋按，见"成王归自奄")

3.（宋）林之奇《尚书全解》卷三十二《周书·多方》

(归善斋按，见"成王归自奄")

4.（宋）史浩《尚书讲义》卷十六《周书·多方》

(归善斋按，见"成王归自奄")

5.（宋）夏僎《尚书详解》卷二十《周书·多方》

(归善斋按,见"成王归自奄")

6.（宋）时澜《增修东莱书说》卷二十八《周书·多方第二十》

(归善斋按,见"成王归自奄")

7.（宋）黄度《尚书说》卷六《周书·多方》

(归善斋按,见"成王归自奄")

8.（宋）袁燮《絜斋家塾书钞》

(归善斋按,无此篇)

9.（宋）蔡沈《书经集传》卷五《周书·多方》

(归善斋按未解)

10.（宋）黄伦《尚书精义》卷四十二《周书·多方》

(归善斋按,见"成王归自奄")

11.（宋）陈经《尚书详解》卷三十八《周书·多方》

(归善斋按,见"成王归自奄")

12.（宋）钱时《融堂书解》卷十六《周书·多方》

(归善斋按,见"成王归自奄")

13.（宋）魏了翁《尚书要义》卷十六《周书·君奭、蔡仲、多方》

(归善斋按,未引)

14.（宋）陈大猷《书集传或问》卷下《周书·多方》

（归善斋按，未解）

15.（宋）胡士行《尚书详解》卷十《周书·多方第二十》

（归善斋按，见"成王归自奄"）

16.（元）吴澄《书纂言》卷四下《周书·多方》

（归善斋按，未解）

17.（元）陈栎《书集传纂疏》卷五《朱子订定蔡氏集传·周书·多方》

（归善斋按，未解）

18.（元）许谦《读书丛说》卷六《周书·多方》

（归善斋按，未解）

19.（元）董鼎《书传辑录纂注》卷五《周书·多方》

（归善斋按，未解）

20.（元）朱祖义《尚书句解》卷十《周书·多方第二十》

作多方（遂作此篇）

21.（明）王樵《尚书日记》卷十四《周书·多方》

（归善斋按，未解）

22.（清）库勒纳等撰《日讲书经解义》卷十《周书·多方》

（归善斋按，未解）

《多方》

（汉）孔氏传、（唐）陆德明音义、孔颖达疏《尚书注疏》卷十六《周书·多方》

《多方》。

传，众方天下诸侯。

疏，传正义曰，自武王伐纣，及成王即政，新封建者甚少，天下诸侯多是殷之旧国，其心未服周家，由是奄君重叛。今因灭奄新归，故告天下诸侯，以兴亡之戒，欲令其无二心也。语虽普告天下，意在殷之旧国。篇末亦告殷之多士，独言诸侯者，举其尊者，以其篇主告殷之诸侯故也。

（宋）蔡沈《书经集传》卷五《周书·多方》

《多方》。

成王即政，奄与淮夷又叛，成王灭奄归，作此篇。按《费誓》言"徂兹淮夷，徐戎并兴"，即其事也。疑当时扇乱，不特殷人。如徐戎、淮夷四方。容或有之。故及多方。亦诰体也。今文古文皆有。

苏氏曰，《大诰》《康诰》《酒诰》《梓材》《召诰》《洛诰》《多士》《多方》八篇，虽所诰不一，然大略以殷人心不服周而作也。予读《泰誓》《武成》，常怪周取殷之易，及读此八篇，又怪周安殷之难也。《多方》所诰不止殷人，乃及四方之士，是纷纷焉不心服者，非独殷人也。予乃今知汤已下七王之德深矣。方殷之虐人，如在膏火中，归周如流，不暇念先王之德，及天下粗定，人自膏火中出，即念殷先七王如父母，虽以武王、周公之圣，相继抚之，而莫能御也。夫以西汉道德，比之殷，犹碔砆之与美玉。然王莽、公孙述、隗嚣之流终不能使人忘汉，光武成功若建瓴然。使周无周公，则亦殆矣。此周公之所以畏而不敢去也。

（宋）陈经《尚书详解》卷三十八《周书·多方》

《多方》。

武王之伐商也，"一戎衣"而定，何其易也。既得天下易世之后，商民犹不服，自《大诰》而下，《康诰》《酒诰》《梓材》《召诰》《洛诰》《多士》《多方》八篇之书，无非为商民而作，何其难也。观孟子答公孙丑，论王道之难易，可以知此矣。商家贤圣之君六七作，天下归商久矣，久则难变也。文王之德，百年犹未洽于天下，而武王、周公继之，而后盛行，则知商民念商德泽已深，而服周之化犹浅。武王崩，一经武庚之变而国叛。及成王即政又叛。

东坡先生曰，周无周公，则商之复兴必矣。以西汉之道德比之商，犹碔砆之与美玉，然王莽、公孙述、隗嚣之徒，终不能使人忘汉。光武之兴，成功若建瓴然。此周、召二公，所以终不敢去周者，为是故也。

（宋）魏了翁《尚书要义》卷十六《周书·君奭、蔡仲、多方》

三十五、诸侯多殷旧国，故因归自奄而诰之。

"武王归自奄"，伐奄归在宗周，诰庶邦诰以祸福，作《多方》，多方，众方，天下诸侯。"惟五月丁亥，王来自奄至于宗周"，周公归政之明年，淮夷奄又叛。鲁征淮夷，作《费誓》。王亲征奄灭国。五月还至镐京。正义曰。自武王伐纣，及成王即政，新封建者甚少，天下诸侯多是殷之旧国，其心未服周家。由是奄君重叛，今因灭奄新归，故告天下诸侯以兴亡之戒，欲令其无二心也。语虽普告天下，意在殷之旧国。篇末亦告殷之多士，独言诸侯者，举其尊者，以其篇主告殷之诸侯故也。

（宋）胡士行《尚书详解》卷十《周书·多方第二十》

与《多士》辞，一口出入。

（元）吴澄《书纂言》卷四下《周书·多方》

《多方》。

《孟子》曰，"周公相武王诛纣"，伐奄"讨其君，驱飞廉于海隅而戮之，灭国者五十"，《书》序曰，"成王东伐淮夷，遂践奄"。奄，东方之国，盖与淮夷相近，武王崩，奄及淮夷、徐戎，与武庚同叛，周公东征之二年，诛武庚。其时伯禽在鲁，征徐伐奄，及淮夷，虽为鲁所遏，不得狷獗，然未及声罪致伐。

　　吴氏曰，周公东征三年而归，明年，奉王东伐淮夷，遂践奄还归于丰，而作《多方》。及营洛邑成周，而作《多士》。澄按，吴氏说与胡氏《皇王大纪》同。今《书·多士》在《多方》之前者，失其次也。《多方》之书，盖以伐奄而还有俘囚之民，与东方诸侯偕至宗周者，既不诛戮，俾教告之，而复遣之归仁之至也。《孟子》所谓"伐奄戮飞廉灭国五十"，疑皆此时之事不与相武王诛纣同时也。

（元）陈栎《书集传纂疏》卷五《朱子订定蔡氏集传·周书·多方》

　　《多方》。

　　成王即政，奄与淮夷又叛，成王灭奄归，作此篇。按《费誓》言"徂兹淮夷、徐戎并兴"，即其事也。疑当时扇乱，不特殷人，如徐戎、淮夷，四方容或有之，故及多方，亦诰体也。今文古文皆有。

　　苏氏曰，《大诰》《康诰》《酒诰》《梓材》《召诰》《洛诰》《多士》《多方》八篇，虽所诰不一，然大略以殷人心不服周而作也。予读《泰誓》《武成》，常怪周取殷之易，及读此八篇，又怪周安殷之难也。《多方》所告，不止殷人，乃及四方之士，是纷纷焉不心服者，非独殷人也。予乃今知汤已下七王之德深矣。方殷之虐人，如在膏火中，归周如流，不暇念先王之德，及天下初定，人自膏火中出，即念殷先七王如父母，虽以武王、周公之圣，相继抚之，而莫能御也。夫以西汉道德比之殷，犹碔砆之与美玉。然王莽、公孙述、隗嚣之流，终不能使人忘汉。光武成功，若建瓴然。使周无周公，则亦殆矣。此周公之所以畏而不敢去也。

　　纂疏：

　　林氏曰，奄，即淮夷之一种，总言曰"淮夷"，如春秋，赤狄之有潞氏、甲氏也。周公摄政时，奄尝与三监叛《多士》曰"昔朕来自奄"，尝征之。今成王即政，奄又叛。王灭之而归镐，诸侯来朝，公又称王命以告之，而作此篇。

吴氏曰，自《大诰》至《多方》，其处殷人何其难也。武王崩，以喜乱之徒，因思旧之情，乘内难之隙，三者参合，其祸至此。固周之不造，实天之大扶持保佑有周者也。譬人稚齿，百疾先见，则必过加调护。凡伐性伤生者，一切不敢萌，所以培固真源，克登上寿。少年多疾之力也，成周八百年之业可于此占之。《多士》《多方》，意相出入。《多士》既迁殷民，而独告之也，故视《多方》为略。《多方》既践奄而遍告庶邦也，故视《多士》为详。

（元）董鼎《书传辑录纂注》卷五《周书·多方》

《多方》。

成王即政，奄与淮夷又叛，成王灭奄归，作此篇。按《费誓》言"徂兹淮夷徐戎并兴"，即其事也。疑当时扇乱，不特殷人，如徐戎、淮夷，四方容或有之，故及多方，亦诰体也。今文古文皆有。

苏氏曰，《大诰》《康诰》《酒诰》《梓材》《召诰》《洛诰》《多士》《多方》八篇，虽所诰不一，然大略以殷人心不服周而作也。予读《泰誓》《武成》，常怪周取殷之易。及读此八篇，又怪周安殷之难也。《多方》所告，不止殷人，乃及四方之士。是纷纷焉不心服者，非独殷人也，予乃今知汤已下七王之德深矣。方殷之虐人，如在膏火中，归周如流，不暇念先王之德，及天下粗定，人自膏火中出，即念殷先七王如父母，虽以武王、周公之圣相继抚之，而莫能御也。夫以西汉道德比之殷，犹碱砆之与美玉。然王莽、公孙术、隗嚣之流，终不能使人忘汉。光武成功，若建瓴然。使周无周公，则亦殆矣。此周公之所以畏而不敢去也。

纂注：

林氏曰，奄，即淮夷之一种，总言则谓之淮夷。如春秋，赤狄之有潞氏、甲氏也。周公摄政时，奄尝与三监同叛，《多士》曰"昔朕来自奄"，已尝征之。今成王即政，奄又叛成，王灭之而归镐京，诸侯来朝，周公又称王命以告之，故作此篇。

唐孔氏曰，虽普告多方，意在殷之旧国。

吕氏曰，自《大诰》至《多方》，所以处殷民者何其劳也。武王崩，以喜乱之徒，因思旧之情，乘内难之隙，三者参合，其祸至此。是固周之不造，实则天之大扶持保祐有周者也。人之稚齿，百疾先见，则必过加调防。凡伐性伤生者，一切不敢萌，所以培固真源，克登上寿者。少年多疾之力也，成周八百年之基业，可于此占之。《多士》《多方》辞意相出入。《多士》既迁殷民，而独告新民也，故视《多方》为略。《多方》既践奄而遍告庶邦也，故视《多士》为详。

（元）朱祖义《尚书句解》卷十《周书·多方第二十》

《多方第二十》（成王当伐奄之后，归于镐京，告四国多方，并及天下诸侯，谓周家得殷之天下，实出于天命，非以人力取之，故作此篇）。

《多方》（旧简所题）。

（元）陈师凯《蔡氏传旁通》卷五《多方》

光武成功，若建瓴然。

建，音蹇；瓴，音苓。《汉书》云"居高屋上建瓴水"，注云，建，翻水也，瓴，盛水瓶也。居高而翻瓶水，言易也。西汉之末，王莽篡逆，公孙述据成都，隗嚣据天水，光武以汉宗室起兵南阳，破莽兵，海内豪杰响应，皆杀莽牧守，用汉年号，旬月遍天下更始，杀王莽。光武破隗嚣，击杀公孙述，天下复为汉者二百年。

（明）王樵《尚书日记》卷十四《周书·多方》

《多方》。

《书》序，成王东伐淮夷，遂践奄，作《成王政》。成王既践奄，将迁其君于蒲姑，周公告召公作将蒲姑。

成王归自奄，在宗周，诰庶邦，作多方。孔传曰，成王即政，淮夷奄国又叛，王亲征之，遂灭奄而徙之。正义曰，《洛诰》之篇，言周公归政成王，《多士》以下，皆是成王即政初事。编篇以先后为次，此篇在成王书内，知是成王即政，淮夷奄国又叛，王亲征之。又按《洛诰》成王即政，始封伯禽。伯禽既为鲁侯，乃居曲阜。《费誓》称鲁侯伯禽宅曲阜，淮夷徐戎并兴，鲁侯征之，作《费誓》。彼言"淮夷并兴"，即此伐淮夷，王伐淮夷，鲁伐徐戎，是同时伐，明是成王即政之年复重叛也。郑玄谓，此伐淮夷与践奄，是摄政三年伐管、蔡时事。其编篇于此，即云未闻，《费誓》篇言淮夷之叛，则是重叛明矣。《多方》篇责殷臣云，"我惟时其战，要囚之，至于再，至于三"。若武王伐纣之后，惟摄政三年一叛，正可至于再尔，安得至于三乎？故知是成王即政又叛也。郑玄读"践"为"翦"。翦，灭也。孔不破字，盖以践其国，即是践灭之事，故以"践"为"灭"也。

（明）马明衡《尚书疑义》卷六《周书·多方》

予读《多士》《多方》之诰，周之安天下何其难也。汤武皆应天顺人之师，皆以征伐得天下。然成汤一革夏正之后，天下晏然，不闻略有反复，而成汤方且自以为惭德矣。武王伐殷之后，反复数见，非得周公竭诚慰抚，周之基业几坠，此周公所以不可去也。商、周之得天下同，而安天下有难易不同。若此者，何耶？岂夏之诸王，不及商七王恩德入人之深也，抑或商亦有训诰之书，而今亡耶？大抵圣人作用各别，武王取商于天命人心之际，夫何容言。然此等精微道理，在商之多士，未必能尽知也。武王断诸心而行之，亦未必能尽信商多士之心也。此其作用，已自与成汤不同。观夫子谓，武未尽善而不及汤，又曰文王三分天下有其二以服事殷，周之德，可谓至德，则其微意亦可见矣。

（明）陈第《尚书疏衍》卷四《周书·多方》

《多方》。

苏氏曰，《大诰》《康诰》《酒诰》《梓材》《召诰》《洛诰》《多士》《多方》八篇，虽所诰不一，然大略以殷人不服周而作也。愚谓，《大诰》等六篇，各有所指，惟《多士》《多方》则详诰庶殷，使之思商、周之兴败，而殄绝其叛乱之萌也。夫诛纣而封武庚于故都。去丰、镐远，徒恃三监监之此，其势不能无叛。及叛而周公诛之，徙其顽民于成周，密迩王城而教诲之，不得不详，亦其时宜尔也。苏氏又曰，予乃今知汤以下七王之德深矣。方殷之虐人，如在膏火中，归周如流，不暇念先王之德。及天下粗定，人自膏火中出，即念殷先七王如父母，虽以武王、周公之圣，相继抚之而莫能御也。愚窃以为不然，夫天下初定法令未孚，而纣素所崇信渊薮之奸宄丑类，往往错处于民间，故纷纷而虑乱，藉藉而思变，皆纣之余党为之，非天下之人思商而叛周也。后儒又为之说曰，周之顽民，殷之忠臣，愈益过矣。夫殷之忠臣，宜莫若微子、箕子祖伊。微子即封于宋，箕子陈范于王，祖伊奔告戡黎，初无一语咎周也，岂以三子为忘殷乎？三子非忘殷，则叛者非忠臣，执是可以论商、周之际矣。

（清）朱鹤龄《尚书埤传》卷十三《周书·多方》

《多方》。

周炳谟曰，武王之伐商也，书曰"前徒倒戈攻于后以北"，又曰"篚厥玄黄绍我周王见休"，夫何武王甫崩，四国殷民扇乱未已，虽化训三纪之久，而闲之尤艰。苏氏谓，方纣之虐人在膏火中，归周如流，不暇念先人之德。及天下稍定，自膏火中出，即念殷先七王如父母，虽武王、周公之圣，相继抚之，而不能禁也。是不然，向之倒戈而不敌、执篚而来迎者，非商之臣也，乃纣所虐害之烝民也，所播弃之黎老也。其后不服周而念商者，非商之民也，乃纣所比昵之罪人也，所崇信之奸回也。何以明之？书曰"乃惟四方之多罪逋逃，是从是长是信是使"；又曰"为天下逋逃主萃渊薮"，则商臣之党纣虐民者，皆天下奸回罪人，不可谓不众也。故《孟子》谓"驱飞廉于海隅而戮之，灭国者五十"，是皆党纣虐民者也。然"灭之"云者，岂噍类无遗哉，不过歼其渠魁，而余孽之犹存者，不知几千万人，诛之不可胜诛也。既不之诛，而子弟念其父兄之死，臣仆念其国统之绝者，愤怨不已，故乘三监之隙，而胁其民以叛也。《多士》曰"予大降尔四国民命"，《多方》曰"我惟大降尔四国民命"，皆谓商民为所胁者也。故宽宥之而不之加诛也。虽以"四国民命"为言。而曰"商王士"，曰"尔殷多士"，曰"殷侯尹民"，曰"胥伯小大多正"，则实告殷臣而非告殷民也。《毕命》曰"毖殷顽民"，亦指殷之余孽，故下文云"世禄之家，鲜克由礼"，"兹殷庶士，席宠惟旧"，则极数殷士之恶，而无一语以及殷民也。读者不得其意，乃谓殷民既怨殷而归周，又叛周而思殷，且或谓周之顽民，乃殷之忠臣。夫殷之臣，孰有忠于微子、箕子，而叛周者，非微子、箕子，乃纣子武庚及其余党耳，使诚以为叛周者，非纣余党，乃前日涂炭之民，则圣人伐暴救民之意，终无以暴白于天下后世，而乱臣贼子得以借口矣，故为详辨之。

（清）张英《书经衷论》卷四《周书·多方》

《多方》。

夏商文字简略。其治民之具，皆不可得而见矣。每读周之八诰，如《多方》中所言委曲详尽，反复开导，大约示以天命之不可妄，干援夏商以譬喻之，必使之心志开明，诚意悦服而后止。所谓"至于再至于三"盖不啻其流涕痛哭而言之矣，终不忍驱之以威，胁之以势，惧之以刑甚矣。周道之忠厚，于八诰见之矣，安能复望此于秦汉以后哉。乃谓作诰而民始叛，作誓而民始疑，殆非圣人之言也。

《多方》与《多士》之所言大略相同，皆始告以天命废兴之故，末引以生养安全之乐。《多士》之结语有"又曰时予，乃或言尔攸居"，《多方》之结语亦有"又曰时惟尔初，不克敬于和，则无我怨"。古人于言之将终，必反覆叮咛，致其属望之意，所谓言有尽，而意无穷。此等笔法，皆与《无逸》篇末周公曰"呜呼！嗣王其监于兹"同一格局也。《康诰》《蔡仲之命》皆用此体，益可无疑于《梓材》之末节矣。

经但言"慎厥丽乃劝"，丽，注作"依"谓君德之所依。注又增"仁"字，谓君德之所依在仁。"仁"字增来，亦觉好。所谓元者，善之长也。体仁足以长人之意。愚窃谓，前言"不克开于民之丽"，谓民之所依衣食农桑是也。此处"丽"字亦解作民依于"慎"，字意既稔合前言。夏桀"不克开于民之丽"，后言成汤能"慎厥丽"，不尤为相关合，有根据乎？君之所丽在民，民之所丽在衣食。观此，益知稼穑艰难之当慎矣。《多士》一篇初观之，词语重复，头绪繁多。细味之，极有层次。首一段"王若曰"，是指夏商所以兴废；以"洪惟图天之命"一节为主，盖天命所在，以人图之，则私矣。"天惟时求民主"，"天惟求尔多方"，二"求"字，正与"图"字相对，言有德，则天方且求之。"克以尔多方简"，言有德，则多方且简而从之，何用"图天之命"为哉。第二段"王若曰"，申言天之所以废夏商者，非出于有心，以"非天庸释有夏二"句为主。

"天惟求尔多方"二节,言天之养周,亦非出于有心也。"今我曷敢多诰"以后,申言"我惟大降尔命"之意,而言其反复叛乱之罪也。第三段"王曰"是言其臣服我者已久,而劝之以修身齐家,以受爵服之荣也。第四段"王曰"是恐其不劝,忧我命而警之以威也。末一段"王曰又曰"是所诰已毕,更无他语,惟反复叮咛以致其无已之意也。"初"字是二节眼目,所谓与之更始也。由其文字纯古,意思深长,非往复于中,未易得其畦径耳。

《大诰》《多士》《多方》,大约皆周公之言。然周公不敢居也,不过奉王命出之耳,故皆用"王若曰"冠之,史恐后世之失实,而竟不知其为周公之言,故于《多方》一篇特冠之以"周公曰,王若曰",明其言则周公之言,而命则成王之命也。此与周公位冢宰,正百官,叅看则周公安得有摄行天子之事,而所谓"复子明辟"之解,亦不待辨而自明矣。此皆古人记事之微文,所当深心体察者也。

(清)孙之騄辑《尚书大传》(辑本)卷三《周书》

《多方传》。

周公居摄一年,救乱二年,克殷三年,伐奄多方。

魏收曰,周公居摄乃云一年,救乱似不称元。曰惟五月丁亥,王来自奄,遂践奄。践之者,籍之也。籍之,谓杀其身,执其家,潴其宫(《诗》疏引《多方传》)。

郑玄曰,奄国在淮夷之旁,周公居摄之时,亦叛王,与周公征之,三年灭之,自此而来归。

杀君之室,虽生美菜,有义之士弗食。大夫有污潴之宫,虽生美菜,有义之士不食(二本不同)。

古者十税一,多于十税一,谓之大桀、小桀;少于十税一,谓之大貊、小貊。王者十一而税,而颂声作矣。故《书》曰,越唯有胥赋小大多政。

《公羊传》古者什一而藉。多乎什一,大桀、小桀;寡乎什一,大貊、小貊。

(清)库勒纳等撰《日讲书经解义》卷十《周书·多方》

《多方》。

此一篇书,是史臣记周成王灭奄而归,诰谕殷民及天下之辞,篇中有"多方"二字,因以名篇。

惟五月丁亥,王来自奄,至于宗周

1.(汉)孔氏传、(唐)陆德明音义、孔颖达疏《尚书注疏》卷十六《周书·多方》

惟五月丁亥,王来自奄,至于宗周。

传,周公归政之明年,淮夷奄又叛,鲁征淮夷作《费誓》。王亲征奄,灭其国,五月还至镐京。

音义,费,音秘。镐,胡老反。

疏,传正义曰,以《洛诰》语归政之事,《多士》之篇次之。《多士》是归政明年之事,故知此篇亦归政明年之事。事犹不明,故取《费誓》为证,以成王政之序,言成王东伐淮夷。《费誓》之篇,言淮夷、徐戎并兴,俱言淮夷,明是一事,故言鲁征淮夷作《费誓》,王亲征奄灭其国,以明二者为一时之事也。上序言成王伐淮夷,而此传言鲁征淮夷者,当时淮夷、徐戎并起为乱,鲁与二国相近,发意欲并征二国,故以二国誓众,但成王恐鲁不能独平二国,故复亲往征之,所以成王政之序,与《费誓》之经并言淮夷,为此故也。传言"五月还至镐京",明此宗周,即镐京也。《礼记·祭统》卫孔悝之鼎铭云"即宫于宗周",彼宗周,谓洛邑也,是洛邑亦名宗周,知此是镐京者。成王以周公归政之时,暂至洛邑,还归处西都镐京,是王常居,知至于宗周,至镐京也。且此与《周官》同时事也。《周官》序云"还归在丰",经云"归于宗周",丰、镐相近,即此宗周,是镐京也。

2. （宋）苏轼《书传》卷十四《周书·多方第二十》

惟五月丁亥，王来自奄，至于宗周。周公曰，王若曰，猷！告尔四国多方。

3. （宋）林之奇《尚书全解》卷三十二《周书·多方》

（归善斋按，见"成王归自奄"）

4. （宋）史浩《尚书讲义》卷十六《周书·多方》

《多方》。

惟五月丁亥，王来自奄，至于宗周。周公曰，王若曰，猷！告尔四国多方，惟尔殷侯尹民，我惟大降尔命，尔罔不知。洪惟图天之命，弗永寅念于祀，惟帝降格于夏。有夏诞厥逸，不肯戚言于民，乃大淫昏，不克终日劝于帝之迪，乃尔攸闻。厥图帝之命，不克开于民之丽，乃大降罚，崇乱有夏，因甲于内乱。不克灵承于旅，罔丕惟进之恭，洪舒于民。亦惟有夏之民，叨懫日钦，劓割夏邑。天惟时求民主，乃大降显休命于成汤，刑殄有夏。惟天不畀纯，乃惟以尔多方之义民，不克永于多享。惟夏之恭多士，大不克明保享于民，乃胥惟虐于民，至于百为，大不克开。乃惟成汤克以尔多方，简代夏作民主，慎厥丽，乃劝厥民，刑用劝，以至于帝乙，罔不明德慎罚，亦克用劝。要囚，殄戮多罪，亦克用劝。开释无辜，亦克用劝。今至于尔辟，弗克以尔多方享天之命。呜呼！王若曰，诰告尔多方，非天庸释有夏，非天庸释有殷，乃惟尔辟，以尔多方大淫图天之命，屑有辞。乃惟有夏图厥政，不集于享。天降时丧，有邦间之。乃惟尔商后王逸厥逸，图厥政不蠲烝，天惟降时丧。惟圣罔念作狂，惟狂克念作圣。天惟五年，须暇之子孙，诞作民主。罔可念听。天惟求尔多方，大动以威，开厥顾天。惟尔多方，罔堪顾之。惟我周王灵承于旅，克堪用德，惟典神天，天惟式教我用休，简畀殷命。尹尔多方，今我曷敢多诰，我惟大降尔四国民命，尔曷不忱裕之于尔多方，尔曷不夹介乂我周王，享天之命。今尔尚宅尔宅，畋尔田尔，曷不惠王，熙天之命，尔乃迪屡不静，尔心未爱，尔乃不大宅天命，尔乃屑播天命，尔乃自作不典，图忱于正。我惟时其教告之，我惟时其战要囚之，至于再，至于三，乃有不用我降尔命，我乃其大罚殛之。非我有周秉德不康宁，乃惟尔自速辜。王曰！呜呼！猷，告尔有方多士，暨殷多士，今尔奔走臣我监，五祀。越惟有胥伯，小大多正，尔罔不克臬，自作不和，尔惟和哉；尔室不睦，尔惟和哉。尔邑克明，尔惟克勤乃事，尔尚不忌于凶德，亦则以穆穆在乃位。克阅于乃邑谋介，尔乃自时洛邑，尚永力畋尔田，天惟畀矜尔。我有周惟其大介赉尔，迪简在王庭，尚尔事，有服在大僚。王曰，呜呼！多士，尔不克劝忱我命，尔亦则惟不克享。凡民惟曰不享。尔乃惟逸惟颇，大远王命，则惟尔多方探天之威，我则致天之罚，离逖尔土。王曰，我不惟多诰，我惟祗告尔命。又曰时惟尔初，不克敬于和，则无我怨。

"周公曰，王若曰"者，周公以王命诰也。因四国有变。既定矣。乃并诸侯而申告之。故曰"告尔四国多方"也。成王已于《多士》告商之叛民，今其辞率推广《多士》之书，以并告诸侯也。殷侯，诸侯也，皆商之旧臣。尹民，则长民者也。大降尔命，诛纣而与民惟新，汝非不知之也。洪，大也。"洪惟"者，所思之大也。盖言天命靡常，在人图之。既畏天命，安可不寅恭敬念于祀乎？帝之降格，监于有夏，以夏之先后，能畏天命者也。而夏之嗣王，大厥逸不肯戚，言无忧民之言也。乃大淫昏，而无终日之顷勉行此道，尔之所闻也。此则《多士》所谓"惟帝降格，向于时夏，弗克庸帝，大淫泆有辞"是也。"厥图帝之命，不克开于民之丽"者，开，达也；丽，附也，丽于善则善，丽于恶则恶也。既不达民之丽，非所以图天命也。方且酷罚以长乱。崇，长也。甲，始也。言乱之长，始于内也。既不能灵承于祭祀，又不能大进靖恭之士，以宽裕斯民，乃敬用叨懫饕餮忿懫之人，以残贼夏邑。桀之弗克庸德，慢神虐民，其恶若此，天惟眷求神主，乃大降显休命于成汤，刑殄有夏。此则《多士》所谓"惟时天罔念闻，厥惟废元命，降致罚，乃命尔先祖成汤革夏"是也。皇天无亲，惟德是辅。夏王灭德，天不辅之以纯德。文王之德之纯，所以受天命也。尔多方之义民，不得在位以长享其爵禄，而所恭之多士，皆营私专利之人，相与虐民而已，安得克明此德，以享其民乎？"至于百为"，凡百所为。"大不克开"，开，达也。达者，洞晓也。夏之君臣，弗率如此，惟成汤能以尔多方之诸侯，简在帝心，而代夏作民主也。"慎厥丽乃劝"者，使之丽于善，而皆知劝也。以德行刑民，斯知劝也。"以至于帝乙罔不明德慎罚"，先明德以慎罚，则亦知所劝也。虽要囚戮之，亦甘心焉，杀而不怨也。"开释无辜"者，赦过宥罪，亦无不知劝也。此则《多士》所谓"自成汤至于帝乙罔不明德恤祀"是也。"今至于尔辟"，指纣也。"弗克以尔多方享天之命"，是以我周亦如汤之得受命也。"呜呼"者，叹息之辞，以诰尔多方。"非天庸释有夏，非天庸释有殷"，庸，用也。释，弃绝之也，言非天用绝夏商之命，夏、商自绝之也。乃惟尔君，"以尔多方，大淫图天之命"，以淫虐图天命可乎？而况"屑有辞"，屑，轻也。轻出其言，以责命于天也。"乃惟有夏图厥政，不集于享"，集，成也。"天降时丧"，所谓"时日曷丧"也。"有邦间之"，上下之情不通也。今"尔商后王，逸厥逸"，为流连之乐，以图国政也。"不蠲烝"者，不能潔粢以恤祀也。"天惟降时丧"，亦如桀之亡也。此则多士所谓"在今后嗣王，诞淫厥泆，惟时上帝不保，降若兹大丧"是也。"惟圣罔念作狂，惟狂克念作圣"，圣之与狂，在于念不念之间，人但不能自勉尔，天亦悯纣实汤之子孙，故"须暇之"，若所谓"宽暇之"，以冀其改过。纣大作民主，既不克念，又不听人之言。"天惟求尔多方，大动以威"，出灾异以警惧之，以开其自新之路，俾顾諟天之明命。而尔多方无德可以堪之，"惟我周王灵承于旅"，旅祭之大者，天用亲有德，飨有道也。"克堪用德，惟典神天"，此则《多士》所谓"今惟我周王丕灵，承帝事"是也。"天惟式教我用休"，教者，非谆谆然命之也，使之主祭，而百神享使之，主事而事治也。简者，简在帝心；畀者，俾革商命。以长尔多方也。"今我曷敢多诰"，以我诛三监、淮夷及奄，以"大降尔四国民命"，不得已而有言也。"尔曷不忱裕之于尔多方，尔曷不夹介乂我周王，享天之命"者，欲诸侯以诚信宽裕之道，行于国而夹辅介助我，以享天之命也。夫普天之下，莫非王土；率土之滨，莫非王臣。汝诸侯，"尚宅尔宅，畋尔田"，言栖息饮啄，皆在我域中，夫何所逃，而曷不顺我明天之命，乃屡导告之，而乱靡有定，此不静也，皆由尔未有爱君之实，不能大安天命，又乃轻弃天命，其为不静，乃尔"自作不典"，典，常也，言其心无常也。不能"图忱于正"，忱，信也，皆其自取之也。"我惟时其教告之"，戒之也。"我惟时其战要囚之"，戒之不从而罚之也。

"至于再，至于三"，而顽不率化，"乃有不用我降尔命"，如三监淮夷及奄是也。"我乃其大罚殛之"，诛之、迁之、践之，理所当然。此则《多士》所谓"予亦致天之罚于尔躬"是也。"非我有周秉德不康宁"，非我不爱尔，皆尔自召也。此则《多士》所谓"非我一人奉德不康宁，时惟天命"是也。"呜呼"者，叹辞也。"告尔有方多士"，诸侯也。"暨殷多士"，四国也。不告庶民，而告士者，责其可责者也。士服，则民服矣。今尔奔走臣服我所监临，已五年矣，而犹不悛，是为之长者，当任其责也。"胥伯"，诸侯之长，"小大多正"，小大之国，皆有正有长。"尔罔不克臬"者，当无不以法自锡也，此则《多士》所谓"亦惟尔多士攸服，奔走我多逊"是也。"自作不和"，此心不静也。尔当和之，修其身也。"尔室不睦"，骨肉相怨也，尔当和之齐其家也。身修矣，家齐矣，尔邑克明能克勤乃事，则国治矣。此成王、周公之诰命，不忘《大学》之道也。虽有凶德悖乱之人，挠我之政，则亦以和敬在位，使之观感而化，忠厚之至也。"克阅于乃邑谋介"者，视一国之内，求贤以自助也，惟能如此，故可安于洛邑，凿井耕田，而永有养也。岂惟如此，天亦畀于尔，眷尔之从化也。此则《多士》所谓"尔克敬天惟畀矜尔"是也。"我有周惟其大介赉尔"，既助之又锡与之也，又当取商之多士，迪简其贤者，使之在王左右，至于服在大僚，言公卿皆尔为也。此则《多士》所谓"夏迪简在王庭，有服在百僚"是也，言尔若从化，则尤厚于汤之用夏士是也。呜呼者，又叹之也，恐其告戒之不从，则又曰，尔不能勉信我命，则亦惟不克享我之爵禄田宅，此则《多士》所谓"尔不克敬，尔不啻不有尔土"是也。"凡民惟曰不享"者，尔既不享我之命，民不享尔之命，上有好者，下必有甚焉者矣。尔既荒逸偏颇，违远我命，则"惟尔探天之威"，犯天之怒我当致天之罚，言非我私心也。离逖者，诛之、迁之、践之也。此则《多士》所谓"我乃明致天罚，移尔遐逖"是也。

"王曰，我不惟多诰"者，言我谆谆然不惮烦如此，然其所诰，不过使尔祗敬知天命所归。"又曰"者，往日告之，今日又告之也，言尔初不克敬于和，以至于此。今当知我之所告，皆为尔计，则何怨之有。使四国暨多方之多士，闻此警戒之语，当衔恩戴德，革心以化。周家之忠厚，尝谓自《大诰》《康诰》《酒诰》《梓材》《召诰》《洛诰》《多士》以至

《多方》八篇之义，皆因商民而作，则商民之顽可知矣。成汤革夏，惟亳民以为不恤我众，至于诸侯，则东征西怨，南征北怨，怨其后来也，卒之"攸徂之民，室家相庆"。今商民之怨，则异是也。此成王、周公所以告戒之切，而归结于"则无我怨"，其意深矣。虽然商民如是之顽，成王、周公终不忍诛之者，以其服商之治已久，犹有眷眷不忘其君之心，是以不忍诛也，兹其所以为忠厚欤。窃意，周之积累，自后稷、公刘、太王、王季、文、武非不厚也，然譬如植木，前人植之，后人不能培壅之，则根虽固，久已拔矣，安得枝叶之茂乎？周之社稷，所以卜世卜年，过历长久者，成王、周公以忠厚培壅之力也。呜呼！盛哉。呜呼！盛哉。

5.（宋）夏僎《尚书详解》卷二十《周书·多方》

《多方》。

惟五月丁亥，王来自奄，至于宗周。周公曰，王若曰，猷！告尔四国多方，惟尔殷侯尹民，我惟大降尔命。尔罔不知，洪惟图天之命，弗永寅念于祀。

此《多方》二字，旧竹简所标之题也。"惟五月丁亥"，乃成王即政明年之五月丁亥也。盖《多士》篇，成于成王即政之三月，继而又有淮夷、徐、奄之变，王往伐。此篇乃作于归自奄之后，故知是明年五月也。史官谓其时，五月丁亥日。"王来自奄"，谓自奄而来。"至于宗周"，宗周，即镐京也。此盖史官所以叙作书之由也。"周公曰，王若曰"，既言"周公曰"，又言"王若曰"者，盖周公以王命言也。然前篇每出于周公之口者，皆直言"王若曰"，独此揭以周公、"若曰"者，盖前诸篇，皆周公居摄所作，不言"周公曰"，可以知其出于周公。此乃周公归政之初所作，若不言"周公曰"则疑为成王之言。后世不复知其出于周公之口也。猷，发言之辞也。"告尔四国多方"，四国，即三监、淮夷多方。告四国，因及于多方之众诸侯也。"惟尔殷侯尹民"，成王谓，尔四国多方之诸侯，本是殷之所侯，以正民者，"我惟大降尔命，尔罔不知"，惟尔等相扇共叛，罪在必诛，我以为殷之所侯，久习恶化，不忍尽戮，于是大降尔等死命，尔无不知谓尽知其罪应死，而我赦之也。此盖说前此随武庚以叛王室时也。成王谓汝等前与武庚共叛，我大降尔命，不忍尽杀，汝等无不知之。今日自应改过自新，而又大惟图度上天之命，以己意妄料天命，疑天命未必在周，而相扇复叛，殊不知能长求敬念于祀事。盖诸侯有国，则有宗庙、社稷之祀。今汝等，妄料天命相扇叛君，则诛夷，且至是弗能念于祀事，此盖责其当成王即政后，又有淮夷、徐、奄之变也。

6.（宋）时澜《增修东莱书说》卷二十八《周书·多方第二十》

惟五月丁亥，王来自奄，至于宗周。周公曰，王若曰，猷！告尔四国多方，惟尔殷侯尹民。

"多方"，周公以王命诰者也。史之记载，先曰"惟五月丁亥王来自奄至于宗周"，何也？示有所统君臣之大义也。先曰"周公曰"，而复曰"王若曰"，何也？明周公传王命，而非周公之命也。周公之命诰，终于此篇，故发例于终，以见《大诰》《康诰》《多士》诸篇，凡称"王曰"者，无非周公传成王之命也。汉儒乃谓，周公尝居摄称王，以启王莽之乱，其亦未尝深考于此邪。"猷！告尔四国多方"，而继之以"殷侯尹民"者，虽以道遍告四方，而意则主于殷民，故复挚尝为殷侯长民者而告之也。殷侯，谓武庚。前此则殷称王；后此，则殷为宋。迁洛之众，不能悉至镐，故呼尝为武庚长民者，使致告于其众也。主于殷民而遍告四方，何也？三监之叛，淮夷与奄，相顾而起，则其驱扇者广矣。今虽平殄，然余邪遗疾犹或在。人肺腑恐其有时而发也，于是涣汗大号，历叙天命之公，古今之变，征诛安集之本末，俾四国多方，咸与闻之，大破其疑，而深绝其根者，盖在于是。兵寝四十余年之盛，其亦训诰之助欤。

7.（宋）黄度《尚书说》卷六《周书·多方》

惟五月丁亥，王来自奄，至于宗周。

三月迁殷民于洛，诰多士。五月，自奄归，诰四国多方，于是以践奄之威警动之。

8.（宋）袁燮《絜斋家塾书钞》

（归善斋按，无此篇）

9.（宋）蔡沈《书经集传》卷五《周书·多方》

惟五月丁亥，王来自奄，至于宗周。

成王即政之明年，商奄又叛，成王征灭之。杜预云，奄不知所在。宗周，镐京也。

吕氏曰，王者定都，天下之所宗也。东迁之后，定都于洛，则洛亦谓之宗周。卫孔悝之鼎铭曰，"随难于汉阳，即宫于宗周"。是时镐已封秦，宗周盖指洛也。然则，宗周初无定名，随王者所都而名耳。

10.（宋）黄伦《尚书精义》卷四十二《周书·多方》

《多方》。

惟五月丁亥，王来自奄，至于宗周。

林氏曰，非商六七君之德，无以致斯民虽异代而不忘；非武王、周公之圣，无以怀斯民，使归心而即安。甚哉，武王取天下之易，而周公安天下之难也。非周公安天下之难，盖凡民之情，当患难而急于安逸，既安逸则思其旧主。此势之所常然也。使非周公，继武王之德维持绥怀之有道，则斯民未必不变而为商矣。夫何故自成汤至于帝乙恩泽之在人也深，一旦困于辛纣之虐，则求欲脱于水火之厄为甚急，初不问其主之新与旧也。及夫出水火，而奠袵席，则商六七君之德，朝夕常在于存想之间，故武庚既叛，而奄与淮夷又叛，《多方》之篇，非徒及于商之民，而又及于四方之民，是知当时虽曰归周，而其心未必尽服也。周公安得不难哉？

11.（宋）陈经《尚书详解》卷三十八《周书·多方》

惟五月丁亥，王来自奄，至于宗周。周公曰，王若曰，猷！告尔四国多方，惟尔殷侯尹民，我惟大降尔命，尔罔不知。

"惟五月丁亥，王来自奄，至于宗周"，此史官记其时日，叙其所以作此书之旨也。践奄之举，岂成王之得已哉。成王不得已而践奄，及"归自奄"之后，恐多方之诸侯，犹有未服，以干天讨，如淮夷之国者，故作书以开导之。"周公曰，王若曰"，先言周公，而后继以"王若曰"者，周公以王命告也。自《大诰》而下，凡言"王若曰"者，皆周公以王命告也，而不言周公，何也？曰，史官于此举周公，则知前数篇，凡言"王若曰"者，皆周公之辞。"猷！告尔四国多方"，言以道告尔四方之国多方之诸侯。"惟尔殷侯尹民"者，凡在殷国之诸侯，与乎为正民之官者并告之也。"我惟大降尔命尔罔不知"，"降尔命"，诛纣也。纣为无道。得罪于天。我奉天命以伐纣。既降尔命，此尔之所知也。汝诸侯既知纣以暴虐取亡我周，何与焉尔诸侯，犹有未服之心，何也？

12．（宋）钱时《融堂书解》卷十六《周书·多方》

惟五月丁亥，王来自奄，至于宗周。周公曰，王若曰，猷！告尔四国多方，惟尔殷侯尹民，我惟大降尔命，尔罔不知。洪惟图天之命，弗永寅念于祀。惟帝降格于夏，有夏诞厥逸，不肯戚言于民，乃大淫昏，不克终日劝于帝之迪，乃尔攸闻，厥图帝之命，不克开于民之丽，乃大降罚，崇乱有夏，因甲于内乱，不克灵承于旅，罔丕惟进之恭，洪舒于民，亦惟有夏之民叨懫日钦，劓割夏邑。天惟时求民主，乃大降显休命于成汤，刑殄有夏。惟天不畀纯，乃惟以尔多方之义民，不克永于多享。惟夏之恭多士，大不克明保享于民，乃胥惟虐于民，至于百为，大不克开。乃惟成汤克以尔多方，简代夏作民主，慎厥丽，乃劝厥民，刑用劝。以至于帝乙，罔不明德慎罚，亦克用劝。要囚，殄戮多罪，亦克用劝。开释无辜。亦克用劝、今至于尔辟，弗克以尔多方，享天之命。

猷者，发语辞。篇内两个"猷"字，是两个换头。殷侯者，殷之诸侯也。当时天下归周已久，何故尚言"殷侯尹民"，盖天下之民，皆异时殷诸侯所尹之民，为未忘殷，所以数乱。"告尔四国多方"，即继之曰"惟尔殷侯尹民"正是原其情款，以启下文所诰也。民丽乎善，则为善；丽乎恶，则为恶。惟上之人开其昏惑，而导其所趋向者何如耳。前言"民之丽"，后言"君之丽"。君之丽，即民之丽也。在能谨之耳。观此节者，当详克与不克之义。不克者，四大不克者，二而夏之所以亡；克者一亦，克者三，而商之所以兴。奈之何至于尔辟，而又弗克也，然则转商为周，其咎果安在乎？

13.（宋）魏了翁《尚书要义》卷十六《周书·君奭、蔡仲、多方》

三十六、以诸书证伐淮奄为归政之明年。

以《洛诰》言归政之；《多士》之篇次之，《多士》是归政明年之事，故知此篇亦归政明年之事。事犹不明，故取《费誓》为证。以《成王政》之序言"成王东伐淮夷"，《费誓》之篇言"淮夷徐戎并兴"，俱言淮夷，明是一事，故言"鲁征淮夷作《费誓》"。王亲征奄灭其国，以明二者为一时之事也。上序言成王伐淮夷，而此传言鲁征淮夷者，当时淮夷徐戎并起为乱，鲁与二国相近，发意欲并征二国，故以二国誓众，但成王恐鲁不能独平二国，故复亲往征之，所以成王征之，序与《费誓》之经，并言淮夷。

三十七、此宗周，谓镐京。然丰、洛皆得名宗周。

此宗周，即镐京也。《礼记·祭统》卫孔悝之鼎铭云"即宫于宗周"，彼宗周，谓洛邑也。是洛邑亦名宗周，知此是镐京者，成王以周公归政之时，暂至洛邑，还归处西都。镐京，是王常居，知"至于宗周"，至镐京也，且此与《周官》同时事也。《周官》序云"还归在丰"，经云"归于宗周"，丰、镐相近，即此宗周，是镐京也。

14.（宋）陈大猷《书集传或问》卷下《周书·多方》

（归善斋按，未解）

15.（宋）胡士行《尚书详解》卷十《周书·多方第二十》

（归善斋按，见"成王归自奄"）

16.（元）吴澄《书纂言》卷四下《周书·多方》

惟五月丁亥，王来自奄，至于宗周。

五月，盖成王三年之五月。宗周，镐京也。

17.（元）陈栎《书集传纂疏》卷五《朱子订定蔡氏集传·周书·多方》

惟五月丁亥，王来自奄，至于宗周。

成王即政之明年，商奄又叛，成王征灭之。杜预云，奄不知所在。宗周，镐京也。吕氏曰，王者定都，天下之所宗也。东迁之后定都于洛，则洛亦谓之宗周。卫孔悝之鼎铭曰，"随难于汉阳，即宫于宗周"。是时镐已封秦。宗周，盖指洛也。然则宗周初无定名，随王者所都，而名耳。

纂疏：

愚按，《洛诰》"戊辰王在新邑"，孔注，十二月戊辰晦，此七年之十二月也。《多士》作于是年三月。曰"昔朕来自奄"是述东征时事，乃自武王诛纣伐奄后又叛也。《多方》作于王即政之明年五月。《成王政》序曰"成王遂践奄"，《多方》序曰"王归自奄"，书曰"王来自奄"，乃东征伐奄后，奄又叛也。王堕其地，迁其君，绝其本根，又因以告多方也。以去年十二月戊辰晦算之，则次年正月朔，己巳五月朔，非丁卯则戊辰，丁亥非二十日，即二十一日也。《多士》与《多方》之作，先后盖一年有三月云。

18.（元）许谦《读书丛说》卷六《周书·多方》

（归善斋按，未解）

19.（元）董鼎《书传辑录纂注》卷五《周书·多方》

惟五月丁亥，王来自奄，至于宗周。

成王即政之明年，商奄又叛，成王征灭之。杜预云，奄不知所在。宗周，镐京也。吕氏曰，王者定都，天下之所宗也。东迁之后，定都于洛，则洛亦谓之宗周。卫孔悝之鼎铭曰"随难于汉阳，即宫于宗周"。是时镐已封秦，宗周盖指洛也。然则，宗周初无定名，随王者所都而名耳。

纂注：

孔氏曰，周公归政之明年，淮夷、奄又叛。鲁征淮夷作《费誓》，王征奄灭之，五月还镐京。

新安陈氏曰，《洛诰》"戊辰王在新邑"，孔注十二月戊辰晦，此七年之十二月，即成王即政之年也。《多士》作于是年二月。曰"昔朕来自奄"，是述东征时事，乃自武王诛纣伐奄后，第二番叛也。《多方》作于即政之明年五月，《成王政》序曰"成王遂践奄"，《多方》序曰"王归自奄"，书曰"王来自奄"，乃奄之第三番叛，王堕其地，迁其君，又因以告多方也。以去年十二月戊辰晦算之，则次年正月朔，己巳五月朔，非丁卯则戊辰，丁亥非二十日，即二十一日也。《多士》与《多方》之作，先后盖一年有三月云。

20. （元）朱祖义《尚书句解》卷十《周书·多方第二十》

惟五月丁亥（记其日），王来自奄（自伐奄国而来），至于宗周（至于镐京）。

21. （明）王樵《尚书日记》卷十四《周书·多方》

惟五月丁亥，王来自奄，至于宗周。

正义曰，成王归自伐奄，在于宗周镐京，诸侯以王征还，皆来朝集。周公称王命以告天下。国史叙其事，作《多方》。又曰，自武王伐纣，及成王即政，新封建者甚少。天下诸侯，多是殷之旧国，其心未服周家，由是奄君重叛。今因伐奄新归，故告天下诸侯，以兴亡之戒语。虽普告天下，意在殷之旧国。又曰，卫孔悝之鼎铭曰"即宫于宗周"，谓洛邑也。是洛邑亦名宗周。

吕氏曰，王者定都，天下所宗。东迁之后，则洛亦名宗周。

22. （清）库勒纳等撰《日讲书经解义》卷十《周书·多方》

惟五月丁亥，王来自奄，至于宗周。周公曰，王若曰，猷！告尔四国多方，惟尔殷侯尹民，我惟大降尔命，尔罔不知。洪惟图天之命，弗永寅念于祀。

此三节书，是史臣先序作诰之由，而述周公传王命，首谕殷民，以奄为鉴也。奄，国名。宗周，镐京也。王都为天下所宗，故称宗周。猷，发语辞。四国，指管叔、蔡叔、霍叔及殷国也。尹，正也。降，宽宥也。图，谋也。寅，敬也。周史臣曰，惟周成王亲政之明年，奄国再叛，成王征灭之。五月丁亥日，自奄国班师归来，至于镐京，诸侯皆来朝会周公传王命，若曰，猷告尔管、蔡、霍、殷四国，及天下多方百姓，惟尔殷侯所尹正统辖之民，助奄作叛。今奄国既灭，皆当以从逆坐诛。我惟不忍多杀，大降恩赦，宥尔殷民之命。尔等宜无不知之，勿复生二心也。且尔等亦知奄之所以亡乎？奄人大逞私意，图谋上天之命，肆行叛乱，弗永远敬念，奉法安分，以保有其宗祀。今一旦自取灭亡，尔等以奄为鉴，亦知天命不可妄干矣。盖先示以降宥之恩，而发其良心，因晓以天命之公，而破其邪心。《易》曰"重巽以申命"，传曰，巽，顺而入必究乎？下命令之象，周公知言哉。

（元）陈师凯《蔡氏传旁通》卷五《多方》

成王即政之明年，商奄又叛，成王征灭之。

新安陈氏曰，《洛诰》戊辰，王在新邑。孔注，十二月戊辰晦。此七年之十二月，即成王即政之年也。《多士》作于是年之三月，曰，昔朕来自奄，是述东征时事，乃自武王诛纣伐奄后第二番叛也，《多方》作于即政之明年五月，《成王政》序曰，成王遂践奄。《多方》序曰，成王归自奄，此书曰，成王来自奄，乃奄之第三叛。王堕其城，迁其君，又因以告多方也。以去年十二月戊辰晦算之，则次年正月朔己巳，五月朔，非丁卯，则戊辰。丁亥，非二十，即二十一日也。《多士》与《多方》之作先后，盖一年有三月云。

奄，不知所在。

解在《多士》，《寰宇记》在曲阜县奄中，古奄国也。

卫孔悝之鼎铭。

见《祭统》孔悝，卫庄公蒯聩时大夫也。郑注云，周既去镐京，犹名王城，为宗周也。悝，音恢。

时镐已封秦。

《史记》犬戎杀周幽王郦山下，秦襄公以兵送平王迁都雒，封襄公为诸侯，赐以岐丰之地。

（明）袁仁《尚书砭蔡编》

王来自奄。

注谓，成王即政之明年，商奄又叛，成王征灭之，非也。武王时，周公诛纣伐奄三年，讨其君，而其地即封伯禽为鲁国矣。成王初年，所以至奄者，为武庚叛也，周公惧殷遗民与淮夷、徐戎合势，故奉成王至奄经略三年，而东方始定，即周公东征事，而《东山》诗称"三年不归"者是也。《多士》所称"昔朕来自奄大降尔四国民命"者，盖指管、蔡、霍及殷耳，非兼奄也。当时奄已为鲁，安得复叛乎？

周公曰，王若曰，猷！告尔四国多方

1. （汉）孔氏传、（唐）陆德明音义、孔颖达疏《尚书注疏》卷十六《周书·多方》

周公曰，王若曰，猷！告尔四国多方。

传，周公以王命顺大道，告四方。称周公，以别王自告。

音义，别，彼列反。

疏，正义曰，周公以成王之意，告众方之诸侯，曰，我王顺大道，以告汝四方之国多方诸侯。

传正义曰，成王新始即政，周公留而辅之。周公以王命告令诸侯，所告实非王言，故加"周公曰"于"王若曰"之上，以明周公宣成王之意也。猷，道也。周公以王命顺大道，告四方。既言"四国"，又言"多方"，见四方国多也。不直言"王曰"，称周公，以别王自告也。王肃云，周公摄政，称成王命以告。及还政，称"王曰"，嫌自成王辞，故加"周公"以明之。然《多士》之篇，"王若曰"之上不加"周公曰"者，以彼上句云"周公初于新邑洛"，用告，知是周公故也。

2.（宋）苏轼《书传》卷十四《周书·多方第二十》

（归善斋按，未解）

3.（宋）林之奇《尚书全解》卷三十二《周书·多方》

（归善斋按，见"成王归自奄"）

4.（宋）史浩《尚书讲义》卷十六《周书·多方》

（归善斋按，见"惟五月丁亥，王来自奄，至于宗周"）

5.（宋）夏僎《尚书详解》卷二十《周书·多方》

（归善斋按，见"惟五月丁亥，王来自奄，至于宗周"）

6.（宋）时澜《增修东莱书说》卷二十八《周书·多方第二十》

（归善斋按，见"惟五月丁亥，王来自奄，至于宗周"）

7.（宋）黄度《尚书说》卷六《周书·多方》

周公曰，王若曰，猷！告尔四国多方，惟尔殷侯尹民，我惟大降尔命，尔罔不知。

周公以王命诰，犹《多士》也。前此封蔡，有命；后此董正治官，有诰。成王已出号令矣。故史官以"周公曰"冠其上别之。"告四国多方"，别出"殷侯尹民"，布宣殷事，使天下咸共知之。殷侯、殷土，诸侯也。尹民，卿大夫以下。四国之罪，叛当诛，因兵威殄灭之。夫岂不可"天吏逸德，烈于猛火"。三代无此事也。吾为降尔命，尔安得不知。

8.（宋）袁燮《絜斋家塾书钞》

（归善斋按，无此篇）

9.（宋）蔡沈《书经集传》卷五《周书·多方》

周公曰，王若曰，猷！告尔四国多方，惟尔殷侯尹民，我惟大降尔命,尔罔不知。

吕氏曰,先曰"周公曰"而复曰"王若曰",何也?明周公传王命,而非周公之命也。周公之命诰,终于此篇,故发例于此,以见《大诰》诸篇凡称"王曰"者,无非周公传成王之命也。成王灭奄之后,告谕四国殷民,而因以晓天下也。所主殷民,故又专提殷侯之正民者告之,言殷民罪应诛戮,我大降宥尔命,尔宜无不知也。

10. (宋)黄伦《尚书精义》卷四十二《周书·多方》

周公曰,王若曰,猷!告尔四国多方,惟尔殷侯尹民,我惟大降尔命,尔罔不知。

林氏曰,顺天之命,虽小必兴;逆天之命,虽大必废。商有天下,周德已大黜其命,非有私意也,在我者,顺天之命;而在彼者,不能常钦承于祭祀而已。惟周之所谋者,在于顺天之命,则不钦承于祭祀而逆天者,周安敢不以天为意,而不黜之哉。是命也,尔四国多方,所以共知焉。

11. (宋)陈经《尚书详解》卷三十八《周书·多方》

(归善斋按,见"惟五月丁亥,王来自奄,至于宗周")

12. (宋)钱时《融堂书解》卷十六《周书·多方》

(归善斋按,见"惟五月丁亥,王来自奄,至于宗周")

13. (宋)魏了翁《尚书要义》卷十六《周书·君奭、蔡仲、多方》

三十八、加"周公曰"于"王若曰"之上,明成王意。

成王新始即政,周公留而辅之。周公以王命告令诸侯,所告实非王言,故加"周公曰"于"王若曰"之上,以明周公宣成王之意也。猷,道也。王肃云,周公摄政,称成王命以告。及还政,称"王曰"嫌是成王辞,故加周公以明之。然《多士》之篇"王若曰"之上,不加"周公曰"者,以彼上句云"周公初于新邑洛用告",知是周公故也。

14. (宋)陈大猷《书集传或问》卷下《周书·多方》

(归善斋按,未解)

15. (宋)胡士行《尚书详解》卷十《周书·多方第二十》

(归善斋按,见"成王归自奄")

16. (元)吴澄《书纂言》卷四下《周书·多方》

周公曰,王若曰,猷!告尔四国多方,惟尔殷侯尹民,我惟大降尔命,尔罔不知。洪惟图天之命,弗永寅念于祀。

此时王与周公同在镐京,止称"王若曰",恐疑为王之自诰,故先称"周公曰",而后称"王若曰",以见王不亲临,而周公传王命以告也。《大诰》亦是周公以王命诰,而直称"王若曰"者,以其时王居忧,周公摄政出征,非王自诰可知,故不称"周公曰"也。四国,谓四方诸国。多方,谓诸国之民,非一处也,惟犹及也。殷侯尹民,殷诸侯之尹其民者。正,谓诰民而因及其君也。降,下;命,诰命也。图,计度也。天命已去,商知大度乎?此则必不徼觊,以谋兴复,恭顺事上,可保祭祀,长敬念乎,此则必不叛乱,以取诛灭。

17. (元)陈栎《书集传纂疏》卷五《朱子订定蔡氏集传·周书·多方》

周公曰,王若曰,猷!告尔四国多方,惟尔殷侯尹民,我惟大降尔命,尔罔不知。

吕氏曰,先曰"周公曰"而复曰"王若曰",何也?明周公传王命,而非周公之命也。周公之命诰,终于此篇,故发例于此,以见《大诰》诸篇,凡称"王曰"者,无非周公传成王之命也。成王灭奄之后告谕四国殷民,而因以晓天下也。所主殷民,故又专提殷侯之正民者告之,言殷民罪应诛戮,我大降宥尔命,尔宜无不知也。

纂疏:

愚案，四国，四方之国也。东征初，殷与三监为四国，此时无之矣。殷侯，泛指旧为殷诸侯。而尹民者，盖周兴自封同姓，以及功臣，余外皆殷诸侯也。

18.（元）许谦《读书丛说》卷六《周书·多方》

"告尔四国多方"至"弗永寅念于祀"，告尔管、蔡、商、奄之四国，及多方之国。纣罪贯盈，礼宜诛绝，而废其宗祀。其民久化纣恶，亦皆当诛。惟尔殷侯，武庚仍为殷君，而尹正其民者，我惟大降宥尔之死命，恩可谓大矣。尔乃昏罔不知，方且大思图谋天命，为叛逆之事是，乃弗长永敬念于宗祀，而自欲绝之尔。

19.（元）董鼎《书传辑录纂注》卷五《周书·多方》

周公曰，王若曰，猷！告尔四国多方，惟尔殷侯尹民，我惟大降尔命，尔罔不知。

吕氏曰，先曰"周公曰"而复曰"王若曰"，何也？明周公传王命，而非周公之命也。周公之命诰终于此篇，故发例于此，以见《大诰》诸篇，凡称"王曰"者，无非周公传成王之命也。成王灭奄之后。告谕四国殷民。而因以晓天下也、所主殷民，故又专提殷侯之正民者告之，言殷民罪应诛戮，我大降宥尔命，尔宜无不知也。

20.（元）朱祖义《尚书句解》卷十《周书·多方第二十》

周公曰（公言），王若曰（周公以王命言），猷（猷，道也）！告尔四国多方（以道告管、蔡、商、奄四国，及四方诸侯）。

21.（明）王樵《尚书日记》卷十四《周书·多方》

"周公曰，王若曰，猷！告尔四国多方"至"寅念于祀"。

吕氏曰，先曰"周公曰"，复曰"王若曰"，何也？明周公传王命，而非周公之命也。周公之命诰终于此篇，故发例于此。

告多方，而所主在殷民，故又专提殷侯之正民者告之，言殷民罪应诛戮，我大降宥尔命，尔宜无不知，乃大惟私意，图谋天命，不深长敬念于宗祀，何邪？按此篇首，责殷人图天之命，遂发帝迪之说，而下文于桀、纣皆以"图天之命"为言。夫日用之间，常行之理，此心之灵，若或启之，虽至愚之人，未尝无一念之明，是帝之迪人，无往而不在也。人惟终日孜孜顺天之理，因其所明，不敢荒弃，则动与吉会，而天命固在是矣。岂待图度于杳冥，冀幸于非分哉。奈何桀纣不知出此，"乃大淫昏，不克终日劝于帝之迪"，则自绝于天矣，乃犹不自知，而谓己有天命，谓福可以祷求，谓祸可以禳免。戚言不肯出于民，百为不克开于民，民欲与之偕亡，天亦惟顺民之所欲，故此显休之命，不畀于图之之桀，而畀于不图之之汤；不畀于图之之纣，而畀于不图之周。彼图之者，多方其所素有，而乃失之；此不图者，多方非所素有，而乃有之。图之有益与无益，足以见矣。尔四国，曾不此之监，反欲效其所为，而图天命于既去之日，则岂非探天之威也哉？

22.（清）库勒纳等撰《日讲书经解义》卷十《周书·多方》

（归善斋按，见"惟五月丁亥，王来自奄，至于宗周"）

惟尔殷侯尹民，我惟大降尔命，尔罔不知

1.（汉）孔氏传、（唐）陆德明音义、孔颖达疏《尚书注疏》卷十六《周书·多方》

惟尔殷侯尹民，我惟大降尔命，尔罔不知。

传，殷之诸侯，正民者，我大下汝命，谓诛纣也，言天下无不知纣暴虐以取亡。

疏，正义曰，惟尔殷之诸侯、正民者，我武王大下汝天下民命，诛杀虐纣，汝诸侯天下之民，无有不知纣以暴虐取亡，欲令其思念之。

传正义曰，诸侯为民之主，民所取正，故谓之正民；民以君为命，死

生在君，天下之命在于一人纣，言我大黜下汝之民命，正谓武王诛纣也。言天下无不知纣以暴虐取亡，欲使思念之，令其心弃殷而慕周也。

2.（宋）苏轼《书传》卷十四《周书·多方第二十》

惟尔殷侯尹民。

周公以王命告诸侯及尹民者。

我惟大降尔命，尔罔不知。

大降尔命，谓诛三监黜殷时也。

3.（宋）林之奇《尚书全解》卷三十二《周书·多方》

（归善斋按，见"成王归自奄"）

4.（宋）史浩《尚书讲义》卷十六《周书·多方》

（归善斋按，见"惟五月丁亥，王来自奄，至于宗周"）

5.（宋）夏僎《尚书详解》卷二十《周书·多方》

（归善斋按，见"惟五月丁亥，王来自奄，至于宗周"）

6.（宋）时澜《增修东莱书说》卷二十八《周书·多方第二十》

（归善斋按，另见"惟五月丁亥，王来自奄，至于宗周"）

我惟大降尔命，尔罔不知。洪惟图天之命，弗永寅念于祀。惟帝降格于夏，有夏诞厥逸，不肯戚言于民，乃大淫昏，不克终日劝于帝之迪，乃尔攸闻，厥图帝之命，不克开于民之丽，乃大降罚，崇乱有夏，因甲于内乱。不克灵承于旅，罔丕惟进之恭。洪舒于民，亦惟有夏之民叨懫日钦，劓割夏邑。

周之革殷，乃奉天命之公，非私取之也。我惟大降黜尔殷命，公天之罚，明白正直，未尝有纤芥，覆藏，蔽匿之意。尔多方殷民，盖罔不知之矣。天命至公至明如此，尔武庚，尔顽民，尚迷不悟。"洪惟图天之命弗永寅念于祀"，谓大肆其图度校计，以求天之命，自底灭亡，不深长敬念于保宗祀之道也。天命可受而不可图。图则人为之私，而非天命矣。此盖深示以天命不可妄干，乃《多方》一篇之纲领也。于是上引历代所以失天命，受天命之明证，以示之桀之恶，上通于天，惟帝降监，感于有夏，谴告而警动之。"有夏诞厥逸不肯戚言于民"，言天谴愈甚，桀恶愈长，方且大其逸豫，虽忧民之言，尚不肯出诸口，况忧民之实乎？"乃大淫昏，不克终日劝于帝之迪"者，言桀逸豫顺长，乃至于大纵淫昏，天理曾无暂开之时。凡视听、动息、日用之间，洋洋乎皆上帝所以启迪开导斯人者，劝，则孳孳勉勉，欲罢不能之谓也。虽闾巷之人，岂无人欲少醒耳目清明之顷乎？此即所谓"劝于帝之迪"。惟其介然之蹊，旋即湮塞，所以泯然众人也。至于桀，则终日昏酣，未尝发见，天理或几乎息矣。"乃尔攸闻"者，警之以桀之自绝于天，汝所素闻，欲其因桀而知纣也。"厥图帝之命"，谓不顺受帝命，而以私意图度之，是逆天也。盖与武庚顽民同病也。帝命在民，承帝之命，惟有爱民，更无他法。桀外图帝之命，反抑塞民之生理，何异却行求前乎？丽民之所依，盖其生理也。若依于仁，依于贤，依于土，依于衣食之类，纣一皆抑塞遏绝之，所谓"不克开于民之丽"也。"乃大降罚，崇乱有夏，因甲于内乱"者，原其乱因，盖始于内乱，甲，始也，妹喜之孽是也。蛊其心，败其家，然后流毒于国，于天下，探其根而言之也不。"克灵承于旅，罔丕惟进之恭，洪舒于民，亦惟有夏之民，叨懫日钦，劓割夏邑"者，言桀之心，既蛊惑，自应悖虐；不能善承有众，自应不能大进于恭，而大进其舒慢。以侮虐斯民，自应专择夏民贪叨忿懫者。钦崇尊尚之同恶，相济以戕虐邦邑，生于其心，其流必极于此也。

7. （宋）黄度《尚书说》卷六《周书·多方》

（归善斋按，见"周公曰，王若曰，猷！告尔四国多方"）

8. （宋）袁燮《絜斋家塾书钞》

（归善斋按，无此篇）

9.（宋）蔡沈《书经集传》卷五《周书·多方》

(归善斋按，见"周公曰，王若曰，猷！告尔四国多方")

10.（宋）黄伦《尚书精义》卷四十二《周书·多方》

(归善斋按，见"周公曰，王若曰，猷！告尔四国多方")

11.（宋）陈经《尚书详解》卷三十八《周书·多方》

(归善斋按，见"惟五月丁亥，王来自奄，至于宗周")

12.（宋）钱时《融堂书解》卷十六《周书·多方》

(归善斋按，见"惟五月丁亥，王来自奄，至于宗周")

13.（宋）魏了翁《尚书要义》卷十六《周书·君奭、蔡仲、多方》

(归善斋按，未引)

14.（宋）陈大猷《书集传或问》卷下《周书·多方》

(归善斋按，未解)

15.（宋）胡士行《尚书详解》卷十《周书·多方第二十》

(归善斋按，见"成王归自奄")

16.（元）吴澄《书纂言》卷四下《周书·多方》

(归善斋按，见"周公曰，王若曰，猷！告尔四国多方")

17.（元）陈栎《书集传纂疏》卷五《朱子订定蔡氏集传·周书·多方》

(归善斋按，见"周公曰，王若曰，猷！告尔四国多方")

18. （元）许谦《读书丛说》卷六《周书·多方》

（归善斋按，未解）

19. （元）董鼎《书传辑录纂注》卷五《周书·多方》

（归善斋按，见"周公曰，王若曰，猷！告尔四国多方"）

20. （元）朱祖义《尚书句解》卷十《周书·多方第二十》

惟尔殷侯尹民（并告尔殷国诸侯，与正民之官），我惟大降尔命（我惟大降下教命，告汝以周家得殷天下，实出天命，非以人力取之者屡矣），尔罔不知（汝等无不知之）。

21. （明）王樵《尚书日记》卷十四《周书·多方》

（归善斋按，见"周公曰，王若曰，猷！告尔四国多方"）

22. （清）库勒纳等撰《日讲书经解义》卷十《周书·多方》

（归善斋按，见"惟五月丁亥，王来自奄，至于宗周"）

（明）马明衡《尚书疑义》卷六《周书·多方》

惟尔殷侯尹民。

语意谓，我已不尽诛戮汝，大降尔命，尔无不知，宜速悔祸自新可也，乃于商奄，复大图天之命，而不长敬念于祀，使至诛灭，岂不可哀哉。

（清）王夫之《尚书稗疏》卷四下《周书·多方》

惟尔殷侯尹民。

蔡氏谓，提殷侯之正民者，告之此。殷侯不知何指，以为殷国之侯耶，则禄父已灭矣；以为殷之诸侯耶，则殷尚得有诸侯哉？且业已归周，而又何外之耶？此言殷侯者，皆追谓武庚也。尹，犹君也，言昔武王诛纣，已宜殄灭之，而我且使尔武庚嗣为殷侯，得尹其民者，乃我大降尔命，故使纣裔得君其故土。此述始事以见周之仁而殷之悖，故下言"弗永寅念于祀"，见殷之不复能尹民，乃其自取尔。武庚受封，必有国号，承殷之祀，自当号殷，爵列五等，自当云侯。其后改封微子于宋位，为上公，周公之制乃然耳。

洪惟图天之命，弗永寅念于祀，惟帝降格于夏

1.（汉）孔氏传、（唐）陆德明音义、孔颖达疏《尚书注疏》卷十六《周书·多方》

洪惟图天之命，弗永寅念于祀，惟帝降格于夏。

传，大惟为王谋天之命，不长敬念于祭祀，谓夏桀。惟天，下至戒于夏，以谴告之，谓灾异。

音义，谴，弃浅反。

疏，正义曰，以诸侯心未服周，故举夏殷为戒。此章皆说桀亡、汤兴之事。言夏桀大惟居天子之位，谋上天之命，而不能长敬念于祭祀。惟天下至戒于夏桀，谓下灾异，以谴告之，冀其见灾而惧，改修政德。

传正义曰，上天之命，去恶与善。凡为民主，皆当谋之，恐天舍已而去，常须敬念祭祀。天所谴告，谓下灾异。天不言，故下灾异，以谴告责人主，冀自修政也。

2.（宋）苏轼《书传》卷十四《周书·多方第二十》

洪惟图天之命，弗永寅念于祀。

图天之命，犹曰徼福于天。小人之求福者，必以祭祀，念汝殷人，大惟徼福于天，而不念敬祀，是求非望也。

惟帝降格于夏。有夏诞厥逸，不肯戚言于民。

帝非不降格于夏，而夏乃大厥逸，无忧民之言，虽无忧民之心，而有其言，民犹不怒，天犹赦之，犹贤于初无言者弃民之深也。

3. （宋）林之奇《尚书全解》卷三十二《周书·多方》

（归善斋按，见"成王归自奄"）

4. （宋）史浩《尚书讲义》卷十六《周书·多方》

（归善斋按，见"惟五月丁亥，王来自奄，至于宗周"）

5. （宋）夏僎《尚书详解》卷二十《周书·多方》

（归善斋按，另见"惟五月丁亥，王来自奄，至于宗周"）

惟帝降格于夏，有夏诞厥逸，不肯戚言于民，乃大淫昏，不克终日劝于帝之迪。乃尔攸闻，厥图帝之命，不克开于民之丽，乃大降罚，崇乱有夏，因甲于内乱。不克灵承于旅，罔丕惟进之恭，洪舒于民，亦惟有夏之民叨懫日钦，劓割夏邑。

成王上既言我降尔命，而尔等不能改过自悔，又妄料天命，相扇复叛，全不以宗庙社稷为念，故此，遂引有夏之事以告，谓当夏之兴，自禹以下贤圣之君各能进其为君之道，而天降格之。降格，谓降至也，谓天之意常在于夏也。是天之意，未尝绝夏也。奈何有夏之君乃有如桀者，大其逸乐，惟自乐其身，不肯忧言于民，谓无忧民之言也。又大淫乱昏暗，不能于终日之间，勉行于天道，谓天道欲人君劝劳于民事，而有"夏诞厥逸不戚言于民"，是不勉于天道也。此事乃是汝等多方之民所共闻者，非我妄言，况桀之为君，亦是以己之意"图度天命"，若纣之自谓"我生不有命在天"。盖恃天命必在于我，遂不复祗畏，逆料其必不我释也。惟桀之意在于逆料天命之必，不我释，于是，以民为不足恤，不复开示民之所附丽者。盖民无常心，君仁则仁，君义则义，君之所行即民之所丽者。而桀乃为淫昏，不复开示民之所附丽者，方且大降酷罚，以专崇其乱。于有夏之国，然有夏之乱，其所因者，亦始于内。盖甲者，十干之始，故谓之甲于内乱，由其始乱于内，遂不能善承于众民。所谓不能承者，盖以其不能大惟进用于恭德之人，以大舒缓于天下之民，谓迫促之也。亦惟有夏之民，凡叨贪而愤愦者，日日钦敬之，使之在位在职，割害天下，如割剸然。此所以申言上"不克灵承于旅"之意，故下遂言所以相汤也。

6.（宋）时澜《增修东莱书说》卷二十八《周书·多方第二十》

（归善斋按，见"惟尔殷侯尹民，我惟大降尔命，尔罔不知"）

7.（宋）黄度《尚书说》卷六《周书·多方》

洪惟图天之命，弗永寅念于祀。

天命去就，人主所当图谋也。"图谋天之命"而犹弗能久长敬念于祀，它何恤焉？葛伯不祀，汤征自葛，始冀以感动桀也。

惟帝降格于夏，有夏诞厥逸，不肯戚言于民，乃大淫昏，不克终日劝于帝之迪，乃尔攸闻。

天方降格向夏，夏乃大厥逸，无忧戚之言于民，弃神之主，安能寅念于祀。虽平旦之气，嗜欲亡之，况能一日用其力于仁矣乎。天之启迪人者至矣，人弗克自勉，此夏事，汝所闻也。

8.（宋）袁燮《絜斋家塾书钞》

（归善斋按，无此篇）

9.（宋）蔡沈《书经集传》卷五《周书·多方》

洪惟图天之命，弗永寅念于祀。

图，谋也，言商奄大惟私意，图谋天命，自底灭亡，不深长敬念，以保其祭祀。吕氏曰：天命可受而不可图。图则人谋之私，而非天命之公矣。此盖深示以天命不可妄干，乃《多方》一篇之纲领也。下文引夏商所以失天命、受天命者，以明示之。

惟帝降格于夏，有夏诞厥逸，不肯戚言于民，乃大淫昏，不克终日劝于帝之迪，乃尔攸闻。

言帝降灾异以谴告桀，桀不知戒惧，乃大肆逸豫，忧民之言尚不肯出诸口，况望其有忧民之实乎？劝，勉也。迪，启迪也。视听，动息，日用之间，洋洋乎，皆上帝所以启迪开导斯人者，桀乃大肆淫昏，终日之间不能少勉，于是，天理或几乎息矣，况望有惠迪而不违乎，此乃尔之所闻。欲其因桀而知纣也。厥逸，与《多士》"引逸"不同者，犹"乱"之"为乱""为治"耳。逸豫，以民言；淫昏，以帝言，各以其义也。此章上疑有阙文。

10.（宋）黄伦《尚书精义》卷四十二《周书·多方》

洪惟图天之命，弗永寅念于祀。惟帝降格于夏，有夏诞厥逸，不肯戚言于民，乃大淫昏，不克终日劝于帝之迪，乃尔攸闻。厥图帝之命，不克开于民之丽。

无垢曰，天、人不远，我之心即天心也。我之心正，则天之星辰无不循轨；我心不正，则灾异百出矣。故君有仁德，则岁星循轨；有义德，则太白循轨；有礼，则荧惑不失；其度有智，则太阴不失其度；有信，则星辰不失其度。苟为不然，则皆变为妖星矣。盖天之星辰，必因人事。人有是事，则天必有是象。故经星之外，有所谓牢狱、郎官、匏瓜者，皆应人事而为之也。何以知之？昔汉光武与严光同寝，以足加于帝腹，明日太史奏，客星侵帝座，以是知天、人不相远，灾祥皆在人君也。"惟帝降格"，以桀不敬念社稷，故出灾异以警惧之也。

又曰，人君遇灾异，当罪己自责，则民心悦矣。民心悦，则天意回矣。唐德宗穷兵黩武，致奉天之难，用陆贽之言，一为罪己之诏，山东之民读之，莫不感涕。何则方其黩武之时，民虽忿怨一旦罪己，必曰吾君悔过矣。其心安得不悦乎。德宗危而复安，亡而复存，以其发忧民之言故也。

又曰，帝之命，不可以他求，在我而已。终日检察，有一毫欺于心，则自怨自艾，终不自满，直至无愧怍处，所谓帝也，如是图帝之命，岂在粢盛丰洁，牲牷肥腯哉。无愧怍于中，可也。何谓民之丽，丽者，着也。凡人念虑之起，不丽于善，必丽于恶善者。人心所同也。然必得君师启导之，开民之善路，使知如是为仁，如是为义，如是为礼，如是为智，可也。自非人君率先为善，处心积虑，无一毫欺于心，又乌能开民之丽哉。桀不开于民之丽，非所以图帝命也。盖民可使觌德，不可使觌刑。道之以政，则免而无耻；道之以德，则有耻且格。故尧舜率天下以仁，而民从之；桀纣率天下以暴，而民从之。武王克商，未暇发一号，出一令，乃释箕子囚，封比干墓，式商容闾，使天下皆知贤之可尊；散鹿台之财，发钜桥之粟，使天下皆知义之可慕，是皆所以开民之丽也，又岂以刑罚率民哉。

林氏曰，天之所为视民而已。有国者不急于求天，而尝急急于求民，盖以民之附不附，可以卜其天之从不从也。苟惟恃天之有命，而不恤乎民，欲以谋天命之长，岂不犹却行而求及前人者乎。夏桀淫昏荒乱，不明乎民之所附，而将图帝之命，宜乎？天之所不助，而降罪以聚于夏也。

张氏曰，天大而远者也，故图天之命在于开民之丽。开民之丽，则帝之所佐者也。盖民之所丽者，丽乎上也。好恶取舍，惟上之从。为人君者，故当启迪之，导达之，使之主于善而后已。今有夏之君，乃大淫昏，其所自为者，且蔽塞而不通，安能开民之丽哉。

吕氏曰，大抵德之盛，能动天；恶之盛；亦能动天。德之盛能动天，如所谓"格于上下"，"格于皇天"是也。惟帝降格于夏，是恶之盛，亦能动天也。天既动威警惧也，夏王方且大纵逸，略无忧民之言，这是昏迷不知畏天之威，如此天方警动他，他却为恶愈深，不特无至诚忧百姓之心，虽忧民之言亦忘了。

11. （宋）陈经《尚书详解》卷三十八《周书·多方》

洪惟图天之命，弗永寅念于祀。惟帝降格于夏，有夏诞厥逸，不肯戚言于民，乃大淫昏，不克终日劝于帝之迪，乃尔攸闻。厥图帝之命，不克开于民之丽，乃大降罚，崇乱有夏，因甲于内乱。不克灵承于旅，罔丕惟进之恭，洪舒于民，亦惟有夏之民，叨懫日钦，劓割夏邑。

此举有夏之事以为证也。商之伐夏，犹周之伐商。有夏之君，所以图谋天命者，不能常敬念于祭祀。盖欲谋天命，当求诸己。己能以敬奉其祀事，则天命得矣。夏之君不知此故，天于是降格于夏，谓有灾异以警惧之也。天之爱人君至矣，自非大无道之国，常欲扶持之，故日月之薄蚀，山川之沸腾，皆所以降格于有夏，使知所戒。天虽降格于夏如此，而有夏之

1143

君视之如未尝有，方且大为逸乐，不肯出忧民之言。人主有忧民之心，则必有忧民之言；有忧民之言，则必不敢为逸乐之事。既诞厥邑，则必不肯戚言于民矣。乃大淫昏者，其心蒙蔽而昏乱也。"不克终日劝于帝之迪"者，未尝以一日之力勉行天道也。夫子曰"有能一日用其力于仁矣乎，我未见力不足者"，其心无所发明矣，安能以一日之力行天道乎？"乃尔攸闻"，此有夏之恶，天下之所共知，亦尔之所闻也。惟其桀之恶淫昏于厥心，故见之于民者，亦无有善政。凡人主谋天命者，以民为主。有夏所图帝之命，乃不能开民之所丽。丽，着也。离，丽也。人情莫不欲寿，是所丽在寿也。三王生之而不伤；人情莫不欲富，是所丽在富也，三王厚之而不困。桀乃不克开于民之丽，凡民之所欲处，皆为之窒塞不通，方且降刑罚之威以增重。其乱于有夏之国，因甲于内乱。甲者，始也。其乱自内而始，自身及家，自家及国，不能以善，遏承其众。孟子道性善，谓民性本善，人君亦当以善道承之，使趋于善。桀不克灵承于旅，故无有大惟恭德之是进；不惟恭德之是进，是忽略其民也。忽略其民，所以大为舒惰之政，于是视民事若不切然，不以介意者也，言悖而出者，亦悖而入。曾子曰，"戒之，戒之，出乎尔者，反乎尔者也"。桀既不以民为心，故民亦不以君为心。有夏之民，皆相率为贪叨忿愤，以拒其上。桀乃取其残贼之臣，为惨酷而剸割夏邑者，日日尊敬之，以此而为治。桀之罪至此，则天人之心皆失矣。

12. （宋）钱时《融堂书解》卷十六《周书·多方》

（归善斋按，见"惟五月丁亥，王来自奄，至于宗周"）

13. （宋）魏了翁《尚书要义》卷十六《周书·君奭、蔡仲、多方》

（归善斋按，未引）

14. （宋）陈大猷《书集传或问》卷下《周书·多方》

（归善斋按，未解）

15. （宋）胡士行《尚书详解》卷十《周书·多方第二十》

（归善斋按，见"成王归自奄"）

16. （元）吴澄《书纂言》卷四下《周书·多方》

（归善斋按，另见"周公曰，王若曰，猷！告尔四国多方"）

惟帝降格于夏，有夏诞厥逸，不肯戚言于民，乃大淫昏，不克终日劝于帝之迪，乃尔攸闻。厥图帝之命，不克开于民之丽，乃大降罚，崇乱有夏，因甲于内乱。不克灵承于旅，罔丕惟进之恭。洪舒于民，亦惟有夏之民，叨懫日钦，劓割夏邑。天惟时求民主，乃大降显休命于成汤，刑殄有夏。惟天不畀纯，乃惟以尔多方之义民，不克永于多享。惟夏之恭多士，大不克明保享于民，乃胥惟虐于民，至于百为，大不克开。乃惟成汤克以尔多方，简代夏作民主，慎厥丽，乃劝厥民，刑用劝。以至于帝乙，罔不明德慎罚，亦克用劝。要囚，殄戮多罪，亦克用劝。开释无辜，亦克用劝。今至于尔辟，弗克以尔多方，享天之命。

周之代殷，犹殷之代夏也，故先举夏亡、殷兴之事，次及殷亡、周兴之事，以喻殷民，使之知天命也。戚，忧；言，语辞。淫昏，谓沉溺迷惑。劝，勤勉之意。帝之迪，谓天道。开，通"悟"也。丽，民所依也。甲，始也。旅，祭名，《周官》"有大故则旅上帝"。"灵承于旅"，犹曰，灵承帝事也。"进之恭"，犹曰，日跻之敬也。舒，缓；叨，贪；懫，忿；日钦，谓孜孜为恶，犹孜孜为善者之敬也。劓割，谓伤害之。夏邑，畿内之民也。"享""飨"通，谓歆受而有之也。恭多士，桀以为恭而任之者也。简者，阅视、选择之意。夏之盛时，帝降格于夏，而眷佑之有道。桀大其纵逸，不肯忧民之忧，大为淫昏，而不能一日劝勉于帝之迪，此乃尔所素闻。善图帝命者，惟得民心，则天命固矣。桀则不然，其图帝之命也，不能通悟民之所依，故天降罚，而增崇其乱于有夏。国之治者，天福之也；国之乱者，天罚之也。桀之亡，因始于其家国之乱，遂至失天下。而不克灵承上帝之祀事，盖以桀无能日跻其敬，以宽裕其民，乃惟日务贪虐，以伤害其民。桀既不君，天惟于是求其可以为民主者，而大降光显休美之命于成汤,俾伐夏而绝其命。惟天不与桀,故不能以尔多方之义民,永久多年享而有之。民之于君,以义合。天与之,则能有其民;天不与,则不能有其民矣,故曰"义民"。非特桀一人为虐,夏之多士亦大不能明而保享其民,乃相与共虐其民,至于凡百所为,皆不能通悟于保享其民之事。惟汤能以尔多方之民,为臣所简选,以代夏而为之主。盖汤心谨慎,惟恐民失其依,故乃劝勉加意于其民,尤于刑而加意。由汤至于帝乙,三十一君无不明其德以导民,慎其罚而不轻,亦能加意于狱讼要囚之人。要囚之中又有分别。其多罪者,殄戮之,亦能加意而非失入。其无辜者,开释之,亦能加意而非失出。汤后诸王皆能如此。今至于尔君纣,乃不如此所以亡国,而不能以尔多方,享有天命也。

17. (元) 陈栎《书集传纂疏》卷五《朱子订定蔡氏集传·周书·多方》

洪惟图天之命,弗永寅念于祀。

图,谋也,言商奄大惟私意,图谋天命,自厎灭亡,不深长敬念,以保其祭祀。吕氏曰,天命可受而不可图。图,则人谋之私,而非天命之公矣。此盖深示以天命不可妄干,乃《多方》一篇之纲领也。下文引夏、商所以失天命、受天命者,以明示之。

惟帝降格于夏,有夏诞厥逸,不肯戚言于民,乃大淫昏,不克终日劝于帝之迪,乃尔攸闻。

言帝降灾异以谴告桀,桀不知戒惧,乃大肆逸豫,忧民之言尚不肯出诸口,况望其有忧民之实乎?劝,勉也。迪,启迪也。视听、动息、日用之间,洋洋乎,皆上帝所以启迪开导斯人者。桀乃大肆淫昏,终日之间,不能少勉于是,天理或几乎息矣,况望有惠迪而不违乎。此乃尔之所闻。欲其因桀而知纣也。厥逸,与《多士》"引逸"不同者,犹"乱"之为"乱"为"治"耳。逸豫,以民言;淫昏,以帝言,各以其义也。此章上疑有缺文。

纂疏:

孔氏曰,惟天下至戒于夏,以谴告之,谓灾异。

王氏曰,帝降格于夏,与《多士》"则惟帝降格向于时夏"同意。

超出

18. （元）许谦《读书丛说》卷六《周书·多方》

（归善斋按，未解）

19. （元）董鼎《书传辑录纂注》卷五《周书·多方》

洪惟图天之命，弗永寅念于祀。

图，谋也，言商奄大惟私意，图谋天命，自底灭亡，不深长敬念，以保其祭祀。吕氏曰，天命可受，而不可图，图则人谋之私，而非天命之公矣。此盖深示以天命，不可妄干，乃《多方》一篇之纲领也。下文引夏、商所以失天命、受天命者，以明示之。

纂注：

吕氏曰，遍告四方者，何也？殷、奄屡叛，驱扇者广。今虽平殄，譬余邪遗疾，犹或在肺腑间，恐或有时而发也，故涣发大号，历叙天命之公，前代之事征诛安集之本末，俾四方咸与闻之，大破群疑，深绝乱根，盖本于是。兵寝刑措者，四十余年，其亦训诰之助欤。

惟帝降格于夏有，夏诞厥逸不肯戚言于民，乃大淫昏，不克终日劝于帝之迪，乃尔攸闻。

言帝降灾异以谴告桀，桀不知戒惧，乃大肆逸豫忧民之言，尚不肯出诸口，况望其有忧民之实乎。劝，勉也。迪，启迪也。视听，动息，日用之间，洋洋乎，皆上帝所以启迪开导斯人者。桀乃大肆淫昏，终日之间，不能少勉于是，天理或几乎息矣，况望有惠迪而不违乎，此乃尔之所闻。欲其因桀而知纣也。厥逸，与《多士》"引逸"不同者，犹"乱"之为"乱"为"治"耳。逸豫，以民言；淫昏，以帝言，各以其义也。此章上疑有阙文。

纂注：

王氏曰，"惟帝降格于夏"，与"惟帝降格，向于时夏"同意。

息斋余氏曰，真氏乙记云，降格者，言帝本降格也，如此则不必言有阙文矣。

20. （元）朱祖义《尚书句解》卷十《周书·多方第二十》

洪惟图天之命（今汝等人惟图度天命，妄料天命未必在周），弗永寅念于祀（乃相扇复叛，不能长永敬念尔侯国有宗庙社稷之祀，自取诛夷，则夷宗绝祀），惟帝降格于夏（岂不见当时天降灾异至于夏桀，使之知畏而改过）。

21.（明）王樵《尚书日记》卷十四《周书·多方》

（归善斋按，另见"周公曰，王若曰，猷！告尔四国多方"）

"惟帝降格于夏"至"刑殄有夏"。

诸篇例先言夏先后，而后言桀，而此章便言桀，故蔡氏疑其有缺文，言天降灾异以谴告桀，桀不知警，天谴愈甚，桀恶愈长，方且大其逸豫，虽忧民之言不肯出诸口，况望行其实。此心暂有开时，乃帝之所以迪汝也，而不克终日劝焉，况望至于久，乃尔所闻也。天命在民，祈天之道，爱民而已。桀图天之命，乃不克开于民之丽。丽，犹"依"也。夺其时，失其业，匮其财，伤其力，使无生路可趋，犹乃大降威虐于民，国已乱矣，而崇之不已。其所因则始于内嬖蛊其心，使桀错缪颠倒，不能善承其众，不能大进于恭，以大宽其民，而惟贪叨忿懫者，是日钦崇，以剚割夏邑也。桀失天命，由失民心。桀失民心，其事多端，而其大者在内嬖用事，用舍颠倒，叨懫者任，而仁善者远。洪舒者为无用，而剚割者为能臣，此所以暴其民甚，而民欲与之偕亡也。天为斯民求主，于是大降显休之命于成汤，以讨灭有夏也。

吕氏曰，虽闾巷之人，岂无人欲少醒，耳目清明之顷乎。惟其介然之蹊，旋复堙塞，所以泯然众人也。至于桀纣，则终日昏酣，未尝知警，天理几乎息矣。

"罔丕惟进之恭"，此句难解，若如蔡说，则本文"之"字须作"于"字始通。

22.（清）库勒纳等撰《日讲书经解义》卷十《周书·多方》

（归善斋按，另见"惟五月丁亥，王来自奄，至于宗周"）

惟帝降格于夏，有夏诞厥逸不肯戚言于民，乃大淫昏，不克终日劝于帝之迪，乃尔攸闻。厥图帝之命，不克开于民之丽，乃大降罚，崇乱有夏，因甲于内乱。不克灵承于旅，罔丕惟进之恭，洪舒于民。亦惟有夏之民，叨懫日钦，劓割夏邑。

此二节书是，言夏之所以失天命，使殷民因桀而知纣也。格，正也。诞，大也。戚，忧也。劝，勉也。迪，启迪也。丽，犹"依"也，民之丽，谓民所依以生者也。崇，增也。甲，始也。灵，善也。旅，众也。舒，宽裕也。叨，贪；叨懫，忿懫也。劓割，戕害也。成王曰，尔殷民欲知天命，岂不闻夏殷之际乎。昔夏王桀无道，上帝未忍遽绝之，降示灾异以谴告，格正于桀。桀不知恐惧修省，大肆逸乐，尚不肯出忧民之言于口，况望其有忧民之实政耶。然而日用、动静，莫非上帝所以启迪斯人者，桀虽纵逸，未必无一念之明，苟能稍自劝勉，则天心犹可回也。乃大淫乱昏迷，即终日之暂不能劝勉于上帝之所启迪，况望其循乎天理久而不违耶。桀惟殃民、逆天如此，故天命去之。乃尔殷民所常闻者也。且祈天之道，在于爱民，桀以私意，图度帝命，谓吾有天下如天之有日，不能开下民衣食之源，横征暴敛，塞绝民所依丽之生理，又大降刑罚以增乱于夏国。推其所因，则始于内嬖妹喜，惑乱其心，故不能善承其众而同民好恶也。又无能大进贤人而敬用之，使大布宽舒之泽于其民，亦惟夏民之贪叨酷懫者，日加钦礼尊用，恣其戕害于夏邑，是桀之失民心，即自失其天命而已矣。要之，夏桀内惑女宠，外任小人，皆由一念昏逸所致。然则，人主诚民以格天，宁有外于清心寡欲，亲贤远佞者与。

（元）王充耘《读书管见》卷下《多方》

洪惟图天之命，弗永寅念于祀。

"洪惟图天之命，弗永寅念于祀"，与上文不相蒙，而与"尔辟以尔多方，大淫图天之命，屑有辞"相类，疑即指夏桀，此处必有阙错，不可强通。

（明）马明衡《尚书疑义》卷六《周书·多方》

（归善斋按，见"惟尔殷侯尹民，我惟大降尔命，尔罔不知"）

有夏诞厥逸，不肯戚言于民

1.（汉）孔氏传、（唐）陆德明音义、孔颖达疏《尚书注疏》卷十六《周书·多方》

有夏诞厥逸，不肯戚言于民。

传，有夏桀不畏天戒，而大其逸豫，不肯忧言于民，无忧民之言。

疏，正义曰，而有夏桀不畏天命，乃大其逸豫，不肯忧言于民。

2.（宋）苏轼《书传》卷十四《周书·多方第二十》

（归善斋按，见"洪惟图天之命，弗永寅念于祀，惟帝降格于夏"）

3.（宋）林之奇《尚书全解》卷三十二《周书·多方》

（归善斋按，见"成王归自奄"）

4.（宋）史浩《尚书讲义》卷十六《周书·多方》

（归善斋按，见"惟五月丁亥，王来自奄，至于宗周"）

5.（宋）夏僎《尚书详解》卷二十《周书·多方》

（归善斋按，见"洪惟图天之命，弗永寅念于祀，惟帝降格于夏"）

6.（宋）时澜《增修东莱书说》卷二十八《周书·多方第二十》

（归善斋按，见"惟尔殷侯尹民，我惟大降尔命，尔罔不知"）

7.（宋）黄度《尚书说》卷六《周书·多方》

（归善斋按，见"洪惟图天之命，弗永寅念于祀，惟帝降格于夏"）

8.（宋）袁燮《絜斋家塾书钞》

(归善斋按，无此篇)

9.（宋）蔡沈《书经集传》卷五《周书·多方》

(归善斋按，见"洪惟图天之命，弗永寅念于祀，惟帝降格于夏")

10.（宋）黄伦《尚书精义》卷四十二《周书·多方》

(归善斋按，见"洪惟图天之命，弗永寅念于祀，惟帝降格于夏")

11.（宋）陈经《尚书详解》卷三十八《周书·多方》

(归善斋按，见"洪惟图天之命，弗永寅念于祀，惟帝降格于夏")

12.（宋）钱时《融堂书解》卷十六《周书·多方》

(归善斋按，见"惟五月丁亥，王来自奄，至于宗周")

13.（宋）魏了翁《尚书要义》卷十六《周书·君奭、蔡仲、多方》

(归善斋按，未引)

14.（宋）陈大猷《书集传或问》卷下《周书·多方》

(归善斋按，未解)

15.（宋）胡士行《尚书详解》卷十《周书·多方第二十》

(归善斋按，见"成王归自奄")

16.（元）吴澄《书纂言》卷四下《周书·多方》

(归善斋按，见"洪惟图天之命，弗永寅念于祀，惟帝降格于夏")

17.（元）陈栎《书集传纂疏》卷五《朱子订定蔡氏集传·周书·多方》

（归善斋按，见"洪惟图天之命，弗永寅念于祀，惟帝降格于夏"）

18.（元）许谦《读书丛说》卷六《周书·多方》

（归善斋按，未解）

19.（元）董鼎《书传辑录纂注》卷五《周书·多方》

（归善斋按，见"洪惟图天之命，弗永寅念于祀，惟帝降格于夏"）

20.（元）朱祖义《尚书句解》卷十《周书·多方第二十》

有夏诞厥逸（夏桀大为逸乐）不肯戚言于民（不肯出忧戚之言于民）。

21.（明）王樵《尚书日记》卷十四《周书·多方》

（归善斋按，见"洪惟图天之命，弗永寅念于祀，惟帝降格于夏"）

22.（清）库勒纳等撰《日讲书经解义》卷十《周书·多方》

（归善斋按，见"洪惟图天之命，弗永寅念于祀，惟帝降格于夏"）

乃大淫昏，不克终日，劝于帝之迪

1.（汉）孔氏传、（唐）陆德明音义、孔颖达疏《尚书注疏》卷十六《周书·多方》

乃大淫昏，不克终日，劝于帝之迪。
传，言桀乃大为过昏之行，不能终日劝于天之道。

音义，迪，徒历反，马本作"攸"，云所也。行，下孟反。

疏，正义曰，惟乃自乐其身，无忧民之言，夏桀乃复大为淫昏之行，不能终竟一日，勉于天之道，言不能一日行天道也。

2. （宋）苏轼《书传》卷十四《周书·多方第二十》

乃大淫昏，不克终日劝于帝之迪。

桀未尝肯以一日之力，勉行顺天之道。

3. （宋）林之奇《尚书全解》卷三十二《周书·多方》

(归善斋按，见"成王归自奄")

4. （宋）史浩《尚书讲义》卷十六《周书·多方》

(归善斋按，见"惟五月丁亥，王来自奄，至于宗周")

5. （宋）夏僎《尚书详解》卷二十《周书·多方》

(归善斋按，见"洪惟图天之命，弗永寅念于祀，惟帝降格于夏")

6. （宋）时澜《增修东莱书说》卷二十八《周书·多方第二十》

(归善斋按，见"惟尔殷侯尹民，我惟大降尔命，尔罔不知")

7. （宋）黄度《尚书说》卷六《周书·多方》

(归善斋按，见"洪惟图天之命，弗永寅念于祀，惟帝降格于夏")

8. （宋）袁燮《絜斋家塾书钞》

(归善斋按，无此篇)

9. （宋）蔡沈《书经集传》卷五《周书·多方》

(归善斋按，见"洪惟图天之命，弗永寅念于祀，惟帝降格于夏")

10.（宋）黄伦《尚书精义》卷四十二《周书·多方》

（归善斋按，见"洪惟图天之命，弗永寅念于祀，惟帝降格于夏"）

11.（宋）陈经《尚书详解》卷三十八《周书·多方》

（归善斋按，见"洪惟图天之命，弗永寅念于祀，惟帝降格于夏"）

12.（宋）钱时《融堂书解》卷十六《周书·多方》

（归善斋按，见"惟五月丁亥，王来自奄，至于宗周"）

13.（宋）魏了翁《尚书要义》卷十六《周书·君奭、蔡仲、多方》

三十九、桀不克终日劝于帝之迪。

"乃大淫昏，不克终日劝于帝之迪"，言桀乃大为过昏之行，不能终日劝于天之道。

14.（宋）陈大猷《书集传或问》卷下《周书·多方》

（归善斋按，未解）

15.（宋）胡士行《尚书详解》卷十《周书·多方第二十》

（归善斋按，见"成王归自奄"）

16.（元）吴澄《书纂言》卷四下《周书·多方》

（归善斋按，见"洪惟图天之命，弗永寅念于祀，惟帝降格于夏"）

17.（元）陈栎《书集传纂疏》卷五《朱子订定蔡氏集传·周书·多方》

（归善斋按，见"洪惟图天之命，弗永寅念于祀，惟帝降格于夏"）

18.（元）许谦《读书丛说》卷六《周书·多方》

（归善斋按，未解）

19．（元）董鼎《书传辑录纂注》卷五《周书·多方》

(归善斋按，见"洪惟图天之命，弗永寅念于祀，惟帝降格于夏")

20．（元）朱祖义《尚书句解》卷十《周书·多方第二十》

乃大淫昏（乃大淫乱昏蒙）不克终日劝于帝之迪（不能终一日勉行天道）

21．（明）王樵《尚书日记》卷十四《周书·多方》

(归善斋按，见"洪惟图天之命，弗永寅念于祀，惟帝降格于夏")

22．（清）库勒纳等撰《日讲书经解义》卷十《周书·多方》

(归善斋按，见"洪惟图天之命，弗永寅念于祀，惟帝降格于夏")

（明）梅鷟《尚书考异》卷五《多方》

不克终日，劝于帝之攸。
马本如此，攸，所也，晋人作"迪"。

（明）马明衡《尚书疑义》卷六《周书·多方》

"不克终日劝于帝之迪"者，古人终日钦钦，对越上帝，所行无非天之道，所谓"帝之迪"也。今终日反是。

乃尔攸闻

1．（汉）孔氏传、（唐）陆德明音义、孔颖达疏《尚书注疏》卷十六《周书·多方》

乃尔攸闻。

传，言桀之恶，乃汝所闻。

疏，正义曰，桀之此恶，乃是汝之所闻，言不虚也。

2.（宋）苏轼《书传》卷十四《周书·多方第二十》

乃尔攸闻，厥图帝之命，不克开于民之丽。

丽，著也，奠民之居，王政之本。民不土著，虽尧舜不能使无乱。桀之所以徼福于天者，皆非其道，未尝开衣食之源，以定民居也。

3.（宋）林之奇《尚书全解》卷三十二《周书·多方》

（归善斋按，见"成王归自奄"）

4.（宋）史浩《尚书讲义》卷十六《周书·多方》

（归善斋按，见"惟五月丁亥，王来自奄，至于宗周"）

5.（宋）夏僎《尚书详解》卷二十《周书·多方》

（归善斋按，见"洪惟图天之命，弗永寅念于祀，惟帝降格于夏"）

6.（宋）时澜《增修东莱书说》卷二十八《周书·多方第二十》

（归善斋按，见"惟尔殷侯尹民，我惟大降尔命，尔罔不知"）

7.（宋）黄度《尚书说》卷六《周书·多方》

（归善斋按，见"洪惟图天之命，弗永寅念于祀，惟帝降格于夏"）

8.（宋）袁燮《絜斋家塾书钞》

（归善斋按，无此篇）

9.（宋）蔡沈《书经集传》卷五《周书·多方》

（归善斋按，见"洪惟图天之命，弗永寅念于祀，惟帝降格于夏"）

10.（宋）黄伦《尚书精义》卷四十二《周书·多方》

(归善斋按,见"洪惟图天之命,弗永寅念于祀,惟帝降格于夏")

11.（宋）陈经《尚书详解》卷三十八《周书·多方》

(归善斋按,见"洪惟图天之命,弗永寅念于祀,惟帝降格于夏")

12.（宋）钱时《融堂书解》卷十六《周书·多方》

(归善斋按,见"惟五月丁亥,王来自奄,至于宗周")

13.（宋）魏了翁《尚书要义》卷十六《周书·君奭、蔡仲、多方》

(归善斋按,未引)

14.（宋）陈大猷《书集传或问》卷下《周书·多方》

(归善斋按,未解)

15.（宋）胡士行《尚书详解》卷十《周书·多方第二十》

(归善斋按,见"成王归自奄")

16.（元）吴澄《书纂言》卷四下《周书·多方》

(归善斋按,见"洪惟图天之命,弗永寅念于祀,惟帝降格于夏")

17.（元）陈栎《书集传纂疏》卷五《朱子订定蔡氏集传·周书·多方》

(归善斋按,见"洪惟图天之命,弗永寅念于祀,惟帝降格于夏")

18.（元）许谦《读书丛说》卷六《周书·多方》

(归善斋按,未解)

19.（元）董鼎《书传辑录纂注》卷五《周书·多方》

（归善斋按，见"洪惟图天之命，弗永寅念于祀，惟帝降格于夏"）

20.（元）朱祖义《尚书句解》卷十《周书·多方第二十》

乃尔攸闻（此有夏之德乃尔之所闻）。

21.（明）王樵《尚书日记》卷十四《周书·多方》

（归善斋按，见"洪惟图天之命，弗永寅念于祀，惟帝降格于夏"）

22.（清）库勒纳等撰《日讲书经解义》卷十《周书·多方》

（归善斋按，见"洪惟图天之命，弗永寅念于祀，惟帝降格于夏"）

厥图帝之命，不克开于民之丽

1.（汉）孔氏传、（唐）陆德明音义、孔颖达疏《尚书注疏》卷十六《周书·多方》

厥图帝之命，不克开于民之丽。
传，桀其谋天之命，不能开于民所施政教。丽，施也，言昏昧。
音义，丽，力驰反。
疏，正义曰，又言桀恶，桀其谋天之命，不能开发于民之所施政教，正谓不能开发善政，以施于民。

2.（宋）苏轼《书传》卷十四《周书·多方第二十》

（归善斋按，见"乃尔攸闻"）

3.（宋）林之奇《尚书全解》卷三十二《周书·多方》

(归善斋按，见"成王归自奄")

4.（宋）史浩《尚书讲义》卷十六《周书·多方》

(归善斋按，见"惟五月丁亥，王来自奄，至于宗周")

5.（宋）夏僎《尚书详解》卷二十《周书·多方》

(归善斋按，见"洪惟图天之命，弗永寅念于祀，惟帝降格于夏")

6.（宋）时澜《增修东莱书说》卷二十八《周书·多方第二十》

(归善斋按，见"惟尔殷侯尹民，我惟大降尔命，尔罔不知")

7.（宋）黄度《尚书说》卷六《周书·多方》

厥图帝之命，不克开于民之丽，乃大降罚，崇乱有夏，因甲于内乱，不克灵承于旅，罔丕惟进之恭，洪舒于民，亦惟有夏之民，叨懫日钦劓割夏邑。

丽，附也。民附有德而闭塞之，乃大降刑罚，崇乱中国。甲，始也。乱自内始。自其都邑，遂及四方。不克善承于众，乃益无忌惮，无能大进恭敬，而大舒慢于民，亦惟其国之贪叨忿懫者，钦崇之，使劓割夏邑。

8.（宋）袁燮《絜斋家塾书钞》

(归善斋按，无此篇)

9.（宋）蔡沈《书经集传》卷五《周书·多方》

厥图帝之命，不克开于民之丽，乃大降罚，崇乱有夏，因甲于内乱，不克灵承于旅，罔丕惟进之恭，洪舒于民，亦惟有夏之民，叨懫日钦，劓割夏邑。

叨，他刀反；懫，陟利反。此章文多未详。丽，犹"日月丽乎"。天之丽,谓民之所依以生者也,依于土,依于衣食之类。甲,始也。言桀矫诬上天,图度帝命,不能开民衣食之原,于民依恃以生者,一皆抑塞遏绝之,犹乃大降威虐于民,以增乱其国。其所因,则始于内斁蛊其心,败其家,不能善承其众,不能大进于恭,而大宽裕其民,亦惟夏邑之民,贪叨忿懫者,则日钦崇而尊用之,以戕害于其国也。

10. (宋) 黄伦《尚书精义》卷四十二《周书·多方》

(归善斋按,见"洪惟图天之命,弗永寅念于祀,惟帝降格于夏")

11. (宋) 陈经《尚书详解》卷三十八《周书·多方》

(归善斋按,见"洪惟图天之命,弗永寅念于祀,惟帝降格于夏")

12. (宋) 钱时《融堂书解》卷十六《周书·多方》

(归善斋按,见"惟五月丁亥,王来自奄,至于宗周")

13. (宋) 魏了翁《尚书要义》卷十六《周书·君奭、蔡仲、多方》

(归善斋按,未引)

14. (宋) 陈大猷《书集传或问》卷下《周书·多方》

(归善斋按,未解)

15. (宋) 胡士行《尚书详解》卷十《周书·多方第二十》

(归善斋按,见"成王归自奄")

16. (元) 吴澄《书纂言》卷四下《周书·多方》

(归善斋按,见"洪惟图天之命,弗永寅念于祀,惟帝降格于夏")

17.（元）陈栎《书集传纂疏》卷五《朱子订定蔡氏集传·周书·多方》

厥图帝之命，不克开于民之丽，乃大降罚，崇乱有夏，因甲于内乱，不克灵承于旅，罔丕惟进之恭，洪舒于民，亦惟有夏之民，叨懫日钦，劓割夏邑。

此章文多未详。丽，犹"日月丽乎"。天之丽，谓民之所依以生者也，依于土，依于衣食之类。甲，始也。言桀矫诬上天，图度帝命，不能开民衣食之原，于民依恃以生者，一皆抑塞遏绝之，犹乃大降威虐于民，以增乱其国。其所因，则始于内嬖蛊其心，败其家，不能善承其众，不能大进于恭，而大宽裕其民。亦惟夏邑之民，贪叨忿懫者，则日钦崇而尊用之，以戕害于其国也。

纂疏：

孔氏曰，丽，音黎，施也。不能开于民之所施政教。

苏氏曰，丽，着也，直略反。奠民之居，王政之本，民不土著，难使不乱。桀不开衣食之源，以定民居也。

叶氏曰，丽，附于罪法也。古者治狱，以附罪为丽，故《秋官》称"各丽其法以议狱讼"。开，明也，不能明于民之附法者，而大降之罚。

愚案，开于民之丽众说，惟叶氏的当。既与"乃大降罚"相贯，又与下文"慎厥丽，乃劝厥民，刑用劝"等语皆相应。

吕氏曰，原其所因，盖始于内乱妹喜之嬖是也。蛊其心，败其家，然后流毒于国与天下，探其根而言之。

18.（元）许谦《读书丛说》卷六《周书·多方》

（归善斋按，未解）

19.（元）董鼎《书传辑录纂注》卷五《周书·多方》

厥图帝之命，不克开于民之丽，乃大降罚，崇乱有夏，因甲于内乱，不克灵承于旅，罔丕惟进之恭，洪舒于民。亦惟有夏之民，叨懫日钦，劓割夏邑。

此章文多未详。丽，犹"日月丽乎"，天之丽，谓民之所依以生者也，依于土，依于衣食之类。甲，始也。言桀矫诬上天，图度帝命，不能开民衣食之原。于民依恃以生者，一皆抑塞遏绝之，犹乃大降威虐于民，以增乱其国。其所因，则始于内嬖，蛊其心，败其家，不能善承其众，不能大进于恭，而大宽裕其民。亦惟夏邑之民，贪叨忿愤者，则日钦崇而尊用之，以戕害于其国也。

纂注：

孔氏曰，丽，音栗，施也。不能开于民之所施政。

苏氏曰，丽，着也。奠民之居，王政之本。民不土著，虽尧舜不能使之不乱。桀不开衣食之源，以定民居也。

叶氏曰，丽附于罪法也。古者治狱，以附罪为丽，故《秋官》称"各丽其法以议狱讼"。开，明也。不克开于民之附法者，而大降之罚。

新安陈氏曰，"开于民之丽"其说不一。叶氏较优，既与"乃大降罚"相入，又与下文"慎厥丽，乃劝厥民，刑用劝"皆相应。

吕氏曰，原其所因，盖始于内乱，妹喜之孽是也。

20.（元）朱祖义《尚书句解》卷十《周书·多方第二十》

厥图帝之命（桀亦以己意，图度天命，谓天命必在于己），不克开于民之丽（乃不能开示民之所附丽者，盖君仁则仁，君义则义。君之所行，即民之所附丽者也。丽，离）。

21.（明）王樵《尚书日记》卷十四《周书·多方》

（归善斋按，见"洪惟图天之命，弗永寅念于祀，惟帝降格于夏"）

22.（清）库勒纳等撰《日讲书经解义》卷十《周书·多方》

（归善斋按，见"洪惟图天之命，弗永寅念于祀，惟帝降格于夏"）

乃大降罚，崇乱有夏，因甲于内乱

1.（汉）孔氏传、（唐）陆德明音义、孔颖达疏《尚书注疏》卷十六《周书·多方》

乃大降罚，崇乱有夏，因甲于内乱。

传，桀乃大下罚于民，重乱有夏，言残虐，外不忧民，内不勤德，因甲于二乱之内，言昏甚。

音义，重，直用反，又直龙反。

疏，正义曰，又桀乃大下罪罚于民，重乱有夏之国，外不忧民，内不勤德，因复甲于二者之内，为乱之行。

传正义曰，《释诂》云"崇，重也"。桀既为恶政，无以悛改，乃复大下罪罚于民，重乱有夏之国，言其残虐大也。夹，声近"甲"，古人"甲"与"夹"通用，夹于二事之内，而为乱行，故传以二事充之，外不忧民，内不勤德。桀身夹于二乱之内，言其昏暗甚也。郑、王皆以"甲"为"狎"。王云，狎习灾异于内外为祸乱。郑云，习为鸟兽之行，于内为淫乱，与孔异也。

2.（宋）苏轼《书传》卷十四《周书·多方第二十》

乃大降罚，崇乱有夏，因甲于内乱。
甲，始也，乱自内起。

3.（宋）林之奇《尚书全解》卷三十二《周书·多方》

（归善斋按，见"成王归自奄"）

4.（宋）史浩《尚书讲义》卷十六《周书·多方》

（归善斋按，见"惟五月丁亥，王来自奄，至于宗周"）

5. （宋）夏僎《尚书详解》卷二十《周书·多方》

（归善斋按，见"洪惟图天之命，弗永寅念于祀，惟帝降格于夏"）

6. （宋）时澜《增修东莱书说》卷二十八《周书·多方第二十》

（归善斋按，见"惟尔殷侯尹民，我惟大降尔命，尔罔不知"）

7. （宋）黄度《尚书说》卷六《周书·多方》

（归善斋按，见"厥图帝之命，不克开于民之丽"）

8. （宋）袁燮《絜斋家塾书钞》

（归善斋按，无此篇）

9. （宋）蔡沈《书经集传》卷五《周书·多方》

（归善斋按，见"厥图帝之命，不克开于民之丽"）

10. （宋）黄伦《尚书精义》卷四十二《周书·多方》

乃大降罚，崇乱有夏因，甲于内乱，不克灵承于旅，罔丕惟进之恭，洪舒于民，亦惟有夏之民，叨懫日钦，劓割夏邑。

无垢曰，承民，旅，众也。桀既内乱，不自知己之有善，安能知天下之善。孟子见性善，俯视天下之人，无不与我同此善者，因以性善之说，为天下倡，使人皆以圣贤为归。

又曰，夫人，内定则外恭。譬如形声影响之符也。桀既内乱，所以不能大进于恭，而怠惰弛慢，无所不至矣，故放肆于民也。

又曰，有夏之民，果何罪哉，因桀内乱，不识忠厚廉靖之士，故其所钦者，皆贪叨懫愤之人。贪叨者，多刻剥；懫愤者，多残虐。以刻剥残虐之人，在民之上，故日啖民之膏血，而不恤也。

张氏曰，因甲于内乱者，崇乱有夏，则其乱者，外也。外乱必自内始，故曰因甲于内乱。甲于十干为始。甲于内乱者，自桀而始也。

吕氏曰，桀方且大降威罚，崇长其乱于有夏。其乱日日增长，无时而已。然桀之所以崇长其恶于有夏者，其根本则始于内乱。何故，其先家道之不正，一个昏纵，本根既溃，乱自此以出，无不乱。

11.（宋）陈经《尚书详解》卷三十八《周书·多方》

（归善斋按，见"洪惟图天之命，弗永寅念于祀，惟帝降格于夏"）

12.（宋）钱时《融堂书解》卷十六《周书·多方》

（归善斋按，见"惟五月丁亥，王来自奄，至于宗周"）

13.（宋）魏了翁《尚书要义》卷十六《周书·君奭、蔡仲、多方》

四十、因甲于内乱，传意，甲、夹通。郑，王为狎。

桀既为恶政，无以悛改，乃复大下罪于民，重乱有夏之国。言其残虐大也。夹，声近甲，古人甲与夹通用。夹于一事之内，而为乱行，故传以二事充之。外不扰民，内不动德。桀身夹于二乱之内，言其昏暗甚也。郑、王皆以甲为狎。王云，狎习灾异于内，外为祸乱。郑云。习为鸟兽之行，于内为淫乱，与孔异也。

14.（宋）陈大猷《书集传或问》卷下《周书·多方》

（归善斋按，未解）

15.（宋）胡士行《尚书详解》卷十《周书·多方第二十》

（归善斋按，见"成王归自奄"）

16.（元）吴澄《书纂言》卷四下《周书·多方》

（归善斋按，见"洪惟图天之命，弗永寅念于祀，惟帝降格于夏"）

17. （元）陈栎《书集传纂疏》卷五《朱子订定蔡氏集传·周书·多方》

（归善斋按，见"厥图帝之命，不克开于民之丽"）

18. （元）许谦《读书丛说》卷六《周书·多方》

（归善斋按，未解）

19. （元）董鼎《书传辑录纂注》卷五《周书·多方》

（归善斋按，见"厥图帝之命，不克开于民之丽"）

20. （元）朱祖义《尚书句解》卷十《周书·多方第二十》

乃大降罚（乃大下刑罚之威），崇乱有夏（以增重其乱于有夏之国），因甲于内乱（天下乱因始于内先乱）。

21. （明）王樵《尚书日记》卷十四《周书·多方》

（归善斋按，见"洪惟图天之命，弗永寅念于祀，惟帝降格于夏"）

22. （清）库勒纳等撰《日讲书经解义》卷十《周书·多方》

（归善斋按，见"洪惟图天之命，弗永寅念于祀，惟帝降格于夏"）

（明）梅鷟《尚书考异》卷五《多方》

因甲于内乱。

郑、王皆以"甲"为"狎"。王云，狎，习灾异于内外，为祸乱。郑云，习为鸟兽之行于内，为淫乱。晋人伪传曰，外不忧民，内不勤德，因甲于二乱之内。正义曰，甲，声近夹。古人"甲"与"夹"通用。夹于二事之间。而为乱行也。

（清）朱鹤龄《尚书埤传》卷十三《周书·多方》

内乱。

内乱，东莱谓，妹喜之孽是也。郑玄云，习为鸟兽之行，于内为淫乱。此无稽。王应麟曰，《吕氏春秋》伊尹奔夏三年，反报于亳曰，桀迷惑于妹喜，好彼琬琰。按《竹书纪年》云，桀伐岷山，得二女，曰琬，曰琰，斫其名于苕、华之玉。苕是琬，华是琰。

（清）王夫之《尚书稗疏》卷四下《周书·多方》

甲于内乱。

甲，谓草木初生之萌，许慎曰，木带孚甲之象，内乱如木之萌甲，渐发而不已，故曰"甲于内乱（旧注未悉）"。

不克灵承于旅，罔丕惟进之恭，洪舒于民

1. （汉）孔氏传、（唐）陆德明音义、孔颖达疏《尚书注疏》卷十六《周书·多方》

不克灵承于旅，罔丕惟进之恭，洪舒于民。

传，言桀不能善奉于人众，无大惟进恭德，而大舒惰于治民。

疏，正义曰，桀不能以善道，奉承于众民，无大惟进之恭德，而大舒惰于民，言桀不能进行恭德，而舒惰于治民。

传正义曰，民当奉主，而责桀不能善奉于民众者，君之奉民，谓设美政于民也。以善奉民当敬以循之，不敢懈惰。桀乃无大惟进于恭德，而大舒缓懈惰于治民，令民益困，而政益乱也。《礼记》云，"言悖而出，亦悖而入"。桀既不忧于民，故民亦违逆桀命，为贪饕忿愤之行。

2. （宋）苏轼《书传》卷十四《周书·多方第二十》

不克灵承于旅，罔丕惟进之恭，洪舒于民。

古者谓大祭祀曰"旅"，言不能承祀天地鬼神，又不知进德之恭，而大慢于民也。

3.（宋）林之奇《尚书全解》卷三十二《周书·多方》

（归善斋按，见"成王归自奄"）

4.（宋）史浩《尚书讲义》卷十六《周书·多方》

（归善斋按，见"惟五月丁亥，王来自奄，至于宗周"）

5.（宋）夏僎《尚书详解》卷二十《周书·多方》

（归善斋按，见"洪惟图天之命，弗永寅念于祀，惟帝降格于夏"）

6.（宋）时澜《增修东莱书说》卷二十八《周书·多方第二十》

（归善斋按，见"惟尔殷侯尹民，我惟大降尔命，尔罔不知"）

7.（宋）黄度《尚书说》卷六《周书·多方》

（归善斋按，见"厥图帝之命，不克开于民之丽"）

8.（宋）袁燮《絜斋家塾书钞》

（归善斋按，无此篇）

9.（宋）蔡沈《书经集传》卷五《周书·多方》

（归善斋按，见"厥图帝之命，不克开于民之丽"）

10.（宋）黄伦《尚书精义》卷四十二《周书·多方》

（归善斋按，见"乃大降罚，崇乱有夏，因甲于内乱"）

11.（宋）陈经《尚书详解》卷三十八《周书·多方》

（归善斋按，见"洪惟图天之命，弗永寅念于祀，惟帝降格于夏"）

12.（宋）钱时《融堂书解》卷十六《周书·多方》

（归善斋按，见"惟五月丁亥，王来自奄，至于宗周"）

13.（宋）魏了翁《尚书要义》卷十六《周书·君奭、蔡仲、多方》

（归善斋按，未引）

14.（宋）陈大猷《书集传或问》卷下《周书·多方》

（归善斋按，未解）

15.（宋）胡士行《尚书详解》卷十《周书·多方第二十》

（归善斋按，见"成王归自奄"）

16.（元）吴澄《书纂言》卷四下《周书·多方》

（归善斋按，见"洪惟图天之命，弗永寅念于祀，惟帝降格于夏"）

17.（元）陈栎《书集传纂疏》卷五《朱子订定蔡氏集传·周书·多方》

（归善斋按，见"厥图帝之命，不克开于民之丽"）

18.（元）许谦《读书丛说》卷六《周书·多方》

（归善斋按，未解）

19.（元）董鼎《书传辑录纂注》卷五《周书·多方》

（归善斋按，见"厥图帝之命，不克开于民之丽"）

20.（元）朱祖义《尚书句解》卷十《周书·多方第二十》

不克灵承于旅（不能以善道承顺众民，使趋于善），罔丕惟进之恭，洪舒于民（不能大惟进用恭德之人，以大舒缓于天下之民，谓迫促之也）。

21.（明）王樵《尚书日记》卷十四《周书·多方》

（归善斋按，见"洪惟图天之命，弗永寅念于祀，惟帝降格于夏"）

22.（清）库勒纳等撰《日讲书经解义》卷十《周书·多方》

（归善斋按，见"洪惟图天之命，弗永寅念于祀，惟帝降格于夏"）

亦惟有夏之民，叨懫日钦，劓割夏邑

1.（汉）孔氏传、（唐）陆德明音义、孔颖达疏《尚书注疏》卷十六《周书·多方》

亦惟有夏之民，叨懫日钦，劓割夏邑。

传，桀洪舒于民，故亦惟有夏之民，贪叨忿懫，而逆命，于是桀日尊敬其能劓割夏邑者，谓残贼臣。

音义，懫，敕二反，《说文》，之二反。劓，鱼器反。

疏，正义曰，桀既舒惰于民，故亦惟有夏之民，贪饕忿懫，而违逆桀命。于是，桀日日尊敬残贼之臣，能劓割夏邑者任用之，使威服下民也。

传正义曰，文十八年《左传》云"缙云氏有不才子，贪于饮食，冒于货贿，天下之民谓之饕餮"，说者皆言贪财为饕，贪食为餮。饕，即叨也。叨餮，谓贪财、贪食也。忿懫，言忿怒违理也。民既如此，桀无如之何，惟日日尊敬其能劓割夏邑者，谓性能残贼者任用之。

2.（宋）苏轼《书传》卷十四《周书·多方第二十》

亦惟有夏之民，叨懫日钦，劓割夏色。

叨，贪也。懫，忿也。尊用此人，使劓割夏邑。

3．（宋）林之奇《尚书全解》卷三十二《周书·多方》

(归善斋按，见"成王归自奄")

4．（宋）史浩《尚书讲义》卷十六《周书·多方》

(归善斋按，见"惟五月丁亥，王来自奄，至于宗周")

5．（宋）夏僎《尚书详解》卷二十《周书·多方》

(归善斋按，见"洪惟图天之命，弗永寅念于祀，惟帝降格于夏")

6．（宋）时澜《增修东莱书说》卷二十八《周书·多方第二十》

(归善斋按，见"惟尔殷侯尹民，我惟大降尔命，尔罔不知")

7．（宋）黄度《尚书说》卷六《周书·多方》

(归善斋按，见"厥图帝之命，不克开于民之丽")

8．（宋）袁燮《絜斋家塾书钞》

(归善斋按，无此篇)

9．（宋）蔡沈《书经集传》卷五《周书·多方》

(归善斋按，见"厥图帝之命，不克开于民之丽")

10．（宋）黄伦《尚书精义》卷四十二《周书·多方》

(归善斋按，见"乃大降罚，崇乱有夏，因甲于内乱")

11．（宋）陈经《尚书详解》卷三十八《周书·多方》

(归善斋按，见"洪惟图天之命，弗永寅念于祀，惟帝降格于夏")

12．（宋）钱时《融堂书解》卷十六《周书·多方》

(归善斋按，见"惟五月丁亥，王来自奄，至于宗周")

13.（宋）魏了翁《尚书要义》卷十六《周书·君奭、蔡仲、多方》

（归善斋按，未引）

14.（宋）陈大猷《书集传或问》卷下《周书·多方》

（归善斋按，未解）

15.（宋）胡士行《尚书详解》卷十《周书·多方第二十》

（归善斋按，见"成王归自奄"）

16.（元）吴澄《书纂言》卷四下《周书·多方》

（归善斋按，见"洪惟图天之命，弗永寅念于祀，惟帝降格于夏"）

17.（元）陈栎《书集传纂疏》卷五《朱子订定蔡氏集传·周书·多方》

（归善斋按，见"厥图帝之命，不克开于民之丽"）

18.（元）许谦《读书丛说》卷六《周书·多方》

（归善斋按，未解）

19.（元）董鼎《书传辑录纂注》卷五《周书·多方》

（归善斋按，见"厥图帝之命，不克开于民之丽"）

20.（元）朱祖义《尚书句解》卷十《周书·多方第二十》

亦惟有夏之民，叨懫日钦（桀于有夏之民，凡贪叨而愤懫者，日日而钦敬之。叨，饕；懫，致），劓割夏邑（使之在位，在职，割害天下，如劓鼻然。劓，义）。

21.（明）王樵《尚书日记》卷十四《周书·多方》

(归善斋按，见"洪惟图天之命，弗永寅念于祀，惟帝降格于夏")

22.（清）库勒纳等撰《日讲书经解义》卷十《周书·多方》

(归善斋按，见"洪惟图天之命，弗永寅念于祀，惟帝降格于夏")

天惟时求民主，乃大降显休命于成汤

1.（汉）孔氏传、（唐）陆德明音义、孔颖达疏《尚书注疏》卷十六《周书·多方》

天惟时求民主，乃大降显休命于成汤。
传，天惟是桀恶，故更求民主以代之，大下明美之命于成汤，使王天下。

2.（宋）苏轼《书传》卷十四《周书·多方第二十》

天惟时求民主，乃大降显休命于成汤，刑殄有夏，惟天不畀纯。
不与桀者，亦大矣。

3.（宋）林之奇《尚书全解》卷三十二《周书·多方》

(归善斋按，见"成王归自奄")

4.（宋）史浩《尚书讲义》卷十六《周书·多方》

(归善斋按，见"惟五月丁亥，王来自奄，至于宗周")

5.（宋）夏僎《尚书详解》卷二十《周书·多方》

天惟时求民主，乃大降显休命于成汤，刑殄有夏。惟天不畀纯，乃惟

1173

以尔多方之义民，不克永于多享。惟夏之恭多士，大不克明保享于民，乃胥惟虐于民，至于百为，大不克开。乃惟成汤克以尔多方，简代夏作民主，慎厥丽，乃劝厥民，刑用劝。以至于帝乙，罔不明德慎罚，亦克用劝。要囚，殄戮多罪，亦克用劝；开释无辜，亦克用劝。今至于尔辟，弗克以尔多方，享天之命。

成王上既言桀之恶如此，遂言汤之所兴。谓桀之罪恶如此，天惟是之故，遂别为求民之主者，乃大下其显然休美之命于成汤，使用刑以殄灭有夏之命，则天之不畀于夏者，亦纯一而不变矣。成王言桀之所以亡，与汤之所以兴者，既至矣，自此以下，又言桀之亡，非惟桀自稔恶，而所与共治臣亦同恶相济，故言"乃惟以尔多方之义民，不克永于多享"，谓桀之用尔多方有义之民，则易以斥绝，不能长久与之多享于民工，谓不使之久于其位也。而桀所恭敬之众士，则大不能于保享之道，谓徒安受宠荣于民工，不能明其所以治民之道，乃相与为暴虐之事，以加于民，甚至百端所为，皆不能开明，谓事事暗昧也。惟桀所为既如彼，而一时之臣所为又如此，是故成汤之兴，遂能用多方而大伐于夏桀，代为民之主。所谓用尔多方，犹言仗尔多方之力，以有天下也。此下遂言汤之治民，与其后世诸王亦能治民，遂能长保天下。至纣不道，所以又失也。成王谓，成汤惟能慎其所附丽者，以为民之劝，故其民遂取法于汤，亦用至于劝然，非特汤而已。后虽至于帝乙，其间诸王，亦无不明显其德，谨慎其罚，谓以德为上，而不敢轻于用罚，故亦能用至于劝。非惟明德谨罚，能致民之劝。虽要察囚辟，取有罪者殄绝而刑戮之，亦能用致于劝。复取其无罪者而开解释放之，亦能用至于劝。其意盖谓，商之贤君，皆能勉民于善，虽刑之，释之，无有不勉于善者也。"今至于尔辟"，谓纣也。"不克以尔多方享天之命"，谓不能用民以受天命。其意谓，人君必能固结民心，然后能受天命。今纣不道，失民之心，遂至于失天命，是不能用民以享天命也。

6. （宋）时澜《增修东莱书说》卷二十八《周书·多方第二十》

天惟时求民主，乃大降显休命于成汤，刑殄有夏。惟天不畀纯，乃惟以尔多方之义民，不克永于多享。惟夏之恭多士，大不克明保享于民，乃胥惟虐于民，至于百为，大不克开。乃惟成汤，克以尔多方，简代夏作民主，慎厥丽，乃劝厥民，刑用劝。以至于帝乙，罔不明德慎罚，亦克用劝。要囚，殄戮多罪，亦克用劝。开释无辜，亦克用劝。今至于尔辟，弗克以尔多方，享天之命。

桀既暴虐，失君德而不能主民矣。故天惟时求民主，乃大降显休命于成汤，曰求，曰降，岂真有求之降之哉。天下无统，涣散漫流，势不得不归其所聚，而汤之一德，乃所谓显休命之实，合众离而聚之者也。民不得不聚于汤，汤不得不受斯民之聚，是岂人为之私哉。故曰天"求"之，天"降"之也。"刑殄有夏，惟天不畀纯"者，天命汤代夏，刑灭其国，天之不畀于桀者大矣。然非天大绝之也，桀之绝天者大，故天之绝桀者亦大。有是形则有是影。影之小大，随其形，未尝有毫厘之加损也。"乃惟以尔多方之义民，不克永于多享"者，义民，知义之民也。桀之世，四方其少君子哉。顾其三宅，无义民，则所任者，皆不义之人矣。义民在下，素志不伸，虽多何补。故周公慨叹，桀以尔多方之义民，蔼然辅世，长民之具，溷溷同流，相随覆亡，不能永受众多之服享，犹负米而饥，载泉而渴，盖深哀之也。"惟夏之恭多士，大不克明保享于民，乃胥惟虐于民，至于百，为大不克开"者，言桀既有义民不能用，则所谓夏之恭多士，盖皆叼懫之人，前章所云"日钦"者也。彼既以奸恶为桀所尊用，岂复能明达不惑，保养斯民，乃相胥专播其虐于民，民被其虐，甚至于凡有所为，欲耕则害其耕，欲贾则害其贾，无一能达，四向皆穷，如抵墙壁，所谓"至于百为大不克开"也。民穷如此，安得而不变乎？凶德相济，所以益速桀之亡也，言虽指桀，尔殷侯尹民，尝逮事纣者，宁不惴然内愧，其颡有泚，何周之敢怨乎？"乃惟成汤克以尔多方，简代夏作民主，慎厥丽，乃劝厥民刑用劝"者，简，择也。当是时，民方择君故也。汤所以能以尔多方，简代夏主民者，其道岂有它哉，谨其所依而已。前章"不克开于民之丽"者，言民之所依也。此章"慎厥丽乃劝"者，君之所依也，汤深谨其君之所依。所以为劝民之本，徒善其外，而不谨其中，心之所底丽依止，盖未有能动者。厥民所以仪刑观法者，亦用此，而竞劝感之，非自外也。"自成汤至于帝乙，罔不明德慎罚，亦克用劝。要囚，殄戮多罪，亦克用劝。开释无辜，亦克用劝"者，言商传世之多，要皆不失其所依，

1175

明德慎罚，正指君之所依也。明德，德之实也；慎罚，仁之发也。君道依于明，依于仁而已。商传世之君，德固有浅深，然大略不失所依，亦皆能用以教化劝导斯民。其刑、其赦，亦皆能用以劝民。赦而民劝之，犹可也。刑使民畏耳，亦克用劝，则有默行于刑赦之间者矣。盖所谓明德，慎罚之本，而君之所依者也。每语结之以"劝"者，天下非可驱以智力，束以法制，惟劝化其民，使常有欣欣不已之意，乃维持长久之道也。"今至于尔辟弗克以尔多方享天之命"者，《多方》虽诰四国，而主于商民，则"尔辟"谓纣也。商先哲王，世传家法，积累维持如此，今一旦至于汝君，乃以尔全盛之多方，不克坐享天之成命而亡之，是诚可悯惜也。天命至公，操则存，舍则亡，以商先王之多，基业之大，纣曾不得席其余荫，其亡忽焉，危微操舍之几，周公所以示天下深矣。岂徒曰慰解之而已哉。

7. （宋）黄度《尚书说》卷六《周书·多方》

天惟时求民主，乃大降显休命于成汤，刑殄有夏。惟天不畀纯，乃惟以尔多方之义民，不克永于多享。惟夏之恭多士，大不克明保享于民，乃胥惟虐于民，至于百为大不克开。

天不畀夏其命，纯一不可变。纯，古训"大"。义民，贤人也。举而加诸万民之上，尊之以爵，崇之以位。天下皆以为当然，则以其贤也。以其能乂民也。夫是谓之义，反是则非义矣。《立政》曰"兹乃三宅无义民，桀德，惟乃弗作往任，是为暴德罔后"是也。天不畀夏，乃惟以尔多方之义民，而不能与之永远多享。《南有嘉鱼》曰"君子有酒，嘉宾式燕"，又思永于多享也。惟桀之恭多士，皆大不能明保享于民者，食民之力，而不能保之，其何以享，乃相惟暴虐其民，至于百端所为，大不能开，言尽闭塞之也。

8. （宋）袁燮《絜斋家塾书钞》

（归善斋按，无此篇）

9. （宋）蔡沈《书经集传》卷五《周书·多方》

天惟时求民主，乃大降显休命于成汤，刑殄有夏。

言天惟是为民求主耳。桀既不能为民之主，天乃大降显休命于成汤，使为民主，而伐夏殄灭之也。

吕氏曰，曰求，曰降，岂真有求之，降之者哉。天下无统，涣散漫流，势不得不归其所聚。而汤之一德，乃所谓显休命之实，一众离而聚之者也。民不得不聚于汤，汤不得不受斯民之聚，是岂人为之私哉，故曰"求"之，天"降"之也。

10. （宋）黄伦《尚书精义》卷四十二《周书·多方》

天惟时求民主，乃大降显休命于成汤，刑殄有夏。惟天不畀纯，乃惟以尔多方之义民，不克永于多享。惟夏之恭多士大，不克明保享于民，乃胥惟虐于民，至于百为，大不克开。

无垢曰，桀"甲于内乱"，汤乃"不迩声色，不殖货利"；桀不克灵承于旅，汤乃"德懋懋官，功懋懋赏"。桀"罔丕惟进之恭"，汤乃"改过不吝"。桀"劓割夏邑"，汤乃"克宽克仁"。以天理论之，桀有必亡之理，汤有必兴之理。其膺"显休"也，宜哉。

又曰，天下岂无识义理之民哉，识义理，则内，意诚而心正；外，国治而天下平。然而惟圣人能享用义民之福。桀方钦叨懫之民恭，不明保享之士，岂能久长用义民，而多享用贤之福哉。

又曰，伊尹曰，非商求于下民，惟民归于一德，是民之所以享者，德而已。民之所享在德，人君保此，则天下享之矣。惟其恭敬不识义理之人，此所以大不能明保享下民之道也。

又曰，桀既内乱，而所钦者叨懫之人，所恭者又非保享于民之士。君臣同恶，相与虐民，则凡百所为，皆不明于道理之所在矣。天下万事，皆有条理，桀之君臣，一切不晓，惟知虐民，不亡何待。

林氏曰，天以天下而命之人君，非直与之享无敌之贵，无伦之富，以为一身之荣也。必使之助天，以治民而已，故必治乎民，而得民之心者，天必命之。不能治乎民，而失民之心者，天必绝之。有夏殄灭，而不为天畀佑如此之大者，非天私恶乎夏，而欲灭之也。夏桀之世，非独其君之虐，其臣亦虐也。

吕氏曰，大抵圣人立言，本末完备，既说民至公，才无道便非夏之民，又却说民之心，本自长要享奉国，夏自不能从民愿。圣人立言，无不着一边。既说民心，又说君民系属处。

11.（宋）陈经《尚书详解》卷三十八《周书·多方》

天惟时求民主，乃大降显休命于成汤，刑殄有夏，惟天不畀纯，乃惟以尔多方之义民，不克永于多享。惟夏之恭多士大，不克明保享于民，乃胥惟虐于民，至于百为，大不克开。

乱不极，则治不生。此自然之理也，有桀之暴，则必有汤之仁。天求其可以为民主者，莫如汤，故降明美之命于汤，俾之刑殄有夏而灭之，知天之所以与汤，则知天之所以不与桀矣。纯，一也。天之不与夏者，纯一而不变。古者无道之国，天或降之灾异，未遽至于丧亡者，天之不俾者未纯，犹有待其改悔之意。若夫天之不畀，至于纯一，则冥冥之中无一毫佑夏之意矣。天之佑商也，必曰纯佑命。天之不畀夏也，必曰不畀纯。则纯者，极至之辞也。更言桀之罪，曰"乃惟以尔多方之义民不克永于多享"，义民，贤者也。永，长也。享，受也。明主任贤可以享天下之福。桀不能任贤享天下之福，故虽有多方之义民，不能长享其国也。义民既弃而不用，以享其国，则有夏所恭之多士，皆其不明保享于民之人也，安受有民国之福者。惟贤者为能明之故，禁其乱于未形之前，绝其恶于将然之际。不能明其保享于民，则必小人也，必愚暗之人也。夏之所敬在多士之列者，皆此等辈也。贤者既不用之以享其国，所用者皆不明保享之士，是桀之心与小人合也。君臣志趣如此卑下，所以相为暴虐之事，以及于民，"至于百为"，凡所为之百事也，皆在窒塞处，无有开明之。譬之行路焉，游大公至正之道，如履坦涂，四通八达，可以南，可以北者。由邪径左道而行，如出入山径之蹊，荆榛满目，将见途穷矣。

12.（宋）钱时《融堂书解》卷十六《周书·多方》

（归善斋按，见"惟五月丁亥，王来自奄，至于宗周"）

13.（宋）魏了翁《尚书要义》卷十六《周书·君奭、蔡仲、多方》

（归善斋按，未引）

14.（宋）陈大猷《书集传或问》卷下《周书·多方》

三山陈氏曰，纯，一也。天之不畀夏者，纯一而不变。古者无道之国，天或降之灾异，未遽至于丧亡者，盖天之不畀未纯，犹有待其改悔之意，若夫天之不畀，至于纯一，则无一毫佑顺之意矣。天之佑商，必曰纯佑命；天不畀夏，必曰"不畀纯"，则纯者，极至之辞也。

15.（宋）胡士行《尚书详解》卷十《周书·多方第二十》

（归善斋按，见"成王归自奄"）

16.（元）吴澄《书纂言》卷四下《周书·多方》

（归善斋按，见"洪惟图天之命，弗永寅念于祀，惟帝降格于夏"）

17.（元）陈栎《书集传纂疏》卷五《朱子订定蔡氏集传·周书·多方》

天惟时求民主，乃大降显休命于成汤，刑殄有夏。

言天惟是为民求主耳，桀既不能为民之主，天乃大降显休命于成汤，使为民主而伐夏殄灭之也。

吕氏曰，曰求，曰降，岂真有求之、降之者哉。天下无统，涣散漫流，势不得不归其所聚，而汤之一德，乃所谓显休命之实，一众离而聚之者也。民不得不聚于汤，汤不得不受斯民之聚，是岂人为之私哉，故曰天"求"之，天"降"之也。

18.（元）许谦《读书丛说》卷六《周书·多方》

（归善斋按，未解）

19. （元）董鼎《书传辑录纂注》卷五《周书·多方》

天惟时求民主，乃大降显休命于成汤，刑殄有夏。

言天惟是为民求主耳。桀既不能为民之主，天乃大降休显命于成汤，使为民主，而伐夏殄灭之也。

吕氏曰，曰求，曰降，岂真有求之降之者哉。天下无统，涣散漫流，势不得不归其所聚。而汤之一德，乃所谓显休命之实，一众离而聚之者也。民不得不聚于汤，汤不不得不受斯民之聚，是岂人为之私哉，故曰天"求"之，天"降"之也。

20. （元）朱祖义《尚书句解》卷十《周书·多方第二十》

天惟时求民主（天于是别求可为民主者），乃大降显休命于成汤（乃大降下明美之命于汤）。

21. （明）王樵《尚书日记》卷十四《周书·多方》

（归善斋按，见"洪惟图天之命，弗永寅念于祀，惟帝降格于夏"）

22. （清）库勒纳等撰《日讲书经解义》卷十《周书·多方》

天惟时求民主，乃大降显休命于成汤，刑殄有夏。惟天不畀纯，乃惟以尔多方之义民，不克永于多享。惟夏之恭多士，大不克明保享于民，乃胥惟虐于民，至于百为，大不克开。

此二节书是，承上文言桀亡，以引起下文言汤兴也。纯，大也。义民，贤者也。成王曰，天厌复桀之无道，不可作民主矣。于是监观四方，为民求主，乃眷有殷，大降显明休美之命于成汤，使为生民主，致刑罚以殄灭有夏。此岂成汤所得私意图度哉。惟天心不与夏，桀丧身亡国，殃祸如是，其大者，乃惟由桀昏乱，屏弃贤才。尔多方，虽有贤人君子，桀不能推诚久任，使之长享禄位。其所恭敬之多士，率皆不义，所谓"叨懫日钦"，同恶相济，大不能明达治体，以保安享有国家之民，乃相与繁刑聚敛，以虐害其民，使民无所措手足。至于士农工商，凡百所为，大不能开通生路，政暴民穷，所以自速其亡。桀虽图度天命，又何救乎？抑天道无为，岂真有求之，降之，且不畀之者哉。成汤之日新日跻，即所谓显休命也，民不得不去桀而归汤。桀不能挽民之去，汤亦不得不受民之归，皆非人谋所及，故举而推之于天，有国家者敬念之。

刑殄有夏，惟天不畀纯

1. （汉）孔氏传、（唐）陆德明音义、孔颖达疏《尚书注疏》卷十六《周书·多方》

刑殄有夏，惟天不畀纯。
传，命汤刑绝有夏，惟天不与桀，亦已大。
音义，畀，必二反。
疏，正义曰，天惟桀恶之故，更求民主，以代之。天乃大下明美之命于成汤，使之代桀王天下。

2. （宋）苏轼《书传》卷十四《周书·多方第二十》

(归善斋按，见"天惟时求民主，乃大降显休命于成汤")

3. （宋）林之奇《尚书全解》卷三十二《周书·多方》

(归善斋按，见"成王归自奄")

4. （宋）史浩《尚书讲义》卷十六《周书·多方》

(归善斋按，见"惟五月丁亥，王来自奄，至于宗周")

5. （宋）夏僎《尚书详解》卷二十《周书·多方》

(归善斋按，见"天惟时求民主，乃大降显休命于成汤，刑殄有夏，惟天不畀纯")

1181

6. （宋）时澜《增修东莱书说》卷二十八《周书·多方第二十》

（归善斋按，见"天惟时求民主，乃大降显休命于成汤，刑殄有夏，惟天不畀纯"）

7. （宋）黄度《尚书说》卷六《周书·多方》

（归善斋按，见"天惟时求民主，乃大降显休命于成汤"）

8. （宋）袁燮《絜斋家塾书钞》

（归善斋按，无此篇）

9. （宋）蔡沈《书经集传》卷五《周书·多方》

（归善斋按，另见"天惟时求民主，乃大降显休命于成汤"）

惟天不畀纯，乃惟以尔多方之义民，不克永于多享。惟夏之恭多士，大不克明保享于民，乃胥惟虐于民，至于百为，大不克开。

纯，大也。义民，贤者也。言天不与桀者大，乃以尔多方贤者，不克永于多享以至于亡也，言桀于义民不能用。其所敬之多士，率皆不义之民，上文所谓"叨懫日钦"者，同恶相济，大不能明保享于民，乃相与播虐于民，民无所措其手足。凡百所为，无一能达，上文所谓"不克开于民之丽"者，政暴民穷，所以速其亡也。此虽指桀多士，尔殷侯尹民，尝逮事纣者，宁不惕然内愧乎。

10. （宋）黄伦《尚书精义》卷四十二《周书·多方》

（归善斋按，见"天惟时求民主，乃大降显休命于成汤"）

11. （宋）陈经《尚书详解》卷三十八《周书·多方》

（归善斋按，见"天惟时求民主，乃大降显休命于成汤"）

12.（宋）钱时《融堂书解》卷十六《周书·多方》

（归善斋按，见"惟五月丁亥，王来自奄，至于宗周"）

13.（宋）魏了翁《尚书要义》卷十六《周书·君奭、蔡仲、多方》

（归善斋按，未引）

14.（宋）陈大猷《书集传或问》卷下《周书·多方》

（归善斋按，未解）

15.（宋）胡士行《尚书详解》卷十《周书·多方第二十》

（归善斋按，见"成王归自奄"）

16.（元）吴澄《书纂言》卷四下《周书·多方》

（归善斋按，见"洪惟图天之命，弗永寅念于祀，惟帝降格于夏"）

17.（元）陈栎《书集传纂疏》卷五《朱子订定蔡氏集传·周书·多方》

（归善斋按，另见"天惟时求民主，乃大降显休命于成汤"）

惟天不畀纯，乃惟以尔多方之义民，不克永于多享。惟夏之恭多士，大不克明保享于民，乃胥惟虐于民，至于百为，大不克开。

纯，大也。义民，贤者也。言天不与桀者大，乃以尔多方贤者，不克永于多享，以至于亡也，言桀于义民不能用。其所敬之多士，率皆不义之民，上文所谓"叨懫日钦"者，同恶相济，大不能明保享于民，乃相与播虐于民。民无所措其手足，凡百所为，无一能达，上文所谓"不克开于民之丽"者，政暴民穷，所以速其亡也。此虽指桀多士，尔殷侯尹民，尝隶事纣者，宁不惕然内愧乎。

纂疏：

林氏曰。此篇陈桀、纣之亡，商、周之兴，皆出于天。天之所夺，非人力所能支；天之所予，非人力所能移。其所以予夺者，在德与不德耳。多方当知天命，不可有他志也。

吕氏曰，义民，知义之民也。桀之时，三宅无义民。义民在下，虽多何补。以尔多方之义民，不能永受众多之服享，如负米而饥，载泉而渴，盖哀之也。"百为大不克开"，欲耕害其耕，欲贾害其贾，四向皆穷无一能达，民穷如此也。

18.（元）许谦《读书丛说》卷六《周书·多方》

（归善斋按，未解）

19.（元）董鼎《书传辑录纂注》卷五《周书·多方》

（归善斋按，另见"天惟时求民主，乃大降显休命于成汤"）

惟天不畀纯，乃惟以尔多方之义民，不克永于多享。惟夏之恭多士，大不克明保享于民，乃胥惟虐于民，至于百为，大不克开。

纯，大也。义民，贤者也，言天不与桀者大，乃以尔多方贤者，不克永于多享，以至于亡也。言桀于义民不能用。其所敬之多士，率皆不义之民，上文所谓"叨懫日钦"者，同恶相济，大不能明保享于民，乃相与播虐于民。民无所措其手足，凡百所为，无一能达，上文所谓"不克开于民之丽"者。政暴民穷，所以速其亡也。此虽指桀多士，尔殷侯尹民，尝逮事纣者，宁不惕然内愧乎。

纂注：

叶氏曰，天佑之，则曰纯佑命；不畀之，则曰"不畀纯"。

林氏曰，此篇陈桀、纣之亡，商、周之兴，皆出于天。天之所夺，非人力所能支；天之所予，非人力所能移。而其所以为予夺者，以其德与不德耳。尔多方当知天命，不可有他志也。

孔氏曰，桀之所谓恭人众士，言乱主所任，任同己者。

林氏曰，保享于民，安民而以之享国长久也。

吕氏曰，义民，知义之民也。桀之时，三宅无义民。义民在下，虽多何补。以尔多方之义民，不能永受众多之服享，如负米而饥，载泉而渴，盖哀之也。"百为大不克开",欲耕害其耕,欲贾害其贾,四向皆穷,无一能达,民穷如此也。

20.（元）朱祖义《尚书句解》卷十《周书·多方第二十》

刑殄有夏（使用刑以殄绝有夏），惟天不畀纯（则天之不畀于夏者，亦纯一而不变矣）。

21.（明）王樵《尚书日记》卷十四《周书·多方》

（归善斋按，另见"洪惟图天之命，弗永寅念于祀，惟帝降格于夏"）

"惟天不畀纯"至"大不克开"。

吕氏曰，桀之自绝者大，故天之绝桀者亦大。桀所任用，皆不义之人。义民在下，志不得伸，虽多何补。故周公叹桀以尔多方之义民相随覆亡，不能永受众多之享，犹负米而饥，载泉而渴，盖深哀之也。义民不能用，而所敬之众士，则皆叨懫之人，大不能明保斯民，享其义安，乃专相与播其虐于民。民被其虐，凡有所为，无一能达，四向皆穷，如抵墙壁。民穷如此，安得不速其亡。

按，四方之义民，指天下之贤者。夏之恭多士，指桀之所用，言桀以尔多方之义民，不克以之永于多享，而所恭之多士，则不克明保享于民者也。殷侯尹民，尝逮事纣者，盍亦自省其身，视夏之义民何如？夏之义民，非不多，而不能救桀之亡者，桀不用故也。今殷侯尹民，则尝为纣所信用矣，不克保民乃惟胥虐，得无亦有似之然乎，不救其亡于昔，而反侧于今，亦独何哉？闻斯言也，亦可以惕然内愧矣。

22.（清）库勒纳等撰《日讲书经解义》卷十《周书·多方》

（归善斋按，见"天惟时求民主，乃大降显休命于成汤"）

(明)马明衡《尚书疑义》卷六《周书·多方》

惟天不畀纯,乃惟以尔多方之义民。

蔡依古注,纯字属上,恐亦未然。《多士》有"惟天不畀","惟帝不畀",此不当有异,但《文侯之命》有"侵戎我国家纯",亦属上句。《酒诰》"纯其艺黍稷"复属下句,如是则"纯"字当缺之可也。

乃惟以尔多方之义民,不克永于多享

1.(汉)孔氏传、(唐)陆德明音义、孔颖达疏《尚书注疏》卷十六《周书·多方》

乃惟以尔多方之义民,不克永于多享。

传,天所以不与桀,以其乃惟用汝多方之义民为臣,而不能长久多享国故。

疏,正义曰,乃命汤施刑罚,绝有夏。惟天不与夏桀,亦已大矣。天所不与之者,乃惟此桀用汝多方之义民为臣,而不能长久于多享国故也。义民。实贤人也,夏桀不用。

2.(宋)苏轼《书传》卷十四《周书·多方第二十》

乃惟以尔多方之义民,不克永于多享。

义民,正人也。桀所害者,皆正人,天以此故,不可使桀永年而多享也。

3.(宋)林之奇《尚书全解》卷三十二《周书·多方》

(归善斋按,见"成王归自奄")

4.(宋)史浩《尚书讲义》卷十六《周书·多方》

(归善斋按,见"惟五月丁亥,王来自奄,至于宗周")

5.（宋）夏僎《尚书详解》卷二十《周书·多方》

(归善斋按，见"天惟时求民主，乃大降显休命于成汤")

6.（宋）时澜《增修东莱书说》卷二十八《周书·多方第二十》

(归善斋按，见"天惟时求民主，乃大降显休命于成汤，刑殄有夏，惟天不畀纯")

7.（宋）黄度《尚书说》卷六《周书·多方》

(归善斋按，见"天惟时求民主，乃大降显休命于成汤")

8.（宋）袁燮《絜斋家塾书钞》

(归善斋按，无此篇)

9.（宋）蔡沈《书经集传》卷五《周书·多方》

(归善斋按，见"刑殄有夏，惟天不畀纯")

10.（宋）黄伦《尚书精义》卷四十二《周书·多方》

(归善斋按，见"天惟时求民主，乃大降显休命于成汤")

11.（宋）陈经《尚书详解》卷三十八《周书·多方》

(归善斋按，见"天惟时求民主，乃大降显休命于成汤")

12.（宋）钱时《融堂书解》卷十六《周书·多方》

(归善斋按，见"惟五月丁亥，王来自奄，至于宗周")

13.（宋）魏了翁《尚书要义》卷十六《周书·君奭、蔡仲、多方》

(归善斋按，未引)

14.（宋）陈大猷《书集传或问》卷下《周书·多方》

（归善斋按，未解）

15.（宋）胡士行《尚书详解》卷十《周书·多方第二十》

（归善斋按，见"成王归自奄"）

16.（元）吴澄《书纂言》卷四下《周书·多方》

（归善斋按，见"洪惟图天之命，弗永寅念于祀，惟帝降格于夏"）

17.（元）陈栎《书集传纂疏》卷五《朱子订定蔡氏集传·周书·多方》

（归善斋按，见"刑殄有夏，惟天不畀纯"）

18.（元）许谦《读书丛说》卷六《周书·多方》

（归善斋按，未解）

19.（元）董鼎《书传辑录纂注》卷五《周书·多方》

（归善斋按，见"刑殄有夏，惟天不畀纯"）

20.（元）朱祖义《尚书句解》卷十《周书·多方第二十》

乃惟以尔多方之义民，不克永于多享（乃惟桀用尔多方有义之民，则易斥绝，不能长永与之多享于民上，谓不使久于其位也）。

21.（明）王樵《尚书日记》卷十四《周书·多方》

（归善斋按，见"刑殄有夏，惟天不畀纯"）

22.（清）库勒纳等撰《日讲书经解义》卷十《周书·多方》

(归善斋按，见"天惟时求民主，乃大降显休命于成汤")

惟夏之恭多士，大不克明保享于民

1.（汉）孔氏传、（唐）陆德明音义、孔颖达疏《尚书注疏》卷十六《周书·多方》

惟夏之恭多士，大不克明保享于民。

传，惟桀之所谓恭人众士，大不能明安享于民，言乱主所任，任同己者。

疏，正义曰，惟夏桀之所谓恭人众士者，大不能用明道，安存享于众民。

2.（宋）苏轼《书传》卷十四《周书·多方第二十》

惟夏之恭多士，大不克明保享于民。

桀之所尊用者，皆不能知保享于民之道也。

3.（宋）林之奇《尚书全解》卷三十二《周书·多方》

(归善斋按，见"成王归自奄")

4.（宋）史浩《尚书讲义》卷十六《周书·多方》

(归善斋按，见"惟五月丁亥，王来自奄，至于宗周")

5.（宋）夏僎《尚书详解》卷二十《周书·多方》

(归善斋按，见"天惟时求民主，乃大降显休命于成汤")

1189

6.（宋）时澜《增修东莱书说》卷二十八《周书·多方第二十》

（归善斋按，见"天惟时求民主，乃大降显休命于成汤"）

7.（宋）黄度《尚书说》卷六《周书·多方》

（归善斋按，见"天惟时求民主，乃大降显休命于成汤，刑殄有夏，惟天不畀纯"）

8.（宋）袁燮《絜斋家塾书钞》

（归善斋按，无此篇）

9.（宋）蔡沈《书经集传》卷五《周书·多方》

（归善斋按，见"刑殄有夏，惟天不畀纯"）

10.（宋）黄伦《尚书精义》卷四十二《周书·多方》

（归善斋按，见"天惟时求民主，乃大降显休命于成汤"）

11.（宋）陈经《尚书详解》卷三十八《周书·多方》

（归善斋按，见"天惟时求民主，乃大降显休命于成汤"）

12.（宋）钱时《融堂书解》卷十六《周书·多方》

（归善斋按，见"惟五月丁亥，王来自奄，至于宗周"）

13.（宋）魏了翁《尚书要义》卷十六《周书·君奭、蔡仲、多方》

（归善斋按，未引）

14.（宋）陈大猷《书集传或问》卷下《周书·多方》

（归善斋按，未解）

15.（宋）胡士行《尚书详解》卷十《周书·多方第二十》

（归善斋按，见"成王归自奄"）

16.（元）吴澄《书纂言》卷四下《周书·多方》

（归善斋按，见"洪惟图天之命，弗永寅念于祀，惟帝降格于夏"）

17.（元）陈栎《书集传纂疏》卷五《朱子订定蔡氏集传·周书·多方》

（归善斋按，见"刑殄有夏，惟天不畀纯"）

18.（元）许谦《读书丛说》卷六《周书·多方》

（归善斋按，未解）

19.（元）董鼎《书传辑录纂注》卷五《周书·多方》

（归善斋按，见"刑殄有夏，惟天不畀纯"）

20.（元）朱祖义《尚书句解》卷十《周书·多方第二十》

惟夏之恭多士（惟桀所敬用之众）大不克明保享于民（大不能明保享于民之道，徒安受宠荣，不能治民）。

21.（明）王樵《尚书日记》卷十四《周书·多方》

（归善斋按，见"刑殄有夏，惟天不畀纯"）

22.（清）库勒纳等撰《日讲书经解义》卷十《周书·多方》

（归善斋按，见"天惟时求民主，乃大降显休命于成汤"）

乃胥惟虐于民，至于百为，大不克开

1. （汉）孔氏传、（唐）陆德明音义、孔颖达疏《尚书注疏》卷十六《周书·多方》

乃胥惟虐于民，至于百为，大不克开。

传，桀之众士，乃相与，惟暴虐于民，至于百端所为，言虐非一，大不能开民以善，言与桀合志。

疏，正义曰，乃相与惟行暴虐于民，至于百端所为，言虐无所不作，大不能开民以善。其臣与桀同恶，夏家所以灭亡也。

传正义曰，惟桀之所谓恭人众士，实非恭人，乱主所好，好用同己者，以其同己，谓之为恭人，实非善人，故不能明享于民。杜预训"享"为"受"，受国者，谓受而有之。此言不能安享于民，谓不能安存享受于民众也。

2. （宋）苏轼《书传》卷十四《周书·多方第二十》

乃胥惟虐于民，至于百为，大不克开。
开，明也。

3. （宋）林之奇《尚书全解》卷三十二《周书·多方》

（归善斋按，见"成王归自奄"）

4. （宋）史浩《尚书讲义》卷十六《周书·多方》

（归善斋按，见"惟五月丁亥，王来自奄，至于宗周"）

5. （宋）夏僎《尚书详解》卷二十《周书·多方》

（归善斋按，见"天惟时求民主，乃大降显休命于成汤"）

6.（宋）时澜《增修东莱书说》卷二十八《周书·多方第二十》

（归善斋按，见"天惟时求民主，乃大降显休命于成汤"）

7.（宋）黄度《尚书说》卷六《周书·多方》

（归善斋按，见"天惟时求民主，乃大降显休命于成汤，刑殄有夏，惟天不畀纯"）

8.（宋）袁燮《絜斋家塾书钞》

（归善斋按，无此篇）

9.（宋）蔡沈《书经集传》卷五《周书·多方》

（归善斋按，见"刑殄有夏，惟天不畀纯"）

10.（宋）黄伦《尚书精义》卷四十二《周书·多方》

（归善斋按，见"天惟时求民主，乃大降显休命于成汤"）

11.（宋）陈经《尚书详解》卷三十八《周书·多方》

（归善斋按，见"天惟时求民主，乃大降显休命于成汤"）

12.（宋）钱时《融堂书解》卷十六《周书·多方》

（归善斋按，见"惟五月丁亥，王来自奄，至于宗周"）

13.（宋）魏了翁《尚书要义》卷十六《周书·君奭、蔡仲、多方》

四十一、以义民而不克永享，非恭人而任之。

"乃惟以尔多方之义民，不克永于多享"，天所以不与桀，以其乃惟用汝多方之义民为臣，而不能长久多享国。"故惟夏之恭人多士，大不克明保享于民"，惟桀之所谓恭人众士大，不能明安享于民，言乱主所任，任同己者。义民,实贤人也。夏桀不用,惟桀之所谓恭人众士,实非恭人,乱主所好,好用同己者。以其同己,谓之恭人,实非善人,故不能明享于民。杜预训"享"为"受",受国者,谓受而有之。此言乃不能安享于民,谓不能安存,享受于民众也。

14. (宋)陈大猷《书集传或问》卷下《周书·多方》

(归善斋按,未解)

15. (宋)胡士行《尚书详解》卷十《周书·多方第二十》

(归善斋按,见"成王归自奄")

16. (元)吴澄《书纂言》卷四下《周书·多方》

(归善斋按,见"洪惟图天之命,弗永寅念于祀,惟帝降格于夏")

17. (元)陈栎《书集传纂疏》卷五《朱子订定蔡氏集传·周书·多方》

(归善斋按,见"刑殄有夏,惟天不畀纯")

18. (元)许谦《读书丛说》卷六《周书·多方》

(归善斋按,未解)

19. (元)董鼎《书传辑录纂注》卷五《周书·多方》

(归善斋按,见"刑殄有夏,惟天不畀纯")

20. (元)朱祖义《尚书句解》卷十《周书·多方第二十》

乃胥惟虐于民(乃相与为暴虐,以加于民),至于百为(甚至百端所为),大不克开(皆不能开明,谓事事暗昧)。

21.（明）王樵《尚书日记》卷十四《周书·多方》

（归善斋按，见"刑殄有夏，惟天不畀纯"）

22.（清）库勒纳等撰《日讲书经解义》卷十《周书·多方》

（归善斋按，见"天惟时求民主，乃大降显休命于成汤"）

乃惟成汤克以尔多方，简代夏作民主

1.（汉）孔氏传、（唐）陆德明音义、孔颖达疏《尚书注疏》卷十六《周书·多方》

乃惟成汤克以尔多方，简代夏作民主。
传，乃惟成汤，能用汝众方之贤，大代夏政，为天下民主。
疏，正义曰，桀残虐于民，乃惟成汤能用汝众方之贤人，大代夏桀，作天下民主。
传正义曰，大代夏者，言天位之重，汤能代之，谓之大代夏也。王肃云，以大道代夏为民主。
《尚书注疏》卷十六《考证》
"克以尔多方（句），简代夏作民主（句）"。
蔡沈以"简"字属上句。
疏"大代夏桀，作天下民主"。
"民主"下，监本脱"汤，既为民主"五字，从古本添。

2.（宋）苏轼《书传》卷十四《周书·多方第二十》

乃惟成汤克以尔多方，简代夏作民主。
简，至也。

3.（宋）林之奇《尚书全解》卷三十二《周书·多方》

（归善斋按，见"成王归自奄"）

4.（宋）史浩《尚书讲义》卷十六《周书·多方》

（归善斋按，见"惟五月丁亥，王来自奄，至于宗周"）

5.（宋）夏僎《尚书详解》卷二十《周书·多方》

（归善斋按，见"天惟时求民主，乃大降显休命于成汤"）

6.（宋）时澜《增修东莱书说》卷二十八《周书·多方第二十》

（归善斋按，见"天惟时求民主，乃大降显休命于成汤"）

7.（宋）黄度《尚书说》卷六《周书·多方》

乃惟成汤克以尔多方，简代夏作民主，慎厥丽，乃劝厥民，刑用劝。以至于帝乙，罔不明德慎罚，亦克用劝。要囚，殄戮多罪，亦克用劝；开释无辜，亦克用劝。今至于尔辟，弗克以尔多方，享天之命。

成汤能以尔多方，代夏作民主，得其民也。简，择也。古训"大"通。慎厥民之所附丽，而民劝。用其义刑，义杀，而民劝。或 2 曰，刑用劝，言民有所观法也。丽刑，皆慎德事。殄戮多罪，绝恶，亦能劝。开释无辜，以厉自新，亦能劝。刑赏，利器，人主所以运动天下也。刑之，释之，而不能使人劝，则其道穷矣。是故明德之为尚。

8.（宋）袁燮《絜斋家塾书钞》

（归善斋按，无此篇）

9.（宋）蔡沈《书经集传》卷五《周书·多方》

乃惟成汤，克以尔多方，简代夏作民主。
简，择也，民择汤而归之。

10.（宋）黄伦《尚书精义》卷四十二《周书·多方》

乃惟成汤，克以尔多方，简代夏作民主，慎厥丽乃劝厥民，刑用劝。以至于帝乙，罔不明德慎罚，亦克用劝。要囚，殄戮多罪，亦克用劝；开释无辜，亦克用劝。今至于尔辟，弗克以尔多方，享天之命。

无垢曰，治乱之道，不在乎他，在能用君子与不能用君子而已。能用君子则治，不能用君子则乱。此古今不易之道也。以此知为人君者，初无难事，能用君子，则内，可以正心诚意；外，可以安国保民，而王道成矣。桀不用多方义民，所钦者，叨憒之人，所恭者又非保享民之士，则其任用者，皆小人耳，乌能享用贤之福哉。汤之兴，非有奇谋秘术也，又非借才于异代也。能用多方义民，以有天下耳。

又曰，人君之心术，不可不正，则言脱于口，行脱于身，四方万里翕然响应，乌可不谨乎？吾一谨，其所丽则民不期自劝矣。

又曰，桀用刑而民怨，汤用刑而民劝，何哉？盖其用刑则同，而其用刑之心则异。桀不克开民之丽，乃大降罚，此民所以怨也。汤既"慎厥丽"，民宜从之，乃不能从，则舍刑不足以齐之矣。然其刑之用也，使民罔不自知。曰君仁如此，而吾乃不仁；君义如此，而吾乃不义。其罹刑罚也，是自取之耳。吾之不仁不义，致使吾君之不免于用刑耳，乌得而不劝哉？故曰"厥民刑用劝"也。此明德慎罚之意。

又曰，明德者，即所谓"慎厥丽"，"慎罚"者，虽用刑而不敢易也，必省厥躬曰，吾之所丽无失德乎，其不率者，乃可加之以罚。然罚未可遽用，及其遇有罪也，又将三令五申，待其不改而后刑之。此民之所以劝也。以至要囚，殄戮多罪，若不可以为劝矣，然其冒于刑罚者，亦必自省曰，吾君之明德如此，而慎罚又如是，必我有以取之也，虽有顽犷之心，亦不能不劝矣。

张氏曰，"要囚，殄灭多罪而克用劝"者，要囚殄灭，所以罚恶。罚恶，则恶者畏，而奸心息，此所以亦能劝而为善也。开释无辜亦克用劝者，开释无辜所以宥善，宥善则善者畏，而良心生，此所以亦能劝而为善也。乃劝者，自然而劝也；用劝者，使然而劝也。亦克用劝，其为劝也，勉强而已。

吕氏曰，汤所丽者，一出于正，以此劝民，天下皆将刑法汤，无不劝矣。故君是源，民是流；君是表，民是影。源清，则流清；表正，则影正，自然之理也。君所丽者处既正以劝民，而民必法效之，无不翕然而劝。

11.（宋）陈经《尚书详解》卷三十八《周书·多方》

乃惟成汤克，以尔多方，简代夏作民主，慎厥丽，乃劝厥民，刑用劝。以至于帝乙，罔不明德慎罚，亦克用劝。要囚，殄戮多罪，亦克用劝；开释无辜，亦克用劝。今至于尔辟，弗克以尔多方，享天之命。

言桀之罪，则必言商家之有德，而惟成汤能以尔多方之众，大能代夏，而为民主。汤岂无故而得之哉。丽，着也。人心必有所丽，如日月之必丽天，草木必丽土，人心不丽于邪，必丽于善也。正身以率其民，民安有不相劝而为善哉。不特谨厥丽，可以劝民也。民虽被刑，亦知劝善。窃意其必曰，上之刑我也，非虐我也，所以禁我之为非，而驱我之为善也。今而不免于刑，皆己自取。上之人何尤哉，此"厥民刑用劝"之意也。以至于帝乙，家法所传，贤圣六七作之君，莫不皆然，无不明德慎罚，明其己之德，以率民。是用德者，其本心也。谨其罚，惟恐滥及于民，是用刑者之不得已也。民知上之明德谨罚如此，亦能用劝为善。"要囚，殄戮多罪"，有罪之民陷于刑狱之中，至于戮者，亦皆知劝，以为上之刑，非以毒民，而民之自取之也。"明德慎罚"，即"谨厥丽乃劝"也。"要囚，殄戮多罪"，即"厥民刑用劝"也。不特"明德慎罚"而民劝，虽要囚殄戮，而亦劝，不特要囚殄戮而民劝。虽开释无辜，而亦劝。无辜者释而免之，而民亦知劝，是无罪者不枉也。"要囚殄戮多罪"，是有罪者，不纵也。人主本原，处既正，则或刑，或不刑，无非皆所为劝。且刑一也。先王用之，而可以使天下之为善；后世用之，而愈召天下之犯法，何哉？先王之刑，皆仁心之所寓；而后世之刑，皆不仁之具也。夫子未尝不钓弋也。而仁见于不纲不射之际，文王未尝不搜田也。而仁见于一发不再举之时，推此以观，则皋陶之刑，可以使四方风动者，岂刑为能尔哉，仁心之所形，所以阴驱潜率之者多矣。"今至于尔辟，弗克以尔多方，享天之命"，有商之贤君，其所为者如此，至于尔辟，指纣言也。纣不能法先王所为，故不能以尔多方之众，受天之命，则商之兴也，必有所因而兴；商之亡也，亦有所因而亡。

12.（宋）钱时《融堂书解》卷十六《周书·多方》

(归善斋按，见"惟五月丁亥，王来自奄，至于宗周")

13.（宋）魏了翁《尚书要义》卷十六《周书·君奭、蔡仲、多方》

(归善斋按，未引)

14.（宋）陈大猷《书集传或问》卷下《周书·多方》

(归善斋按，未解)

15.（宋）胡士行《尚书详解》卷十《周书·多方第二十》

(归善斋按，见"成王归自奄")

16.（元）吴澄《书纂言》卷四下《周书·多方》

(归善斋按，见"洪惟图天之命，弗永寅念于祀，惟帝降格于夏")

17.（元）陈栎《书集传纂疏》卷五《朱子订定蔡氏集传·周书·多方》

乃惟成汤克以尔多方简代夏作民主（简择也择汤而归之）

18.（元）许谦《读书丛说》卷六《周书·多方》

(归善斋按，未解)

19.（元）董鼎《书传辑录纂注》卷五《周书·多方》

乃惟成汤克以尔多方简代夏作民主（简择也民择汤而归之）纂注（叶氏曰简如简在帝心之简）

20. (元)朱祖义《尚书句解》卷十《周书·多方第二十》

乃惟成汤（汤兴），克以尔多方（能用多方之众），简代夏作民主（大代夏为民主）。

21. (明)王樵《尚书日记》卷十四《周书·多方》

"乃惟成汤，克以尔多方简"至"弗克以尔多方，享天之命"。

上言天为民求主，此言成汤克以尔多方简代夏作民主，盖天无心，以民之心为心。民之所简者，天之所畀也。民择汤而归之者，归其仁而已。仁者，君之所依也。汤深谨其所依，以劝勉其民，如心依于仁，以为父母，斯民之本。政依于仁，以为父母，斯民之用。于是，民亦以仁为劝，而仪刑于下。心其心，以不违；顺其政，以无犯也。汤之时，上下同一心如此。自是而后，至于帝乙，虽历世不同而先后同一心，皆能明其德，慎其罚焉。德明其体，而有先王之仁心；罚慎其施，而有先王之仁政。宛然慎厥丽之家法也。于是，亦克劝勉其民，而象其德以自明。外其罚，以自爱者，亦无不同一心矣。然德明之而已。慎罚之事有可言者焉。彼要囚之中，有情罪已当，而当殄戮者，亦有原情可恕；而当开释者，戮之不当，则良民惧而戮，不足以为劝，非慎罚也。释之不当，则奸人幸；而释不足，以为劝，非慎罚也。商王则时乎殄戮多罪也，亦克用劝焉。时乎开释无辜也，亦克用劝焉，慎罚如此，则其明德以为之本者，又可知矣。明德慎罚，合而言之，一仁而已。"今至于尔辟"，弗克以尔全盛之多方，藉先哲王之余荫，以享天命，而一旦遂失之者无他，不仁而已。凡言劝者，天下非可驱以智力，束以法制。惟有以动化其民，使之慕勉而不能自已，所谓劝也。"今至于尔辟"，对上三节看，先王以仁而兴，纣以不仁而亡。多方一也，汤以之而作民主；纣不能以之而享天命，在所以何如尔。

22. (清)库勒纳等撰《日讲书经解义》卷十《周书·多方》

乃惟成汤克，以尔多方，简代复作民主，慎厥丽，乃劝厥民，刑用劝。

此二节书，是言殷王成汤所以受天命，见其非由妄干也。简，择也。刑，仪刑也。成王曰，夏桀自速其亡，天既为民求主，不得不听民所简择而归之，乃惟尔殷先王成汤，能以一德格天，为尔多方所简择，是以顺乎天，而应乎人，代夏桀作生民主，所谓"民罔常怀，怀于有仁"也。仁者，君德之所依丽。成汤顾諟明命，以存仁心；子惠困穷，以施仁政；谨慎其所依丽者，以倡率劝勉其民，故其民心悦诚服，亦皆以成汤为仪刑，效法相率，而劝勉于仁。君仁，莫不仁。感应之理，固如此，天命又何私焉。

（明）陈第《尚书疏衍》卷四《周书·多方》

简代夏作民主。

孔传云，乃惟成汤能用汝众方之贤，大代夏政，为天下民主。孔颖达云，言天位之重，汤能代之，谓之大代夏也。蔡注以"尔多方简"为句，误矣。

慎厥丽，乃劝厥民，刑用劝

1.（汉）孔氏传、（唐）陆德明音义、孔颖达疏《尚书注疏》卷十六《周书·多方》

慎厥丽，乃劝厥民，刑用劝。

传，汤慎其施政于民，民乃劝善。其人虽刑，亦用劝善，言政刑清。

疏，正义曰，汤既为民主，慎其所施政教于民，民乃劝勉为善。其民虽被刑杀，亦用劝勉为善。

传正义曰，慎厥丽者，总谓施政教尔。但下句言"刑用劝"，劝用刑，则厥丽之，言有赏，赏谓赏用劝也。但所施政教，其事既多，非徒刑赏而已。举事得中，民皆劝也。政无失，刑无滥，民以是劝善，言政刑清。

《尚书注疏》卷十六《考证》

"慎厥丽（句），乃劝厥民（句），刑用劝（句）"。

蔡沈以"慎厥丽乃劝"为句，"厥民刑用劝"为句。

2.（宋）苏轼《书传》卷十四《周书·多方第二十》

慎厥丽，乃劝厥民，刑用劝，以至于帝乙，罔不明德慎罚，亦克用劝。要囚，殄戮多罪亦克用劝；开释无辜，亦克用劝。

自汤以来，皆谨土著之政，民既奠居，则刑罚可以劝，而况于赏乎。

3.（宋）林之奇《尚书全解》卷三十二《周书·多方》

（归善斋按，见"成王归自奄"）

4.（宋）史浩《尚书讲义》卷十六《周书·多方》

（归善斋按，见"惟五月丁亥，王来自奄，至于宗周"）

5.（宋）夏僎《尚书详解》卷二十《周书·多方》

（归善斋按，见"天惟时求民主，乃大降显休命于成汤，刑殄有夏，惟天不畀纯"）

6.（宋）时澜《增修东莱书说》卷二十八《周书·多方第二十》

（归善斋按，见"天惟时求民主，乃大降显休命于成汤"）

7.（宋）黄度《尚书说》卷六《周书·多方》

（归善斋按，见"乃惟成汤克以尔多方，简代夏作民主"）

8.（宋）袁燮《絜斋家塾书钞》

（归善斋按，无此篇）

9.（宋）蔡沈《书经集传》卷五《周书·多方》

慎厥丽，乃劝厥民，刑用劝。

汤深谨其所依，以劝勉其民，故民皆仪刑而用劝勉也。人君之于天下，仁而已矣。仁者，君之所依也。君仁则莫不仁矣。

10. (宋)黄伦《尚书精义》卷四十二《周书·多方》

(归善斋按,见"乃惟成汤克以尔多方,简代夏作民主")

11. (宋)陈经《尚书详解》卷三十八《周书·多方》

(归善斋按,见"乃惟成汤克以尔多方,简代夏作民主")

12. (宋)钱时《融堂书解》卷十六《周书·多方》

(归善斋按,见"惟五月丁亥,王来自奄,至于宗周")

13. (宋)魏了翁《尚书要义》卷十六《周书·君奭、蔡仲、多方》

(归善斋按,未引)

14. (宋)陈大猷《书集传或问》卷下《周书·多方》

(归善斋按,未解)

15. (宋)胡士行《尚书详解》卷十《周书·多方第二十》

(归善斋按,见"成王归自奄")

16. (元)吴澄《书纂言》卷四下《周书·多方》

(归善斋按,见"洪惟图天之命,弗永寅念于祀,惟帝降格于夏")

17. (元)陈栎《书集传纂疏》卷五《朱子订定蔡氏集传·周书·多方》

慎厥丽,乃劝厥民,刑用劝。

汤深谨其所依,以劝勉其民,故民皆仪刑而用劝勉也。人君之于天下,仁而已矣。仁者,君之所依也,君仁,则莫不仁矣。

18. （元）许谦《读书丛说》卷六《周书·多方》

（归善斋按，未解）

19. （元）董鼎《书传辑录纂注》卷五《周书·多方》

慎厥丽，乃劝厥民，刑用劝。

汤深谨其所依，以劝勉其民，故民皆仪刑而用劝勉也。人君之于天下，仁而已矣。仁者君之所依也。君仁，则莫不仁矣。

20. （元）朱祖义《尚书句解》卷十《周书·多方第二十》

慎厥丽乃劝（谨修民之所附丽者，在于善，以为民之劝），厥民刑用劝（其民取法于汤，亦取劝勉于善）。

21. （明）王樵《尚书日记》卷十四《周书·多方》

（归善斋按，见"乃惟成汤克以尔多方，简代夏作民主"）

22. （清）库勒纳等撰《日讲书经解义》卷十《周书·多方》

（归善斋按，见"乃惟成汤克以尔多方，简代夏作民主"）

（元）王充耘《书义矜式》卷五《周书·多方》

慎厥丽，乃劝厥民，刑用劝。以至于帝乙，罔不明德慎罚，亦克用劝。要囚，殄戮多罪，亦克用劝；开释无辜，亦克用劝。

先王本于仁，而谨诸身，既深足以勉其民；后王推是心，而施于政，亦皆能以勉其民。盖仁者，人心之同好，而王者之所依也。为人君者，诚能即己之所依，以勉人之同好，而人焉有不从者哉。昔者成汤之化天下也，惟深谨于仁，以劝勉之而已。于是天下之人，亦仪于汤而用以劝勉，是其仁民之心，能谨诸身，而深足以勉其民也。自汤而下，至于帝乙，虽世不同，然或明其德，或慎其罚，尚亦能用以劝勉也。于慎罚之际，或辟之以当其罪，或宥之以赦其过，尚亦能用以劝勉也。盖明德者，仁之本；慎罚者，仁之政；辟而当罪，仁者之能恶人也；宥而赦过，仁者之能好人也。其为事虽殊，而其为仁则一，故亦皆能用以劝勉也。然则，人君所以勉天下者何必同？亦惟曰仁而已矣。尝谓仁者，天地生物之心，而人所得以生之理也。君之与民同有是心，同具是理，则亦同有是仁。但众人不无物欲之蔽，故虽有是仁而不能勉之于己；圣贤则无物欲之累，故能推是仁以勉之于人。彼惟同有是仁，而吾所以劝勉之者，又无一事之非仁，则其翕然而从，同体而化，固有不期然而然者。当商之时，成汤所以劝勉其民者，岂有他哉？亦惟深谨于仁而已。汤之心，岂不曰君之依于仁，犹木之依于土，鱼之依于水，不可须臾离也，而岂容其不慎哉？是故昧爽丕显，戒谨于不睹不闻之时，无一念而违于仁，日新又新，持守于终食。造次之顷，无一事而违于仁。汤之谨于仁者如此，岂所以独善其身哉？政欲率天下以归于仁，而勉天下以复其性也。于是在商邑，而用协于厥邑，是商邑之民皆仪刑于汤，而自劝也。在四方，而用丕式见德，是四方之民，皆效法乎汤，而自劝也。汤之仁，深足勉其民者，既如此，然而不止乎汤，自汤而至于帝乙，凡能劝勉其民者，非止乎一君。凡其劝勉，非一事，而斯民亦皆从之者，以其同出于仁故也。是故，或恐惧修省，以明其德，而仁之本以立，或哀矜恻怛，以慎其罚。而仁之用以行，于是德无不明，而民爱慕之；罚无不慎，而民畏服之。爱慕，则有畏起之心；畏服，则有惩创之志。是我之明德慎罚，亦能用以劝勉之也。然德则明之而已，罚则有辟焉，有宥焉，焉往而不出于仁哉？何以言之，彼要囚者，罪之明，恶之著，情之所不矜，法之所不疑，苟惟宥之，是长恶而害于仁矣，于是殄之、戮之，而天下之人皆知恶之不可为，而勉于不为。是辟之当罪者尤足以劝勉之也。彼无辜者，或出于过误，或出于不幸，情之所可矜，法之所可疑，苟为戮之，是苛虐而伤于仁矣。于是开之、释之，而天下之人，皆知善之可为，而勉于自为。是宥而赦过者，又足以劝勉之也。有商后王之仁，皆能以勉其民者，又如此，盖尝论之，"慎厥丽乃劝"者，心与仁为一；而"厥民刑用劝"者，其功深。明德慎罚，而或辟，或宥者，事与仁为一，而亦克用劝者，其化浅。虽其功、化有浅深之殊，然自勉而言，则未有劝之以仁，而民不从之者也。当成周之时，商奄之民，屡臣屡叛，而反侧不安，原其所以，盖不知天命之归于有仁，而欲以不仁，妄干天命也。周公于是以成王之命，作《多方》之书，推言成汤至于帝乙，能受天命，而有天下者，以其勉天下以仁，而民从之也。至于商纣，弗克用尔多方，享天之命者，以其率天下以不仁，而民亦从之也。虽然斯言也，岂但足以释商民之心哉。凡惟斯民之君师，而欲勉斯民之为仁者，皆当以是为龟鉴。

以至于帝乙，罔不明德慎罚，亦克用劝

1.（汉）孔氏传、（唐）陆德明音义、孔颖达疏《尚书注疏》卷十六《周书·多方》

以至于帝乙，罔不明德慎罚，亦克用劝。

传，言自汤至于帝乙，皆能成其王道，畏慎辅相，无不明有德，慎去刑罚，亦能用劝善。

音义，相，息亮反。去，羌吕反。

疏，正义曰，非徒汤圣，后世亦贤，自汤至于帝乙，皆能成其王道，无不显用有德，畏慎刑罚，亦能用劝勉为善。

2.（宋）苏轼《书传》卷十四《周书·多方第二十》

(归善斋按，见"慎厥丽，乃劝厥民，刑用劝")

3.（宋）林之奇《尚书全解》卷三十二《周书·多方》

(归善斋按，见"成王归自奄")

4.（宋）史浩《尚书讲义》卷十六《周书·多方》

(归善斋按，见"惟五月丁亥，王来自奄，至于宗周")

5. （宋）夏僎《尚书详解》卷二十《周书·多方》

（归善斋按，见"天惟时求民主，乃大降显休命于成汤，刑殄有夏，惟天不畀纯"）

6. （宋）时澜《增修东莱书说》卷二十八《周书·多方第二十》

（归善斋按，见"天惟时求民主，乃大降显休命于成汤"）

7. （宋）黄度《尚书说》卷六《周书·多方》

（归善斋按，见"乃惟成汤克以尔多方，简代夏作民主"）

8. （宋）袁燮《絜斋家塾书钞》

（归善斋按，无此篇）

9. （宋）蔡沈《书经集传》卷五《周书·多方》

以至于帝乙，罔不明德慎罚，亦克用劝。

明德，则民爱慕之；谨罚，则民畏服之。自成汤至于帝乙，虽历世不同，而皆知明其德，谨其罚，故亦能用以劝勉其民也。明德谨罚，所以"谨厥丽"也。明德，仁之本也；谨罚，仁之政也。

10. （宋）黄伦《尚书精义》卷四十二《周书·多方》

（归善斋按，见"乃惟成汤克以尔多方，简代夏作民主"）

11. （宋）陈经《尚书详解》卷三十八《周书·多方》

（归善斋按，见"乃惟成汤克以尔多方，简代夏作民主"）

12. （宋）钱时《融堂书解》卷十六《周书·多方》

（归善斋按，见"惟五月丁亥，王来自奄，至于宗周"）

13. （宋）魏了翁《尚书要义》卷十六《周书·君奭、蔡仲、多方》

（归善斋按，未引）

14. （宋）陈大猷《书集传或问》卷下《周书·多方》

（归善斋按，未解）

15. （宋）胡士行《尚书详解》卷十《周书·多方第二十》

（归善斋按，见"成王归自奄"）

16. （元）吴澄《书纂言》卷四下《周书·多方》

（归善斋按，见"洪惟图天之命，弗永寅念于祀，惟帝降格于夏"）

17. （元）陈栎《书集传纂疏》卷五《朱子订定蔡氏集传·周书·多方》

以至于帝乙，罔不明德慎罚，亦克用劝。

明德，则民爱慕之；谨罚，则民畏服之。自成汤至于帝乙，虽历世不同，而皆知明其德，谨其罚，故亦能用以劝勉其民也。明德谨罚，所以"谨厥丽"也。明德仁之本也；谨罚，仁之政也。

18. （元）许谦《读书丛说》卷六《周书·多方》

（归善斋按，未解）

19. （元）董鼎《书传辑录纂注》卷五《周书·多方》

以至于帝乙罔，不明德慎罚，亦克用劝。

明德，则民爱慕之，谨罚则民畏服之。自成汤至于帝乙，虽历世不同，而皆知明其德谨其罚，故亦能用以劝勉其民也。明德谨罚，所以谨厥丽也。明德，仁之本也，谨罚，仁之政也。

20. （元）朱祖义《尚书句解》卷十《周书·多方第二十》

以至于帝乙（自汤以至帝乙），罔不明德慎罚（家法相传，无不明显其德，谨用其罚），亦克用劝（民亦能勉于善）。

21. （明）王樵《尚书日记》卷十四《周书·多方》

(归善斋按，见"乃惟成汤克以尔多方，简代夏作民主")

22. （清）库勒纳等撰《日讲书经解义》卷十《周书·多方》

以至于帝乙，罔不明德慎罚，亦克用劝。要囚，殄戮多罪，亦克用劝；开释无辜，亦克用劝。今至于尔辟，弗克以尔多方，享天之命。

此三节书是，言殷后王之保天命，与失天命，皆见其不可妄干也。要，察也。要察囚情，得其辞，以断狱。尔辟。谓纣也、成王曰，成汤克尽君道，以化民其诒。谋者善，而垂统者远矣，故自成汤以至于帝乙，贤圣之君六七作，世守慎厥丽之家法，无不务昭明其德，而本诸身者。惟仁，无不务谨慎其罚，而达诸政者。惟仁，亦能用以劝勉其民，使之翕然向化焉。且人知明德之劝民，抑知谨罚亦所以劝民乎。尔殷先哲王，凡于要察罪囚，有多罪不可赦者，必殄戮之，无失出，故刑一人而千万人惧，亦能用以劝勉其民，相戒于为恶。有无辜可矜原者，每开释之，无失入，故宥一人，而千万人悦，亦能用以劝勉其民，相率于为善，则用罚无非用德，积累维持如此，成汤之显休命，固宜其子孙长享而无害矣。今至于尔君纣，不能明德谨罚，以慎厥丽，乃不能以尔全盛之多方，坐享天命，忽焉而亡，良可悯也。夫同此多方，先王以仁创之，后王以仁守之，其终以不仁失之。慎丽之心，即天命去留之几，操存舍亡，着戒深切，岂直慰解殷民而已耶。

（元）王充耘《书义矜式》卷五《周书·多方》

(归善斋按，见"慎厥丽，乃劝厥民，刑用劝")

1209

（清）朱鹤龄《尚书埤传》卷十三《周书·多方》

亦克用劝。

吕祖谦曰，连言"用劝"者，天下非可驱以智力，束以法制。惟鼓舞劝导其民，使常有欣欣不自已之意，乃维持长久之道也。黄度曰，诛赏利器，人主所操以运动天下者也。刑之、释之，而不能使人劝，则其道穷矣。故明德之为尚。

要囚，殄戮多罪，亦克用劝；
开释无辜，亦克用劝

1.（汉）孔氏传、（唐）陆德明音义、孔颖达疏《尚书注疏》卷十六《周书·多方》

要囚，殄戮多罪，亦克用劝；开释无辜，亦克用劝。

传，帝乙已上，要察囚情，绝戮众罪，亦能用劝善，开放无罪之人，必无枉纵，亦能用劝善。

音义，要，一遥反，又一妙反，注同。殄，亭遍反。上，时掌反。

疏，正义曰，要察囚情，绝戮众罪，亦能用劝勉为善；开放无罪，亦能用劝勉为善。

传正义曰，将欲断罪，必受其要辞，察其虚实，故言要囚也。殄戮多罪，罪者不滥；开释无罪者，不枉杀人，不纵有罪，亦是政刑清，故能用劝善也。

2.（宋）苏轼《书传》卷十四《周书·多方第二十》

（归善斋按，见"慎厥丽，乃劝厥民，刑用劝"）

3.（宋）林之奇《尚书全解》卷三十二《周书·多方》

（归善斋按，见"成王归自奄"）

4.（宋）史浩《尚书讲义》卷十六《周书·多方》

（归善斋按，见"惟五月丁亥，王来自奄，至于宗周"）

5.（宋）夏僎《尚书详解》卷二十《周书·多方》

（归善斋按，见"天惟时求民主，乃大降显休命于成汤"）

6.（宋）时澜《增修东莱书说》卷二十八《周书·多方第二十》

（归善斋按，见"天惟时求民主，乃大降显休命于成汤"）

7.（宋）黄度《尚书说》卷六《周书·多方》

（归善斋按，见"乃惟成汤克以尔多方，简代夏作民主"）

8.（宋）袁燮《絜斋家塾书钞》

（归善斋按，无此篇）

9.（宋）蔡沈《书经集传》卷五《周书·多方》

要囚，殄戮多罪，亦克用劝；开释无辜，亦克用劝。

德，明之而已。罚，有辟焉，有宥焉，故再言辟而当罪，亦能用以劝勉；宥而赦过，亦能用以劝勉，言辟与宥，皆足以使人勉于善也。

10.（宋）黄伦《尚书精义》卷四十二《周书·多方》

（归善斋按，见"乃惟成汤克以尔多方，简代夏作民主"）

11.（宋）陈经《尚书详解》卷三十八《周书·多方》

（归善斋按，见"乃惟成汤克以尔多方，简代夏作民主"）

12.（宋）钱时《融堂书解》卷十六《周书·多方》

（归善斋按，见"惟五月丁亥，王来自奄，至于宗周"）

13.（宋）魏了翁《尚书要义》卷十六《周书·君奭、蔡仲、多方》

（归善斋按，未引）

14.（宋）陈大猷《书集传或问》卷下《周书·多方》

（归善斋按，未解）

15.（宋）胡士行《尚书详解》卷十《周书·多方第二十》

（归善斋按，见"成王归自奄"）

16.（元）吴澄《书纂言》卷四下《周书·多方》

（归善斋按，见"洪惟图天之命，弗永寅念于祀，惟帝降格于夏"）

17.（元）陈栎《书集传纂疏》卷五《朱子订定蔡氏集传·周书·多方》

要囚，殄戮多罪，亦克用劝；开释无辜，亦克用劝。

德，明之而已。罚，有辟焉，有宥焉。故再言辟而当，罪亦能用以劝勉；宥而赦过，亦能用以劝勉，言辟与宥，皆足以使人勉于善也。

18.（元）许谦《读书丛说》卷六《周书·多方》

（归善斋按，未解）

19.（元）董鼎《书传辑录纂注》卷五《周书·多方》

要囚，殄戮多罪，亦克用劝；开释无辜，亦克用劝。

德，明之而已。罚，有辟焉，有宥焉。故再言辟而当罪，亦能用以劝勉；宥而赦过，亦能用以劝勉，言辟与宥，皆足以使人勉于善也。

纂注：

吕氏曰，赦而民劝，犹可也。刑而民亦劝，则有默行于刑赦之间者矣。每语结之以"劝"者，天下非可驱以智力，束以法制，惟劝化其民，使常有欣欣不自己之意，乃维持长久之道也。

陈氏经曰，商家法在"明德慎罚"，明德化民，用德其本心，慎罚不滥及民，用刑不得已也。本原既正，则或刑，或宥，皆足以劝民于善。刑，一也，先王用之，而使民劝；后世用之，而为民毒，何也？先王之刑，皆仁之寓；后世之刑，不仁之具也。夫子未尝不钓弋也，而仁见于不纲，不射宿之际。文王非不搜田也，而仁见于一发不再举之时也。

20.（元）朱祖义《尚书句解》卷十《周书·多方第二十》

要囚，殄戮多罪，亦克用劝（虽多罪之人，要勒拘于狱，而殄戮之，民服其刑之当，亦能用至劝勉。要，腰）；开释无辜；亦克用劝（无罪之人开解释放之，亦能用至于劝，谓商之贤君，皆能勉民于善，刑之，释之无有不勉于善）。

21.（明）王樵《尚书日记》卷十四《周书·多方》

（归善斋按，见"乃惟成汤克以尔多方，简代夏作民主"）

22.（清）库勒纳等撰《日讲书经解义》卷十《周书·多方》

（归善斋按，见"以至于帝乙，罔不明德慎罚，亦克用劝"）

（元）王充耘《书义矜式》卷五《周书·多方》

（归善斋按，见"慎厥丽，乃劝厥民，刑用劝"）

今至于尔辟，弗克以尔多方，享天之命

1.（汉）孔氏传、（唐）陆德明音义、孔颖达疏《尚书注疏》卷十六《周书·多方》

今至于尔辟，弗克以尔多方，享天之命。

1213

传,今至于汝君,谓纣不能用汝众方享天之命,故诛灭之。

音义,辟,必亦反。

疏,正义曰,今至于汝君纣,反先王之道,不能用汝多方之民,享有上天之命,由此故被诛灭。汝等宜当知之,不当更令如殷也。

2.(宋)苏轼《书传》卷十四《周书·多方第二十》

今至于尔辟,弗克以尔多方享天之命。呜呼！王若曰,诰告尔多方,非天庸释有夏。非天庸释有殷,乃惟尔辟,以尔多方大淫,图天之命,屑有辞。

屑,轻也。纣责命于天,轻出怨天之辞。

3.(宋)林之奇《尚书全解》卷三十二《周书·多方》

(归善斋按,见"成王归自奄")

4.(宋)史浩《尚书讲义》卷十六《周书·多方》

(归善斋按,见"惟五月丁亥,王来自奄,至于宗周")

5.(宋)夏僎《尚书详解》卷二十《周书·多方》

(归善斋按,见"天惟时求民主,乃大降显休命于成汤")

6.(宋)时澜《增修东莱书说》卷二十八《周书·多方第二十》

(归善斋按,见"天惟时求民主,乃大降显休命于成汤")

7.(宋)黄度《尚书说》卷六《周书·多方》

(归善斋按,见"乃惟成汤克以尔多方,简代夏作民主")

8.(宋)袁燮《絜斋家塾书钞》

(归善斋按,无此篇)

9.（宋）蔡沈《书经集传》卷五《周书·多方》

今至于尔辟，弗克以尔多方，享天之命。

吕氏曰，尔辟，谓纣也。商先哲王。世传家法。积累维持如此。今一旦至于汝君。乃以尔全盛之多方。不克坐享天命而亡之，是诚可闵也。天命至公，操则存，舍则亡。以商先王之多基图之大，纣曾不得席其余荫，其亡忽焉危微操舍之几。周公所以示天下深矣，岂徒曰慰解之而已哉。

10.（宋）黄伦《尚书精义》卷四十二《周书·多方》

（归善斋按，见"乃惟成汤克以尔多方，简代夏作民主"）

11.（宋）陈经《尚书详解》卷三十八《周书·多方》

（归善斋按，见"乃惟成汤克以尔多方，简代夏作民主"）

12.（宋）钱时《融堂书解》卷十六《周书·多方》

（归善斋按，见"惟五月丁亥，王来自奄，至于宗周"）

13.（宋）魏了翁《尚书要义》卷十六《周书·君奭、蔡仲、多方》

（归善斋按，未引）

14.（宋）陈大猷《书集传或问》卷下《周书·多方》

（归善斋按，未解）

15.（宋）胡士行《尚书详解》卷十《周书·多方第二十》

（归善斋按，见"成王归自奄"）

16.（元）吴澄《书纂言》卷四下《周书·多方》

（归善斋按，见"洪惟图天之命，弗永寅念于祀，惟帝降格于夏"）

17.（元）陈栎《书集传纂疏》卷五《朱子订定蔡氏集传·周书·多方》

今至于尔辟，弗克以尔多方，享天之命。

吕氏曰，尔辟，谓纣也。商先哲王，世传家法，积累维持如此，今一旦至于汝君，乃以尔全盛之多方，不克坐享天命而亡之，是诚可悯也。天命至公操则存，舍则亡。以商先王之多基图之大，纣曾不得席其余荫，其亡忽焉危微操舍之几。周公所以示天下深矣。岂徒曰慰解之而已哉。

纂疏：

叶氏曰，简，如"简在帝心"之"简"。

吕氏曰，赦而民劝，可也；刑而民亦劝，则有默行于刑赦之间矣。每语结以"劝"者，天下非可驱以智力，束以法制。惟动化于民，使常有欣欣不自已之意，乃维持长久之道也。

陈氏经曰，商之家法，在明德慎罚，明德，化民用德，其本心；慎罚，不滥及民，用刑不得已也。本原既正，则或刑，或宥，皆足以劝民于善。刑一也，先王用之，而使民劝；后世用之，而为民毒，何也？先王之刑，皆仁之寓；后世之刑，不仁之具也。夫子未尝不钓弋也，而仁见于不纲、不射宿之际。文王非不搜田也，而仁见于一发不再举之时。

愚案，前后章两"丽"字，皆当作"附丽刑法"说。慎厥丽，谨其刑法之附丽也。乃劝，乃以劝民也。所以其民受刑，刑当其罪，故亦用以劝也。由明德以慎罚，所以亦能用劝。戮之，释之，刑所当刑，宥所当宥，无不能用劝也。"慎厥丽"，与上文"开于民之丽"，二"丽"字相照应。一"乃劝"字，生下文四"劝"字，说上刑罚来，皆相照应，以"附丽于法"解，"丽"字不可易矣。

18.（元）许谦《读书丛说》卷六《周书·多方》

（归善斋按，未解）

19.（元）董鼎《书传辑录纂注》卷五《周书·多方》

今至于尔辟，弗克以尔多方，享天之命。

吕氏曰，尔辟，谓纣也。商先哲王，世传家法，积累维持如此。今一旦至于汝君，乃以尔全盛之多方，不克坐享天命而亡之，是诚可闵也。天命至公，操则存，舍则亡。以商先王之多基图之大，纣曾不得席其余荫，其亡忽焉危微操舍之几。周公所以示天下深矣，岂徒曰慰解之而已哉。

纂注：

陈氏曰，多方，一也。汤以之而作民主；纣不能以之而享天下，在所以何如耳。

王氏曰，此言殷之兴甚详，言其亡甚略，盖对殷遗民不忍痛言其失也。

20.（元）朱祖义《尚书句解》卷十《周书·多方第二十》

今至于尔辟（尔君纣也。辟，壁），弗克以尔多方，享天之命（失民心，遂失天命，是不能用民以受天命）。

21.（明）王樵《尚书日记》卷十四《周书·多方》

（归善斋按，见"乃惟成汤克以尔多方，简代夏作民主"）

22.（清）库勒纳等撰《日讲书经解义》卷十《周书·多方》

（归善斋按，见"以至于帝乙，罔不明德慎罚，亦克用劝"）

呜呼！王若曰，诰告尔多方，非天庸释有夏

1.（汉）孔氏传、（唐）陆德明音义、孔颖达疏《尚书注疏》卷十六《周书·多方》

呜呼！王若曰，诰告尔多方，非天庸释有夏。

传，叹而顺其事，以告汝众方，非天用释弃桀，桀纵恶自弃，故诛放。

疏，正义曰：周公先自叹而复称王命云，王顺其事而言曰。以言告人，谓之诰。我告汝众方诸侯，非天用废有夏，夏桀纵恶自弃也。

2. （宋）苏轼《书传》卷十四《周书·多方第二十》

（归善斋按，未解）

3. （宋）林之奇《尚书全解》卷三十二《周书·多方》

呜呼！王若曰，诰告尔多方，非天庸释有夏，非天庸释有殷，乃惟尔辟，以尔多方大淫，图天之命，屑有辞。乃惟有夏图厥政，不集于享，天降时丧，有邦间之。乃惟尔商后王逸厥逸，图厥政不蠲烝，天惟降时丧，惟圣罔念作狂，惟狂克念作圣。天惟五年，须暇之子孙，诞作民主，罔可念听。天惟求尔多方，大动以威，开厥顾天。惟尔多方，罔堪顾之。惟我周王灵承于旅，克堪用德。惟典神天，天惟式教我用休，简畀殷命，尹尔多方。今我曷敢多诰，我惟大降尔四国民命，尔曷不忱裕之于尔多方？尔曷不夹介乂我周王，享天之命？今尔尚宅尔宅，畋尔田尔，曷不惠王，熙天之命？尔乃迪屡不静，尔心未爱；尔乃不大宅天命；尔乃屑播天命；尔乃自作不典，图忱于正。我惟时其教告之，我惟时其战要囚之。至于再，至于三，乃有不用我降尔命，我乃其大罚殛之。非我有周秉德不康宁，乃惟尔自速辜。

此篇陈桀纣之所以失天下，商周之所以得天下，以诰多方之诸侯，意谓，天之所夺，非人力之所能支；天之所予，非人力之所能移。而其所以或予或夺者，又系其德、不德如何耳。汝多方诸侯当谨于奉上，以顺天命，不可以有他志也。前既言桀之失德，而天命汤以代夏作民主，虽继之以纣之弗克，以尔多方享天之命，而纣之所以坠厥命，周之所以受厥命，详言其所以然之故，使多方诸侯，知天之弃商而不可复兴，则自此以下是也。言天之丧夏，非天有意以用释之也，桀自取之耳。其丧殷也，亦非天有意以用释之也，亦纣自取之耳。盖谦逊静恧，天表之应，应之以福；骄溢靡丽，天表之应，应之以祸。桀纣贵为天子，富有天下，纂数百年之基绪，而乃丧国亡身，覆宗绝祀者，其于祸败，盖自己求之，天但应之而已。故天之所以释有殷者，乃以尔之君以此多方之众，而欲谋天之命，使其永眷顾于我殷家，绵绵延延，历千万年而不绝。而乃大有淫佚之行，此岂可以谋天命哉？夫既奄有多方之众，则是天命未改，使其能怀戒谨之心，以修厥德，则虽不切切然以谋，天命盖未艾也。既大为淫佚矣，则虽欲以多方而图天之命，多方岂可以常有，而天命岂可以图而得哉？大为淫佚，固不可以图天之命，而又屑屑有辞，此又尤天之所怒也。《说文》曰，屑，动作切切也，言其动作屑屑然，而皆为之辞说，以自解释也。王嘉曰，动民以行不以言，应天以实不以文。下民细微犹不可诈，况上天神明而可欺哉？大淫者，固非所以得天；而屑有辞者，又益祸而促亡也。《史记》言，纣资辩捷疾，智足以拒谏，言足以饰非。而武王数其罪，亦曰谓己有天命，谓敬不足行，谓祭无益，谓暴无伤。祖伊以西伯戡黎之故，奔告于纣，纣则曰，我生不有命在天，则其屑有辞。纣盖优为之也，虽则有辞，自欺可也，天其可欺乎？桀之矫诬上天，纣之屑有辞，自古乱亡之君若出一辙也。"不集于享"，即上文"不克永于多享"，"大不克明保享于民"，言其享国之效于此不遂矣。有夏之图其政，而乃不集于享，则其政暴虐不足以得民心故也。故天降是丧亡以祸之。然天之丧亡也，必假手于人，故汤自有邦诸侯间而取之也。夫社稷无常奉，君臣无常位，自古已然。桀有天下而不知所以保天下之道，则汤自一邦而间之，何者？天子、诸侯无常位也，然汤亦岂有意于间夏哉？盖天之命尔。前既言纣之失德，此复言之者，将极陈纣之丧亡，以明周之当有天下，故略举汤之代夏，以明周之代殷亦然也。商之后王纣，不思帝乙以前明德谨罚，以克保成汤之基绪，而不至失坠，乃惟沉湎淫泆是务，以逸于逸焉。"逸厥逸"者，甚言其逸，若醇乎醇之谓也。其图厥政也。则惟秽德之彰闻，而其不洁也久矣，故天降是丧亡以祸之。纣之图厥政而不洁，是亦桀之图厥政而不集于享，天之所以皆降时丧也。蠲，洁也。烝，久也。《毛氏传》曰，烝，寘也，而郑笺为"久"。古者，声寘、填、尘同。《正仪》曰传训烝，寘也，故转"寘"为"久"。而《释诂》曰"尘"，久也。乃作"尘"字，故笺辨之，古者，寘、填、尘三字音同，可假借而用之故也。"天惟五年须暇之"，则其不蠲也久矣。"惟圣罔念，作狂；惟狂克念，作圣"，此言天之所以须暇商之子孙也。夫圣之与狂其相去不啻千万里之远，而圣乃可以作狂，狂乃可以作圣者，特在念不念之间耳。《书》曰"思曰睿，睿作圣"，《孟子》曰"心之官则思，思则得之，不思则不得也"，以是知念不念之间，圣、狂之所以分也。苟其质之圣矣，自恃其圣而不之思，则日复一日，天命之性益就雕丧，其作狂也何有？苟其质狂矣，自耻其狂而思之，日复一日，天命之性忽然而复其作圣也何有？惟不念耳，如太甲之初立，不明乎德，欲败度，纵败礼，以速戾于厥躬，岂啻狂而已哉？及伊尹放之于桐，致之忧患之地，而发其愤悱之思，遂能处仁迁义，为商太宗。周公作《无逸》之书以戒成王，以之与文王并列为迪哲之君。回视未放于桐之前，相去岂不甚远。以太甲观之，则狂而克念者其作圣可必也。故纣无道而天犹宽以待之，至于五年，罪恶贯盈，不自悛革而后之丧亡者，欲其自狂而克念以作圣也，则天之仁爱于纣，欲扶持而安全之，岂不至哉。

夫以纣之淫酗肆虐，武王有应天顺人之志，而犹宽以待之，冀其改过者，武王忠厚之心也而以为天者。武王之所以为，天实使之也，须待也。暇，宽也，"须暇"者，待之以宽也。须暇之子孙，谓汤之子孙，盖指纣也。"五年"者，先儒谓服丧三年，还师二年。苏氏亦从此说。夫观兵之说，予于《泰誓》已辨之详矣。《泰誓》序言"惟十有一年，武王伐殷"，盖武王即位之十一年。若从先儒之说，则是即位之五年克殷也。此所谓五年，正犹《武成》之所谓"九年"也。《武成》之所谓"九年"者，意者武王未崩之前九年，盖亦以纣之恶可伐而不忍伐之，故"大统未集"也。此所谓"五年"者，意者武王未克纣之前五年，盖亦以纣之罪恶为可伐，而犹冀其改过，故须暇之也。由是观之，周之伐殷岂得已而不已哉？晋武帝以孙皓淫暴，有问罪之志。其臣羊祜则曰，孙皓暴虐已甚，于今可不战而克。若皓不幸而没，吴人更立令主，虽有百万之众，长江未可窥也。王浚则曰，孙皓荒淫，宜速征伐，若一旦皓死，更立贤主则强敌也。此言正春秋时晋伯宗所谓后之人，或者将敬奉德义以事神人，而申固其命，若之何待之也。盖其意以区区之仁义，不足以易吾之大计也。晋武帝之心，则惟恐吴之有贤主，而我不得以逞其欲。武王之心，则惟恐纣之不能改过。人之度量相远一至于此。不观于晋武，无以知武王之为至德也。武王宽以待之五年矣，而纣自以为我大作民主矣，何所虑哉，故其言行，无可念听者。"诞作民主"，即所谓"我生不有命在天"也。董仲舒曰"晏然自以如日在天"，正此也。纣既无可念听，故天求尔多方诸侯之贤者，俾之代殷，大动以威，而开其能顾天者。能顾天，则命集之矣。顾天，与"顾諟天之明命"之"顾"同，言其起居动作，未尝忘之，若上帝之在其左右也。"大动以威"者，李博士曰，天之释商，岂得已哉？"大动以威"则非小变也，是也。"开"者，天诱其衷也。天求其能顾天者，而尔多方诸侯，无有一邦可以堪顾天之道者，言皆不胜其任也。

其时惟我周王，知民之为贵而善承于众，不敢忽慢，能堪于用德以治天下，可以为天地、社稷、宗庙、鬼神之主，故天用教我周以用休，而使膺受多福，简择于多方，而以殷之命与之，为多方之君也。王博士曰，天教周王以用休，犹所谓"天诱其衷"也，是也。即上所谓"开"也。桀之失德也，天监于万方，眷求一德，俾作神主，而汤以一德之故，乃受天命，以有九有之师。纣之失德也，"天求尔多方"，"开厥顾天"，而武王以用德之故，"乃畀殷命，以尹尔多方"。由此观之，则汤、武之事，岂得已而不已哉？盖适当天心之所眷顾，故不得不以征伐为己任也。使桀纣能守其祖宗之基绪，则我岂间而取之哉？使多方之诸侯，其德有可以当天意者，则天命必不舍彼而私于我也。惟殷、周之废兴，皆有天命，则我今岂敢惟务谆谆然，以此多告汝哉？我之大降管叔、霍、奄之四国民命而黜之者，惟其自作孽而已。尔当戒之，何不以诚信之道，优游雍容，宽而行之。于尔多方四国之所以至于降其命者，惟其不信故也。尔何不为我周王之夹辅，介助赞襄其君，以至于治，以享天之命？今尔虽殷之诸侯，而尚得以居尔之居，畋尔之田，是汝不失其旧物，则我于尔非无恩也。尔何不顺王而广天之命乎？"宅尔宅，畋尔田"，谓多方诸侯，奄有其旧之封，强食其旧之田亩也。熙，广也。今汝乃怙过不悛，我所以顺迪汝者屡矣，而犹未能安静，以顺上之命，则以尔心未仁故也。尔苟有仁心，则能居易以俟命矣。其有不静乎？尔乃不大宅于天之命，而有觊觎反侧之虑，则是尔乃动作切切然，以播摇天命，是尔自作不常之事。我将谋尔之信于正道，故惟以言语教告汝，使汝晓然知善之可为，而不善之不可为。教告之而不从，则我惟要囚于汝，以战恐之，使汝有畏而后迁善远罪也。至于

1221

再,至于三,则汝宜知过矣,而乃犹不服。我黜尔四国民命之事,则是汝怙终而不顺其上,我则以大伐而杀汝也,非我一人所持之德,不使尔康宁,故使尔陷于刑戮,乃尔之自召其罪也。夫多方之诸侯。迪之之屡。而犹不静。至于屑播天命。使周不以教告而徐譬之,遽纳之于刑,则是周之秉德不康宁也。苟教告而不从,则要囚之。要囚之,而又不服,此岂可置而不问哉?故必至于大罚殛之而后已。今尔多方诸侯,苟能夹介周王,而宅天之命,则虽要囚,犹可以免,而况于大罚殛乎?故以此言诱而进之,使之有所愧,亦有所畏,而后无他虑也。

4. (宋)史浩《尚书讲义》卷十六《周书·多方》

(归善斋按,见"惟五月丁亥,王来自奄,至于宗周")

5. (宋)夏僎《尚书详解》卷二十《周书·多方》

呜呼!王若曰,诰告尔多方,非天庸释有夏,非天庸释有殷,乃为尔辟,以尔多方,大淫图天之命,屑有辞,乃惟有夏,图厥政不集于享。天降时丧,有邦间之,乃惟尔商后王,逸厥逸,图厥政,不蠲烝。天惟降时丧。惟圣罔念作狂,惟狂克念作圣。天惟五年,须暇之子孙,诞作民主,罔可念听。天惟求尔多方,大动以威,开厥顾天。惟尔多方,罔堪顾之。惟我周王灵承于旅,克堪用德。惟典神天。天惟式教我用休,简畀殷命,尹尔多方。

作书之体,皆先言"王若曰",而后言"呜呼",此乃先言"呜呼"而后言"王若曰",唐孔氏谓,周公先自叹而后称王命,此说是也。告尔多方,周公称王命谓,我为诰文以告尔多方,如前言桀与纣所以亡者,非天用废于有夏,亦非天用废于有殷也。乃惟尔君商纣,用尔多方,而大为淫佚之事,以图度天命,大意谓,过为淫佚,不复畏天。乃谓,我生不有命在天,妄以己意料天意也。纣惟淫佚无忌惮如此,故其罪恶所以屑屑,皆有可举之辞。如《泰誓》《牧誓》之所陈,则屑屑有辞可知矣。此总言大意,下乃详言。非天庸释夏殷之事,谓天之所以释于有夏之君者,以桀图谋其政事,不成于享天命之意,故天降是丧亡,使能有邦国者间隔而代之,谓汤代夏也。天之所以释有商者,乃惟尔辟纣逸其所逸。盖淫佚之事，非人君所当为者，而纣乃逸之，故谓"逸厥逸"。惟其如此，所以图其政事，不能蠲洁而至于秽恶；不能烝进而至于怠惰。天于是降是丧亡，是天之所以释夏、商者，非天庸释之也，皆桀、纣自取之也。然纣之所为如此，天将丧之，犹未忍加以丧亡之祸，又念天下之理，圣而不能念，则或至于狂；狂而能念，则或至于圣。今纣所为如，此虽甚狂矣，天犹以为万一克念，亦可以圣，于是以五年之久，须待宽暇。此"之子孙"。之，此也，犹《庄子》言之人也，之德也。须暇此子孙，谓纣也。纣虽商之子孙，而受天命为天子，亦天之子孙，故谓之此子孙也。所谓五年者，先儒以为文王崩，武王服丧三年，观政二年，凡五年，然后伐纣，若天使之然也。然观政之说，予于《泰誓》已辩之矣。要之，谓五年者，经传既别无考据，往往谓纣未死五年之前，罪恶贯盈，丧亡无日，天未忍遽绝之，故须待闲暇至于五年，冀其改悔。天之意虽如此，而纣大为民主，卒无可念者，无可听者，谓所为无一言之可取也。

唐孔氏谓，上知下愚不移，圣必不能为狂，狂又必不能至圣，此事决矣。此言圣或作狂，狂或作圣，盖以桀纣实非狂愚，倘改过，则狂自有作圣之理。此说是也。纣既无可念听天，于是求于尔多方之民，大震动以天威，以开迪其有能顾諟天意者，将以用之。而尔多方又无有能顾天者，方是之时，惟我周之王，谓文、武也，善承奉于众民，能任用于有德，克堪用，谓能任用。文、武惟能如此，故可以主神天之祀，为天子。天于是敬教文、武，使之用休美之道，大畀与以殷命，使正尔多方而为之君。成王言此，正谓我周之兴，乃天命所畀，尔众民诚不可怀贰心也。

6.（宋）时澜《增修东莱书说》卷二十八《周书·多方第二十》

呜呼！王若曰，诰告尔多方，非天庸释有夏，非天庸释有殷，乃惟尔辟，以尔多方，大淫图天之命，屑有辞。乃惟有夏图厥政，不集于享，天降时丧，有邦间之。乃惟尔商后王，逸厥逸，图厥政，不蠲烝，天惟降时丧。惟圣罔念作狂，惟狂克念作圣。天惟五年，须暇之子孙，诞作民主，罔可念听。

序"呜呼"于"王若曰"之上，盖周公先自叹息而始宣布成王之诰告,又所以见周公未尝称王也。又此篇之始"周公曰,王若曰"复语相承,《书》无此体也。至于此章先"呜呼",而后"王若曰",《书》亦无此体也。周公居圣人之变,史官预忧来世传疑袭误,盖有窃之为口实者矣,故于周公诰命之终篇发新例二着,周公实未尝称王,所以别嫌明微,而谨万世之防也。"非天庸释有夏,非天庸释有殷者",言天未尝用意弃夏、商,乃二国自绝耳。教之以自反,而不怨天也。"乃惟尔辟,以尔多方大淫图天之命,屑有辞"者,言孽非天作,乃纣自作。此章论夏、商二国,"乃惟"皆指其自作之孽也。纣以尔多方之众,惟意所适,大肆淫泆,不顺天命,而妄图度焉。凡人欲之作天理之逆皆是也。恶之播于人口者,谓之"辞"。方恶之未熟也,大者,则传道之。至于琐屑者,犹未暇举焉。至于肆欲逆天,其恶既熟,则民不堪其虐,无复讳避,虽琐屑之恶,极口历数,一一有辞,是民既弃之矣。天固不得而不弃之也。"乃惟有夏,图厥政不集于享,天降时丧,有邦间之"者,集,乃"积集"之"集";享,乃"享国"之"享"。治世之政,聚其所以兴,所谓"集于享"也。乱世之政,积其所以灭,所谓"不集于享"也。桀图其政。既不集于享。而集于亡。故天降是丧乱。而俾有邦代之,岂非桀之所自取乎?"乃惟尔商后王,逸厥逸,图厥政,不蠲烝,天惟降时丧"者,商亲代夏为纣者,可以永鉴矣。反于桀之淫逸,而又加其逸焉,所谓"逸厥逸"也,言罪浮于桀也。不蠲,不洁也。纣图其政,无非秽浊,不蠲日进,长恶既极,故天降是丧乱焉,又岂非纣之所自取乎?"惟圣罔念作狂惟狂克念作圣天惟五年须暇之子孙诞作民主罔可念听"者,言纣虽当亡,天尚以先哲王之故,未忍遽绝,而待其改也。纣固无能改之事,而有可改之理。圣狂罔念、克念之机,所谓可改之理也。圣者,通明之称。《周官》列六德以教民,而圣居一焉。则非大而化之之圣矣。若大而化之,宁有罔念,又岂狂者一克念而遽可至哉。然大而化之之圣,亦通明之极而化之者也。狂而克念,亦大而化之之基也。斯所以皆谓之圣也。虽曰通明,不念则狂;虽曰狂惑,能念则通其机。惟在于念与不念之间。纣虽狂惑,如其能念,则作圣孰御哉。惟有可改之理,故天以商先哲王之故,徘徊五年,须而待之暇,而宽之,依依于其子孙,而觊其改焉。纣乃大为民主,肆于民上,曾无少善可念可听,然则天绝纣乎。纣绝天乎,周公知天未遽绝纣可也，何所见而能数其年也，我之未忍，民之未厌，斯则天也，民由之，而不知圣人与天为一，动静久速，极于着察。故明数其年谓之五焉，此盖武王、周公之所独知。说者乃牵合岁月。以附其数，亦舛矣。

7. （宋）黄度《尚书说》卷六《周书·多方》

呜呼！王若曰，诰告尔多方，非天庸释有夏，非天庸释有殷。乃惟尔辟，以尔多方，大淫图天之命，屑有辞。

非天庸释夏、殷，所谓上帝引逸也，天岂欲为此无常哉，汝君图天之命而大淫其事，琐屑皆可指摘有辞，天是以去之。

8. （宋）袁燮《絜斋家塾书钞》

（归善斋按，无此篇）

9. （宋）蔡沈《书经集传》卷五《周书·多方》

呜呼！王若曰，诰告尔多方，非天庸释有夏，非天庸释有殷。

先言"呜呼"，而后言"王若曰"者，唐孔氏曰，周公先自叹息而后称王命以诰之也。庸，用也，有心之谓。释，去之也。上文言夏、殷之亡因，言非天有心于去夏，亦非天有心于去殷；下文遂言乃惟桀、纣自取灭亡也。

吕氏曰，周公先自叹息，而始宣布成王之诰告，以见周公未尝称王也。又此篇之始，"周公曰，王若曰"复语相承，《书》无此体也，至于此章，先"呜呼"，而后"王若曰"，《书》亦无此体也。周公居圣人之变，史官豫忧来世传疑袭误，盖有窃之为口实矣，故于周公诰命终篇，发新例二着，周公实未尝称王，所以别嫌明微，而谨万世之防也。

10. （宋）黄伦《尚书精义》卷四十二《周书·多方》

呜呼，王若曰，诰告尔多方，非天庸释有夏，非天庸释有殷。乃惟尔辟，以尔多方，大淫图天之命，屑有辞。乃惟有夏，图厥政不集于享，天降时丧，有邦间之。乃惟尔商后王，逸厥逸，图厥政，不蠲烝，天惟降时丧。

无垢曰，庸，用也。释，弃也，言非天弃夏也，夏自弃耳；非天弃商也，商自弃耳。何则？天即是我，我即是天。凡我所念，所为无不合于道，则日日有天命，一念帨不当道，即天所弃也，故仰察璇玑之运，足以知王政之治乱，亦足以见天心之予夺。

又曰，桀之图政，不能集于享，是民弗归往也。民之心，即天之心。民弗归往，此天所以降时丧也。天既丧夏，则必求能集于享者，汤得所以集于享之道，故能间有夏而受命。汤亦起于诸侯，故言"有邦"。又曰，桀之所以不"集享"者，以逸而已；汤之所以能间有夏而受命，以知"集享"也，以知正身之道也。尔之后王，其逸又甚于桀，其步骤驰骋，彷徨周浃，无非逸乐不义之事，所谓纣罪浮于桀者，此也。

又曰，蠲者，洁也；烝者，进也。天下之本在国，国之本在家，家之本在身。身既正矣，则施为纲纪，发为标准，垂衣拱手足，正天下矣。不能蠲洁其身，以进于善，则是身之不正也。乌能图厥政乎。纣为不善如此，必至于亡国败家而后已。此天所以降时丧也。

11.（宋）陈经《尚书详解》卷三十八《周书·多方》

呜呼！王若曰，诰告尔多方，非天庸释有夏，非天庸释有殷，乃惟尔辟，以尔多方，大淫图天之命，屑有辞。乃惟有夏，图厥政不集于享，天降时丧，有邦间之。乃惟尔商后王，逸厥逸，图厥政，不蠲烝，天惟降时丧。

周公先叹而后以王命告之曰，予之作诰以告尔多方，非天庸释有夏而不佑之，夏之君自取之也；亦非天用释有商而不佑之，商之君自取之也。是天命之废兴在己而不在天也。乃惟尔君纣，以尔多方之众，不能修己以谋天命，方且以大淫过之行，而图天命，恶事尽有可说，言其恶之可指也。夫为善而至于有善之可指，曰某人仁人也，某人义人也。此为善之成，其着见如此。为恶而至于有恶之可指亦然。《泰誓》三篇，武王数纣之罪，是皆有辞，是其恶之成于着见如此。"乃惟有夏图，厥政不集于享"，周公更取有夏之事，对商而言之。集，有积聚之意。享者，享受其国也。弗集于享，则凡今日为之，明日为之，今日积之，后日积之，皆不可以享国之事，故天降时丧，令有邦之诸侯，如成汤者代之，汝自诸侯而为天子也。乃惟尔商后王纣，"逸厥逸"，是以逸为逸也。文、武始于忧勤，终于逸乐，是以勤为逸也。纣不以勤为逸。而以逸为逸，则其所谓逸者，皆纵恣放辟之所为也。所以谋其政者，不务蠲洁其身，以进于善，其浊秽可知矣。烝，进也。故天亦从而降下丧亡，是天之弃商，亦如前日之弃夏也。

12.（宋）钱时《融堂书解》卷十六《周书·多方》

呜呼！王若曰，诰告尔多方，非天庸释有夏，非天庸释有殷，乃惟尔辟，以尔多方，大淫图天之命，屑有辞。乃惟有夏，图厥政，不集于享，天降时丧，有邦间之。乃惟尔商后王，逸厥逸，图厥政，不蠲烝，天惟降时丧。惟圣罔念作狂，惟狂克念作圣。天惟五年，须暇之子孙，诞作民主，罔可念听，天惟求尔多方，大动以威，开厥顾天。惟尔多方，罔堪顾之。惟我周王，灵承于旅，克堪用德，惟典神天，天惟式教我用休，简畀殷命，尹尔多方。今我曷敢多诰。我惟大降尔四国民命。尔曷不忱裕之于尔多方，尔曷不夹介乂我周王，享天之命。今尔尚宅尔宅，畋尔田，尔曷不惠王，熙天之命。尔乃迪屡不静，尔心未爱。尔乃不大宅天命，尔乃屑播天命，尔乃自作不典，图忱于正。我惟时其教告之，我惟时其战要囚之，至于再，至于三，乃有不用我降尔命，我乃其大罚殛之，非我有周秉德不康宁，乃惟尔自速辜。

此节承上文，极言商之所以亡，周之所以兴，发挥今日诰告多方之意也。然当分作三截看：自"非天庸释"至"天惟降时丧"，是言夏商之末得罪天者，如此，须看两个"非"字，与三个"乃惟"字相应。自"惟圣罔念"至"尹尔多方"，是言天非遽亡商而兴周，须待子孙而罔可，求尔多方而罔堪，然后乃畀我周王者如此，须看"罔可""罔堪"与"克堪"字相应。自"今我曷敢"至"自速辜"，是言尔等何不如此，而乃反如此，我今日所以诰告者如此，须看三个"尔曷不"与四个"尔乃"字相应。上节既极言桀"图帝之命"，以至放败。此"图天之命"，却是主纣而言，语脉相承。"灵承于旅"，与"桀不克灵承"正相反。"我惟大降尔四国民命"，尔何不自信，以宽裕于尔多方乎？只为怀疑未释，浅深不裕，所以扰扰如此。夫以四国之民，且大降其命，则多方可以信矣，裕矣。斯言正指当时病根。"尔乃自作不典"，以谋信于正道，天下只是一个正而已。安有乱常越法，而谓之正者。后世奸人亡命，谋为不轨，而托名为义兵，正此之谓。自"尔乃"而下，是指再叛之事也。"非"字与"乃惟"字，亦相应，与前面语律同。

13.（宋）魏了翁《尚书要义》卷十六《周书·君奭、蔡仲、多方》

（归善斋按，未引）

14.（宋）陈大猷《书集传或问》卷下《周书·多方》

或问，"呜呼！王若曰"，吕王二说如何。曰，二说皆有味，但以文势观之，俱未为顺妥。若谓吕曰此篇始言"周公曰，王若曰"，此先"呜呼"而后"王若曰"，"书"无此体，盖周公处圣人之变，故史官发新例，以着周公实未尝称王，所以别嫌明微，谨万世之防也。新安王氏以"呜呼"属之上文。其说曰周公不详言纣之恶，而终以嗟叹，若有所伤痛不忍言也。史官欲明君臣之分，则篇首以"周公曰"加于"王若曰"之上，已足见矣，不待以"呜呼"为发语之始，亦未尝以"呜呼"为语辞之终也。或曰错简。又未知果然也。姑并存之。

15.（宋）胡士行《尚书详解》卷十《周书·多方第二十》

（归善斋按，见"成王归自奄"）

16.（元）吴澄《书纂言》卷四下《周书·多方》

呜呼！王若曰，诰告尔多方，非天庸释有夏，非天庸释有殷。乃惟尔辟，以尔多方，大淫图天之命，屑有辞。乃惟有夏，图厥政，不集于享，天降时丧，有邦间之。乃惟尔商后王，逸厥逸，图厥政，不蠲烝，天惟降时丧。惟圣罔念作狂，惟狂克念作圣。天惟五年，须暇之子孙，诞作民主，罔可念听。天惟求尔多方，大动以威，开厥顾天。惟尔多方，罔堪顾之。惟我周王灵承于旅，克堪用德。惟典神天，天惟式教我用休，简畀殷命，尹尔多方。

　　周公又更端而言，先自叹而后称王命以告，尔辟，承有夏、有殷之文，兼言桀、纣。屑，轻小之意。"不集于享"，谓诸侯离心，不能合聚之，使来朝享也，"有邦"谓商；间，犹"伐"也。蠲，洁也。《诗》曰"吉蠲为饎"。烝，冬祭名，"不蠲烝"，若所谓昏弃厥祀弗答也。圣，谓明智；狂，谓昏惑。五年，当时盖有所指，今不可考。须，待也。暇，宽暇也。之子孙，犹"之子于归"之"之"。念听，谓有善可爱念，而彻天之听也。动，谓警发之。顾，乃"眷顾"之"顾"。堪，可胜也。教，谓若天启其衷也。夏、殷之亡，非天释去之，皆其自取。惟桀、纣，有尔多方，而大淫于恶，以图天之命，一一皆有可罪之辞。既总言之，以下又分言桀、纣，然于夏，则"降时丧"之下，惟"有邦间之"一句；于商，则"降时丧"之下，自"惟圣罔念"至"尹尔多方"累十余句，盖前一节言夏已详，而言殷犹略，故于此一节略于夏，而详于殷也。明智之人，一不念，则即为昏惑；昏惑之人，一克念，则即为明智，故纣虽极恶，未尝不可改而善也。自武王克商之年，追数五年之前，纣恶已极，商已当亡。然天以其为商先王子孙，故须待宽暇，未遽亡之，犹冀其能改，可作民主，及五年之久，纣卒无一善之可念听。天于是求民主于四方诸侯，大动以谴告商纣之威，开悟尔多方之国，顾有可胜天之眷顾者，而尔多方，又无可胜眷顾之人。惟我周王善奉皇天之祀，克用其德，遂令为神、天之主，天实教我而用休美之命，以休之简选，而畀之以殷命，使尹尔之多方也。

17.（元）陈栎《书集传纂疏》卷五《朱子订定蔡氏集传·周书·多方》

　　呜呼！王若曰，诰告尔多方，非天庸释有夏，非天庸释有殷。

　　先言"呜呼"而后言"王若曰"者，唐孔氏曰，周公先自叹息而后称王命以告之也。庸，用也，有心之谓。释，去之也。上文言夏、殷之亡，因言非天有心于去夏，亦非天有心于去殷。下文遂言乃惟桀、纣自取亡灭也。

　　吕氏曰，周公先自叹息而始宣布成王之诰告，以见周公未尝称王也。

又此篇之始,"周公曰,王若曰",复语相承,《书》无此体也。至于此章先"呜呼"而后"王若曰",《书》亦无此体也。周公居圣人之变,史官豫忧来世传疑袭误,盖有窃之为口实矣,故于周公诰命终篇发新例二着,周公实未尝称王所以别嫌明微,而谨万世之防也。

18. (元)许谦《读书丛说》卷六《周书·多方》

(归善斋按,未解)

19. (元)董鼎《书传辑录纂注》卷五《周书·多方》

呜呼!王若曰,诰告尔多方,非天庸释有夏,非天庸释有殷。

先言"呜呼"而后言"王若曰"者,唐孔氏曰,周公先自叹息而后称王命以诰之也。庸,用也,有心之谓。释,去之也。上文言夏、殷之亡,因言非天有心于去夏,亦非天有心于去殷,下文遂言乃惟桀、纣自取亡灭也。

吕氏曰,周公先自叹息而始宣布成王之诰告,以见周公未尝称王也。又此篇之始"周公曰,王若曰",复语相承,《书》无此体也。至于此章,先"呜呼"而后"王若曰",《书》亦无此体也。周公居圣人之变,史官豫忧来世传疑袭误,盖有窃之为口实者,故于周公诰命终篇发新例二着,周公实未尝称王,所以别嫌明微,而谨万世之防也。

纂注:

夏氏曰,诰告,以诰辞告之也。

20. (元)朱祖义《尚书句解》卷十《周书·多方第二十》

呜呼!王若曰(周公先自叹而后称王命),诰告尔多方(谓我为诰文以告尔多方诸侯)。

21. (明)王樵《尚书日记》卷十四《周书·多方》

"呜呼!王若曰,诰告尔多方,非天庸释有夏"至"天惟降时丧"。

"呜呼!"在"王若曰"之上,周公先自叹息而后称王命以告之也,言夏、商之亡皆自取。

22.（清）库勒纳等撰《日讲书经解义》卷十《周书·多方》

呜呼，王若曰，诰告尔多方，非天庸释有夏，非天庸释有殷，乃惟尔辟，以尔多方，大淫图天之命，屑有辞。乃惟有夏，图厥政，不集于享，天降时丧，有邦间之。乃惟尔商后王，逸厥逸，图厥政，不蠲烝，天惟降时丧。

此四节书是，申言夏、殷自取其亡，以见天命无私也。释，去之也。有邦，指殷邦也，蠲，洁也。烝，进也。周公又叹息而传成王命若曰，诰告尔多方之众，夏亡于桀，非天用心，以释去有夏；殷亡于纣，亦非天用心，以释去有殷。乃惟尔君纣，恃尔多方之富盛，大肆淫泆，以私意图度天命，谓我生不有命在天，饰非拒谏，琐屑之言辞，不一而足，安得不亡耶。乃惟夏桀，凡谋为其国政，不聚集于享国之善事，而聚集于亡国之恶事，故天降是丧乱于夏，使殷邦代之，以有天下，非桀之自取其亡乎？乃惟尔商后王纣，不能居安思危，但以荒逸之事为安逸，凡谋为其国政，秽恶而不蠲洁，怠惰而不烝进，天以是降丧乱于殷，又使我周代之，非纣之自取其亡乎？然则夏、殷之亡，皆其自取，非天有心于去之也，昭然可见矣。此反复言天命至公，知去之非私去，即知眷之非妄眷，足以杜万世奸雄之心，而为人主者，可不兢兢于时几是敕哉。

非天庸释有殷，乃惟尔辟，以尔多方大淫，图天之命，屑有辞

1.（汉）孔氏传、（唐）陆德明音义、孔颖达疏《尚书注疏》卷十六《周书·多方》

非天庸释有殷，乃惟尔辟，以尔多方大淫，图天之命，屑有辞。

传，非天用弃有殷，乃惟汝君纣，用汝众方大为过恶者，共谋天之

命,恶事尽有辞说,布在天下,故见诛灭也。

疏,正义曰,非天用废有殷,殷纣纵恶自弃也。又指说纣恶,乃惟汝君殷纣,用汝众方之民,大为过恶者,共此恶人,谋天之命,其恶事尽有辞说,布在天下,以此故见诛灭。

2.（宋）苏轼《书传》卷十四《周书·多方第二十》

（归善斋按,见"今至于尔辟,弗克以尔多方享天之命"）

3.（宋）林之奇《尚书全解》卷三十二《周书·多方》

（归善斋按,见"诰告尔多方,非天庸释有夏"）

4.（宋）史浩《尚书讲义》卷十六《周书·多方》

（归善斋按,见"惟五月丁亥,王来自奄,至于宗周"）

5.（宋）夏僎《尚书详解》卷二十《周书·多方》

（归善斋按,见"诰告尔多方,非天庸释有夏"）

6.（宋）时澜《增修东莱书说》卷二十八《周书·多方第二十》

（归善斋按,见"诰告尔多方,非天庸释有夏"）

7.（宋）黄度《尚书说》卷六《周书·多方》

（归善斋按,见"诰告尔多方,非天庸释有夏"）

8.（宋）袁燮《絜斋家塾书钞》

（归善斋按,无此篇）

9.（宋）蔡沈《书经集传》卷五《周书·多方》

（归善斋按,另见"诰告尔多方,非天庸释有夏"）
乃惟尔辟,以尔多方大淫,图天之命,屑有辞。

纣以多方之富，大肆淫泆，图度天命，琐屑有辞，与《多士》言"桀大淫泆有辞"义同。殷之亡。非自取乎？以下二章推之，此章之上，当有阙文。

10.（宋）黄伦《尚书精义》卷四十二《周书·多方》

（归善斋按，见"诰告尔多方，非天庸释有夏"）

11.（宋）陈经《尚书详解》卷三十八《周书·多方》

（归善斋按，见"诰告尔多方，非天庸释有夏"）

12.（宋）钱时《融堂书解》卷十六《周书·多方》

（归善斋按，见"诰告尔多方，非天庸释有夏"）

13.（宋）魏了翁《尚书要义》卷十六《周书·君奭、蔡仲、多方》

（归善斋按，未引）

14.（宋）陈大猷《书集传或问》卷下《周书·多方》

（归善斋按，未解）

15.（宋）胡士行《尚书详解》卷十《周书·多方第二十》

（归善斋按，见"成王归自奄"）

16.（元）吴澄《书纂言》卷四下《周书·多方》

（归善斋按，见"诰告尔多方，非天庸释有夏"）

17.（元）陈栎《书集传纂疏》卷五《朱子订定蔡氏集传·周书·多方》

（归善斋按，另见"诰告尔多方，非天庸释有夏"）

乃惟尔辟，以尔多方大淫，图天之命，屑有辞。

纣以多方之富，大肆淫泆，图度天命，琐屑有辞，与《多士》言"桀大淫泆有辞"义同。殷之亡，非自取乎？以下二章推之，此章之上，当有缺文。

18.（元）许谦《读书丛说》卷六《周书·多方》

（归善斋按，未解）

19.（元）董鼎《书传辑录纂注》卷五《周书·多方》

（归善斋按，另见"诰告尔多方，非天庸释有夏"）

乃惟尔辟，以尔多方大淫，图天之命，屑有辞。

纣以多方之富，大肆淫泆，图度天命，琐屑有辞，与《多士》言"桀大淫佚有辞"义同。殷之亡，非自取乎。以下二章推之，此章之上，当有阙文。

纂注：

孔氏曰，恶事尽有辞说，布在天下。

吕氏曰，恶之播于人口者，谓之辞。恶之未熟，大者传道，琐屑者未尽举。至恶已熟，琐屑之恶，极口历数，一一有辞。

20.（元）朱祖义《尚书句解》卷十《周书·多方第二十》

非天庸释有夏，非天庸释有殷（桀与纣所以亡者，非天用废夏、殷而不祐之也），乃惟尔辟（纣也），以尔多方大淫图天之命（用尔多方大为淫泆之事，以图度天命，谓天命之在我），屑有辞（其罪恶，所以屑屑有可举之辞也）。

21.（明）王樵《尚书日记》卷十四《周书·多方》

（归善斋按，见"诰告尔多方，非天庸释有夏"）

22.（清）库勒纳等撰《日讲书经解义》卷十《周书·多方》

（归善斋按，见"诰告尔多方，非天庸释有夏"）

乃惟有夏图厥政，不集于享，天降时丧，有邦间之

1.（汉）孔氏传、（唐）陆德明音义、孔颖达疏《尚书注疏》卷十六《周书·多方》

乃惟有夏图厥政，不集于享，天降时丧，有邦间之。

传，更说桀也，言桀谋其政，不成于享，故天下是丧亡，以祸之，使天下有国圣人代之，言有国，明皇天无亲，佑有德。

音义，间，"间厕"之"间"。

疏，正义曰，更说桀亡之由。乃惟有夏桀，谋其政，不能成于享国，所谋皆是恶事，故天下是丧亡，以祸之，使有国圣人，来代之，言皇天无亲，惟佑有德。故以圣君代阍主也。汤是夏之诸侯，故云有国。

2.（宋）苏轼《书传》卷十四《周书·多方第二十》

乃惟有夏图厥政，不集于享，天降时丧，有邦间之。

夏政不享于天，则其诸侯间而取之，亦如今殷之为周取也。

3.（宋）林之奇《尚书全解》卷三十二《周书·多方》

（归善斋按，见"诰告尔多方，非天庸释有夏"）

4.（宋）史浩《尚书讲义》卷十六《周书·多方》

（归善斋按，见"惟五月丁亥，王来自奄，至于宗周"）

5.（宋）夏僎《尚书详解》卷二十《周书·多方》

（归善斋按，见"诰告尔多方，非天庸释有夏"）

6.（宋）时澜《增修东莱书说》卷二十八《周书·多方第二十》

（归善斋按，见"诰告尔多方，非天庸释有夏"）

7.（宋）黄度《尚书说》卷六《周书·多方》

乃惟有夏，图厥政，不集于享，天降时丧，有邦间之。乃惟尔商后王，逸厥逸，图厥政，不蠲烝，天惟降时丧。

蠲，洁；烝，进。

8.（宋）袁燮《絜斋家塾书钞》

（归善斋按，无此篇）

9.（宋）蔡沈《书经集传》卷五《周书·多方》

乃惟有夏，图厥政，不集于享，天降时丧，有邦间之。

集，萃也。享，"享有"之"享"，桀图其政，不集于享，而集于亡，故天降是丧乱，而俾有殷代之，夏之亡非自取乎？

10.（宋）黄伦《尚书精义》卷四十二《周书·多方》

（归善斋按，见"诰告尔多方，非天庸释有夏"）

11.（宋）陈经《尚书详解》卷三十八《周书·多方》

（归善斋按，见"诰告尔多方，非天庸释有夏"）

12.（宋）钱时《融堂书解》卷十六《周书·多方》

（归善斋按，见"诰告尔多方，非天庸释有夏"）

13.（宋）魏了翁《尚书要义》卷十六《周书·君奭、蔡仲、多方》

（归善斋按，未引）

14.（宋）陈大猷《书集传或问》卷下《周书·多方》

（归善斋按，未解）

15.（宋）胡士行《尚书详解》卷十《周书·多方第二十》

乃惟有夏（更说桀），图厥政不集（成）于享，天降时丧，有邦（汤以七十里）间（代）之。

此言桀之所以亡也。

16.（元）吴澄《书纂言》卷四下《周书·多方》

（归善斋按，见"诰告尔多方，非天庸释有夏"）

17.（元）陈栎《书集传纂疏》卷五《朱子订定蔡氏集传·周书·多方》

乃惟有夏，图厥政，不集于享，天降时丧，有邦间之。

集，萃也。享，"享有"之"享"。桀图其政，不集于享，而集于亡，故天降是丧乱，而俾有殷代之，夏之亡非自取乎？

18.（元）许谦《读书丛说》卷六《周书·多方》

（归善斋按，未解）

19.（元）董鼎《书传辑录纂注》卷五《周书·多方》

乃惟有夏，图厥政，不集于享，天降时丧，有邦间之。

集，萃也。享，"享有"之"享"。桀图其政，不集于享，而集于亡，故天降是丧乱，而俾有殷代之，夏之亡非自取乎？

纂注：
唐孔氏曰，汤是夏之诸侯，故曰有邦。

20.（元）朱祖义《尚书句解》卷十《周书·多方第二十》

乃惟有夏（此详言天释有夏之君桀），图厥政，不集于享（图谋政事，不成于享天命之意），天降时丧（故天降是丧亡于桀），有邦间之（使能有邦国者间而代之，谓汤伐夏）。

21.（明）王樵《尚书日记》卷十四《周书·多方》

（归善斋按，见"诰告尔多方，非天庸释有夏"）

22.（清）库勒纳等撰《日讲书经解义》卷十《周书·多方》

（归善斋按，见"诰告尔多方，非天庸释有夏"）

（明）马明衡《尚书疑义》卷六《周书·多方》

"不集于享"，集，如"集义"之"集"。不集其所以享天之命。"蠲烝"之"烝"如"烝烝乂"之"烝"，谓不能蠲洁以进于善道也。

乃惟尔商后王逸厥逸

1.（汉）孔氏传、（唐）陆德明音义、孔颖达疏《尚书注疏》卷十六《周书·多方》

乃惟尔商后王逸厥逸。
传，后王纣逸豫其过逸，言纵恣无度。
疏，正义曰：更说纣亡之由。乃惟汝商之后王纣，逸豫其过，纵恣无度。

2.（宋）苏轼《书传》卷十四《周书·多方第二十》

乃惟尔商后王逸厥逸，图厥政不蠲烝，天惟降时丧。

蠲，洁也。烝，升也。其升闻于天者，不洁也。

3.（宋）林之奇《尚书全解》卷三十二《周书·多方》

(归善斋按，见"诰告尔多方，非天庸释有夏")

4.（宋）史浩《尚书讲义》卷十六《周书·多方》

(归善斋按，见"惟五月丁亥，王来自奄，至于宗周")

5.（宋）夏僎《尚书详解》卷二十《周书·多方》

(归善斋按，见"诰告尔多方，非天庸释有夏")

6.（宋）时澜《增修东莱书说》卷二十八《周书·多方第二十》

(归善斋按，见"诰告尔多方，非天庸释有夏")

7.（宋）黄度《尚书说》卷六《周书·多方》

(归善斋按，见"乃惟有夏图厥政，不集于享，天降时丧，有邦间之")

8.（宋）袁燮《絜斋家塾书钞》

(归善斋按，无此篇)

9.（宋）蔡沈《书经集传》卷五《周书·多方》

乃惟尔商后王，逸厥逸，图厥政，不蠲烝，天惟降时丧。

蠲。洁；烝，进也。纣以逸居逸，淫湎无度，故其为政，不蠲洁而秽恶，不烝进而怠惰，天以是降丧亡于殷，殷之亡非自取乎？此上三节，皆应上文"非天庸释"之语。

10. （宋）黄伦《尚书精义》卷四十二《周书·多方》

（归善斋按，见"诰告尔多方，非天庸释有夏"）

11. （宋）陈经《尚书详解》卷三十八《周书·多方》

（归善斋按，见"诰告尔多方，非天庸释有夏"）

12. （宋）钱时《融堂书解》卷十六《周书·多方》

（归善斋按，见"诰告尔多方，非天庸释有夏"）

13. （宋）魏了翁《尚书要义》卷十六《周书·君奭、蔡仲、多方》

（归善斋按，未引）

14. （宋）陈大猷《书集传或问》卷下《周书·多方》

（归善斋按，未解）

15. （宋）胡士行《尚书详解》卷十《周书·多方第二十》

乃惟尔商后王（纣），逸（安）厥逸（豫），图厥政不蠲（洁）烝（进善）。天惟降时丧。惟圣（通明之称。非大而化之圣）罔念，作狂（惑）；惟狂克念，作圣（天以此望纣改，不遽绝之）。天惟五年（以汤故迟迟），须（待）暇（缓）之子孙，诞（大肆）作民主，罔可念听（无一善可听可念）。

此言纣之所以亡也。

16. （元）吴澄《书纂言》卷四下《周书·多方》

（归善斋按，见"诰告尔多方，非天庸释有夏"）

17.（元）陈栎《书集传纂疏》卷五《朱子订定蔡氏集传·周书·多方》

乃惟尔商后王，逸厥逸，图厥政，不蠲烝，天惟降时丧。

蠲，洁；烝，进也。纣以逸居逸，淫湎无度，故其为政，不蠲洁而秽恶，不烝进而怠惰。天以是降丧亡于殷，殷之亡非自取乎？此上三节，皆应上文"非天庸释"之语。

纂疏：

夏氏曰，诰告，以诰辞告之。

吕氏曰，琐屑之恶尽，有辞说，布在天下。集，如"积集"之"集"。享，如"享国"之"享"。治世之政，积其所以兴，"集于享"也。乱世之政。积其所以亡。不集于享也。桀不集于享而集于亡。

唐孔氏曰，汤本夏诸侯，故曰"有邦"。

陈氏曰，过逸其安逸，犹言安其危。

林氏曰，逸厥逸，甚言其逸也，犹言"醇乎醇"。

孔氏曰，不洁进于善。

毅斋沈氏，曰"不蠲烝"，不蠲洁以烝祭也，如葛伯不祀。纣昏弃肆祀，是也。

愚案，屑有辞等盍缺之。

18.（元）许谦《读书丛说》卷六《周书·多方》

(归善斋按，未解)

19.（元）董鼎《书传辑录纂注》卷五《周书·多方》

乃惟尔商后王，逸厥逸，图厥政，不蠲烝。天惟降时丧。

蠲，洁；烝，进也。纣以逸居逸，淫湎无度，故其为政，不蠲洁而秽恶，不烝进而怠惰，天以是降丧亡于殷，殷之亡非自取乎？此上三节，皆应上文"非天庸释"之语。

纂注：

陈氏曰，上逸，过逸也；下逸，安逸也，谓过逸其安逸，犹言安

1241

其危。

林氏曰，逸厥逸，甚言其逸也，犹言"醇乎醇"。

孔氏曰，不洁进于善。

吕氏曰，其不蠲洁日进。

张氏曰，烝，升也，犹言秽德升闻。

20.（元）朱祖义《尚书句解》卷十《周书·多方第二十》

乃惟尔商后王（此详言天释尔君纣）逸厥逸（逸其所逸，盖淫泆之事，非人君所当为者，纣乃逸之）。

21.（明）王樵《尚书日记》卷十四《周书·多方》

（归善斋按，见"诰告尔多方，非天庸释有夏"）

22.（清）库勒纳等撰《日讲书经解义》卷十《周书·多方》

（归善斋按，见"诰告尔多方，非天庸释有夏"）

图厥政不蠲烝，天惟降时丧

1.（汉）孔氏传、（唐）陆德明音义、孔颖达疏《尚书注疏》卷十六《周书·多方》

图厥政不蠲烝，天惟降时丧。

传，纣谋其政，不絜进于善，故天惟下是丧亡，谓诛灭。

音义，蠲，吉玄反，马云明也。一音圭。烝，绝句，之承反，马云升也。

疏，正义曰，纣谋其为政，不能絜进于善，惟行恶事。天惟下是丧亡，以祸之。

2.（宋）苏轼《书传》卷十四《周书·多方第二十》

(归善斋按，见"乃惟尔商后王逸厥逸")

3.（宋）林之奇《尚书全解》卷三十二《周书·多方》

(归善斋按，见"诰告尔多方，非天庸释有夏")

4.（宋）史浩《尚书讲义》卷十六《周书·多方》

(归善斋按，见"惟五月丁亥，王来自奄，至于宗周")

5.（宋）夏僎《尚书详解》卷二十《周书·多方》

(归善斋按，见"诰告尔多方，非天庸释有夏")

6.（宋）时澜《增修东莱书说》卷二十八《周书·多方第二十》

(归善斋按，见"诰告尔多方，非天庸释有夏")

7.（宋）黄度《尚书说》卷六《周书·多方》

(归善斋按，见"乃惟有夏图厥政，不集于享，天降时丧，有邦间之")

8.（宋）袁燮《絜斋家塾书钞》

(归善斋按，无此篇)

9.（宋）蔡沈《书经集传》卷五《周书·多方》

(归善斋按，见"乃惟尔商后王逸厥逸")

10.（宋）黄伦《尚书精义》卷四十二《周书·多方》

(归善斋按，见"诰告尔多方，非天庸释有夏")

11.（宋）陈经《尚书详解》卷三十八《周书·多方》

（归善斋按，见"诰告尔多方，非天庸释有夏"）

12.（宋）钱时《融堂书解》卷十六《周书·多方》

（归善斋按，见"诰告尔多方，非天庸释有夏"）

13.（宋）魏了翁《尚书要义》卷十六《周书·君奭、蔡仲、多方》

（归善斋按，未引）

14.（宋）陈大猷《书集传或问》卷下《周书·多方》

（归善斋按，未解）

15.（宋）胡士行《尚书详解》卷十《周书·多方第二十》

（归善斋按，见"乃惟尔商后王逸厥逸"）

16.（元）吴澄《书纂言》卷四下《周书·多方》

（归善斋按，见"诰告尔多方，非天庸释有夏"）

17.（元）陈栎《书集传纂疏》卷五《朱子订定蔡氏集传·周书·多方》

（归善斋按，见"乃惟尔商后王逸厥逸"）

18.（元）许谦《读书丛说》卷六《周书·多方》

（归善斋按，未解）

19.（元）董鼎《书传辑录纂注》卷五《周书·多方》

（归善斋按，见"乃惟尔商后王逸厥逸"）

20. （元）朱祖义《尚书句解》卷十《周书·多方第二十》

图厥政（故所图谋其政），不蠲烝（不能蠲洁其身，以进于善），天惟降时丧（故天降是丧亡于纣）。

21. （明）王樵《尚书日记》卷十四《周书·多方》

(归善斋按，见"诰告尔多方，非天庸释有夏")

22. （清）库勒纳等撰《日讲书经解义》卷十《周书·多方》

(归善斋按，见"诰告尔多方，非天庸释有夏")

（明）马明衡《尚书疑义》卷六《周书·多方》

(归善斋按，见"乃惟有夏图厥政，不集于享，天降时丧，有邦间之")

惟圣罔念，作狂；惟狂克念，作圣

1. （汉）孔氏传、（唐）陆德明音义、孔颖达疏《尚书注疏》卷十六《周书·多方》

惟圣罔念作狂；惟狂克念作圣。

传，惟圣人无念于善，则为狂人；惟狂人能念于善，则为圣人，言桀、纣非实狂愚，以不念善，故灭亡。

疏，正义曰，惟圣人无念于善，则为狂人；惟狂人能念于善，则为圣人。纣虽狂愚，冀其念善也。

传正义曰，圣者，上智之名；狂者，下愚之称。孔子曰"惟上智与下愚不移"，是圣必不可为狂，狂必不能为圣。此事决矣。而此言，惟圣人无念于善,则为狂人;惟狂人能念于善,则为圣人者,方言天须暇于纣,冀其改悔。说有此理尔,不言此事是实也。谓之为圣,宁肯无念于善;已名为狂,岂能念善。中人念与不念,其实少有所移,欲见念善有益,故举狂、圣极善恶者言之。

2. (宋) 苏轼《书传》卷十四《周书·多方第二十》

惟圣罔念,作狂;惟狂克念,作圣。

世未尝有自狂作圣、自圣作狂之人,而有自圣作狂、自狂作圣之道,在念不念之间耳。

3. (宋) 林之奇《尚书全解》卷三十二《周书·多方》

(归善斋按,见"诰告尔多方,非天庸释有夏")

4. (宋) 史浩《尚书讲义》卷十六《周书·多方》

(归善斋按,见"惟五月丁亥,王来自奄,至于宗周")

5. (宋) 夏僎《尚书详解》卷二十《周书·多方》

(归善斋按,见"诰告尔多方,非天庸释有夏")

6. (宋) 时澜《增修东莱书说》卷二十八《周书·多方第二十》

(归善斋按,见"诰告尔多方,非天庸释有夏")

7. (宋) 黄度《尚书说》卷六《周书·多方》

惟圣罔念作狂,惟狂克念作圣。天惟五年,须暇之子孙,诞作民主,罔可念听。

当祖伊、比干谏纣,一克念事,必可反。自戡黎观政,五年而纣亡。天须暇之,盖不惟纣身,凡汤之子孙,有兴者则宜大作民主,若纣死改立君,事辄不同,而终无可念听者,此可以观天命矣。

8.（宋）袁燮《絜斋家塾书钞》

（归善斋按，无此篇）

9.（宋）蔡沈《书经集传》卷五《周书·多方》

惟圣罔念作狂，惟狂克念作圣。天惟五年，须暇之子孙，诞作民主，罔可念听。

圣，通明之称，言圣而罔念，则为狂矣。愚而能念，则为圣矣。纣虽昏愚，亦有可改过迁善之理，故天又未忍遽绝之，犹五年之久，须待暇宽于纣，觊其克念，大为民主。而纣无可念可听者五年，必有指实而言。孔氏牵合岁月者，非是。或曰，狂而克念，果可为圣乎？曰，圣固未易为也，狂而克念，则作圣之功，知所向。方太甲其庶几矣。圣而罔念，果至于狂乎。曰，圣固无所谓罔念也。禹戒舜曰"无若丹朱傲，惟慢游是好"，一念之差，虽未至于狂，而狂之理亦在是矣。此人心惟危，圣人拳拳告戒，岂无意哉。

10.（宋）黄伦《尚书精义》卷四十二《周书·多方》

惟圣罔念作狂，惟狂克念作圣。天惟五年，须暇之子孙，诞作民主，罔可念听。天惟求尔多方，大动以威，开厥顾天，惟尔多方，罔堪顾之。惟我周王灵承于旅，克堪用德。惟典神天，天惟式教我用休，简畀殷命，尹尔多方。

无垢曰，圣、狂之相去不啻霄壤之远，而其作圣、作狂，乃不出乎一念之顷，何其易哉？盖念者，觉也。人本自圣，所以不克，由圣者念虑之起，苦于不觉。方其不觉之时，圣则是狂。觉，则是圣而非狂矣，此克念，所以作圣也。夫狂、圣之分，止在一时之顷，则纣之丧，宜无日矣。而天之待纣，犹周旋于五年之间，冀其悔祸，此何谓哉？盖有商之兴贤圣之君，作者六七，天下归商久矣。天下之心眷眷于商，天其忍遽绝之乎。此所以待之如此之缓也。而纣于五年之间，心未尝讼过，口未尝出悔痛之言，一无可念，一无可听者。盖我能念天，天亦念我；我能听天，天亦听我，故曰"皇天无亲惟德是辅"，天既知纣终不悔过，则又求尔多方，之能顾天者,故动以威,想其当时灾异百出,不特警戒商纣,又求之尔多方之君,能开悟顾天者,而乃无一克堪。独惟我周王,能以善道承民,民斯归之矣。天之聪明,自民聪明。民既归之,天命将焉之乎?

又曰,我有德,则能用德。故好色则色至,好货则货至,好剑则剑士至,皆我先有召之也。克堪用德,则周王先有是德,故能用有德之人耳。典者,主也。有德之人,宜为神、天所生。今乃反主神天何耶?盖君即天耳,苟非其人日月薄蚀,星辰失度,神灵不能得安其所,惟克堪用德之君,所为所行,莫非天理,故能弥纶天地之道,范围天地之化,上下交泰,宇宙肃清,皆其心术所至此易。所谓"天地交,泰,后以裁成天地之道,辅相天地之宜",则知元后者,真神、天所赖以为主也。

又曰,天即是我,我得此理,知如是而为仁,如是而为义,如是而为礼,如是而为智,则一出言,一举足,无非仁义礼智之善,其心岂不泮涣,优游泰然,其曰逸休乎?所谓休者,非自外来,吾心安处耳。周王所以大受商命,而正尔多方也。

张氏曰,"惟圣罔念作狂"者,所谓"舍则亡"是也。"惟狂克念作圣"者,所谓"操则存"是也。莫非圣也。固天纵之将圣,圣之出乎自然者也。"思曰睿,睿作圣",圣之出乎修为者也。然则,"惟圣罔念作狂,惟狂克念作圣",岂非修为而然乎?然则,纣之无道,而至于灭亡者,以其有圣之道,而罔念故也。

吕氏曰,圣狂本无定名,亦无限隔。圣之与狂,只在念与不念。须知其本无定名,圣岂有定名才罔念,便是狂;狂岂有定名才克念,便是圣。周公言此两句,盖谓纣之为恶,固已入于狂矣,纣若能一念,安知纣之不作圣。

又曰,武王能善承于众。夏、商之所以亡,只是弗克灵承于旅,周之所以兴,只是能灵承于旅,以此知民为贵,社稷次之。"克堪用德"言,武王能堪用德。

11. (宋) 陈经《尚书详解》卷三十八《周书·多方》

惟圣罔念作狂,惟狂克念作圣。天惟五年。须暇之子孙。诞作民主。罔可念听孔子曰"惟上智与下愚不移"，上智，即圣也；下愚，即狂也。圣人不可以为狂者，犹狂之不可以为圣。此孔子之所谓不移者也。而周公乃曰，圣乃可以作狂，狂可以作圣，则无乃上智下愚之可移欤。曰，孔子之所言者，圣与狂之成也。其习既成，则不移矣。周公之所言者，圣、狂之分也。圣、狂之分生于一念之顷，故圣而罔念，则遂趋于狂之路矣；狂而克念，则遂趋于圣之路矣。圣者，决不至于作狂；狂者必不肯以作圣，然亦有此理，使尧舜一日，而忘兢兢业业，岂不移于狂乎。是西子之蒙不洁也。使桀跖而能改过迁善，岂不趋于圣乎，是恶人斋戒沐浴也。孔子虽曰"不移"，其实有可移之理，但恐下愚者，自暴自弃，不肯移尔。若能移之，是惟狂之克念也。周公言此者，以明纣之为恶，倘一旦改悔，则天岂有终弃之哉。上天之意，念其商家祖宗贤圣，不忍骤然弃纣，故须待宽暇汤之子孙，于五年之久，迟之以待其改悔也。及五年之间，纣不能改悔矣，大为民之主，而无一善之可闻。无一善之可闻，是终于为恶者也。周公何以见天须暇五年哉，周公即心，而卜之也。人心未尽去，武王未忍伐商，时即天意也，即未会孟津五年之前也。岂人心之外，别有天哉。圣人之心，不忍弃人于为恶也，亦然有不善于此，必涵容之，宽暇之，教诲之，迟以须其改变，不得已后弃之。尧之灭鲧也，必至于九载绩用不成之后；舜之灭庶顽也，必在于侯明挞记之后。汤不以不祀而遂兴征葛之师，既遗之牛羊，既使亳众往耕，而其终犹不改也，然后征之矣。呜呼！此天之所以须暇之子孙，必于五年之久也。天非弃纣，纣自弃也。

12.（宋）钱时《融堂书解》卷十六《周书·多方》

（归善斋按，见"诰告尔多方，非天庸释有夏"）

13.（宋）魏了翁《尚书要义》卷十六《周书·君奭、蔡仲、多方》

四十三、冀纣改悔，故言圣、狂在念不念。

正义曰：圣者上智之名，狂者下愚之称。孔子曰"惟上智与下愚不移"是圣必不可为狂，狂必不能为圣，此事决矣。而此言惟圣人无念于善，则为狂人，狂人能念于善，则为圣人者，方言天须暇于纣，冀其改悔，说有此理尔，不言此事是也。谓之为圣宁肯无念于善，已名为狂，岂能念善。中人，念与不念，其实少有所移，欲见念善有益，故举极善恶者言之。

14．（宋）陈大猷《书集传或问》卷下《周书・多方》

陈氏说惟狂克念作圣之说亦善。或曰圣狂之分，亦有其事乎？曰，太甲初年，欲败度，纵败礼，可谓狂矣。至居忧悔过，终造迪哲，则狂而克念，至于通明者也。唐明皇初政清明，亦庶几乎通矣，晚年蛊惑，至于乱亡，则通明罔念，而作狂者也。

15．（宋）胡士行《尚书详解》卷十《周书・多方第二十》

（归善斋按，见"乃惟尔商后王逸厥逸"）

16．（元）吴澄《书纂言》卷四下《周书・多方》

（归善斋按，见"诰告尔多方，非天庸释有夏"）

17．（元）陈栎《书集传纂疏》卷五《朱子订定蔡氏集传・周书・多方》

惟圣罔念作狂，惟狂克念作圣。天惟五年，须暇之子孙，诞作民主，罔可念听。

圣，通明之称，言圣而罔念则为狂矣，愚而能念则为圣矣。纣虽昏愚，亦有可改过迁善之理，故天又未忍遽弃之，犹五年之久，须待暇宽于纣，觊其克念，大为民主，而纣无可念可听者，五年必有指实而言。孔氏牵合岁月者，非是。或曰，狂而克念果可为圣乎？曰，圣固未易为也，狂而克念，则作圣之功，知所向。方太甲，其庶几矣。圣而罔念，果至于狂乎？曰，圣固无所谓罔念也。禹戒舜曰"无若丹朱傲，惟慢游是好"，一念之差，虽未至于狂，而狂之理亦在是矣。此人心惟危，圣人拳拳告戒，岂无意哉。

纂疏：

艾轩云，文字只看易晓处。如"惟圣"至"作圣"，不与上下文相似，下文便不可晓，只看这两句。问，"惟上智与下愚不移"，《书》中谓"惟圣罔念"至"克念作圣"如此。则又有移得者。曰，如狂作圣，则有之，既是圣人，决不到作狂，此只是甚言，不可不学。

陈氏经曰，孔子"不移"之言，圣、狂之成也。其习既成，则"不移"矣。书之言圣、狂之分也。圣、狂分于一念之顷。尧舜而妄兢业，岂不趋于狂。桀、纣而能改过，岂不趋于圣。孔子虽曰"不移"，实有可移之理，但恐下愚自暴自弃，不肯移耳。肯移之，是狂之克念也。公言此，明纣之恶，傥一旦改悔，天必不终弃之。

吕氏曰，纣固无能改之事，而有可改之理。"罔念""克念"之机，所谓可改之理也。圣，通明之称。《周官》六德，圣居其一，非大而化之之圣也。若大而化之，宁有罔念，又岂狂者一克念，而遽可至哉。然大而化之，克念则通其机，惟在念不念之间耳。纣虽狂惑，使其"克念作圣"，孰御，惟其有可改之理，天故以商先王之故，徘徊五年，须待宽暇之依依于商王子孙，而冀其改焉。

孔氏曰，武王服丧三年，还师二年。

陈氏曰，五年必有其事，不可考矣。

愚谓，五年须暇，不可强通，宜缺之。

18. （元）许谦《读书丛说》卷六《周书·多方》

（归善斋按，未解）

19. （元）董鼎《书传辑录纂注》卷五《周书·多方》

惟圣罔念作狂，惟狂克念作圣。天惟五年，须暇之子孙，诞作民主，罔可念听。

圣，通明之称，言圣而罔念，则为狂矣。愚而能念，则为圣矣。纣虽昏愚，亦有可改过迁善之理，故天又未忍遽绝之，犹五年之久，须待暇宽于纣，觊其克念，大为民主。而纣无可念可听者，五年必有指实而言，孔氏牵合岁月者，非是。或曰，狂而克念，果可为圣乎？曰，圣固未易为也，狂而克念，则作圣之功，知所向。方太甲，其庶几矣。圣而罔念，果至于狂乎？曰，圣固无所谓罔念也。禹戒舜曰"无若丹朱傲，惟慢游是好"。一念之差，虽未至于狂，而狂之理亦在是矣。此人心惟危，圣人拳拳告戒，岂无意哉。

辑录：

艾轩云，文字只看易晓处，如《尚书》"惟圣罔念作狂，惟狂克念作圣"不与上下文相似，下文便不可晓。只看这两句节，或谓"性相近，习相远"，"惟上智与下愚不移"。书中谓"惟圣罔念作狂，惟狂克念作圣"，若如此，只又有移得者，如何文公曰"上智下愚不移"。如狂作圣，则有之；既是圣人，决不到作狂，此只是甚言，不可不学。《经说》。

纂注：

王氏曰，操则存，舍则亡，其心之谓欤。"思曰睿，睿作圣"，操其心以思，所谓念也。"罔念"，虽圣可以作狂，故"克念"，则狂亦可以作圣。

林氏曰，念不念之间，圣、狂之所以分也。苟其质之圣矣，自恃其圣，而不之思，日复二日，天命之性，益就雕丧，其作狂也，何有。苟其质之狂矣，自耻其狂，而思之，日复一日，天命之性忽然而复，其作圣也何有。

陈氏经曰，子曰"惟上智与下愚不移"，《书》乃曰，圣可作狂，狂可作圣，则可移欤。曰，孔子之言，圣狂之成也。其习既成，则"不移"矣。《书》之言圣、狂之分也。圣、狂之分，生于一念之顷。尧舜而忘兢业，岂不趋于狂。桀纣而能改过迁善，岂不趋于圣。孔子虽曰"不移"，实有可移之理。但恐下愚自暴自弃，不肯移耳，肯移之，是狂之"克念"也。公言此者，明纣之为恶，倘一旦改悔，天不终弃之也。

李氏樗曰，纣恶甚矣，天犹待之如此，见天心仁爱，人君自非大无道，天皆欲扶持而全安之，惟终无悛心，所以祸不可遏也。

林氏曰，晋武帝以孙皓淫暴，有问罪之志。

王濬曰，孙皓荒淫，宜速征伐，若一旦皓死，更立贤主，则强敌也。晋武之心，惟恐吴之有贤主。武王之心，惟恐纣之不能改过。观于晋武，尤知武王之为德。

新安陈氏曰，天惟至子孙，必脱误。□之字难通。

20.（元）朱祖义《尚书句解》卷十《周书·多方第二十》

惟圣罔念作狂（为圣人不能念念于为善，则为狂人），惟狂克念作圣（为狂人能念念为善，则为圣人）。

21.（明）王樵《尚书日记》卷十四《周书·多方》

"惟圣罔念作狂"至"罔可念听"。

圣、狂之相去、不啻霄壤，而作圣、作狂，分于一念。使尧舜而忘兢业，岂不趋于狂；桀纣而能改过迁善，岂不趋于圣。孔子曰"惟上智与下愚不移"，语圣、狂之成也。其习既成。则"不移"矣。《书》之言圣、狂之分也。孔子虽曰"不移"实有可移之理，但恐下愚自暴自弃，不肯移耳，肯移之，是狂之"克念"也。公言此者，明纣之为恶，倘一旦改悔，天不终弃之也。天以汤故，五年须暇其子孙，冀其改悔，大为民主。而纣五年之间，心未尝讼过，口未尝出悔言，事无可念，言无可听。五年必有指实。汉儒有观兵之说，故谓服丧三年，还师二年，其谬已辩，见《泰誓》。须，待暇宽也。"须暇"二字，曲尽天意，召公言，皇天改厥元子，大邦殷之命。天于此一改甚重，亦甚决。其未定也甚重，所谓须暇也。其既定也，甚决，所谓"祝降时丧"也。

吕氏曰，纣虽当亡天尚以先哲王之故未忍遽绝而待其改也，纣固无能改之事而有可改之理，圣狂罔念克念之机所谓可改之理也。周公知天之未遽绝纣可也又何所见而能数其年也，我之未忍民之未厌斯，则天也，民由之，而不知圣人与天为一，动静久速，极于着察，故明数其年而谓之五焉。此盖武王周公之所独知说者，乃牵合岁月以附其数则非矣。

22.（清）库勒纳等撰《日讲书经解义》卷十《周书·多方》

惟圣罔念作狂，惟狂克念作圣。天惟五年，须暇之子孙，诞作民主，罔可念听。

此一节书是，言纣自绝于天，又申上文"非天庸释有殷"之意也。

须，待也。暇，宽假之也。成王曰，凡人心通明者，谓之圣；昏愚者，谓之狂。惟通明之人，苟自恃其圣，而罔加省念克治，则积渐纵肆，将反流于昏愚，而为狂；惟昏愚之人，苟自耻其狂，而遂能省念惕励，则积渐扩充，究可进于通明，而为圣。圣、狂之机系于一念，转移如此。纣虽昏愚，亦有可以改过迁善之理，又为殷先哲王之子孙，故天心未忍遽绝。惟以五年之久，须待而宽暇之，犹冀其一旦悔悟，克念作圣，而大为民主。然纣终不知改图，无一善行可回天念，无一善言可感天听，自绝于天而亡，岂天之有心于去殷乎？

（元）王充耘《读书管见》卷下《多方》

惟圣罔念，作狂；惟狂克念，作圣。

圣者，通明之谓，作事无不中礼者是也。狂者，颠倒妄行，昏昧于理者也。圣而罔念，是不用心思索，则颠倒是非，而与狂者无异矣，非圣而罔念，作狂乎？狂者，固颠倒妄行，苟能思念，则不复妄为，而与圣者亦无异矣，非狂而克念可作圣乎？传云，狂而克念则作圣之功，知所向方圣而罔念，未至于狂，而狂之理在是，是识圣狂形状不透，隔皮想象之言耳。

（明）陈第《尚书疏衍》卷四《周书·多方》

惟狂克念，作圣。

愚按，《孟子》曰"人皆可以为尧舜"，经曰"惟狂克念作圣"，孰为切？曰，经之意切矣。盖古之圣人，精神意气，力量弘大，故能举乾坤而负荷之，合古今而绳纽之也。今有局促纤缩之人，即自力为善，仅止于曲谨，何者？束于器也。惟肆荡跅弛之士，一或向道，即卓越寻常，何者不窘于俗也。是故，敢于为恶者，亦敢于为善；敢于为大恶者，亦敢于为大善，患无其意耳。自古败君乱相，其才曷尝不大，卒之罹祸殃而不可解，亦不善用其才而已矣。然则，"念"之一言，其可忽乎哉，其可忽乎哉？

（明）马明衡《尚书疑义》卷六《周书·多方》

惟圣罔念作狂，惟狂克念作圣。

此语意极紧道理，亦自足。诸家只管以上智下愚不移来譬，将古人紧切语意扯宽来比，并论量大是害事。夫人之所以为人者，此心而已，心之官则思，思则得之。克念者，心之存也；罔念者，心之亡也。使桀纣而克念，则必战兢自持，岂不足以反而为圣乎？所为下愚不移者，惟不肯念而已。罔可念听，谓罔肯克念，而听人之言也。

天惟五年，须暇之子孙，诞作民主，罔可念听

1.（汉）孔氏传、（唐）陆德明音义、孔颖达疏《尚书注疏》卷十六《周书·多方》

天惟五年，须暇之子孙，诞作民主，罔可念听。

传，天以汤，故五年须暇汤之子孙，冀其改悔，而纣大为民主，肆行无道，事无可念，言无可听。武王服丧三年，还师二年。

疏，正义曰，计纣为恶，早应诛灭，天惟以成汤之故，故积五年，须待闲暇汤之子孙，纵缓多年，冀其改悔。而纣大为民主，肆行无道，事无可念，言无可听，由是天始改意，故诛灭之。

传正义曰，汤是创业圣王，理当祚胤长远。计纣未死五年之前，已合丧灭，但纣是汤之子孙，天以汤圣人之故，故五年须待闲暇汤之子孙，冀其改悔，能念善道。而纣大为民主，肆行无道，所为皆恶事，无可念者，言皆恶。言无可听者，由是天始灭之。五年者以武王讨纣，初立即应伐之，故从武王初立之年，数至伐纣，为五年。文王受命九年而崩，其年武王嗣立，服丧三年，未得征伐。十一年服阕，乃观兵于孟津，十三年方始杀纣。从九年至十三年，是五年也。然服丧三年，还师二年乃事理宜然，而云"以汤故须暇之"者，以殷纣恶盈，久合诛灭，逢文王崩，未暇行师，兼之示弱，凡经五载。圣人因言之，以为法教尔。其实非天不知纣狂，望其后改悔，亦非曲念汤德，延此岁年也。

《尚书注疏》卷十六《考证》

"天惟五年，须暇之子孙"传"武王服丧三年，还师二年"。

蔡沈曰，五年必有所指，孔氏牵合岁月，非是。

2.（宋）苏轼《书传》卷十四《周书·多方第二十》

天惟五年，须暇之子孙，诞作民主，罔可念听。

须，待也。暇，间也。武王服丧三年，还师二年。天佑殷之子孙以此五年暇以待之夫圣狂之间如反复手而况五年之久，足以悔祸复天命矣。纣惟曰，我民主也，其若我何其言，无可念听者。

3.（宋）林之奇《尚书全解》卷三十二《周书·多方》

（归善斋按，见"诰告尔多方，非天庸释有夏"）

4.（宋）史浩《尚书讲义》卷十六《周书·多方》

（归善斋按，见"惟五月丁亥，王来自奄，至于宗周"）

5.（宋）夏僎《尚书详解》卷二十《周书·多方》

（归善斋按，见"诰告尔多方，非天庸释有夏"）

6.（宋）时澜《增修东莱书说》卷二十八《周书·多方第二十》

（归善斋按，见"诰告尔多方，非天庸释有夏"）

7.（宋）黄度《尚书说》卷六《周书·多方》

（归善斋按，见"惟圣罔念，作狂；惟狂克念，作圣"）

8.（宋）袁燮《絜斋家塾书钞》

（归善斋按，无此篇）

9.（宋）蔡沈《书经集传》卷五《周书·多方》

（归善斋按，见"惟圣罔念，作狂；惟狂克念，作圣"）

10.（宋）黄伦《尚书精义》卷四十二《周书·多方》

（归善斋按，见"惟圣罔念，作狂；惟狂克念，作圣"）

11.（宋）陈经《尚书详解》卷三十八《周书·多方》

（归善斋按，见"惟圣罔念，作狂；惟狂克念，作圣"）

12.（宋）钱时《融堂书解》卷十六《周书·多方》

（归善斋按，见"诰告尔多方，非天庸释有夏"）

13.（宋）魏了翁《尚书要义》卷十六《周书·君奭、蔡仲、多方》

四十二、天五年须暇，纣罔可念听。

天惟五年，须暇之子孙，诞作民主，罔可念听。天以汤故，五年须暇汤之子孙，冀其改悔，而纣大为民主，肆行无道，事无可念，言无可听。武王服丧三年，还师二年。

四十四、武王未暇行师，而云天以汤故，须暇之。

从武王初立之年，数至伐纣，为五年。文王受命九年而崩，其年武王嗣立，服丧三年，未得征伐。十一年服阕，乃观兵于孟津，十三年方始杀纣，从九年至十三年，是五年也。然服丧三年，还师二年，乃事理宜然，而云以汤故须暇之也。以殷纣恶盈，久合诛灭，逢文王崩，未暇行师，兼之示弱，凡经五载，圣人因言之以为法教尔，其实非天不知纣狂，望其后改悔，亦非曲念汤德，延此岁年也。

14.（宋）陈大猷《书集传或问》卷下《周书·多方》

吕氏曰，周公知天未绝纣，可也。何所见而熊数其年。盖我之未忍，民之未厌，即天也，民由之，而不知圣人与天为一，动静久速，极于明着，故数其年。而谓之五，此武王所独知。说者乃牵合岁月，以附其数亦末矣。此说是。

林氏曰，此所谓五年，正犹《武成》所谓"九年"也。《武成》之

"九年"，意者，文王未崩之前九年，盖亦以纣之恶可伐，而不忍伐之，故"大统未集"也。此"五年"，意者，武王未克纣之前五年，盖亦以纣之罪恶为可伐，而犹冀其改过，故"须暇"之也。由是观之。周之伐殷。岂得已而不已哉？晋武帝以孙皓淫暴，有问罪之志。其臣羊祜则曰，孙皓暴虐已甚，于今可不战而克，若皓不幸而没，吴人更立令主，虽有百万之众，长江未可窥也。王浚则曰孙皓荒淫宜速征伐，一旦皓死更立贤主，则强敌也。此言正春秋时，晋伯宗所谓后之人，或者将敬奉德义，以事神人，而申固其命，若之何待之也。盖其意，以区区之仁义，不足以易吾之大计也。晋武帝之心，则惟恐吴之有贤王，而我不得逞其欲；武王之心则惟恐纣之不改过。人之度量相远，一至于此。不观晋武，无以知武王之为至德也。

15.（宋）胡士行《尚书详解》卷十《周书·多方第二十》

（归善斋按，见"乃惟尔商后王逸厥逸"）

16.（元）吴澄《书纂言》卷四下《周书·多方》

（归善斋按，见"诰告尔多方，非天庸释有夏"）

17.（元）陈栎《书集传纂疏》卷五《朱子订定蔡氏集传·周书·多方》

（归善斋按，见"惟圣罔念，作狂；惟狂克念，作圣"）

18.（元）许谦《读书丛说》卷六《周书·多方》

（归善斋按，未解）

19.（元）董鼎《书传辑录纂注》卷五《周书·多方》

（归善斋按，见"惟圣罔念，作狂；惟狂克念，作圣"）

20.（元）朱祖义《尚书句解》卷十《周书·多方第二十》

天惟五年（纣狂甚矣，天犹以为万一克念，亦可以圣，故迟以五年之久），须暇之子孙（须待宽暇此汤子孙如纣，庶其改悔念于善。之，此也，犹言"之人"也，"之德"也），诞作民主（奈何五年之间，虽纣大为民主），罔可念听（无一言之可念，无一善之可闻）。

21.（明）王樵《尚书日记》卷十四《周书·多方》

（归善斋按，见"惟圣罔念，作狂；惟狂克念，作圣"）

22.（清）库勒纳等撰《日讲书经解义》卷十《周书·多方》

（归善斋按，见"惟圣罔念，作狂；惟狂克念，作圣"）

（明）马明衡《尚书疑义》卷六《周书·多方》

（归善斋按，见"惟圣罔念，作狂；惟狂克念，作圣"）

（明）袁仁《尚书砭蔡编》

天惟五年，须暇之子孙。

注以五年为纣，非也。五年就武庚说，故曰须暇之子孙。夫上不曰六，下不曰四，而惟曰五年，有的据矣。按武王十有三年克殷，克殷二年，王有疾。《逸周书》云，武王克殷乃立王子禄父，俾守商祀，设三监，俾监殷，是殷祀犹未绝也。武王崩，三监挟殷以叛。成王元年六月，葬武王于毕，二年作师东征，降辟三叔，王子禄父北奔，殷祀始绝。自克商至此，凡五年。盖当时犹未改殷号，至封微子，始改称宋云。

（清）毛奇龄《尚书广听录》卷三

《多方》"天惟五年须暇之子孙"，言天不即丧殷，宽假受辛者，至于五年。所云五年，则谓文王改元，"九年大统未集"，俟武立五年而后伐纣。观此，则《泰誓》所谓"惟十有三年"，果武合文，年而无可疑也。若"今尔奔走臣我监五祀"，则此五年者，以征四国计之。裁及三年，即蔡氏武断，谓先迁殷民，后营洛邑，亦不能越三年之外。故孔传谓，若无罪过则迁徙，不过五年当还本土，则又以后世流徙之法，歆诱殷民，大非当日迁顽本意。不知此所告者，皆殷之大夫士耳，即当日监迁者耳，监迁官司五岁当代，故曰"今尔之奔走臣我"而为我监者不过五祀已耳，过此便当叙勤事，行介赉矣，故即曰"尔惟克勤乃事"，又曰"予惟时其大介赉尔，迪简在王庭，尚尔事，有服在大僚"，盖实告以应简用也。五祀者，监官之限也。

（清）朱鹤龄《尚书埤传》卷十三《周书·多方》

天惟五年。

孔传，服丧三年，还师二年，是为五年。愚按，还师谓观兵也。汉儒以武王十三年，连文王受命九年数之，故有是解。欧阳公已正其非。蔡云，必有指实而言，今亦不敢妄为之说。

天惟求尔多方，大动以威，开厥顾天

1.（汉）孔氏传、（唐）陆德明音义、孔颖达疏《尚书注疏》卷十六《周书·多方》

天惟求尔多方，大动以威，开厥顾天。

传，天惟求汝众方之贤者，大动纣以威，开其能顾天，可以代者。

疏，正义曰，天以纣恶之故，将选人代之，惟求贤人于汝众方，大动纣以威，谓诛去纣也。开其有德，能顾天之者，欲以伐纣。

传正义曰，天惟求汝众方之贤，言欲选贤，以为天子也。大动纣以威，谓诛杀纣也。天意复开，其能顾天，可以代者，欲使代之。顾，谓回视。有圣德者，天回视之。《诗》所谓"乃眷西顾，此惟与宅"，与彼"顾"同，言"天顾文王，而与之居"，即此意也。但谓天顾此人，人亦顾天。此云"开厥顾天",谓人顾天也。

2. (宋) 苏轼《书传》卷十四《周书·多方第二十》

天惟求尔多方,大动以威,开厥顾天。惟尔多方,罔堪顾之。惟我周王灵承于旅,克堪用德,惟典神天。天惟式教我用休,简畀殷命。尹尔多方,今我曷敢多诰,我惟大降尔四国民命。尔曷不忱裕之于尔多方,尔曷不夹介乂我周王,享天之命。

夹,辅也。介,助也。

3. (宋) 林之奇《尚书全解》卷三十二《周书·多方》

(归善斋按,见"诰告尔多方,非天庸释有夏")

4. (宋) 史浩《尚书讲义》卷十六《周书·多方》

(归善斋按,见"惟五月丁亥,王来自奄,至于宗周")

5. (宋) 夏僎《尚书详解》卷二十《周书·多方》

(归善斋按,见"诰告尔多方,非天庸释有夏")

6. (宋) 时澜《增修东莱书说》卷二十八《周书·多方第二十》

天惟求尔多方,大动以威,开厥顾天。惟尔多方,罔堪顾之。惟我周王灵承于旅,克堪用德。惟典神天,天惟式教我用休,简畀殷命,尹尔多方。

纣之改,终不可待也。天于是求民主于多方,大警动以祲祥谴告之威,开发其能受眷顾于上天者,而尔多方之众,皆不足以堪眷顾,独我文武克享天心,故眷命集于周焉。"惟我周王灵承于旅,克堪用德,惟典神天"者,言其所以受上天眷顾之实也,得民者,得天之实,故前章论夏之亡,必本于不克灵承于旅,而文武所以得天者,亦惟曰灵承于旅而已,民承君者也。君于民众,亦谓之承者。民可近而不可下也,承而谓之灵者,文、武之于众。承接拊循。融融乎其善也。"克堪"者,能胜之谓也。"德辅如毛。民鲜克举之"。德之为重。举者莫能胜也。文、武之于德能胜，而用之则其力，"过孟贲远矣"。汉唐贤主，岂无欲布德于天下者，惟力薄而夺于私欲，故驳而不纯。是知，德者，非有真力，则莫能胜莫能用也。文、武温然承其民，毅然举其德，是诚可以主大众，膺大任而典神天之祀矣。故天之所助有加无已，"式教我用休"，简择而畀以殷命，尹尔多方焉。天盖不言，所谓"式教我用休"者如之何而教也。文、武既得乎天，天理日新，左右逢原，其思也若或起之，其行也若或翼之，是乃天之所以教而用以昌大休明者也，非谆谆然而教之也。此章盖深谕天下，以向者天命未定，眷求民主之时，能者则得之，孰有遏汝者哉，乃无一能当天之眷顾者。今天既命我有周而定于一矣，犹汹汹然不靖，欲何为也？明指天命而詟服四海，奸雄之情者，莫切于是。

7.（宋）黄度《尚书说》卷六《周书·多方》

天惟求尔多方，大动以威，开厥顾天。惟尔多方，罔堪顾之。惟我周王灵承于旅，克堪用德，惟典神天。天惟式教我用休，简畀殷命，尹尔多方。

天求尔多方，将去商，大震动以威，开厥能顾諟天之明命者，而尔多方罔堪，此惟我周王善承于众，"克堪用德"，为神明主。天用是，教迪我以休祥，简择畀付殷命，尹正尔多方。《多方》之书，大要，修身用贤，事神爱民，则为能尽君道。

8.（宋）袁燮《絜斋家塾书钞》

(归善斋按，无此篇)

9.（宋）蔡沈《书经集传》卷五《周书·多方》

天惟求尔多方，大动以威，开厥顾天。惟尔多方，罔堪顾之。

纣既罔可念听天，于是求民主于尔多方，大警动以祲祥谴告之威，以开发其能受眷顾之命者，而尔多方之众，皆不足以堪眷顾之命也。

10. （宋）黄伦《尚书精义》卷四十二《周书·多方》

（归善斋按，见"惟圣罔念，作狂；惟狂克念，作圣"）

11. （宋）陈经《尚书详解》卷三十八《周书·多方》

天惟求尔多方，大动以威，开厥顾天。惟尔多方，罔堪顾之。惟我周王灵承于旅，克堪用德，惟典神天，天惟式教我用休，简畀殷命，尹尔多方。

纣既不能改过，天于是求于多方之中，视其有德者，欲以代商。"大动以威"者，言其灾异日至。天威欲去纣而灭商也，开其有能顾天者。顾，与"成汤顾諟天之明命"同。顾，回视也。谓其不违乎天理也。闭乎彼，所以开乎此。闭乎商，所以开乎周。惟尔多方之中，无有能顾天者，足以上当天心，惟我周王文、武能以善承民。有夏之君，惟不克灵承于旅，故为天所弃。我周王能灵承于旅，故为天所兴。"克堪用德"，德者，得于己也。在他人，则败其德，而不用；在周王，则能用其德。天所爱在民，而周王灵承于旅；天所亲在德。而周王克堪用德，故可以典主神、天。人君之所以典神、天者。为神之主，上而星辰日月得其序，下而山川草木得其宁，中而宗庙社稷得其安，皆人主有以主之也。惟典神、天得，其所以主神天之道，故天于是式教之而用其休。凡诸福之物，可致之祥，皆天所以阴诱其衷，用训厥道者也。天畀与以商家之命，使文、武尹正尔多方，而为之君。我文、武之代商也，岂有私心哉，天予之也。上天至公之理如此，尔多方之人，尚何疑之有？

12. （宋）钱时《融堂书解》卷十六《周书·多方》

（归善斋按，见"诰告尔多方，非天庸释有夏"）

13. （宋）魏了翁《尚书要义》卷十六《周书·君奭、蔡仲、多方》

（归善斋按，未引）

14.（宋）陈大猷《书集传或问》卷下《周书·多方》

（归善斋按，未解）

15.（宋）胡士行《尚书详解》卷十《周书·多方第二十》

天惟求（民上于）尔多方，大动（警之）以威（祲祥谴告），开（发）厥（其）顾天（能受眷顾于天者）。惟尔多方，罔（无能）堪（当）顾之（天眷）。惟（独）我周王灵（善）承（奉）于旅（众），克堪（当胜）用德，惟典（主）神天（祀）。天惟式（用）教我用休（善），简（大）畀（予以）殷命，尹（君正）尔多方。

此言周之所以兴也。灵承者，承接拊循，可近不可下也。克堪，所谓"德輶如毛，民鲜克举"者也。其勇过孟贲矣，力薄而私欲夺之，则不克举矣。"典神天"，使之主祭，而百神享也。"式教用休"者，天理日新，左右逢原，思也，或起之行也，或翼之用，以昌大休明也。天命周，以定于一矣。尔多方犹有汹汹不靖者，欲何为也？

16.（元）吴澄《书纂言》卷四下《周书·多方》

（归善斋按，见"诰告尔多方，非天庸释有夏"）

17.（元）陈栎《书集传纂疏》卷五《朱子订定蔡氏集传·周书·多方》

天惟求尔多方，大动以威，开厥顾天。惟尔多方罔堪顾之。

纣既罔可念听，天于是求民主于尔多方，大警动以祲祥谴告之威，以开发其能受眷顾之命者，而尔多方之众，皆不足以堪眷顾之命也。

18.（元）许谦《读书丛说》卷六《周书·多方》

（归善斋按，未解）

19. （元）董鼎《书传辑录纂注》卷五《周书·多方》

天惟求尔多方，大动以威，开厥顾天。惟尔多方罔堪顾之。

纣既罔可念听，天于是求民主于尔多方，大警动以裖祥谴告之威，以开发其能受眷顾之命者，而尔多方之众，皆不足以堪眷顾之命也。

20. （元）朱祖义《尚书句解》卷十《周书·多方第二十》

天惟求尔多方（天惟是求于多方之中，视其有德者），大动以威，开厥顾天（大震动以天威，以开迪其能顾谌天意者，将以用之）。

21. （明）王樵《尚书日记》卷十四《周书·多方》

"天惟求尔多方"至"罔堪顾之"。

金氏曰，"大动以威，开厥顾天"，如周饥，克殷而年丰，盖商末，此事甚多，而多方无有能上当天意者。正义曰，"开厥顾天"，谓人顾天也。"罔堪顾之"谓天顾之也。言多方皆无德，不堪使天顾之。

愚按，正义说是。"开厥顾天"与"颜谌之顾"同。本文曰"顾天"，而蔡传曰"天眷顾之命"，文意似欠顺。

22. （清）库勒纳等撰《日讲书经解义》卷十《周书·多方》

天惟求尔多方，大动以威，开厥顾天，惟尔多方，罔堪顾之。

此一节书是，推言天命未定之先，以起下文周受天命也。开，开发也。顾，眷顾也。成王曰，纣既罔可念听，不能为民主，则自绝于天矣。天惟是求民主于尔多方，大警动以灾变谴告之威，使知殷之将亡，以开发其可受眷顾于天者，起而代殷，以有天下。惟尔多方之众，无有堪受眷顾之命，可作民主者。所以归于我周，天非有心去殷，亦初何心兴周与？《书》言反复于夏、殷、周之际，一曰时求民主，再曰求尔多方，可见"皇天无亲，惟德是辅"，人君嗣守天位，惟在修德行仁，以答天心，以作民主耳。

惟尔多方，罔堪顾之；惟我周王灵承于旅

1.（汉）孔氏传、（唐）陆德明音义、孔颖达疏《尚书注疏》卷十六《周书·多方》

惟尔多方，罔堪顾之；惟我周王灵承于旅。

传，惟汝众方之中，无堪顾天之道者。惟我周王，善奉于众，言以仁政得人心。

疏，正义曰，惟汝众方之君，悉皆无德，无堪使天顾之。惟我周王，善奉于众，能以仁政得人心。

传正义曰，下云"罔堪顾之"，谓天顾人也，言多方人皆无德，不堪使天顾之。传以顾事通于彼，故皆以天言之。周以能行美道，乃得天顾。

2.（宋）苏轼《书传》卷十四《周书·多方第二十》

（归善斋按，未解）

3.（宋）林之奇《尚书全解》卷三十二《周书·多方》

（归善斋按，见"诰告尔多方，非天庸释有夏"）

4.（宋）史浩《尚书讲义》卷十六《周书·多方》

（归善斋按，见"惟五月丁亥，王来自奄，至于宗周"）

5.（宋）夏僎《尚书详解》卷二十《周书·多方》

（归善斋按，见"诰告尔多方，非天庸释有夏"）

6.（宋）时澜《增修东莱书说》卷二十八《周书·多方第二十》

（归善斋按，见"天惟求尔多方，大动以威，开厥顾天"）

7.（宋）黄度《尚书说》卷六《周书·多方》

(归善斋按,见"天惟求尔多方,大动以威,开厥顾天")

8.（宋）袁燮《絜斋家塾书钞》

(归善斋按,无此篇)

9.（宋）蔡沈《书经集传》卷五《周书·多方》

(归善斋按,另见"天惟求尔多方,大动以威,开厥顾天")

惟我周王灵承于旅,克堪用德,惟典神天。天惟式教我用休,简畀殷命,尹尔多方。

典,主;式,用也。克堪者,能胜之谓也。"德𨍭如毛,民鲜克举之",言德举者,莫能胜也。文、武善承其众,"克堪用德",是诚可以为神、天之主矣。故天式教文、武,用以休美,简择畀付殷命,以正尔多方也。

吕氏曰,"式教用休"者,如之何而教之也？文、武既得乎天,天德日新,左右逢原。其思也,若或起之;其行也,若或翼之,乃天之所以教而用以昌大休明者也,非谆谆然而教之也。此章深论天下,向者天命未定,眷求民主之时,能者则得之,孰有遏汝者,乃无一能当天之眷。今天既命我周而定于一矣,尔犹汹汹不靖,欲何为耶？明指天命,而詟服四海奸雄之心者,莫切于是。

10.（宋）黄伦《尚书精义》卷四十二《周书·多方》

(归善斋按,见"惟圣罔念,作狂;惟狂克念,作圣")

11.（宋）陈经《尚书详解》卷三十八《周书·多方》

(归善斋按,见"天惟求尔多方,大动以威,开厥顾天")

12.（宋）钱时《融堂书解》卷十六《周书·多方》

(归善斋按,见"诰告尔多方,非天庸释有夏")

13. （宋）魏了翁《尚书要义》卷十六《周书·君奭、蔡仲、多方》

四十五、天求多方，罔堪顾之，乃顾我周王。

"天惟"至"多方"，正义曰：天惟求汝众方之贤，言欲选以为天子也。大动纣以威。谓诛杀纣也。天意复开其能顾天，可以伐者，欲使伐之。顾，谓回视，有圣德者，天回视之。《诗》所谓"乃眷西顾，此惟与宅"，与彼"顾"同，言天顾文王而与之居，即此意也，但谓天顾此人，人亦顾天。此云"开厥顾天"，谓人顾天也。下云"罔堪顾之"谓天顾人也，言多方人皆无德，不堪使天顾之。传以顾事通于彼，故皆以天言之。

14. （宋）陈大猷《书集传或问》卷下《周书·多方》

（归善斋按，未解）

15. （宋）胡士行《尚书详解》卷十《周书·多方第二十》

（归善斋按，见"天惟求尔多方，大动以威，开厥顾天"）

16. （元）吴澄《书纂言》卷四下《周书·多方》

（归善斋按，见"诰告尔多方，非天庸释有夏"）

17. （元）陈栎《书集传纂疏》卷五《朱子订定蔡氏集传·周书·多方》

（归善斋按，另见"天惟求尔多方，大动以威，开厥顾天"）

惟我周王灵承于旅，克堪用德，惟典神天。天惟式教我用休，简畀殷命，尹尔多方。典，主；式，用也。克堪者，能胜之谓也。"德輶如毛，民鲜克举之"，言德举者，莫能胜也。文、武善承其众，"克堪用德"是诚可以为神、天之主矣。故天式教文、武用以休美，简择畀付殷命，以正尔多方也。

吕氏曰，"式教用休"者，如之何而教之也。文、武既得乎天，天德日新，左右逢源。其思也，若或起之；其行也，若或翼之。乃天之所以教而用以昌大休明者也，非谆谆然而教之也。此章深论天下，向者天命未定，眷求民主之时，能者则得之，孰有遏汝者，乃无一能当天之眷。今天既命我周而定于一矣，尔犹汹汹不靖，欲何为耶？明指天命而詟服四海奸雄之心者，莫切于是。

纂疏：

吕氏曰，前论夏之亡，本于不克灵承于旅，此论周之兴，亦曰灵承于旅。文、武于德能胜而用之，其力"过孟贲远矣"。汉唐贤主，岂无欲布德者，惟力薄而夺于欲，故驳而不纯，是知德非真有大力量，莫能胜而用之也。

陈氏大猷曰，可为神与天之主，山川宗社之得其安，三光寒暑之得其序，皆人君有以主之。

愚谓，"克堪"二字，极有力，非有仁以为己任之▲，兼死而后已之毅，不能堪而用之也。必有非力之力，如"真积力久"之"力"而后可。

18.（元）许谦《读书丛说》卷六《周书·多方》

（归善斋按，未解）

19.（元）董鼎《书传辑录纂注》卷五《周书·多方》

（归善斋按，另见"天惟求尔多方，大动以威，开厥顾天"）

惟我周王灵承于旅，克堪用德，惟典神天。天惟式教我用休，简畀殷命，尹尔多方。典，主；式，用也。克堪者，能胜之谓也。"德輶如毛，民鲜克举之"，言德举者，莫能胜也。文、武善承其众，"克堪用德"，是诚可以为神、天之主矣。故天式教文、武，用以休美，简择畀付殷命，以正尔多方也。

吕氏曰，"式教用休"者，如之何而教之也？文、武既得乎天，天德日新，左右逢源。其思也，若或启之；其行也，若或翼之，乃天之所以教而用以昌大休明者也，非谆谆然而教之也。此章深论天下，向者天命未定，眷求民主之时，能者则得之，孰有遏汝者，乃无一能当天之眷。今天既命我周而定于一矣，尔犹汹汹不靖，欲何为邪？明指天命而詟服四海奸雄之心者，莫切于是。

纂注：

吕氏曰，前论夏之亡，本于不克灵承于旅，此论周之兴，亦曰灵承于旅。文、武于德能胜而用之，其力"过孟贲远矣"。汉唐贤主，岂无欲布德于天下者，惟力薄而夺于私欲，故驳而不纯，是知德非真力，则莫能胜，莫能用也。

新安陈氏曰，"克堪"二字，下得极有力，非有仁以为己任之弘，兼死而后已之毅，不能堪而用之也。克堪用之，必有非力之力，如"真积力久"之"力"而后可。

陈氏大猷曰，可为神与天之主，山川宗社之得其安，三光寒暑之得其序，皆人君有以主之。

20.（元）朱祖义《尚书句解》卷十《周书·多方第二十》

惟尔多方，罔堪顾之（而尔多方，又无有能顾天者）。惟我周王（谓文武）灵承于旅（善承奉于众民）。

21.（明）王樵《尚书日记》卷十四《周书·多方》

（归善斋按，另见"天惟求尔多方，大动以威，开厥顾天"）

"惟我周王，灵承于旅"至"尹尔多方"。

孔氏曰，惟我周王善承于众言，以仁政得人心。金氏曰，商既无可念，听多方又罔堪顾之，惟我周王善承于众，是克开于民之丽也。"德輶如毛"民鲜克举之，惟周王克堪用之，是诚可谓神天之祭主，故天启佑之。以休嘉之道而简拔畀付，以代殷之命用尹正尔多方焉。按，伊尹言，夏王弗克庸德，皇天弗保监于万方，启迪有命眷求一德俾作神主，与此处语意甚同。鉴于万方眷求一德，即"求尔多方"也；启迪有命，即开厥顾天也；俾作神主，即惟典神天也。惟我周王灵承于旅，克堪用德言其能顾天也。天惟式教我用休言天顾之也，式教犹云天启众人不克劝于帝之迪而自绝于天圣人，缉熙敬止，动与天会，其德业之日新又新，若天启之。帝迪无往而不在，百姓日用而不知圣人，志气清明，义理昭着，其思也。

若或启之其行也，若或翼之昌大休明之势，有所谓几非在我者。故曰，天惟式教我用休。

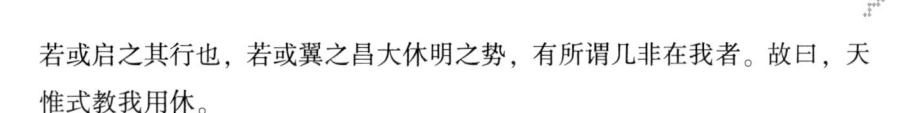

22.（清）库勒纳等撰《日讲书经解义》卷十《周书·多方》

（归善斋按，另见"天惟求尔多方，大动以威，开厥顾天"）

惟我周王灵承于旅，克堪用德，惟典神天。天惟式教我用休简畀殷命尹尔多方

此一节书是，言周之以德受天命，而慑服殷民之贰心也。克堪，能胜之谓也。典，主也。式，用也。成王曰，作民主之任，天既望之纣而不能，改求之多方，而又无能堪。惟我周文王、武王，仁心爱民，善承顺于众庶，而"克堪用德"，力行仁政，以布德于天下，诚可典司神、天，为上帝百神之主矣。天乃眷顾我周，默用教诱我文王、武王之衷。若或启之以思，若或翼之以行，使我文、武之盛德日新，用彰休美，因而简择付畀以有殷之命，代为天子，以尹正尔多方之诸侯，非我周所敢图度也。夫向者，天命未定，尔多方无堪受眷顾者。今天命既归我周，而定于一，何为反侧不安耶？盖文、武之"克堪"，无异成汤之"慎丽"，总一仁民之德，孚契上天，即是天教也，必教之而后兴，可见天命不轻与；必暇之而后亡，可见天命不轻去。人主惟时时"克念"可也。

（元）王充耘《书义矜式》卷五《周书·多方》

惟我周王灵承于旅，克堪用德，惟典神天。天惟式教我用休，简畀殷命，尹尔多方。

圣德足以任两间之重，天命所以受一统之尊。夫圣人位于天、人之间，下有以得民心，则上可以事天。上有以得天命，则下可以治民。然非圣人，足以胜其任，则天亦未必轻授之也。昔周文、武，下则善承于众，而得民心，其能胜用德之任可知矣，故可以典神天而无愧；上则式教用休，而得天命，其能膺简畀之责可知矣，故可以尹多方而不惭。圣人之德著于天、民之两间，宜其奄有天下，而为一统之君也。《多方》曰（云云），以此夫天生圣人，而使之君天下者，上则以之事天，下则以之治

民，圣人中立于两间，而能仰不愧，俯不怍者，以其有德也。下足以顺民，上足以配天，则天命归之矣。故传有之曰，有大德者必受命。夫德固得于天也，"克堪其德"，然后谓之有德；命固本于天也，能大其德，然后可以受命。是故，谓之"灵承"，谓之"克堪"，此言人之德也。谓之"式教"，谓之"简畀"，此言在天之命也。有是德，则有是命矣。祀天而曰"典"，治民而曰"尹"，非天有私于圣人也，惟圣人之德足以当其任也。且夫天之生民，必立之君；君之治民，必有其德，然天下如彼其广也，生民如彼其众也，欲人人而被其德，非圣人则有不堪其任者矣。惟我文考，小民则有怀保之恩；惟我宁王，万姓则有悦服之意，故曰"灵承于旅"。谓之灵者，无一毫之不善也；谓之承者，无一事之不顺也；谓之旅，则溥天率土，无一夫之不获矣。昔也，眷求民德，鲜克举也，故无有能顺民心者；今也，勤用明德，文显于前，王惟德用，武承于后，文武用德，克堪弗任，民之德君固在此矣。神天之主，其不在兹乎？圣人之德在兹民矣，神天之心其不在兹民乎？圣人之德能顺乎民，信可主乎神天矣。是故聪明齐圣，天纵之也；耿光大业，天诱之也。然天之所以教圣人者，非谆谆然命之也。其思也静，与天俱若，或起之于其前；其行也动，与天合若，或翼之于其后。圣德日新，左右逢原，故蕴于内也，有以极其美；畅于外也，有以极其盛。向为殷命欲坠，简阅而无以堪其任，天命有在，笃生圣人，付畀之责，有不得辞，故以之尹尔多方之众，非我有周之私也，天也。曰我，曰尔，分殊而情亲。周公奉若王命，蔼然见于言意矣。嗟夫，承天之典，天非有意于圣人也；善承于兹，而民心归之。多方之尹，圣人非有心于天也，简畀殷命，而天命归之。天之于圣人，岂有一毫私意哉，因其"克堪用德"故"式教用休"，不得不在圣人也。天命未归，圣人得以尽其灵承之心；殷命既革，圣人不得不任其尹尔之责。两间之重，圣德既有以任之一统之尊，天命其得不授之乎？上而天命，下而人心，不惟有周而然。慢神虐民，有夏不能保天命也。眷求一德，俾作神主，不得不归之汤。多方之民，虽或不知文武之心，其不知成汤之心乎？殷鉴不远，在夏后之世。周公之言，恳切如此，四海之心，必有以詟服之矣。

（元）王充耘《读书管见》卷下《多方》

惟我周王灵承于旅，克堪用德，惟典神天。

君子先成民而后致力于神，故民和而神降之福。有明德以荐馨香，则神歆其祀，故善承其民。克堪用德者，可以为神之主，民之所欲，天必从之。皇天无亲，惟德是辅。故善承其民，克堪用德者，可以当天心。天惟式教我用休，盖亦因其材而笃焉。天知文武有可为之资，故阴有佐，佑而扶持之，使其德日盛，而业日新，天休滋至，浸明浸昌，然后一旦简畀殷命，而尹尔多方也。民承其君，而曰君承其民，是谓民惟邦本，虽贱而不忽，所谓"王司敬民者"是也。

克堪用德，惟典神天

1.（汉）孔氏传、（唐）陆德明音义、孔颖达疏《尚书注疏》卷十六《周书·多方》

克堪用德，惟典神天。
传，言周文武能堪用德，惟可以主神天之祀，任天王。
音义，任，音壬。
疏，正义曰，文、武能堪用德，惟可以主神天之祀，任作天子也。

2.（宋）苏轼《书传》卷十四《周书·多方第二十》

（归善斋按，未解）

3.（宋）林之奇《尚书全解》卷三十二《周书·多方》

（归善斋按，见"诰告尔多方，非天庸释有夏"）

4.（宋）史浩《尚书讲义》卷十六《周书·多方》

（归善斋按，见"惟五月丁亥，王来自奄，至于宗周"）

5.（宋）夏僎《尚书详解》卷二十《周书·多方》

（归善斋按，见"诰告尔多方，非天庸释有夏"）

6.（宋）时澜《增修东莱书说》卷二十八《周书·多方第二十》

（归善斋按，见"天惟求尔多方，大动以威，开厥顾天"）

7.（宋）黄度《尚书说》卷六《周书·多方》

（归善斋按，见"天惟求尔多方，大动以威，开厥顾天"）

8.（宋）袁燮《絜斋家塾书钞》

（归善斋按，无此篇）

9.（宋）蔡沈《书经集传》卷五《周书·多方》

（归善斋按，见"惟尔多方，罔堪顾之；惟我周王灵承于旅"）

10.（宋）黄伦《尚书精义》卷四十二《周书·多方》

（归善斋按，见"惟圣罔念，作狂；惟狂克念，作圣"）

11.（宋）陈经《尚书详解》卷三十八《周书·多方》

（归善斋按，见"天惟求尔多方，大动以威，开厥顾天"）

12.（宋）钱时《融堂书解》卷十六《周书·多方》

（归善斋按，见"诰告尔多方，非天庸释有夏"）

13.（宋）魏了翁《尚书要义》卷十六《周书·君奭、蔡仲、多方》

（归善斋按，未引）

14.（宋）陈大猷《书集传或问》卷下《周书·多方》

(归善斋按，未解)

15.（宋）胡士行《尚书详解》卷十《周书·多方第二十》

(归善斋按，见"天惟求尔多方，大动以威，开厥顾天")

16.（元）吴澄《书纂言》卷四下《周书·多方》

(归善斋按，见"诰告尔多方，非天庸释有夏")

17.（元）陈栎《书集传纂疏》卷五《朱子订定蔡氏集传·周书·多方》

(归善斋按，见"惟尔多方，罔堪顾之；惟我周王灵承于旅")

18.（元）许谦《读书丛说》卷六《周书·多方》

(归善斋按，未解)

19.（元）董鼎《书传辑录纂注》卷五《周书·多方》

(归善斋按，见"惟尔多方，罔堪顾之；惟我周王灵承于旅")

20.（元）朱祖义《尚书句解》卷十《周书·多方第二十》

克堪用德（能任用于有德）惟典神天（故可以主神天之祀为天子）

21.（明）王樵《尚书日记》卷十四《周书·多方》

(归善斋按，见"惟尔多方，罔堪顾之；惟我周王灵承于旅")

22.（清）库勒纳等撰《日讲书经解义》卷十《周书·多方》

(归善斋按，见"惟尔多方，罔堪顾之；惟我周王灵承于旅")

（元）王充耘《书义矜式》卷五《周书·多方》

（归善斋按，见"惟尔多方，罔堪顾之；惟我周王灵承于旅"）

（元）陈师凯《蔡氏传旁通》卷五《多方》

克堪者，能胜之谓也。

新安陈氏曰，克堪二字，下得极有力，非有仁以为己任之弘，兼死而后已之毅，不能堪而用之也。克堪用之，必有非力之力，如"真积力久"之"力"而后可。

神天之主。

东斋陈氏曰，可为神与天之主，山川宗社之得其安，三光寒暑之得其序，皆人君有以主之。

（元）王充耘《读书管见》卷下《多方》

（归善斋按，见"惟尔多方，罔堪顾之；惟我周王灵承于旅"）

（清）朱鹤龄《尚书埤传》卷十三《周书·多方》

克堪用德。

吕祖谦曰，夏之亡也，以"不克灵承于旅"；周之兴也，以灵承于旅。文武于德能胜而用之，其力过贲育远矣。汉唐贤主，岂无欲布德于天下者，惟力薄而夺于多欲，故驳而不纯，是知德非真力，莫能胜，莫能用也。

天惟式教我用休，简畀殷命，尹尔多方

1.（汉）孔氏传、（唐）陆德明音义、孔颖达疏《尚书注疏》卷十六《周书·多方》

天惟式教我用休，简畀殷命，尹尔多方。

传，天以我用德之故，惟用教我用美道代殷，大与我殷之王命，以正汝众方之诸侯。

音义，畀，并至反。

疏，正义曰，天惟以我用德之故，故教我使用美道，大与我殷王之命，命我代殷为王，正汝众方诸侯，言天授我以此位也。

传正义曰，复言天用教我美道者，人之美恶，何事非天，由为美道为天所顾，以美归功于天，言教我用美道，故得当天意也。

2．（宋）苏轼《书传》卷十四《周书·多方第二十》

（归善斋按，未解）

3．（宋）林之奇《尚书全解》卷三十二《周书·多方》

（归善斋按，见"诰告尔多方，非天庸释有夏"）

4．（宋）史浩《尚书讲义》卷十六《周书·多方》

（归善斋按，见"惟五月丁亥，王来自奄，至于宗周"）

5．（宋）夏僎《尚书详解》卷二十《周书·多方》

（归善斋按，见"诰告尔多方，非天庸释有夏"）

6．（宋）时澜《增修东莱书说》卷二十八《周书·多方第二十》

（归善斋按，见"天惟求尔多方，大动以威，开厥顾天"）

7．（宋）黄度《尚书说》卷六《周书·多方》

（归善斋按，见"天惟求尔多方，大动以威，开厥顾天"）

8．（宋）袁燮《絜斋家塾书钞》

（归善斋按，无此篇）

9．（宋）蔡沈《书经集传》卷五《周书·多方》

（归善斋按，见"惟尔多方，罔堪顾之；惟我周王灵承于旅"）

10.（宋）黄伦《尚书精义》卷四十二《周书·多方》

（归善斋按，见"惟圣罔念，作狂；惟狂克念，作圣"）

11.（宋）陈经《尚书详解》卷三十八《周书·多方》

（归善斋按，见"天惟求尔多方，大动以威，开厥顾天"）

12.（宋）钱时《融堂书解》卷十六《周书·多方》

（归善斋按，见"诰告尔多方，非天庸释有夏"）

13.（宋）魏了翁《尚书要义》卷十六《周书·君奭、蔡仲、多方》

（归善斋按，未引）

14.（宋）陈大猷《书集传或问》卷下《周书·多方》

（归善斋按，未解）

15.（宋）胡士行《尚书详解》卷十《周书·多方第二十》

（归善斋按，见"天惟求尔多方，大动以威，开厥顾天"）

16.（元）吴澄《书纂言》卷四下《周书·多方》

（归善斋按，见"诰告尔多方，非天庸释有夏"）

17.（元）陈栎《书集传纂疏》卷五《朱子订定蔡氏集传·周书·多方》

（归善斋按，见"惟尔多方，罔堪顾之；惟我周王灵承于旅"）

18.（元）许谦《读书丛说》卷六《周书·多方》

（归善斋按，未解）

19. (元)董鼎《书传辑录纂注》卷五《周书·多方》

(归善斋按,见"惟尔多方,罔堪顾之;惟我周王灵承于旅")

20. (元)朱祖义《尚书句解》卷十《周书·多方第二十》

天惟式教我用休(天于是阴诱文武以休美凡诸福之物可致之祥毕至),简畀殷命(大畀与以殷命),尹尔多方(使正尔多方之众而为君)。

21. (明)王樵《尚书日记》卷十四《周书·多方》

(归善斋按,见"惟尔多方,罔堪顾之;惟我周王灵承于旅")

22. (清)库勒纳等撰《日讲书经解义》卷十《周书·多方》

(归善斋按,见"惟尔多方,罔堪顾之;惟我周王灵承于旅")

(元)陈师凯《蔡氏传旁通》卷五《多方》

奢服

奢,质涉反。《汉书》云"群臣震奢",奢中自服也。

(元)王充耘《书义矜式》卷五《周书·多方》

(归善斋按,见"惟尔多方,罔堪顾之;惟我周王灵承于旅")

今我曷敢多诰?我惟大降尔四国民命

1. (汉)孔氏传、(唐)陆德明音义、孔颖达疏《尚书注疏》卷十六《周书·多方》

今我曷敢多诰?我惟大降尔四国民命。

传,今我何敢多诰汝而已,我惟大下汝四国民命,谓诛管蔡,商、奄

1279

之君。

疏，正义曰，今我何敢多以言诰告于汝众而已，我惟大下黜汝管、蔡、商、奄四国之君也。民命，谓民以君为命，谓诛杀四国之君也。

传正义曰，我今何敢多为言诰而已，实杀其君，非徒口告。管、蔡、商、奄皆为叛逆受诛，故今因奄重叛，而追说前事。言下四国民命，王肃以四国为四方之国，言从今以后四方之国，苟有此罪，则必诛之，谓戒其将来之事，与孔不同。

《尚书注疏》卷十六《考证》

"天惟式教我用休"传"惟用教我用美道代殷"。

"代殷"，各本俱讹"伐殷"，以疏推之古本，作"代"字，是从之。

《尚书注疏》卷十六《考证》

"今尔奔走臣我监，五祀"传"监，谓成周之三监"。

臣召南按，殷民者，非谓武庚时事也，即孔疏并不解"三监"字义，则知"三"字衍文也。又传"则得还本土"，"得"字讹"是"，今改正。

2. （宋）苏轼《书传》卷十四《周书·多方第二十》

（归善斋按，未解）

3. （宋）林之奇《尚书全解》卷三十二《周书·多方》

（归善斋按，见"诰告尔多方，非天庸释有夏"）

4. （宋）史浩《尚书讲义》卷十六《周书·多方》

（归善斋按，见"惟五月丁亥，王来自奄，至于宗周"）

5. （宋）夏僎《尚书详解》卷二十《周书·多方》

今我曷敢多诰，我惟大降尔四国民命。尔曷不忱裕之于尔多方，尔曷不夹介乂我周王，享天之命。今尔尚宅尔宅，畋尔田，尔曷不惠王，熙天之命。尔乃迪屡不静，尔心未爱。尔乃不大宅天命，尔乃屑播天命，尔乃自作不典，图忱于正，我惟时其教告之，我惟时其战要囚之，至于再，至于三，乃有不用我降尔命，我乃其大罚殛之，非我有周秉德不康宁，乃惟尔自速辜。

　　成王上既告多方以周之所以兴者，实出于天命，非人所能为，其说已详悉辩白矣，故此遂说今我何敢多为诰命以告汝，我惟大降尔四国民之生命，其意盖谓，我本不敢如此诰，实为汝等屡叛王室，义当诛灭，我以不忍之故，遂与汝等以生命，今又恐汝等不知天命所在，复谋不逞，故所以如此详诰也。汝等分当诛灭，今我既降与汝等命，则我之待汝者至矣，汝何故不深信我命，而宽裕之于尔众。裕，有"宽裕饶益"之意，谓深信我命，而饶益于多方也。尔非特不深信我命，而奉行之以饶益于多方，尔何不夹辅介助治道于我有周之王者，以享受上天之命。其意盖谓，我今日既大降尔命，而尔下之，乃不能饶益于民；上之，又不能辅助于君。今尔犹且居尔所有之宅，治尔所有之田，即谓前日迁于洛邑，皆有宅与田与汝。今汝方且有宅可居，有田可治，自应仰念国恩，而何故不顺于王，以明天之命乎。熙，与"庶绩咸熙"之"熙"同，谓庶绩昔未治，今皆条理明白，则熙者，明也，谓尔多方，若自今以往，能顺服于周，不复叛逆，则周之天命显然矣。成王既反复责多方，谓汝等应当如此，而乃不然，故言"尔乃迪屡不静"，谓我今迪导于汝者屡矣，而汝等犹未安静，是尔心犹未能知所以自爱。盖顺服，则大安大乐，是能自爱；叛逆，则大危大辱，是不能自爱也。然"迪屡不静"，非特不能自爱而已，而尔又不能大安于天命，而乃屑屑播弃于天命。"屑"字，孔氏训"尽"，谓尽弃于天命。其说亦通。成王之意，盖谓，我今日大降尔命，亦是天意，而汝等乃迪屡不静，是不能安于天命，而乃弃之也。如此则是汝等自为不常之事，而谋信于正道。盖欲信正道，必当守常法。今既自为不常，何以图信于正道哉。我惟是之故，所以有大诰以教告汝。告之不服，所以又惧汝以要囚之法。要囚，盖谓要勒而拘囚之也。《书》言"要囚"者三，《康诰》言"要囚，服念五六日"，此篇言"要囚，殄戮多罪"，与此言"戕要囚之"，孔氏释之，其说各不同。于《康诰》则谓之"狱囚要辞"，于此则，谓之"要察囚情"，今详考之三说，皆不然。所谓"要囚"者，乃谓要勒而拘囚之。《康诰》所谓"要囚，服念五六日"，乃谓，凡要勒拘囚罪人，必当服念之，至五六日，然后丕蔽其所要囚者。此所谓"要囚殄戮多罪"者，乃谓或要勒拘囚其多罪者，或殄绝杀戮其多罪者，而民亦勉于善也。

所谓"战要囚"者,乃谓恐惧之,以要勒拘囚之威也。成王谓,今日教告于汝,要囚于汝,已至于再,以至于三矣,言不一也。孔氏谓,再,乃三监淮夷叛时;三,乃成王即政又叛,恐不是如此。所谓再三者,直谓今日如此再三也。然我再三如此,而乃有不用我所降与汝之生命,复敢叛逆,则我又不复如今日,止于教告要囚而已,必有大罪诛戮于汝矣。当此之时,则非我周家执德不安宁,谓前赦汝而今诛汝也,乃是汝等自召其罪也,此盖以威刑惧之也。

6.（宋）时澜《增修东莱书说》卷二十八《周书·多方第二十》

今我曷敢多诰,我惟大降尔四国民命,尔曷不忱裕之于尔多方,尔曷不夹介乂我周王,享天之命。今尔尚宅尔宅,畋尔田,尔曷不惠王,熙天之命,尔乃迪屡不静,尔心未爱。尔乃不大宅天命,尔乃屑播天命,尔乃自作不典,图忱于正。我惟时其教告之,我惟时其战要囚之,至于再,至于三,乃有不用我降尔命,我乃其大罚殛之,非我有周秉德不康宁,乃惟尔自速辜。

由《大诰》而至于是篇,周公之诰亦既多矣,忧其渎而玩也,故明告以自今我不敢复多诰,惟大降黜尔四国民命,而殄灭之,言告谕不可多得,而威罚将行,亦以大警之也。既曰不敢多诰矣,自是而下训诰,犹绎络而不绝焉。于是见周公之惓惓斯民也。"尔曷不忱裕之于尔多方"者,教之以诚实宽裕,各安于其国也。惟诈,故迫;惟忧,故裕。险诈者,躁扰而不安其位,斯其所以迫也;诚忧者,平宽而不愿乎外,斯其所以裕也。使三监、淮、奄之属,诚知所谓忱裕者,则于尔多方,自有乐地,岂至于行险徼幸哉。"尔曷不夹介乂我周王享天之命"者,介,犹"宾介"之"介",相助之谓也。天之所废,不可辅;天之所兴,不可毁,相扇而扶持。已灭之商,逆天之命者也。夹,辅而助治。方兴之周,享天之命者也。其别如此,曷为而不知所择乎?"今尔尚宅尔宅,畋尔田,尔曷不惠王,熙天之命。尔乃迪屡不静,尔心未爱"者,言尔前日之叛乱,据法定罪,则潴其宅,收其田久矣。今尔犹且得居尔宅,耕尔田,尔曷不思我周家之大造,顺我王室,各祗天职,以共广天之命,乃相启迪教诱,以屡为不静乎？反复背恩，一至于是，使他人论之，殆将裂眦切齿，不胜其怒矣。周公乃从容而曰，尔心未爱，盖伤顽民累于灭亡之祸，必其心未知自爱而然，是深可悯恻而已，渊乎天地父母之心也。复叙其前日不自爱者，尔乃不大宅天命，谓其不安天命而妄动也。"尔乃屑播天命"谓戕灭天理，虽琐屑之仅存者，皆播弃而无孑遗也。"尔乃自作不典，图忱于正"，谓既自作不法，乃图见信于正，甚言其不自反也。"我惟时其教告之，我惟时其战要囚之"，如《大诰》《多士》之训，如东征践奄之师，既"至于再，至于三"矣，"乃有不用我降尔命我乃其大罚殛之"者，降尔命，谓前日黜殷迁奄之命，若犹不循省，悍然不用我降之命，则固将大罚殛之，不可望如前日之恩贷也。此"非我有周秉德不康宁"，而欲荡摇尔民人，乃惟尔自作孽以速辜而已。"秉德不康宁"，《多士》《多方》皆言之，盖顽民不自省己之屡叛屡起，乃不康宁之大者，反咎周之迁徙、讨伐，为不康宁。不自责而责人，此其所以为恶也。故每提耳而告之。

7.（宋）黄度《尚书说》卷六《周书·多方》

今我曷敢多诰，我惟大降尔四国民命，尔曷不忱裕之于尔多方，尔曷不夹介乂我周王，享天之命。今尔尚宅尔宅，畋尔田，尔曷不惠王，熙天之命。

多诰，则亵而反复至此，仁之至也。孔子曰，"五诰可以观仁"。我何敢若此多诰，我惟大降尔四国民命，庶几乎殷先王明德慎罚，而其民劝。今尔何不推其诚信饶裕于尔多方，同底于善，而独为乖阻；尔何不夹辅介助乂安我周王，享此天命，而好为反侧。居有宅，耕有田，为济民，尔何不顺王，熙广天命，而固为凶慝，以累政化。

8.（宋）袁燮《絜斋家塾书钞》

（归善斋按，无此篇）

9.（宋）蔡沈《书经集传》卷五《周书·多方》

今我曷敢多诰，我惟大降尔四国民命。

言今我何敢如此多诰，我惟大降宥尔四国民命，举其宥过之恩，而责

1283

其迁善之实也。

10.（宋）黄伦《尚书精义》卷四十二《周书·多方》

今我曷敢多诰，我惟大降尔四国民命，尔曷不忱裕之于尔多方。尔曷不夹介乂我周王，享天之命。

无垢曰，古人化人，全在一身之正，故曰"尔身克正，罔敢弗正，民心罔中，惟尔之中"。

又曰，其身正不令而行，其身不正，虽令不从。

又曰，以身教者从，以言教者讼。以成王之贤，周公之忠圣如此，宜不言而喻，今纷纷如此不服者，多方之罪也。其不服而致我多诰者，乃多方之罪，非文、武、周公之罪也。

又曰，夹，辅也。介，其助也。乂，治也。尔何不忱信宽裕，夹辅我，介助我，致周王之治，而享天命乎。言乂我周王者，多方不安，则周王欲治不可得也，其能享天命乎。

吕氏曰，大抵殷民初所变乱者，只为他不信天命，不信周家之盛德，只是有恋旧之情，不充而大之，不去大规模上看，所以如此。故周公所以劝殷民信周家，而又宽大其心。

11.（宋）陈经《尚书详解》卷三十八《周书·多方》

今我曷敢多诰，我惟大降尔四国民命。尔曷不忱裕之于尔多方，尔曷不夹介乂我周王，享天之命。今尔尚宅尔宅，畋尔田，尔曷不惠王，熙天之命。尔乃迪屡不静，尔心未爱。尔乃不大宅天命，尔乃屑播天命，尔乃自作不典，图忱于正。

"今我曷敢多诰"，谓我本不欲以言语大告天下，尔之者不从，惟有诛戮尔，岂敢多为诰辞哉，言宽恩不可以数得，我前此亦尝大降下尔四国之君，谓灭管、蔡、商、奄时也。民命，即四国之君也。尔其可不知惧乎？尔何不以诚信之心，行宽裕之道于尔多方。商人所以不服者，其心狭隘，不知有至公之理故也。尔何不以夹辅介助显其治道于我周王，以享受上天之命乎？据汝商人之罪，固当摈弃诛戮，而我周家抚汝以恩，使汝尚得宅居汝之故居，畋之土田，尔何不顺王政，以广大天之命乎？尔乃蹈行屡为不安之行，是汝心不知自爱故也，尔乃不肯大安其天命之当然，是尔之尽弃其天命而违乎天也；是尔乃自为不常之事，以谋信其正道也。夫谋信于正道，其心必有常。今汝以不常之心，岂能谋信于正乎？观此有以见周公无忿疾于顽之心，多为之利害，以广譬之。必曰"尔"者，所以见其丁宁谆复之意。天命在成王，何与乎多方，而必曰享，曰熙，曰大宅，曰屑播者，盖理之所不可违者，天命也。天命在周，而汝多方能顺我周家，即享也，即熙也。天命在周，而汝多方不顺我周家，即不大宅天命也，即屑播天命也，周公以天命谕多方，岂非示以至公之理，将以破其猜疑之情乎？

12.（宋）钱时《融堂书解》卷十六《周书·多方》

（归善斋按，见"诰告尔多方，非天庸释有夏"）

13.（宋）魏了翁《尚书要义》卷十六《周书·君奭、蔡仲、多方》

（归善斋按，未引）

14.（宋）陈大猷《书集传或问》卷下《周书·多方》

（归善斋按，未解）

15.（宋）胡士行《尚书详解》卷十《周书·多方第二十》

今我曷（何）敢多诰，我惟大降（下）尔四国民命（教命，一云天命，言告民以天命。夏云，与汝生命，言不诛杀）。尔曷不忱（诚）裕（宽）之于尔多方（忱诚，则宽裕，不复躁扰，各安于其国）？尔曷不夹（协）介（助）乂（治）我周王，享（有当）天之命（天之所兴不可毁，天之所废不可辅）。今尔尚（庶）宅（安）尔宅（居）。畋（耕）尔田，尔曷不惠（顺）王（周王）熙（广）天之命。

此望其从教也。

1285

16.（元）吴澄《书纂言》卷四下《周书·多方》

今我曷敢多诰，我惟大降尔四国民命。尔曷不忱裕之于尔多方。尔曷不夹介乂我周王，享天之命。尔曷不惠王，熙天之命。尔乃迪屡不静，尔心未爱，尔乃不大宅天命，尔乃屑播天命，尔乃自作不典，图忱于正，尔乃惟逸惟颇，大远王命，则惟尔多方，探天之威，我则致天之罚，离逖尔土。今尔尚宅尔宅，畋尔田。我惟时其教告之，我惟时其战要囚之，至于再，至于三，乃有不用我降尔命，我乃其大罚殛之，非我有周秉德不康宁，乃惟尔自速辜。

夹，左右辅之也。介，相助也。乂，犹"用乂厥辟"之"乂"。惠，顺也。熙，光显也。播，弃也。不典，逆理乱常也。"图忱于正"，谓图复商也。大远，犹曰"大逆"也。远者，违去也。"离逖尔土"，谓离去所居，远徙它处也。上文言，商之亡，周之兴，皆天命。谋复商者，不知天命也，所以不容不以言解惑。今我曷敢多言以告，我惟大降下尔四国之民，以教命也。尔多方何不诚心，以利益于尔乎。何不辅助我周王，享有天命乎。何不惠顺我王，光显天命乎？尔乃导迪至屡，而尚不安靖。尔心未能自爱，乃大不安天命，乃轻弃天命，乃自为逆乱，图欲使已亡之国，诚得再居天下之正，乃惟纵逸颇僻，大逆王命，则惟尔多方，探取天之祸，我则当致天之罚，徙远尔所居之土。我周仁厚，未忍遽流放尔，今尔庶几得以如旧保有尔之田宅。我惟于是而教告汝，我惟于是而战汝之国，讯汝之罪，俘汝之身，以至于此，略示惩戒，既不杀汝，而复使汝归，宅汝之宅，田汝之田。若至再至三，又不用我所降之教命，我乃大罚殛汝。罚，即上文天罚之罚；殛，犹"殛鲧"之"殛"，谓迁徙流放也。至此之时，非我有周所秉之德不能安宁，乃汝自召此罪。多方，盖是徐、奄、淮夷，及所灭五十国之人，从殷以叛者，罪当流放，今但告之曰离逖，曰罚殛，而未忍刑之。其后多方之民，卒免迁徙，惟纣都之民，怀商之念，深虑其不静，故于是年迁洛。所迁者，纣都之民，非多方之民也。

17.（元）陈栎《书集传纂疏》卷五《朱子订定蔡氏集传·周书·多方》

今我曷敢多诰，我惟大降尔四国民命。

言今我何敢如此多诰，我惟大降宥尔四国民命，举其有宥过之恩，而责其迁善之实也。

18.（元）许谦《读书丛说》卷六《周书·多方》

（归善斋按，未解）

19.（元）董鼎《书传辑录纂注》卷五《周书·多方》

今我曷敢多诰，我惟大降尔四国民命。

言今我何敢如此多诰，我惟大降宥尔四国民，命举其宥过之恩，而责其迁善之实也。

20.（元）朱祖义《尚书句解》卷十《周书·多方第二十》

今我曷敢多诰（今我何敢多为诰命以告汝），我惟大降尔四国民命（我惟大降尔四国民之生命，谓汝等屡叛，义当诛灭，我以不忍杀，故与汝等生命）。

21.（明）王樵《尚书日记》卷十四《周书·多方》

今我曷敢多诰，我惟大降尔四国民命。

孔氏曰，今我何敢多告汝而已，我惟大下汝四国民命，谓诛管、蔡、商、奄之君。正义曰，因奄重叛，而追说前事。王肃以四国，为四方之国。

22.（清）库勒纳等撰《日讲书经解义》卷十《周书·多方》

今我曷敢多诰，我惟大降尔四国民命。尔曷不忱裕之于尔多方，尔曷不夹介乂我周王，享天之命。今尔尚宅尔宅，畋尔田，尔曷不惠王，熙天之命。

此二节书是，申言宥罪之恩，而望殷民以迁善之实也。忱，诚信也。裕，宽裕也。成王曰，今我何敢谆复于天命兴亡之故，如此多言，以告汝。我惟是大降恩赦，宽宥尔管、蔡、霍、殷四国之民命，欲尔安静，以保全余生耳。岂可忘宥罪之恩，而不务迁善之实耶？尔四国之民，蓄怀疑忌，所以反侧不安，尔何不消险诈之私，以诚信待人；去迫促之见，以宽裕处己，安集于尔多方乎？天命简畀归于我周既久，尔何不同心夹辅，同力介助，以保乂我周王，而安享上天之定命乎？且尔四国叛乱之罪，法当潴尔宅舍，收尔田业。今尔蒙我宽宥，尚得聚居尔之宅，耕治尔之田，恩至厚矣。尔何不洗心涤虑，惠顺我王室，以熙广上天之新命，而延福祚于无穷乎？是皆尔之所当为者，可不勉哉。孔子有言，民以君为心，君以民为体，盖言休戚相关也。所以民附王室，则与王室同其享；民顺王室，则与王室同其熙。此古今率土之常经，非独为四国垂训者矣。

尔曷不忱裕之于尔多方

1.（汉）孔氏传、（唐）陆德明音义、孔颖达疏《尚书注疏》卷十六《周书·多方》

尔曷不忱裕之于尔多方。

传，汝何不以诚信，行宽裕之道于汝众方，欲其戒四国，崇和协。

疏，正义曰，我既杀汝四国君矣，汝何不以诚信之心，行宽裕之道于汝众方诸侯，欲令惩创四国，务崇和协，言汝众方诸侯何不崇和协，相亲近。

2.（宋）苏轼《书传》卷十四《周书·多方第二十》

（归善斋按，未解）

3. （宋）林之奇《尚书全解》卷三十二《周书·多方》

（归善斋按，见"诰告尔多方，非天庸释有夏"）

4. （宋）史浩《尚书讲义》卷十六《周书·多方》

（归善斋按，见"惟五月丁亥，王来自奄，至于宗周"）

5. （宋）夏僎《尚书详解》卷二十《周书·多方》

（归善斋按，见"今我曷敢多诰，我惟大降尔四国民命"）

6. （宋）时澜《增修东莱书说》卷二十八《周书·多方第二十》

（归善斋按，见"今我曷敢多诰，我惟大降尔四国民命"）

7. （宋）黄度《尚书说》卷六《周书·多方》

（归善斋按，见"今我曷敢多诰，我惟大降尔四国民命"）

8. （宋）袁燮《絜斋家塾书钞》

（归善斋按，无此篇）

9. （宋）蔡沈《书经集传》卷五《周书·多方》

尔曷不忱裕之于尔多方，尔曷不夹介乂我周王，享天之命。今尔尚宅尔宅，畋尔田，尔曷不惠王，熙天之命。

夹，讫洽反。夹，"夹辅"之"夹"。介，"宾介"之"介"。尔何不诚信宽裕于尔之多方乎？尔何不夹辅介助我周王，享天之命乎？尔之叛乱，据法定罪，则潴其宅，收其田，可也。今尔犹得居尔宅，耕尔田，尔何不顺我王室，各守尔典，以广天命乎？此三节，责其何不如此也。

10. （宋）黄伦《尚书精义》卷四十二《周书·多方》

（归善斋按，见"今我曷敢多诰，我惟大降尔四国民命"）

11.（宋）陈经《尚书详解》卷三十八《周书·多方》

（归善斋按，见"今我曷敢多诰，我惟大降尔四国民命"）

12.（宋）钱时《融堂书解》卷十六《周书·多方》

（归善斋按，见"诰告尔多方，非天庸释有夏"）

13.（宋）魏了翁《尚书要义》卷十六《周书·君奭、蔡仲、多方》

（归善斋按，未引）

14.（宋）陈大猷《书集传或问》卷下《周书·多方》

尔曷不忱裕于尔多方，或说与叶说亦通。

15.（宋）胡士行《尚书详解》卷十《周书·多方第二十》

（归善斋按，见"今我曷敢多诰，我惟大降尔四国民命"）

16.（元）吴澄《书纂言》卷四下《周书·多方》

（归善斋按，见"今我曷敢多诰，我惟大降尔四国民命"）

17.（元）陈栎《书集传纂疏》卷五《朱子订定蔡氏集传·周书·多方》

尔曷不忱裕之于尔多方，尔曷不夹介乂我周王，享天之命。今尔尚宅尔宅，畋尔田，尔曷不惠王，熙天之命。

夹，"夹辅"之"夹"。介，"宾介"之"介"。尔何不诚信宽裕于尔之多方，乎尔何不夹辅介助我周王，享天之命乎？尔之叛乱，据法定罪，则潴其宅，收其田，可也。今尔犹得居尔宅，耕尔田，尔何不顺我王室，各守尔典，以广天命乎？此三节，责其何不如此也。

18.（元）许谦《读书丛说》卷六《周书·多方》

（归善斋按，未解）

19.（元）董鼎《书传辑录纂注》卷五《周书·多方》

尔曷不忱裕之于尔多方，尔曷不夹介乂我周王，享天之命。今尔尚宅尔宅，畋尔田。尔曷不惠王，熙天之命。

夹，"夹辅"之"夹"。介，"宾介"之"介"，尔何不诚信宽裕于尔之多方乎？尔何不夹辅介助我周王，享天之命乎？尔之叛乱，据法定罪，则潴其宅，收其田，可也。今尔犹得居尔宅，耕尔田，尔何不顺我王室，各守尔典，以广天命乎？此三节，责其何不如此也。

纂注：

吕氏曰，教以诚信宽裕。惟诈，故迫；惟诚，故裕。

陈氏大猷曰，乂我周王，如"乂用厥辟"之"乂"，谓治其君之事。

20.（元）朱祖义《尚书句解》卷十《周书·多方第二十》

尔曷不忱裕之于尔多方（尔曷不深信我命，奉行之以宽裕饶益于多方）。

21.（明）王樵《尚书日记》卷十四《周书·多方》

"尔曷不忱裕之于尔多方"至"乃惟尔自速辜"。

征讨虽行，诛戮未及，宥过之恩亦厚矣。尔何不及今自新，秉诚履信宽裕于尔多方乎？盖疑贰畏忌，则平居自见其局促。用，休用，吕氏说与金氏说小异。而不宽裕也，尔何不夹辅介助乂我周王享天之命乎？盖顺天命，事有道，翼王室治其君之事，乃保族宜家，与周咸休无穷之道也。尔之叛乱，据法定罪，则潴其宅，收其田，可也。今尔犹得宅尔宅畋尔田尔，何不顺我王室，各守尔典，以广尔之天命乎？盖惠王守典，则将来之福无限，不止不失其旧贯而已。此三者，责其何不如此也。人当自爱，天命当安，不可轻弃，不法之事不可作。今尔乃屡蹈不静，自取灭亡，尔心其未知自爱邪，尔乃大不安天命邪，尔乃轻弃天命邪。尔乃自作不法，欲图见信于正者，以为当然邪。四国之民，自以不忘殷为义，欲图见信于正者，而不知其为不法也。不法者，正之所诛，何忧于正之有？此四者，责其可如此也。以尔执迷不悟，我不谓其不可教时，同于杀也。我惟时其教告之，我惟时其战要囚之，今至于再，至于三矣。若犹不省悛，悍然不用我降宥之命，则固将大罚殛之，前日之恩不可望矣。此非我周秉德。蔡传脱"乂"字。陈大猷谓，如"用乂厥辟"之"乂"，得之。治田，曰畋，犹捕鱼曰渔。不康宁，乃惟尔自速其辜而已。"秉德不康宁"，《多士》《多方》皆言之，盖顽民不自省己之迪屡不静，乃"不康宁"之大者，反咎周之迁徙讨伐，为"不康宁"，故每提尔而告之。"教告之"，谓讯之以文诰。战，恐惧也。要囚，谓俘系之。详此，则"要"当平声。要囚，要束而囚执之也。"战要囚之"而不杀，今至再三矣。正义曰，以伐纣为一，故"再"谓摄政之初，三监与淮夷叛时也；"三"，谓成王即政又叛也。言上迪屡不静之事，按孟子言，周公相武王，诛纣伐奄，则奄实济纣之恶。武王时，既用师矣，至是盖三加兵于奄也，然亦不必凿析再三，只见屡意尔。

22.（清）库勒纳等撰《日讲书经解义》卷十《周书·多方》

（归善斋按，见"今我曷敢多诰，我惟大降尔四国民命"）

（元）陈悦道《书义断法》卷五《周书·多方》

尔曷不忱裕之于尔多方，尔曷不夹介乂我周王，享天之命。今尔尚宅尔宅，畋尔田。尔曷不惠王熙天之命。

人谋之不裕者，以其心之不实也；人心之不实，以其不知天命也。苟知天命，则必能夹辅介助，以治王事而享天命；亦必能宅宅畋田，以顺王道，而广天命。竭其人力而循乎天命，则事事皆实理，而动静云为之间，无有不宽裕者矣。宁有欺诈之私而为迫切之谋哉。成王伐淮夷而归，作是书，以告四国多方，亦欲其常畏天命，以尽忱裕之道耳。其三"尔曷"之辞委婉开导，上陈天命，下极人事，亦可谓"忱裕"之言矣。

忱，如"尚克时忱"之"忱"；裕，如"告君乃猷裕"之"裕"。此三言"曷不"者，责其何不如此，下文四言"尔乃"者，责其不可如此。

尔曷不夹介乂我周王，享天之命

1.（汉）孔氏传、（唐）陆德明音义、孔颖达疏《尚书注疏》卷十六《周书·多方》

尔曷不夹介乂我周王，享天之命。

传，夹，近也，汝何不近大见治于我周王，以享天之命，而为不安乎？

音义，夹，音协，注同。

疏，正义曰，大显见治道于我周王，以享受上天之命，而执心不安乎？

传正义曰，夹其旁，旁是"近"义，故为"近"也。诸国疏远周室，不肯以治为功，故责之。顾氏云，汝众方诸侯，何不常和协，相亲近，大显见治道于我周王，以享上天之命。而今何以不自安乎？主迁于上，臣易于下。计汝诸侯之国，应随殷降黜。

2.（宋）苏轼《书传》卷十四《周书·多方第二十》

（归善斋按，见"天惟求尔多方，大动以威，开厥顾天"）

3.（宋）林之奇《尚书全解》卷三十二《周书·多方》

（归善斋按，见"诰告尔多方，非天庸释有夏"）

4.（宋）史浩《尚书讲义》卷十六《周书·多方》

（归善斋按，见"惟五月丁亥，王来自奄，至于宗周"）

5. (宋)夏僎《尚书详解》卷二十《周书·多方》

(归善斋按,见"尔曷不忱裕之于尔多方")

6. (宋)时澜《增修东莱书说》卷二十八《周书·多方第二十》

(归善斋按,见"今我曷敢多诰,我惟大降尔四国民命")

7. (宋)黄度《尚书说》卷六《周书·多方》

(归善斋按,见"今我曷敢多诰,我惟大降尔四国民命")

8. (宋)袁燮《絜斋家塾书钞》

(归善斋按,无此篇)

9. (宋)蔡沈《书经集传》卷五《周书·多方》

(归善斋按,见"尔曷不忱裕之于尔多方")

10. (宋)黄伦《尚书精义》卷四十二《周书·多方》

(归善斋按,见"今我曷敢多诰,我惟大降尔四国民命")

11. (宋)陈经《尚书详解》卷三十八《周书·多方》

(归善斋按,见"今我曷敢多诰,我惟大降尔四国民命")

12. (宋)钱时《融堂书解》卷十六《周书·多方》

(归善斋按,见"诰告尔多方,非天庸释有夏")

13. (宋)魏了翁《尚书要义》卷十六《周书·君奭、蔡仲、多方》

(归善斋按,未引)

14. （宋）陈大猷《书集传或问》卷下《周书·多方》

（归善斋按，未解）

15. （宋）胡士行《尚书详解》卷十《周书·多方第二十》

（归善斋按，见"今我曷敢多诰，我惟大降尔四国民命"）

16. （元）吴澄《书纂言》卷四下《周书·多方》

（归善斋按，见"今我曷敢多诰，我惟大降尔四国民命"）

17. （元）陈栎《书集传纂疏》卷五《朱子订定蔡氏集传·周书·多方》

（归善斋按，见"尔曷不忱裕之于尔多方"）

18. （元）许谦《读书丛说》卷六《周书·多方》

（归善斋按，未解）

19. （元）董鼎《书传辑录纂注》卷五《周书·多方》

（归善斋按，见"尔曷不忱裕之于尔多方"）

20. （元）朱祖义《尚书句解》卷十《周书·多方第二十》

尔曷不夹介义我周王（尔何不夹辅介助治道于我周王也），享天之命（以享受上天之命）。

21. （明）王樵《尚书日记》卷十四《周书·多方》

（归善斋按，见"尔曷不忱裕之于尔多方"）

22. （清）库勒纳等撰《日讲书经解义》卷十《周书·多方》

（归善斋按，见"今我曷敢多诰，我惟大降尔四国民命"）

（元）陈悦道《书义断法》卷五《周书·多方》

（归善斋按，见"今我曷敢多诰，我惟大降尔四国民命"）

（清）朱鹤龄《尚书埤传》卷十三《周书·多方》

乂我周王。

袁黄曰，乂我周王，如"乂用厥辟"之乂，谓治其君之事也。蔡传未及。

今尔尚宅尔宅，畋尔田，尔曷不惠王，熙天之命

1.（汉）孔氏传、（唐）陆德明音义、孔颖达疏《尚书注疏》卷十六《周书·多方》

今尔尚宅尔宅，畋尔田，尔曷不惠王，熙天之命。

传，今汝殷之诸侯，皆尚得居汝常居；臣民皆尚得畋汝故田。汝何不顺从王政，广天之命，而自怀疑乎？

疏，正义曰，今尔殷之诸侯，尚得居汝常居，臣民尚得畋汝故田，其安乐如此，汝何得不顺从王政，以广大天之命，而自怀疑乎？

传正义曰，今汝殷之诸侯，皆尚得居汝常居，臣民畋汝故田。田宅不易，安乐如此，汝何不顺从我周王之政，以广上天之命，使天多佑汝，何故畏我周家，自怀疑乎？诸侯有国，故云居汝常居；臣民重田，故云畋汝故田。治田谓之"畋"，犹捕鱼谓之"渔"。今人以营田求食，谓之畋食，即此"畋"亦"田"之义也。

2.（宋）苏轼《书传》卷十四《周书·多方第二十》

今尔尚宅尔宅，畋尔田，尔曷不惠王，熙天之命。尔乃迪屡不静，尔心未爱。

道尔而数不静者，以尔心未仁也。

3.（宋）林之奇《尚书全解》卷三十二《周书·多方》

（归善斋按，见"诰告尔多方，非天庸释有夏"）

4.（宋）史浩《尚书讲义》卷十六《周书·多方》

（归善斋按，见"惟五月丁亥，王来自奄，至于宗周"）

5.（宋）夏僎《尚书详解》卷二十《周书·多方》

（归善斋按，见"尔曷不忱裕之于尔多方"）

6.（宋）时澜《增修东莱书说》卷二十八《周书·多方第二十》

（归善斋按，见"今我曷敢多诰，我惟大降尔四国民命"）

7.（宋）黄度《尚书说》卷六《周书·多方》

（归善斋按，见"今我曷敢多诰，我惟大降尔四国民命"）

8.（宋）袁燮《絜斋家塾书钞》

（归善斋按，无此篇）

9.（宋）蔡沈《书经集传》卷五《周书·多方》

（归善斋按，见"尔曷不忱裕之于尔多方"）

10.（宋）黄伦《尚书精义》卷四十二《周书·多方》

尔今尔尚宅尔宅，畋尔田，尔曷不惠王，熙天之命。尔乃迪屡不静，尔心未爱，尔乃不大宅天命，尔乃屑播天命，尔乃自作不典，图忱于正。

无垢曰，居尔旧宅，畋尔旧田，与在商无异，汝何不顺王，广天之命乎？天命在我焉，尔不忱信，不宽裕，不夹，不介，不乂我，则不能长久保尔宅，畋尔田，而自狭隘天命。尔若不顺我，我将诛汝，汝其能居尔宅，畋尔田乎？曰享天命，熙天命者，天命已定止，享熙未能，何者？多方不享。成王亦不享；多方不熙，成王亦不熙。多方未乂，成王其能安乎？今尔常在不静处蹈行，故纷乱不静者，皆由尔心之未爱，无顾藉爱惜之意，是尔大不安天命，是尔大弃天命，岂他人累尔哉。

张氏曰，宅尔宅者，言不失其所居也。畋尔田者，言不失其所食也。今尔多方之尚宅尔宅，畋尔田，则我周于汝，非故虐之也。然尔不能惠王，以熙天之命，是汝之过也。

11. （宋）陈经《尚书详解》卷三十八《周书·多方》

（归善斋按，见"今我曷敢多诰，我惟大降尔四国民命"）

12. （宋）钱时《融堂书解》卷十六《周书·多方》

（归善斋按，见"诰告尔多方，非天庸释有夏"）

13. （宋）魏了翁《尚书要义》卷十六《周书·君奭、蔡仲、多方》

四十六、王迁则臣易，今尚宅尔宅，畋尔田。

正义曰，主迁于上，臣易于下。计汝诸侯之国，应随殷降黜。今汝殷之诸侯，皆尚得居汝常居，臣民畋汝故田，田宅不易，安乐如此，汝何不顺我周王之政，以广上天之命。使天多佑汝，何故畏我周家，自怀疑乎？诸侯有国，故云居汝常居；臣重田，故云畋汝故田。治田，谓之畋，犹捕鱼，谓之渔。今人以营田求食，谓之畋食，即此畋，亦田之义也。

14. （宋）陈大猷《书集传或问》卷下《周书·多方》

（归善斋按，未解）

15. （宋）胡士行《尚书详解》卷十《周书·多方第二十》

（归善斋按，见"今我曷敢多诰，我惟大降尔四国民命"）

16.（元）吴澄《书纂言》卷四下《周书·多方》

（归善斋按，见"今我曷敢多诰，我惟大降尔四国民命"）

17.（元）陈栎《书集传纂疏》卷五《朱子订定蔡氏集传·周书·多方》

（归善斋按，见"尔曷不忱裕之于尔多方"）

18.（元）许谦《读书丛说》卷六《周书·多方》

（归善斋按，未解）

19.（元）董鼎《书传辑录纂注》卷五《周书·多方》

（归善斋按，见"尔曷不忱裕之于尔多方"）

20.（元）朱祖义《尚书句解》卷十《周书·多方第二十》

今尔尚宅尔宅（据汝罪，在诛戮，我周抚汝以恩，使汝尚犹居尔所有之宅），畋尔田（治尔所有之田。畋，田），尔曷不惠王，熙天之命（尔何不顺从王政，以明天之命）。

21.（明）王樵《尚书日记》卷十四《周书·多方》

（归善斋按，见"尔曷不忱裕之于尔多方"）

22.（清）库勒纳等撰《日讲书经解义》卷十《周书·多方》

（归善斋按，见"今我曷敢多诰，我惟大降尔四国民命"）

（元）陈悦道《书义断法》卷五《周书·多方》

（归善斋按，见"今我曷敢多诰，我惟大降尔四国民命"）

1299

尔乃迪屡不静，尔心未爱

1.（汉）孔氏传、（唐）陆德明音义、孔颖达疏《尚书注疏》卷十六《周书·多方》

尔乃迪屡不静，尔心未爱。

传，汝所蹈行，数为不安，汝心未爱我周故。

音义，数，色角反。

疏，正义曰，汝乃复所蹈行者，数为不安，时或叛逆，是汝心未爱我周家故也。

传正义曰，事君无二臣之道，为人臣者，常宜信之。汝未爱我周家。

2.（宋）苏轼《书传》卷十四《周书·多方第二十》

（归善斋按，见"今尔尚宅尔宅，畋尔田尔，曷不惠王，熙天之命"）

3.（宋）林之奇《尚书全解》卷三十二《周书·多方》

（归善斋按，见"诰告尔多方，非天庸释有夏"）

4.（宋）史浩《尚书讲义》卷十六《周书·多方》

（归善斋按，见"惟五月丁亥，王来自奄，至于宗周"）

5.（宋）夏僎《尚书详解》卷二十《周书·多方》

（归善斋按，见"尔曷不忱裕之于尔多方"）

6.（宋）时澜《增修东莱书说》卷二十八《周书·多方第二十》

（归善斋按，见"今我曷敢多诰，我惟大降尔四国民命"）

7.（宋）黄度《尚书说》卷六《周书·多方》

尔乃迪屡不静，尔心未爱，尔乃不大宅天命，尔乃屑播天命，尔乃自作不典，图忱于正。

迪之屡矣，而犹不静，尔心为未爱也。言其不乐善求宁，而稔恶喜乱，故如此，尔乃不大安天命，尔乃轻屑播弃天命，尔乃自作不常，图其信于正。夏、商革命，一也。鸣条，天下归商，无后患；牧野，天下归周矣，而殷民数动。盖久而后定，何也？天命为难知也，人主淫暴失民，必当亡。要必有汤、武，盛德乃能简代，是诚有天命焉。太康失天下矣，而羿不足与也，故少康兴。厉王失天下矣，戎狄不足与也，故宣王兴。幽王亦失天下，天下固无可与者，而平王亦不足以兴，由是周号名仅在，而天下分离。凡此，皆天也。是故，殷民欲私留天命而屡动，惟天不畀纯，岂可复反哉？夏事去古未远，人心皆识义理，知天命。殷民，盖私心胜矣，淫酗之习，奸宄之行，皆未能自克，是以党乱丑正，求便己事，夫岂纯以旧主之故哉？殷多士之所以亡殷，祖伊箕子之言可考也。或曰殷民感殷德泽，不服周，非周公善应，殷必复兴，非也。此以汉事言之也。王莽篡汉，暴虐失，民犹羿浞、戎狄也。光武有济世之才，因民心思汉而复兴，犹少康、宣王也。文、武有盛德，受天命，以大义诛纣取天下。武庚受周爵嗣殷，而称兵鄙周，正名定罪为叛，其助之者，皆尝与纣为恶。周克殷赦其罪不杀，今复反周，盖皆叛党也，岂有以叛为名，而能兴者。此与汉事为不同。大抵合理义，顺民心，时至几得，则为天命。虽合理义，顺人心，而无时无几，犹不可以言天命，而况理义人心之皆失乎。周公善应诚然矣，后世则亦一举杀之而遂定耳，何用自为纷纷至此哉。故论三代事，而参以后世成败，则岂能当理。殷亡去就之际，惟箕子、微子为识天命。论殷、周取天下，惟孟子为知天命者。

8.（宋）袁燮《絜斋家塾书钞》

（归善斋按，无此篇）

9.（宋）蔡沈《书经集传》卷五《周书·多方》

尔乃迪屡不静，尔心未爱，尔乃不大宅天命，尔乃屑播天命，尔乃自作不典，图忱于正。

尔乃屡蹈不靖，自取亡灭。尔心其未知所以自爱耶；尔乃大不安天命耶；尔乃轻弃天命耶；尔乃自为不法，欲图见信于正者，以为当然耶。此四节，责其不可如此也。

10.（宋）黄伦《尚书精义》卷四十二《周书·多方》

（归善斋按，见"今尔尚宅尔宅，畋尔田，尔曷不惠王，熙天之命"）

11.（宋）陈经《尚书详解》卷三十八《周书·多方》

（归善斋按，见"今我曷敢多诰，我惟大降尔四国民命"）

12.（宋）钱时《融堂书解》卷十六《周书·多方》

（归善斋按，见"诰告尔多方，非天庸释有夏"）

13.（宋）魏了翁《尚书要义》卷十六《周书·君奭、蔡仲、多方》

（归善斋按，未引）

14.（宋）陈大猷《书集传或问》卷下《周书·多方》

（归善斋按，未解）

15.（宋）胡士行《尚书详解》卷十《周书·多方第二十》

尔乃迪（开导）屡（屡数）不静（犹不安静），尔心未爱（有爱）。尔乃不大宅（安）天命，尔乃屑（轻）播（弃）天命。尔乃自作不典（常），图（乃谋）忱（见信）于正（不典而图信于正道，何不自反之

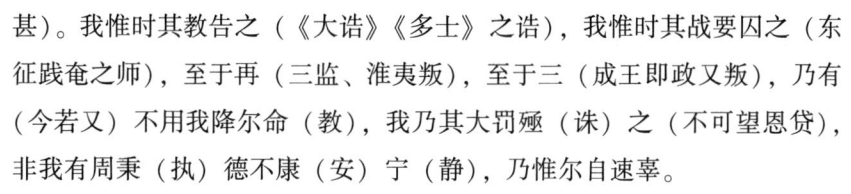

甚)。我惟时其教告之(《大诰》《多士》之诰),我惟时其战要囚之(东征践奄之师),至于再(三监、淮夷叛),至于三(成王即政又叛),乃有(今若又)不用我降尔命(教),我乃其大罚殛(诛)之(不可望恩贷),非我有周秉(执)德不康(安)宁(静),乃惟尔自速辜。

此戒其不从教也。

16.（元）吴澄《书纂言》卷四下《周书·多方》

(归善斋按,见"今我曷敢多诰,我惟大降尔四国民命")

17.（元）陈栎《书集传纂疏》卷五《朱子订定蔡氏集传·周书·多方》

尔乃迪屡不静,尔心未爱,尔乃不大宅天命,尔乃屑播天命,尔乃自作不典,图忱于正。

尔乃屡蹈不静,自取亡灭。尔心其未知所以自爱邪;尔乃大不安天命邪;尔乃轻弃天命邪;尔乃自为不法欲;图见信于正者;以为当然邪。此四节,责其不可如此也。

18.（元）许谦《读书丛说》卷六《周书·多方》

(归善斋按,未解)

19.（元）董鼎《书传辑录纂注》卷五《周书·多方》

尔乃迪屡不静,尔心未爱,尔乃不大宅天命,尔乃屑播天命,尔乃自作不典,图忱于正。

尔乃屡蹈不静,自取亡灭。尔心其未知所以自爱邪;尔乃大宅安天命邪;尔乃轻弃天命邪;尔乃自为不法;欲图见信于正者;以为当然邪。此四节。责其不可如此也。

纂注：

王氏曰,我以道迪汝屡矣,而犹不静。

陈氏大猷曰,自作不典,乱纲常之事,苟欲人信以为正,盖四国从殷以求兴复,自以为正义也。

20. (元) 朱祖义《尚书句解》卷十《周书·多方第二十》

尔乃迪屡不靖（尔今乃行其恶，屡为不靖之行），尔心未爱（是汝心未知自爱）。

21. (明) 王樵《尚书日记》卷十四《周书·多方》

（归善斋按，见"尔曷不忱裕之于尔多方"）

22. (清) 库勒纳等撰《日讲书经解义》卷十《周书·多方》

尔乃迪屡不静，尔心未爱。尔乃不大宅天命，尔乃屑播天命，尔乃自作不典，图忱于正。

此一节书是，历责殷民之既往，而警戒其将来也。迪，蹈也。宅，安也。不典，不法也。成王曰，尔四国民，所蹈行之事，屡不安静，自于诛灭。尔等之心，未知所以自爱其身家乎？殷纣罔可念听，天之所废。尔等乃妄觊兴复，不能大安于天命乎。我周"克堪用德"，天之所兴，尔等乃不肯顺服，而轻屑播弃其天命乎，且尔等反复叛乱，自作不法之事，为正人所深恶，乃犹以义，不忘殷，图见信于正人乎？是皆尔之所不当为者，可不戒哉？上文既开示以迁善之道，此又若追咎其既往者，盖人心之惩创不深，则发愤自新之念亦不坚，以言感人，而能深入乎人心，所谓"牖民孔易"也。

(清) 朱鹤龄《尚书埤传》卷十三《周书·多方》

迪屡不靖；图忱于正。

邹季友曰，"迪屡"二字，蔡传与《康诰》"迪屡"，未同异释，盖从孔传而失之，应同前说。

陈大猷曰，自作不典，乃欲人信以为正。盖四国从殷以求兴复，自以为正义也。

尔乃不大宅天命，尔乃屑播天命

1.（汉）孔氏传、（唐）陆德明音义、孔颖达疏《尚书注疏》卷十六《周书·多方》

尔乃不大宅天命，尔乃屑播天命。
传，汝乃不大居安天命，是汝乃尽播弃天命。
疏，正义曰，汝乃不大居安天命，是汝乃欲尽播弃天命。
传正义曰，播弃天命，汝数为叛逆。

2.（宋）苏轼《书传》卷十四《周书·多方第二十》

尔乃不大宅天命，尔乃屑播天命。
轻弃天命也。

3.（宋）林之奇《尚书全解》卷三十二《周书·多方》

（归善斋按，见"诰告尔多方，非天庸释有夏"）

4.（宋）史浩《尚书讲义》卷十六《周书·多方》

（归善斋按，见"惟五月丁亥，王来自奄，至于宗周"）

5.（宋）夏僎《尚书详解》卷二十《周书·多方》

（归善斋按，见"尔曷不忱裕之于尔多方"）

6.（宋）时澜《增修东莱书说》卷二十八《周书·多方第二十》

（归善斋按，见"今我曷敢多诰，我惟大降尔四国民命"）

7. (宋)黄度《尚书说》卷六《周书·多方》

(归善斋按,见"尔乃迪,屡不静尔心,未爱")

8. (宋)袁燮《絜斋家塾书钞》

(归善斋按,无此篇)

9. (宋)蔡沈《书经集传》卷五《周书·多方》

(归善斋按,见"尔乃迪,屡不静尔心,未爱")

10. (宋)黄伦《尚书精义》卷四十二《周书·多方》

(归善斋按,见"今尔尚宅尔宅,畋尔田,尔曷不惠王,熙天之命")

11. (宋)陈经《尚书详解》卷三十八《周书·多方》

(归善斋按,见"今我曷敢多诰,我惟大降尔四国民命")

12. (宋)钱时《融堂书解》卷十六《周书·多方》

(归善斋按,见"诰告尔多方,非天庸释有夏")

13. (宋)魏了翁《尚书要义》卷十六《周书·君奭、蔡仲、多方》

(归善斋按,未引)

14. (宋)陈大猷《书集传或问》卷下《周书·多方》

(归善斋按,未解)

15. (宋)胡士行《尚书详解》卷十《周书·多方第二十》

(归善斋按,见"尔乃迪,屡不静尔心,未爱")

16.（元）吴澄《书纂言》卷四下《周书·多方》

（归善斋按，见"今我曷敢多诰，我惟大降尔四国民命"）

17.（元）陈栎《书集传纂疏》卷五《朱子订定蔡氏集传·周书·多方》

（归善斋按，见"尔乃迪，屡不静尔心，未爱"）

18.（元）许谦《读书丛说》卷六《周书·多方》

（归善斋按，未解）

19.（元）董鼎《书传辑录纂注》卷五《周书·多方》

（归善斋按，见"尔乃迪，屡不静尔心，未爱"）

20.（元）朱祖义《尚书句解》卷十《周书·多方第二十》

尔乃不大宅天命（尔乃不肯大安其天命之当然），尔乃屑播天命（尔乃屑屑播弃其天命）。

21.（明）王樵《尚书日记》卷十四《周书·多方》

（归善斋按，见"尔曷不忱裕之于尔多方"）

22.（清）库勒纳等撰《日讲书经解义》卷十《周书·多方》

（归善斋按，见"尔乃迪，屡不静尔心，未爱"）

尔乃自作不典，图忱于正

1.（汉）孔氏传、（唐）陆德明音义、孔颖达疏《尚书注疏》卷十六《周书·多方》

尔乃自作不典，图忱于正。

1307

传，汝未爱我周，播弃天命，是汝乃自为，不常谋信于正道。

疏，正义曰，汝不爱我周家，播弃天命，是汝乃自为此不常谋信于正道，言其心不常谋正道，故为背违之心。

传正义曰，是汝乃自为此不常谋信于正道。

2．（宋）苏轼《书传》卷十四《周书·多方第二十》

尔乃自作不典，图忱于正。我惟时其教告之，我惟时其战要囚之。我欲汝信于正，故教告之；不改则战恐要囚之。

3．（宋）林之奇《尚书全解》卷三十二《周书·多方》

（归善斋按，见"诰告尔多方，非天庸释有夏"）

4．（宋）史浩《尚书讲义》卷十六《周书·多方》

（归善斋按，见"惟五月丁亥，王来自奄，至于宗周"）

5．（宋）夏僎《尚书详解》卷二十《周书·多方》

（归善斋按，见"尔曷不忱裕之于尔多方"）

6．（宋）时澜《增修东莱书说》卷二十八《周书·多方第二十》

（归善斋按，见"今我曷敢多诰，我惟大降尔四国民命"）

7．（宋）黄度《尚书说》卷六《周书·多方》

（归善斋按，见"尔乃迪屡不静，尔心未爱"）

8．（宋）袁燮《絜斋家塾书钞》

（归善斋按，无此篇）

9．（宋）蔡沈《书经集传》卷五《周书·多方》

（归善斋按，见"尔乃迪屡不静，尔心未爱"）

10.（宋）黄伦《尚书精义》卷四十二《周书·多方》

(归善斋按，见"今尔尚宅尔宅，畋尔田，尔曷不惠王，熙天之命")

11.（宋）陈经《尚书详解》卷三十八《周书·多方》

(归善斋按，见"今我曷敢多诰，我惟大降尔四国民命")

12.（宋）钱时《融堂书解》卷十六《周书·多方》

(归善斋按，见"诰告尔多方，非天庸释有夏")

13.（宋）魏了翁《尚书要义》卷十六《周书·君奭、蔡仲、多方》

(归善斋按，未引)

14.（宋）陈大猷《书集传或问》卷下《周书·多方》

(归善斋按，未解)

15.（宋）胡士行《尚书详解》卷十《周书·多方第二十》

(归善斋按，见"尔乃迪屡不静，尔心未爱")

16.（元）吴澄《书纂言》卷四下《周书·多方》

(归善斋按，见"今我曷敢多诰，我惟大降尔四国民命")

17.（元）陈栎《书集传纂疏》卷五《朱子订定蔡氏集传·周书·多方》

(归善斋按，见"尔乃迪屡不静，尔心未爱")

18. （元）许谦《读书丛说》卷六《周书·多方》

"自作不典，图忱于正"，自为不合典常之事，乃欲图谋人信之以为正。

19. （元）董鼎《书传辑录纂注》卷五《周书·多方》

（归善斋按，见"尔乃迪屡不静，尔心未爱"）

20. （元）朱祖义《尚书句解》卷十《周书·多方第二十》

尔乃自作不典（尔乃自为不常之事），图忱于正（乃欲谋信其正道而行之，安有是理）。

21. （明）王樵《尚书日记》卷十四《周书·多方》

（归善斋按，见"尔曷不忱裕之于尔多方"）

22. （清）库勒纳等撰《日讲书经解义》卷十《周书·多方》

（归善斋按，见"尔乃迪屡不静，尔心未爱"）

（清）朱鹤龄《尚书埤传》卷十三《周书·多方》

（归善斋按，见"尔乃迪屡不静，尔心未爱"）

我惟时其教告之，我惟时其战要囚之

1. （汉）孔氏传、（唐）陆德明音义、孔颖达疏《尚书注疏》卷十六《周书·多方》

我惟时其教告之，我惟时其战要囚之。

传，我惟汝如是不谋信于正道，故其教告之，谓讯以文诰。其战要囚之，谓讨其倡乱，执其朋党。

音义，要，一遥反。讯，音信。倡，音唱。

疏，正义曰，我惟汝如是不谋信于正道之故，其以言辞教告之，我惟汝如是不诚信于正道之故，其用战伐要察囚系之由。汝数为不信，故我教告汝战伐要囚。

传正义曰，"教告"与"战要囚"连文，则告以文辞，是将战之时教告，谓伐纣之事。昭十三年说战法云"告之以文辞，董之以武师"，是将战之时，于法当有文辞告前敌也。我惟汝如是不谋信于正道，故其教告之，谓讯以文辞。讯，告也，告以文辞，数其罪也。其战要囚之，谓战败其师，执取其人，受其要辞，而囚之，谓讨其倡乱之人，囚执其朋党也。此虽总言战事，但下有至于再三，明此指伐纣也。

2.（宋）苏轼《书传》卷十四《周书·多方第二十》

（归善斋按，见"尔乃自作不典，图忱于正"）

3.（宋）林之奇《尚书全解》卷三十二《周书·多方》

（归善斋按，见"诰告尔多方，非天庸释有夏"）

4.（宋）史浩《尚书讲义》卷十六《周书·多方》

（归善斋按，见"惟五月丁亥，王来自奄，至于宗周"）

5.（宋）夏僎《尚书详解》卷二十《周书·多方》

（归善斋按，见"尔曷不忱裕之于尔多方"）

6.（宋）时澜《增修东莱书说》卷二十八《周书·多方第二十》

（归善斋按，见"今我曷敢多诰，我惟大降尔四国民命"）

7. （宋）黄度《尚书说》卷六《周书·多方》

我惟时其教告之，我惟时其战要囚之，至于再，至于三，乃有不用我降尔命，我乃其大罚殛之，非我有周秉德不康宁，乃惟尔自速辜。

战，惧也。要囚，殄戮，人所惧也。

8. （宋）袁燮《絜斋家塾书钞》

（归善斋按，无此篇）

9. （宋）蔡沈《书经集传》卷五《周书·多方》

我惟时其教告之，我惟时其战要囚之，至于再至于三，乃有不用我降尔命，我乃其大罚殛之，非我有周秉德不康宁，乃惟尔自速辜。

我惟是教告而诲谕之，我惟是戒惧而要囚之，今至于再，至于三矣。尔不用我降宥尔命，而犹狃于叛乱反复，我乃其大罚殛杀之，非我有周持德不安静，乃惟尔自为凶逆，以速其罪尔。

10. （宋）黄伦《尚书精义》卷四十二《周书·多方》

我惟时其教告之，我惟时其战要囚之，至于再，至于三，乃有不用我降尔命，我乃其大罚殛之，非我有周秉德不康宁，乃惟尔自速辜。

无垢曰，讨其倡乱，执其朋党，至于再，至于三。若三监、淮夷、商、奄之类是也。我谆谆告戒如此，再三不从，不用我降命，我将大罚殛汝矣。然则岂周欲扰民哉，尔自召之耳。

11. （宋）陈经《尚书详解》卷三十八《周书·多方》

我惟时其教告之，我惟时其战要囚之，至于再，至于三，乃有不用我降尔命，我乃其大罚殛之，非我有周秉德不康宁，乃惟尔自速辜。

"我惟时其诰教之"，谓前此自《大诰》而下数书，皆所以告汝也。"惟时其战要囚之"我，至于再三，谓前此伐纣之后，摄政之时，三监与淮夷叛，复政之后又叛也。自今以后，如有再叛而不用我命，则我惟有大罚以殛汝矣。至于此时，非我有周秉持其德不务安康，实汝之叛，自取之耳。此周公所以绝其疑情于他日也。然则，大罚殛之者，岂真殛之哉，戒之之辞，不得不如是之严，亦犹《酒诰》之书曰"予其杀"，未必杀之也。

12.（宋）钱时《融堂书解》卷十六《周书·多方》

（归善斋按，见"诰告尔多方，非天庸释有夏"）

13.（宋）魏了翁《尚书要义》卷十六《周书·君奭、蔡仲、多方》

四十七、教告之，战要囚之，乃再三不静.
正义曰，"教告"与"战要囚"连文，则告以文辞，是将战之时教告，谓伐纣之事。昭十三年说战法云，告之以文辞，董之以武师，是将战之时，于法当有文辞告前敌也。我惟汝如是不谋信于正道，故其教告之，谓讯以文辞。讯，告也。告以文辞，数其罪也。其"战要囚之"，谓战败其师，执取其人，受其要辞而囚之，谓讨其倡乱之人，囚执其朋党也。此虽总言战事，但下有至于再三，明此指伐纣也。以伐纣为一，故"再"谓摄政之初，三监与淮夷叛时也，"三"，谓成王即政又叛也。言上迪屡不静之事。

14.（宋）陈大猷《书集传或问》卷下《周书·多方》

（归善斋按，未解）

15.（宋）胡士行《尚书详解》卷十《周书·多方第二十》

（归善斋按，见"尔乃迪，屡不静尔心，未爱"）

16.（元）吴澄《书纂言》卷四下《周书·多方》

（归善斋按，见"今我曷敢多诰，我惟大降尔四国民命"）

17.（元）陈栎《书集传纂疏》卷五《朱子订定蔡氏集传·周书·多方》

我惟时其教告之，我惟时其战要囚之，至于再，至于三，乃有不用我降尔命，我乃其大罚殛之，非我有周秉德不康宁，乃惟尔自速辜。

我惟是教告而诲谕之，我惟是戒惧而要囚之，今"至于再，至于三"矣。尔不用我降宥尔命，而犹狃于叛乱反覆，我乃其大罚殛杀之，非我有周持德不安静，乃惟尔自为凶逆，以速其罪耳。

纂疏：

吕氏曰，教以诚信、宽裕。惟诈，故迫；惟诚，故裕。

陈氏大猷曰，"乂我周王"，如"用乂厥辟"之"乂"，谓治其君之事。自作乱常，苟欲人信以为正，盖自以为正义也。告教，如《大诰》《多士》之训。"战要囚"，如东征践奄之师。

王氏曰，迪汝屡矣，而犹不静。

孔氏曰，"教告之"，谓讯之以文诰；"战要囚"，谓诛其祸乱，执其朋党。"再"谓，三监淮夷叛；"三"，谓王即政又叛，言迪屡不静之事。

唐孔氏曰，至于再三，盖指诛纣伐奄为一。

18.（元）许谦《读书丛说》卷六《周书·多方》

（归善斋按，未解）

19.（元）董鼎《书传辑录纂注》卷五《周书·多方》

我惟时其教告之，我惟时其战要囚之，至于再，至于三，乃有不用我降尔命，我乃其大罚殛之，非我有周秉德不康宁，乃惟尔自速辜。

我惟是教告而诲谕之，我惟是戒惧而要囚之，今"至于再，至于三"矣，尔不用我降宥尔命，而犹狃于叛乱反覆，我乃其大罚殛杀之，非我有周持德不安静，乃惟尔自为凶逆，以速其罪耳。

纂注：

孔氏曰，"教告之"，谓讯之以文诰；"战要囚"，谓诛其祸乱，执其朋党，"再"，谓三监、淮夷叛；"三"，谓即政又叛，言迪屡不静之事。

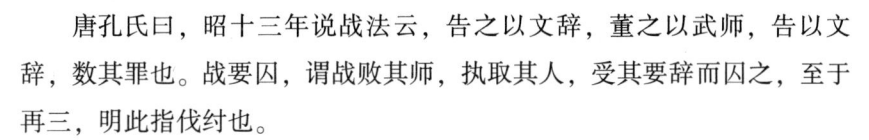

唐孔氏曰，昭十三年说战法云，告之以文辞，董之以武师，告以文辞，数其罪也。战要囚，谓战败其师，执取其人，受其要辞而囚之，至于再三，明此指伐纣也。

陈氏大猷曰，教告，如《大诰》《多士》之训；"战要囚"，如东征践奄之师。

20.（元）朱祖义《尚书句解》卷十《周书·多方第二十》

我惟时其教诰之（我惟时时教汝告汝），我惟时其战要囚之（告教不从，又时时惊战汝，以要勒拘囚之威，使知畏。要，腰）。

21.（明）王樵《尚书日记》卷十四《周书·多方》

（归善斋按，见"尔曷不忱裕之于尔多方"）

22.（清）库勒纳等撰《日讲书经解义》卷十《周书·多方》

我惟时其教告之，我惟时其战要囚之，至于再，至于三，乃有不用我降尔命，我乃其大罚殛之，非我有周秉德不康宁，乃惟尔自速辜。

此一节书是，承上文责殷民迁善，而严词以禁其反侧也。至再，谓三监淮夷叛；至三，谓王即政又叛。康宁，安静也。成王曰，尔四国民，反复叛乱，我不忍轻用杀戮，惟是善言教告之，惟是用兵征伐讨其倡乱之要，囚而诛之，并不坐党逆之诛。自东征以来，教告之语，开释之恩，盖至再，至三矣。若自今以往，乃有不听用我降宥之命，而犹狃习叛乱，反复不止，我当大用刑罚殛杀之，非我周执德不安静，乃惟尔自为凶逆，以速其罪，则降宥殊恩，岂可复望。如今日乎尔等，宜勉图迁善以自新矣。抑惕之以祸，无非诱之以善，而告词谆复若此，读至再至三之言，殷顽之难化，周道之忠厚，均于斯可概见云。

（元）王充耘《读书管见》卷下《多方》

我惟时其教告之（止）乃惟尔自速辜。

与舜之"庶顽谗说,侯以明之,否则威之"相类皆是。圣人不忍轻于弃人,反复教戒,终于不改,然后刑之,盖有不得已焉耳。

(清)朱鹤龄《尚书埤传》卷十三《周书·多方》

战要囚之,至于再至于三。

姚舜牧曰,帝王于不庭之国,必先之以文告而后之以征讨,战而要囚,分明是征讨所俘,但要束囚系之,不通加杀耳。

孔传,再谓三监淮夷叛时,三谓成王即政又叛,言"迪屡不靖"之事。

至于再,至于三

1. (汉)孔氏传、(唐)陆德明音义、孔颖达疏《尚书注疏》卷十六《周书·多方》

至于再,至于三。

传,再,谓三监、淮夷叛时;三,谓成王即政又叛,言迪屡不静之事。

疏,正义曰,汝至于再,至于三。

传正义曰,以伐纣为一,故"再"谓摄政之初三监与淮夷叛时也;"三"谓成王即政又叛也,言上"迪屡不静"之事。

2. (宋)苏轼《书传》卷十四《周书·多方第二十》

至于再,至于三,乃有不用我降尔命,我乃其大罚殛之。非我有周秉德不康宁,乃惟尔自速辜。王曰,呜呼!猷,告尔有方多士,暨殷多士,今尔奔走臣我监,五祀。

汝奔走事我,我监视汝所为,五年于此矣。

3.（宋）林之奇《尚书全解》卷三十二《周书·多方》

(归善斋按，见"诰告尔多方，非天庸释有夏")

4.（宋）史浩《尚书讲义》卷十六《周书·多方》

(归善斋按，见"惟五月丁亥，王来自奄，至于宗周")

5.（宋）夏僎《尚书详解》卷二十《周书·多方》

(归善斋按，见"尔曷不忱裕之于尔多方")

6.（宋）时澜《增修东莱书说》卷二十八《周书·多方第二十》

(归善斋按，见"今我曷敢多诰，我惟大降尔四国民命")

7.（宋）黄度《尚书说》卷六《周书·多方》

(归善斋按，见"我惟时其教告之，我惟时其战要囚之")

8.（宋）袁燮《絜斋家塾书钞》

(归善斋按，无此篇)

9.（宋）蔡沈《书经集传》卷五《周书·多方》

(归善斋按，见"我惟时其教告之，我惟时其战要囚之")

10.（宋）黄伦《尚书精义》卷四十二《周书·多方》

(归善斋按，见"我惟时其教告之，我惟时其战要囚之")

11.（宋）陈经《尚书详解》卷三十八《周书·多方》

(归善斋按，见"我惟时其教告之，我惟时其战要囚之")

12.（宋）钱时《融堂书解》卷十六《周书·多方》

(归善斋按，见"诰告尔多方，非天庸释有夏")

1317

13. （宋）魏了翁《尚书要义》卷十六《周书·君奭、蔡仲、多方》

（归善斋按，未引）

14. （宋）陈大猷《书集传或问》卷下《周书·多方》

（归善斋按，未解）

15. （宋）胡士行《尚书详解》卷十《周书·多方第二十》

（归善斋按，见"尔乃迪，屡不静尔心，未爱"）

16. （元）吴澄《书纂言》卷四下《周书·多方》

（归善斋按，见"今我曷敢多诰，我惟大降尔四国民命"）

17. （元）陈栎《书集传纂疏》卷五《朱子订定蔡氏集传·周书·多方》

（归善斋按，见"我惟时其教告之，我惟时其战要囚之"）

18. （元）许谦《读书丛说》卷六《周书·多方》

（归善斋按，未解）

19. （元）董鼎《书传辑录纂注》卷五《周书·多方》

（归善斋按，见"我惟时其教告之，我惟时其战要囚之"）

20. （元）朱祖义《尚书句解》卷十《周书·多方第二十》

至于再，至于三（诰教要囚，再三如此）。

21. （明）王樵《尚书日记》卷十四《周书·多方》

（归善斋按，见"尔曷不忱裕之于尔多方"）

22.（清）库勒纳等撰《日讲书经解义》卷十《周书·多方》

(归善斋按，见"我惟时其教告之，我惟时其战要囚之")

（元）王充耘《读书管见》卷下《多方》

(归善斋按，见"我惟时其教告之，我惟时其战要囚之")

（清）朱鹤龄《尚书埤传》卷十三《周书·多方》

(归善斋按，见"我惟时其教告之，我惟时其战要囚之")

乃有不用我降尔命，我乃其大罚殛之

1.（汉）孔氏传、（唐）陆德明音义、孔颖达疏《尚书注疏》卷十六《周书·多方》

乃有不用我降尔命，我乃其大罚殛之。

传，我教告战要囚汝，已至再三，汝其有不用我命，我乃大下诛汝君。乃其大罚诛之。

音义，殛，纪力反，本又作极。

疏，正义曰，我教告汝战伐要囚，汝已至再三，如今而后，乃复有不用我命者，我乃其大罚诛之，言我更将杀汝也。

2.（宋）苏轼《书传》卷十四《周书·多方第二十》

(归善斋按，未解)

3.（宋）林之奇《尚书全解》卷三十二《周书·多方》

(归善斋按，见"诰告尔多方，非天庸释有夏")

4. （宋）史浩《尚书讲义》卷十六《周书·多方》

（归善斋按，见"惟五月丁亥，王来自奄，至于宗周"）

5. （宋）夏僎《尚书详解》卷二十《周书·多方》

（归善斋按，见"尔曷不忱裕之于尔多方"）

6. （宋）时澜《增修东莱书说》卷二十八《周书·多方第二十》

（归善斋按，见"今我曷敢多诰，我惟大降尔四国民命"）

7. （宋）黄度《尚书说》卷六《周书·多方》

（归善斋按，见"我惟时其教告之，我惟时其战要囚之"）

8. （宋）袁燮《絜斋家塾书钞》

（归善斋按，无此篇）

9. （宋）蔡沈《书经集传》卷五《周书·多方》

（归善斋按，见"我惟时其教告之，我惟时其战要囚之"）

10. （宋）黄伦《尚书精义》卷四十二《周书·多方》

（归善斋按，见"我惟时其教告之，我惟时其战要囚之"）

11. （宋）陈经《尚书详解》卷三十八《周书·多方》

（归善斋按，见"我惟时其教告之，我惟时其战要囚之"）

12. （宋）钱时《融堂书解》卷十六《周书·多方》

（归善斋按，见"诰告尔多方，非天庸释有夏"）

13.（宋）魏了翁《尚书要义》卷十六《周书·君奭、蔡仲、多方》

（归善斋按，未引）

14.（宋）陈大猷《书集传或问》卷下《周书·多方》

（归善斋按，未解）

15.（宋）胡士行《尚书详解》卷十《周书·多方第二十》

（归善斋按，见"尔乃迪，屡不静尔心，未爱"）

16.（元）吴澄《书纂言》卷四下《周书·多方》

（归善斋按，见"今我曷敢多诰，我惟大降尔四国民命"）

17.（元）陈栎《书集传纂疏》卷五《朱子订定蔡氏集传·周书·多方》

（归善斋按，见"我惟时其教告之，我惟时其战要囚之"）

18.（元）许谦《读书丛说》卷六《周书·多方》

（归善斋按，未解）

19.（元）董鼎《书传辑录纂注》卷五《周书·多方》

（归善斋按，见"我惟时其教告之，我惟时其战要囚之"）

20.（元）朱祖义《尚书句解》卷十《周书·多方第二十》

乃有不用我降尔命（乃有不用我所降与汝之生命，复敢叛逆），我乃其大罚殛之（我乃大罚诛殛于汝）。

21. (明)王樵《尚书日记》卷十四《周书·多方》

(归善斋按,见"尔曷不忱裕之于尔多方")

22. (清)库勒纳等撰《日讲书经解义》卷十《周书·多方》

(归善斋按,见"我惟时其教告之,我惟时其战要囚之")

(元)王充耘《读书管见》卷下《多方》

(归善斋按,见"我惟时其教告之,我惟时其战要囚之")

非我有周秉德不康宁,乃惟尔自速辜

1. (汉)孔氏传、(唐)陆德明音义、孔颖达疏《尚书注疏》卷十六《周书·多方》

非我有周秉德不康宁,乃惟尔自速辜。
传,非我有周执德不安宁,自诛汝,乃惟汝自召罪以取诛。
疏,正义曰,非我有周执德不安,数设诛罚,乃惟汝自召罪也。此章反复殷勤者,恐其更有叛逆,故丁宁戒之。

2. (宋)苏轼《书传》卷十四《周书·多方第二十》

(归善斋按,未解)

3. (宋)林之奇《尚书全解》卷三十二《周书·多方》

(归善斋按,见"诰告尔多方,非天庸释有夏")

4. (宋)史浩《尚书讲义》卷十六《周书·多方》

(归善斋按,见"惟五月丁亥,王来自奄,至于宗周")

5.（宋）夏僎《尚书详解》卷二十《周书·多方》

（归善斋按，见"尔曷不忱裕之于尔多方"）

6.（宋）时澜《增修东莱书说》卷二十八《周书·多方第二十》

（归善斋按，见"今我曷敢多诰，我惟大降尔四国民命"）

7.（宋）黄度《尚书说》卷六《周书·多方》

（归善斋按，见"我惟时其教告之，我惟时其战要囚之"）

8.（宋）袁燮《絜斋家塾书钞》

（归善斋按，无此篇）

9.（宋）蔡沈《书经集传》卷五《周书·多方》

（归善斋按，见"我惟时其教告之，我惟时其战要囚之"）

10.（宋）黄伦《尚书精义》卷四十二《周书·多方》

（归善斋按，见"我惟时其教告之，我惟时其战要囚之"）

11.（宋）陈经《尚书详解》卷三十八《周书·多方》

（归善斋按，见"我惟时其教告之，我惟时其战要囚之"）

12.（宋）钱时《融堂书解》卷十六《周书·多方》

（归善斋按，见"诰告尔多方，非天庸释有夏"）

13.（宋）魏了翁《尚书要义》卷十六《周书·君奭、蔡仲、多方》

（归善斋按，未引）

14. （宋）陈大猷《书集传或问》卷下《周书·多方》

（归善斋按，未解）

15. （宋）胡士行《尚书详解》卷十《周书·多方第二十》

（归善斋按，见"尔乃迪，屡不静尔心，未爱"）

16. （元）吴澄《书纂言》卷四下《周书·多方》

（归善斋按，见"今我曷敢多诰，我惟大降尔四国民命"）

17. （元）陈栎《书集传纂疏》卷五《朱子订定蔡氏集传·周书·多方》

（归善斋按，见"我惟时其教告之，我惟时其战要囚之"）

18. （元）许谦《读书丛说》卷六《周书·多方》

（归善斋按，未解）

19. （元）董鼎《书传辑录纂注》卷五《周书·多方》

（归善斋按，见"我惟时其教告之，我惟时其战要囚之"）

20. （元）朱祖义《尚书句解》卷十《周书·多方第二十》

非我有周秉德不康宁（非我周家秉持其德，不务安康而殄杀汝），乃惟尔自速辜（乃汝再叛自召其罪）。

21. （明）王樵《尚书日记》卷十四《周书·多方》

（归善斋按，见"尔曷不忱裕之于尔多方"）

22.（清）库勒纳等撰《日讲书经解义》卷十《周书·多方》

（归善斋按，见"我惟时其教告之，我惟时其战要囚之"）

（元）王充耘《读书管见》卷下《多方》

（归善斋按，见"我惟时其教告之，我惟时其战要囚之"）

王曰，呜呼！猷，告尔有方多士，暨殷多士

1.（汉）孔氏传、（唐）陆德明音义、孔颖达疏《尚书注疏》卷十六《周书·多方》

王曰，呜呼！猷，告尔有方多士，暨殷多士。

传，王叹而以道告汝众方与众多士。

疏，正义曰，王言而叹曰，呜呼，我以道告汝在此所有四方之多士，谓四方之诸侯，及与殷之众士，谓顽民迁成周者。因告四方诸侯，遂告成周之人，遍使诸侯知之。此章皆告成周之人辞也。

传正义曰，言有方多士与殷多士，则此二者非一人也。有方多士，当谓于时所有四方之诸侯也。与殷多士，当谓迁于成周顽民之众士也。下云以"臣我监"者，谓成周之监，明此殷多士也，谓成周之三监者。下云"自时洛邑"，此所戒成周之人，故知"监"谓成周之监，此指谓所迁顽民，殷家众士也。

2.（宋）苏轼《书传》卷十四《周书·多方第二十》

（归善斋按，未解）

3.（宋）林之奇《尚书全解》卷三十二《周书·多方》

王曰，呜呼！猷！告尔有方多士，暨殷多士。今尔奔走臣我监，五

1325

祀，越惟有胥伯小大多正，尔罔不克臬，自作不和，尔惟和哉。尔室不睦，尔惟和哉。尔邑克明，尔惟克勤乃事，尔尚不忌于凶德，亦则以穆穆在乃位，克阅于乃邑谋介，尔乃自时洛邑，尚永力畋尔田。天惟畀矜尔。我有周惟其大介赉尔，迪简在王庭，尚尔事，有服在大僚。王曰，呜呼！多士，尔不克劝忱我命，尔亦则惟不克享，凡民惟曰不享。尔乃惟逸惟颇，大远王命，则惟尔多方，探天之威，我则致天之罚，离逖尔土。王曰，我不惟多诰，我惟祗告尔命。又曰，时惟尔初，不克敬于和，则无我怨。

　　自此以上皆是遍告尔多方之殷侯，欲其安于天命，而不可以怀反侧之心，以侥幸天下之有变。自此以下，又所以戒敕殷之遗多士也。"殷多士"者，即自卫之故都迁于成周，以密迩王室者。观此以下文，言"今尔奔走臣我监，五祀"，则此所语正指殷之多士，而乃曰告尔四方多士，正如《康诰》之篇正告康叔，而曰"大诰侯、甸、男邦、采卫"也。唐孔氏曰，因告四方诸侯，遂告成周之人，遍使诸侯知之是也。武王之灭殷，而封武庚于其故都也，则使三叔监之。三叔既挟武庚以叛，而周以殷之多士迁于成周，使密迩王室。适当周公之归政，故使周公为之监焉，所谓"监我士师工"是也。我命周公监汝多士，而汝多士奔走不倦以臣事于我。所立之监者，于今五年矣。商曰祀，周曰年。成王之"祀"者，以其诰"殷多士"故也。先儒以"五祀"为"五年"，无过则还本土。盖先儒以此篇之作在于成王即政之明年五月，则未有五祀之期，故其说不得不如此。唐孔氏遂从而为之说，曰，五年再闰，天道有成，故期以五年无过，则得还本土，以民性重迁，设期以诱之。其支离一至于此。先儒于《多士》篇亦曰"庶几还有此本土"，又曰"由洛修善，得本土有干有年"。夫周公既迁殷顽民，而又欲使之还本土，此事无所经见。《多士》曰"尔厥有干有年于兹洛"，此篇曰"乃此时洛邑，尚永力畋尔田"，曰有年，曰永力，皆谓其能迁善远罪，则其子子孙孙永居洛邑而不绝，不然则"离逖尔土"矣，尚安得有年乎？安得永力乎？经以为"有年于兹洛""洛邑永力"，则必无还本土之言。先儒之说盖臆见也。胥，相也。伯，长也，谓于汝多士之中，为之长者，是相长也。正，亦众官之长，或小或大，皆有其长，故曰"多正"。顾氏以相长事，即小大众正官之人是也。

尔之臣于我监，既五年矣，于惟有相长以为小大之正者，当为多士之表率，尔无不能守法也。其有身而骄淫矜夸，自作其不和者，尔小大多正当有以和之也；其于有家而乖争陵犯，自作其不睦者，尔小大多正，亦当有以和之也。"尔邑"者，总谓成周之地所迁之顽民，一邑之内也。"自作不和"则失其所以修身之道；"尔室不睦"，则失其所以齐家之道，而为之长者，又无以和之，使其德归厚，则尔邑何自而清明哉？惟其不和不睦者有以和之，使其易直子谅之心，油然而生；而鄙诈慢易之气，不可得而入，则人人有士君子之行。此尔邑之所以明也。尔邑之明，是尔之能勤于事也。夫吉人为善，惟日不足；凶人为不善，亦惟日不足，而好善恶恶者，天下之常情也。则凶德者，盖人之所忌恶焉。夫"自作不和""尔室不睦"，皆凶德也，尔能去其不睦之习，而反之于善，则不以凶德而见忌，故曰"不忌于凶德"也。尔之能勤于事，则尔庶几不以凶德而见忌，亦则以和而在位也。穆穆，和也，和则无凶德矣。修身而身以和，齐家而家以和，夫何凶德之有？我能阅视尔邑，而谋助于尔，则自此洛邑，庶几永远致力，以享其土田之奉焉。考之《王制》，天子之田方千里，公侯田百里，伯七十里，子男五十里。至于天子之公卿、大夫、士以及诸侯之臣，其土田皆有等差。故此篇上言"畋尔田"，谓诸侯之所有者也。此言"畋尔田"，谓多士之所有者也。"天惟畀矜尔"者，言尔能以和而在位，则天当有以畀汝怜汝也。天既畀矜于尔，则我周亦当有大助尔，大赍尔。我周之所为，视天而已矣。然天之畀矜，我周之大赍者，盖于汝多士迪而进之，简而释之，使在王廷。庶几有服行尔事，而在于大僚者，盖既迪之简之，故其才德可以处大僚之任者，则使之服行尔事也。自古人君之革命建国，与夫扫平僭叛者，岂以其所用之人，概不足取哉，盖亦择其可用者而用之，不以彼此而有分别也。光武之平公孙述，述将有才干者，皆擢用之。曹操之灭袁氏，多辟青冀幽并名士，以为椽属。其破荆州，条品州人优劣，皆擢而用之。刘备之降刘璋，董和等，璋之所授用也；吴懿等，璋之姻亲也；彭义，璋之所摈弃也；刘巴宿，昔之所忌恨也，皆处显任，尽其器能。盖用人之道，惟其贤而用之。彼之臣耶贤，则用之；吾之臣耶贤，则用之。周于殷之多士，而未尝迪简之者，不贤故也。其贤，则虽大僚亦将使之服行尔事，而况其下乎？故周以此诱之，使之迁善也。成王又谓，尔多士，苟不能更相劝勉，以信用我之命，尔亦则不能奉上矣。夫我之所以命汝者，优游餍饫，丁宁委曲，欲其心晓然，知趋舍之涂，岂欺汝哉？尔以我之命为信，然而相率以蹈行之，则奉上之道得矣。"不克劝忱我命"，则是不克享也。尔不克享，则凡民化之，亦皆无奉上之心矣。乃尔惟逸豫，惟为颇僻，自暴自弃，以归于小人之域。夫逸豫颇僻者，岂天所以命之之意哉，则是尔大废王命，而不能奉承之也。大废王命，则天之威将加于汝。汝之于天之威，乃自取之也。故曰"探天之威"。夫天之于人也，其灾祥祸福，岂有所择哉？在人者，于己取之而已矣。天之畀矜，非天私予也，以尔多士之穆穆在位故也。天之威，非天偏疾之也，以尔多士之大远王命故也，无不自己求之者也。尔既有以取天之威，则我奉天之罚而致之于汝，"离逖尔土"，而远徙之矣。夫以殷之多士预于武庚之乱，以间王室，武庚既诛，则其党奸同恶之人，虽不可以尽诛，亦当投诸四裔，以御魑魅，然后为绝后患。周则不然，不忍以不教之民，而致天之罚，故不徙之远方，而乃迁之成周以自近焉。既迁成周矣，而犹不率教，则必将使尔离远于尔之本土，而移之于遐裔也。然其移之于远也，岂成周之私意哉？有德者，天之所命，人君则制为五服以章之，凡以助天而已。有罪者，天之所讨，人君则制为五刑以用之，亦以助天而已。故尔多士之穆穆有位，则天所畀矜，周之介赉，以助天之畀矜也。大远王命，则天之所罚，周之离逖，以助天之罚也。天之赏罚，不假手于人则不成故也。言岂惟谆谆然以多诰于汝哉？我之所以命汝者，皆致敬而告于尔。我以敬告尔，其可以不敬受哉？

"又曰"者，陈少南曰，承上文而言之也。是也。我之敬告尔以命者，惟欲尔之和而已。苟不能敬受，则是尔之初，已不能敬受于和之道。"离逖尔土"之罚自此而降矣，皆尔有以取之，尔无我怨也。殷于夏之遗士，迪之、简之而列于百官，周之于殷不然，殷士以为怨也，而况于离尔土乎？然我之予夺，皆本于天。天之予夺，皆本于尔多士。尔多士不可不自反也，以为怨则非也。

《毕命》曰，"昔周公毖殷顽民，迁于洛邑，密迩王室，式化厥训"。《多士》暨此篇，皆训之之辞，此其所以化也。殷、周俱征伐得天下。殷既革夏，邦家辑宁，身致太平。虽太甲昏庸，伊尹放之于桐，摄政三年而下不变。及武王克商，未几周公相成王，而管蔡挟武庚以叛，殷人响应，周公讨而平之，迁其顽民于成周，使密迩王室。成王即政，而奄又作乱，殷人不无觊觎之心，周公又作此篇以诰之者，盖桀虽不道，惟灭德作威，以残害于百姓，汤举大义而伐之，东征西怨，南征北怨，攸徂之民，室家相庆，曰徯我后，后来无罚。惟桀之民困于虐政，无与桀共恶者，其望成汤若大旱之云霓，此所以身致太平。至纣之罪，则浮于桀矣。观《毕命》曰"商俗靡靡利口，惟贤余风未殄"。惟利口之俗，至于康王，历五十余年而尚未殄，以此见纣于其民，不惟肆其威虐，而其智术机巧，又有以渐渍商民之心术，使与之同恶相济，以毒万方。《书》之所载""如"乃惟四方之多罪逋逃"，"以为大夫卿士"。又曰"为天下逋逃主萃渊薮"，又曰"纣有臣亿万"。至于牧野之战，所率以抗武王之师者，其会如林。纣虽灭，而其余民甚众，既其心术丕变于纣之恶，此其所以迪屡不静，历数世而余风未殄。向非有《多士》《多方》之篇明言利害，以晓譬之，而又以周公、君陈、毕公为之师长，其为患可胜言哉。

4.（宋）史浩《尚书讲义》卷十六《周书·多方》

（归善斋按，见"惟五月丁亥，王来自奄，至于宗周"）

5.（宋）夏僎《尚书详解》卷二十《周书·多方》

王曰，呜呼！猷，告尔有方多士，暨殷多士，今尔奔走臣我监，五祀。越惟有胥伯小大多正，尔罔不克臬，自作不和，尔惟和哉；尔室不睦，尔惟和哉。尔邑克明，尔惟克勤乃事。尔尚不忌于凶德，亦则以穆穆在乃位，克阅于乃邑谋介，尔乃自时洛邑，尚永力畋尔田。天惟畀矜尔，我有周惟其大介赉尔，迪简在王庭，尚尔事有服在大僚。王曰，呜呼！多士，尔不克劝忱我命，尔亦则惟不克享。凡民惟曰不享，尔乃惟逸惟颇大远王命，则惟尔多方探天之威，我则致天之罚，离逖尔土。王曰，我不惟多诰，我惟祗告尔命。又曰，时惟尔初不克敬于和，则无我怨。

此王又更端叹而告之也。猷者，发语之辞。"告尔有方多士，暨殷多士"，普告天下，并及殷之众士，迁在成周者也。"今尔奔走臣我监，五祀"，监，为诸侯监民者。成王谓，尔等多士，自周公东征而归后，即奔

1329

走而臣服于我,所立之监,今已五年矣。盖周公摄政首年东征,东征三年而归,周公摄政,凡七年,自三年东郊之乱既定,今是成王即位之明年,是五年矣。汝等多士,其中亦有众胥之长,与小官之正,与大官之正,既各为之官长,则无有不能守法者。既能守法,则于汝自身所为,苟有不和者,汝当自有以和之。不和,谓有乖戾怨恨之事,如犯令陵政,亦不和之事也,非特汝身而已。苟尔室家之内,若父子,若兄弟,或有为不和者,汝当有以和之。汝为官长,能守法,当以正率人故也。汝若果能如此,则汝所居之邑,必能至于明爽。然其所以明爽,亦由汝能勤其事之所致,如上文"尔惟和哉",即所谓"克勤乃事"也。如此。则汝庶几不讳忌于凶恶之德,谓无有凶恶之德可讳也,亦是汝能用至敬而在位,是能阅视汝之邑,而谋所介助于王室矣。此盖告胥伯小大多正,虽迁于成周,必各有所食之邑,故所以言"乃邑"也。然则。此所谓"克阅于乃邑"者,乃谓其能监视其邑所当行之事也。若然,则汝多士庶几可以永远尽力,以治其所有之田,谓可以长保其禄也。虽天亦将有以畀付、矜怜于尔,我周家亦将有大助赐于尔。于有道者,又将简拔之,使之在王室为官,加汝以职事,而使有所服行于大僚。盖谓,不特使尔食邑于成周而已也。成王既言尔等能如上文所言,则是能用我命矣,周将简拔用汝。然汝若不用我命,我又当有罚及汝,故又叹而呼多士以告之曰,汝等若不能劝勉忱信我命,则是汝等不能奉上,而凡为民者亦将化汝,惟曰不复奉工如此,则是汝等自为纵逸,自为颇僻,大远弃于王命,乃所以自探取天之威罚,我于是即遂致天罚于汝,又离远尔所居之土,不止迁于成周而已,此以威惧之也。成王既以恩诱之,又以威惧之,故又缴前说曰,我不惟若此多多诰汝以言而已,我惟敬诰汝以命。所谓"尔命"者,盖谓汝等如前言,则有简在王庭之赏;如后言,则有离逖尔土之罚。乃是汝等祸福之命,所由以分,故我所以不惟如此多诰也。言既竟,故又告之曰,今日之事,所以至于此者,非我之罪,乃是汝等,于其初也,不能敬于为和,致乖戾犯上,所以有今日之事。汝不当怨,我盖自东征之后,或征,或迁,或又伐淮夷,践奄,皆是汝等自取,非我罪也。

6.（宋）时澜《增修东莱书说》卷二十八《周书·多方第二十》

王曰，呜呼！猷，告尔有方多士，暨殷多士，今尔奔走臣我监，五祀。越惟有胥伯小大多正，尔罔不克臬，自作不和，尔惟和哉；尔室不睦，尔惟和哉。尔邑克明，尔惟克勤乃事，尔尚不忌于凶德，亦则以穆穆在乃位，克阅于乃邑谋介，尔乃自时洛邑，尚永力畋尔田。天惟畀矜尔，我有周惟其大介赉尔，迪简在王庭，尚尔事，有服在大僚。

开谕既备，故此章勉长治商民者，以劳来安集之事焉。始告多方，而复云殷者，虽诞告万方，而所主则殷也。次告多方，而不云殷者，例已见前，而不必重出也。盖皆历叙天命废兴，古今成败，是宜天下共闻之也。此章专论劳来安集商民之事，告殷多士可矣，而有方多士何与焉？复两出之，何也？盖告天下以安集商民之本末，使知其甚厚不薄也。"今尔奔走臣我监，五祀。越惟有胥伯小大多正，尔罔不克臬"者，监，盖王命监成周之新民者，乃周公、君陈、毕公之职也，犹诸侯之分民，有君道焉。所以谓之臣我监也，不曰臣我周，而曰臣我监者，举其亲于民者也。周官，多以胥，以伯，以正为名。胥伯小大众多之正，盖凡殷多士有职于成周，共长治新民者也。迁商民之时，就拔其隽豪，以长治之用。其素所服习，则不至于惊扰，乃安集新附之要领也。周公告新民，尔奔走服从臣于我监，今既五年，不为不久矣。于惟胥伯多正之属，亦可各相体，悉展布四体，而竭力于事矣。罔或尚怀危疑，偷惰而不能事也。臬，事也。"自作不和，尔惟和哉；尔室不睦，尔惟和哉；尔邑克明，尔惟克勤乃事"者，复告胥伯多正，以新民自作不和，与其室不睦者，尔惟悉心而和调之。再言"尔惟和哉"者，勉之以劳来不怠也。尔新邑既皆和调，骦然有恩以相爱，粲然有文以相接，教化能明，则尔始不负其职，而可以谓之"克勤乃事"矣。前既戒以"罔不克臬"，故继之以"克勤乃事"之实也。"尔尚不忌于凶德，亦则以穆穆在乃位，克阅于乃邑谋介"者，复告胥伯多正，以旧染污俗凶德，实多诛之，则不可胜诛，化之则不言而化。尔其庶几，宽绰厥心，不忌疾于凶德，反循其本，亦则以穆穆和敬之容，端居尔位以临之，则有孚颙。若凶德，盖潜消于观感之际矣。人情未定。衅端

1331

乱隙。每藏于隐微。必能阅视，周览于尔新邑，谋于其细，以绝萌芽。忧悔吝者存乎介，盖细微之谓，言各有主与。此篇介赍不相袭也。穆穆在位，俨然无为，而防虑如此其密，体用盖不偏也。"尔乃自时洛邑，尚永力畋尔田。天惟畀矜尔，我有周惟其大介赍尔，迪简在王庭，尚尔事，有服在大僚"者，既教之以长治新邑，终勉之以自是洛邑，尚为永久力田之计，安土乐业，无它觊觎，则天将畀与哀矜于尔，我有周亦将大介助赍锡于尔，启迪简拔置之王朝矣。其庶几勉尔乃事，大官大职，吾何爱哉。有服列于大僚，不难至也。《多士》序商民怨周之辞曰，"夏迪简在王庭，有服在百僚"，继以大义裁之。此篇复以"迪简在王庭，有服在大僚"为劝，何也？爵位者，上之所命，非下之可干。因其怨望而许之，姑息之政也。示以好恶而劝之，磨砺之具也。二篇予夺不同，可以见周公御商民，阖辟之大用。

7.（宋）黄度《尚书说》卷六《周书·多方》

王曰，呜呼！猷，告尔有方多士，暨殷多士，今尔奔走臣我监，五祀。越惟有胥伯小大多正，尔罔不克臬，自作不和，尔惟和哉；尔室不睦，尔惟和哉；尔邑克明，尔惟克勤乃事，尔尚不忌于凶德，亦则以穆穆在乃位，克阅于乃邑谋介，尔乃自时洛邑，尚永力畋尔田。天惟畀矜尔，我有周惟其大介赍尔，迪简在王庭，尚尔事，有服在大僚。

此专为迁洛多士也，告有方多士，乃及殷多士，使皆自新，与四方同被王化也。监，察也。尔奔走臣我，我监察汝五年矣。周公居东三年，罪人斯得，于是置监至此五年。迁洛，犹以罪，今当尽除释之，使与四方多士一同，胥相伯长，节级相长，故曰"胥伯"。或曰，胥亦长也。《周礼》，胥为什长。殷民迁洛，皆大家有邑者，上下相临长，或小或大，皆正民之官。尔所为，无不以法为的，求自中，如其自作不和，修身之阙也；尔室不睦，齐家之失也，尔皆当和之。身修，家齐，而后尔邑克明，尔惟克勤乃事矣。尔何尚不忌凶德，尔亦则以穆穆在乃位，简阅于乃邑谋介助者。家邑，自选其治民之官，三代之法也。尔尚自是洛邑，力畋尔田，安业从化，天将畀矜尔，我有周，固亦惟大介助赍，予尔蹈道者，简在王庭，尚力尔事，则服在大僚，始殷多士言夏事为然。周公曰"予一人惟听用德",当其时,方以罪徙未遽许。今既尽赦其罪,固当选贤与能,与有方多士同。

8. (宋)袁燮《絜斋家塾书钞》

(归善斋按,无此篇)

9. (宋)蔡沈《书经集传》卷五《周书·多方》

王曰,呜呼!猷,告尔有方多士,暨殷多士,今尔奔走臣我监,五祀。

监,监洛邑之迁民者也,犹诸侯之分民有君道焉,所以谓之"臣我监"也,言商士迁洛,奔走臣服我监,于今五年矣。不曰年,而曰祀者,因商俗而言也。又按,成周既成,而成王即政;成王即政,而商奄继叛,事皆相因,才一二年耳,今言五祀,则商民之迁,固在作洛之前矣,尤为明验。

10. (宋)黄伦《尚书精义》卷四十二《周书·多方》

王曰,呜呼!猷,告尔有方多士,暨殷多士,今尔奔走臣我监,五祀。越惟有胥伯小大多正,尔罔不克臬,自作不和,尔惟和哉。

无垢曰,责有方多士,暨商多士,与胥伯多正之在上者,当率其下也。想当时,多士有从周者,有不从周者。从周者少,不从周者多,故虽有在上之人,自能从周。而异谋者,尚众上之人,亦未能率其下,率其家也。盖当时,所以为异谋,必有为之倡者也。然亦有不由倡而自为之者,所谓自作不和者,不由倡而自为者也。

吕氏曰,周公告有方多士,今尔奔走臣我,已五年矣,犹自未安宁。先儒说,迁殷民于成周五年无罪,再使还旧土,不见此意。只是迁顽民,必已得五年事。何故,既迁殷民于洛邑了,自后淮夷、奄叛,成王既伐淮夷、奄而归,到这里已经涉得五年了。监,是长民之官也。今尔奔走臣我,已自五年,今当安稳何故到而今尔也未安于我周。

11. （宋）陈经《尚书详解》卷三十八《周书·多方》

王曰，呜呼！猷，告尔有方多士，暨殷多士，今尔奔走臣我监，五祀。越惟有胥伯小大多正，尔罔不克臬，自作不和，尔惟和哉；尔室不睦，尔惟和哉。尔邑克明，尔惟克勤乃事。

此又专责长民之官也。有方多士，周之士也。暨殷多士，即商士也。此篇书合天下而告之，故并"有方多士暨殷多士"。"今尔奔走臣我监，五祀"，谓商士也。奔走为我之臣，为长民之官，至此已五年矣。自成王即位，迁顽民至今，已五年。监，即长民之官也。胥伯者，相长之人也。"小大多正"者，小官之长与大官之长，皆是殷之尹民者。尔无不由于法度之中，不可出于法度之外。臬，取其有限制之义。"自作不和，尔惟和哉"，和者，谓其一心事上，无有乖戾是也。尔民之中，有为之倡为乱者，亦有不待倡而自为乱者。自作不和，乃不待人率之，而自为不和。尔既为长民之官，当有以和之也。"尔室不睦"，谓尔之室家、宗族也。尔虽从我周家。而尔室家之人未睦，则尔亦当和之。至于尔邑克明，灼见利害是非之所在，从我周家之化，而无窒塞。暗昧，则汝之责塞矣，故曰"尔惟克勤乃事"，自非尔之勤乃事，何以致尔邑之明哉？此皆是责长民之官民之未服，皆汝为之长者，未有以化之尔。

12. （宋）钱时《融堂书解》卷十六《周书·多方》

王曰，呜呼！猷告尔有多方士，暨殷多士，今尔奔走臣我监，五祀。越惟有胥伯小大多正，尔罔不克臬，自作不和，尔惟和哉；尔室不睦，尔惟和哉。尔邑克明，尔惟克勤乃事。尔尚不忌于凶德，亦则以穆穆在乃位，克阅于乃邑谋介。尔乃自时洛邑，尚永力畋尔田。天惟畀矜尔，我有周惟其大介赉尔，迪简在王庭，尚尔事，有服在大僚。

自"王曰，呜呼！猷"至于篇末，皆告有多方士，及殷多士之言。而此一节，则劝勉之也。然详味"今尔奔走臣我监，五祀"及"尔乃自时洛邑"之文，则是专为多士之迁洛者而设，以此见得前面虽曰"多方"，其实主在四国之民。此后虽曰"有多方士"，其实主在殷之多士，而因以普告之耳。胥伯，相长也。"小大多正"者，小大众多之士，皆所以相长者也。臬，法也，谓自周公东征以至于今，尔等奔走臣服乎，我所以监观者五年，不为不久，及小大多正，以相长之尔，宜无不能法矣。"尔尚不忌于凶德"，谓尔至今日，尚不以昔之凶德为忌耶，更无他说，则亦穆穆和敬，居汝之位而已。"克阅于乃邑谋介"，言若能阅视尔邑，谋所以介助王室之道也。《多士》之书，以其不当有"夏迪简在王庭有服在百僚"之语而责之，今于此书，乃以"迪简在王庭，有服在大僚"之语而许之，盖出于多士则为怨言，出于王则为恩命，卷舒阖辟，圣人自有权度也。

13.（宋）魏了翁《尚书要义》卷十六《周书·君奭、蔡仲、多方》

四十八、臣我监五祀，孔谓，期以五年得还。

"王曰，呜呼！猷，告尔有方多士，暨殷多士"。王叹而以道告汝众方，与殷多士，"今尔奔走臣我监，五祀"。监，谓成周监之，此指谓所迁顽民殷众士，今汝奔走来徒臣我，我监五年无过，则还本土。"越惟有胥伯大小多正，尔罔不克臬"，于惟有相长，事小大众正官之人，汝无不能用法，欲其皆用法。

14.（宋）陈大猷《书集传或问》卷下《周书·多方》

（归善斋按，未解）

15.（宋）胡士行《尚书详解》卷十《周书·多方第二十》

王曰，呜呼！猷，告尔有方多士，暨殷多士，今尔奔走臣（事）我监（王命监成周之民者），五祀（年）。越（于）惟有（殷多士有助于成周者）胥（众胥）伯（之长）、小（小官）大（大官）多（众）正（官长），尔罔不克臬（守法），自作（民有自作）不和（者），尔（伯正）惟和（和调之）哉；尔室（亲近室家）不睦，尔惟和哉；尔邑（新邑）克明（教化修明），尔（伯正）惟克勤乃事（职）。尔尚（庶）不忌（疾恶）于凶德（之人），亦则以（反正本身）穆穆（和敬）在（居）乃位

（官），克阅（视监）于乃邑（新邑）谋介（助天室。王云，忧悔咎者存乎介。吕云，介，微也）。尔乃自时洛邑，尚永力畋尔田（不作能念）。天惟畀（予）矜（怜）尔，我有周惟其大介（助）赉（予）尔，迪（启）简（拔）在王庭，尚（加）尔事，有服（列）在大僚。

《多士》序，商人有服在百僚之怨辞，继以大义裁之，此以大僚为劝，予夺阖辟之大用。

16.（元）吴澄《书纂言》卷四下《周书·多方》

（归善斋按，下文原接《周书·多士》"尔小子乃兴，从尔迁"之后）

王曰，呜呼！猷告尔有方多士，暨殷多士，今尔奔走臣我监，五祀。越惟有胥伯小大多正，尔罔不克臬，自作不和，尔惟和哉；尔室不睦，尔惟和哉。尔邑克明，尔惟克勤乃事，尔尚不忌于凶德，亦则以穆穆在乃位，克阅于乃邑谋介，尔乃自时洛邑，尚永力畋尔田。天惟畀矜尔，我有周惟其大介赉尔，迪简在王庭，尚尔事，有服在大僚。

此篇为诰殷多士而作，此又普告四方诸国众士来赴营洛之役者，而及殷士之迁在洛者，盖欲诸国之士，共闻诰殷士之言也。"今尔"之"尔"专指殷士。殷士之迁洛。盖在成王之三年，此时为成王之七年，故谓尔奔走臣服于我，所立之监已五年矣。汝等多士，其间亦有众胥之长，与小官之正，大官之正，各为官长。无或不能守法也，尔自身所为，或犹有怨恨不和之心，继今以后，尔惟自变化而和哉？非特尔身，尔室家之内，犹或有陵犯不睦之人，继今以后，尔惟变化而和之哉。不和、不睦，谓不肯臣顺于周也。居尔之邑，而能至于光显，由尔能勤其事之所致，庶几无有凶恶之德可忌讳也，亦且肃敬在尔之位，能临视于尔之邑，而所谋者大矣。庶几，自此洛邑，可以长保其禄。天亦将畀矜于尔，我周家亦将大有赐赉于尔，简拔而置之王庭，庶几尔之所事，有服其事，而至大官者，非特保有尔邑土田而已。此所谓"大介赉"也。

"王曰，呜呼！多士，尔不克劝忱我命，尔亦则惟不克享。凡民惟曰不享"，尔若不能劝勉，以信奉我之教命，是不能奉上，而凡为民者，亦惟曰，汝不奉上矣。通前一节"王曰，呜呼！猷，告尔有方多士"，至此百五十一字，旧本错简在《多方》篇，今从吴氏胡氏说，厘正在此，"不

1336

享"之下，疑又阙文。

17.（元）陈栎《书集传纂疏》卷五《朱子订定蔡氏集传·周书·多方》

王曰，呜呼！猷，告尔有方多士，暨殷多士，今尔奔走臣我监，五祀。

监，监洛邑之迁民者也，犹诸侯之分民有君道焉，所以谓之"臣我监"也，言商士迁洛奔走臣服我监，于今五年矣。不曰年，而曰祀者，因商俗而言也。又案，成周既成，而成王即政；成王即政，而商、奄继叛，事皆相因，才一二年耳。今言"五祀"，则商民之迁，固在作洛之前矣，尤为明验。

18.（元）许谦《读书丛说》卷六《周书·多方》

（归善斋按，未解）

19.（元）董鼎《书传辑录纂注》卷五《周书·多方》

王曰，呜呼！猷告尔有方多士，暨殷多士，今尔奔走臣我监，五祀。

监，监洛邑之迁民者也，犹诸侯之分民有君道焉，所以谓之"臣我监"也，言商士迁洛奔走臣服我监，于今五年矣。不曰年，而曰祀者，因商俗而言也。又案，成周既成，而成王即政；成王即政，而商、奄继叛，事皆相因，才一二年耳，今言"五祀"则商民之迁，固在作洛之前矣，尤为明验。

20.（元）朱祖义《尚书句解》卷十《周书·多方第二十》

王曰，呜呼（王又嗟言）！猷，告尔有方多士（以道着告天下），暨殷多士（及殷众士）。

21.（明）王樵《尚书日记》卷十四《周书·多方》

"王曰，呜呼！猷，告尔有方多士"至"有服在大僚"。

此以下专告多士。有方多士者，三国之遗臣；殷多士者，武庚之遗臣也。夫人情久而服，事势久而定。向者于迁洛之时，有监官之建，尔多士受其约束，奔走臣服五祀，于兹，情亦宜孚，而势亦宜定矣。"越惟有胥伯小大多正"，盖殷士有职于洛，共长治迁民者也。迁商民之时，就拔其隽豪，以长治之，用其素所服习，此安集亲附之要领也。胥，如"大胥小胥"之"胥"。伯，长也。正，如党正、县正之"正"，各有治教之职。尔无或不能事其事也，自作不和，以下勉以尽职之辞。夫心不安静，而欲言动当理，身得其和顺，难矣，"尔惟和之哉"而非可求之于外也。身不和顺，而欲家人效法，家得其和顺，难矣，"尔惟和之哉"，而非可求之于人也。上"和哉"，欲安静其心，以和其身也；下"和哉"，欲和顺其身，以和其家也。夫身家不治，如尔邑何；尔邑不治，如尔事何？今也，身家既治，尔邑自从，莫不欢然，有恩以相爱；灿然，有文以相接。尔邑克明如此，尔始为不负其职，而"克勤乃事"者矣。此句正与前"罔不克臬"相应。又言，尔庶几，不至畏忌顽民凶德者，非有他道，亦则以尔能治其身心，穆穆和敬，端处尔位，以潜消其悍逆悖戾之气，又能简阅尔邑之贤者，以谋其助，则民之顽者，且革而化矣。尚何可畏之有哉？又言，尔果能如此，庶几自此洛邑，长保田禄，岂惟此哉，天亦惟畀矜尔，谓天亦降之福。岂惟天哉，我有周亦大介助赉锡尔，介如佑贤辅德之意，赉如锡之土田之意，且将自此洛邑之正长，而"迪简在王庭"矣，不倦尔之事，且将"有服在大僚"矣。

新安陈氏曰，尔庶几宽绰其心，不忌嫉凶德者，亦则以和敬居尔位。盖服凶，人莫如和敬也，又能简阅尔邑，求贤以谋自介助，和敬尽于己，而介助资于人，庶凶德化，而人和洽矣。

善众而恶寡，治之始乎恶；恶众而善寡，治之始乎善。当迁殷之初，成王择殷士之可与者，使比介于周之贤臣，以熏陶其德。《多士》所谓"臣我多逊"，《多方》所谓"臣我监，五祀"，周公所以欲王先服殷之御事者，此也，殷士既从，则又教之以益修其身，治其心，使自身心，而达于家邑，无不和顺，则凶德庶几乎不足畏，而可以默夺而潜消，犹惧其未也，尔邑之贤者，又教以克阅，而谋其助，则善人益多，而善者之力胜矣。夫以殷治殷，以贤引贤，而使之以贤治不肖，此圣人转移殷俗之妙机也。

吕氏曰，《多士》序商民之怨周曰"夏迪简在王庭有服在百僚"，"予一人惟听用德，肆予敢求尔于天邑商，予惟率肆矜尔，非予罪，时惟天命"，则以大义裁之。此乃以"迪简在王庭，尚尔事，有服在大僚"为劝，何也？爵位，上之所命，非下之可干。因其怨望而许之，姑息之政也；示以好恶而劝之，磨厉之具也。此周公御商士之开阖大用也。

22.（清）库勒纳等撰《日讲书经解义》卷十《周书·多方》

王曰，呜呼！猷，告尔有方多士，暨殷多士，今尔奔走臣我监，五祀。越惟有胥伯小大多正，尔罔不克臬。

此二节书是，告殷臣以化民之责也。监，谓监治殷民之官。五祀，五年也。胥、伯、正，皆官名。臬，事也。成王叹息而言曰，猷，化民之责在长上，告尔四方多士，及殷之多士，昔尔殷士民迁于洛邑，我设官以监治之，今尔等奔走趋事，臣服于我所命监治之官，亦既五年于兹矣。人情久而相亲，事势久而自定，奈何犹反侧不安耶。越惟尔殷士，受职于洛，以长治迁民者，有若胥，若伯，若小大众多之正，皆与我所命监治之官一体，推诚委任，尔等宜竭力供职，以化导殷民为事，无或疑贰偷惰，而不能事其事，负我委任至意也。此与《盘庚》"教民由在位"，《召诰》"先服殷御事"同意。盖惟臣为民所观法也，而以殷士参治洛邑，则因乎人情，宜乎土俗，其亦化民之微权与。

今尔奔走臣我监，五祀

1.（汉）孔氏传、（唐）陆德明音义、孔颖达疏《尚书注疏》卷十六《周书·多方》

今尔奔走臣我监，五祀。

传，监，谓成周之三监。此指谓所迁顽民，殷众士今汝奔走来徙臣服，我监五年无过，则得还本土。

疏，正义曰，今汝成周之人奔走勤事，臣我周之监成周者，五年无罪过，则听汝还本土。

传正义曰，五年再闰，天道有成，故期以五年无过，则得还本土，以民性重迁，设期以诱之。

2.（宋）苏轼《书传》卷十四《周书·多方第二十》

（归善斋按，见"至于再，至于三"）

3.（宋）林之奇《尚书全解》卷三十二《周书·多方》

（归善斋按，见"告尔有方多士，暨殷多士"）

4.（宋）史浩《尚书讲义》卷十六《周书·多方》

（归善斋按，见"惟五月丁亥，王来自奄，至于宗周"）

5.（宋）夏僎《尚书详解》卷二十《周书·多方》

（归善斋按，见"告尔有方多士，暨殷多士"）

6.（宋）时澜《增修东莱书说》卷二十八《周书·多方第二十》

（归善斋按，见"告尔有方多士，暨殷多士"）

7.（宋）黄度《尚书说》卷六《周书·多方》

（归善斋按，见"告尔有方多士，暨殷多士"）

8.（宋）袁燮《絜斋家塾书钞》

（归善斋按，无此篇）

9.（宋）蔡沈《书经集传》卷五《周书·多方》

（归善斋按，见"告尔有方多士，暨殷多士"）

10. （宋）黄伦《尚书精义》卷四十二《周书·多方》

（归善斋按，见"告尔有方多士，暨殷多士"）

11. （宋）陈经《尚书详解》卷三十八《周书·多方》

（归善斋按，见"告尔有方多士，暨殷多士"）

12. （宋）钱时《融堂书解》卷十六《周书·多方》

（归善斋按，见"告尔有方多士，暨殷多士"）

13. （宋）魏了翁《尚书要义》卷十六《周书·君奭、蔡仲、多方》

四十九、殷多士，谓顽民；我监，谓成周之监。

正义曰，言有方多士，与殷多士，则此二者，非一人也。有方多士，当谓于时所有四方之诸侯也，与殷多士，当谓迁于成周顽民之众士也。下云以"臣我监"者，谓成周之监，明此殷多士也。下云"自时洛邑"，此所戒成周之人，故知监，谓成周之监。此指谓所迁顽民，殷家众士也。五年再闰，天道有成，故期以五年无过，则得还本土，以民性重迁，设期以诱之。

14. （宋）陈大猷《书集传或问》卷下《周书·多方》

（归善斋按，未解）

15. （宋）胡士行《尚书详解》卷十《周书·多方第二十》

（归善斋按，见"告尔有方多士，暨殷多士"）

16. （元）吴澄《书纂言》卷四下《周书·多方》

（归善斋按，未解）

17. （元）陈栎《书集传纂疏》卷五《朱子订定蔡氏集传·周书·多方》

（归善斋按，见"告尔有方多士，暨殷多士"）

18. （元）许谦《读书丛说》卷六《周书·多方》

（归善斋按，未解）

19. （元）董鼎《书传辑录纂注》卷五《周书·多方》

（归善斋按，见"告尔有方多士，暨殷多士"）

20. （元）朱祖义《尚书句解》卷十《周书·多方第二十》

今尔奔走臣我监，五祀（今尔等多士，自周公东征奔走臣服于我所立之监，已五年矣。监为诸侯监民者）。

21. （明）王樵《尚书日记》卷十四《周书·多方》

（归善斋按，见"告尔有方多士，暨殷多士"）

22. （清）库勒纳等撰《日讲书经解义》卷十《周书·多方》

（归善斋按，见"告尔有方多士，暨殷多士"）

（明）马明衡《尚书疑义》卷六《周书·多方》

"臣我监，五祀"，谓臣服于周，即是监，非必迁洛之后而后为监也。蔡以证迁商在作洛之前，固矣。

（明）袁仁《尚书砭蔡编》

奔走臣我监，五祀。

先臣三叔，后臣康叔，至今凡五年，而殷民又叛，故作洛迁之，此始迁也。

（清）毛奇龄《尚书广听录》卷三

（归善斋按，见"天惟五年，须暇之子孙，诞作民主，罔可念听"）

（清）朱鹤龄《尚书埤传》卷十三《周书·多方》

臣我监。
监，牧伯也，如康叔，是《周礼》建其牧，立其监。

越惟有胥伯小大多正，尔罔不克臬

1.（汉）孔氏传、（唐）陆德明音义、孔颖达疏《尚书注疏》卷十六《周书·多方》

越惟有胥伯小大多正，尔罔不克臬。
传，于惟有相长事小大众正官之人，汝无不能用法，欲其皆用法。
音义，臬，鱼列反，马本作劓。
疏，正义曰，于惟有相长事，谓小大众正官之人，汝无有不能用法，欲其皆用法也。
传正义曰，胥，相也。伯，长也。顾氏以相长事，即小大众正官之人也。

2.（宋）苏轼《书传》卷十四《周书·多方第二十》

越惟有胥伯大小多正，尔罔不克臬。
伯，长也。汝自有相君相长者，至于小大众正之人，皆汝所能作止也。

3.（宋）林之奇《尚书全解》卷三十二《周书·多方》

（归善斋按，见"告尔有方多士，暨殷多士"）

1343

4.（宋）史浩《尚书讲义》卷十六《周书·多方》

（归善斋按，见"惟五月丁亥，王来自奄，至于宗周"）

5.（宋）夏僎《尚书详解》卷二十《周书·多方》

（归善斋按，见"告尔有方多士，暨殷多士"）

6.（宋）时澜《增修东莱书说》卷二十八《周书·多方第二十》

（归善斋按，见"告尔有方多士，暨殷多士"）

7.（宋）黄度《尚书说》卷六《周书·多方》

（归善斋按，见"告尔有方多士，暨殷多士"）

8.（宋）袁燮《絜斋家塾书钞》

（归善斋按，无此篇）

9.（宋）蔡沈《书经集传》卷五《周书·多方》

越惟有胥伯小大多正，尔罔不克臬。

臬，事也。周官多以胥，以伯，以正为名。胥、伯、小大众多之正，盖殷多士授职于洛，共长治迁民者也。其奔走臣我监，亦久矣，宜相体悉，竭力其职，无或反侧偷惰，而不能事也。

10.（宋）黄伦《尚书精义》卷四十二《周书·多方》

（归善斋按，见"告尔有方多士，暨殷多士"）

11.（宋）陈经《尚书详解》卷三十八《周书·多方》

（归善斋按，见"告尔有方多士，暨殷多士"）

12.（宋）钱时《融堂书解》卷十六《周书·多方》

（归善斋按，见"告尔有方多士，暨殷多士"）

13.（宋）魏了翁《尚书要义》卷十六《周书·君奭、蔡仲、多方》

(归善斋按，未引)

14.（宋）陈大猷《书集传或问》卷下《周书·多方》

(归善斋按，未解)

15.（宋）胡士行《尚书详解》卷十《周书·多方第二十》

(归善斋按，见"告尔有方多士，暨殷多士")

16.（元）吴澄《书纂言》卷四下《周书·多方》

(归善斋按，未解)

17.（元）陈栎《书集传纂疏》卷五《朱子订定蔡氏集传·周书·多方》

越惟有胥伯小大多正尔，罔不克臬。

臬，事也。周官多以胥，以伯，以正为名。胥、伯、小大众多之正，盖殷多士授职于洛，共长治迁民者也。其奔走臣我监亦久矣，宜相体悉，竭力其职，无或反侧偷惰，而不能事也。

18.（元）许谦《读书丛说》卷六《周书·多方》

(归善斋按，未解)

19.（元）董鼎《书传辑录纂注》卷五《周书·多方》

越惟有胥伯小大多正，尔罔不克臬。

臬，事也。周官多以胥，以伯，以正为名。胥、伯、小大众多之正，盖殷多士授职于洛，共长治迁民者也。其奔走臣我监亦久矣，宜相体悉，竭力其职，无或反侧偷惰，而不能事也。

纂注：

息斋余氏曰，臬，不当与《康诰》异训，孔云，汝无不能用法。

20. （元）朱祖义《尚书句解》卷十《周书·多方第二十》

越惟有胥伯小大多正（及汝等多士，其中有众胥之长，与小官之正，大官之正），尔罔不克臬（无有不能守法者。臬，啮）。

21. （明）王樵《尚书日记》卷十四《周书·多方》

（归善斋按，见"告尔有方多士，暨殷多士"）

22. （清）库勒纳等撰《日讲书经解义》卷十《周书·多方》

（归善斋按，见"告尔有方多士，暨殷多士"）

（元）陈师凯《蔡氏传旁通》卷五《多方》

《周官》多以胥，以伯，以正为名。
如大胥、小胥、象胥、宗伯、宫伯、宫正、酒正之类。胥，有才智者也。伯与正，皆长也。

（元）王充耘《读书管见》卷下《多方》

尔罔不克臬。
臬，当训法官，尔惟胥惟伯多正，自是长民执法者，岂有不识法度。

（明）梅鷟《尚书考异》卷五《多方》

尔罔不克剠。
马本如此，晋人作"臬"。

（明）马明衡《尚书疑义》卷六《周书·多方》

"尔罔不克臬"，当如古注云，汝无不能用法，欲其皆用法也。

（清）朱鹤龄《尚书埤传》卷十三《周书·多方》

克臬。

邹季友曰，蔡传解《康诰》云，臬，法也。此解作"事"，亦异释，何耶？孔传云"汝无不能用法"，当从之。

郝敬曰，当时商旧臣与周臣杂处，有附有不附，故不和、自作不和者，不顺于监也。"尔室不睦"者，同类相疑也。

自作不和，尔惟和哉；尔室不睦，尔惟和哉；尔邑克明，尔惟克勤乃事

1.（汉）孔氏传、（唐）陆德明音义、孔颖达疏《尚书注疏》卷十六《周书·多方》

自作不和，尔惟和哉；尔室不睦，尔惟和哉；尔邑克明，尔惟克勤乃事。

传，大小多正，自为不和，汝有方多士，当和之哉。汝亲近室家不睦，汝亦当和之哉；汝邑中能明，是汝惟能勤汝职事。

疏，正义曰，小大众正官之人，自为不和，汝众官等，自当和之哉。汝等亲近室家不相和亲，汝亦当和之哉。汝邑内之人，若能明于和睦之道，汝惟能勤于汝之职事，言是其教之使然。

2.（宋）苏轼《书传》卷十四《周书·多方第二十》

自作不和，尔惟和哉；尔室不睦，尔惟和哉；尔邑克明，尔惟克勤乃事。

家不和，则邑不明，虽勤于事，无益也。

3.（宋）林之奇《尚书全解》卷三十二《周书·多方》

（归善斋按，见"告尔有方多士，暨殷多士"）

1347

4.（宋）史浩《尚书讲义》卷十六《周书·多方》

(归善斋按，见"惟五月丁亥，王来自奄，至于宗周")

5.（宋）夏僎《尚书详解》卷二十《周书·多方》

(归善斋按，见"告尔有方多士，暨殷多士")

6.（宋）时澜《增修东莱书说》卷二十八《周书·多方第二十》

(归善斋按，见"告尔有方多士，暨殷多士")

7.（宋）黄度《尚书说》卷六《周书·多方》

(归善斋按，见"告尔有方多士，暨殷多士")

8.（宋）袁燮《絜斋家塾书钞》

(归善斋按，无此篇)

9.（宋）蔡沈《书经集传》卷五《周书·多方》

自作不和，尔惟和哉；尔室不睦，尔惟和哉；尔邑克明，尔惟克勤乃事。

心不安静，则身不和顺矣；身不安静，则家不和顺矣，言"尔惟和哉"者，所以劝勉之也。和其身，睦其家，而后能协于其邑，欢然有恩以相爱，粲然有文以相接。"尔邑克明"，始为不负其职，而可谓"克勤乃事"矣，前既戒以"罔不克枲"。故以"克勤乃事"期之也。

10.（宋）黄伦《尚书精义》卷四十二《周书·多方》

(归善斋按，另见"告尔有方多士，暨殷多士")

尔室不睦，尔惟和哉。尔邑克明，尔惟克勤乃事、尔尚不忌于凶德。亦则以穆穆在乃位，克阅于乃邑谋介。尔乃自时洛邑，尚永力畋尔田。

无垢曰，夫凶德之人，其才足以为乱，而其势力又能使人不和，为之

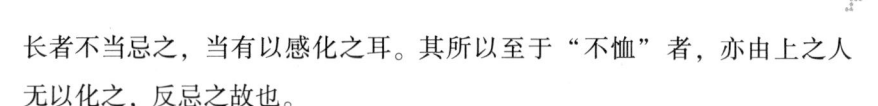

长者不当忌之，当有以感化之耳。其所以至于"不恤"者，亦由上之人无以化之，反忌之故也。

又曰，东坡谓，服凶德者，在于钦和。盖钦，则不慢；和，则不暴。夫人而远暴慢之心，则其温恭和乐，晬然见于声容气色之间。彼凶德之人，虽有悖傲作乱之心，见如此，亦必自为之感化矣。此率下之道也。

临川曰，己能克享以和勤，则何忌乎凶德哉？君子忌基德，小人忌凶德，而悔基德。

张氏曰，欲治其国，先齐其；欲齐其家，先修其身。"尔罔不克臬"，所以修身者也。"尔室不睦，尔惟和哉"，所以齐家者也。"尔邑克明，尔惟克勤乃事"，所以治国者也。夫父子、兄弟之间，不能相与以睦，则尔不可不和之也。《洪范》曰"汝弗能使有好于尔家，时人斯其辜"。然则，将克明尔邑，则尔室不可不和之也。

11. （宋）陈经《尚书详解》卷三十八《周书·多方》

（归善斋按，见"告尔有方多士，暨殷多士"）

12. （宋）钱时《融堂书解》卷十六《周书·多方》

（归善斋按，见"告尔有方多士，暨殷多士"）

13. （宋）魏了翁《尚书要义》卷十六《周书·君奭、蔡仲、多方》

（归善斋按，未引）

14. （宋）陈大猷《书集传或问》卷下《周书·多方》

（归善斋按，未解）

15. （宋）胡士行《尚书详解》卷十《周书·多方第二十》

（归善斋按，见"告尔有方多士，暨殷多士"）

16. （元）吴澄《书纂言》卷四下《周书·多方》

（归善斋按，未解）

17. （元）陈栎《书集传纂疏》卷五《朱子订定蔡氏集传·周书·多方》

自作不和，尔惟和哉；尔室不睦，尔惟和哉；尔邑克明，尔惟克勤乃事。

心不安静，则身不顺矣；身不安静，则家不和顺矣，言"尔惟和哉"者，所以劝勉之也。和其身，睦其家，而后能协于其邑，欢然有恩以相爱，粲然有文以相接。"尔邑克明"，始为不负其职，而可谓"克勤乃事"矣。前既戒以"罔不克臬"，故以"克勤乃事"期之也。

18. （元）许谦《读书丛说》卷六《周书·多方》

（归善斋按，未解）

19. （元）董鼎《书传辑录纂注》卷五《周书·多方》

自作不和，尔惟和哉；尔室不睦，尔惟和哉；尔邑克明，尔惟克勤乃事。

心不安静，则身不和顺矣；身不安静，则家不和顺矣，言"尔惟和哉"者，所以劝勉之也。和其身，睦其家，而后能协于其邑，欢然有恩以相爱，粲然有文以相接。"尔邑克明"，始为不负其职，而可谓"克勤乃事"矣。前既戒以"罔不克臬"，故以"克勤乃事"期之也。

20. （元）朱祖义《尚书句解》卷十《周书·多方第二十》

自作不和，尔惟和哉（汝室家之内，如父子、兄弟或为不和，汝当有以和之，以汝为官长，能守法，当以正率人也）。尔邑克明（汝若能此，则汝所君之邑，必能至于明矣），尔惟克勤乃事（亦由汝能勤其事之所致）。

21. （明）王樵《尚书日记》卷十四《周书·多方》

（归善斋按，见"告尔有方多士，暨殷多士"）

22. （清）库勒纳等撰《日讲书经解义》卷十《周书·多方》

自作不和，尔惟和哉；尔室不睦，尔惟和哉；尔邑克明，尔惟克勤乃事。

此一节书是，告殷臣以化民之本，在于修身、齐家也。成王曰，所谓"尔罔不克臬"者，当何如？以克之身之主在心，心不静正，则身不和顺，是不和由于自作。尔殷多士，惟务省察于心，使措诸身者，言动悉协其宜，而身无不和哉。家之本在身，身不和顺，则家不和睦，是不睦自尔导之。尔殷多士，惟务端范于身，使效诸家者。长幼各循其分，而家无不和哉。夫身和而家和，尔新邑之民，由是观感兴起，欢然有恩以相爱，灿然有文以相接，而伦纪昭明，自无败常乱俗之患，则尔始不负职任，惟能勤于化民之事者矣。尚皆勉哉。抑两言"惟和"，即身修、家齐之谓。克明，则国治，即百姓之身家，无不和也。此虽为臣化民而言，人主之倡化，于臣亦不外此，《大学》之道备矣。

（清）朱鹤龄《尚书埤传》卷十三《周书·多方》

（归善斋按，见"越惟有胥伯小大多正，尔罔不克臬"）

尔尚不忌于凶德，亦则以穆穆在乃位

1.（汉）孔氏传、（唐）陆德明音义、孔颖达疏《尚书注疏》卷十六《周书·多方》

尔尚不忌于凶德，亦则以穆穆在乃位。

传，汝庶几不自忌入于凶德，亦则用敬敬常在汝位。

疏，正义曰，汝能庶几不自相怨忌入于凶德，若能不入于凶德，亦则用敬敬之道，常在汝之职位，不黜退也。

传正义曰，和顺为善德，怨恶为凶德，忌谓自怨忌上，言自作不和，是怨忌也。《释训》云，穆穆，敬也。此戒小大正官之人，故云敬敬常在汝位。

2.（宋）苏轼《书传》卷十四《周书·多方第二十》

尔尚不忌于凶德，亦则以穆穆在乃位。

服凶人，莫如和敬。

3.（宋）林之奇《尚书全解》卷三十二《周书·多方》

（归善斋按，见"告尔有方多士，暨殷多士"）

4.（宋）史浩《尚书讲义》卷十六《周书·多方》

（归善斋按，见"惟五月丁亥，王来自奄，至于宗周"）

5.（宋）夏僎《尚书详解》卷二十《周书·多方》

（归善斋按，见"告尔有方多士，暨殷多士"）

6.（宋）时澜《增修东莱书说》卷二十八《周书·多方第二十》

（归善斋按，见"告尔有方多士，暨殷多士"）

7.（宋）黄度《尚书说》卷六《周书·多方》

（归善斋按，见"告尔有方多士，暨殷多士"）

8.（宋）袁燮《絜斋家塾书钞》

（归善斋按，无此篇）

9.（宋）蔡沈《书经集传》卷五《周书·多方》

尔尚不忌于凶德，亦则以穆穆在乃位，克阅于乃邑谋介。

忌，畏也。穆穆，和敬貌。顽民诚可畏矣，然如上文所言，尔多士庶几不至畏忌顽民凶德，亦则以穆穆和敬端处尔位，以潜消其悍逆悖戾之气，又能简阅尔邑之贤者，以谋其助，则民之顽者，且革而化矣，尚何可畏之有哉。成王诱掖商士之善，以化服商民之恶，其转移感动之机微矣哉。

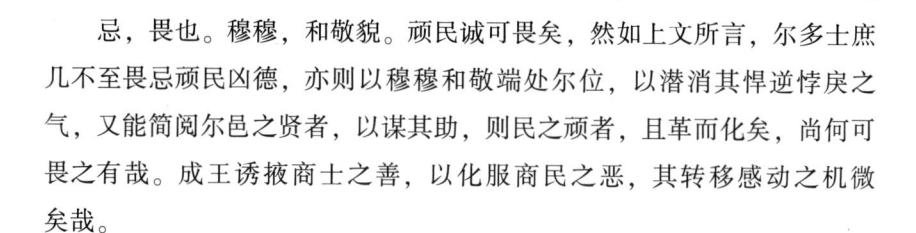

10.（宋）黄伦《尚书精义》卷四十二《周书·多方》

（归善斋按，见"自作不和，尔惟和哉；尔室不睦，尔惟和哉；尔邑克明，尔惟克勤乃事"）

11.（宋）陈经《尚书详解》卷三十八《周书·多方》

尔尚不忌于凶德，亦则以穆穆在乃位。克阅于乃邑谋介，尔乃自时洛邑，尚永力畋尔田。天惟畀矜尔，我有周惟其大介赉尔，迪简在王庭，尚尔事，有服在大僚。

凶德者，顽而不服者也。尔不可以民顽而不服，其心遂忌之，以为不可化尔，但能以敬和之德，在尔之位，则民皆将化凶为德矣。夫人有穆穆之容者，人见之，自然生敬。阅，视也。我视汝之邑，见汝所谋之大，则汝乃用是洛邑，庶几永久其力，常得畋尔之田，终享安居之乐，天亦将畀予矜怜尔，我有周又将大有以赐汝，择其能迪蹈者，简拔在王庭之上，庶几使尔治其事，有所服行在大僚之中，谓受之以尊显之位。周公谕商臣，能劝率其民，我必有以赏之，示之使知所劝勉也。

12.（宋）钱时《融堂书解》卷十六《周书·多方》

（归善斋按，见"告尔有方多士，暨殷多士"）

13.（宋）魏了翁《尚书要义》卷十六《周书·君奭、蔡仲、多方》

（归善斋按，未引）

14.（宋）陈大猷《书集传或问》卷下《周书·多方》

（归善斋按，未解）

15.（宋）胡士行《尚书详解》卷十《周书·多方第二十》

（归善斋按，见"告尔有方多士，暨殷多士"）

16.（元）吴澄《书纂言》卷四下《周书·多方》

（归善斋按，未解）

17.（元）陈栎《书集传纂疏》卷五《朱子订定蔡氏集传·周书·多方》

尔尚不忌于凶德，亦则以穆穆在乃位，克阅于乃邑谋介。

忌，畏也。穆穆，和敬貌。顽民诚可畏矣，然如上文所言，尔多士，庶几不至畏忌顽民凶德，亦则以穆穆和敬，端处尔位，以潜消其悍逆悖戾之气，又能简阅尔邑之贤者，以谋其助，则民之顽者，且革而化矣，尚何可畏之有哉。成王诱掖商士之善。以化服商民之恶，其转移感动之机微矣哉。

18.（元）许谦《读书丛说》卷六《周书·多方》

（归善斋按，未解）

19.（元）董鼎《书传辑录纂注》卷五《周书·多方》

尔尚不忌于凶德，亦则以穆穆在乃位，克阅于乃邑谋介。

忌，畏也。穆穆，和敬貌。顽民诚可畏矣，然如上文所言，尔多士，庶几不至畏忌顽民凶德亦则以穆穆和敬，端处尔位，以潜消其悍逆悖戾之气，又能简阅尔邑之贤者，以谋其助，则民之顽者，且革而化矣，尚何可畏之有哉。成王诱掖商士之善，以化服商民之恶，其转移感动之机微矣哉。

20.（元）朱祖义《尚书句解》卷十《周书·多方第二十》

尔尚不忌于凶德（汝庶几不讳忌乎凶恶之德，谓无凶恶可讳忌也），亦则以穆穆在乃位（亦是汝能用至敬而在位）。

21.（明）王樵《尚书日记》卷十四《周书·多方》

（归善斋按，见"告尔有方多士，暨殷多士"）

22.（清）库勒纳等撰《日讲书经解义》卷十《周书·多方》

尔尚不忌于凶德，亦则以穆穆在乃位，克阅于乃邑谋介。

此一节书是，告殷臣以化民之事，在于正己用人也。成王曰，殷顽民叛乱之凶德，虽若可畏，然由所谓身家惟和，"尔邑克明"者，论之则知善化之道在于尔殷多士，勿以其难化而畏忌之。有如临民之际，亦则以穆穆和敬之容，端居尔位，使之瞻仰观法，潜消其悍逆悖戾之气。又能简阅于尔邑中，旌其孝秀，拔其贤良，以谋为尔之介助，则民之顽者，亦将感慕奋发，革心向化矣，又何可畏忌之有哉。盖穆穆在位，正身以端，化民之本也。克阅乃邑，鼓舞以行，化民之权也。孔子云，"临之以庄，则敬"，"举善而教，不能则劝"，可见化民之道，同出一揆也与。

（清）朱鹤龄《尚书埤传》卷十三《周书·多方》

穆穆在乃位。

穆穆，和敬，服凶人之道也。《荀子》云"遇小人而不敬，则是狎虎也"，与此意同。

克阅于乃邑谋介，尔乃自时洛邑，尚永力畋尔田

1.（汉）孔氏传、（唐）陆德明音义、孔颖达疏《尚书注疏》卷十六《周书·多方》

克阅于乃邑谋介，尔乃自时洛邑，尚永力畋尔田。

1355

传,汝能使我阅具于汝邑,而以汝所谋为大,则汝乃用是洛邑,庶几长力畎汝田矣,言虽迁徙,而以修善得反邑里。

音义,阅,音悦。

疏,正义曰,汝若能善相教诲,使我简阅于汝邑,善汝之事,以汝所谋为大,则汝乃用是洛邑,庶几得反本土,长得勤畎汝故田。

传正义曰,阅,谓简阅其事,观其具足以否,故言阅具于汝邑。介,大也,以汝所谋为大,善其治理,听还本国也。是由在洛邑修善得反其邑里。王肃云,其无成,虽五年亦不得反也。

2.（宋）苏轼《书传》卷十四《周书·多方第二十》

克阅于乃邑谋介。

简邑人以自介副。

尔乃自时洛邑,尚永力畎尔田。

3.（宋）林之奇《尚书全解》卷三十二《周书·多方》

(归善斋按,见"告尔有方多士,暨殷多士")

4.（宋）史浩《尚书讲义》卷十六《周书·多方》

(归善斋按,见"惟五月丁亥,王来自奄,至于宗周")

5.（宋）夏僎《尚书详解》卷二十《周书·多方》

(归善斋按,见"告尔有方多士,暨殷多士")

6.（宋）时澜《增修东莱书说》卷二十八《周书·多方第二十》

(归善斋按,见"告尔有方多士,暨殷多士")

7.（宋）黄度《尚书说》卷六《周书·多方》

(归善斋按,见"告尔有方多士,暨殷多士")

8. （宋）袁燮《絜斋家塾书钞》

（归善斋按，无此篇）

9. （宋）蔡沈《书经集传》卷五《周书·多方》

（归善斋按，另见"尔尚不忌于凶德，亦则以穆穆在乃位"）

尔乃自时洛邑，尚永力畋尔田，天惟畀矜尔，我有周惟其大介赉尔，迪简在王庭，尚尔事，有服在大僚。

"尔乃自时洛邑"，庶几可以保有其业，力畋尔田，天亦将畀予矜怜于尔，我有周亦将大介助赉锡于尔，启迪简拔置之王朝矣。其庶几勉尔之事，"有服在大僚"，不难至也。《多士》篇商民尝以"夏迪简在王庭，有服在百僚"为言，故此因以劝励之也。

10. （宋）黄伦《尚书精义》卷四十二《周书·多方》

（归善斋按，见"自作不和，尔惟和哉；尔室不睦，尔惟和哉；尔邑克明，尔惟克勤乃事"）

11. （宋）陈经《尚书详解》卷三十八《周书·多方》

（归善斋按，见"尔尚不忌于凶德，亦则以穆穆在乃位"）

12. （宋）钱时《融堂书解》卷十六《周书·多方》

（归善斋按，见"告尔有方多士，暨殷多士"）

13. （宋）魏了翁《尚书要义》卷十六《周书·君奭、蔡仲、多方》

（归善斋按，未引）

14. （宋）陈大猷《书集传或问》卷下《周书·多方》

（归善斋按，未解）

15.（宋）胡士行《尚书详解》卷十《周书·多方第二十》

（归善斋按，见"告尔有方多士，暨殷多士"）

16.（元）吴澄《书纂言》卷四下《周书·多方》

（归善斋按，未解）

17.（元）陈栎《书集传纂疏》卷五《朱子订定蔡氏集传·周书·多方》

（归善斋按，另见"尔尚不忌于凶德，亦则以穆穆在乃位"）

尔乃自时洛邑，尚永力畋尔田。天惟畀矜尔，我有周惟其大介赉尔，迪简在王庭，尚尔事，有服在大僚。

"尔乃自时洛邑"，庶几可以保有其业，力畋尔田。天亦将畀予矜怜于尔，我有周亦将大介助赉锡于尔，启迪简拔置之王朝矣。其庶几勉尔之事，"有服在大僚"，不难至也。《多士》篇，商民常以"夏迪简在王庭，有服在百僚"为言，故此因以劝励之也。

纂疏：

愚案，《康诰》"臬司""臬事"，皆训为"法"，此亦当然。此章专提起胥、伯、正告之，谓尔无不先自守法尔，能和身及家，以及尔邑，则尔邑之教化，能修明，尔方为能勤乃事矣。又告以"和"之之道。尔庶几宽绰其心。不忌嫉凶德者，亦则以和敬居尔位。盖服凶，人莫如和敬也。又能简阅尔邑，求贤以谋自介助，和敬尽于己，而介助资于人。庶凶德化而人和洽矣。尔果能此，庶几自此洛邑，长保田禄。岂惟此哉，天亦惟畀矜尔；岂惟天哉，我周亦大介助赉锡尔。介，如佑贤辅德；赉，如锡之土田，且将自此洛邑之胥、伯、正，而迪简在王朝矣。又有尊尚尔职事者，且将有事而升在大僚矣。此即所谓"大介赉"也。盖迁殷民，就拔其豪俊，为胥、伯、正以共长治之，乃用其素所服习者，此安集新民之要道，故今特劝励之，使表率，殷士、殷民而跻于泰和也。

吕氏曰，多士序商民之怨周曰"夏迪"云云，则以大义裁之，此乃

1358

"迪简"云云为劝，何也？爵位上之所命，非下之可干。怨望而许之，姑息之政也。示以好恶而劝之，磨砺之具也。此周公御商士之开阖大用也。

18.（元）许谦《读书丛说》卷六《周书·多方》

（归善斋按，未解）

19.（元）董鼎《书传辑录纂注》卷五《周书·多方》

（归善斋按，另见"尔尚不忌于凶德，亦则以穆穆在乃位"）

尔乃自时洛邑，尚永力畋尔田。天惟畀矜尔，我有周惟其大介赉尔，迪简在王庭，尚尔事，有服在大僚。

"尔乃自时洛邑"，庶几可以保有其业，力畋尔田。天亦将畀予矜怜于尔，我有周亦将大介助赉锡于。尔启迪简拔，置之王朝矣。其庶几，勉尔之事，"有服在大僚"，不难至也。《多士》篇，商民尝以"夏迪简在王庭有服在百僚"为言，故此因以劝励之也。

纂注：

新安陈氏曰，自"王曰，呜呼！猷，告尔有方多士"至此，一章专提起胥、伯、正告之。介，如佑贤辅德；赉，如锡之山川土田。盖迁殷民时，就拔其豪俊，为胥、伯、正，以共长治之，乃用其素所服习者，此安集新民之要道，故今特劝励之，使表率殷士、殷民而跻泰和也。

吕氏曰，《多士》序商民之怨周曰"夏迪"云云，则以大义裁之；此乃以"迪简"云云为劝，何也？爵位，上之所命，非下之可干。自其怨望而许之，姑息之政也。示以好恶而劝之，磨砺之具也。此周公御商士之开阖大用也。

20.（元）朱祖义《尚书句解》卷十《周书·多方第二十》

克阅于乃邑谋介（汝能阅视汝邑而治之谋以介助于王室）尔乃自时洛邑（汝多士乃自此洛邑改过迁善）尚永力畋尔田（庶几可以永远尽力以治尔所有之田）

21.（明）王樵《尚书日记》卷十四《周书·多方》

（归善斋按，见"告尔有方多士，暨殷多士"）

22.（清）库勒纳等撰《日讲书经解义》卷十《周书·多方》

（归善斋按，另见"尔尚不忌于凶德，亦则以穆穆在乃位"）

尔乃自时洛邑，尚永力畋尔田。天惟畀矜尔，我有周惟其大介赉尔，迪简在王庭，尚尔事，有服在大僚。

此一节书是，申告殷臣，而劝之以休也。成王曰，尔殷多士，能如我所言，和身睦家，正己用人，以勤于化民之事，自是居于洛邑，庶几永保家业，竭力畋治尔胥、伯、正之禄田，如此奉法循职，上天亦将畀与矜怜于尔，使之康宁获福。我有周亦将大介助赉锡于尔，优厚之以爵赏，启迪简拔，入仕王朝，不但为洛邑之胥、伯、正而已也，庶几勉尔职事，以尽忠我周，虽进而服位于公卿大臣之列，亦无难至，又不但在王庭而已也，多士可不共劝与。当顽民迁洛时，即简任殷之旧臣，以长治其旧民，未尝进用之于朝，故又以在王庭，在大僚为言，欣动其心，使知所向慕，兴起忠厚之意，驾驭之权，可谓两得之矣。

（元）王充耘《书义矜式》卷五《周书·多方》

尔乃自时洛邑，尚永力畋尔田。天惟畀矜尔我有周惟其大介赉尔，迪简在王庭，尚尔事，有服在大僚。

王者之喻其民，既历举其获利之端，而后勉其得禄之本。盖禄者，人之所欲也。以其所欲者而开导之，其不归于美者鲜矣。在昔，周之明王，因民之不服，而训喻之。尔民之苟向于善也，则自时洛邑，可以保其业，而力畋尔田矣。不惟是也，天亦将矜怜于我矣。我有周亦将介赉于汝，启迪简拔，而置之王朝矣。所以利益于汝者，既如此其至，在汝庶几勉尔之事，惟有服在大僚。盖益不难而至也。噫诱掖于其前，而勉励于其后，化民之道其至矣哉。尝谓，化民之道，以逆心之言而训之，则民不服，以逊志之言而喻之，则民易从。在凡民且然，况于梗化者乎？观诸有殷可见

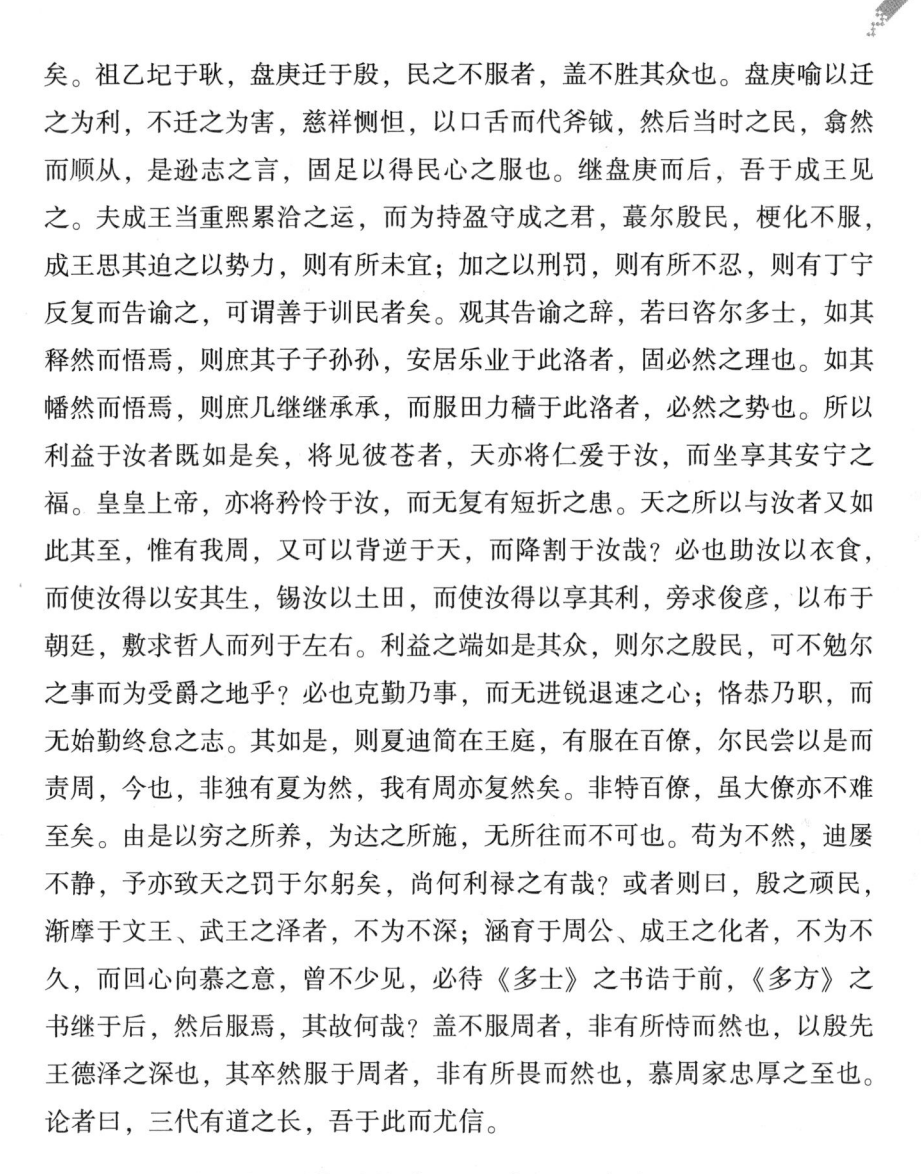

矣。祖乙圮于耿，盘庚迁于殷，民之不服者，盖不胜其众也。盘庚喻以迁之为利，不迁之为害，慈祥恻怛，以口舌而代斧钺，然后当时之民，翕然而顺从，是逊志之言，固足以得民心之服也。继盘庚而后，吾于成王见之。夫成王当重熙累洽之运，而为持盈守成之君，蕞尔殷民，梗化不服，成王思其迫之以势力，则有所未宜；加之以刑罚，则有所不忍，则有丁宁反复而告谕之，可谓善于训民者矣。观其告谕之辞，若曰咨尔多士，如其释然而悟焉，则庶其子子孙孙，安居乐业于此洛者，固必然之理也。如其幡然而悟焉，则庶几继继承承，而服田力穑于此洛者，必然之势也。所以利益于汝者既如是矣，将见彼苍者，天亦将仁爱于汝，而坐享其安宁之福。皇皇上帝，亦将矜怜于汝，而无复有短折之患。天之所以与汝者又如此其至，惟有我周，又可以背逆于天，而降割于汝哉？必也助汝以衣食，而使汝得以安其生，锡汝以土田，而使汝得以享其利，旁求俊彦，以布于朝廷，敷求哲人而列于左右。利益之端如是其众，则尔之殷民，可不勉尔之事而为受爵之地乎？必也克勤乃事，而无进锐退速之心；恪恭乃职，而无始勤终怠之志。其如是，则夏迪简在王庭，有服在百僚，尔民尝以是而责周，今也，非独有夏为然，我有周亦复然矣。非特百僚，虽大僚亦不难至矣。由是以穷之所养，为达之所施，无所往而不可也。苟为不然，迪屡不静，予亦致天之罚于尔躬矣，尚何利禄之有哉？或者则曰，殷之顽民，渐摩于文王、武王之泽者，不为不深；涵育于周公、成王之化者，不为不久，而回心向慕之意，曾不少见，必待《多士》之书诰于前，《多方》之书继于后，然后服焉，其故何哉？盖不服周者，非有所恃而然也，以殷先王德泽之深也，其卒然服于周者，非有所畏而然也，慕周家忠厚之至也。论者曰，三代有道之长，吾于此而尤信。

（元）陈师凯《蔡氏传旁通》卷五《多方》

"宾介"之"介"

相副相助者。

（元）王充耘《读书管见》卷下《多方》

尔乃自时洛邑，尚永力畋尔田（止）有服在大僚。

言尔能勤力农亩，则天必怜汝，而赐汝丰年。我周亦须补不足，助不给，以大介赉。汝若迪简汝在于王庭，尔能勤于所事，则"有服在大僚"，当升陟汝矣。盖居而安于农业，仕而勤其职业，皆可以获福也。传以大介赉尔，连下文说不明。

（清）朱鹤龄《尚书埤传》卷十三《周书·多方》

"畋尔田"；"迪简"至"大僚"。

尔田，谓胥伯小大多正之禄田也。

吕祖谦曰，《多士》序，殷民之怨周，"曰，夏迪简在王庭，有服在百僚。予一人惟听用德"，则以大义裁之。此乃以"迪简在王庭，有服大僚"为劝，何也？爵位，上之所命，非下之可干自其怨望，而许之姑息之政也。示以好恶而劝之，磨砺之具也，此周公御商士之开合大用也。

天惟畀矜尔，我有周惟其大介赉尔

1.（汉）孔氏传、（唐）陆德明音义、孔颖达疏《尚书注疏》卷十六《周书·多方》

天惟畀矜尔，我有周惟其大介赉尔。

传，汝能修善，天惟与汝怜汝，我有周惟其大大赐汝，言受多福之祚。

疏，正义曰，汝能修善，天惟与汝怜汝，我有周惟其大大赏赐汝。疏，正义曰，汝非但受赏而已，其有蹈大道者，得在王庭被任用，庶几汝事有所服行在于大官。恐其心未服，故丁宁劝诱之。

2.（宋）苏轼《书传》卷十四《周书·多方第二十》

天惟畀矜尔，我有周惟其大介赉尔。

介，助也。

3. （宋）林之奇《尚书全解》卷三十二《周书·多方》

（归善斋按，见"告尔有方多士，暨殷多士"）

4. （宋）史浩《尚书讲义》卷十六《周书·多方》

（归善斋按，见"惟五月丁亥，王来自奄，至于宗周"）

5. （宋）夏僎《尚书详解》卷二十《周书·多方》

（归善斋按，见"告尔有方多士，暨殷多士"）

6. （宋）时澜《增修东莱书说》卷二十八《周书·多方第二十》

（归善斋按，见"告尔有方多士，暨殷多士"）

7. （宋）黄度《尚书说》卷六《周书·多方》

（归善斋按，见"告尔有方多士，暨殷多士"）

8. （宋）袁燮《絜斋家塾书钞》

（归善斋按，无此篇）

9. （宋）蔡沈《书经集传》卷五《周书·多方》

（归善斋按，见"克阅于乃邑谋介，尔乃自时洛邑，尚永力畋尔田"）

10. （宋）黄伦《尚书精义》卷四十二《周书·多方》

天惟畀矜尔，我有周惟其大介赉尔，迪简在王庭，尚尔事，有服在大僚。

无垢曰，昔者多士共为凶德，岂可使之在朝廷哉。若其率化如此，则我当开简贤者，使居王庭，委任尔以事矣。岂特委任以事，当尊显之，使居大臣之列，此告之以不终弃也。

张氏曰，天之所以畀汝者，锡之以福也。天之所以矜汝者，闵之以仁也。非特天畀矜尔，我有周亦大介赉尔。盖人君之赏罚，亦顺乎天者也。"迪简在王庭，尚尔事，有服在大僚"，此所谓"大介赉尔"也。大介尔，如所谓佑贤辅德是也。大赉尔，如所谓锡之山川土田是也。夫名器者，天下之公也，圣人何私于其间哉，所听用者惟德而已。

11.（宋）陈经《尚书详解》卷三十八《周书·多方》

（归善斋按，见"尔尚不忌于凶德，亦则以穆穆在乃位"）

12.（宋）钱时《融堂书解》卷十六《周书·多方》

（归善斋按，见"告尔有方多士，暨殷多士"）

13.（宋）魏了翁《尚书要义》卷十六《周书·君奭、蔡仲、多方》

（归善斋按，未引）

14.（宋）陈大猷《书集传或问》卷下《周书·多方》

（归善斋按，未解）

15.（宋）胡士行《尚书详解》卷十《周书·多方第二十》

（归善斋按，见"告尔有方多士，暨殷多士"）

16.（元）吴澄《书纂言》卷四下《周书·多方》

（归善斋按，未解）

17.（元）陈栎《书集传纂疏》卷五《朱子订定蔡氏集传·周书·多方》

（归善斋按，见"克阅于乃邑谋介，尔乃自时洛邑，尚永力畋尔田"）

18.（元）许谦《读书丛说》卷六《周书·多方》

(归善斋按，未解)

19.（元）董鼎《书传辑录纂注》卷五《周书·多方》

(归善斋按，见"克阅于乃邑谋介，尔乃自时洛邑，尚永力畋尔田")

20.（元）朱祖义《尚书句解》卷十《周书·多方第二十》

天惟畀矜尔（天亦将畀与尔以福，而怜矜尔），我有周惟其大介赉尔（我周亦惟大介助尔修德，而赐赉尔）。

21.（明）王樵《尚书日记》卷十四《周书·多方》

(归善斋按，见"告尔有方多士，暨殷多士")

22.（清）库勒纳等撰《日讲书经解义》卷十《周书·多方》

(归善斋按，见"克阅于乃邑谋介，尔乃自时洛邑，尚永力畋尔田")

（元）王充耘《书义矜式》卷五《周书·多方》

(归善斋按，见"克阅于乃邑谋介，尔乃自时洛邑，尚永力畋尔田")

（元）王充耘《读书管见》卷下《多方》

(归善斋按，见"克阅于乃邑谋介，尔乃自时洛邑，尚永力畋尔田")

迪简在王庭，尚尔事，有服在大僚

1.（汉）孔氏传、（唐）陆德明音义、孔颖达疏《尚书注疏》卷十六《周书·多方》

迪简在王庭，尚尔事，有服在大僚。

传，非但受怜赐，又乃蹈大道在王庭，庶几修汝事，有所服行在大官。

2.（宋）苏轼《书传》卷十四《周书·多方第二十》

迪简在王庭，尚尔事，有服在大僚。王曰，呜呼！多士，尔不克劝忱我命，尔亦则惟不克享。凡民惟曰不享。

尔不我享，民亦不尔敬矣。

3.（宋）林之奇《尚书全解》卷三十二《周书·多方》

（归善斋按，见"告尔有方多士，暨殷多士"）

4.（宋）史浩《尚书讲义》卷十六《周书·多方》

（归善斋按，见"惟五月丁亥，王来自奄，至于宗周"）

5.（宋）夏僎《尚书详解》卷二十《周书·多方》

（归善斋按，见"告尔有方多士，暨殷多士"）

6.（宋）时澜《增修东莱书说》卷二十八《周书·多方第二十》

（归善斋按，见"告尔有方多士，暨殷多士"）

7. （宋）黄度《尚书说》卷六《周书·多方》

（归善斋按，见"告尔有方多士，暨殷多士"）

8. （宋）袁燮《絜斋家塾书钞》

（归善斋按，无此篇）

9. （宋）蔡沈《书经集传》卷五《周书·多方》

（归善斋按，见"克阅于乃邑谋介，尔乃自时洛邑，尚永力畋尔田"）

10. （宋）黄伦《尚书精义》卷四十二《周书·多方》

（归善斋按，见"天惟畀矜尔，我有周惟其大介赉尔"）

11. （宋）陈经《尚书详解》卷三十八《周书·多方》

（归善斋按，见"尔尚不忌于凶德，亦则以穆穆在乃位"）

12. （宋）钱时《融堂书解》卷十六《周书·多方》

（归善斋按，见"告尔有方多士，暨殷多士"）

13. （宋）魏了翁《尚书要义》卷十六《周书·君奭、蔡仲、多方》

（归善斋按，未引）

14. （宋）陈大猷《书集传或问》卷下《周书·多方》

（归善斋按，未解）

15. （宋）胡士行《尚书详解》卷十《周书·多方第二十》

（归善斋按，见"告尔有方多士，暨殷多士"）

16. （元）吴澄《书纂言》卷四下《周书·多方》

（归善斋按，未解）

17. （元）陈栎《书集传纂疏》卷五《朱子订定蔡氏集传·周书·多方》

（归善斋按，见"克阅于乃邑谋介，尔乃自时洛邑，尚永力畋尔田"）

18. （元）许谦《读书丛说》卷六《周书·多方》

（归善斋按，未解）

19. （元）董鼎《书传辑录纂注》卷五《周书·多方》

（归善斋按，见"克阅于乃邑谋介，尔乃自时洛邑，尚永力畋尔田"）

20. （元）朱祖义《尚书句解》卷十《周书·多方第二十》

迪简在王庭（汝修德既成，我又将行简擢之，典列在王庭为官），尚尔事（加汝以职事），有服在大僚（使有所服行于大僚，不特食邑于洛而已）。

21. （明）王樵《尚书日记》卷十四《周书·多方》

（归善斋按，见"告尔有方多士，暨殷多士"）

22. （清）库勒纳等撰《日讲书经解义》卷十《周书·多方》

（归善斋按，见"克阅于乃邑谋介，尔乃自时洛邑，尚永力畋尔田"）

（元）王充耘《书义矜式》卷五《周书·多方》

（归善斋按，见"克阅于乃邑谋介，尔乃自时洛邑，尚永力畋尔田"）

（元）王充耘《读书管见》卷下《多方》

（归善斋按，见"克阅于乃邑谋介，尔乃自时洛邑，尚永力畋尔田"）

（清）朱鹤龄《尚书埤传》卷十三《周书·多方》

（归善斋按，见"克阅于乃邑谋介，尔乃自时洛邑，尚永力畋尔田"）

王曰，呜呼！多士，尔不克劝忱我命，尔亦则惟不克享，凡民惟曰不享

1.（汉）孔氏传、（唐）陆德明音义、孔颖达疏《尚书注疏》卷十六《周书·多方》

王曰，呜呼！多士，尔不克劝忱我命，尔亦则惟不克享，凡民惟曰不享。

传，王叹而言曰，众士，汝不能劝信我命，汝亦则惟不能享天祚矣。凡民亦惟曰不享于汝祚矣。

疏，正义曰，王言而叹曰，呜呼，成周之众士，汝若不能劝勉信用我之教命，汝则惟不能多受天福祚矣。凡民惟曰不享于汝祚矣。

传正义曰，劝信我命，劝勉而信顺之。凡民亦惟曰不享于汝祚矣，言民亦不愿汝之子孙长久矣。成周一邑之士，不得谓之多方，此盖意在成周迁者，兼告四方诸国使知，亦如《康诰》，王告康叔，并使诸侯知之。

2.（宋）苏轼《书传》卷十四《周书·多方第二十》

（归善斋按，见"迪简在王庭，尚尔事，有服在大僚"）

3.（宋）林之奇《尚书全解》卷三十二《周书·多方》

（归善斋按，见"告尔有方多士，暨殷多士"）

4.（宋）史浩《尚书讲义》卷十六《周书·多方》

（归善斋按，见"惟五月丁亥，王来自奄，至于宗周"）

5.（宋）夏僎《尚书详解》卷二十《周书·多方》

（归善斋按，见"告尔有方多士，暨殷多士"）

6.（宋）时澜《增修东莱书说》卷二十八《周书·多方第二十》

王曰，呜呼！多士，尔不克劝忱我命，尔亦则惟不克享。凡民惟曰不享，尔乃惟逸惟颇，大远王命，则惟尔多方探天之威，我则致天之罚，离逖尔土。

前章既劝之以赏，此章复董之以威。尔多士，苟不能相劝信我之诰命，尔亦则惟不能享上。凡尔之民，亦惟相告以不享汝矣。己则不忠于君，而望民之忠于己可乎，出乎尔者反乎尔者也。下之奉上，谓之享，见于《洛诰》详矣。天之明威，凛然在上，未尝求人而加之也。尔乃放逸颇僻，大弃王命，则惟尔多方探天之威，而自取之。我职为天吏，将致天之罚，播流荡析，俾尔离逖尔土，盖不得而私也。后世或以刑赏为霸政，而非王者之事。今观周公之待多方，先之以"介赉"之赏，后之以"离逖"之刑，申敕明着，炳如丹青。周公岂亦霸者乎？然则，果何以为王霸之辨也。曰周公之所"介赉"，天之所畀矜也。周公之所"离逖"，天之所罚也。而周公何与于其间哉。其视霸者，区区小信，邀民以利，驱民以善者，大不侔矣。然则，王者之赏罚天也，霸者之赏罚，人也。

7.（宋）黄度《尚书说》卷六《周书·多方》

王曰，呜呼！多士，尔不克劝忱我命，尔亦则惟不克享。凡民惟曰不享。尔乃惟逸惟颇，大远王命，则惟尔多方探天之威，我则致天之罚，离逖尔土。

前爵后刑，皆特出王言临之，尔犹不克自劝，信我命，尔亦则惟不能享其上，不待智者，虽凡民，皆言其不享矣。惟放逸，惟颇僻，大远弃王命，则为探取天威，此不独殷多士，盖虽多方有不享其上。行法，亦当如是也。"离逖尔土"，用三苗故事，不得居中国。"迪简""服大僚"，则曰"天畀矜尔"；"离逖尔土"则曰"致天之罚"。有一不合理义，皆非天道。临之以王言；训之以天道，其严乎。

8.（宋）袁燮《絜斋家塾书钞》

（归善斋按，无此篇）

9.（宋）蔡沈《书经集传》卷五《周书·多方》

王曰，呜呼！多士，尔不克劝忱我命，尔亦则惟不克享，凡民惟曰不享。尔乃惟逸、惟颇，大远王命，则惟尔多方探天之威，我则致天之罚，离逖尔土。

诰告将终，乃叹息言，尔多士，如不能相劝信我之诰命，尔亦则惟不能享上，凡尔之民，亦惟曰上不必享矣。尔乃放逸颇僻，大违我命，则惟尔多士，自取天威，我亦致天之罚，播流荡析，俾尔离远尔土矣尔。虽欲宅尔宅，畋尔田，尚可得哉？多方疑当作多士。上章既劝之以休，此章则董之以威。商民不惟有所慕，而不敢违越，且有所畏而不敢违越矣。

10.（宋）黄伦《尚书精义》卷四十二《周书·多方》

王曰，呜呼！多士，尔不克劝忱我命，尔亦则惟不克享，凡民惟曰不享。尔乃惟逸、惟颇，大远王命，则惟尔多方探天之威，我则致天之罚，离逖尔土。

（按，此节解《永乐大典》原缺）

11. （宋）陈经《尚书详解》卷三十八《周书·多方》

王曰，呜呼！多士尔不克劝忱我命，尔亦则惟不克享，凡民惟曰不享。尔乃惟逸、惟颇，大远王命，则惟尔多方探天之威，我则致天之罚，离逖尔土。

前既以赏诱之，此又以威惩之。尔能如是，则有赏；不能如是，则有罚。故又曰，多士，尔若不能相观率以诚信我之命，尔亦则惟不克享，是汝不能奉上也。惟汝不能奉上，所以致民之不能奉上者，皆尔长民之责，是尔惟放逸，惟颇僻，以大远我之王命，则惟尔多方探取天之威，本未尝滥加人，皆人自取之。尔既自取天之威，则我所以致天之罚于汝身，"离逖尔土"，使尔远徙，不得享土田之乐。我周家所以告戒汝至此，勤且至矣。惟有赏、罚二柄，看汝所以从违如何尔。

12. （宋）钱时《融堂书解》卷十六《周书·多方》

王曰，呜呼！多士，尔不克劝忱我命，尔亦则惟不克享，凡民惟曰不享。尔乃惟逸、惟颇，大远王命，则惟尔多方探天之威，我则致天之罚，离逖尔土。

此节却申言其不然者，而警之以天罚也。此节亦有两转，始言"不克劝忱我命"，而后言"大远王命"，则又深矣。故"尔亦则惟"与后"则惟"字相照，而辞旨轻重，亦不同。"凡民惟曰不享"，谓凡民皆将视效，惟曰不享其上。上文劝勉之言，专主洛邑，至此警饬之言，则兼多方，所以普也。

13. （宋）魏了翁《尚书要义》卷十六《周书·君奭、蔡仲、多方》

（归善斋按，未引）

14. （宋）陈大猷《书集传或问》卷下《周书·多方》

（归善斋按，未解）

15.（宋）胡士行《尚书详解》卷十《周书·多方第二十》

王曰，呜呼！多士，尔不克劝（相劝）忱（信）我命（教），尔亦则惟不克享（享上）。凡民（化汝）惟（亦）曰不享。尔乃惟逸（放）惟颇（僻），大远（弃）王命，则惟尔多方探（取）天之威（怒），我则致天之罚，离逖（远）尔土。

前劝之以赏，此董之以威，命讨皆天也。

16.（元）吴澄《书纂言》卷四下《周书·多方》

（归善斋按，未解）

17.（元）陈栎《书集传纂疏》卷五《朱子订定蔡氏集传·周书·多方》

王曰，呜呼！多士，尔不克劝忱我命，尔亦则惟不克享。凡民惟曰不享。尔乃惟逸、惟颇，大远王命，则惟尔多方探天之威，我则致天之罚，离逖尔土。

诰告将终，乃叹息言，尔多士如不能相劝信我之诰命，尔亦则惟不能享上。凡尔之民亦惟曰上不必享矣。尔乃放逸、颇僻，大违我命，则惟尔多士自取天威，我亦致天之罚，播流荡析，俾尔离远尔土矣，尔虽欲宅尔宅，畋尔田，尚可得哉。"多方"疑当作"多士"。上章既劝之以休，此章则董之以威。商民不惟有所慕而不敢违越，且有所畏而不敢违越矣。

纂疏：

王氏曰，上告以承之、庸之，此告以威之也。

18.（元）许谦《读书丛说》卷六《周书·多方》

（归善斋按，未解）

19.（元）董鼎《书传辑录纂注》卷五《周书·多方》

王曰，呜呼！多士，尔不克劝忱我命，尔亦则惟不克享。凡民惟曰不

1373

享。尔乃惟逸、惟颇,大远王命,则惟尔多方探天之威,我则致天之罚,离逖尔土。

诰告将终,乃叹息言,尔多士如不能相劝信我之诰命,尔亦则惟不能享上,凡尔之民亦惟曰上不必享矣。尔乃放逸、颇僻,大违我命,则惟尔多士自取天威,我亦致天之罚,播流荡析,俾尔离远尔土矣。尔虽欲宅尔宅,畋尔田,尚可得哉?"多方"疑当作"多士"。上章既劝之以休,此章则董之以威。商民不惟有所慕而不敢违越,且有所畏而不敢违越矣。

纂注:

王氏曰,上告以承之、庸之,此告以威之也。

20. (元)朱祖义《尚书句解》卷十《周书·多方第二十》

王曰,呜呼!多士(又叹而呼多士告之),尔不克劝忱我命(汝等若不能劝勉以诚信行我教命),尔亦则惟不克享(则是汝等不能奉上)。凡民惟曰不享(凡民亦将化汝所为,惟曰不复享上)。

21. (明)王樵《尚书日记》卷十四《周书·多方》

"王曰,呜呼!多士,尔不克劝忱我命"至"离逖尔土"。

上既劝勉之,此言尔不劝信于我之命,是尔无事上之实,而民亦效之矣。天之威未尝求人而加之,尔乃放逸、颇僻,大违王命,则惟尔多士探天,而自取之。我则致天之罚,远徙尔土,不得宅尔宅,畋尔田矣。前言"不用我降尔命,我乃大罚殛之",为凡民言也。此为"殷士之多逊"者言,故言"离逖尔土",罚,盖有间也。

22. (清)库勒纳等撰《日讲书经解义》卷十《周书·多方》

王曰,呜呼!多士,尔不克劝忱我命,尔亦则惟不克享。凡民惟曰不享。尔乃惟逸、惟颇,大远王命,则惟尔多方探天之威,我则致天之罚,离逖尔土。

此一节书是,申告殷臣而警之以威也。享,奉上也。多方,亦当作多士。探，取也。逖，远也。成王又叹息呼殷多士而告之曰，尔若不能交相劝勉，忱信于我所言，和身、睦家、正已，用人之命，是尔不能尽职以奉上。凡洛邑之民，转相仿效，亦惟曰上不必奉，不肯信顺尔之教令矣。且尔既不能勤事尽职，乃惟务放逸，惟务颇僻，大违远我王命。身不和，而家不睦，非但不克明于尔邑，将益恣顽民之凶德，则惟尔多士探取天威，自贻殃祸。我则奉天威，以行罚，使尔身家播迁，离远尔之乡土。虽欲力畋尔田，尚可得哉？尔多士，其深戒之。盖有司之职化民，即所以奉君；奉君，即所以得天。反是，则探天之威，不独为殷士着戒，殆为人臣怀二心者，立万世之大防与。

（元）王充耘《读书管见》卷下《多方》

尔不克劝忱我命，尔亦则惟不克享。

不奉上命，即是无君之心，故云不享。

尔乃惟逸惟颇，大远王命，则惟尔多方探天之威，我则致天之罚，离逖尔土

1.（汉）孔氏传、（唐）陆德明音义、孔颖达疏《尚书注疏》卷十六《周书·多方》

尔乃惟逸惟颇，大远王命，则惟尔多方探天之威，我则致天之罚，离逖尔土。

传，若尔乃为逸豫颇僻，大弃王命，则惟汝众方取天之威，我则致行天罚，离远汝土，将远徙之。

音义，颇破多反。探，吐南反。辟，匹亦反。

疏，正义曰，汝乃惟为逸豫，惟为颇僻，大远弃王命，则惟汝众方自取天之威，刑戒则致天之罚于汝身，将远徙之使离远汝之本土。

传正义曰，离远汝土。更远徙之。郑云，分离夺汝土也与。

1375

2.（宋）苏轼《书传》卷十四《周书·多方第二十》

尔乃惟逸惟颇，大远王命。

迪简之命也。

则惟尔多方探天之威，我则致天之罚，离逖尔土。

将远徙之。

3.（宋）林之奇《尚书全解》卷三十二《周书·多方》

（归善斋按，见"告尔有方多士，暨殷多士"）

4.（宋）史浩《尚书讲义》卷十六《周书·多方》

（归善斋按，见"惟五月丁亥，王来自奄，至于宗周"）

5.（宋）夏僎《尚书详解》卷二十《周书·多方》

（归善斋按，见"告尔有方多士，暨殷多士"）

6.（宋）时澜《增修东莱书说》卷二十八《周书·多方第二十》

（归善斋按，见"王曰，呜呼！多士，尔不克劝忱我命，尔亦则惟不克享，凡民惟曰不享"）

7.（宋）黄度《尚书说》卷六《周书·多方》

（归善斋按，见"王曰，呜呼！多士，尔不克劝忱我命，尔亦则惟不克享，凡民惟曰不享"）

8.（宋）袁燮《絜斋家塾书钞》

（归善斋按，无此篇）

9.（宋）蔡沈《书经集传》卷五《周书·多方》

（归善斋按，见"王曰，呜呼！多士，尔不克劝忱我命，尔亦则惟不克享，凡民惟曰不享"）

10.（宋）黄伦《尚书精义》卷四十二《周书·多方》

（按，此节解《永乐大典》原缺）

11.（宋）陈经《尚书详解》卷三十八《周书·多方》

（归善斋按，见"王曰，呜呼！多士，尔不克劝忱我命，尔亦则惟不克享，凡民惟曰不享"）

12.（宋）钱时《融堂书解》卷十六《周书·多方》

（归善斋按，见"王曰，呜呼！多士，尔不克劝忱我命，尔亦则惟不克享，凡民惟曰不享"）

13.（宋）魏了翁《尚书要义》卷十六《周书·君奭、蔡仲、多方》

五十、告殷并及诸侯，《康诰》亦然。

多士"有干，有年"，传亦云，由终修善，得还本土，皆未必然。正义曰，成周一邑之士，不得谓之多方，此盖意在成周迁者，兼告四方诸国使知。亦如《康诰》王诰康叔，并使诸侯知之。"离远汝土"，更远徙之。郑云，分离夺汝土也，与孔异也。

14.（宋）陈大猷《书集传或问》卷下《周书·多方》

（归善斋按，未解）

15.（宋）胡士行《尚书详解》卷十《周书·多方第二十》

（归善斋按，见"王曰，呜呼！多士，尔不克劝忱我命，尔亦则惟不克享，凡民惟曰不享"）

1377

16.（元）吴澄《书纂言》卷四下《周书·多方》

（归善斋按，未解）

17.（元）陈栎《书集传纂疏》卷五《朱子订定蔡氏集传·周书·多方》

（归善斋按，见"王曰，呜呼！多士，尔不克劝忱我命，尔亦则惟不克享，凡民惟曰不享"）

18.（元）许谦《读书丛说》卷六《周书·多方》

（归善斋按，未解）

19.（元）董鼎《书传辑录纂注》卷五《周书·多方》

（归善斋按，见"王曰，呜呼！多士，尔不克劝忱我命，尔亦则惟不克享，凡民惟曰不享"）

20.（元）朱祖义《尚书句解》卷十《周书·多方第二十》

尔乃惟逸、惟颇（则是汝等自为纵逸，自为颇僻。颇，坡），大远王命（大远弃于王命），则惟尔多方探天之威（是尔多方之士，自探取天之威罚），我则致天之罚（我于是致行天罚于尔身），离逖尔土（又将远徙，使不得享土田之乐）。

21.（明）王樵《尚书日记》卷十四《周书·多方》

（归善斋按，见"王曰，呜呼！多士，尔不克劝忱我命，尔亦则惟不克享，凡民惟曰不享"）

22.（清）库勒纳等撰《日讲书经解义》卷十《周书·多方》

（归善斋按，见"王曰，呜呼！多士，尔不克劝忱我命，尔亦则惟不克享，凡民惟曰不享"）

王曰，我不惟多诰，我惟祗告尔命

1.（汉）孔氏传、（唐）陆德明音义、孔颖达疏《尚书注疏》卷十六《周书·多方》

王曰，我不惟多诰，我惟祗告尔命。
传，我不惟多诰汝而已，我惟敬告汝吉凶之命。
疏，正义曰，王曰，我今告戒汝者，不惟多为言诰汝而已，惟敬告汝吉凶之命，从我则吉，违我则凶。汝命吉凶，在此言也。

2.（宋）苏轼《书传》卷十四《周书·多方第二十》

王曰，我不惟多诰，我惟祗告尔命。又曰，时惟尔初，不克敬于和，则无我怨。
今既戒汝以和敬，汝不能用，则他日又举今言，以告汝无怨也。

3.（宋）林之奇《尚书全解》卷三十二《周书·多方》

（归善斋按，见"告尔有方多士，暨殷多士"）

4.（宋）史浩《尚书讲义》卷十六《周书·多方》

（归善斋按，见"惟五月丁亥，王来自奄，至于宗周"）

5.（宋）夏僎《尚书详解》卷二十《周书·多方》

（归善斋按，见"告尔有方多士，暨殷多士"）

6.（宋）时澜《增修东莱书说》卷二十八《周书·多方第二十》

王曰，我不惟多诰，我惟祗告尔命。又曰，时惟尔初不克敬于和，则无我怨。

周公前既告多方以"今我曷敢多诰"矣，怀不能已，犹复谆谆，故于诰之毕，以王命诰之曰"我不惟多诰，惟祗告尔命"，言我岂独专为烦言赘语者，惟敬告尔，以今日之命诰而已，自今以往，此诰真不可复得矣。"又曰，时惟尔初不克敬于和，则无我怨"者，盖教诰已终，复呼而语之，史官特书"又曰"二字，所以形容周公之惓惓斯民，命已毕，而犹有余情；诰已终，而犹有余语。顾盼之光，犹晔然而溢于简册也。"时惟尔初"，言前日愆尤，一皆洗涤，咸与惟新，是乃汝之初，自此可以洗心为善矣。苟不能敬于辑睦和平之道，犹复乖乱，则自厎诛罚，无我怨也。其意亦恳切矣。商之顽民与纣同恶，武王克纣，反商政之时，是其一"初"也。不能自此更始，而为三监之乱，则既失此"初"矣。周公迁顽民于洛，式化厥训，是又其一"初"也，复不能自此更始，而迪屡未静，则又失此"初"矣。今《多方》之诰，反复详尽明，谕以"时惟尔初"复与之作始，是又其一"初"也，若又失此"初"，则真无可言者。彼虽冥顽，苟非木石，宁有不动者哉？

7. （宋）黄度《尚书说》卷六《周书·多方》

王曰，我不惟多诰，我惟祗告尔命。
惠迪吉，从逆凶，皆天命也。

8. （宋）袁燮《絜斋家塾书钞》

（归善斋按，无此篇）

9. （宋）蔡沈《书经集传》卷五《周书·多方》

王曰，我不惟多诰，我惟祗告尔命。
我岂若是多言哉，我惟敬告尔以上文劝勉之命而已。

10. （宋）黄伦《尚书精义》卷四十二《周书·多方》

王曰，我不惟多诰，我惟祗告尔命。又曰，时惟尔初，不克敬于和，则无我怨。
无垢曰，此篇皆以商人不肯从周而作，而其所以称天者，无虑二十；

而称帝者五。盖欲使商人知周之所以受命者，非有意于取之也。天之所命，我周不能违也。夫以我周，犹不能违天命，尔多士能屑播天命乎？

又曰，东坡以"又曰"为他日，甚善。夫使我致天之罚，皆由尔初不能钦和以化凶德，使转相率化，则其自取天威，非我咎之也。故曰"则无我怨"。夫桀无道，而汤受天命；纣无道，而周受天命，是或一道也。商汤受命之初，岂无夏之多士哉，而下不闻有一人违命上，不闻有告戒之辞。今周王于此，独何为辛苦丁宁谆复，诲谕之切耶，岂文、武之劣于汤，而今之多士，非昔之多士耶？曰，是不然，有商与夏，自不同也。夫夏自大禹揖逊而得天下，而启继之至少康而中兴，他无所闻焉。有商之兴，贤圣之君六七作，其仁恩德泽，固结于民心者，为己久，故所以谆谆告戒，犹或不从，虽曰其顽可罪，然亦可以见恋主之意矣。

吕氏曰，大抵殷民之失其初已多，周公到这里乃说，此乃尔之初，何故？自武王初定天下，此乃殷民之初，殷民乃从三监而叛成王，既伐三监而作新大邑东国洛，此亦是殷民之初，到此人情犹未足，乌有所谓初论来。殷民已屡失其初，周公却到这里，与他赦过宥罪，再与他起头说。而今正是尔起头为善时节，尔若自后更不能亲睦王室，到得后来被罚，那时却不可怨我，以此见周公之于民，尤惇笃恳切。

11.（宋）陈经《尚书详解》卷三十八《周书·多方》

王曰，我不惟多诰，我惟祗告尔命。又曰，时惟尔初，不克敬于和，则无我怨。

"我不惟多诰"，盖"多"为言语，以告尔众，非我本意也。我惟敬告汝以天命。周之得天下也，皆天命，而汝不知天命之所在。故此篇言天，言帝，尤详。"又曰，时惟尔初"，又更端而告之曰，自今以始，皆是尔之初。前日之非，已赦汝勿论。汝当自今日为始，改过自新。汝自此以往，若不能敬，不能和睦，则我决意于刑威，不汝赦矣。周公恐其言语之多，适以渎民惠大禁，而民不以为德，故断然为辞曰，不克敬于和，则无我怨。此告商人之书，所以至多方而止也。

12. （宋）钱时《融堂书解》卷十六《周书·多方》

王曰，我不惟多诰，我惟祗告尔命。又曰，时惟尔初，不克敬于和，则无我怨。

前告四国多方曰"今我曷敢多诰"，此告有多方士及殷多士亦曰"我不惟多诰"，大抵皆是欲其深体至意，勿作言语听耳。详玩"我惟祗告"四字，怛然恳恻，含蓄不尽。语小止，即又曰"时惟尔初"，呜呼！至矣哉。"初"者，犹言与之更始也，且武王克商，凡几何年，曷为尚发更始之义，盖武王崩，三监及淮夷叛，今成王即政，而又叛，是旧染之俗，犹未纯于周也。一时涤荡，咸与惟新，是惟尔等，革心易虑之方始，可不思所谓"尔惟和哉"者乎？

13. （宋）魏了翁《尚书要义》卷十六《周书·君奭、蔡仲、多方》

五十一、王不惟多诰汝，惟祗告尔吉凶之命。

"王曰，我不惟多诰，我惟祗告尔命"，我不惟多诰汝而已，我惟敬告汝吉凶之命。"又曰，时惟尔初，不克敬于和，则无我怨"，又告汝，是惟汝初，不能敬以和道，故诛汝，汝无我怨，解所以再三加诛之意。正义曰，王曰，我今告戒汝者，不惟多为言诰汝而已，惟敬诰汝吉凶之命，从我则吉，违我则凶。汝命凶吉在此言也。王又谓，汝所以再三被诛者，是惟汝不能敬于和道，故致此，尔汝自取之，则无于我有怨。

14. （宋）陈大猷《书集传或问》卷下《周书·多方》

（归善斋按，未解）

15. （宋）胡士行《尚书详解》卷十《周书·多方第二十》

王曰，我不惟多诰，我惟祗（敬）告尔命（吉凶之命，即前命讨之天也。一云，前所诰命）。又曰，时（此）惟尔初（洗涤自新之始），不（又不）克（能）敬于和（辑睦和平，自取诛戮），则无我怨。

"王曰""又曰"所以形容周公拳拳之意，情话已终，犹有遗语，顾盼之光，焜然简册之上也。

16.（元）吴澄《书纂言》卷四下《周书·多方》

王曰，我不惟多诰，我惟祗告尔命。又曰，时惟尔初，不克敬于和，则无我怨。

我非是多诰，惟敬告尔以教命而已。又言是惟尔之一初，乃尔去恶从善，改旧为新之时，若自今以后，不能敬行和睦之道，犹复乖戾，则自底于罚，无我怨也。

17.（元）陈栎《书集传纂疏》卷五《朱子订定蔡氏集传·周书·多方》

王曰，我不惟多诰，我惟祗告尔命。
我岂若是多言哉，我惟敬告尔以上文劝勉之命而已。
纂疏：
陈氏经曰，我敬告尔以天命也。不知天命乃商民之病根，故此篇言天命尤详，称天无虑二十，称帝三。

18.（元）许谦《读书丛说》卷六《周书·多方》

（归善斋按，未解）

19.（元）董鼎《书传辑录纂注》卷五《周书·多方》

王曰，我不惟多诰，我惟祗告尔命。
我岂若是多言哉，我惟敬告尔以上文劝勉之命而已。
纂注：
陈氏曰，我岂欲多言以告，惟敬告尔以天命而已。不知天命乃商民之病根，故此篇言天命尤详。张氏曰，称天者无虑二十，称帝者三。

20.（元）朱祖义《尚书句解》卷十《周书·多方第二十》

王曰（王既以恩诱之，又以威惧之，又缴前说而曰），我不惟多诰

(我本不欲多为言语告汝)，我惟祗告尔命（我惟敬告汝以命。盖前言有"简在王庭"之赏，又有"离逖尔土"之罚，乃是汝祸福之所由分）。

21.（明）王樵《尚书日记》卷十四《周书·多方》

王曰，我不惟多诰，我惟祗告尔命。

尔命，上文之命也。我不多诰在汝，劝信而已。

22.（清）库勒纳等撰《日讲书经解义》卷十《周书·多方》

王曰，我不惟多诰，我惟祗告尔命。又曰，时惟尔初，不克敬于和，则无我怨。

此二节书是，申饬以作诰更始之意也。成王曰，我岂欲如此多言，而谆复不能自已哉。我惟敬告尔以所当劝勉之命，使尔知顺王命，即所以安天命也。成王又曰，尔四国士民，前日助奄为叛之罪，皆已降宥。今与尔更始，正迁善自新之初，要在敬谨于和心，以和其身家耳。苟又不能敬于和，犹循乖乱之旧习，则自取诛灭。他日无以王法为残忍，而于我怨尤也。篇中丁宁告戒，惓惓恳恳，无非开其为善，禁其为恶。周家忠厚开基之意，溢于言表。此所以享八百年有道之长也哉。

又曰，时惟尔初，不克敬于和，则无我怨

1.（汉）孔氏传、（唐）陆德明音义、孔颖达疏《尚书注疏》卷十六《周书·多方》

又曰，时惟尔初，不克敬于和，则无我怨。

传，又诰汝，是惟汝初不能敬于和道，故诛汝，汝无我怨，解所以再三加诛之意。

疏，正义曰，王又谓，汝所以再三被诛者，是惟汝初不能敬于和道，故致此，尔汝自取之，则无于我有怨。

传正义曰，又告者，更言王意，又谓汝曰也。以上王诰已终，又起别端，故更称王又复言曰。以序云成王在丰，诰庶邦，则此篇是王亲诰之辞。直称"王曰"者是也。其有周公称王告者，则上云"周公曰，王若曰"是也；又曰"呜呼，王若曰"是也。顾氏云"又曰"者，是王又复言"曰"也。

2.（宋）苏轼《书传》卷十四《周书·多方第二十》

（归善斋按，见"我不惟多诰，我惟祗告尔命"）

3.（宋）林之奇《尚书全解》卷三十二《周书·多方》

（归善斋按，见"告尔有方多士，暨殷多士"）

4.（宋）史浩《尚书讲义》卷十六《周书·多方》

（归善斋按，见"惟五月丁亥，王来自奄，至于宗周"）

5.（宋）夏僎《尚书详解》卷二十《周书·多方》

（归善斋按，见"告尔有方多士，暨殷多士"）

6.（宋）时澜《增修东莱书说》卷二十八《周书·多方第二十》

（归善斋按，见"我不惟多诰，我惟祗告尔命"）

7.（宋）黄度《尚书说》卷六《周书·多方》

又曰，时惟尔初，不克敬于和，则无我怨。
是惟尔初，不克敬于和，故纷纷至此，非予咎。

8.（宋）袁燮《絜斋家塾书钞》

（归善斋按，无此篇）

9.（宋）蔡沈《书经集传》卷五《周书·多方》

又曰，时惟尔初，不克敬于和，则无我怨。

1385

与之更始,故曰"时惟尔初"也。尔民至此,苟又不能敬于和,犹复乖乱,则自底诛戮,毋我怨尤矣,开其为善,禁其为恶。周家忠厚之意,于是篇尤为可见。

吕氏曰,"又曰"二字,所以形容周公之惓惓斯民。命已毕,而犹有余情;诰已终,而犹有余语,顾眄之光,犹晔然溢于简册也。

10.（宋）黄伦《尚书精义》卷四十二《周书·多方》

（归善斋按,见"我不惟多诰,我惟祇告尔命"）

11.（宋）陈经《尚书详解》卷三十八《周书·多方》

（归善斋按,见"我不惟多诰,我惟祇告尔命"）

12.（宋）钱时《融堂书解》卷十六《周书·多方》

（归善斋按,见"我不惟多诰,我惟祇告尔命"）

13.（宋）魏了翁《尚书要义》卷十六《周书·君奭、蔡仲、多方》

五十二、"王曰""又曰"者,王亲告。

"周公曰,王若曰"者,公称王命。更称王又复言曰,以序云"成王在丰,诰庶邦",则此篇是王亲告之辞,直称"王曰"者是也。其有周公称王告者,则上云"周公曰"是也。又云"呜呼!王若曰"是也。顾氏云,"又曰"者,是王又复言"曰"也。

14.（宋）陈大猷《书集传或问》卷下《周书·多方》

（归善斋按,未解）

15.（宋）胡士行《尚书详解》卷十《周书·多方第二十》

（归善斋按,见"我不惟多诰,我惟祇告尔命"）

16. （元）吴澄《书纂言》卷四下《周书·多方》

(归善斋按，见"我不惟多诰，我惟祗告尔命")

17. （元）陈栎《书集传纂疏》卷五《朱子订定蔡氏集传·周书·多方》

又曰，时惟尔初不克敬于和，则无我怨。

与之更始，故曰"时惟尔初"也。尔民至此，苟又不能敬于和，犹复乖乱，则自底诛戮，毋我怨尤矣。开其为善，禁其为恶。周家忠厚之意，于是篇尤为可见。

吕氏曰，"又曰"二字，所以形容周公之惓惓斯民。命已毕，而犹有余情；诰已终，而犹有余语，顾盻之光，犹晔然溢于简册也。

纂疏：

吕氏曰，是又尔更端为善之一初也，盖殷民与纣同恶，武王克纣，是惟新之一初也；不能而从三监叛，既失此初矣。迁洛又一初也，复不能而屡迪不静又失此初矣。今归自践奄，反覆丁宁，之前之过，一皆洗涤，今之善当相与图新，岂非又一初乎？若又失此初，不能敬以纳民于和，则永无可望矣。但曰"则无我怨"，而自取诛戮之意，隐然于不言之表。周家忠厚，何其至哉。

18. （元）许谦《读书丛说》卷六《周书·多方》

(归善斋按，未解)

19. （元）董鼎《书传辑录纂注》卷五《周书·多方》

又曰，时惟尔初，不克敬于和，则惟我怨。

与之更始，故曰"时惟尔初"也。尔民至此，苟又不能敬于和，犹复乖乱，则自底诛戮，毋我怨尤矣。开其为善，禁其为恶。周家忠厚之意，于是篇尤为可见。

吕氏曰，"又曰"二字，所以形容周公之惓惓斯民。命已毕，而犹有余情；诰已终，而犹有余语，顾盻之光犹晔然溢于简册也。

纂注：

吕氏曰，是又尔更端，为善之一初也。盖殷民与纣同恶，武王克纣，是维新之一初也；不能而从三监之叛，则既失此初矣。迁洛又一初也，复不能而屡迪不静，则又失此初矣。今归自践奄，而又为多方之诰丁宁反覆谕以"时惟尔初"，初之过，一皆洗涤。今之善，当相与维新，岂非又一初乎？若又失此初，不能敬以纳民于和，则永无可望矣。但曰"则无我怨"，而自取诛戮之意，隐然于不言之表，周家忠厚何其至哉。

20.（元）朱祖义《尚书句解》卷十《周书·多方第二十》

又曰（言既竟又告之），时惟尔初，不克敬于和（我所以东征者，非我之罪，是尔等于其初不能敬修为和，至乖戾犯我），则无我怨（皆是汝等自取，不当怨我）。

21.（明）王樵《尚书日记》卷十四《周书·多方》

又曰，时惟尔初，不克敬于和，则无我怨。

与之更始，故曰"尔初"，苟又不能敬于和顺之道，则无我怨矣。殷民从纣之恶，武王克殷，是其一初。不能，而从三监之叛，自奄降宥，又其一初。不能，而有奄之再叛，首恶之外，仍降尔命，是今又尔之初，而可又失哉？怙终不可赦，降命不可常得矣。

吕氏曰，"又曰"二字，见周公之惓惓于民，会已毕，而犹有余情；诰已终，而犹有余语也。

22.（清）库勒纳等撰《日讲书经解义》卷十《周书·多方》

（归善斋按，见"我不惟多诰，我惟祗告尔命"）

（清）朱鹤龄《尚书埤传》卷十三《周书·多方》

敬于和。

此正戒殷士。蔡传"尔民"，字误。和，即上"尔惟和哉"之"和"。

王柏曰，苏氏谓，《康诰》《大诰》《多士》《多方》八篇，大略皆为殷人不服周而作，又怪取殷之易，安殷之难。愚观此八篇者，各有所主，非尽为殷民作也。其化殷民之书，不过《多士》《多方》两篇而已。熟读之，知其有错简焉。窃谓，《多方》当在前，《多士》当在后。《多方》曰"告尔四国多方，惟尔殷侯尹民，我惟大降尔命，尔罔不知"，又曰"我惟大降尔四国民命"；《多士》曰"昔朕来自奄，予大降尔四国民命"，此可以知其先后也。《多方》自首至"乃惟尔自速辜"，中间皆称"多方"，知此"多方"结语。自"王曰，呜呼！猷，告尔有方多士"以下，皆称"多士"，则知此乃《多士》后错简也。《多士》曰"今尔又曰，夏迪简在王庭，有服在百僚"，《多士》后段曰"尔乃自时洛邑，尚永力畋尔田。天惟畀矜尔。我有周惟其大介赉尔，迪简在王庭，尚尔事有服在大僚"，此又知其一篇前后相应也。《多士》曰"尔克敬天，惟畀矜尔；尔不克敬，尔不啻不有尔土，予亦致天之罚于尔躬"，《多方》后段曰"自作不和尔惟和哉"，其末云"不克敬于和则无我怨"，又知两段相连，总结于此也。《多士》结"王曰"之下有阙文，当联《多方》"呜呼猷"一段后，"又曰，时予乃，或言尔攸居"，当联《多方》后"又曰"下结语。如此庶条理贯通，文势明白。今考定二篇于左：

《多方》

惟五月丁亥，王来自奄，至于宗周。周公曰，王若曰，猷！告尔四国多方，惟尔殷侯尹民，我惟大降尔命，尔罔不知。洪惟图天之命，弗永寅念于祀。惟帝降格于夏，有夏诞厥逸，不肯戚言于民，乃大淫昏，不克终日劝于帝之迪，乃尔攸闻，厥图帝之命，不克开于民之丽，乃大降罚崇乱。有夏因甲于内乱，不克灵承于旅，罔丕惟进之恭，洪舒于民。亦惟有夏之民，叨懫日钦，劓割夏邑。天惟时求民主，乃大降显休命于成汤，刑殄有夏。惟天不畀纯，乃惟以尔多方之义民，不克永于多享，亦惟夏之恭多士，大不克明保享于民，乃胥惟虐于民，至于百为，大不克开。乃惟成汤克，以尔多方，简代夏作民主，慎厥丽，乃劝厥民，刑用劝，以至于帝乙，罔不明德慎罚，亦克用劝。要囚殄戮多罪，亦克用劝。开释无辜，亦克用劝。今至于尔辟，弗克以尔多方享天之命。呜呼！王若曰，诰告尔多方，非天庸释有夏，非天庸释有殷，乃惟有夏图厥政，不集于享，天降时丧，有邦间之。乃惟尔商后王逸厥逸，图厥政不蠲烝，天惟降时丧。天惟求尔多方，大动以威，开厥顾天。惟尔多方，罔堪顾之。惟我周王灵承于旅，克堪用德，惟典神天。天惟式教我用休，简畀殷命，尹尔多方。惟圣罔念，作狂；惟狂克念，作圣。天惟五年，须暇之子孙，诞作民主，罔可念听。乃惟尔辟，以尔多方，大淫图天之命，屑有辞（此段原杂前节，先儒疑有阙文，不知乃是错简。言武王虽已受命，商之子孙苟能克念，有得天之道，天亦畀之，诞作民主，待尔五年矣。尔又无可念可听之德。盖武王在位五年故也。今尔辟，指武庚言，"大淫图天之命"应首章）今我曷敢多诰？我惟大降尔四国民命，尔曷不忱裕之于尔多方，尔曷不夹介乂我周王，享天之命。今尔尚宅尔宅畋尔田，尔曷不惠王熙天之命，尔乃迪屡不靖，尔心未爱。尔乃不大宅天命，尔乃屑播天命，尔乃自作不典，图忱于正。我惟其时教告之，我惟时其战要囚之，至于再，至于三，乃有不用我降尔命，我乃其大罚殛之，非我有周秉德不康宁，乃惟尔自速辜。

《多士》

惟三月，周公初于新邑洛，用诰商王士。王若曰，尔殷遗多士，弗吊旻天，大降丧于殷。我有周佑命，将天明威，致王罚，敕殷命终于帝。肆尔多士，非我小国敢弋殷命，惟天不畀允罔固乱，弼我，我其敢求位？惟帝不畀，惟我下民，秉为惟天明畏。我闻曰，上帝引逸，有夏不适逸，则惟帝降格。向于时夏，弗克庸帝，大淫泆有辞。惟时天罔念闻，厥惟废元命，降致罚，乃命尔先祖成汤革夏，俊民甸四方。自成汤至于帝乙，罔不明德恤祀。亦惟天丕建保乂有殷。殷王亦罔敢失帝，罔不配天其泽。在今后嗣王，诞罔显于天，矧曰其有听念于先王勤家，诞淫厥泆，罔顾于天，显民祇。惟时上帝不保，降若兹大丧。惟天不畀，不明厥德。凡四方小大邦丧，罔非有辞于罚。王若曰，尔殷多士，今惟我周王丕灵承帝事，有命曰割殷，告敕于帝。惟我事不贰适，惟尔王家我适。予其曰，惟尔洪无度，我不尔动，自乃邑。予亦念天，即于殷大戾，肆不正。王曰，猷告尔多士，予惟时其迁居西尔，非我一人奉德不康宁。时惟天命，无违，朕不敢有后，无我怨。惟尔知，惟殷先人有册有典，殷革夏命。今尔又曰，夏迪简在王庭，有服在百僚。予一人惟听用德。肆予敢求尔于天邑商，予惟率肆矜尔，非予罪，时惟天命。王曰，多士昔朕来自奄，予大降尔四国民命。我乃明致天罚，移尔遐逖，比事臣我宗多逊。王曰，告尔殷多士，今予惟不尔杀，予惟时命有申。今朕作大邑于兹洛，予惟四方罔攸宾，亦惟尔多士攸服，奔走臣我多逊尔。乃尚有尔土，尔乃尚宁干止。尔克敬，天惟畀矜尔；尔不克敬，尔不啻不有尔土，予亦致天之罚于尔躬。今尔惟时宅尔邑，继尔居。尔厥有干有年于兹洛。尔小子乃兴，从尔迁。王曰，呜呼！猷，告尔有方多士，暨殷多士，今尔奔走，臣我监，五祀。越惟有胥伯小大多正，尔罔不克臬，自作不和，尔惟和哉。尔室不睦，尔惟和哉。尔邑克明，尔惟克勤乃事，尔尚不忌于凶德，亦则以穆穆在乃位，克阅于乃邑谋介。尔乃自时洛邑，尚永力畋尔田。天惟畀矜尔。我有周惟其大介赉尔。迪简在王庭，尚尔事，有服在大僚。王曰，呜呼！多士，尔不克劝忱我命，尔亦则惟不克享，凡民惟曰不享。尔乃惟逸惟颇，大远王命，则惟尔多方（蔡云，当作"士"）探天之威，我则致天之罚，离逖尔土。王曰，我不惟多诰，我惟祗告尔命。又曰时予，乃或言尔攸居。时惟尔初，不克敬于和，则无我怨（王肯堂曰，告多士，亦后于《多方》特因上记周公留洛，遂并记之。《多士》《多方》，虽皆公语，实则二时。今每溷而为一）。

周书　君奭第十八

召公为保，周公为师，相成王，为左右。
召公不说，周公作《君奭》

1.（汉）孔氏传、（唐）陆德明音义、孔颖达疏《尚书注疏》卷十五《周书·君奭》

序，召公为保，周公为师，相成王，为左右。召公不说，周公作《君奭》。

音义，保，太保也。师，太师也。马云，保氏、师氏，皆大夫官。相，息亮反。左右，马云，分陕为二伯，东为左，西为右。说，音悦。奭，始亦反。召公，名。

疏，正义曰，成王即政之初，召公为保，周公为师，辅相成王，为左右大臣。召公以周公尝摄王之政，今复在臣位，其意不说。周公陈己意以告召公，史叙其事，作《君奭》之篇也。《周官》篇云"立太师、太傅、太保，兹惟三公"，则此为"保"、为"师"，亦为三公官也。此实太师、太保，而不言"太"者，意在师法保安王身言，其实为左右尔，不为举其官名，故不言"太"也。经传皆言武王之时，太公为太师，此言周公为师，盖太公薨，命周公代之。于时大傅盖毕公为之，于此无事不须见也。三公之次，先师后保，此序先言保者，篇之所作主为召公不说，故先言召公，不以官位为次也。按经，周公之言皆说已留在王朝之意，则召公不说周公之留也。故郑、王皆云，周公既摄王政，不宜复列于臣职，故不说。然则，召公，大贤，岂不知周公留意，而不说者，以周公留在臣职，当时人皆怪之，故欲开道周公之言，以解世人之惑，召公疑之，作《君奭》非不知也。《史记·燕世家》云，成王既幼，周公摄政，当国践阼，召公疑之，作《君奭》。此篇是致政之后，言留辅成王之意。其文甚明。马迁妄为说尔。郑玄不见《周官》之篇，言此"师""保"，为《周礼》师氏、保氏，大夫之职，言贤圣兼此官，亦谬矣。

《尚书注疏》卷十五《考证》

《君奭》序"召公不说"疏"按经周公之言，皆说已留在王朝之意，则召公不说周公之留也"。

吕祖谦曰，成功不可居，洛邑成，而周公告归，召公亦同此心也。已而成王留周公，周公幡然改矣。召公犹守欲退之心也。周公遂力留之。朱子曰，召公不说，盖以为周公既归政，不当复留，而已亦老而当去，故周公言二人不可不留之意。

2. （宋）苏轼《书传》卷十五《周书·君奭第十八》

召公为保，周公为师，相成王，为左右。

三公，论道左右。相，任事周公召公，以师保为左右相。

召公不悦，周公作《君奭》。

旧说或谓召公疑周公，陋哉斯言也。方周公摄政，管、蔡流言周公，晏然不自疑，当时大臣亦莫之疑者，何独召公也。今已复子明辟，召公复何疑乎？然则何为不悦也，功成身退，天之道也，故伊尹既复政则告归，而周公不归，此召公所以不悦也。然则周公何以不归也，察成王之德，未可以舍而去也。周公齐百官以从王，而王之所用，悉其私人受教于王者，此其德岂能离师辅，而弗反也哉。故召公之不悦，为周公谋也，人臣之常道。而周公之不归为周谋也，宗臣之深忧也。召公岂独欲周公之归哉，盖亦欲因复辟之初，而退老于厥邑，特以周公未归，故不敢也。何以知之，此书非独周公自言其当留，亦多留召公语，以此知召公欲去也。

3. （宋）林之奇《尚书全解》卷三十三《周书·君奭》

召公为保，周公为师，相成王为左右，召公不说，周公作《君奭》。《君奭》

周公若曰，君奭，弗吊天降丧于殷。殷既坠厥命，我有周既受。我不敢知曰，厥基永孚于休，若天棐忱；我亦不敢知曰，其终出于不祥。呜呼！君已，曰时我，我亦不敢宁于上帝命，弗永远念天威，越我民，罔尤违。惟人，在我后嗣子孙，大弗克恭上下，遏佚前人光在家不知。天命不易，天难谌，乃其坠命。弗克经历。嗣前人，恭明德。在今予小子旦，非克有正。迪惟前人光施于我冲子。又曰，天不可信，我道惟宁王德延。天不庸释于文王受命。

《周官》曰，"立太师、太傅、太保，兹惟三公"。师、保者三公之官也。三公之官皆所以教导天子，而其名不同。《文王世子》曰，"师也者，教之以事，而喻诸德者也；保也者，谨其身以辅翼之，而归诸道者也"。贾谊曰，保，保其身体；傅，傅之德义。师道之教训，此皆缘名以生义。按《周官》之载，六卿自冢宰而下，所掌之职不同，而三公则同。曰论道经邦，燮理阴阳而已，不分别其职，盖三公皆王者之师，既同以经邦论道为职，岂可从而区别哉？唐孔氏曰，经传皆言武王之时，太公为太师。此言周公为师，盖太公薨，命周公代之。其时太傅。盖毕公为之。按《诗》曰"维师尚父"，毛氏曰，师，太师也。《左传》僖二十六年"昔周公、太公股肱周室，夹辅成王。成王劳之，而赐之盟"，"载在盟府，太师职之"。襄十四年"昔伯舅、太公股肱周室，师保万民，世胙太师，以表东海"。唐孔氏所据经传言，太公为师，正谓此也。太公既为太师，而召公为太保，则周公必为太傅。故贾谊曰，召公为太保，周公为太傅，太公为太师。而傅亦曰道者，导天子以道者也，常立于前，是周公也。充者，充天子之志者也，常立于左，是太公也。弼者，拂天子之过者也，常立于右，是召公也。丞者，丞天子之遗忘者也，常立于后，是史佚也。意谓，太公立左，召公立右。礼所谓师、保。周公立前，史佚立后，所谓太傅在前，少傅在后，是亦以周公为傅也。按《金縢》篇言，二公欲为王穆卜，而周公不可。及成王即位，管、蔡流言，周公东征，而二公因风雷之变，导王以启《金縢》，则武王之世及成王之初，所谓三公者，惟周、召、太公耳。太公为师，召公为保，周公为傅。虽无所经见，意或然也。太公既薨，故周公自太傅代之为师。郑康成注《礼记》曰"齐太公受封，留为太师，死葬于周"。唐孔氏之说亦与此同。《史记》谓太公当武王平商之后即东就国，非也。《左传》既有周公、太公夹辅成王之言，而谓武王之世已东就国可乎？意者太公虽受封于齐，而入为太师，若卫武公入相于周，郑桓公为周司徒之类。故当武王之有疾，成王之启《金縢》太公咸在也。其谓毕公代周公为太傅者，以《顾命》知之也。《顾命》曰"乃同召太保奭、芮伯、彤伯、毕公、卫侯、毛公"。奭称太保，而毕、毛称公，则当时之三公也。康王称毕公为父师，则毕公于三公，盖太师也。自陕而东，周公主之。而康王之诰诸侯，毕公率东方诸侯入应门右，周公之薨，毕公代之为太师可见矣。周公之薨，毕公既代之为师，则其自太傅而为太师，毕公代之，为傅亦可以逆推。唐孔氏之说，意或出此。召公为保，毕公为师，意者毛公其太傅欤。此正犹《左氏传》记载晋国三军之将佐，虽其首尾不备见于傅，然以前后参考可以知某人者，必某人代之也。然则周公之于三公，盖自傅而后为师，召公之为太保，自武王至于康王其职任未尝移也。"相成王为左右"者，言周、召以师、保而为成王左右之相。《说命》曰"王置诸其左右，命之曰，朝夕纳诲，以辅台德"，周、召之为左右相，是亦陈善闭邪，以辅成人主之德也。惟周、召既为左右相，故因命以为二伯，分总天下之诸侯。《王制》曰"八伯各以其属属于天子之老二人，分天下以为左右，曰二伯"是也。《公羊》曰"自陕以东者，周公主之；自陕以西者，召公主之"，正谓此也。《公羊》此文，合于《书》，太保率西方诸侯，毕公率东方诸侯之言。但其论天子三公既已分陕东西为其二矣，又以一相处乎内，以足其数，此则不可。夫三公者，师、傅、保之谓也。天子虽有三公，而其分总诸侯者，则命其二焉，非是分陕者，皆不居于京师，而惟其一处于内。且《公羊》谓周、召既出而分陕，则其在人主之左右者，果谁乎？盖其不知师、傅、保之为三公，故其说乖戾至此。召公自武王时已居太保之位，至于成王即政之后，将欲与周公谢事告老。召公之意谓，吾二人者辅翼成王，使之见正事，闻正言，行正道，以成其德。王既听政，故可以归也。而犹以师、保为王左右之相，此其所以不悦。故周公作此篇，言己不得不留辅成王，兼留召公共政。苏氏曰，周公何以不归也，察成王之德，未可以舍而去也。周公齐百官以辅王，而王之所用悉其私人，受教于王者。此其德岂能离师友而弗反也哉？此说是矣。然不独此也，殷之余民，染纣之化，草窃奸宄，无所不为，至康王之世，而其余风犹未殄。虽武庚之变，志不克逞，而其心犹冀天下之有变，以侥幸万一。苟一举措之失宜，则彼将乘间而起矣。此周公所以长虑，却顾而以为不可告归也。《史记》曰，成王既幼，周公摄政当国践祚，召公疑之，作《君奭》。而唐孔氏又谓，召公以周公尝行王政，今复在臣位，其意不悦。汉孙宝亦曰，周公上圣，召公大贤尚犹有不相悦。是皆以召公不知周公之心。程伊川、二苏兄弟、王氏破之详矣。然诸家之说，犹有异同者。伊川曰，看此一篇，是周公留召公之意，是也。然谓召公初升为太保，与周公并列，其心不安，故不悦，则非也。召公与周公为三公，武王之世已然矣，岂至是初升哉。王氏谓，成王非有过人之聪明，而出于文武之后人，习至治之时为难继，故召公于其亲政之始，有不悦也。按此篇之言，皆是周公以天命之难谌，惧成王之弗克负荷，以悉前人之成宪，故己虽致政，而不敢告归。若王氏之说，召公既以成王亲政为忧矣，周公当言成王之德可以光大文、武之绪，乃能解召公之忧，不当又以是为言矣。小苏谓，不悦其归政。考之篇中亦无所见。今周公但陈商代之臣，皆世德耆艾，以保乂王家，并及虢叔、闳夭之徒，亦皆事周数世。既昭文王受有殷命，又昭武王咸刘厥敌，意谓吾二人者皆周之元老，无去之之义，所以皆不得不留也。唐孔氏曰，三公之次，先师后保。此先言保者，篇之所作主，为召公不悦，故先言召公，不以官位为次也。夫先言保而后言师，此亦如《酒诰》先圻父，而后农父，皆其一时之言，不可以为之说也。此篇序，正与《汤誓》《大诰》同所作之故，惟见于序，而于篇末首，尝及之世，皆以序为出于孔子之手，如此等序，使其无所传记，孔子生于数百载之下，何由逆知其故乎。故某以为必是历代史官递相传授，以为书之总目，孔子因而次第之也。

奭，召公名也。曰"君奭"者，尊之之称。君陈、君牙皆尊之，故曰君也，尊之为君，正如弃谓之后稷。曰后，曰君一也。周公呼召公之名，而告之言，殷纣以自绝于天之故，故不为所吊恤，而降丧亡于殷。殷既亡，而周以世世修德之故，天监代殷莫若周，是以我周遂受天命，以有天下也。先儒读"吊"字，音"的"非也。周虽受天命代殷以有天下，然其历祚之长短，在于不可测度之间，故我所不敢知其基业，将永信于休乎？若其果辅我之诚乎？或其终出于不祥乎？皆不敢知也。"不敢知"者，疑之之辞，以为必有不可也，以为必无不可也，虽天之吉凶祸福，若影响然，未尝有毫厘之差，然不可知其所以然之故，故周公谓不敢知。召公则已尝曰是在我而已，若能祗惧天命，不敢荒宁，则必将永孚于休。永孚于休虽不敢知，而其不敢荒宁于上帝命，则可得而知也。苟不能长远念天威之可畏，及教化我民，使无尤过违阙，则必将终出于不祥。终出于不祥，虽不敢知，而其弗念天威，及我民则可得而知也。盖永孚于休，终出不祥在天；而不敢宁于帝命，弗念天威及我民，则在人。在天者，不可必；在人者，可必，故继之以惟人。先儒以"惟人"属于下文，而以"罔尤违"为绝句，故王氏因之曰，前既言在天者，今此言在人者，故曰"惟人"也，不如苏氏以"惟人"为绝句，其意为胜。

"君已！曰时我"，指《召诰》所陈之言。《召诰》言，敬德则祈天永命；不敬德则早坠厥命。命之修短。不在天而在人、故周公告召公，多援《召诰》之言而为之，反复辨明晓人者，当如是也。"后嗣子孙"，谓成王也。惟其吉凶祸福不在天，而在人。其在成王，今苟不能恭嗣天地，而遏绝放佚前人光明之德，盖其在于深宫之中，安于富贵，谓天命可以长享，而不知其不易。有德则兴，无德则亡。命之不可信如此。今既失德，则将坠其命，弗能经历久远，以享有天下。继嗣前人而恭奉其明德也。我之所以不去。盖为是也。在今我小子之留辅成王，非能自以为有所正，以格君心之非也，但欲蹈行前人光明之德，以施于成王幼冲之人，则可以弼成王德，以永享天命矣。周公又以谓天命不可信，我之道王惟以宁王之德施之，则可以延长，使天不用舍文王所受之命，以命他人也。盖天虽以文王之有德，故命之作周，苟嗣王之失德，则天将释之，其不可信如此，则我之不去，惟欲以延周家之命而已。夫留辅成王，以延周家之命，使之享卜年卜世之永，此大节也。功成名遂，奉身而退，此小廉也。召公之欲告归，盖欲尽为臣之义。周公之所虑者远，故不以小廉而妨大节。此篇之所为作也。

4. (宋)史浩《尚书讲义》卷十七《周书·君奭》

召公为保，周公为师，相成王，为左右。召公不说，周公作《君奭》。

(按此条讲义《永乐大典》原缺)

5. (宋)夏僎《尚书详解》卷二十一《周书·君奭》

召公为保，周公为师，相成王，为左右。召公不说，周公作《君奭》。

成王自周公复辟之后，即政于新邑，即命周公使为太师，《洛诰》所谓"居师"是也。既命周公为太师，必升召公为太保，使之同心协力，相成王，以为之左右。所谓左右，谓王有所为二公，实为之左右手，如舜所谓"臣作朕股肱耳目"是也。召公既承成王命，乃谓周公有经济之才，自足以辅相成王，而隆久大之业，吾不必更居保位，以苟爵禄，故承爵命，则有所不悦于心。此"不悦"者，非不喜悦成王之命也。正如颜子于夫子所谓"于吾言无所不悦"，乃无所不晓，则此"不悦"者，乃是召公于成王之命，心有所不晓，盖不晓成王所以尊己之意也。周公则以谓成王即政之初，召公尚相与同心夹辅，今既即政之后，岂可专责于己而自欲去哉。故此篇皆留召公之辞。史官序之名篇以《君奭》，以周公留召公，首呼"君奭"而后告，故取以为简编之别也。说者徒见《旅獒》有"太保作《旅獒》"之语，而《召诰》有"太保先周公相宅"之语，遂谓召公自武王之世，已为太保，殊不知武王之时，太公为太师，有周公在，尚未得为太师，召公岂得遽超周公而为保哉？是前所谓"太保"者，乃史官叙书追称耳。如书序称成王，皆未崩前已称谥，岂非追叙之乎？说者又谓此"召公不悦"乃疑周公摄政，如管、蔡有不利孺子之意。此盖以小人之心，妄料圣人，非君子之言，皆所不取也。

6. (宋)时澜《增修东莱书说》卷二十六《周书·君奭第十八》

召公不疑周公，前辈辨之悉矣。于其盛满而欲去，周公反复留之，不遗余力。后世权位相轧之际，排之使去则多有之；挽之使留盖亦鲜矣。周公固不可以后世论也。然大臣之秉心，公，则深恐无助；私，则惟恐不专，公私之间，世主所当深察也。

召公为保，周公为师，相成王为左右。召公不说，周公作《君奭》。

成功不可居也。《洛邑》成，而周公告归，盖与召公同心也。已而，成王尽礼以留之，周公既幡然而改矣。而召公犹守前日欲退之心未改也。故于师、保左右辅相之任，则不说焉。周公乃作此书，反复开谕挽留之，于是始为周公留。周公，圣人也。视周公以为去就，可以不差也。召公于吾心之未谕，未尝为周公留，而我亦留，不苟于随如此及其既谕也非特暂留于一时，相成王，又相康王，身任托孤寄命之责而不辞，盖有味于周公之言矣。惟其重于随，所以笃于信也。呜呼！斯其所以为召公欤。

7. （宋）黄度《尚书说》卷六《周书·君奭》

召公为保，周公为师，相成王，为左右，召公不说，周公作《君奭》。

召公为保，《甘棠》巡行听断，则以太保兼司徒。周公为师，《洛诰》"监我士师工"，则以太师兼冢宰。召公先周公，周公新命也，周公本太傅。周师、保往往兼六卿。苏公司寇，毕公司马，皆是不必尽为冢宰、司徒也。固有冢宰、司徒，不为司徒、司保者，冢伯为宰，番为司徒是也，左右分陕也。《益稷》"左右有民"是也或曰左右相犹伊尹仲虺也。《召诰》召公锡周公币，盖以周公告太平功成，且归老矣。《洛诰》成王留周公，周公遂留，故召公不说，周公作《君奭》，言己所以留，不得去之，故不独周公自留，且并留召公焉。

8. （宋）袁燮《絜斋家塾书钞》卷十二《周书·君奭》

召公为保，周公为师，相成王，为左右。召公不说，周公作《君奭》。

《易》曰，"知进退存亡，而不失其正者，其惟圣人乎"。事功既就，势位既隆，以理观之，自当求退。此召公所以不悦，不特召公为然，周公当洛邑既成之后，亦尝告归。已而成王尽礼致敬，再三留之。周公遂翻然而改，复为成王留。至此，召公又欲退，周公遂专作一书，反复开谕挽留之。此《君奭》所由作也。周公所以留召公者，其意无他，盖召公不与寻常人事体相似，其去留系国家之重轻，若其它人去留，犹未甚计利害，以召公之大贤，周家是少他不得，用与不用周，家之轻重系焉。周公安得不留之。今读此书，须思量周公之圣，佐武王造周，事业如此，亦何假于召公之助，当时又有毛、毕之徒，济济多士，其间岂无可以辅相成王者，而周公切切，然独留召公，其故安在？正缘召公不与寻常人相似故也。

9. （宋）蔡沈《书经集传》卷五《周书·君奭》

（归善斋按，未解）

10. （宋）黄伦《尚书精义》卷四十《周书·君奭》

召公为保，周公为师，相成王，为左右。召公不悦，周公作《君奭》。

无垢曰，太保之职，其救王恶；太师之职，其诏王媺。盖与之同，太师、太保皆宰相也。召公为保，周公为师，相成王，而左右夹辅之，其任重矣。使成王有微恶萌于心，则召公为失职；使成王有一善之不为，则周公为失职。而以成王资质论之，管、蔡流言，成王遽疑周公，丕视功载，成王悉用私人，是其心恶气易生，善端犹蔽。此召公所以不悦，而欲求去也。

荆公曰，召公不悦，何也？曰，成王可与为善，可与为恶者也。周公既复辟，成王既即位，盖公惧王之不能终，而废先王之业也，是以"不说"焉。夫周之先王，非圣人，则仁人也，积德累行数世，而后受命，以周公继之累年，而后太平，民之习治也久矣。成王以中才，承其后，则其不得罪于天下之民，而无负于先王之烈也，不亦难乎。如此，则责任之臣，不得不以为忧也。

贾氏曰，成王幼在襁褓之中，召公为太保，周公为太傅，太公为太师。保，保其身体；傅，傅之德义；师，道之教训，三公之职也。于是皆选天下之端士，孝弟、博有道术者，以卫翼之，使与天子居处出入，故天子初生，固见正事，闻正言，行正道。左视右视，前后皆正人也。习与正人居之，不能无正也。

杨氏曰，"召公不说"者，非不说周公之留也。召公之与周公，同心而同德者，若使不说周公之留，则召公之心，岂其有疑乎？周公无可疑之事，召公无疑周公之心，使召公果有疑之之心，则当疑于权在手未归政之前，必不疑于已归政之后也。《君奭》之篇，即周公已摄政之初，复子明辟之后，周公留为太师，与召公相成王为左右之时也。而召公方有疑之之心，无乃后哉。或曰，召公之所以"不悦"者何哉？曰，召公见周公已归政成王，归就臣位，而成王中主也，方在弱冠，新即大政，召公之心，盖忧其志虑谋意，或未保于无过宗庙社稷，或未任于负荷。盖其心忧国之深，故不悦也。周公因其忧而不悦，于是历陈商之所以亡，周之所以兴，复谓自古国家多难，得贤臣则安。盖将以古贤臣之功，勉召公而宽其忧，成其忠，相与协力，以济成王于太平之域也。

11.（宋）陈经《尚书详解》卷三十六《周书·君奭》

召公为保，周公为师，相成王为左右，召公不悦，周公作《君奭》。

师者，教之以事，而谕诸德者也。保者，谨其身而辅翼之，使归诸道者也。师、保皆三公之官。《周官》曰"立太师、太傅、太保"是也。保次于师，而此序云，召公为保，先于周公者，盖此篇为留召公而作，故也先。周公相成王，为左右，左以佐之，右以佑之。观成王之初即位也，本中材庸主。管、蔡流言之变，周公几不免，则其资禀可知矣。及其后也，信任周公，而不忍周公之去，已是非师、保之职，朝夕纳诲，涵养成就，何以至是哉？及其功既成，而召公起勇退之心，为召公之计则得矣。为成王，为周家计，则未也。故周公，因其不悦，而作《君奭》之书，挽召公之留，欲与之共图周家之政，至于永永无穷而后已。卒之召公相成王，及成王、周公已殁之后，至康王之时，犹未忍去，其亦有感于周公之言也。

12.（宋）钱时《融堂书解》卷十五《周书·君奭》

《君奭》。

召公为保，周公为师，相成王，为左右。召公不悦，周公作《君奭》。

序言"召公不悦"，而经不明着其不悦者何事，此异论所为纷纷也。以愚观之，经文甚明，序亦甚明白，顾未深察耳。今观此书，反复劝勉，不一而足。无非挽留召公，以二人共相之意，且云"予往暨汝奭，其济小子，同未在位"。武王崩，成王幼，而周公居摄，召公实相与，共济艰危。今既复辟，周公又肯为成王留，天下亦既泰然无事矣，召公之意，惟欲周公独任辅相之责，而己则告老归休耳。是"不悦"者，非有他也，急于求退而不乐于复为相故也。周公所以力陈难于独任，必欲留之，相与共济，一如成王未即政之时欤。序正是明着其实也。且周、召、师、保有年矣，推原其不悦之由，故序述及此，非今日始为师保也。《周官》曰立太师、太傅、太保。兹惟三公。太师，天子所师法，视太保为尊，而序则先保后师者，此书主为召公而作故欤。奭，名；君者，尊之也。

13. （宋）魏了翁《尚书要义》卷十六《周书·君奭、蔡仲、多方》

一、召公不说无传，疏谓召不说周之留。

"召公为保，周公为师，相成王，为左右，召公不说，周公作《君奭》"，尊之曰君；奭，名，同姓也。陈古以告之，故以名篇。正义曰，成王即政之初，召公为保，周公为师，辅相成王，为左右大臣。召公以周公常摄王政，今复在臣位，其意不说，周公陈己意以告召公。

二、师、保不言"太"，亦不及毕公为傅。

此实太师、太保，而不言"太"者，意在师法，保安王身，言其实为左右尔，不为举其官名，故不言"太"也。经传皆言武王之时，太公为太师，此言周公为师，盖太公薨，命周公代之，于时太傅，盖毕公为之。于此无事，不须见也。三公之次，先师后保，此序先言保者，篇之所作，主为"召公不说"。传无此意。

三、郑、王谓，奭开旦言，以解世惑，《史记》妄谓奭疑。按经周公之言，皆说己留在王朝之意，则召公不说周之留也。故郑、王皆云周公既摄王政，不宜复列于臣职，故不说。然召公大贤，岂不知周公留意，而不说者，以周公留在臣职，当时人皆怪之，故欲开道周公之言，以解世人之惑，召公疑之，作《君奭》，非不知也。《史记·燕世家》云，成王既幼，周公摄政，当因践阼，召公疑之，作《君奭》。此篇是致政之后，言留辅成王之意，其文甚明，马迁妄为说尔。

四、郑不见《周官》篇，以师、保为大夫之职。

郑玄不见《周官》之篇，言此师、保为《周礼》师氏、保氏，大夫之职，言贤圣兼此官谬矣。

14.（宋）陈大猷《书集传或问》卷下《周书·君奭》

（归善斋按，未解）

15.（宋）胡士行《尚书详解》卷十《周书·君奭第十八》

召公为保，周公为师，相成王为左右，召公不悦（不喜久居重位），周公作《君奭》（留之）。

周公昔有"明农"之请矣，不欲居成功也。召公之不悦。此意也，或以为不悦于周公，误矣。

16.（元）吴澄《书纂言》卷四下《周书·君奭》

（归善斋按，未解）

17.（元）陈栎《书集传纂疏》卷五《朱子订定蔡氏集传·周书·君奭》

（归善斋按，未解）

18.（元）许谦《读书丛说》卷六《周书·君奭》

（归善斋按，未解）

19.（元）董鼎《书传辑录纂注》卷五《周书·君奭》

（归善斋按，未解）

20. （元）朱祖义《尚书句解》卷十《周书·多方第二十》

召公为保（召公为大保。《文王世子》曰，保也者，谨其身而辅翼之，使归于道也），周公为师（周公为太师。《文王世子》曰，师也者，教之以事，而俞诸德也），相成王，为左右（二公辅相成王，实为之左右手，如舜所谓"臣作朕殷肱耳目"），召公不说（召公欲告老而归，不悦周公之留），周公作君奭（周公于是作此书，以留召公）。

21. （明）王樵《尚书日记》卷十三《周书·君奭》

（归善斋按，未解）

22. （清）库勒纳等撰《日讲书经解义》卷十《周书·君奭》

（归善斋按，未解）

（明）梅鷟《尚书考异》卷五《君奭》

小序，召公为保，周公为师。

马、郑云，保氏、师氏皆大夫官。晋人云，保，太保；师，太师也。

（明）马明衡《尚书疑义》卷六《周书·君奭》

《君奭》此篇序，只云召公不说，孔疏乃谓，召公以周公尝摄王政，今复在臣位不宜，其意不说。《史记·燕世家》云，成王既幼，周公摄政，当国践阼，召公疑之，作《君奭》，此皆谬也。孔说既摄政不宜复在臣位，其失既远；史迁言当国践阼尤非事实。周公虽摄政。何尝当国践阼耶？且篇中"小子同未在位"则是成王亲政以后事矣。但周公之摄政。成王尚幼。大命新集，周公不得不身任其责，虽非当国践阼，然凡事皆听于周公。愚故曰，伊尹之任商，周公之任周，后世大臣不得而例也。其事异，其迹疑。但圣人之心明白至诚，人皆可见，以召公之大贤，岂有不见于此。故虽管、蔡流言，周公得以东征，屹然不动。至成王亲政之后，召公之意，以为周公今日可休矣。前日之不得已者。今日可以得已也。于此或未悉周公之意，而自欲引退，一以处己，一以悟周公也。观周公明农之言，非惟召公念之，周公亦自念之矣。但天命人心，去留之几，此时犹未可放下，故周公复留召公，守经君子也。大臣去就之义重，周公达权，圣人也。宗国基业之念深盈满之说，岂足为周公道哉？周公此篇危惧恳切之情，溢于言外，盖以深喻召公大臣未可轻去之义，固非专以明己志，亦非专以留召公也。

（清）毛奇龄《尚书广听录》卷五

《君奭》一篇，据书序，成王即政之初年，召公为太保，周公为太师，而召公以为公危疑之久，自流言至今，定大难，成大功，已非一日，当此嗣君新政之际，自当洁身引退，不居盛满，而乃告致之后，仍复留此，则爱公之，至反类疑公，而不知公意之又有在也。篇中反复陈说，皆自道己意，文义甚明。而蔡氏又驳书序之说，谓召公欲去而公留之，公然又造一古事，不知其出何书，据何典，而第就本文绎之。虽彼此俱可以解，然但留人则留人已耳，何必哓哓絮絮，只将己身分说，以求解免，此是何故？即此亦宜自省矣。

且经文章句最是关系。据《史记》汉文时，诏太常掌故晁错，往受《尚书》非受其篇帙也。伏生二十九篇，久传人间，篇帙不失其所，受于伏生者，祇篇义字诂章句属读耳。乃是时，伏生年老，义诂不全，即令其女转授，而颍川口语，与齐人有异，错所不知者凡十二三，略以其意属读而已，则此一属读，是西京立学官。后诸儒博士，中外肄业，无不一辙，断不容于其中，得彼此互异一字，何则以其直受之。周末秦初，百年教学之所传，所谓师承，亦所谓官授也。今孔传传文可随意解说，而其间属读，则正西汉时学官原本。况二十九篇，又与后出五十八篇迥不相同蔡氏即有异义，亦须就其属读，另为解说，而乃并其属读，而更易之。如此篇改变处，不啻二三则。古经授受，并灭绝矣。予于从前所改变不暇枚指，祇就《君奭》篇略著之，以明此周公自解，并无留召公之意，且令周秦属读，至今犹得睹一二，以见古义，此亦学古者一大节目，不可不晓。章者，篇章；句者，辞句；属者，句之连；读者，句之断也。

周公若曰，君奭。

弗吊，天降丧于殷，殷既坠厥命，我有周既受（章）。

事有不可不忧恤者，夫殷失天命，周受天命，此已然事耳。

我不敢知曰，厥基永孚于休，若天棐忱（章。基，始也。若，顺也）。我亦不敢知曰，其终出于不祥。

我岂敢谓始必顺天，终必坠命，然而始受事而终不去者，以为天命未可知也。

呜呼！君已（句），曰时我，我亦不敢宁于上帝命（章）。

已乎，未可已也，我之不去君，当是我，不当非我也，我亦不敢苟安乎天命，以故至此也。

弗永远念天威，越我民，罔尤违。

傥不念此。

惟人在（句），我后嗣子孙，大弗克恭上下，遏佚前人光在家不知

而曰，惟有众人在耳，于我何与，则我后嗣，有如此者，可得云在家不知耶？

天命不易，天难谌，乃其坠命，弗克经历（章）

夫天之坠命者，以其不能有经历人也。

嗣前人恭明德，在今予小子旦（章）。

今我则经历久矣，欲继前烈，亦在我而已。

非克有正，迪惟前人光施于我冲子。

虽我之留，此亦岂有所正于此，然而嗣前王以启后王，我之事也。

又曰，天不可信，我道惟宁王德延（章。宁王，即文王，他仿此）。

天不庸释于文王受命。

故我之道，亦惟以前王得天为兢兢焉。

公曰我闻在昔，成汤既受命，时则有若伊尹，格于皇天；在太甲，时则有若保衡。

在太戊，时则有若伊陟、臣扈。格于上帝，巫咸乂王家。在祖乙，时则有若巫贤。

在武丁，时则有若甘盘。

率惟兹有陈，保乂有殷，故殷礼陟配天，多历年所。

历观殷、商前代，无非大臣陈保，以得天命。

天惟纯佑命，则商实百姓（章）。

天惟佑商，则凡商家赐氏之臣，百官族姓，皆已充盈在朝，称得人矣。

王人，罔不秉德（句）明恤，小臣（句），屏侯甸（章。王人，犹君人也。与《说命》"王人求多闲"同）。

而为之君者，又无不秉持其德明恤，诸小臣，以及藩屏侯甸，必欲得人而后已。

矧咸奔走，惟兹惟德称，用乂厥辟（章）。

则君尚如此，况臣效奔走，其敢不惟德是举，以其治君事。

故一人有事于四方，若卜筮罔不是孚。

夫是以百事可行此，不可谓大臣之无益于人国也。

公曰君奭天寿平格保乂有殷有殷嗣（句）天灭威（章）。

盖天之寿殷，多历年所，亦平平而至，无异事也。而嗣王失天，天即骤灭之矣。

今汝永念，则有固命厥乱，明我新造邦。

今汝思之，我洛邑新造，则曾有大臣固命为长久计乎？

公曰，君奭！在昔上帝割申，劝宁王之德，其集大命于厥躬。

当日天有断制，使文王受命。

惟文王尚克修和我有夏，亦惟有若虢叔，有若闳夭（章）。有若散宜生，有若南宫括。

亦赖有此五臣陈保其间。

又曰无能往来（句），兹迪彝（句）教文王，蔑德降于国人（句。蔑德，隐微之德也）。

然且有此五臣，而又曰亦何能与周旋耶？其好之不足如此，是以五人者以此道法教于国人。

亦惟纯佑（句），秉德（句），迪知天威，乃惟时昭文王（章）。

而为之天者，亦如商纯佑；为之君者，亦如商秉德。文知天，天亦显文。

迪见冒（句），闻于上，帝惟时受有殷命哉。

覆下民而答上帝，以至于受命。

武王惟兹四人，尚迪有禄（章）。

后暨武王，诞将天威，咸刘厥敌（章）。

惟兹四人昭武王（句），惟冒（句）丕单称德。

武王亦然，则是文武受命，皆不可无大臣如此。

今在予小子旦，若游大川，予往（句）暨汝奭，其济小子同未在位，诞无我责（章）。

今予去就未决，若游川然，然予第往，虽先汝，不顾何哉？以为小子虽即位而同未即，则我虽致政，而同未致，不得曰大无与我事也。

收（句），罔勖不及，耇造德不降，我则鸣鸟不闻，矧曰其有能格。

向使敛躬而退，不往而收，不勉所不及，使老成之德，不下于民，则凤鸟且不至，况能如商臣之格皇天哉？

公曰，呜呼！君肆其监于兹，我受命，无疆惟休，亦大惟艰（章），告君乃猷裕，我不以后人迷。

我今告君者，将请君谋久长之道也，若我则决计矣，何也？

公曰，前人敷乃心，乃悉命汝，作汝民极（章）。

前王悉心以命汝，使汝作太保，以为民立极。

曰，汝明勖偶王（句），在亶（句），乘兹大命（章）。

亦曰，汝明勉配王，惟在诚信，以乘此大命而已。

公曰，君！告汝朕允（章）

今我亦告汝以我之诚信。

保奭，其汝克敬（句），以予（句），监于殷丧大否（章）。

君，保也，其克敬者，亦以我言可信，殷丧当监也。

肆念我天威，予不允，惟若兹诰，予惟曰，襄我二人（章）。

今我念天威，一如殷丧，岂了无诚信而徒滋此口语哉？亦惟曰，赞襄四辅，专在我师、保二人已耳。

汝有合哉、言曰，在时二人，天休滋至，惟时二人弗戡（章）。

汝有同情，亦必曰在此二人，倘天休浡臻二人，弗胜。

其汝克敬德，明我俊民，在让后人于丕时。

汝能敬者也，与尔避贤，遂让后人于大盛之时，岂不快哉。

呜呼！笃棐时二人，我式克，至于今日休（章）。

我咸成文王，功于不怠丕冒（句），海隅出日，罔不率俾。

若果诚信辅导，则二人已足。凡先王之功，我皆能成之。文冒武冒，我亦冒，四海不足治也。

公曰，君！予不惠若兹多诰，予惟用闵于天越民。

第予反覆吊恤者，岂不敏哉？亦惟此天人之际，尚可忧耳，何也？

公曰，呜呼！君惟乃知民德，亦罔不能厥初，惟其终（章）。

予初谓天命基始，当谋其终，而民德难保，亦复如是，则是予之受事于始者，正当急图之于终，可轻去耶。

祗若兹，往敬用治。

自兹以往，仍治事而已。

（明）陈第《尚书疏衍》卷四《周官·君奭》

《君奭》一篇，孔传以周公言己留辅王朝之意；蔡注谓周公留召公也；苏传兼此二义。愚按，序云召公为保，周公为师，相成王为左右，召公不悦周公作《君奭》。所谓不悦者，不乐居位而欲去，不以宠利居成功也。周公以成王初政，老成大臣未可遽去，故留之。首言天命难保，以及商周之兴，皆贤臣是赖。又曰"前人敷乃心"，命"汝明勖"，末言民德惟不厥终，恐终王业之难，皆勉留召公之言。蔡注确矣。

（清）朱鹤龄《尚书埤传》卷十三《周书·君奭》

《君奭》。

书序，召公为保，周公为师，相成王，为左右。召公不说周公作《君奭》。

程子曰，师、保之任，古人难之。"召公不说"者，不敢安于保也。

愚按，此语可证《史记》召公疑周公之谬。此篇亦作于留洛之后。

陈大猷曰，或谓周公居洛，召公独执政柄，所以欲去。今考《无逸》《君奭》诸篇，周公未尝不在朝以辅王业，意其往来镐洛之间也。方是时，洛邑虽成而殷民尚未孚，四方虽安而天命人心尚未固，宜周公之谆谆于留召公欤。

《君奭》

1. （汉）孔氏传、（唐）陆德明音义、孔颖达疏《尚书注疏》卷十五《周书·君奭》

《君奭》。

传，尊之曰君；奭，名，同姓也。陈古以告之，故以名篇。

疏，传正义曰，周公呼为君奭，是周公尊之曰君也。奭，是其名，君非名也。僖二十四年《左传》富辰言"文王之子一十六国"，无名"奭"者，则召公必非文王之子。《燕世家》云召公奭，与周同姓姬氏。谯周曰，周之支族。谯周考校古史，不能知其所出。皇甫谧云，原公名丰，是其一也，是为文王之子一十六国。然文王之子本无定数，并原丰为一，当召公于中，以为十六谬矣。此篇多言先世有大臣辅政，是陈古道以告之。呼君奭以告之，故以《君奭》名篇。

《尚书注疏》卷十五《考证》

《君奭》传"尊之曰君"。

林之奇曰，正如弃称为后稷。

2. （宋）蔡沈《书经集传》卷五《周书·君奭》

《君奭》。

召公告老而去，周公留之。史氏录其告语为篇，亦诰体也。以周公首呼"君奭"，因以"君奭"名篇，篇中语多未详。今文古文皆有。

按此篇之作，《史记》谓，召公疑周公当国践祚。唐孔氏谓，召公以周公尝摄王政，今复在臣位。葛氏谓，召公未免常人之情，以爵位先后介意，故周公作是篇以谕之，陋哉，斯言。要皆为序文所误。独苏氏谓，召公之意，欲周公告老而归为近之。然详本篇旨意，乃召公自以盛满难居，欲避权位，退老厥邑。周公反复告谕以留之尔。熟复而详味之，其义固可见也。

3.（宋）陈经《尚书详解》卷三十六《周书·君奭》

《君奭》。

此篇乃召公欲退，而周公留之，故作此书也。二公辅相成王，营洛邑，周公"复子明辟"，二公之功亦成矣。二公之心，皆欲去矣。周公既为成王所留，召公不欲周公之留也，是以有不悦之意。然则以周公之留为是，则召公之不悦，得无恝然忘情于君乎；以召公之不悦为是，则周公之复留，得无贪禄固位乎？据此二公之心，各有所向，功成身退者，人臣之常道。此召公之志也；与周家相为无穷者，宗臣之深忧，此周公之志也。周、召乃同心一体之人，周固不可无召，而召亦不可无周。周公既为成王留，则召公安得犹退。《洛诰》之书乃成王留周公之辞；《君奭》之书乃周公留召公之辞。古之大臣，国尔忘家，公尔忘身，视天命之无穷，皆《周书》以为切己之事，故此篇多言天命之不足恃，惟在得人以继持之耳。

4.（宋）魏了翁《尚书要义》卷十六《周书·君奭、蔡仲、多方》

五、传以奭为周同姓，经传无所考。

僖二十四年《左传》富辰言，文王之子，燕十六国，无名"奭"者，则召公必非文王之子。《燕世家》云，召公奭，与周同姓姬氏。谯周曰，周之支族。谯周考校古史，不能知其所出。皇甫谧云，原公名豊，是其一也，是为文王之子。一十六国，然文王之子本无定数，并原豊为一，当召公于中，以为十六，谬矣。

5.（元）吴澄《书纂言》卷四下《周书·多士》

《君奭》。

召公封于燕，留王朝为太保，有国，故称君，奭其名也。武王时，太公为太师，周公以太傅，行冢宰事。武王崩，武庚叛，周公东征三年而

1411

归。盖周公既归，而太公薨，周公以太师，与召公太保奭，左右成王。召公欲去，周公留之，而作此篇。

6.（元）陈栎《书集传纂疏》卷五《朱子订定蔡氏集传·周书·君奭》

《君奭》，

召公告老而去，周公留之，史氏录其告语为篇，亦诰体也。以周公首呼"君奭"，因以"君奭"名篇。篇中语多未详，今文古文皆有。

案，此篇之作，《史记》谓，召公疑周公当国践祚。唐孔氏谓，召公以周公尝摄王政。今复在臣位。葛氏谓，召公未免常人之情，以爵位先后介意故周公作是篇以谕之。陋哉，斯言。要皆为序文所误。独苏氏谓，召公之意欲周公告老而归，为近之。然详本篇旨意，乃召公自以盛满难居，欲避权位，退老厥邑，周公反覆告喻以留之尔。熟复而详味之，其义固可见也。

纂疏：

召公不悦，这意思晓不得。若论事了，尽未在。看来是见成王已临政，便也小定了，许多事，周公自可了，得所以求去。

召公不悦，只小序如此说。里面却无此意，这只是召公要归，周公留他，说朝廷不可无老臣，这个只大纲，绰得个意脉子便住，不要逐个字去讨，便无理会处，这个物事，难理会。

又曰，召公不悦，盖以为周公归政之后，不当复留而已，亦老而当去，故周公言我二人不可不留之意，又历道古圣贤，倚赖老成以固其国家之事。周公不知其人如何，其言聱牙难晓。如周书中，周公之言便难读，如《君奭》《立政》是也。最好者，《无逸》中间用字亦有"诪张为幻"之语。至若《周官》《蔡仲》等篇，却是官样文字，必出当时有司润色之辞，非纯周公语也。

吕氏曰，召公以盛满欲去，周公反覆留之。后世权位相轧，排使去者有之，挽之留者鲜矣。大臣之秉心，公，则深恐无助；私，则惟恐不专也。

又曰，成功不可居。洛邑成，而周公告归，召公亦同此心也。已而成王留周公，周公幡然改矣，召公犹守欲退之心也。周公遂力留之，及其既喻，非特留于一时，终相成王，且相康王身任托孤之责而不辞，惟不苟于随，所以笃于信也。

陈氏经曰，周、召相王，营洛功成，二公皆欲去矣。周公既为王留，召公去志未变，二公同心一体。周公既留，召公安得独退。《洛诰》王留周公之书；《君奭》周公留召公之书也。

陈氏大猷曰，或谓周公去朝居洛，召公独执政柄，所以欲去。今以《洛诰》《君陈》考之，周公故居洛以化殷民；以《无逸》《蔡仲》等考之，周公未尝不在朝，以辅大业，意其往来镐、洛之间也。方是时。洛邑虽成。而殷民尚未孚；四方虽定；而天命、人心尚未固，宜周公谆谆于留召公欤。

7.（元）董鼎《书传辑录纂注》卷五《周书·君奭》

《君奭》。

召公告老而去，周公留之，史氏录其告语为篇，亦诰体也。以周公首呼"君奭"，因以"君奭"名篇。篇中语多未详，今文古文皆有。

案，此篇之作，《史记》谓，召公疑周公当国践祚。唐孔氏谓，召公以周公尝摄王政，今复在臣位。葛氏谓，召公未免常人之情，以爵位先后介意，故周公作是篇以谕之。陋哉，斯言。要皆为序文所误。独苏氏谓，召公之意欲周公告老而归，为近之。然详本篇旨意，乃召公自以盛满难居，欲避权位，退老厥邑，周公反覆告谕以留之尔。熟复而详味之，其义固可见也。

辑录：

显道问，召公不悦之意。先生曰，召公不悦，只是小序恁地说，里面却无此意。这只是召公要去，后周公去留他，说道朝廷不可无老臣。又问，先生曰，此等语不可晓，先生曰，这个只是大纲绰挣个意脉了，便恁地说了，不要逐个字去讨，便无理会处。这个物事难理会。义刚。

召公不悦，这意思晓不得。若论事了，尽未在，看来是见成王已临政，便也小定了，许多事，周公自可了，得所以求去。庚。

召公不悦，盖以为周公归政之后，不当复留而已，亦老而当去。故周公言二人不可不留之意。曰，"呜呼！君已曰时我，我亦不敢宁于上帝命弗远"，"念天威越我民，罔尤违"。又历道古今圣贤，倚赖老成，以固其国家之事。又曰"予不惠若兹多诰，予惟用闵于天越民"，只此便见周公之心。至此未尝不喟然太息也。试于此等处，虚心求之如何。答徐元聘。

纂注：

吕氏曰，召公不疑周公，前辈辩之悉矣。以盛满而欲去，周公反覆留之。后世权位相轧之际，排之使去者有之，挽之使留者鲜矣。大臣之秉心，公，则深恐无助；私，则惟恐不专也。

又曰，成功不可居。洛邑成，而周公告归召公，亦同此心也。已而成王留周公，公幡然改矣。召公犹守欲退之心也。周公遂力留之，及其既喻，非暂留于一时终相成王，且相康王身任托孤之责而不辞。惟不苟于随，所以笃于信也。

陈氏大猷曰，或谓周公去朝廷，居洛邑，而召公独执政柄，所以亦有去志。今以《洛诰》《君陈》诸书考之，周公固居洛以化殷民；以《无逸》《蔡仲》诸书考之，则周公未尝不在朝以辅成王，意其往来镐、洛之间也。方是时，洛邑虽成，而殷民尚未孚；四方虽定，而天命人心犹未固，周公所以谆谆于留召公欤。

8.（元）朱祖义《尚书句解》卷十《周书·多方第二十》

《君奭第十八》。

周公、召公辅相成王营洛邑，洛邑既成，周公"复子明辟"，二公之心皆欲去矣，成王既于《洛诰》中留周公，召公不说周公之留，周公又留召公，故作此篇。

《君奭》（旧简标题）。

9.（明）王樵《尚书日记》卷十三《周书·君奭》

《君奭》。

问召公不悦之意，朱子曰，召公不悦，只是书序恁地说，里面却无此意。这只是召公要去，后周公留他，说道朝廷不可无老臣。又曰，召公不悦，盖以为周公归政之后，不当复留而已，亦老而当去。故周公言，二人不可不留之意。曰"呜呼！君已曰时我，我亦不敢宁于上帝命"，"弗永远念天威越我民，罔尤违"。又历道古今圣贤，倚赖老臣，以固其国家之事。又曰"予不惠若兹多诰，予惟用闵于天越民"，只此，便见周公之心。每读至此，未尝不喟然太息也。

吕氏曰，成功不可居，洛邑成，而周公告归，召公亦同此心也。已而，成王留，周公幡然改矣，召公犹守欲退之心也。周公遂力留之，及其既喻，非特留于一时，终相成王，且相康王，身任托孤之责而不辞，惟不苟于随，所以笃于信也。

10.（明）马明衡《尚书疑义》卷六《周书·君奭》

予观周公之留召公，既举殷周之事，又推武王付托之言，又曰"告汝朕允"，又曰"予不允惟若兹诰"，又曰"襄我二人汝有合哉"，又曰"予不惠若兹多诰，予惟用闵于天越民"，前后反复不一而足，其词可谓切，其情可谓哀矣。又曰"其汝克敬"，又曰"其汝克敬典"，又曰"惟乃知民德"，则周公所以倚赖召公者，深矣。夫周公与召公，共康辅王业，最深且久。当流言之变，周公东征在外，二公辅翊在内，忧勤劳悴，险阻艰难共尝之矣。太公既没，所赖以相济者，独召公耳，于是而又去，则老臣耆旧无人，何以镇定家国？此周公之苦心，谁则知之。故夫人臣当国家之任，欲其洁身不污，何足为难，惟识足以虑天下之微，才足以当天下之变，量足以容天下之污，气足以镇天下之躁，然后能成天下之事，然后可以无愧于大臣之责。斯为难耳。或曰以召公之贤，而不见于此，何耶？曰，此圣贤之所以分也。况周家之事亦有难言。当武王之既丧，周公秉政亦大出格，非召公之贤，则周公之心亦未易知。逮成王既长，后来基天永命，久远之图，则惟周公宗臣之心，为更苦耳。及是周公恳恻言之，召公之心始悟。召公惟见道理为定，既悟之后，遂以不去为是，卒至留相康王，永固基业。此周公之功，所以为大也。

11.（清）张英《书经衷论》卷四《周书·君奭》

《君奭》篇中，文义多不可晓。孔氏主召公不悦，周公慰之为解。蔡传主召公告老周公留之为解。细玩篇中慰之留之，皆未见确据。大约是当日共相勉励辅翼成王之言，其以慰之为解者，不过因在让后人于丕时一语。篇中如举商之六臣。周之五臣、四臣以见同心辅治，功烈之盛如此。首言天命之维艰，中言肆念天威，末言用闵于天越民。其互相诚勉之意可谓至矣。亦究未有召公欲去而周公留之之言，似专主此意为解，犹未见允当也。

篇中如"弗永远念天威，越我民，罔尤违"，朱子作一句读，越，只是"及"。"罔尤违"，是总说上天与民之意，犹云不敢不永远念天与民之罔尤违而已。末以"用闵于天越民"一句证之，尤易见。蔡注作于我民罔怨尤背违之时，语气似不如朱子所注之浑成，意味亦觉未深远也。总之，八诰篇中，多长句，不可句读，若读断，反伤文气，并义理亦不明矣。

以遍覆言之，谓之天；以主宰言之，谓之帝，究之一天也。格于皇天，格于上帝，不过古人之变文耳。今蔡注乃谓有轻重浅深之不同，为诸臣之优劣。细味篇中，本无此意，即"巫咸乂王家"一句，亦是叙次，磊落处乃云精微之蕴有愧。二臣，谓巫咸，甘盘又次于巫咸，皆属增设之解，总非篇中意也。

《多士》《多方》《大诰》，皆周公治外之书也。《洛诰》《君奭》周公治内之书也。篇中天命、民心，谆谆诰诫。正如《皋陶谟》《益稷》诸篇，何等意味深长。若云召公欲去，而周公发此以留之，反觉意味稍浅矣。

12.（清）孙之騄辑《尚书大传》（辑本）卷三《周书》

《君奭传》（徐干中论云，召公见周公之既反政，而犹不知，疑其贪位。周公为之作《君奭》然后悦）。

《君奭》曰，昔在上帝周田观文王之德（《记缁衣》）。

13.（清）库勒纳等撰《日讲书经解义》卷十《周书·君奭》

《君奭》。

《君奭》者，史臣记周公留召公告老之辞也。君者，尊之之称。奭，召公名也。古人尚质，相与语，只称名。因篇首"君奭"字，故以"君奭"名篇。

周公若曰，君奭

1.（汉）孔氏传、（唐）陆德明音义、孔颖达疏《尚书注疏》卷十五《周书·君奭》

周公若曰，君奭。

传，顺古道呼其名而告之。

疏，正义曰，周公留在王朝，召公不说。周公为师，顺古道而呼曰，君奭。

2.（宋）苏轼《书传》卷十五《周书·君奭第十八》

周公若曰，君奭，弗吊天降丧于殷，殷既坠厥命，我有周既受。我不敢知曰，厥基永孚于休，若天棐忱；我亦不敢知曰，其终出于不祥。呜呼！君已曰时我，我亦不敢宁于上帝命，弗永远念天威，越我民，罔尤违，惟人。

周公昔尝告召公曰，天其将使周室永孚于休欤，抑将终出于不祥欤，皆未可知也。于时召公答曰，是在我而已，我若能祗上帝命，不敢荒宁，则天永孚于休；若其以念我天威，及使我民无所尤违，则天将终出于不祥，此皆在人。而已今我不去，正为此耳，故举其昔言以喻之。

3.（宋）林之奇《尚书全解》卷三十三《周书·君奭》

（归善斋按，见"召公为保，周公为师，相成王为左右，召公不说，周公作《君奭》"）

4.（宋）史浩《尚书讲义》卷十七《周书·君奭》

《君奭》。

1417

周公若曰，君奭，弗吊天降丧于殷，殷既坠厥命，我有周既受，我不敢知曰：厥基永孚于休，若天棐忱；我亦不敢知曰，其终出于不祥。呜呼！君已，曰时我，我亦不敢宁于上帝命。弗永远念天威越我民，罔尤违。惟人，在我后嗣子孙，大弗克恭上下，遏佚前人光在家不知，天命不易，天难谌，乃其坠命，弗克经历。嗣前人恭明德，在今予小子旦，非克有正，迪惟前人光，施于我冲子。又曰，天不可信，我道惟宁王德延，天不庸释于文王受命。

（按此条讲义原缺）

5.（宋）夏僎《尚书详解》卷二十一《周书·君奭》

《君奭》。

周公若曰，君奭，弗吊天降丧于殷，殷既坠厥命，我有周既受，我不敢知曰，厥基永孚于休，若天棐忱；我亦不敢知曰，其终出于不祥。呜呼！君已，曰时我，我亦不敢宁于上帝命，弗永远念天威，越我民，罔尤违。惟人，在我后嗣子孙，大弗克恭上下，遏佚前人光在家不知，天命不易，天难谌，乃其坠命，弗克经历。嗣前人恭明德，在今予小子旦，非克有正，迪惟前人光施于我冲子。又曰，天不可信，我道惟宁王德延，天不庸释于文王受命。

凡经中言"若曰"，皆非其人之本言，乃余人以其意言之，如"王若曰"，乃周公以成王意言之也。此所谓"周公若曰"，盖周公当时留召公，其口之所言，大意如此，史官不能尽其当时之本言，必于其中用周公之意，而文之也，故称"若曰"，正如《微子》篇所谓"父师若曰"者，亦史官以父师之意为是言也。奭者，召公之名也。称君奭者，召公封于燕，以燕侯入为王太保，故称君。告人而呼其名，盖古人尚质，相与语多名之，不若今人之文且饰也。周公于称召公为"君"而呼其名，以语之曰"弗吊天降丧于殷"，谓殷纣不道，不为天所悯恤，天于是大降丧亡之祸于殷。既坠失其帝命，而我有周既已受之矣，然天命难谌，有德则可以永保，不然则旋踵而失，故周公于是谓，我周家虽受殷天之命，而我实不敢自知。我受此天命，其基业必可以永永信于休美，必可以顺天而使之辅我之至诚；虽不敢知必可如此休美，然亦不敢知其终也，必至于坠失天命，而出于不吉善之祸，是天命之兴衰，国祚之修短，举不敢知也。周公既言我亦不敢预知天命，于是又叹而举召公平时之言。盖周公平时尝说，己不敢预知天命；而召公平时尝说，今日周家天命之长短，乃在周公。今召公果欲求去，故周公于是举其言，谓召公自平时已曾说此事，全在于我，然我亦岂敢安于上帝之命，谓不敢以天命为安，即前我不敢知之意，盖以我不能永远思念大威，故不敢宁于上帝之命，其意谓己之见识不足以知天也。周公既说我已不敢预知天命，遂说若人事，则我不敢不自尽，于是乃言"越我民，罔尤违，惟人"。盖天威，我虽不能远念，但于我民使之，无所尤怨，亦无所违戾，则惟在于人而已。其意盖谓，天命虽不敢知，而人事则不敢不尽也。此盖召公以天命长短责周公，周公则谦而不敢当，欲留召公以共尽人事也。周公既言民之不尤不违在人，故又详告其在人之利害，谓今日我国家，若为之后嗣子孙者，盖谓凡为子孙者，非指成王也。大不能恭敬天地，绝失前人之辉光。盖前人创业垂统，蔚有光华，昭示天下后世。今若不能嗣守，是绝失其光也。而又深居九重之中，不知天命之不易得，而忽之，则天命我周家，昔虽甚诚，今也将至于难信，乃坠失其天命，而为后嗣子孙，自必速祸乱，不复能经历于久远，而继嗣前人显明之德矣。此盖周公极言不尽人事，则天命不可保如此，欲召公留以共尽人事也。既言不尽人事之祸如此，遂自陈所留而不去之意，谓今在我小子旦之身，所以留而不敢去者，非谓能有所正于成王，其允迪而躬行者，惟以前人创业垂统之光华，施于我冲子而已。周公之辅成王，无非左右辅翼，使归于正也。而言"非克有正"谦辞也。周公既详陈上文所言，又言"又曰"者，所以申前之意也。盖谓我所以留而不敢去者，既欲迪惟前人之光，以施于我冲子，而又以天命不可尽信，我安行者，惟在于宁王之德，则可以延长，而天亦不用释废于宁王所受之命。盖天虽不可必苟率循宁王之德，则天亦不庸释于我矣。宁王，旧说以为文王，惟少颖解《大诰》，以为武王，以文王之时，"大统未集"，武王实安天下之王，故谓之宁王。兼《大诰》屡言"宁考"，武王于成王为考，故知其为武王也。

6. （宋）时澜《增修东莱书说》卷二十六《周书·君奭第十八》

周公若曰，君奭，弗吊天降丧于殷。殷既坠厥命，我有周既受，我不敢知曰，厥基永孚于休，若天棐忱；我亦不敢知曰，其终出于不祥。呜呼！君已，曰时我，我亦不敢宁于上帝命，弗永远念天威，越我民，罔尤违，惟人。在我后嗣子孙，大弗克恭上下，遏佚前人光，在家不知。天命不易，天难谌，乃其坠命，弗克经历。嗣前人恭明德。在今予小子旦，非克有正，迪惟前人光，施于我冲子。又曰，天不可信。我道惟宁王德延，天不庸释于文王受命。

以名相命，周初盖犹质也。殷之丧乱，自后世之私言之，则殷之祸，周之福也。《多士》告殷民而曰"弗吊"，则悯劳之辞耳。今周公之告召公，周家大臣自相与语，亦首曰"弗吊"，盖圣贤以天下为心，不幸而遇丧乱，又不幸而任此责，岂其所乐哉。天降丧于殷，殷既坠厥命，我有周既受之矣，其何以承之乎，我不敢知曰，其基业永可保，信期于休盛，惟顺天，则庶乎辅成我之诚忱；我亦不敢知曰，其终出于不祥，而自弃于不可为也。人之于天，或恃而不自修，或惧而不自强，谓厥基永孚于休，恃而不修者也，意天之必福已者也；谓其终出于不祥，惧而不自强者也，意天之必祸己者也。天无必，必非天也；必之者，非知天也。周公谓，吾之于天，岂敢计祸福必之哉。惟尽在我之诚以顺天而已。复叹息，引召公前日之言，而质之召公已尝曰是在我矣。我亦如召公之意，不敢自惰而安于上帝之命。盍相与悉心，而奉天，曷为遽忘前日之言，而欲去也。《召诰》言天，屡云，我不敢知，与周公若合符节。则召公前日之言可推矣。"弗永远念天威，越我民，罔尤违，惟人，在我后嗣子孙，大弗克恭上下，遏佚前人光在家不知"者，周公告召公，苟弗永远念天威之可畏，于今日，我民无怨，尤违戾之时，遂谓天命已固，民心已安，可以退身。而它日之事，则惟它日之人，在我后嗣子孙之侧者自任其责。召公之意，虽若此，如万一后嗣大不能恭敬，上下骄慢侈肆，遏绝佚坠祖宗之光明，则宗臣之义，可云我在家，而不知乎。固不得以既退而逃其责也。曷若今相与勉留而扶持之乎。"天命不易，天难谌"者，不易，盖天命之理。天命至公，不可攀援，不可倚着。古先圣王，所以兢兢慄慄若陨深渊者也。验吾心操舍之际，则知之矣。自天言之，则曰不易；自人观天言之，则曰难谌。易而信之，则未尝知所谓不易者也。乃其坠天之命，则其亡忽焉，不能少经历岁时，斯其所以为不易、难谌也。其可谓天命既固，而不扶持之乎？"嗣前人恭明德，在今予小子旦，非克有正，迪惟前人光，施于我冲子"者，既言天命难保，又言保祖宗之业者，责实在于周公。前人，文、武也。恭明德，恭承文、武之明德也。是责虽在我，我岂能自有所为哉？不过启迪开导前人文、武之光明，施于我幼冲之成王而已。明德者，光之体；光者，明德之发。由恭承，则言其体；由施用，则言其发也。玩"非克有正"之辞，则周公退托求助于召公之意在其中矣。"又曰，天不可信，我道惟宁王德延，天不庸释于文王受命"者，凡分章，皆更端"又曰"，则纪其语之既终，复续形容议论之，起伏并与精神而写之者也。天命不易，固不可信。在我之道，惟思文王之德，则可以延世。天必不用释于文王所受之命也。徒信天，而不知反求，则以天为在外，信文王所以得天者，是则信天之实也。上天之载，无声无臭，仪刑文王，万邦作孚。求天者，莫亲于文王也。言此者，所以绎迪前人光之意而终之也。

7. （宋）黄度《尚书说》卷六《周书·君奭》

周公若曰，君奭，弗吊天降丧于殷。殷既坠厥命，我有周既受，我不敢知曰，厥基永孚于休，若天棐忱；我亦不敢知曰，其终出于不祥。

尊之曰君，有土之称，君陈，君牙，皆然。永孚于休，终出不祥，皆不敢知，天难谌也。

8. （宋）袁燮《絜斋家塾书钞》卷十二《周书·君奭》

《君奭》

周公若曰，君奭！弗吊天降丧于殷。殷既坠厥命，我有周既受，我不敢知曰，厥基永孚于休，若天棐忱；我亦不敢知曰，其终出于不祥。

天不可信，从违向背，吉凶祸福，皆不可预计，尽其在我一听之天而已。故夫基业之永休与否，天心之辅诚与否，皆不敢知。大凡栽者培之，倾者覆之，灾祥殃庆，固各以其类至。然天下亦有为善而未必便福者，以孔子之圣，而卒老于行；以颜子之德，而不得其寿。由此观之，如何便谓诚尽于我天，必辅之。《记》曰，"得之自是，不得自是，以听天命"，要亦尽人事而已矣。计祸福而必之，非知天者也。周公又谓，我今日果能尽诚，亦不敢知曰，其终出于不祥而自弃于不可为也。盖为善，固自有获福之道，亦岂可便以为天之不我福邪？但福与祸皆非我之所敢知尔。《孟子》曰"夭寿不贰修身以俟之所以立命也"，其夭其寿，固自有命，皆非所当知，但能修身以俟之足矣，亦是此意。大抵古人用心真是如此。学者亦当如此修身，行己求尽其在我者，穷达贵贱，一听于天，乌可必其得失哉。

9.（宋）蔡沈《书经集传》卷五《周书·君奭》

周公若曰，君奭。

君者，尊之之称；奭，召公名也。古人尚质，相与语多名之。

10.（宋）黄伦《尚书精义》卷四十《周书·君奭》

《君奭》。

周公若曰，君奭，弗吊天降丧于殷。殷既坠厥命，我有周既受，我不敢知曰，厥基永孚于休，若天棐忱；我亦不敢知曰，其终出于不祥。

无垢曰，我周既已受殷家有天下之命，其吉其凶未可知也。我不敢知周家基业其永信，如今日之休美，而子孙能顺天道，天其常辅子孙之诚乎？我又不知，其终出于不祥，如殷纣乎？此周公忧惧之深，故以问召公也。

张氏曰，在天者，有命；在人者，有义。命之在天，莫之致而至其可必哉，所可必者，在我之义而已。是故殷之坠命，与夫周之受命，非周公之所敢知也。"厥基永孚于休"，与夫"其终出于不祥"，亦非周公之所敢知也。凡此言天难谌，命靡常，吉凶祸福，相为休长，相为倚伏，不可得而知矣。

11.（宋）陈经《尚书详解》卷三十六《周书·君奭》

周公若曰，君奭，弗吊天降丧于殷。殷既坠厥命，我有周既受，我不敢知曰，厥基永孚于休，若天棐忱；我亦不敢知曰，其终出于不祥。呜呼！君已，曰时我，我亦不敢宁于上帝命，弗永远念天威，越我民，罔尤违，惟人。在我后嗣子孙，大弗克恭，上下遏佚前人光，在家不知。天命不易，天难谌，乃其坠命，弗克经历。嗣前人，恭明德，在今予小子旦，非克有正，迪惟前人光，施于我冲子。

"周公若曰，君奭"，君者，尊之也。奭者，名之也。既尊之曰君，又以名呼之，何也？古人质朴诚实，无所隐讳，况于同列之相亲，朋友之相与者乎。同列而称其名，若此"君奭"是也。朋友而称其名，若曾子之责子夏曰"商，汝何无罪"是也。后世有深情厚貌，怀疑献谀，此风不复见矣。"弗吊天降丧于殷"，吊，悯也。商家不为天所悯，是以降其丧亡之祸于商。商既坠其命，而周受之矣。周公言之，若有恻然之意。盖圣贤初心，本不欲利商家之天下商之坠命，岂周之所欲哉一天命也。商既坠而不可保，我周虽已受之，其敢长保乎？其基业至于永休，而为天所辅，而或出于不祥，亦我所不敢知也。其不敢知者，以见天道之难测也。基，业也。永，长也。孚，信也。休，美也。若，顺也。棐，辅也。忱，诚也。周之基业长，信有休美，以顺天而为，天所辅其诚，此得天命者也。其终或至于不善为天所弃绝，此失天命者也。周公皆以为不敢知者，盖天道高远，不敢与知。既不敢知天，则所知者人事而已。尽人事者，虽不求于天，而天自不敢违。人事之不尽，而汲汲于知天者，虽求于天而天愈不可测。古之圣人，即求天于己者也。"呜呼！君已曰时我"，此周公举召公往日之言而证之也。周公之意若曰，基之永，孚于休欤，抑亦出于不祥欤，皆不敢知。往日召公已有言曰，是在我，而不在天矣。召公已有时我之言，亦不敢以天命之既得为安，遂至于不念天威之可畏，不察民之有过。盖安于天命，而不修人事者，必不能长念天道之可畏，亦不能察民之有过。而王之知天命之可畏而远念之者，当常存畏敬之心；知民之有尤过怨违者，当化恶为善，去乖争为和睦。我不敢以宁于天命之故，遂至于不念天威，不察民过，则周公知天命之在我，而不在天，能畏天威，能察民过矣，故曰"惟人"。"惟人"者，在于人事之当修，不必求之天可也。后嗣子孙，指成王后也。前人光者，文、武之明德也。设若后嗣之子孙，不能恭承天命，遏绝佚失前人之光，我已退老而家居，则何由而知之天命不易,言其天命不可轻易。既曰不易,又曰难谌,以见其难谌而不可测度也。天命难信如此,至于陨坠厥命,而不能以经久历年,抑谁之过?虽是后嗣之子孙,不恭上下,遏绝前人光之失,其实大臣之退老,而不任其责,所以至此也。周公言及于此,见天命之无常,全在人事。则辅相成王以祈天永命,周、召安得而辞哉。嗣,继也。继前人文、武之志,恭承其明德者,正在我小子旦周公自任之辞也。我小子其任甚重,然非能别有正人之道,亦在乎行前人之光明,以施诸冲子,言以文、武之明德。开悟成王之德也。上一句乃周公自任之辞;下一句乃周公不敢自居之辞。以前人之德而行于己,则不敢不以自任;以前人之德施诸君,则不敢以是自居。

12.（宋）钱时《融堂书解》卷十五《周书·君奭》

周公若曰,君奭,弗吊天降丧于殷。殷既坠厥命,我有周既受,我不敢知曰,厥基永孚于休,若天棐忱;我亦不敢知曰,其终出于不祥。呜呼!君已,曰时我,我亦不敢宁于上帝命,弗永远念天威,越我民,罔尤违,惟人。在我后嗣子孙,大弗克恭,上下遏佚前人光,在家不知。天命不易,天难谌。乃其坠命,弗克经历。嗣前人恭明德,在今予小子旦,非克有正,迪惟前人光,施于我冲子。又曰,天不可信。我道惟宁王德延,天不庸释于文王受命。

召公所以急于求去者,正谓天命在周,事已大定。既有周公在,则我不必留也。故周公于此首章,专言天命之不可必,以告之。一则曰,我不敢知;二则曰我亦不敢知;又曰我亦不敢宁于上帝命;又曰天难谌,又曰天不可信,无非言在天者不可必,所以首破召公一定之见,以寓其不可不留之意也。"若曰"者,史氏所记。休与不祥,皆不敢知,然则召公岂可以天命在周,便欲求去乎?"君已",犹云"公定"。

13.（宋）魏了翁《尚书要义》卷十六《周书·君奭、蔡仲、多方》

（归善斋按,未引）

14. (宋)陈大猷《书集传或问》卷下《周书·君奭》

(归善斋按,未解)

15. (宋)胡士行《尚书详解》卷十《周书·君奭第十八》

《君奭》。

周公若曰,君(召公封燕)奭(以名相命,周初犹质),弗吊(殷道不至),天降丧于殷,殷既坠厥命,我有周既受。我不敢知曰,厥基(业)永(长)孚(信)于休(美),若(顺)天棐(辅)忱(诚)。我亦不敢知曰,其终(后)出于不祥(美)。

殷丧而周受之天,何常哉?其休其不祥,我敢曰知以必之天哉?惟尽吾诚而已。

16. (元)吴澄《书纂言》卷四下《周书·君奭》

周公若曰,君奭,弗吊天降丧于殷。殷既坠厥命,我有周既受,我不敢知曰,厥基永孚于休,若天棐忱;我亦不敢知曰,其终出于不祥。

不幸天降丧亡之祸于殷。殷既坠其命,而我有周既受之矣。然天命难谌,有德则常留,无德则旋去。孚者,以实感,以实应也。永孚于休命之留也。不祥者,休之反出于不祥,命之去也。虽曰我周既受天命,然谓其基必可久长,我所不敢知也。虽曰天非可信,然谓其终必至失坠,我亦不敢知也。

吕氏曰,自后世之私言之,殷之丧,周之福也。而亦曰"弗吊",盖圣贤以天下为心,不幸遇丧乱而任此责,岂所乐哉。

17. (元)陈栎《书集传纂疏》卷五《朱子订定蔡氏集传·周书·君奭》

周公若曰,君奭。

君者,尊之之称;奭,召公名也。古人尚质,相与语多名之。

18. (元)许谦《读书丛说》卷六《周书·君奭》

(归善斋按,未解)

19. （元）董鼎《书传辑录纂注》卷五《周书·君奭》

周公若曰，君奭。

君者，尊之之称；奭，召公名也，古人尚质，相与语多名之。

20. （元）朱祖义《尚书句解》卷十《周书·多方第二十》

周公若曰（公意若曰），君奭（奭，以呼其名；君，以尊其身）。

21. （明）王樵《尚书日记》卷十三《周书·君奭》

"周公若曰，君奭"至"终出于不祥"。

尊之曰君；奭，召公名也。古人质，相与语多名之。召公，周之支族。言天既下丧亡于殷，殷既失天命，我有周既受之矣。我不敢知曰，其基业长信于休美乎，如天果辅我之诚邪？我亦不敢知曰，其终出于不祥乎？意言在人也，下文发之。

22. （清）库勒纳等撰《日讲书经解义》卷十《周书·君奭》

周公若曰，君奭，弗吊天降丧于殷。殷既坠厥命，我有周既受，我不敢知曰，厥基永孚于休，若天棐忱；我亦不敢知曰，其终出于不祥。

此二节书是，首言天命，以寓留召公之意也。弗吊，解作不恤。棐，辅佑也。忱，诚信也。昔召公欲告老而去，周公留之，先呼其名而告之曰，君奭，昔殷受无道，不为天所闵吊，天降丧亡之祸于殷。殷既坠失其命，我有周既受之而代殷，以有天下矣。夫命可受也，亦可改也。我不敢知曰，周家既受此大命，其基业长信于休美，决可以保于无穷。若天于冥冥之中，果辅周家之诚，而眷佑无已耶。我亦不敢知曰，其后来又将失坠而终出于不祥。天命之长，固不敢知；天命之短亦不敢知。吾等身为大臣。但当尽忠夹辅。以共保天命。岂可舍之而去。以自遂其私乎？

弗吊天降丧于殷，殷既坠厥命，我有周既受

1.（汉）孔氏传、（唐）陆德明音义、孔颖达疏《尚书注疏》卷十五《周书·君奭》

弗吊天降丧于殷，殷既坠厥命，我有周既受。

传，言殷道不至，故天下丧亡于殷，殷已坠失其王命。我有周道，至已受之。

音义，吊，音的。

疏，正义曰，殷道以不至之故，故天下丧亡于殷，殷既坠失其王命，我有周已受之矣。

2.（宋）苏轼《书传》卷十五《周书·君奭第十八》

(归善斋按，见"周公若曰，君奭")

3.（宋）林之奇《尚书全解》卷三十三《周书·君奭》

(归善斋按，见"召公为保，周公为师，相成王为左右，召公不说，周公作《君奭》")

4.（宋）史浩《尚书讲义》卷十七《周书·君奭》

(按此条讲义原缺)

5.（宋）夏僎《尚书详解》卷二十一《周书·君奭》

(归善斋按，见"周公若曰，君奭")

6. （宋）时澜《增修东莱书说》卷二十六《周书·君奭第十八》

（归善斋按，见"周公若曰，君奭"）

7. （宋）黄度《尚书说》卷六《周书·君奭》

（归善斋按，见"周公若曰，君奭"）

8. （宋）袁燮《絜斋家塾书钞》卷十二《周书·君奭》

（归善斋按，见"周公若曰，君奭"）

9. （宋）蔡沈《书经集传》卷五《周书·君奭》

弗吊天降丧于殷，殷既坠厥命，我有周既受。我不敢知曰，厥基永孚于休。若天棐忱；我亦不敢知曰，其终出于不祥。

不祥者，休之反也。天既下丧亡于殷，殷既失天命，我有周既受之矣。我不敢知曰其基业长信于休美乎，如天果辅我之诚耶。我亦不敢知曰，其终果出于不祥乎。按，此篇周公留召公而作，此其言天命吉凶，虽曰我不敢知，然其恳恻危惧之意，天命吉凶之决，实主于召公留不留如何也？

10. （宋）黄伦《尚书精义》卷四十《周书·君奭》

（归善斋按，见"周公若曰，君奭"）

11. （宋）陈经《尚书详解》卷三十六《周书·君奭》

（归善斋按，见"周公若曰，君奭"）

12. （宋）钱时《融堂书解》卷十五《周书·君奭》

（归善斋按，见"周公若曰，君奭"）

13. （宋）魏了翁《尚书要义》卷十六《周书·君奭、蔡仲、多方》

（归善斋按，未引）

14. （宋）陈大猷《书集传或问》卷下《周书·君奭》

（归善斋按，未解）

15. （宋）胡士行《尚书详解》卷十《周书·君奭第十八》

（归善斋按，见"周公若曰，君奭"）

16. （元）吴澄《书纂言》卷四下《周书·君奭》

（归善斋按，见"周公若曰，君奭"）

17. （元）陈栎《书集传纂疏》卷五《朱子订定蔡氏集传·周书·君奭》

弗吊天降丧于殷。殷既坠厥命。我有周既受，我不敢知曰，厥基永孚于休，若天棐忱；我亦不敢知曰，其终出于不祥。

不祥者，休之反也。天既下丧亡于殷，殷既失天命，我有周既受之矣。我不敢知曰，其基业长信于休美乎，如天果辅我之诚邪；我亦不敢知曰，其终果出于不祥乎。按此篇，周公留召公而作，此其言天命吉凶，虽曰我不敢知，然其恳恻危惧之意，天命吉凶之决，实主于召公留不留如何也。

纂疏：

不吊，只当作去声读。

吕氏曰，自后世之私观之，殷之祸，周之福也。述殷之亡，亦曰"弗吊"，圣贤公天下之心也。人之于天，或恃而不自修，或惧而不自强。谓永孚于休，恃而不自修也，谓天必福己也；谓终出不祥，惧而不自强也，谓天必祸己也，皆非也。

愚谓，此数句与《召诰》"不敢知曰，有历年不其延"，语脉略同。

18.（元）许谦《读书丛说》卷六《周书·君奭》

（归善斋按，未解）

19.（元）董鼎《书传辑录纂注》卷五《周书·君奭》

弗吊天降丧于殷。殷既坠厥命，我有周既受，我不敢知曰，厥基永孚于休，若天棐忱；我亦不敢知曰，其终出于不祥。

不祥者，休之反也。天既下丧亡于殷，殷既失天命，我有周既受之矣。我不敢知曰，其基业长信于休美乎，如天果辅我之诚耶，我亦不敢知曰，其终果出于不祥乎。案，此篇周公留召公而作，此其言天命吉凶，虽曰我不敢知，然其恳恻危惧之意，天命吉凶之决，实主于召公留不留如何也。

纂注：

吕氏曰，自后世之私观之，殷之祸，周之福也。述殷之丧亡，亦曰"弗吊"，圣贤公天下之心也。人之于天，或恃而不自修，或惧而不自强。谓永孚于休，恃而不自修也；意天必福己也。谓终出不祥，惧而不自强也，意天必祸己也，皆非也。

20.（元）朱祖义《尚书句解》卷十《周书·多方第二十》

弗吊（天不悯吊殷家。吊，的）天降丧于殷（天遂降下丧亡之道于殷）。殷既坠厥命（殷家既陨坠其天命），我有周既受（我周家既受天命）。

21.（明）王樵《尚书日记》卷十三《周书·君奭》

（归善斋按，见"周公若曰，君奭"）

22.（清）库勒纳等撰《日讲书经解义》卷十《周书·君奭》

（归善斋按，见"周公若曰，君奭"）

我不敢知曰，厥基永孚于休，若天棐忱

1.（汉）孔氏传、（唐）陆德明音义、孔颖达疏《尚书注疏》卷十五《周书·君奭》

我不敢知曰，厥基永孚于休，若天棐忱。

传，废兴之迹，亦君所知，言殷家其始，长信于美道，顺天辅诚，所以国也。

音义，棐，音匪，又芳鬼反。忱，市林反。

疏，正义曰，今虽受命，贵在能终，若不能终，与殷无异，故视殷以为监，戒。

传正义，曰孔以《召诰》云"我不敢知"者，其意召公言我不敢独知，亦王所知，则此言"我不敢知"，亦是周公言我不敢独知，是君奭所知，故以此及下句为说。殷之兴亡，言与君奭同知，举其殷兴亡为戒。郑玄亦然也。

2.（宋）苏轼《书传》卷十五《周书·君奭第十八》

（归善斋按，见"周公若曰，君奭"）

3.（宋）林之奇《尚书全解》卷三十三《周书·君奭》

（归善斋按，见"召公为保，周公为师，相成王为左右，召公不说，周公作《君奭》"）

4.（宋）史浩《尚书讲义》卷十七《周书·君奭》

（按此条讲义原缺）

5.（宋）夏僎《尚书详解》卷二十一《周书·君奭》

（归善斋按，见"周公若曰，君奭"）

1431

6.（宋）时澜《增修东莱书说》卷二十六《周书·君奭第十八》

（归善斋按，见"周公若曰，君奭"）

7.（宋）黄度《尚书说》卷六《周书·君奭》

（归善斋按，见"周公若曰，君奭"）

8.（宋）袁燮《絜斋家塾书钞》卷十二《周书·君奭》

（归善斋按，见"周公若曰，君奭"）

9.（宋）蔡沈《书经集传》卷五《周书·君奭》

（归善斋按，见"弗吊天降丧于殷，殷既坠厥命，我有周既受"）
（归善斋按，见"周公若曰，君奭"）

10.（宋）黄伦《尚书精义》卷四十《周书·君奭》

（归善斋按，见"周公若曰，君奭"）

11.（宋）陈经《尚书详解》卷三十六《周书·君奭》

（归善斋按，见"周公若曰，君奭"）

12.（宋）钱时《融堂书解》卷十五《周书·君奭》

（归善斋按，见"周公若曰，君奭"）

13.（宋）魏了翁《尚书要义》卷十六《周书·君奭、蔡仲、多方》

六、我不敢知，谓不敢独知，孔、郑同义。

孔以《召诰》云"我不敢知"者，其意召公言，我不敢独知，亦是周公言我不敢独知，是君奭所知，故以此及下句为说殷之兴亡，言与君奭同知，举其殷兴亡为戒，郑玄亦然也。

14. （宋）陈大猷《书集传或问》卷下《周书·君奭》

或问陈氏、吕氏若天棐忱之说。曰，陈说句读虽顺，然上天辅忱，乃必然之理，若以辅忱为不可知，则是后世诬天之说也，岂其然乎。上文既曰"我不敢知"，则是一心不敢必乎天，而惟知顺天耳。若以为顺，天庶乎辅我之忱，亦恐未免必乎。天兼添了庶几辅我之意，不如惟顺上天辅诚之理为莹洁也。吕氏曰"大弗克恭上下"，是不能嗣前人恭德也。"遏佚前人光"，是不能继前人明德也，亦通。陈曰我不敢自以为知天命，如何？盖尝曰，其求信于休欤，若天辅我以诚欤，其终出于不祥欤。

15. （宋）胡士行《尚书详解》卷十《周书·君奭第十八》

（归善斋按，见"周公若曰，君奭"）

16. （元）吴澄《书纂言》卷四下《周书·君奭》

（归善斋按，见"周公若曰，君奭"）

17. （元）陈栎《书集传纂疏》卷五《朱子订定蔡氏集传·周书·君奭》

（归善斋按，见"弗吊天降丧于殷，殷既坠厥命，我有周既受"）
（归善斋按，见"周公若曰，君奭"）

18. （元）许谦《读书丛说》卷六《周书·君奭》

（归善斋按，未解）

19. （元）董鼎《书传辑录纂注》卷五《周书·君奭》

（归善斋按，见"弗吊天降丧于殷，殷既坠厥命，我有周既受"）
（归善斋按，见"周公若曰，君奭"）

20.（元）朱祖义《尚书句解》卷十《周书·多方第二十》

我不敢知曰（我不敢知而言），厥基永孚于休（其周家基业长，信有休祥否），若天棐忱（周既顺天之道，天亦辅周之诚）。

21.（明）王樵《尚书日记》卷十三《周书·君奭》

（归善斋按，见"周公若曰，君奭"）

22.（清）库勒纳等撰《日讲书经解义》卷十《周书·君奭》

（归善斋按，见"周公若曰，君奭"）

我亦不敢知曰，其终出于不祥

1.（汉）孔氏传、（唐）陆德明音义、孔颖达疏《尚书注疏》卷十五《周书·君奭》

我亦不敢知曰，其终出于不祥。
传，言殷纣其终坠厥命，以出于不善之故，亦君所知。
音义，终，马本作崇，云充也。
疏，正义曰，我亦不敢独知曰，殷纣其终坠失其王命，由出于不善之故，亦君所知也。

2.（宋）苏轼《书传》卷十五《周书·君奭第十八》

（归善斋按，见"周公若曰，君奭"）

3.（宋）林之奇《尚书全解》卷三十三《周书·君奭》

（归善斋按，见"召公为保，周公为师，相成王为左右，召公不说，周公作《君奭》")

4.（宋）史浩《尚书讲义》卷十七《周书·君奭》

（按此条讲义原缺）

5.（宋）夏僎《尚书详解》卷二十一《周书·君奭》

（归善斋按，见"周公若曰，君奭"）

6.（宋）时澜《增修东莱书说》卷二十六《周书·君奭第十八》

（归善斋按，见"周公若曰，君奭"）

7.（宋）黄度《尚书说》卷六《周书·君奭》

（归善斋按，见"周公若曰，君奭"）

8.（宋）袁燮《絜斋家塾书钞》卷十二《周书·君奭》

（归善斋按，见"周公若曰，君奭"）

9.（宋）蔡沈《书经集传》卷五《周书·君奭》

（归善斋按，见"弗吊天降丧于殷，殷既坠厥命，我有周既受"）

10.（宋）黄伦《尚书精义》卷四十《周书·君奭》

（归善斋按，见"周公若曰，君奭"）

11.（宋）陈经《尚书详解》卷三十六《周书·君奭》

（归善斋按，见"周公若曰，君奭"）

12.（宋）钱时《融堂书解》卷十五《周书·君奭》

（归善斋按，见"周公若曰，君奭"）

13.（宋）魏了翁《尚书要义》卷十六《周书·君奭、蔡仲、多方》

（归善斋按，未引）

14.（宋）陈大猷《书集传或问》卷下《周书·君奭》

（归善斋按，未解）

15.（宋）胡士行《尚书详解》卷十《周书·君奭第十八》

（归善斋按，见"周公若曰，君奭"）

16.（元）吴澄《书纂言》卷四下《周书·君奭》

（归善斋按，见"周公若曰，君奭"）

17.（元）陈栎《书集传纂疏》卷五《朱子订定蔡氏集传·周书·君奭》

（归善斋按，见"弗吊天降丧于殷，殷既坠厥命，我有周既受"）
（归善斋按，见"周公若曰，君奭"）

18.（元）许谦《读书丛说》卷六《周书·君奭》

（归善斋按，未解）

19.（元）董鼎《书传辑录纂注》卷五《周书·君奭》

（归善斋按，见"弗吊天降丧于殷，殷既坠厥命，我有周既受"）
（归善斋按，见"周公若曰，君奭"）

20.（元）朱祖义《尚书句解》卷十《周书·多方第二十》

我亦不敢知曰（我亦不敢知而言），其终出于不祥（其周家终有不祥否）。

21.（明）王樵《尚书日记》卷十三《周书·君奭》

（归善斋按，见"周公若曰，君奭"）

22.（清）库勒纳等撰《日讲书经解义》卷十《周书·君奭》

（归善斋按，见"周公若曰，君奭"）

呜呼！君已，曰时我，我亦不敢宁于上帝命

1.（汉）孔氏传、（唐）陆德明音义、孔颖达疏《尚书注疏》卷十五《周书·君奭》

呜呼！君已，曰时我，我亦不敢宁于上帝命。

传，叹而言曰，君也，当是我之留，我亦不敢安于上天之命，故不敢不留。

音义，已，音以。

疏，正义曰，周公又叹而呼召公曰，呜呼！君已。已，辞也。既叹乃复言曰，君，当是我之留，勿非我也。我亦不敢安于上天之命，故不敢不留。

传正义曰，叹而言曰，呜呼！君已。已，是引声之辞。既呼君奭，叹而引声，乃复言曰，君当是我之留，以其意不说，故令，是我而勿非我。我不敢安于上天之命。孔意当谓，天既命周，我当成就周道，故不敢不留。

《尚书注疏》卷十五《考证》

"呜呼，君已（句），曰时我（句）"。

臣召南按，古读如此。林之奇"以君已曰时我"为句，蔡沈从之。李光地曰，已，止也，"君已"者，呼召公而止之留之之发辞也。说尤直截。

2. （宋）苏轼《书传》卷十五《周书·君奭第十八》

（归善斋按，见"周公若曰，君奭"）

3. （宋）林之奇《尚书全解》卷三十三《周书·君奭》

（归善斋按，见"召公为保，周公为师，相成王为左右，召公不说，周公作《君奭》"）

4. （宋）史浩《尚书讲义》卷十七《周书·君奭》

（按此条讲义原缺）

5. （宋）夏僎《尚书详解》卷二十一《周书·君奭》

（归善斋按，见"周公若曰，君奭"）

6. （宋）时澜《增修东莱书说》卷二十六《周书·君奭第十八》

（归善斋按，见"周公若曰，君奭"）

7. （宋）黄度《尚书说》卷六《周书·君奭》

呜呼！君已，曰时我，我亦不敢宁于上帝命，弗永远念天威，越我民，罔尤违，惟人。在我后嗣子孙，大弗克恭上下，遏佚前人光，在家不知。

已叹，且言其事曰，是在我而已。我亦不敢安于上帝之命，而弗永远念天威，及于我民，无使有尤悔违阙，是固惟人耳。其或在我后嗣子孙，大弗能恭敬，上忽天戒，下失民心，遏绝散逸前人明德光辉，我老在家则不能知。

8. （宋）袁燮《絜斋家塾书钞》卷十二《周书·君奭》

呜呼！君已，曰时我，我亦不敢宁于上帝命，弗永远念天威，越我民，罔尤违，惟人。在我后嗣子孙，大弗克恭上下，遏佚前人光，在家不知。

　　自"时我"至"惟人"皆是召公前日之言。周公举其言以信之也。召公亦尝曰。此其事是诚在我矣。凡天命之宁与否；民心之从与违，皆不敢必，所当自尽者，惟人事而已。这般所在，当先观大意，以意逆志，不当以文害辞。大意只谓，天命之去，就人心之从违，皆无可必之理，惟尽人事为先。观召公言天，亦曰我不敢知，与周公之意同。则召公之言可推矣。"在我后嗣子孙"至"在家不知"，此周公挽留召公之辞也。召公毋谓今日基业已成，天命已固，民心已安，无可为者，遽然便去。万一后来子孙，大不能恭敬，上下骄慢怠弛，遏绝放佚祖宗之光明，召公若不在朝于家，何缘与知。君若在其左右，尚可以辅赞弥缝，绳愆纠缪，格其非心，训以正道，于其事之未萌而正救，庶几能扶持而不底于败，若退处于家，既不与朝政，则凡国家之大计，安得而与闻之；人君之得失，安得而正救之，与其在家不知，曷若相与挽留而扶持。

9.（宋）蔡沈《书经集传》卷五《周书·君奭》

　　呜呼！君已，曰时我，我亦不敢宁于上帝命，弗永远念天威，越我民，罔尤违，惟人。在我后嗣子孙，大弗克恭上下，遏佚前人光，在家不知。

　　尤，怨；违，背也。周公叹息言，召公已尝曰，是在我而已。周公谓，我亦不敢苟安天命，而不永远念天之威于我民无尤怨背违之时也。天命、民心去就无常，实惟在人而已。今召公乃忘前日之言，翻然求去，使在我后嗣子孙大不能敬天敬民，骄慢肆侈，遏绝佚坠文、武光显，可得谓在家而不知乎？

10.（宋）黄伦《尚书精义》卷四十《周书·君奭》

　　呜呼！君已，曰时我，我亦不敢宁于上帝命，弗永远念天威，越我民，罔尤违，惟人。

　　东坡曰，周公昔尝问召公曰，天其将使周室永孚于休欤，抑将出于不祥欤，皆未可知也。于时，召公答曰，是在我而已。我若能祗上帝之命，不敢荒宁，则天将永孚于休。若其弗念天威，及使民无所尤违，则天将终出于不祥。此皆在人而已。今我不去正，为此耳，故举其昔言以喻之。

无垢曰，于民无所尤，是任其作恶也；于民无所违，是顺其作恶也。民知善之所向，惟上之人，于其为善而任顺之，则人人有士君子之行，而见风俗之厚矣。傥惟于民任顺其为恶，而无所尤违，恶俗已成，其终出于不祥也，无疑矣。

荆公曰，此言君奭既曰是在我，我亦不敢暇逸于天命，而不永远念天威之于我民无尤违。言天威于民皆当，其罪无僭差，已不可以不念也。

张氏曰，谓之祸矣，福有时而来；谓之吉矣，凶有时而至，则上帝之命，我之所以不敢安也。作不善而降之殃；不钦德而坠厥命，则上天之威，无过也，无违也，未始或僭焉。苟能作德。则天威虽曰可畏。不足畏也。已不敢"宁于上帝命"，所谓"虽休勿休"是也。不敢不"永远念天威，越我民，罔尤违"，所谓"虽畏勿畏"是也。

11.（宋）陈经《尚书详解》卷三十六《周书·君奭》

（归善斋按，见"周公若曰，君奭"）

12.（宋）钱时《融堂书解》卷十五《周书·君奭》

（归善斋按，见"周公若曰，君奭"）

13.（宋）魏了翁《尚书要义》卷十六《周书·君奭、蔡仲、多方》

（归善斋按，未引）

14.（宋）陈大猷《书集传或问》卷下《周书·君奭》

（归善斋按，未解）

15.（宋）胡士行《尚书详解》卷十《周书·君奭第十八》

呜呼！君（奭）已（向已尝），曰时（是）我（在我），我亦不敢宁（安逸）于上帝命，弗永远念天威，越（于）我民，罔尤（怨）违

（背），惟人（在人）。

我不敢知，惟疾敬德之说。《召诰》言之是。召公往日所言，已曰，在我可必而已。予敢宁帝命，而不念其威乎？天、民一也。民无尤违，责亦在人。召公正当与周公共图之，可去乎？

16.（元）吴澄《书纂言》卷四下《周书·君奭》

呜呼！君已，曰时我，我亦不敢宁于上帝命，弗永远念天威，越我民，罔尤违，惟人。

"呜呼！君奭"叹而呼召公以告之也。君、已，皆一字为句。已字，义见《康诰》《大诰》，"曰时我"，承上文言，天命去留，国祚修短，我皆不敢知，则臣之事君，惟当竭人力，以保天命，是我之责也。然我亦不敢安于上帝之命，而不永远思念天威，及我民之无尤、无违者，惟在于得人也。

17.（元）陈栎《书集传纂疏》卷五《朱子订定蔡氏集传·周书·君奭》

呜呼！君已，曰时我，我亦不敢宁于上帝命，弗永远念天威，越我民，罔尤违，惟人。在我后嗣子孙，大弗克恭上下，遏佚前人光，在家不知。

尤，怨；违，背也。周公叹息言，召公已尝曰，是在我而已。周公谓我亦不敢苟安天命，而不永远念天之威于我民无尤怨背违之时也。天命、民心去就无常，实惟在人而已。今召公乃忘前日之言，翻然求去，使在我后嗣子孙，大不能敬天敬民，骄慢肆侈，遏绝佚坠文武光显，可得谓在家而不知乎。

纂疏：

诸诰多是长句，如"弗永远念天威，越我民，罔尤违"，只是一句。"越"只是"及"。"罔尤违"是总说上天与民之意。《汉·艺文志》注谓，诰是晓谕，民若不速晓，则约束不行。便是诰辞如此，只是欲民易晓。

18. （元）许谦《读书丛说》卷六《周书·君奭》

（归善斋按，未解）

19. （元）董鼎《书传辑录纂注》卷五《周书·君奭》

呜呼！君已，曰时我，我亦不敢宁于上帝命，弗永远念天威，越我民，罔尤违，惟人。在我后嗣子孙，大弗克恭上下，遏佚前人光，在家不知。

尤，怨；违，背也。周公叹息言，召公已尝曰，是在我而已。周公谓，我亦不敢苟安天命，而不永远念天之威于我民无尤怨背违之时也。天命、民心去就无常，实惟在人而已。今召公乃忘前日之言，翻然求去，使在我后嗣子孙，大不能敬天、敬民，骄慢肆侈，遏绝佚坠文、武光显，可得谓在家而不知乎。

辑注：

诸诰多是长句，如《君奭》"弗永远念天威，越我民，罔尤违"，只是一句。"越"只是"及"，"罔尤违"是总说上天与民之意。《汉·艺文志》注，谓诰是晓谕，民若不速晓，则约束不行。便是诰辞如此，只是欲民易晓。

20. （元）朱祖义《尚书句解》卷十《周书·多方第二十》

呜呼！君（嗟叹呼君以告），已曰（往日汝已曾言），时我（人事是在我，不在天）。我亦不敢宁于上帝命（故我亦不敢以得上天之命为安）。

21. （明）王樵《尚书日记》卷十三《周书·君奭》

"呜呼！君已曰时我"至"天不庸释于文王受命"。

君已，曰时我，谓有人，则永孚于休；无人；则终出于不祥。其祸其福，皆在我而不在天也。召公尝欲上下勤恤，期勿替夏、商之历年，欲王以小民受天永命，是固尝以天命自任矣。我之心亦如此。我亦不敢宁于上帝命。弗永远念天威之可畏于我民无尤怨背违之时也。天命、民心去就无常实，惟在人而已。今召公乃忘前日之言，翻然求去，使在我后嗣子孙，大不能敬天、敬民，骄慢肆侈，遏绝佚坠文、武光显，可得谓在家而不知乎？

帝命之弗敢宁，天威之当永念，正以"天命不易，天难谌"故也。是命也，前人以恭明之德，克当天心而得之。后嗣子孙，不能经历继嗣，则失之矣。恭德者，畏天显，畏小民，无遗寿耇，尊贤下士也。明德者，声色不迩，货利不殖，讲学稽古，知人远佞也。后嗣子孙，事忽于未更，虑疏于不戒，不克经历继嗣兹德，而蹈丧亡者，往往是也。今公可不为孺子虑乎？周公意谓，须得老成人辅导，乃能不坠先德。惟其如此，故在今予小子旦，朝夕夙夜于王，非敢曰，大有所裨益匡正也。惟以前人光大之德，若无人说与冲子，则将至于泯没，而幼冲之人心志未定，善言不先入，标准不先立，则将有昧于所从者。故孜孜启迪，惟前人之光，是付使不遏于冲子之身而已。在我者如此，在公者将无同乎？又曰，天固不可信矣，然在我之道，惟以宁王之德，不斩于其子，则天于文王所受之命，岂遂庸释于其孙哉。

"我亦弗敢宁于上帝命，弗永远念天威，越我民，罔尤违"，越，字当训"及"。今蔡传训"于"。帝天之命主于民心，以今日之民心，固无尤怨背违，天命似若可保，然民心无常，怨不在大，既不能必民之常爱戴于我，则安能必天之无降威之时。若民罔尤违之时，即远念天威之可畏，即不敢宁于上帝命也。右以天命民心之无常，言国不可无老成之辅。以下则历言商之六臣，文王之五臣，武王之四臣，或辅君以受命，或辅君以保祚，反复推明，以见召公之未可去，此一篇之大意。

22.（清）库勒纳等撰《日讲书经解义》卷十《周书·君奭》

呜呼！君已，曰时我，我亦不敢宁于上帝命，弗永远念天威，越我民，罔尤违，惟人。在我后嗣子孙，大弗克恭上下，遏佚前人光，在家不知。

此一节书是，叙许国之同，推去国之害，以见召公之不可去也。君，指召公。时字，解作"是"字。越字，解作"于"字。尤，怨也。违，背也。后嗣子孙，指成王说。遏，绝也。佚，坠也。前人，指文武。说周公又叹息，告召公曰，呜呼，君前日已有言曰，辅王以诚小民，而祈天永命，是惟在我之责。君之自任如此，然岂惟君有是心哉，我尝思之。当今之时，我民罔有怨尤违背天命，宜若可保矣。然民罔常怀，天无常亲。今日之眷命焉，知他日之不加威罚乎。故我亦不敢苟安于上帝之命，而不永远念天之威罚于民罔尤违之时也。盖天命、民心去留无常，实惟在人而已。今君乃忘前日之言，翻然求去，使我后嗣子孙，大不能恭敬上天，恭敬下民，骄慢肆侈，遏绝佚坠文、武光明显着之德，当此之时，君为国大臣，固有不得辞其责者，岂可谓退老在家，便付理乱于不知乎？

（明）马明衡《尚书疑义》卷六《周书·君奭》

"呜呼君"至"施于我冲子"。

大约语气，今为引之。"呜呼君"者，周公叹息呼召公之辞也，其意谓，周家之事，我二人不得辞其责。从昔以来，已曰，是在我而已。责既在我，我亦不敢以安宁，当上帝之命而不长兢业以念天威及我民，遂自兹可以无尤违乎。故夫天命人心之固，亦惟在国家，有辅翼之人，又在我后嗣子孙有以承之而已。使辅翼无人，而后嗣子孙大不能恭敬于上下，慢天虐民，遏佚文武盛德之光，徒自处家室之中，而不知天命之不易，则天难谌，乃坠厥命，弗克经历年所，以嗣承前人恭敬之明德也。其在今予小子旦，非克有所助也，惟率循前人盛德之光，使不废坠，以施于冲子而已。如是则庶几不至遏佚前人之光，而可以嗣恭明德矣。又曰"天不可信"至"天不庸释于文王受命"，亦足上"迪前人光"之意。

弗永远念天威，越我民，罔尤违

1.（汉）孔氏传、（唐）陆德明音义、孔颖达疏《尚书注疏》卷十五《周书·君奭》

弗永远念天威，越我民，罔尤违。

传，言君不长远念天之威，而动化于我民，使无过违之阙。

疏，正义曰：君何不长远念天之威罚，祸福难量，当勤教于我下民，使无尤过违法之阙。

《尚书注疏》卷十五《考证》

"弗永远念天威（句）越我民（句）罔尤违（句）"。朱子谓止一句。

2. （宋）苏轼《书传》卷十五《周书·君奭第十八》

（归善斋按，见"周公若曰，君奭"）

3. （宋）林之奇《尚书全解》卷三十三《周书·君奭》

（归善斋按，见"召公为保，周公为师，相成王为左右，召公不说，周公作《君奭》"）

4. （宋）史浩《尚书讲义》卷十七《周书·君奭》

（按此条讲义原缺）

5. （宋）夏僎《尚书详解》卷二十一《周书·君奭》

（归善斋按，见"周公若曰，君奭"）

6. （宋）时澜《增修东莱书说》卷二十六《周书·君奭第十八》

（归善斋按，见"周公若曰，君奭"）

7. （宋）黄度《尚书说》卷六《周书·君奭》

（归善斋按，见"呜呼！君已，曰时我，我亦不敢宁于上帝命"）

8. （宋）袁燮《絜斋家塾书钞》卷十二《周书·君奭》

（归善斋按，见"呜呼！君已，曰时我，我亦不敢宁于上帝命"）

9. (宋)蔡沈《书经集传》卷五《周书·君奭》

(归善斋按,见"呜呼!君已,曰时我,我亦不敢宁于上帝命")

10. (宋)黄伦《尚书精义》卷四十《周书·君奭》

(归善斋按,见"呜呼!君已,曰时我,我亦不敢宁于上帝命")

11. (宋)陈经《尚书详解》卷三十六《周书·君奭》

(归善斋按,见"周公若曰,君奭")

12. (宋)钱时《融堂书解》卷十五《周书·君奭》

(归善斋按,见"周公若曰,君奭")

13. (宋)魏了翁《尚书要义》卷十六《周书·君奭、蔡仲、多方》

(归善斋按,未引)

14. (宋)陈大猷《书集传或问》卷下《周书·君奭》

(归善斋按,未解)

15. (宋)胡士行《尚书详解》卷十《周书·君奭第十八》

(归善斋按,见"呜呼!君已,曰时我,我亦不敢宁于上帝命")

16. (元)吴澄《书纂言》卷四下《周书·君奭》

(归善斋按,见"呜呼!君已,曰时我,我亦不敢宁于上帝命")

17. (元)陈栎《书集传纂疏》卷五《朱子订定蔡氏集传·周书·君奭》

(归善斋按,见"呜呼!君已,曰时我,我亦不敢宁于上帝命")

18. （元）许谦《读书丛说》卷六《周书·君奭》

（归善斋按，未解）

19. （元）董鼎《书传辑录纂注》卷五《周书·君奭》

（归善斋按，见"呜呼！君已，曰时我，我亦不敢宁于上帝命"）

20. （元）朱祖义《尚书句解》卷十《周书·多方第二十》

弗永远念天威（乃不永远思念上天之威），越我民罔尤违（乃使我民无尤怨违戾）。

21. （明）王樵《尚书日记》卷十三《周书·君奭》

（归善斋按，见"呜呼！君已，曰时我，我亦不敢宁于上帝命"）

22. （清）库勒纳等撰《日讲书经解义》卷十《周书·君奭》

（归善斋按，见"呜呼！君已，曰时我，我亦不敢宁于上帝命"）

（明）马明衡《尚书疑义》卷六《周书·君奭》

（归善斋按，见"呜呼！君已，曰时我，我亦不敢宁于上帝命"）

（清）朱鹤龄《尚书埤传》卷十三《周书·君奭》

弗永远（至）尤违

朱子曰，诸诰多有长句，如《君奭》"弗永远念天威，越我民，罔尤违"，只是一句读。

惟人，在我后嗣子孙，大弗克恭上下，
遏佚前人光在家不知

1.（汉）孔氏传、（唐）陆德明音义、孔颖达疏《尚书注疏》卷十五《周书·君奭》

惟人，在我后嗣子孙，大弗克恭上下，遏佚前人光，在家不知。

传，惟众人共存，在我后嗣子孙，若大不能恭承天地，绝失先王光大之道，我老在家，则不得知。天命不易天难谌乃其坠命弗克经历。

传，天命不易天，难信无德者乃其坠失王命，不能经久历远，不可不慎。嗣前人，恭明德，在今予小子旦传继先王之大业，恭奉其明德，正在我今小子旦，言异于余臣。非克有正迪，惟前人光，施于我冲子。传，我留，非能有改正，但欲蹈行先王光大之道，施政于我童子。童子，成王。

音义，遏，于葛反，徐音谒绝反。佚，音逸。

疏，正义曰，惟今天下众人，共诚心存在，我后嗣子孙，观其政之善恶。若此嗣王，大不能恭承上天、下地，绝失先王光大之道，令使众人失望。我若退老在家，则不能得知。何得不留辅王也。

《尚书注疏》卷十五《考证》

"在家不知（句）"。

蔡传读同。李光地谓"不知"二字须连下"天命不易"为句。

2.（宋）苏轼《书传》卷十五《周书·君奭第十八》

（归善斋按，另见"周公若曰，君奭"）

在我后嗣子孙，大弗克恭上下，遏佚前人光。在家不知天命不易。天难谌乃其坠命，弗克经历嗣前人，恭明德。

此皆罪成王之言。在，察也。遏，绝也。佚，失也。经历，历年长久。言我察成王之德，大未能事天地，遏绝放失前人之光明。盖生于深宫之中，不知天命不易，我若去之，其将弗永年矣。周公盖以丕视功载。知其如此。

3.（宋）林之奇《尚书全解》卷三十三《周书·君奭》

（归善斋按，见"召公为保，周公为师，相成王为左右，召公不说，周公作《君奭》"）

4.（宋）史浩《尚书讲义》卷十七《周书·君奭》

（按此条讲义原缺）

5.（宋）夏僎《尚书详解》卷二十一《周书·君奭》

（归善斋按，见"周公若曰，君奭"）

6.（宋）时澜《增修东莱书说》卷二十六《周书·君奭第十八》

（归善斋按，见"周公若曰，君奭"）

7.（宋）黄度《尚书说》卷六《周书·君奭》

（归善斋按，见"呜呼！君已，曰时我，我亦不敢宁于上帝命"）

8.（宋）袁燮《絜斋家塾书钞》卷十二《周书·君奭》

（归善斋按，见"呜呼！君已，曰时我，我亦不敢宁于上帝命"）

9.（宋）蔡沈《书经集传》卷五《周书·君奭》

（归善斋按，见"呜呼！君已，曰时我，我亦不敢宁于上帝命"）

10.（宋）黄伦《尚书精义》卷四十《周书·君奭》

（归善斋按，另见"呜呼！君已，曰时我，我亦不敢宁于上帝命"）

在我后嗣子孙，大弗克恭上下，遏佚前人光，在家不知。天命不易，天难谌。乃其坠命，弗克经历，嗣前人恭明德。

无垢曰，天道难保，有德者辅之，无德者去之。既不能恭承天地，又不能宣重文、武之德，又与宦官女子昏于深宫，不知天命之不可轻，是则天必将坠其有天下之命，亡不旋踵，岂能经历久远，以嗣文、武恭天地之德，与夫文、武光明之德乎。此言成王中才，正在周、召夹辅之意，不可求去，以为高也。

荆公曰，前既言在我者，不敢不勉。此乃言"在人"者，非我所及知也。惟在人者，若我后嗣，上，则大不克敬恭天与祖考；下，则大不克敬恭诸侯臣民，遏佚前人光在室家之中，沉溺于近习，而不知天下之艰难，则天命靡常，难可谌信，乃其坠命，不能经历久远，嗣前人敬明之德矣。

11. （宋）陈经《尚书详解》卷三十六《周书·君奭》

（归善斋按，见"周公若曰，君奭"）

12. （宋）钱时《融堂书解》卷十五《周书·君奭》

（归善斋按，见"周公若曰，君奭"）

13. （宋）魏了翁《尚书要义》卷十六《周书·君奭、蔡仲、多方》

（归善斋按，未引）

14. （宋）陈大猷《书集传或问》卷下《周书·君奭》

（归善斋按，未解）

15. （宋）胡士行《尚书详解》卷十《周书·君奭第十八》

（归善斋按，另见"呜呼！君已，曰时我，我亦不敢宁于上帝命"）

在我后嗣子孙，大弗克恭（承）上（天）下（地），遏（绝）佚（失）前人光在家不知（注绝句）。天命不易，天难谌（信）。乃其坠命，弗克经历（久），嗣前人恭明德。在今予小子旦，非（敢）克（自谓能）有正（正君），迪（启导）惟前人（文武）光（明德），施（用）于我冲子（成王）。

天之命，前人之德，后人未必深知也。万一有之遏佚弗经历之祸，可不凛凛。故予非敢谓能正君，而其以前人光施之冲子者，则不敢怠。召公可不体此而勿去乎？

16.（元）吴澄《书纂言》卷四下《周书·君奭》

（归善斋按，见"呜呼！君已，曰时我，我亦不敢宁于上帝命"）

在我后嗣子孙，大弗克恭上下，遏佚前人光，在家不知。天命不易，天难谌。乃其坠命，弗克经历，嗣前人恭明德。

遏，绝；佚，失也。先王既受天命，为后嗣子孙者，若大不能恭承天地之祀事，遏佚前人盛德之辉光，居深宫之中，不知天命之不易保，则天命难信，乃或至坠失其命，不复能经历久远，而继嗣前人之恭德明德矣。恭上下者，前人之恭德；光者，前人之明德也。

17.（元）陈栎《书集传纂疏》卷五《朱子订定蔡氏集传·周书·君奭》

（归善斋按，见"呜呼！君已，曰时我，我亦不敢宁于上帝命"）

18.（元）许谦《读书丛说》卷六《周书·君奭》

（归善斋按，未解）

19.（元）董鼎《书传辑录纂注》卷五《周书·君奭》

（归善斋按，见"呜呼！君已，曰时我，我亦不敢宁于上帝命"）

20.（元）朱祖义《尚书句解》卷十《周书·多方第二十》

惟人（亦惟在尽人事而已），在我后嗣子孙（在我成王之后子孙）大弗克恭上下（大不能恭敬天地）遏佚前人光（遏绝佚失文、武光明之德），在家不知（我退老在家有所不知）。

1451

21. （明）王樵《尚书日记》卷十三《周书·君奭》

(归善斋按，见"呜呼！君已，曰时我，我亦不敢宁于上帝命")

22. （清）库勒纳等撰《日讲书经解义》卷十《周书·君奭》

(归善斋按，见"呜呼！君已，曰时我，我亦不敢宁于上帝命")

（明）马明衡《尚书疑义》卷六《周书·君奭》

(归善斋按，见"呜呼！君已，曰时我，我亦不敢宁于上帝命")

（清）王夫之《尚书稗疏》卷四下《周书·君奭》

大弗克恭。

进退是人臣之常节，召公欲去而周公遽责之，曰，大弗克恭，何其相责之已甚耶。蔡氏召公告老之说，乃以臆断千年之上，识者不敢疑其不然，而况敢信其然乎？且召公诚志在归休于成王初年，诚为已早迨。成王在位既久，天下奠安，则固可遂其初志。而康王嗣位，犹领冢宰，何前之矫矫，而后之濡滞哉？盖召公同国休戚之情，终始无求去之心，亦以已之所处，乃无嫌无疑之地，而其致疑于周公者，则别有说也。周公归自东征，不以往事为惩，而犹位冢宰，正百工，留洛邑，定宗礼，力以率俾海隅日出为己任，恝然无忧于天下之疑，则实召公所未喻。周、召俱为先王之旧臣，而相与为肺腑之亲，则不但国事所当同恤，而彼此进退之大节，亦不能不互为谋而交相益。则谓商奄已殄，洛邑已定，诚周公可以谢政之日，何事制作之皇皇，以久居大位而秉国，成其爱周公也至而亟，欲其退，自贤者之恒情，特以周公方志在必为，难可直谏，乃终怫其心，而有不说之意。书序所云，固非诬也。周公知召公之意，而志期莫大之功，事待已然而后著，固有难于预为显言者，故以"我不敢知"为发词之端，而末云"祗若兹，往敬用治"，则以功之成否归之天而已，意不可悉言，且欲召公之忘言以俟已之经理且为之，而无恤其它也。故苏氏谓召公欲周公告老，为得其旨。蔡氏之说，非所敢从。

天命不易，天难谌，乃其坠命，弗克经历

1.（汉）孔氏传、（唐）陆德明音义、孔颖达疏《尚书注疏》卷十五《周书·君奭》

天命不易，天难谌，乃其坠命，弗克经历。

传，天命不易，天难信无德者，乃其坠失王命，不能经久历远，不可不慎。

音义，易，以豉反，注同。谌，氏壬反。

疏，正义曰，天命不易，言甚难也。天难信，恶则去之，不常在一家，是难信也。天子若不称天意，乃坠失其王命，不能经久历远，其事可不慎乎？

2.（宋）苏轼《书传》卷十五《周书·君奭第十八》

(归善斋按，见"惟人，在我后嗣子孙，大弗克恭上下，遏佚前人光，在家不知")

3.（宋）林之奇《尚书全解》卷三十三《周书·君奭》

(归善斋按，见"召公为保，周公为师，相成王为左右，召公不说，周公作《君奭》")

4.（宋）史浩《尚书讲义》卷十七《周书·君奭》

(按此条讲义原缺)

5.（宋）夏僎《尚书详解》卷二十一《周书·君奭》

(归善斋按，见"周公若曰，君奭")

6.（宋）时澜《增修东莱书说》卷二十六《周书·君奭第十八》

（归善斋按，见"周公若曰，君奭"）

7.（宋）黄度《尚书说》卷六《周书·君奭》

天命不易，天难谌，乃其坠命，弗克经历，嗣前人恭明德，在今予小子，且非克有正，迪惟前人光，施于我冲子。

天命归周，既不易而又难信，若乃一旦坠失其命，则弗克经历有年，嗣承前人恭敬明德矣。在今予小子旦，亦安能有所匡正，尚惟蹈迪前人光辉，施于我冲子成王，使有所观法而已。

8.（宋）袁燮《絜斋家塾书钞》卷十二《周书·君奭》

天命不易，天难谌，乃其坠命，弗克经历，嗣前人恭明德，在今予小子旦，非克有正，迪惟前人光，施于我冲子。又曰，天不可信，我道惟宁王德延，天不庸释于文王受命。

"天命不易，天难谌"，大略只是前意谓天命难保，若其坠命，则无能悠远继嗣前人之业，以恭承前人之明德，在我岂敢谓自能有反正，亦惟行前人之明德，以施之于我冲子尔。天岂可便信，惟是宁王之德，可以延洪，庶几不至于坠命。又况"昊天有成命"，文王受之，天必不庸释，或者犹有所赖，以凭藉扶持之也。周公之意谓，我何能之，有所赖前人之德，其合天心者，足以垂裕后昆，我惟遵而行之以启佑后人尔。归其功于前人也。自处以"非克有正"而归其功于前人，则退托求助于召公之意在其中矣。

9.（宋）蔡沈《书经集传》卷五《周书·君奭》

天命不易，天难谌，乃其坠命，弗克经历，嗣前人恭明德。

谌，时壬反。"天命不易，"犹《诗》曰"命不易哉"，"命不易保"。"天难谌"，信乃其坠失天命者，以不能经历继嗣前人之恭明德也。吴氏曰，"弗克恭"，故不能嗣前人之恭德；"遏佚前人光"，故不能嗣前人之明德。

10.（宋）黄伦《尚书精义》卷四十《周书·君奭》

（归善斋按，见"惟人，在我后嗣子孙，大弗克恭上下，遏佚前人光，在家不知"）

11.（宋）陈经《尚书详解》卷三十六《周书·君奭》

（归善斋按，见"周公若曰，君奭"）

12.（宋）钱时《融堂书解》卷十五《周书·君奭》

（归善斋按，见"周公若曰，君奭"）

13.（宋）魏了翁《尚书要义》卷十六《周书·君奭、蔡仲、多方》

（归善斋按，未引）

14.（宋）陈大猷《书集传或问》卷下《周书·君奭》

（归善斋按，未解）

15.（宋）胡士行《尚书详解》卷十《周书·君奭第十八》

（归善斋按，见"惟人，在我后嗣子孙，大弗克恭上下，遏佚前人光，在家不知"）

16.（元）吴澄《书纂言》卷四下《周书·君奭》

（归善斋按，见"惟人，在我后嗣子孙，大弗克恭上下，遏佚前人光，在家不知"）

17.（元）陈栎《书集传纂疏》卷五《朱子订定蔡氏集传·周书·君奭》

天命不易，天难谌，乃其坠命，弗克经历嗣前人恭明德。

"天命不易"，犹《诗》曰"命不易哉"，"命不易保"。"天难谌"，信乃其坠失天命者，以不能经历继嗣前人之恭明德也。吴氏曰，"弗克恭"，故不能嗣前人之恭德；"遏佚前人之光"，故不能嗣前人之明德。

18.（元）许谦《读书丛说》卷六《周书·君奭》

天命不易谓未受命时不可以易受天难谌已受命而又不可信惟恐将移而之他

19.（元）董鼎《书传辑录纂注》卷五《周书·君奭》

天命不易，天难谌，乃其坠命，弗克经历嗣前人恭明德。

"天命不易"，犹《诗》曰"命不易哉"，"命不易保"。"天难谌"，信乃其坠失天命者，以不能经历继嗣前人之恭明德也。吴氏曰，"弗克恭"，故不能嗣前人之恭德；"遏佚前人光"，故不能嗣前人之明德。

20.（元）朱祖义《尚书句解》卷十《周书·多方第二十》

天命不易（则天命不可轻易），天难谌（天难信谌忱），乃其坠命（周家乃至陨坠其命），弗克经历（不能经历于久远）。

21.（明）王樵《尚书日记》卷十三《周书·君奭》

（归善斋按，见"呜呼！君已，曰时我，我亦不敢宁于上帝命"）

22.（清）库勒纳等撰《日讲书经解义》卷十《周书·君奭》

天命不易，天难谌，乃其坠命，弗克经历，嗣前人恭明德。

此一节书是，言天命系于君德，召公为君德计，无可去之理也。谌，信也。经历，践行不违之意。恭明德，谓敬天、敬民显明之德也。周公又曰，天于人国，虽有眷顾之命，然欲保之于无穷，实有不易者。盖天命去留无常，或前兴而后废；或始予而终夺，岂可据以为诚信哉。惟人君有是明德，乃可以嗣守于弗替耳。凡继世之君，乃有失坠厥命者，皆因无贤臣辅导，故其君孤立于上，弗能践行其前人敬天、敬民之明德。由是天心厌弃，卒蹈于丧亡之辙也。夫天命之坠，由子孙之不能明德如此。君可忘时我之初心，而急于求去哉矣。

（明）马明衡《尚书疑义》卷六《周书·君奭》

(归善斋按，见"呜呼！君已，曰时我，我亦不敢宁于上帝命")

嗣前人，恭明德，在今予小子旦

1. （汉）孔氏传、（唐）陆德明音义、孔颖达疏《尚书注疏》卷十五《周书·君奭》

嗣前人，恭明德，在今予小子旦。
传，继先王之大业，恭奉其明德，正在我今小子旦，言异于余臣。
疏，正义曰，继嗣前人先王之大业，恭奉其明德也，正在今我小子旦周公，自言己身当恭奉其先王之明德，留辅佐王。
《尚书注疏》卷十五《考证》
"嗣前人（句），恭明德（句）"。
蔡沈读"嗣前人，恭明德"属上文"弗克经历"为一句。"在今予小子旦（句）"，蔡沈读连下"非克有正"为一句。

2. （宋）苏轼《书传》卷十五《周书·君奭第十八》

(归善斋按，另见"惟人，在我后嗣子孙，大弗克恭上下，遏佚前人光，在家不知")
在今予小子旦，非克有正，迪惟前人光施于我冲子。
冲子之不正，吾亦安能正之哉？独示之以前人光明之德，使不习于下流，其为正也，大矣。

3. （宋）林之奇《尚书全解》卷三十三《周书·君奭》

(归善斋按，见"召公为保，周公为师，相成王为左右，召公不说，周公作《君奭》")

1457

4. （宋）史浩《尚书讲义》卷十七《周书·君奭》

（按，此条讲义原缺）

5. （宋）夏僎《尚书详解》卷二十一《周书·君奭》

（归善斋按，见"周公若曰，君奭"）

6. （宋）时澜《增修东莱书说》卷二十六《周书·君奭第十八》

（归善斋按，见"周公若曰，君奭"）

7. （宋）黄度《尚书说》卷六《周书·君奭》

（归善斋按，见"天命不易，天难谌，乃其坠命，弗克经历"）

8. （宋）袁燮《絜斋家塾书钞》卷十二《周书·君奭》

（归善斋按，见"天命不易，天难谌，乃其坠命，弗克经历"）

9. （宋）蔡沈《书经集传》卷五《周书·君奭》

（归善斋按，另见"天命不易，天难谌，乃其坠命，弗克经历"）
在今予小子旦，非克有正，迪惟前人光，施于我冲子。

吴氏曰，小子，自谦之辞也。"非克有正"，亦自谦之辞也。言在今我小子旦，非能有所正也。凡所开导，惟以前人光大之德，使益焜耀，而付于冲子而已。以前言后嗣子孙，"遏佚前人光"而言也。

10. （宋）黄伦《尚书精义》卷四十《周书·君奭》

（归善斋按，另见"惟人，在我后嗣子孙，大弗克恭上下，遏佚前人光，在家不知"）
今予小子旦，非克有正，迪惟前人光，施于我冲子。

无垢曰，惟恐其不能嗣前人恭明德，故在今我小子旦，不敢去国而留佐成王也。然而我之佐成王，岂敢自以为能正之哉。此盖周公不敢以大人自处也，第行文武之明德，以开警于成王尔。夫暗室之中，灼灯，则暗者皆明。前人光，即灯也。成王犹暗室耳，使周公行文武明德以示成王，则成王暗处皆廓然矣。张氏曰，正己而率之者，正也；先身而道之者，迪也。周公自谓我非能有所正也，亦非能有所迪也。惟以前人光明之德，施之成王而已。

11.（宋）陈经《尚书详解》卷三十六《周书·君奭》

（归善斋按，见"周公若曰，君奭"）

12.（宋）钱时《融堂书解》卷十五《周书·君奭》

（归善斋按，见"周公若曰，君奭"）

13.（宋）魏了翁《尚书要义》卷十六《周书·君奭、蔡仲、多方》

（归善斋按，未引）

14.（宋）陈大猷《书集传或问》卷下《周书·君奭》

（归善斋按，未解）

15.（宋）胡士行《尚书详解》卷十《周书·君奭第十八》

（归善斋按，见"惟人，在我后嗣子孙，大弗克恭上下，遏佚前人光，在家不知"）

16.（元）吴澄《书纂言》卷四下《周书·君奭》

（归善斋按，另见"惟人，在我后嗣子孙，大弗克恭上下，遏佚前人光，在家不知"）

在今予小子旦，非克有正，迪惟前人光，施于我冲子。又曰，天不可信。我道惟宁王德延，天不庸释于文王受命。

施，延及也。释，解"去"也。在今我小子旦之身，非能自有所正于王，迪惟前人盛德之辉光，可以延及于我冲子。又言，天命不可信，我之道，惟以宁王之德必可延长此命，故周，自文王始受天命，传于至今，子孙天不庸释去之也。

17.（元）陈栎《书集传纂疏》卷五《朱子订定蔡氏集传·周书·君奭》

（归善斋按，另见"天命不易，天难谌，乃其坠命，弗克经历"）

在今予小子旦，非克有正，迪惟前人光，施于我冲子。

吴氏曰，小子自谦之辞也。"非克有正"，亦自谦之辞也。言在今我小子旦，非能有所正也，凡所开导，惟以前人光大之德，使益焜燿，而付于冲子而已。以前言后嗣子孙，"遏佚前人光"而言也。

18.（元）许谦《读书丛说》卷六《周书·君奭》

（归善斋按，未解）

19.（元）董鼎《书传辑录纂注》卷五《周书·君奭》

（归善斋按，另见"天命不易，天难谌，乃其坠命，弗克经历"）

在今予小子旦，非克有正，迪惟前人光，施于我冲子。

吴氏曰，小子，自谦之辞也。"非克有正"，亦自谦之辞也。言在今我小子旦，非能有所正也。凡所开导，惟以前人光大之德，使益焜燿，而付于冲子而已。以前言后嗣子孙，"遏佚前人光"而言也。

20.（元）朱祖义《尚书句解》卷十《周书·多方第二十》

嗣前人恭明德（今欲使成王，继文、武而敬行其明德），在今予小子旦（当任其责）。

21.（明）王樵《尚书日记》卷十三《周书·君奭》

（归善斋按，见"呜呼！君已，曰时我，我亦不敢宁于上帝命"）

22.（清）库勒纳等撰《日讲书经解义》卷十《周书·君奭》

（归善斋按，另见"天命不易，天难谌，乃其坠命，弗克经历"）

今予小子旦，非克有正，迪惟前人光，施于我冲子。

此一节书是，自叙辅君之意，以感动召公也。旦，是周公名。正，谓正君也。迪，启迪也。施，是付予之意。周公又曰，在于今日，我小子旦，德业闻望，不能过人，非真有格心之术，可以匡正吾君也，所孜孜启迪者，惟以前人光大之德，付与我冲子，使其上而事天，下而治民，知所经历继嗣，不至于遏佚前人之光耳。君前日与我小子同于许国，今日当与我小子同于辅君，岂可忘前日之言，而急于求去哉。

（元）王充耘《读书管见》卷下《君奭》

在今予小子旦，非克有正，迪惟前人光，施于我冲子。

此四句是一意，皆周公自谦之辞。上文言后嗣子孙，遏佚前人光，则坠夫天命，然今小子旦非能有所正，救其君，启迪思，惟前人之光，以及我冲子，是不能保其不遏佚前人光也。

（明）袁仁《尚书砭蔡编》

弗克经历，嗣前人恭明德。

恭明，不平，明由恭而出。明德，即所谓前人光也。心营曰经，躬承曰历，继述曰嗣，三字亦不平。

非克有正，迪惟前人光施于我冲子

1.（汉）孔氏传、（唐）陆德明音义、孔颖达疏《尚书注疏》卷十五《周书·君奭》

非克有正，迪惟前人光施于我冲子。

传，我留，非能有改正，但欲蹈行先王光大之道，施政于我童子。童子，成王。

疏，正义曰，非能有所改正，但欲蹈行先王光大之道，施政于我童子。童子，谓成王，意欲奉行先王之事，以教成王也。

2.（宋）苏轼《书传》卷十五《周书·君奭第十八》

（归善斋按，见"嗣前人，恭明德，在今予小子旦"）

3.（宋）林之奇《尚书全解》卷三十三《周书·君奭》

（归善斋按，见"召公为保，周公为师，相成王为左右，召公不说，周公作《君奭》"）

4.（宋）史浩《尚书讲义》卷十七《周书·君奭》

（按此条讲义原缺）

5.（宋）夏僎《尚书详解》卷二十一《周书·君奭》

（归善斋按，见"周公若曰，君奭"）

6.（宋）时澜《增修东莱书说》卷二十六《周书·君奭第十八》

（归善斋按，见"周公若曰，君奭"）

7.（宋）黄度《尚书说》卷六《周书·君奭》

（归善斋按，见"天命不易，天难谌，乃其坠命，弗克经历"）

8.（宋）袁燮《絜斋家塾书钞》卷十二《周书·君奭》

（归善斋按，见"天命不易，天难谌，乃其坠命，弗克经历"）

9.（宋）蔡沈《书经集传》卷五《周书·君奭》

（归善斋按，见"嗣前人，恭明德，在今予小子旦"）

10.（宋）黄伦《尚书精义》卷四十《周书·君奭》

（归善斋按，见"嗣前人，恭明德，在今予小子旦"）

11.（宋）陈经《尚书详解》卷三十六《周书·君奭》

（归善斋按，见"周公若曰，君奭"）

12.（宋）钱时《融堂书解》卷十五《周书·君奭》

（归善斋按，见"周公若曰，君奭"）

13.（宋）魏了翁《尚书要义》卷十六《周书·君奭、蔡仲、多方》

（归善斋按，未引）

14.（宋）陈大猷《书集传或问》卷下《周书·君奭》

（归善斋按，未解）

15.（宋）胡士行《尚书详解》卷十《周书·君奭第十八》

（归善斋按，见"惟人，在我后嗣子孙，大弗克恭上下，遏佚前人光，在家不知"）

16.（元）吴澄《书纂言》卷四下《周书·君奭》

（归善斋按，见"嗣前人，恭明德，在今予小子旦"）

17.（元）陈栎《书集传纂疏》卷五《朱子订定蔡氏集传·周书·君奭》

（归善斋按，见"嗣前人，恭明德，在今予小子旦"）

18.（元）许谦《读书丛说》卷六《周书·君奭》

（归善斋按，未解）

19.（元）董鼎《书传辑录纂注》卷五《周书·君奭》

（归善斋按，见"嗣前人，恭明德，在今予小子旦"）

20.（元）朱祖义《尚书句解》卷十《周书·多方第二十》

非克有正（非能别有正道以训成王），迪惟前人光（所以启迪之者，惟以文武光明之德），施于我冲子（施其训于我冲幼之子成王）。

21.（明）王樵《尚书日记》卷十三《周书·君奭》

（归善斋按，见"呜呼！君已，曰时我，我亦不敢宁于上帝命"）

22.（清）库勒纳等撰《日讲书经解义》卷十《周书·君奭》

（归善斋按，见"嗣前人，恭明德，在今予小子旦"）

（元）王充耘《读书管见》卷下《君奭》

（归善斋按，见"嗣前人，恭明德，在今予小子旦"）

（明）马明衡《尚书疑义》卷六《周书·君奭》

（归善斋按，见"呜呼！君已，曰时我，我亦不敢宁于上帝命"）

又曰，天不可信，我道惟宁王德延

1.（汉）孔氏传、（唐）陆德明音义、孔颖达疏《尚书注疏》卷十五《周书·君奭》

又曰，天不可信，我道惟宁王德延。
传，无德去之，是天不可信，故我以道，惟安宁王之德，谋欲延久。

音义，我道，马本作我迪。去，如字，又起吕反。

疏，正义曰，周公又言曰，天不可信，无德则去之，是其不可信也。天难信之故，恐其去我周家，故我以道，惟安行宁王之德，谋欲延长之。

传正义曰，此经言"又曰"，传不明解。郑云，人又云，则郑玄以此"又曰"，为周公称人之言也。王肃云，重言天不可信，明已之留。盖畏其天命。则肃意以周公重言，故称"又曰"。孔虽不解，当与王肃意同。言"宁王"者，即文王也。郑、王亦同。

《尚书注疏》卷十五《考证》

"我道惟宁王德延"疏"言宁王者，即文王也。郑、王同"。

臣召南按，汉儒俱以宁王为文王，当是因《大雅》有"文王以宁"，"遹求厥宁"之文也。苏轼解《大诰》，始谓宁王是武王，朱蔡从之。推按经文，苏说良是。

2. （宋）苏轼《书传》卷十五《周书·君奭第十八》

又曰，天不可信，我道惟宁王德延。天不庸释于文王受命。

天命不常，我所以辅成王之道，惟以延武王之德，使天下不舍文王所受之命也。

3. （宋）林之奇《尚书全解》卷三十三《周书·君奭》

(归善斋按，见"召公为保，周公为师，相成王为左右，召公不说，周公作《君奭》")

4. （宋）史浩《尚书讲义》卷十七《周书·君奭》

(按此条讲义原缺)

5. （宋）夏僎《尚书详解》卷二十一《周书·君奭》

(归善斋按，见"周公若曰，君奭")

6.（宋）时澜《增修东莱书说》卷二十六《周书·君奭第十八》

（归善斋按，见"周公若曰，君奭"）

7.（宋）黄度《尚书说》卷六《周书·君奭》

又曰，天不可信，我道惟宁王德延，天不庸释于文王受命。

凡"又曰"，皆史官节略之文也。宁王，武王。天虽不可信，而我周道，惟武王之德，能延长之，天是以不庸释于文王受命。

8.（宋）袁燮《絜斋家塾书钞》卷十二《周书·君奭》

（归善斋按，见"天命不易，天难谌，乃其坠命，弗克经历"）

9.（宋）蔡沈《书经集传》卷五《周书·君奭》

又曰，天不可信，我道惟宁王德延，天不庸释于文王受命。

"又曰"者，以上文言"天命不易，天难谌"，此又申言"天不可信"，故曰"又曰"。天固不可信，然在我之，道惟以延长武王之德，使天不容舍文王所受之命也。

10.（宋）黄伦《尚书精义》卷四十《周书·君奭》

又曰，天不可信，我道惟宁王德延，天不庸释于文王受命。

无垢曰，"天不可信"，我其奈何哉？惟道行武王安天下之德，使周家享国延长，庶几天不用释废王所受之命也。盖受命者，文王、武王有圣德，复受天命。周公道行武王之德，则其享国长延也，无疑矣。《大诰》，宁王指武王，故知此所谓"宁王"者，武王也。

吕氏曰，"天不可信"，周公前既说"天难谌"，至这里又说"天不可信"，周公非不知天，何故不信？天盖天元不在外，若外面信天，便是外面别有个天，不要倚靠外面底天。纣言"我生不有命在天"，纣自不去理会，一身只专信天，却自外讨天。盖天元不在外，心外别无天。纣愈攀援天，天愈绝纣。维武王自尽其德，自敬其德可也。天命自无穷，此欲远却近，若是纣，欲近却远。

11.（宋）陈经《尚书详解》卷三十六《周书·君奭》

又曰，天不可信，我道，惟宁王德延，天不庸释于文王受命。

"又曰"者，更端而言之也。"天不可信，我道，惟宁王德延"者，申上文之意也。上文既以"天命不易"，必迪前人光施于冲子，此又言"天不可信"，我惟遵行文武之德，使国家延长，则天终不用释废文王所受之命矣。天命，自文王而始受命，武王之德，则不替文王之受命。此言惟德可以得天，以周公之圣，岂不知天命，既曰不敢知，又曰不易，又曰难谌，又曰不可信，此知古人不以在彼者为天，而以在己者，为天舍一己，而外求天，皆为不知天也，皆侥幸之私情，而非躬行之实理也。

12.（宋）钱时《融堂书解》卷十五《周书·君奭》

（归善斋按，见"周公若曰，君奭"）

13.（宋）魏了翁《尚书要义》卷十六《周书·君奭、蔡仲、多方》

（归善斋按，未引）

14.（宋）陈大猷《书集传或问》卷下《周书·君奭》

吕氏曰，我不敢谓求信于天，惟顺天庶乎辅我之诚。

15.（宋）胡士行《尚书详解》卷十《周书·君奭第十八》

又曰，天不可信（不敢知），我道（我之道）惟宁王德延（长）。天不庸（轻）释（废）于文王受（所受）命。

天无声臭，仪刑文王，求天于天，不若求天于文王也。

16.（元）吴澄《书纂言》卷四下《周书·君奭》

（归善斋按，见"嗣前人，恭明德，在今予小子旦"）

1467

17. （元）陈栎《书集传纂疏》卷五《朱子订定蔡氏集传·周书·君奭》

又曰，天不可信，我道，惟宁王德延，天不庸释于文王受命。

"又曰"者，以上文言"天命不易，天难谌"，此又申言"天不可信"故曰"又曰"，天固不可信，然在我之道，惟以延长武王之德，使天不容舍文王所受之命也。

纂疏：

愚谓，周公举召公前日之言以质之，谓君昔已尝言，是其责在我矣。周公自述己意，谓我亦不敢安于天命，而不永远念天威，及我民之无怨尤违背也。"惟人"上下，疑有阙误。若果委之而去，使我后嗣子孙，无所辅助，将大不能敬天、敬民而至于遏佚前人之光显。此时吾等可诿以退老在家而不知乎？天命不易保，天难谌信，恐其坠命者，以嗣君涉历未深，弗能经历，而嗣前人恭明之德故也。我非能有正，我所启迪惟以前人光明之德，施及于我冲子而已。施，去声，如《诗》所谓"施于孙子"。此章大意谓，今日天命、人心未为固，成王经历未为深，所当辅之，以嗣前人之光，延长世德，凝固天命，吾等当留而不当去也。此篇句语多有难晓，只得其大意可也。

18. （元）许谦《读书丛说》卷六《周书·君奭》

（归善斋按，见"天命不易，天难谌，乃其坠命，弗克经历"）

19. （元）董鼎《书传辑录纂注》卷五《周书·君奭》

又曰，天不可信，我道，惟宁王德延，天不庸释于文王受命。

"又曰"者，以上文言"天命不易天难谌"，此又申言"天不可信"，故曰"又曰"，天固不可信，然在我之道，惟以延长武王之德，使天不容舍文王所受之命也。

纂注：

新安胡氏曰，此章大意谓，今日天命人心未为固，成王之经历未为深，吾等当留而不当去也。

20. （元）朱祖义《尚书句解》卷十《周书·多方第二十》

又曰，天不可信（周公既言"天难忱"，于此而又言天本不可信），我道，惟宁王德延（我言惟安天下之王武王之德，可以延天德及于后人）。

21. （明）王樵《尚书日记》卷十三《周书·君奭》

（归善斋按，见"呜呼！君已，曰时我，我亦不敢宁于上帝命"）

22. （清）库勒纳等撰《日讲书经解义》卷十《周书·君奭》

又曰，天不可信，我道，惟宁王德延，天不庸释于文王受命。

此一节书是，自叙所以辅君德者，正为凝天命计也。道，为臣之道也。宁王，是武王。延，长久也。释，舍去也。周公又曰，天之祸福予夺，虽不可信，然以人事言，则在我有当尽之道，盖文王受命，武王既以德而延长之矣。我今惟在以武王光大之德，付于冲子，务衍而长之，不至失坠使文王所受之命。天不容舍之而他归耳。君同此心，亦同此责者，而可以言去乎？

（明）马明衡《尚书疑义》卷六《周书·君奭》

（归善斋按，另见"呜呼！君已，曰时我，我亦不敢宁于上帝命"）

"我道惟宁王德延"，即继之"天不庸释于文王受命"。下文申劝宁王之德，即云"惟文王尚克修和我有夏"。文王与宁王，恐只是一人。则"宁王"当作"文王"。古注孔氏亦将宁王作文王。《大诰》诸篇皆然。蔡氏作武王，今详于此，以当作文王为是。"天惟纯佑命"承上文，殷得大臣之助以德配天而享，国长久矣，而天又纯佑命之，故凡商之内外，大小之臣，皆无不宣德宣力，以事其上。此上所以从欲以治也。秉德在人，乃言天佑命者，人事亦天意也。"实"字恐是语助辞，蔡引《孟子》国不空虚为"实"，凿矣。

天不庸释于文王受命

1.（汉）孔氏传、（唐）陆德明音义、孔颖达疏《尚书注疏》卷十五《周书·君奭》

天不庸释于文王受命。

传，言天不用令释废于文王所受命，故我留佐成王。

疏，正义曰，我原上天之意，不用令废于文王所受命，若嗣王失德，则还废之，故我当留佐成王也。

2.（宋）苏轼《书传》卷十五《周书·君奭第十八》

（归善斋按，见"天不可信，我道惟宁王德延"）

3.（宋）林之奇《尚书全解》卷三十三《周书·君奭》

（归善斋按，见"召公为保，周公为师，相成王为左右，召公不说，周公作《君奭》"）

4.（宋）史浩《尚书讲义》卷十七《周书·君奭》

（按此条讲义原缺）

5.（宋）夏僎《尚书详解》卷二十一《周书·君奭》

（归善斋按，见"周公若曰，君奭"）

6.（宋）时澜《增修东莱书说》卷二十六《周书·君奭第十八》

（归善斋按，见"周公若曰，君奭"）

7.（宋）黄度《尚书说》卷六《周书·君奭》

(归善斋按，见"天不可信，我道惟宁王德延")

8.（宋）袁燮《絜斋家塾书钞》卷十二《周书·君奭》

(归善斋按，见"天命不易，天难谌，乃其坠命，弗克经历")

9.（宋）蔡沈《书经集传》卷五《周书·君奭》

(归善斋按，见"天不可信，我道惟宁王德延")

10.（宋）黄伦《尚书精义》卷四十《周书·君奭》

(归善斋按，见"天不可信，我道惟宁王德延")

11.（宋）陈经《尚书详解》卷三十六《周书·君奭》

(归善斋按，见"天不可信，我道惟宁王德延")

12.（宋）钱时《融堂书解》卷十五《周书·君奭》

(归善斋按，见"周公若曰，君奭")

13.（宋）魏了翁《尚书要义》卷十六《周书·君奭、蔡仲、多方》

(归善斋按，未引)

14.（宋）陈大猷《书集传或问》卷下《周书·君奭》

(归善斋按，未解)

15.（宋）胡士行《尚书详解》卷十《周书·君奭第十八》

(归善斋按，见"天不可信，我道惟宁王德延")

16. （元）吴澄《书纂言》卷四下《周书·君奭》

（归善斋按，见"嗣前人，恭明德，在今予小子旦"）

17. （元）陈栎《书集传纂疏》卷五《朱子订定蔡氏集传·周书·君奭》

（归善斋按，见"天不可信，我道惟宁王德延"）

18. （元）许谦《读书丛说》卷六《周书·君奭》

（归善斋按，未解）

19. （元）董鼎《书传辑录纂注》卷五《周书·君奭》

（归善斋按，见"天不可信，我道惟宁王德延"）

20. （元）朱祖义《尚书句解》卷十《周书·多方第二十》

天不庸释于文王受命（故天不用忘文王其初所受之天命，遂延及武王，又延及成王而不替也）。

21. （明）王樵《尚书日记》卷十三《周书·君奭》

（归善斋按，见"呜呼！君已，曰时我，我亦不敢宁于上帝命"）

22. （清）库勒纳等撰《日讲书经解义》卷十《周书·君奭》

（归善斋按，见"天不可信，我道惟宁王德延"）

（明）马明衡《尚书疑义》卷六《周书·君奭》

（归善斋按，见"天不可信，我道惟宁王德延"）

公曰：君奭！我闻在昔，成汤既受命

1. （汉）孔氏传、（唐）陆德明音义、孔颖达疏《尚书注疏》卷十五《周书·君奭》

公曰，君奭！我闻在昔，成汤既受命。
传，已放桀，受命为天子。

2. （宋）苏轼《书传》卷十五《周书·君奭第十八》

公曰，君奭！我闻在昔，成汤既受命，时则有若伊尹，格于皇天。在太甲，时则有若保衡。
即伊尹也。

3. （宋）林之奇《尚书全解》卷三十三《周书·君奭》

公曰，君奭！我闻在昔，成汤既受命，时则有若伊尹，格于皇天。在太甲，时则有若保衡；在太戊，时则有若伊陟、臣扈格于上帝，巫咸乂王家；在祖乙，时则有若巫贤；在武丁，时则有若甘盘，率惟兹有陈，保乂有殷，故殷礼陟配天，多历年所。天惟纯佑命，则商实百姓。王人罔不秉德明恤，小臣，屏侯甸，矧咸奔走，惟兹惟德称用，乂厥辟。故一人有事于四方，若卜筮罔不是孚。公曰，君奭！天寿平格，保乂有殷。有殷嗣，天灭威。今汝永念，则有固命，厥乱，明我新造邦。公曰，君奭！在昔上帝割申劝宁王之德，其集大命于厥躬。惟文王尚克修和我有夏，亦惟有若虢叔，有若闳夭，有若散宜生，有若泰颠，有若南宫括。又曰无能往来，兹迪彝教文王，蔑德降于国人，亦惟纯佑秉德，迪知天威，乃惟时昭文王，迪见冒闻于上帝。惟时受有殷命哉。武王惟兹四人，尚迪有禄，后暨武王诞将天威，咸刘厥敌，惟兹四人昭武王，惟冒丕单称德。

中才之主，可与为善，亦可与为恶。辅之得其人，则至于尧舜不难也；辅之非其人，则至于桀纣不难也。周成王中才之主也，当幼冲之年，即天子之位，管、蔡流言，而王有疑周公之心。及其感风雷之变，然后遇灾而惧深知周公之忠，岂非可与为善亦可与为恶乎？故虽周、召为之辅翼，或推或挽，使之所言者正言，所行者正行，无有奇邪之习。其德既成，则可以保盈成之业，而永享天命。然周公之齐百工以辅王，而王之所用，悉其私人受教于王者，自此而积之，则朋党之祸将不可得而遏。故惟已听政，以剸裁万几之务。苟非周召在其左右，将顺其美而正捄其恶，则其举措之间，或有以召天下之祸，不可以天命眷我周家为甚，固而可以长保也。故周公历言天命之不可信，恐成王之弗克负荷，将欲辅成王德，以延周家之命，则吾二人不可以一日而去朝廷也。是以又言商代之臣与夫我周文、武之朝其臣，皆与国同其休戚，黄发耆艾，无有厌敦，以明吾二人之当留也。保衡，即伊尹也。于成汤则言伊尹，于太甲则言保衡者，陈少南曰，在成汤则言伊尹而不言保衡，至太甲书则曰嗣王，不惠于阿衡，是阿衡始见于太甲之时矣。此说是也。郑康成谓伊尹在汤曰阿衡，至太甲改曰保衡，非也。故唐孔氏破之以为，太甲云嗣王，不惠于阿衡，则太甲亦曰阿衡也。保衡、阿衡一也。太甲即位，始以是而尊伊尹焉。伊陟，伊尹之子也。逸篇序曰"伊陟相太戊"是也。臣扈，臣名也。苏氏曰，汤既克夏，欲迁夏社，作《臣扈》之篇。汤享国十三年，又七年，而太甲立。太甲享国三十三年，又更四帝，乃至太戊。而臣扈犹在，岂非寿百余岁哉？而陈少南谓，汤十三年，太甲三十三年，沃丁二十九年，太庚二十五年，小甲十七年，雍已十二年，然后太戊立。自汤胜夏，以至太戊立，凡一百有三十年矣。臣扈在汤胜夏之初年已不知其年，若干阅一百有三十又相太戊若干年，而能格于上帝乎？是必有二臣而名同者也。此二说不同。而唐孔氏已有此两说，曰汤初已有臣扈，已为大臣，不得至今仍在，与伊尹之子同时立功，岂二人名同，故两字一误也。按《春秋》，范武子光辅五君，或臣扈事汤而又事太戊。按章子平《编年通载》所记，商家太甲以后数君在位之年，正与陈少南同。而司马迁《史记·殷本纪》其君在位所历之年未尝载也。盖世代辽远不可得而见。则臣扈之或为一人或为二人，但其世以是为称，亦不可知。如《诗》有家父刺幽王，而《春秋》桓公八年又书天王使家父来聘；庄元年有单伯，而文十四年又书单伯；如齐，《左氏传》桓公三年，晋有梁弘，而僖三十三年又有梁弘，此皆历年之多，其为一人，为二人不可得而知。惟宣十二年楚有屈荡，而襄二十五年又有屈荡，杜元凯方以为二人。盖襄二十五年传曰：屈建为令尹，屈荡为莫敖。宣十二年之屈荡，正屈建之祖父，而此屈荡，与建并列，故可以知其为二人也。巫咸，即逸篇序曰"伊陟赞于巫咸"是也。祖乙者，河亶甲之子，太戊之孙。《史记》曰，祖乙立，殷复兴，所谓圮于耿者。巫贤，先儒以为巫咸之子。此言在昔成汤既受天之命伐夏。以有九有之师。时则有伊尹之臣为之佐。而格于皇天。《说命》曰"昔先正保衡佑我烈祖，格于皇天"正此是也。至太甲之立，则伊尹尚为之佐。唐孔氏曰，伊尹之下言"格于皇天"，保衡之下不言"格于皇天"从可知也。是也。太戊之立，则有伊陟、臣扈为之佐，亦格于上帝。唐孔氏曰，皇天之与上帝，俱是天也，变其文耳盖。天，即帝也，帝即天也，岂有二哉？夫天之苍苍在上，不可得而名言，但自其形体而言，则谓之天；自其主宰而言则谓之帝。《书》之言"天"，而又言"帝"者，是错综其文，不欲重言之耳。既于伊尹曰"格于皇天"，不可又于伊陟臣扈曰"格于皇天"，故变文言"上帝"也。王氏多以"天"为"道"，"帝"为"德"，谓，道至矣，则格于皇天；德至矣，则格于上帝。而说者又于伊尹一人之身，而分道与德。其凿甚矣。巫咸为太戊之佐，则能治王家。祖乙之时，则有巫贤；武丁之时，则有甘盘，皆其世臣也。唐孔氏曰，巫咸、巫贤、甘盘，盖功劣于彼三人，故无格天之言，是也。陈，先儒以为"陈列"，不若苏氏以为"久"，言此商家之臣，率皆惟此辅佐之久，以治安有殷，故有殷之君以礼终，而配天，享国久长，多历年所也。登遐曰"陟"，所谓"惟新陟王"是也。《礼》，陟，犹言得正而毙也。惟周公既留，召公共政，故至成王寝疾，被冕服，凭玉几以命群臣，属纩之际，其言不昧，此非以礼陟乎？惟此六臣辅政之久，故天惟纯一佑命于有殷。纯者，言其命不贰也。则商家之百官族姓，及王人之微者，实皆秉德以明恤国家之事。至于小臣之在藩屏侯甸者，皆得其人，况夫奔走执事之人，皆得其人可知。惟此以德举而用，保乂其君，盖大臣者，小臣之倡率也。大臣辅政之久，以保乂有殷，故此诸臣无小无大，无内无外，皆能"乂厥辟"。以此之故，故其一人有事，于四方则莫不信之。若卜筮焉，其应之如响也。盖久则天，天则神，故不言而信，不怒而威，此所以"若卜筮，罔不是孚"。此治道之大成也。平格，指上六臣也，言其平治天下，以格于天也。上惟言伊尹、陟、臣扈格天，此言平格，盖举此三人，则后三人亦在其中矣。言天寿，此平格之臣，使保乂有殷天寿。平格，犹所谓"憨遗一老"也。有殷之嗣王纣，无平格之臣，故天灭之，其威可畏。今汝召公能长念此，以留辅成王，则天命坚固而不二，其有以治明我新造之邦也。武王即位，天下未集而崩；成主之立，方及七年，故曰"新造邦"也。召公自周家肇造之初已为太保，及其辅翼成王，分陕而治，始终凡数十年，以至受顾命相康王，率西方诸侯以朝升降拜揖，训告丁宁，盖犹康强而未艾也。方是时，当百余岁矣，而其精力若此，正所谓"天寿平格"，乃周公告召公以永念之效也。

割，先儒以为"割断其义"其说不明白。王氏以为降割于殷，盖由于以宁王为文王，故以为降割于殷。宁王，武王也。某于《大诰》已言之矣。苏氏曰，天降割丧文王，申劝武王之德，而集大命。当从此说。割，与"天降割于我家不少延"之"割"同，言天既以文王之德而命之作周，文王既死，复命武王，故曰"申"也。劝武王之德，犹所谓天诱其衷也。惟文王之能修治和协此中夏，则以有虢叔、闳夭、散宜生、太颠、南宫括五人为之佐也此。五人盖文王疏附先后，奔走御侮之臣，故又曰文王，若无此五人往来以导达文王有常之教，则无有德下及于国人。盖德虽本于文王，而其博施于民，则以五臣之力也。此五人之在文王，亦如商之纯佑，亦如商之秉德，又导达之，使知天威之可畏，乃惟是五人昭显文王之德，导达之而使显见覆冒于天下。既显见覆冒于天下，则民必诵而歌舞之。天听自我民听，故闻于上，遂代殷以受天命也。在武王之世，则五人者，其一死矣，故惟此四人，尚迪有禄。死者曰不禄。此四人犹及于武王之世，故曰"尚迪有禄"。先儒以虢叔先死，不若康成以为不知谁死，为得阙疑之义。虢叔者，王季之子也，文王之弟。左氏曰，虢仲、虢叔，王季之穆也。此四人后与武王大奉天，威尽诛其敌，谓伐纣也。此四人昭武王之德，亦如文王之迪见冒闻天下，大尽称颂武王之德也。于商曰"天惟纯佑命，则商实百姓，王人罔不秉德明恤，小臣，屏侯甸，矧咸奔走，惟兹惟德称用，乂厥辟"，故于文王但曰"亦惟纯佑秉德"。于文王曰"迪见冒闻于上帝"，故于武王但曰"惟冒"。正犹舜之巡狩，于南曰

"如岱礼"，于西曰"如初"，于北曰如"西礼"，则自"柴、望"而下皆行之也。禹之摄政，言"率百官若帝之初"，则自在"璇玑玉衡"以下，皆举之也。此史家叙事省要之体。《春秋》有前目后凡之例，亦以此也。文武之时，其佐命元功多矣，独举虢叔以下五人，余皆不及，岂此五人逮事王季，而遂及文武之时邪。伊尹之事成汤，自为诸侯以至有天下，汤崩又事太甲。伊陟，乃伊尹之子；臣扈，非汤之旧臣，则亦殷家之世臣。巫咸、巫贤，又世为大臣。甘盘，小乙之旧臣以遗武丁者。虢叔以下，必其逮事王季以及文武之时，此皆世臣旧德，与国同休戚，耆艾黄发，无有厌斁者也。《孟子》曰，所谓故国者，有世臣之谓也。有世臣，则其为社稷之镇，其效可胜言哉？惟其所言者，皆世臣旧德，故武丁之世不及傅说；文武之世不及太公也。周公之所以留召公共政者，盖以吾二人之在朝廷，正如六臣之在殷，五臣之在文武也，又岂可以舍之而去乎？

4.（宋）史浩《尚书讲义》卷十七《周书·君奭》

公曰，君奭，我闻在昔，成汤既受命时，则有若伊尹，格于皇天；在太甲时，则有若保衡；在太戊时，则有若伊陟、臣扈格于上帝，巫咸乂王家；在祖乙时，则有若巫贤；在武丁时，则有若甘盘，率惟兹有陈保乂有殷。故殷礼陟配天，多历年所。天惟纯佑命，则商实百姓，王人罔不秉德明恤，小臣，屏侯甸，矧咸奔走，惟兹惟德称用，乂厥辟，故一人有事于四方，若卜筮罔不是孚。

周公既引所以相成王者勉召公，又言商之诸相所以事后王者，以明非独吾二人，古之人皆然也。惟伊尹相成汤，以格天相；太甲以格于上帝，相成汤之时，不可及已，相太甲时，则与伊陟、臣扈同功，言有差殊。以君之贤圣分也。巫咸、乂王家乂治也。陟，上也。与祖乙时，巫贤；武丁时，甘盘，亦率惟兹有所陈于王，以保乂有商，故商之贤圣之君，皆能感格神祇，上而配于天。夫配天，与格天，格于上帝，小异矣。此亦以君之贤圣分也。其所以使其多历年所，而天惟纯佑百姓丰实，则自成汤至于高宗同也。王人，衔王命之人也，皆秉德。"明恤小臣"，左右近习之人也。侯甸，王之近畿之人也。"矧咸奔走"，执事之贱者也。"惟兹惟德称"，莫不以德举也，既皆用乂其君，"故一人有事于四方，若卜筮之信，罔不是孚"也。夫周公必举"多历年所",而终于有孚,以言己之相,成王尚在幼冲,年既未久,德亦未洽。其流言之变,小臣有所未孚也,必待久而后孚,若商之诸臣可也,是欲勉召公同施其力,以冀久远,勿以忧惧而遂已也。然臣扈,汤之臣,至太戊时已百岁余矣,则相后君不待于老臣乎。语此,则周、召不得不任其责也。高宗所以中兴,得傅说也。而周公独引甘盘,盖高宗不学于甘盘,则不知恭默思道,无以得傅说。窃意,甘盘者,亦先朝之旧臣也,是故引之。

5. (宋)夏僎《尚书详解》卷二十一《周书·君奭》

公曰,君奭,我闻在昔,成汤既受命时,则有若伊尹格于皇天;在太甲时,则有若保衡;在太戊时,则有若伊陟、臣扈格于上帝,巫咸乂王家;在祖乙时,则有若巫贤;在武丁时,则有若甘盘,率惟兹有陈保乂有殷,故殷礼陟配天,多历年所。天惟纯佑命,则商实百姓。王人罔不秉德明恤,小臣,屏侯甸,矧咸奔走,惟兹惟德称用,乂厥辟,故一人有事于四方,若卜筮罔不是孚。公曰,君奭,天寿平格,保乂有殷。有殷嗣,天灭威。今汝永念,则有固命,厥乱,明我新造邦。

此周公又举商王之兴,其君所以能创业,所以能守成,所以能中兴者,皆本乎左右前后大臣者,为之赞相,以见召公今日之未可遂去也。周公谓我闻在昔之时,成汤之为君,当其受天命,有天下之时,其臣则有如伊尹者,为之辅,其功可遂至能格于皇天。格者,至也。上至于皇天,谓皇天虽神,远且为之格,其功无所不及也。是汤虽圣,不能不赖伊尹之助。自成汤之后,至其孙太甲之时,其臣有如保衡者,保衡,即伊尹也,伊尹以先朝元老辅太甲,实太甲所恃以为安所,取以为平者,不敢名之,故呼为保衡。自太甲而后,至其孙太戊之时,则有如伊尹之子陟,与臣扈者辅相,太戊其功,遂能与太甲俱格于上帝。盖周公立言于有若伊尹之下,继以格于皇天,是伊尹辅汤功,能格于皇天也。于有若保衡之下,不言功用,并于有若伊陟、臣扈之下,言格于上帝,是保衡辅太甲,伊陟、臣扈辅太戊,其功能格于上帝也。于巫咸,言乂王家,是巫咸又不及伊陟、臣扈,特为太戊治王家之事而已。"于在祖乙时,则有若巫贤;在武丁时,则有若甘盘"之下继以"率惟兹有陈,保乂有殷",是祖乙之时,得巫咸。武丁，即高宗也。高宗之时，则得甘盘。此二臣者，能率循此上诸臣，有功业陈烈于上者，而保安乂治有殷也。

而诸儒之说，乃谓伊尹相汤格皇天，伊陟、臣扈相太戊格上帝，其它则无功用。至此"率惟兹有陈保乂有殷"，乃谓总言伊尹以至甘盘六臣，皆能陈力、保乂，恐于理未安，故不敢从。盖彼诸儒徒见伊尹一人在汤时，既能格皇天，岂辅太甲，则格上帝而已。故以格皇天归之伊尹；格上帝则归之伊陟、臣扈。于有若保衡，则无说，殊不知伊尹一人之身，所以有格天帝之异者，以其所事之君不同耳。成汤圣君，伊尹圣臣，以圣臣事圣君，故足以格皇天。若太甲始则不惠于阿衡，中始悔过自艾，其圣德不及汤远矣，故伊尹所以事之者，虽不异于汤，而终但能格上帝而已。此盖所事之君不同耳。天帝之说，以经考之，如言"昭受上帝，天其申命用休"，"闻于上帝，帝休，天乃大命文王"，则天与帝一而已，不可分别也。然此既言格皇天，又言格上帝，其言确然离而为二，则天帝之说不可谓无意也，第不知其别果为如何尔。或谓，天以其覆焘于上者为言；帝以其宰制于下者为言，又未可知也。但周公于汤言皇天，于太甲、太戊言上帝，则帝当不及于天，明矣。

少颖谓，伊尹、保衡、伊陟、臣扈、巫咸、巫贤、甘盘，皆先王所任之臣，与旧日就学之臣，周公引此意，正谓吾与召公，皆周之旧臣，不可不在位。此说有理，由是言之，则言甘盘，不言傅说，是甘盘乃旧臣，而傅说不免为新进，周公所以不言也。商室之兴，惟伊尹相成汤，能格于皇天；保衡相太甲，与伊陟、臣扈相大戊能格于帝；巫咸，又能乂王家；巫贤相祖乙，与甘盘相武丁，又能保乂有殷，故殷家所行之典礼，升配于天，而享国遂多历年所，盖人君莫大于典礼，今既能使所行之典礼，仰合乎天，宜其多历年所也。年，犹岁也。岁星一岁历一辰，十二岁一周天，是年所者，乃岁星所历之次。多历年所，是其享国之永，多历岁星之次舍也。惟此五六大臣，能佐佑商室，使其典、礼仰合天心，多历年所，故天于是纯佑其命。纯佑，谓纯一以佑之谓。佑，助之诚；纯，一而不变也。天既纯佑有商，故商国于是乎实。盖国以有人为实，无人为虚。今商国既有五六大臣如此左右赞襄，则商国岂不实哉。然非特在位之大臣得人而已，虽凡在位之臣，其尊如百官有着姓者，其卑如王人之微者，无不秉执其德明，以忧恤，谓各恤其所职也，非特在内之众臣如此而已，虽小臣藩屏之士，在侯服甸服，况皆奔走，奉将王命，不敢自息。是商家贤圣之君，得五六大臣，左右之助故能得天纯佑之命。既得天纯佑之命，故众贤应时而出，虽内外之间微小之臣，亦皆得人，明商之得人，其实由于五六大臣之得人也。周公言此，正欲召公知吾二人，其进退系于国体故也。

"惟兹惟德称用，乂厥辟"，周公谓惟此百官族姓，与夫小臣之屏侯甸者，人君皆能惟有德者是举，故此等众臣，用能各治其君之事，预为其君宣布德意，故一人苟有所施为于四方，而四方之民，敬而信之。譬如卜筮，人无有不是而信之者。周公上既言殷之贤君得五六大臣，左右之助，多历年所，故又呼召公而语之曰，"天寿平格"，格，正也。平，则不颇；正，则不邪。谓平正之君，天所必寿。盖谓成汤、太甲与太戊等君，皆平格之君。多历年所，是天必寿者也。惟天所寿者，在于平格，故有殷所以为天所保安，所乂治，如此其至。然天虽保乂如此之至，及其后嗣纣，不能法其先王所为，则又灭之以威，是天命亦不于不平格之人而必寿之也。虽先世积德累仁，不能救其灭亡之祸矣。周公言此，正欲召公知"天命难谌"，今日正不可恃文武积累之深，而勇于求退也。故周公于是告召公，谓今日汝召公，能长念此理，则我国家庶几有坚固之命，其治功当显明于我新造之邦矣。时新作洛邑，成王于此，新即政，故周公以"新造邦"为言也。

6.（宋）时澜《增修东莱书说》卷二十六《周书·君奭第十八》

公曰，君奭，我闻在昔，成汤既受命时，则有若伊尹格于皇天；在太甲时；则有若保衡；在太戊时；则有若伊陟、臣扈格于上帝，巫咸乂王家；在祖乙时，则有若巫贤；在武丁时，则有若甘盘，率惟兹有陈，保乂有殷。故殷礼陟配天，多历年所。天惟纯佑命，则商实百姓。王人罔不秉德明恤，小臣，屏侯甸，矧咸奔走，惟兹惟德称用，乂厥辟，故一人有事于四方，若卜筮罔不是孚。

此章序商六臣之烈，盖勉召公以匹休于前人也。伊尹之佐汤，以圣辅圣，其治化与天无间，故曰格于皇天，言其通于天也。伊陟、臣扈之佐太戊，以贤辅贤，其治化克厌帝心，故曰格于上帝，言其通于帝也。自其遍覆包含言之，则谓之天；自其主宰言之，则谓之帝。天譬则性，帝譬则心，初非二也。凡《书》之或称天，或称帝各随所指，非有所轻重。至于此章对言之，则见圣贤之分焉。格于上帝，犹以存主者言之也。至于格于皇天，则浑然天体，不可以存主言矣。虽然太甲之保衡，即前日之伊尹也，佐汤则格于天，佐太甲则格于帝，何也？非伊尹之治化不若前日，太甲则不若汤也。伊尹之于太甲，亦未尝以其不若汤降一等而自贬也。《咸有一德》之篇，固以汤期太甲，其未入圣域，未格皇天，盖太甲之责也。巫咸，亦太戊之辅相也，不置之伊陟、臣扈之列，止言其乂王家，何也？咸之为治，功在王室，而精微之蕴，犹有愧于二臣也。祖乙之有巫贤，武丁之有甘盘，不言其治功高下者，盖周公之论，本非为方人而发。成汤与太甲、太戊致治，有圣贤之异，其辞不得而同。伊尹于成汤、太甲，所事有前后之异，其辞不得而同。巫咸与伊陟、臣扈并时，有优劣之异，其辞不得而同。若巫贤、甘盘各着声烈于一朝，无所疑溷，固不必铢铢而较之也。巫咸之事，不见于经矣。武丁旧学于甘盘，既乃遁于荒野，而四海仰德，实傅说之力，舍说而举盘者，盖盘，源也；说，委也，先河后海之意也。"率惟兹有陈，保乂有殷，故殷礼陟配天，多历年所"者，言是六臣，率循深惟此道，而勋名各有陈列布在天下，故殷家之礼升而配天，多历岁序。惟天子祀以祖配天，而冕服鼎俎，莫不配天之数。然则，配天之礼，盖天子之礼也。自汤以诸侯升而用天子之礼，久而不坠，实六臣之力也。六臣所率惟者，皆此道，而心之所至，则有差焉。孟子论伯夷伊尹，孔子而终之，以是则同亦此意也。

"天惟纯佑命，则商实百姓"者，命而曰纯，言其眷命之甚笃也。眷命之甚笃，则以商家富实，百姓厚于民，故天亦厚之也。是盖六臣深知根本之所在，而祈天永命也。"王人罔不秉德明恤，小臣屏侯甸"者，王人，王也。六臣格其君心，其王罔不秉君德于上。明恤，犹显比之谓，盖显然以至公，拊恤天下。在内，则逮卑贱之小臣；在外，则逮于藩屏之侯甸内，言小臣极其目也。外言侯甸，举其纲也。恩意浃洽于内外，公平周溥，斯乃所秉之君德也。后世之君，私昵小臣，优伶仆隶，光宠赫弈，而偏爱一国，如平王之贰于虢者，恤之非不深，可以谓之明恤乎？"矧咸奔走，惟兹惟德称用，乂厥辟，故一人有事于四方，若卜筮罔不是孚"者，言君固秉德，况凡奔走在列者，惟此之故，惟德之称，以用乂其君。君德成就，彰信兆民，凡有所为于四方，安得不如卜筮之神，民罔不信乎。乂云者，规谏箴诲以治之也。六臣，下实其民，上格其君，又号召天下之贤俊，使朝夕以道德之言，涵浸薰陶，以厎于罔不是孚之盛，此真大臣之职业也。大臣之职业如此，召公不景行行止，而遽言退乎？

7.（宋）黄度《尚书说》卷六《周书·君奭》

公曰，君奭，我闻在昔，成汤既受命时，则有若伊尹格于皇天；在太甲时，则有若保衡；在太戊时，则有若伊陟、臣扈格于上帝，巫咸乂王家；在祖乙时，则有若巫贤；在武丁时，则有若甘盘，率惟兹有陈，保乂有殷。故礼陟配天，多历年所。

伊尹曰"惟尹躬暨汤，咸有一德，克享天心"。伊陟，伊尹子。汤欲迁夏社，不可，作书名《臣扈》。盖佐汤兴商，伊尹、仲虺之俦格天，圣人之事。巫咸、巫贤、甘盘已不能与此。亳祥，伊陟赞巫咸，作书名《咸乂》。《山经》载巫贤事怪。率，犹"皆"也，皆惟此陈力保乂有殷。殷圣贤之臣多，保乂功深，故殷升配，多历年所。殷郊冥高宗，独称甘盘，不称傅说，甘盘教高宗有成德矣。

8.（宋）袁燮《絜斋家塾书钞》卷十二《周书·君奭》

公曰，君奭，我闻在昔，成汤既受命时，则有若伊尹，格于皇天；在太甲时，则有若保衡；在太戊时，则有若伊陟、臣扈格于上帝，巫咸乂王家；在祖乙时，则有若巫贤；在武丁时，则有若甘盘，率惟兹有陈保乂有殷。故殷礼陟配天，多历年所。天惟纯佑命，则商实百姓。王人罔不秉德明恤，小臣，屏侯甸，矧咸奔走，惟兹惟德称用，乂厥辟，故一人有事于四方，若卜筮罔不是孚。

以遍覆言之，则谓之天；以主宰言之，则谓之帝。天与帝，一也，犹之人焉，总言之则曰人；指其主宰言之，则曰心。心即人也，人即心也。格于皇天，格于上帝，惟有纯全之德者能之。巫咸未进于此，故只说"乂王家"，虽有才者亦可为也。看"格于皇天"，"格于上帝"，须当知此是三代辅相之德业，为宰相大臣须到得能感动上苍，斯其为宰相大臣矣。三代辅相，皆是如此。只观成王疑周公天，大雷电以风；成王迎周公天，乃雨反风，与夫代武王之死，而"王翼日乃瘳"，若非周公能格天，何以致此分明，与天为一了。这其则亦不远，但在我者，无一毫障塞，此心即天心，则精诚自然交通。读此处，可以见三代辅相之德业，可以识三代辅相之心，未至于此，岂贵乎宰相大臣也哉。这个不是易事，巫咸如此之贤，只说得"乂王家"犹未进于"格天""格帝"，岂易事也。伊尹、伊陟、臣扈、巫咸、巫贤、甘盘，此数人，皆是卓然立于千万人之上，擅名一世者，为天下国家，须是这般人用之方可。盖此皆一世之英伟人，若其它碌碌众人，何益于成败治乱之数。故曰"尧以不得舜为己忧，舜以不得禹皋陶为己忧"。大抵做人须当做这般人，为天下国家须当求这般人用之。自汉唐以后如此等人，不复见矣。其间可称者亦有之，如萧、曹、丙、魏、房、杜、姚、宋，皆一时人物，然望三代辅相"格天""格帝"之事业，何可同日语哉。"率惟兹有陈"者，其功烈皆昭然陈列于上也。惟商家有这许多大贤，故其理足以配上帝，多历年所。古者，郊祀天地，则以其祖配之，所谓配天也。"天惟纯佑命，则商实百姓，王人罔不秉德明恤"，历言商家贤人之众多也。惟上面既有许多头脑人，故天亦眷佑之，而举内外小臣，无非贤有德之士，百姓，百官，族姓也。王人，如春秋所谓，王人，虽微，序于诸侯之上者是也。小臣，侍御仆从之臣。侯甸，在外之诸侯，为藩屏者也。奔走于四方，所谓"宣力四方"者是也。若内若外，若小若大，无非贤才，无非惟德是称者。称，举也。《诗》云，"德辅如毛，民鲜克举之。我仪图之，惟仲山甫举之人"。谁无此德，然有之而不能举德，非吾有也。黾勉奋发，自强不息是之谓举。盖当时之人，不徒区区小有才，皆是进于德者。"乂厥辟"，治其君也。惟其贤才众多，知此是以一人有所为，而举四方，信之有如卜筮，到这里方是用"乂厥辟"处。夫人主欲有所为，至于天下不信，何以为治。三代王佐辅相，其君直是使天下皆尊信之，这个不是易事。仲虺称汤"克宽克仁，彰信兆民"，《诗》言"仪刑文王万邦作孚"。后世为人上者，天下皆未必信之。诏令之不信，政事之变更，上有所为，天下皆曰是未必果行也，是未必能久也。惟上无以取信于人，故人言不信其上。三代盛时，天下之尊信其君，分明如卜筮人，谁不信卜筮。至于有事于四方，如"卜筮，罔不是孚"，盖真能敬信其上矣。周公之言深切如此。

"公曰，君奭，天寿平格，保乂有殷。有殷嗣，天灭威。今汝永念，则有固命，厥乱，明我新造邦"，平者，平正也，不偏不倚，坦然正直是之谓平。格者，到田到地也。平格之人，天必寿之，如伊尹、臣扈之徒，往往皆享上寿，何以知之，只看伊尹事成汤，又事太甲，岂不是有寿。《汤诰》言，汤既胜夏，欲迁其社，不可，作《夏社》《疑至》《臣扈》，是乃成汤时人也，后来历事太甲，又历事太戊，岂不是有寿。周公以为有商之盛贤人，如此之众多，足以保乂有殷，然其后至纣，嗣天犹有灭亡之威。今召公岂可以为周家天命已固，便翻然欲退。前日虽已好，后日之事尚未可保也。要须常常念之，方能永固天命，治明我新造之邦，盖周公拳拳留召公之意也。

9.（宋）蔡沈《书经集传》卷五《周书·君奭》

公曰，君奭，我闻在昔，成汤既受命，时则有若伊尹，格于皇天；在太甲时，则有若保衡；在太戊时，则有若伊陟、臣扈格于上帝，巫咸乂王家；在祖乙时，则有若巫贤；在武丁时，则有若甘盘。

"时，则有若"者，言当其时有如此人也。保衡，即伊尹也，见《说命》。太戊，太甲之孙；伊陟，伊尹之子。臣扈，与汤时臣扈，二人而同名者也。巫，氏；咸，名。祖乙，太戊之孙。巫贤，巫咸之子也。武丁，高宗也。甘盘，见《说命》。

吕氏曰，此章序商六臣之烈，盖勉召公匹休于前人也。伊尹佐汤，以圣辅圣，其治化与天无间。伊陟、臣扈之佐太戊，以贤辅贤，其治化克厌天心。自其遍覆言之，谓之天；自其主宰言之，谓之帝。《书》或称天，或称帝，各随所指，非有重轻。至此章对言之，则圣贤之分，而深浅见矣。巫贤，止言其"乂王家"者，咸之为治，功在王室，精微之蕴，犹有愧于二臣也。亡书有《咸乂》四篇，其乂王家之实欤。巫贤、甘盘而无指言者，意必又次于巫咸也。

苏氏曰，殷有圣贤之君七，此独言五，下文云"殷礼陟配天"，岂配祀于天者，止此五王，而其臣偕配食于庙乎。在武丁时，不言傅说，岂傅说不配食于配天之王乎,其详不得而闻矣。

10.（宋）黄伦《尚书精义》卷四十《周书·君奭》

公曰,君奭,我闻在昔,成汤既受命时,则有若伊尹,格于皇天;在太甲时,则有若保衡;在太戊时,则有若伊陟、臣扈格于上帝,巫咸乂王家。在祖乙时,则有若巫贤;在武丁时,则有若甘盘,率惟兹有陈,保乂有殷。故殷礼陟配天,多历年所。

无垢曰,伊尹在太甲时,伊陟臣扈在太戊时,皆能格于上帝,夫天帝一也。而周公,于汤时,言"格于皇天";于太甲、太戊时,言"格于上帝",何也？盖上帝,则秉祸福之权,而作善者,降之百祥矣。天则,日月星辰是也。格于皇天,则日月合璧,五星连珠,甘露降,醴泉涌,山出器车,河出马图,凤凰麒麟,皆在郊䐛、朝廷,盖可知也。格于上帝,则虑而有获,动而有成,子孙千亿,四夷来王矣。其心之体,无丝毫之欺,是格于皇天也。其心之用,无丝毫之欺,是格于上帝也。

又曰,夫"乂王家"者,治人事也。伊陟告于巫咸,巫咸修人事,以应桑谷之变。桑谷既消,则人事修之力也。人事修,则治,与上帝之心同矣。上帝秉祸福之权,以驭万物。人主秉祸福之权,以驭万民,其理一也。人事不治,则有桑谷之妖;人事既治,则格于上帝,是则人主代天,无求合于天也,第修吾人之事而已矣。

又曰,巫贤之于祖乙,甘盘之于高宗,亦用格于皇天、上帝,与夫"乂王家"之道也。然则,商家所以得天命者,以此数贤辅弼之力也。周公与召公岂可去朝廷乎？去则高矣,其如文武之业,何不去,则夹辅成王不失皇天、上帝之意,使天不庸释于文王受命,利害皎然,夫复何疑？

又曰,殷之贤君,皆得贤者辅相,故皆以礼终陟升退也,以礼终,则其死也配天而无愧矣。其道相传如此,故殷之享国,多历年所,而不中绝命也。然则贤者所系如此,其可轻去朝廷,而不以天下国家为念乎？

荆公曰,伊尹、保衡其实一也。在成汤时,则格于皇天;在太甲时,则格于上帝,其故何哉？文公曰,可与尽道,则尽道;可与尽德,则尽德。成汤可与尽道者也。太甲可与尽德者也。

张氏曰,天、人之理,其致一也。所谓天之道者,即吾身之道是也;

所谓帝之德者，即吾身之德是也。体此道而神焉，是与天同道，斯足以格于皇天矣。得此德而明焉，是与帝同德，斯足以格于上帝矣。格于皇天者，是其道之至，而与天无间也。格于上帝者，是其德之至，而与帝合一也。若夫道德有所未至，则未可以言于皇天、上帝，故特曰"乂王家"而已。

11. （宋）陈经《尚书详解》卷三十六《周书·君奭》

公曰，君奭，我闻在昔，成汤既受命时，则有若伊尹，格于皇天；在太甲时，则有若保衡；在太戊时，则有若伊陟、臣扈格于上帝，巫咸乂王家；在祖乙时，则有若巫贤；在武丁时，则有若甘盘，率惟兹有陈，保乂有殷，故殷礼陟配天，多历年所。

此则周公历叙有商之贤臣，能成其功业也。我闻在昔，成汤既受天命，而有天下，当是时，则有伊尹者，辅相成汤，其治功至于格天，言与天无间矣。莫大于天，人臣辅相之功，至于与天同其大，则是无一夫不被其泽，无一民不蒙其泽也。在太甲，是时则有若保衡。保衡者，官名，即伊尹也。亦曰阿衡天下之所倚以安平也，故曰"保衡"。太戊，太甲之孙也。是时，则有伊陟、臣扈。伊陟。伊尹之子。经曰"伊陟相太戊"是也。臣扈在汤时已有是名，疑至，臣扈是也。太戊时尚在，可谓累朝之元老也。伊陟、臣扈二人，相太戊，其功至于与帝为一。天即帝，帝即天也。天以形体言，帝以主宰言，变其文尔。言保衡之于太甲，伊陟、臣扈之于太戊，其可以几于伊尹之相汤。巫咸"乂王家"，巫咸亦太戊之臣，经曰"伊陟赞于巫咸"是也。乂，治也。治王家之事，特能修其在人之职而已，未至于格上帝也。"在祖乙时，则有若巫贤"，即巫咸之子也。"在武丁时，则有若甘盘"，甘盘即高宗旧学之臣也。明此二人者，不及伊尹、保衡、伊陟、臣扈，故不言格天，格帝之功。高宗后得傅说，此不言傅说，者推本而言之，高宗后来所以恭默思道，梦想求贤，亦皆旧学之时，甘盘之功居多。周公举此四人者，其德有大小，功亦有浅深，皆能成其辅相之业。陈，列也，皆循此为臣之道，其功陈列于前，安治有商家，故使商家之礼，升至配天。为天子者，配天者也。商家子孙长有天下，以祀天，故曰"礼陟配天"，历年之久。周公举以告召公，欲挽留召公，使之以商家贤臣为法也。

12.（宋）钱时《融堂书解》卷十五《周书·君奭》

公曰，君奭，我闻在昔，成汤既受命时，则有若伊尹，格于皇天；在太甲时，则有若保衡；在太戊时，则有若伊陟、臣扈格于上帝，巫咸乂王家；在祖乙时，则有若巫贤；在武丁时，则有若甘盘，率惟兹有陈，保乂有殷，故殷礼陟配天，多历年所天。惟纯佑命，则商实百姓。王人罔不秉德明恤，小臣，屏侯甸，矧咸奔走，惟兹惟德称用，乂厥辟，故一人有事于四方，若卜筮罔不是孚。

此节须看"既受命"三字，上文首论"殷既坠命，我有周既受"，遂极言天命之不可必，于其末也，又申言"天不可信"，以明"天不庸释文王受命"之由矣，故此节承上文而言，昔者殷既受命之后亦是得人辅相乃能格天，今日召公岂可谓成王复辟天命已定而遽求去乎？大旨只是说受命后断不可无格天之相，周公分明以此数臣事业责望召公而已，则歉然不敢自居也。

13.（宋）魏了翁《尚书要义》卷十六《周书·君奭、蔡仲、多方》

九、汤有臣扈，大戊亦有，此为二人或一人。

《夏社》序云，汤既胜夏，欲迁其社，不可作《夏社》《疑至》《臣扈》，则汤初有臣扈，已为大臣矣，不得至今仍在，与伊尹之子同时立功，盖二人名同，或两字一误。按春秋，范武子，光辅五君，或臣扈事汤，而又事太戊也。

14.（宋）陈大猷《书集传或问》卷下《周书·君奭》

（归善斋按，未解）

15.（宋）胡士行《尚书详解》卷十《周书·君奭第十八》

公曰，君奭，我闻在昔，成汤既受命，时则有若伊尹，格（感）于皇天（遍覆包含，以形体言）；在太甲，时则有若保衡（太甲，以先朝老臣呼为保衡）；在大戊，时则有若伊陟、臣扈，格于上帝（以主宰言）；巫咸乂（治）王家。

天、帝一也。此章对言之，则见圣贤之分焉。帝以存主言也。天则浑然，天体不可以存主言也。前之尹，即后之尹；而后之甲、戊，非前之汤也。咸之治功在王室，而精微之蕴，犹愧二臣，故别言之。

16. （元）吴澄《书纂言》卷四下《周书·君奭》

公曰，君奭，我闻在昔，成汤既受命时，则有若伊尹，格于皇天；在太甲时，则有若保衡；在太戊时，则有若伊陟、臣扈格于上帝，巫咸乂王家；在祖乙时，则有若巫贤；在武丁时，则有若甘盘，率惟兹有陈，保乂有殷。故殷礼陟配天，多历年所。

又举商家所以能创业、守成、中兴者，皆得大臣为之辅相，以见召公未可去也。成汤之时，其臣有如伊尹，能相汤以格于皇天。汤虽，圣亦赖伊尹之助也。汤孙太甲之时，其臣有如保衡，保衡即伊尹，以其保护王躬，而天下之事，皆取平焉，故曰"保衡"。盖太甲始立是号，以尊伊尹，而不名。太甲孙太戊之时，则有如伊尹之子陟，与臣扈，能相太戊，以格于上帝。巫咸不及伊陟、臣扈亦能治王家之事。巫贤、巫咸子。保衡、巫贤、甘盘之下，不言其事，盖无可指定而言者也。陈，如"陈力"之陈。陟，犹言升遐也。礼，陟以礼而终，谓善终也。总言商五君所用此六臣，皆有所陈，以保乂有殷之国，故殷王各保其位，以礼善终，得配天为王者，六百余年。

吕氏曰，伊尹佐汤，以圣辅圣，与天无间，故曰格于皇天。伊陟、臣扈佐太戊，以贤辅贤，克厌帝心，故曰格于上帝。自其遍覆包含言之，谓之天；自其主宰言之，谓之帝。凡《书》或称天，或称帝，各随所指。此对言之，则见圣贤之分。

17. （元）陈栎《书集传纂疏》卷五《朱子订定蔡氏集传·周书·君奭》

公曰，君奭，我闻在昔，成汤既受命时，则有若伊尹，格于皇天；在太甲时，则有若保衡；在太戊时，则有若伊陟、臣扈格于上帝，巫咸乂王家；在祖乙时，则有若巫贤；在武丁时，则有若甘盘。

"时则有若"者，言当其时，有如此人也。保衡，即伊尹也，见《说命》。太戊，太甲之孙。伊陟，伊尹之子。臣扈，与汤时臣扈二人而同名者也。巫，氏；咸，名。祖乙，太戊之孙。巫贤，巫咸之子也。武丁，高宗也。甘盘，见《说命》。

吕氏曰，此章序商六臣之烈，盖勉召公匹休于前人也。伊尹佐汤。以圣辅圣。其治化与天无间；伊陟、臣扈之佐太戊，以贤辅贤，其治化克厌天心。自其遍覆言之，谓之天；自其主宰言之，谓之帝。《书》或称天，或称帝，各随所指，非有重轻。至此章对言之，则圣贤之分，而深浅见矣。巫咸止言其"乂王家"者，咸之为治，功在王室，精微之蕴，犹有愧于二臣也。亡书有《咸乂》四篇，其乂王家之实欤。巫贤、甘盘而无指言者，必又次于巫咸也。

苏氏曰，殷有贤圣之君七，此独言五，下文云"殷礼陟配天"，岂配祀于天者，止此五王，而其臣偕配食于庙乎？在武丁时，不言傅说，岂傅说不配食于配天之王乎？其详不得而闻矣。

纂疏：

陈氏曰，汤初胜夏，已有臣扈。至太戊百三十年，必二臣也。《诗》有"家父"，春秋又有，同此名者。

吕氏曰，舍"说"言"盘"，盘，源也；说，委也。

18. （元）许谦《读书丛说》卷六《周书·君奭》

（归善斋按，未解）

19. （元）董鼎《书传辑录纂注》卷五《周书·君奭》

公曰，君奭，我闻在昔，成汤既受命时，则有若伊尹，格于皇天；在太甲时，则有若保衡；在太戊时，则有若伊陟、臣扈格于上帝，巫咸乂王家；在祖乙时，则有若巫贤；在武丁时，则有若甘盘。

"时则有若"者，言当其时有如此人也。保衡，既伊尹也，见《说命》。太戊，太甲之孙。伊陟，伊尹之子。臣扈，与汤时臣扈二人，而同

1489

名者也。巫，氏；咸，名。祖乙，太戊之孙。巫贤，巫咸之子也。武丁，高宗也。甘盘，见《说命》。

吕氏曰，此章序商六臣之烈，盖勉召公匹休于前人也。伊尹佐汤，以圣辅圣，其治化与天无间；伊陟、臣扈之佐太戊，以贤辅贤，其治化克厌天心。自其遍覆言之，谓之天；自其主宰言之，谓之帝。《书》或称天，或称帝，各随所指，非有轻重。至此章对言之，则圣贤之分，而深浅见矣。巫咸，止言其"乂王家"者，咸之为治，功在王室，精微之蕴，犹有愧于二臣也。亡书有《咸乂》四篇，其乂王家之实欤。巫贤、甘盘而无指言者，意必又次于巫咸也。

苏氏曰，殷有圣贤之君七，此独言五。下文云殷礼陟配天，岂配祀于天者，止此五王，而其臣偕配食于庙乎？在武丁时，不言傅说，岂傅说不配食于配天之王乎，其详不得而闻矣。

纂注：

陈氏曰，汤初胜夏，已有臣扈，汤至太戊，百三十年，必二臣而名同也。《诗》有"家父"，春秋又有"家父"亦此类。

复斋董氏曰，言甘盘者，高宗旧学之臣。

吕氏曰，舍傅说，言甘盘，盘，源也；说，委也。

息斋余氏曰，不言"说"，即下文不言"尚父"之意。

20. （元）朱祖义《尚书句解》卷十《周书·多方第二十》

公曰，君奭（周公又呼召公而告之），我闻在，昔成汤既受命（我闻在古成汤，既受天命为君）。

21. （明）王樵《尚书日记》卷十三《周书·君奭》

"公曰，君奭，我闻在昔，成汤既受命"，至则"有若甘盘"。

周公与"祗保越怨"字同。举商家所以创业、守成、中兴者，皆得大臣为之辅相，以见召公未可去也。成汤之时，则有若伊尹，格于皇天。伊尹相汤，《咸有一德》君则曰"万方有罪在予一人"，臣则曰"一夫不获时予之辜"，其治化所达，与天无间，故高宗称之曰"佑我烈祖，格于皇天";周公称之曰"格于皇天",无异辞焉。"太甲时,则有若保衡",保衡,即伊尹。盖太甲始立是号,以尊伊尹而不名也。不言其绩,因上文也。太甲虽未可拟于汤,而尹躬尚在,汤泽尚新,则其治化犹如故也。"在太戊时,则有若伊陟、臣扈格于上帝",格于上帝,言克厌天心。前篇言太戊"严恭寅畏,天命自度,治民祗惧,不敢荒宁",此其"格于上帝"之实也。克配上帝者,汤也。克敬惟亲者,太戊也。此其语意之间,亦微有分矣。伊陟、臣扈、巫咸所事同一。太戊而或曰格上帝。或曰乂王家。盖各以其所着而言。亡书有《咸乂》四篇,盖其事实。而周公之所以称之者也。伊陟,伊尹之子;太戊,太甲之孙。汤时已有臣扈,此臣扈,岂二人而同名。伊尹勋在两世,召公佐武王,相成王,事亦同也者邪。巫贤,巫咸之子。祖乙,太戊之孙。此见商家贤君屡作,非子则孙,由累世有人,而其臣亦勋德相传,非身则子,故累世有资,皆召公之所当念也。《说命》曰"予小子旧学于甘盘",周公所举皆世臣旧德,故武丁世,不及傅说;文武世,不及太公。今周公与召公,正如殷之六臣,文、武之五臣,岂可去乎?

22.（清）库勒纳等撰《日讲书经解义》卷十《周书·君奭》

公曰,君奭我闻在昔,成汤既受命时,则有若伊尹,格于皇天;在太甲时,则有若保衡;在太戊时,则有若伊陟、臣扈格于上帝,巫咸乂王家;在祖乙时,则有若巫贤;在武丁时,则有若甘盘。

此一节书,是叙有殷六臣之功,将以勉召公之匹休也。"时则有若"者,言当其时有如此人也。太甲,太戊,祖乙,武丁皆是商之贤君。保衡,是官名。保取其安衡,取其平,伊尹曾为此官。周公又曰,君奭,我闻在昔,殷先王成汤既受命为天子之时,其臣则有如伊尹者,为之辅佐,其德泽广被,同于天体之无不覆帱。至汤孙太甲之时,其臣则有如伊尹,以元老居保衡之官,能保护王躬,平章国事,王业赖之以安。至太甲之孙太戊之时,其臣则有如伊尹之子伊陟,与臣扈两人,同心夹辅,使太戊图政修德,灭祥桑之异,孚格于上帝之心,又有巫咸者亦能佐佑王室,而使国家平治。至太戊之孙祖乙之时,则有如巫咸之子巫贤。在高宗武丁之时，则有如高宗旧学之师甘盘，皆能世效保乂之功，克振中兴之业。夫殷之贤圣屡作，非子即孙，而其臣勋德相传，非身则子，君当思与此六臣匹休可也。

（元）王充耘《读书管见》卷下《君奭》

我闻在昔（止）多历年所。

历言前，代皆是有君而有臣，所以能治效通于天，治功形于国，而国家长久者，此其故也。其虞、夏姑勿论，且以近代言之，汤受命时，则有伊尹佐之以格天；太甲、太戊则有保衡、伊陟、臣扈佐之以格帝，有巫咸以乂王家；在祖乙、武丁则有巫贤、甘盘以保乂有殷，此所以殷能配天，而多历年所也。曰格于皇天，曰格于上帝，曰乂王家，曰保乂有殷，皆错综成文，其实一也。夫格天，即所以格帝，而乂王家乃所以格天、帝，安有优劣浅深之分，传用吕氏之说，而强分圣贤优劣，不知伊尹佐太甲，以圣辅贤，如何与以贤辅贤同一格帝而已，且巫贤甘盘无所指言，而谓六臣循惟此道，不知循为何道也？配天不过殷之未丧师，克配上帝，言有天下与天作配耳。乃以为死而配天祭祀，夫既死矣，如何又多历年所？

（元）陈悦道《书义断法》卷五《周书·君奭》

我闻在昔，成汤既受命，时则有若伊尹，格于皇天。在大甲，时则有若保衡。

天欲扶持人之国家，则必有维持凭藉之世臣。汤之受命，有伊尹以格皇天，见于《咸有一德》之书详矣。太甲之时，复得伊尹，以居保衡之任，有以安天下而持其平，是伊尹一身，历辅乎圣作明述之君，兼尽乎格天保民之事，天命之所以延洪，王业之所以不坠也。尚论商家之天命，而枚举商家之贤佐，舍伊尹其谁哉？

（元）王充耘《书义矜式》卷五《周书·君奭》

我闻在昔，成汤既受命，时则有若伊尹，格于皇天；在太甲，时则有若保衡；在太戊，时则有若伊陟臣扈，格于上帝。

圣贤之辅君，各因其德，而极其功也。盖治功之成，不惟人臣之德有浅深之不同，亦不惟人君之德有圣贤之或异也。昔者，伊尹之辅成汤，以圣辅圣也。其辅太甲，以圣辅贤也。伊陟、臣扈之佐太戊，以贤辅贤。以圣臣而辅圣君，则其治化与天无间，故曰"格于皇天"；以贤臣而辅贤君，则其治化克厌天心，故曰"格于上帝"。于汤言"受命"者，创业之主也；于太甲言"保衡"者，所以慰安天下于治平也（云云）。见于《君奭》之书，自其遍覆者而言，谓之"天"；自其主宰而言者，谓之"帝"。然天不可以形体求也，君德而能遍覆四海，则可以格于天矣。帝不可以影响求也，君心而能主宰万物，则可以格于帝矣。天之所以为天帝之所以为帝，其参赞之者，在乎君，广大足以配天，威福足以协帝。其辅相之者，在乎臣。以圣君而遇圣臣，其治化固不可及矣。以贤君而遇圣贤之臣，则亦可以无愧也。此申命用休，所以必本于辅弼之直，而敕天时，几者必需于股肱之善，以是知天也，帝也，举不外乎君。圣也，贤也，举不外乎臣。人君之任固重，而人臣之职，亦不可以易视也。夫受天命命，成汤所以圣也。而当是时，则有伊尹以相之。允德协于下，太甲所以贤也，而当是时，则有阿衡以佐之。循政明理，太戊所以为贤君也，而当是时，则有伊陟、臣扈以辅之。君之与臣，咸有一德，则包含编覆，无不周遍，所以能"格于皇天"也。臣之与君，或桐宫而终德，或桑谷而弭祥，则阳舒阴惨，无不适定，所以能"格于上帝"也。格于皇天，所以配天德而无间；格于上帝，所以合天心而弗违。谓之无间，则以己之德，契天之德，而体用一原，显微一致。凡日月星辰，风霆霜露，皆至教之攸寓。谓之弗违，则以己之心，奉天之心，而动静无违，表里交正，凡寒暑晦明，生杀荣悴，皆至化之所行。此君之格于天、帝之道，不能无浅深之异，而臣之辅其贤、圣之君，不能无轻重之分也。是故，天之感通，而有浅深之异者，非天有私于汤也。伊陟、臣扈固不若伊尹也。伊尹辅君，而有轻重之分者，非伊尹之治化不若前也，太甲固不若汤之圣故也。论至于此，则天之所以昭格，臣之所以辅相，一视其君之圣贤而已。抑尝论之伊尹、保衡，一人而异称者，称名于成汤之时者，理之本然也；举官于太甲之时，固以先代之遗臣，亦以互文而并见，且深欲见保天下于长治久安也。伊陟之贤，虽无可考，然既为伊尹之子，则其德之出于家学者可知矣。臣扈之贤，虽不可闻，然观其与伊陟而并称，则其德之同于伊陟者，可知矣。古之人臣，其辅君之绩如此，周公之告召公，而以"我闻在昔"发之，其所以责任之者，岂不明以征乎？昔武王之命康叔，亦曰"汝丕远惟商耇成人"，而《文王之诗》亦曰"仪监于殷"，皆此意也。

时则有若伊尹，格于皇天

1. （汉）孔氏传、（唐）陆德明音义、孔颖达疏《尚书注疏》卷十五《周书·君奭》

时则有若伊尹，格于皇天。

传，尹挚佐汤功，至大天，谓致太平。

音义，挚，音至。

疏，正义曰，言时有若者，言当其时有如此人也，指谓如此伊尹、甘盘，非谓别有如此人也。以汤是殷之始王，故言"在昔"，既受命见其为天子也。以下在太甲、在武丁，亦言其为天子之时，有如此臣也。成汤未为天子，已得伊尹，言既受命者，以功格皇天。在受命之后，故言既受命也。皇天之与上帝俱是天也，变其文尔。其功至于天帝，谓致太平而天下和之也。

传正义曰，伊尹，名挚。诸子传记，多有其文，功至大天，犹尧格于上下，知其谓致太平也。

2. （宋）苏轼《书传》卷十五《周书·君奭第十八》

（归善斋按，未解）

3. （宋）林之奇《尚书全解》卷三十三《周书·君奭》

（归善斋按，见"我闻在昔，成汤既受命"）

4. （宋）史浩《尚书讲义》卷十七《周书·君奭》

（归善斋按，见"我闻在昔，成汤既受命"）

5.（宋）夏僎《尚书详解》卷二十一《周书·君奭》

（归善斋按，见"我闻在昔，成汤既受命"）

6.（宋）时澜《增修东莱书说》卷二十六《周书·君奭第十八》

（归善斋按，见"我闻在昔，成汤既受命"）

7.（宋）黄度《尚书说》卷六《周书·君奭》

（归善斋按，见"我闻在昔，成汤既受命"）

8.（宋）袁燮《絜斋家塾书钞》卷十二《周书·君奭》

（归善斋按，见"我闻在昔，成汤既受命"）

9.（宋）蔡沈《书经集传》卷五《周书·君奭》

（归善斋按，见"我闻在昔，成汤既受命"）

10.（宋）黄伦《尚书精义》卷四十《周书·君奭》

（归善斋按，见"我闻在昔，成汤既受命"）

11.（宋）陈经《尚书详解》卷三十六《周书·君奭》

（归善斋按，见"我闻在昔，成汤既受命"）

12.（宋）钱时《融堂书解》卷十五《周书·君奭》

（归善斋按，见"我闻在昔，成汤既受命"）

13.（宋）魏了翁《尚书要义》卷十六《周书·君奭、蔡仲、多方》

（归善斋按，未引）

14.（宋）陈大猷《书集传或问》卷下《周书·君奭》

(归善斋按，未解)

15.（宋）胡士行《尚书详解》卷十《周书·君奭第十八》

(归善斋按，见"我闻在昔，成汤既受命")

16.（元）吴澄《书纂言》卷四下《周书·君奭》

(归善斋按，见"我闻在昔，成汤既受命")

17.（元）陈栎《书集传纂疏》卷五《朱子订定蔡氏集传·周书·君奭》

(归善斋按，见"我闻在昔，成汤既受命")

18.（元）许谦《读书丛说》卷六《周书·君奭》

(归善斋按，未解)

19.（元）董鼎《书传辑录纂注》卷五《周书·君奭》

(归善斋按，见"我闻在昔，成汤既受命")

20.（元）朱祖义《尚书句解》卷十《周书·多方第二十》

时则有若伊尹（其时则有如伊尹，辅佐成汤之德），格于皇天（足以感格上天）。

21.（明）王樵《尚书日记》卷十三《周书·君奭》

(归善斋按，见"我闻在昔，成汤既受命")

22.（清）库勒纳等撰《日讲书经解义》卷十《周书·君奭》

（归善斋按，见"我闻在昔，成汤既受命"）

（元）王充耘《读书管见》卷下《君奭》

（归善斋按，见"我闻在昔，成汤既受命"）

（清）朱鹤龄《尚书埤传》卷十三《周书·君奭》

伊尹、伊陟、臣扈、巫咸、巫贤。

郝敬曰，伊尹相成汤，汤即天子位十三祀崩，又相太甲至沃丁，八祀始薨（见《世纪》）是伊尹殆百岁人也。

书序，汤胜夏时，已有臣扈，至太戊、中宗凡百三十年而尚在，是扈乃百余岁人也（蔡传谓二人同名）伊尹仕汤至太戊百五十年，而其子伊陟尚在。巫咸事大戊至祖乙百四十年，而其子巫贤尚在，是皆多历年所者也。商先功臣不止六人，此举寿考在位者言之耳。

邹季友曰，蔡传不及傅说。按商之六贤皆以旧臣相嗣君，故周公引之为比，以留召公。若傅说，则高宗所自举，故不及之。称五王而不及其余贤君，亦以此也。

在太甲，时则有若保衡

1.（汉）孔氏传、（唐）陆德明音义、孔颖达疏《尚书注疏》卷十五《周书·君奭》

在太甲，时则有若保衡。

传，太甲继汤时，则有如此伊尹为保衡，言天下所取安，所取平。

疏，正义曰，保衡，伊尹一人也，异时而别号。伊尹之下，已言格于皇天，保衡之下，不言格于皇天，从可知也。

1497

传正义曰，据《太甲》之篇，及诸子传记，太甲大臣，惟有伊尹知即保衡也。《说命》云"昔先正保衡作我先王"，"佑我烈祖格于皇天"；《商颂·那》祀成汤称为"烈祖"，烈祖，汤之号。言保衡佐汤，明保衡即是伊尹也。《诗》称"实维阿衡，实左右商王"，郑玄云，阿，倚；衡，平也。伊尹汤所依倚，而取平。至太甲，改曰"保衡"保安也，言天下所取安，所取平。此皆三公之官，当时为之号也。孔以《太甲》云"嗣王不惠于阿衡"，则太甲亦曰"阿衡"，与郑异也。

2. （宋）苏轼《书传》卷十五《周书·君奭第十八》

（归善斋按，见"我闻在昔，成汤既受命"）

3. （宋）林之奇《尚书全解》卷三十三《周书·君奭》

（归善斋按，见"我闻在昔，成汤既受命"）

4. （宋）史浩《尚书讲义》卷十七《周书·君奭》

（归善斋按，见"我闻在昔，成汤既受命"）

5. （宋）夏僎《尚书详解》卷二十一《周书·君奭》

（归善斋按，见"我闻在昔，成汤既受命"）

6. （宋）时澜《增修东莱书说》卷二十六《周书·君奭第十八》

（归善斋按，见"我闻在昔，成汤既受命"）

7. （宋）黄度《尚书说》卷六《周书·君奭》

（归善斋按，见"我闻在昔，成汤既受命"）

8. （宋）袁燮《絜斋家塾书钞》卷十二《周书·君奭》

（归善斋按，见"我闻在昔，成汤既受命"）

9. （宋）蔡沈《书经集传》卷五《周书·君奭》

(归善斋按，见"我闻在昔，成汤既受命")

10. （宋）黄伦《尚书精义》卷四十《周书·君奭》

(归善斋按，见"我闻在昔，成汤既受命")

11. （宋）陈经《尚书详解》卷三十六《周书·君奭》

(归善斋按，见"我闻在昔，成汤既受命")

12. （宋）钱时《融堂书解》卷十五《周书·君奭》

(归善斋按，见"我闻在昔，成汤既受命")

13. （宋）魏了翁《尚书要义》卷十六《周书·君奭、蔡仲、多方》

(归善斋按，未引)

14. （宋）陈大猷《书集传或问》卷下《周书·君奭》

(归善斋按，未解)

15. （宋）胡士行《尚书详解》卷十《周书·君奭第十八》

(归善斋按，见"我闻在昔，成汤既受命")

16. （元）吴澄《书纂言》卷四下《周书·君奭》

(归善斋按，见"我闻在昔，成汤既受命")

17. （元）陈栎《书集传纂疏》卷五《朱子订定蔡氏集传·周书·君奭》

(归善斋按，见"我闻在昔，成汤既受命")

18.（元）许谦《读书丛说》卷六《周书·君奭》

（归善斋按，未解）

19.（元）董鼎《书传辑录纂注》卷五《周书·君奭》

（归善斋按，见"我闻在昔，成汤既受命"）

20.（元）朱祖义《尚书句解》卷十《周书·多方第二十》

在太甲（太丁子成汤孙），时则有若保衡（伊尹居保衡之职，众赖以安平）。

21.（明）王樵《尚书日记》卷十三《周书·君奭》

（归善斋按，见"我闻在昔，成汤既受命"）

22.（清）库勒纳等撰《日讲书经解义》卷十《周书·君奭》

（归善斋按，见"我闻在昔，成汤既受命"）

（元）王充耘《读书管见》卷下《君奭》

（归善斋按，见"我闻在昔，成汤既受命"）

在太戊

1.（汉）孔氏传、（唐）陆德明音义、孔颖达疏《尚书注疏》卷十五《周书·君奭》

在太戊。

传，太甲之孙。

疏，传正义曰，《史记·殷本纪》云太甲崩，子沃丁立，崩弟太庚立，崩子小甲立，崩弟雍已立，崩弟太戊立，是太戊为太甲之孙，太庚之子。《三代表》云"小甲，太庚弟"，雍巳、太戊又是小甲弟，则太戊，亦是沃丁弟，太甲子。《本纪》《世表》俱出马迁，必有一误。孔于《咸义》序传云"太戊，沃丁弟之子"，是太戊为太甲之孙也。

2.（宋）苏轼《书传》卷十五《周书·君奭第十八》

在太戊，时则有若伊陟、臣扈，格于上帝。

汤初克夏，欲迁夏社，作《臣扈》之篇。汤享国十三年，又七年而太甲立，太甲享国三十二年，又更四帝乃至太戊，而臣扈犹在，岂非寿百余岁哉。

巫咸乂王家。

3.（宋）林之奇《尚书全解》卷三十三《周书·君奭》

（归善斋按，见"我闻在昔，成汤既受命"）

4.（宋）史浩《尚书讲义》卷十七《周书·君奭》

（归善斋按，见"我闻在昔，成汤既受命"）

5.（宋）夏僎《尚书详解》卷二十一《周书·君奭》

（归善斋按，见"我闻在昔，成汤既受命"）

6.（宋）时澜《增修东莱书说》卷二十六《周书·君奭第十八》

（归善斋按，见"我闻在昔，成汤既受命"）

7.（宋）黄度《尚书说》卷六《周书·君奭》

（归善斋按，见"我闻在昔，成汤既受命"）

8.（宋）袁燮《絜斋家塾书钞》卷十二《周书·君奭》

（归善斋按，见"我闻在昔，成汤既受命"）

9. （宋）蔡沈《书经集传》卷五《周书·君奭》

（归善斋按，见"我闻在昔，成汤既受命"）

10. （宋）黄伦《尚书精义》卷四十《周书·君奭》

（归善斋按，见"我闻在昔，成汤既受命"）

11. （宋）陈经《尚书详解》卷三十六《周书·君奭》

（归善斋按，见"我闻在昔，成汤既受命"）

12. （宋）钱时《融堂书解》卷十五《周书·君奭》

（归善斋按，见"我闻在昔，成汤既受命"）

13. （宋）魏了翁《尚书要义》卷十六《周书·君奭、蔡仲、多方》

八、殷纪，太戊，太甲孙。《世表》云太甲子，必有一误。

《史纪·殷本纪》云，太甲崩，子沃丁立；沃丁崩，弟太庚立；崩，子小甲立；崩，弟雍已立；崩，弟太戊立。是太戊为太甲之孙，太庚之子。《三代表》云，小甲，太庚弟，雍已，太戊，又是小甲弟，则太戊亦是沃丁弟，太甲子。《本纪》《世表》，俱出马迁。必有一误。孔于《咸义》序传云，太戊，沃丁弟之子，是太戊，为太甲之孙也。

14. （宋）陈大猷《书集传或问》卷下《周书·君奭》

（归善斋按，未解）

15. （宋）胡士行《尚书详解》卷十《周书·君奭第十八》

（归善斋按，见"我闻在昔，成汤既受命"）

16.（元）吴澄《书纂言》卷四下《周书·君奭》

（归善斋按，见"我闻在昔，成汤既受命"）

17.（元）陈栎《书集传纂疏》卷五《朱子订定蔡氏集传·周书·君奭》

（归善斋按，见"我闻在昔，成汤既受命"）

18.（元）许谦《读书丛说》卷六《周书·君奭》

（归善斋按，未解）

19.（元）董鼎《书传辑录纂注》卷五《周书·君奭》

（归善斋按，见"我闻在昔，成汤既受命"）

20.（元）朱祖义《尚书句解》卷十《周书·多方第二十》

在太戊（太甲之孙）。

21.（明）王樵《尚书日记》卷十三《周书·君奭》

（归善斋按，见"我闻在昔，成汤既受命"）

22.（清）库勒纳等撰《日讲书经解义》卷十《周书·君奭》

（归善斋按，见"我闻在昔，成汤既受命"）

（元）王充耘《读书管见》卷下《君奭》

（归善斋按，见"我闻在昔，成汤既受命"）

（元）陈悦道《书义断法》卷五《周书·君奭》

在太戊，时则有若伊陟、臣扈，格于上帝，巫咸乂王家。在祖乙，时则有若巫贤。在武丁,时则有若甘盘。

周公备述殷家之相传,枚举当时之贤相伊陟、臣扈之辅太戊、克厌天心者也。巫咸父子之辅太戊、祖乙,勤劳王室者也。此皆各举其所长,而纪其功用也。若武丁时,则有若甘盘,则纪其旧学之臣,而不及傅说,岂非问学之本,无大于天人之功业者欤?古今帝主言学之详,始于武丁甘盘,盖本原之正,则功用自弘,所以善相其君者,固不专以一事名也。

时则有若伊陟、臣扈,格于上帝,巫咸乂王家

1. (汉)孔氏传、(唐)陆德明音义、孔颖达疏《尚书注疏》卷十五《周书·君奭》

时则有若伊陟、臣扈,格于上帝,巫咸乂王家。

传,伊陟、臣扈率伊尹之职,使其君不陨祖业,故至天之功不陨。巫咸治王家,言不及二臣。

音义,陨,于敏反。

疏,正义曰,伊陟、臣扈,言格于上帝,则其时亦致大平,故与伊尹文异而事同。巫咸、巫贤、甘盘,盖功劣于彼三人,故无"格天"之言。

疏,传正义曰,"伊尹格于皇天",此伊陟、臣扈云"格于上帝",其事既同,如此二臣能率循伊尹之职,辅佐其君,使其君不陨祖业,故至天之功,亦不陨坠也。《夏社》序云"汤既胜夏,欲迁其社不可,作《夏社》《疑至》《臣扈》",则汤初有臣扈,已为大臣矣,不得至今仍在,与伊尹之子同时立功。盖二人名同,或两字一误也。按《春秋》,范武子光辅五君,或臣扈事汤而又事太戊也。"格于上帝"之下,乃言"巫咸乂王家",则巫咸亦是贤臣,俱能绍治王家之事而已,其功不得至天,言不及彼二臣。

《尚书注疏》卷十五《考证》

臣扈。

陈经曰，汤初胜夏，已有臣扈。汤至大戊百三十年，必二臣而名同也。

2.（宋）苏轼《书传》卷十五《周书·君奭第十八》

（归善斋按，见"在太戊"）

3.（宋）林之奇《尚书全解》卷三十三《周书·君奭》

（归善斋按，见"我闻在昔，成汤既受命"）

4.（宋）史浩《尚书讲义》卷十七《周书·君奭》

（归善斋按，见"我闻在昔，成汤既受命"）

5.（宋）夏僎《尚书详解》卷二十一《周书·君奭》

（归善斋按，见"我闻在昔，成汤既受命"）

6.（宋）时澜《增修东莱书说》卷二十六《周书·君奭第十八》

（归善斋按，见"我闻在昔，成汤既受命"）

7.（宋）黄度《尚书说》卷六《周书·君奭》

（归善斋按，见"我闻在昔，成汤既受命"）

8.（宋）袁燮《絜斋家塾书钞》卷十二《周书·君奭》

（归善斋按，见"我闻在昔，成汤既受命"）

9.（宋）蔡沈《书经集传》卷五《周书·君奭》

（归善斋按，见"我闻在昔，成汤既受命"）

10.（宋）黄伦《尚书精义》卷四十《周书·君奭》

（归善斋按，见"我闻在昔，成汤既受命"）

11. （宋）陈经《尚书详解》卷三十六《周书·君奭》

（归善斋按，见"我闻在昔，成汤既受命"）

12. （宋）钱时《融堂书解》卷十五《周书·君奭》

（归善斋按，见"我闻在昔，成汤既受命"）

13. （宋）魏了翁《尚书要义》卷十六《周书·君奭、蔡仲、多方》

七、格天，即格帝，变文而言。

正义曰，言"时则有若"者，言当其时有如此人也，指谓如此伊尹、甘盘，非谓别有如此人也。以汤是殷之始王，故言在昔，既受命，见其为天子也。以下在太甲。在武丁。亦言其天子之时，有如此臣也。成汤未为天子，已得伊尹，言既受命者，以功格皇天；在受命之后，故言"既受命"者，皇天之与上帝俱是天也，变其文尔。其功至于天、帝，谓致太平而天下和之也。保衡、伊尹一人也，异时而别号。伊尹之下已言格于皇天，保衡之下不言格于皇天，从可知也。伊陟、臣扈言格于上帝，则其时亦致太平，故与伊尹文异而事同。巫咸，巫贤，甘盘，盖功劣于彼三人，故无格天之言。

十、巫咸，不言格天，不及二臣。

"格于上帝"之下乃言巫咸"乂王家"，则巫咸亦是贤臣，俱能绍治王家之事而已，其功不得至天，言不及彼二臣。

14. （宋）陈大猷《书集传或问》卷下《周书·君奭》

（归善斋按，未解）

15. （宋）胡士行《尚书详解》卷十《周书·君奭第十八》

（归善斋按，见"我闻在昔，成汤既受命"）

16.（元）吴澄《书纂言》卷四下《周书·君奭》

(归善斋按，见"我闻在昔，成汤既受命")

17.（元）陈栎《书集传纂疏》卷五《朱子订定蔡氏集传·周书·君奭》

(归善斋按，见"我闻在昔，成汤既受命")

18.（元）许谦《读书丛说》卷六《周书·君奭》

(归善斋按，未解)

19.（元）董鼎《书传辑录纂注》卷五《周书·君奭》

(归善斋按，见"我闻在昔，成汤既受命")

20.（元）朱祖义《尚书句解》卷十《周书·多方第二十》

时则有若伊陟、臣扈格于上帝（伊尹子陟，与臣扈辅相太戊之德，足以感格于上天），巫咸乂王家（又有巫咸治王家之事）。

21.（明）王樵《尚书日记》卷十三《周书·君奭》

(归善斋按，见"我闻在昔，成汤既受命")

22.（清）库勒纳等撰《日讲书经解义》卷十《周书·君奭》

(归善斋按，见"我闻在昔，成汤既受命")

（元）陈师凯《蔡氏传旁通》卷五《君奭》

臣扈，与汤时臣扈二人，而同名者也。

疑至臣扈，汤时二臣名，《辑纂》陈氏云，汤至太戊，百三十年，必二人而名同也。

（元）王充耘《读书管见》卷下《君奭》

(归善斋按，见"我闻在昔，成汤既受命")

（元）陈悦道《书义断法》卷五《周书·君奭》

(归善斋按，见"在太戊")

（清）朱鹤龄《尚书埤传》卷十三《周书·君奭》

(归善斋按，见"时则有若伊尹，格于皇天")

（清）王夫之《尚书稗疏》卷四下《周书·君奭》

巫咸。

孔蔡皆以巫为氏。按，大夫赐氏，始于周。黄帝至殷，唯分族姓，而不以氏显。巫，官也，殷道尚鬼，故巫列于大臣，而卜筮、医药一统于巫。《山海经》言，九巫采药。《楚辞》言，巫占梦，皆其征已。乃九巫有巫咸，《楚辞》亦云从巫咸之所居，未知其即此巫咸与否。王逸固云，巫咸，殷人。特《山海经》，世云大禹所作，似不当及殷之巫咸，而抑载夏后启及殷王亥之事，则亦商周之际或为之巫咸，殷人不妨见也。据此，则巫贤亦良巫，而不必为巫咸之子，如孔氏之云矣。

在祖乙，时则有若巫贤

1.（汉）孔氏传、（唐）陆德明音义、孔颖达疏《尚书注疏》卷十五《周书·君奭》

在祖乙，时则有若巫贤。

传，祖乙殷家亦祖其功。时贤臣有如此巫贤。贤，咸子，巫氏。

疏，传正义曰，《殷本纪》云"中宗崩，子仲丁立，崩弟外壬立，崩弟河亶甲立，崩子祖乙立"，则祖乙是太戊之孙也。孔以其人称"祖"，故云，殷家亦祖其功。贤，是咸子，相传云然，父子俱称为巫，知巫为氏也。

2.（宋）苏轼《书传》卷十五《周书·君奭第十八》

在祖乙，时则有若巫贤。
贤，亦巫咸之子孙。

3.（宋）林之奇《尚书全解》卷三十三《周书·君奭》

（归善斋按，见"我闻在昔，成汤既受命"）

4.（宋）史浩《尚书讲义》卷十七《周书·君奭》

（归善斋按，见"我闻在昔，成汤既受命"）

5.（宋）夏僎《尚书详解》卷二十一《周书·君奭》

（归善斋按，见"我闻在昔，成汤既受命"）

6.（宋）时澜《增修东莱书说》卷二十六《周书·君奭第十八》

（归善斋按，见"我闻在昔，成汤既受命"）

7.（宋）黄度《尚书说》卷六《周书·君奭》

（归善斋按，见"我闻在昔，成汤既受命"）

8.（宋）袁燮《絜斋家塾书钞》卷十二《周书·君奭》

（归善斋按，见"我闻在昔，成汤既受命"）

9.（宋）蔡沈《书经集传》卷五《周书·君奭》

（归善斋按，见"我闻在昔，成汤既受命"）

10.（宋）黄伦《尚书精义》卷四十《周书·君奭》

（归善斋按，见"我闻在昔，成汤既受命"）

1509

11. （宋）陈经《尚书详解》卷三十六《周书·君奭》

（归善斋按，见"我闻在昔，成汤既受命"）

12. （宋）钱时《融堂书解》卷十五《周书·君奭》

（归善斋按，见"我闻在昔，成汤既受命"）

13. （宋）魏了翁《尚书要义》卷十六《周书·君奭、蔡仲、多方》

十一、祖乙，太戊孙；巫贤，咸之子。

祖乙，是太戊之孙也。孔以其人称祖，故云殷家亦祖其功。贤，是咸子，《相传》云，然父子俱称为巫，知巫为氏也。

14. （宋）陈大猷《书集传或问》卷下《周书·君奭》

（归善斋按，未解）

15. （宋）胡士行《尚书详解》卷十《周书·君奭第十八》

在祖乙，时则有若巫贤；在武丁，时则有若甘盘（旧学），率（循）惟兹（此道）有陈（列），保乂有殷。

汤、甲、戊，有圣贤之异。尹事汤、甲有前后之异。咸、陟、扈有优劣之异。巫贤、甘盘各著一朝，均为乂殷，无所疑混。舍说举盘者，盘源，说委，（流）先河后海也。一云，"率惟有陈"以下，乃总结伊尹以后一代辅相之事。

16. （元）吴澄《书纂言》卷四下《周书·君奭》

（归善斋按，见"我闻在昔，成汤既受命"）

17.（元）陈栎《书集传纂疏》卷五《朱子订定蔡氏集传·周书·君奭》

（归善斋按，见"我闻在昔，成汤既受命"）

18.（元）许谦《读书丛说》卷六《周书·君奭》

（归善斋按，未解）

19.（元）董鼎《书传辑录纂注》卷五《周书·君奭》

（归善斋按，见"我闻在昔，成汤既受命"）

20.（元）朱祖义《尚书句解》卷十《周书·多方第二十》

在祖乙（河亶甲之子，太戊之曾孙），时则有若巫贤（其时则有如人臣名巫贤）。

21.（明）王樵《尚书日记》卷十三《周书·君奭》

（归善斋按，见"我闻在昔，成汤既受命"）

22.（清）库勒纳等撰《日讲书经解义》卷十《周书·君奭》

（归善斋按，见"我闻在昔，成汤既受命"）

（元）王充耘《读书管见》卷下《君奭》

（归善斋按，见"我闻在昔，成汤既受命"）

（元）陈悦道《书义断法》卷五《周书·君奭》

（归善斋按，见"在太戊"）

（清）朱鹤龄《尚书埤传》卷十三《周书·君奭》

（归善斋按，见"时则有若伊尹，格于皇天"）

在武丁，时则有若甘盘

1.（汉）孔氏传、（唐）陆德明音义、孔颖达疏《尚书注疏》卷十五《周书·君奭》

在武丁，时则有若甘盘。

传，高宗即位，甘盘佐之，后有傅说。

音义，说，音悦。

疏，传正义曰，《说命》篇高宗云"台小子旧学于甘盘，既乃遁于荒野"，高宗未立之前已有甘盘，免丧不言，乃求傅说，明其即位之初，有甘盘佐之。甘盘卒后，有傅说。计傅说当有大功。此惟数六人，不言傅说者，周公意所不言，未知其故。

2.（宋）苏轼《书传》卷十五《周书·君奭第十八》

在武丁，时则有若甘盘。

殷有圣贤之君，七此独言五，下文云"殷礼陟配天"，岂配祀于天者，止此五王，而其臣皆配食于庙乎？在武丁时，不言傅说，岂傅说不配食于配天之王乎？其详不可得而闻矣。

3.（宋）林之奇《尚书全解》卷三十三《周书·君奭》

（归善斋按，见"我闻在昔，成汤既受命"）

4.（宋）史浩《尚书讲义》卷十七《周书·君奭》

（归善斋按，见"我闻在昔，成汤既受命"）

5.（宋）夏僎《尚书详解》卷二十一《周书·君奭》

（归善斋按，见"我闻在昔，成汤既受命"）

6.（宋）时澜《增修东莱书说》卷二十六《周书·君奭第十八》

（归善斋按，见"我闻在昔，成汤既受命"）

7.（宋）黄度《尚书说》卷六《周书·君奭》

（归善斋按，见"我闻在昔，成汤既受命"）

8.（宋）袁燮《絜斋家塾书钞》卷十二《周书·君奭》

（归善斋按，见"我闻在昔，成汤既受命"）

9.（宋）蔡沈《书经集传》卷五《周书·君奭》

（归善斋按，见"我闻在昔，成汤既受命"）

10.（宋）黄伦《尚书精义》卷四十《周书·君奭》

（归善斋按，见"我闻在昔，成汤既受命"）

11.（宋）陈经《尚书详解》卷三十六《周书·君奭》

（归善斋按，见"我闻在昔，成汤既受命"）

12.（宋）钱时《融堂书解》卷十五《周书·君奭》

（归善斋按，见"我闻在昔，成汤既受命"）

13.（宋）魏了翁《尚书要义》卷十六《周书·君奭、蔡仲、多方》

十二、六臣不数傅说，未知周公意。

高宗未立之前，已有甘盘，免丧不言，乃求傅说，明其即位之初有甘盘佐之，甘盘卒后，有傅说，计傅说当有大功。此惟数六人，不言傅说者，周公意所不言，未知其故。

14.（宋）陈大猷《书集传或问》卷下《周书·君奭》

（归善斋按，未解）

15.（宋）胡士行《尚书详解》卷十《周书·君奭第十八》

（归善斋按，见"在祖乙，时则有若巫贤"）

16.（元）吴澄《书纂言》卷四下《周书·君奭》

（归善斋按，见"我闻在昔，成汤既受命"）

17.（元）陈栎《书集传纂疏》卷五《朱子订定蔡氏集传·周书·君奭》

（归善斋按，见"我闻在昔，成汤既受命"）

18.（元）许谦《读书丛说》卷六《周书·君奭》

（归善斋按，未解）

19.（元）董鼎《书传辑录纂注》卷五《周书·君奭》

（归善斋按，见"我闻在昔，成汤既受命"）

20.（元）朱祖义《尚书句解》卷十《周书·多方第二十》

在武丁（盘庚弟小乙之子，名武丁，号高宗），时则有若甘盘（其时有如甘盘）。

21.（明）王樵《尚书日记》卷十三《周书·君奭》

（归善斋按，见"我闻在昔，成汤既受命"）

22. （清）库勒纳等撰《日讲书经解义》卷十《周书·君奭》

（归善斋按，见"我闻在昔，成汤既受命"）

（元）陈师凯《蔡氏传旁通》卷五《君奭》

在武丁时，不言傅说，岂傅说不配食于配天之王乎，其详不得而闻矣。

息斋余氏曰，不言傅说，即下文不言尚父之意。愚按，周公以君奭为经历之旧臣而留之，故历数商周之老成，是以武丁时不言傅说，文武时不言太公。傅说，太公，非若甘盘、虢叔之旧也。

（元）王充耘《读书管见》卷下《君奭》

（归善斋按，见"我闻在昔，成汤既受命"）

（元）陈悦道《书义断法》卷五《周书·君奭》

（归善斋按，见"在太戊"）

（明）袁仁《尚书砭蔡编》

在武丁，时则有若甘盘。

蔡引苏氏谓，在武丁时，不言傅说，岂傅说不配食于配天之主乎？此说非也。此处皆说旧臣，故惟举甘盘。文王不言太公，高宗不言傅说，皆一意也。

率惟兹有陈，保乂有殷，故殷礼陟配天，多历年所

1. （汉）孔氏传、（唐）陆德明音义、孔颖达疏《尚书注疏》卷十五《周书·君奭》

率惟兹有陈，保乂有殷，故殷礼陟配天，多历年所。

传，言伊尹至甘盘六臣，佐其君，循惟此道，有陈列之功，以安治有殷，故殷礼能升配天，享国长久，多历年所。

音义，安治，直吏反，下同。

疏，正义曰，此伊尹、甘盘六臣等辅佐其君，率循此为臣之道，有陈列之功，以安治有殷，故殷有安上治民之礼，升配上天，享国多历年之次所。

传正义曰，率，训"循"也，说贤臣佐君，云循惟此道，当谓循此为臣之道，尽忠竭力，以辅其君，故有陈列于世，以安治有殷，使殷王得安治民，故殷得此安上治民之礼，能升配上天，天在人上，故谓之升，为天之子是配也。享国久长，多历年所。

《尚书注疏》卷十五《考证》

"故殷礼陟配天"。

臣召南按，配天，即《多士》所云"殷王亦罔敢失帝，罔不配天其泽"，"大雅"所云"克配上帝"，言为上天所眷佑也，传疏说是。苏轼谓"殷尊祀三宗以配天"，说虽新，实非也。

2.（宋）苏轼《书传》卷十五《周书·君奭第十八》

率惟兹有陈，保乂有殷，故殷礼陟配天，多历年所。

陈，久也。陟，升遐也，言此诸臣为政不久，则不能保乂有殷，且使其王升遐则配天，致殷有天下多历年所，此周公所以久留之意也。

3.（宋）林之奇《尚书全解》卷三十三《周书·君奭》

（归善斋按，见"我闻在昔，成汤既受命"）

4.（宋）史浩《尚书讲义》卷十七《周书·君奭》

（归善斋按，见"我闻在昔，成汤既受命"）

5.（宋）夏僎《尚书详解》卷二十一《周书·君奭》

（归善斋按，见"我闻在昔，成汤既受命"）

6.（宋）时澜《增修东莱书说》卷二十六《周书·君奭第十八》

（归善斋按，见"我闻在昔，成汤既受命"）

7.（宋）黄度《尚书说》卷六《周书·君奭》

（归善斋按，见"我闻在昔，成汤既受命"）

8.（宋）袁燮《絜斋家塾书钞》卷十二《周书·君奭》

（归善斋按，见"我闻在昔，成汤既受命"）

9.（宋）蔡沈《书经集传》卷五《周书·君奭》

率惟兹有陈，保乂有殷，故殷礼陟配天，多历年所。

陟，升遐也，言六臣循惟此道，有陈列之功，以保乂有殷，故殷先王终以德配天，而享国长久也。

10.（宋）黄伦《尚书精义》卷四十《周书·君奭》

（归善斋按，见"我闻在昔，成汤既受命"）

11.（宋）陈经《尚书详解》卷三十六《周书·君奭》

（归善斋按，见"我闻在昔，成汤既受命"）

12.（宋）钱时《融堂书解》卷十五《周书·君奭》

（归善斋按，见"我闻在昔，成汤既受命"）

13.（宋）魏了翁《尚书要义》卷十六《周书·君奭、蔡仲、多方》

（归善斋按，未引）

14.（宋）陈大猷《书集传或问》卷下《周书·君奭》

（归善斋按，未解）

1517

15.（宋）胡士行《尚书详解》卷十《周书·君奭第十八》

（归善斋按，另见"在祖乙，时则有若巫贤"）

故殷礼（祀）陟（上）配（合）天，多历年所。天惟纯（全）佑命，则商实（富贵）百姓（民）。

此辅相有人之效也，夏以百姓为百官族姓。

16.（元）吴澄《书纂言》卷四下《周书·君奭》

（归善斋按，见"我闻在昔，成汤既受命"）

17.（元）陈栎《书集传纂疏》卷五《朱子订定蔡氏集传·周书·君奭》

率惟兹有陈，保乂有殷，故殷礼陟配天，多历年所。

陟，升遐也，言六臣循惟此道，有陈列之功，以保乂有殷，故殷先王终以德配天，而享国长久也。

纂疏：

叶氏曰，《祭礼》上陟而配天，犹言郊祀后稷以配天，宗祀文王于明堂，以配乎上帝。

唐孔氏曰，多历年之次所。

18.（元）许谦《读书丛说》卷六《周书·君奭》

（归善斋按，未解）

19.（元）董鼎《书传辑录纂注》卷五《周书·君奭》

率惟兹有陈，保乂有殷，故殷礼陟配天，多历年所。

陟，升遐也，言六臣循推此道，有陈列之功，以保乂有殷，故殷先王终以德配天，而享国长久也。

纂注：

叶氏曰，以其祭上陟而配天，犹言郊祀后稷，以配天，宗祀文王于明堂，以配上帝。

唐孔氏曰，多历年之次所。

20.（元）朱祖义《尚书句解》卷十《周书·多方第二十》

率惟兹有陈（此巫贤、甘盘皆率循前代诸臣，有功业陈列于上者），保乂有殷（用以保安乂治殷之天下），故殷礼陟配天（所以殷家得举祀天之礼，升配于天，为天子），多历年所（子孙至于长有天下）。

21.（明）王樵《尚书日记》卷十三《周书·君奭》

"率惟兹有陈"至"多历年所"。

孔氏曰，言伊尹至甘盘六臣，佐其君，循惟此道，有陈列之功，以安治有殷，故殷礼能升配天，享国久长，多历年所。

按，陟配天，苏氏谓，五王配祀于天，而其臣亦配食于庙，其说得之。此盖殷礼也。至周惟郊祀后稷以配天，宗祀文王于明堂，以配上帝，余不配天也。"陟配天"，言其臣主之同其荣。"多历年所"，言其致国祚之久。陟，不必以为升遐，蔡说非是。多历年所，通以殷之国祚，言以见五王六臣之功，非指各君享国之数也。

22.（清）库勒纳等撰《日讲书经解义》卷十《周书·君奭》

率惟兹有陈，保乂有殷，故殷礼陟配天，多历年所。

此一节书是，叙殷六臣辅君之效也。率，循也。有陈，谓有陈列之功。陟，升遐也。所，是语辞。周公又曰，自伊尹至于甘盘，此六臣者，皆能率循此为臣之道，其陈列之功，后先相望，历历可睹，用能保乂有殷之天下，使安而不危，治而不乱，故当有殷举祀礼之日，凡殷先王之升遐者，皆以德配祀乎天，卒能延一代之国脉，而传世十九，历祀六百也。此虽由于殷先王之世美相承，然六臣之保乂其功，曷可诬哉。

（元）陈师凯《蔡氏传旁通》卷五《君奭》

陟，升遐也。

如"陟方乃死"之"陟"。

（元）王充耘《读书管见》卷下《君奭》

（归善斋按，见"我闻在昔，成汤既受命"）

（明）袁仁《尚书砭蔡编》

率惟兹有陈，保乂有殷，故殷礼陟配天。

陈，陈告也，承上六臣而言。率惟此道有所陈白，以保乂有殷，故殷之礼，升其有德之主，以配天。如以陟为升遐，则"陟丕厘上帝之耿命"，岂亦升遐乎？

（清）朱鹤龄《尚书埤传》卷十三《周书·君奭》

陟配天。

苏传，五王配祀于天，而其臣亦配祀于庙，此殷礼也。至周，惟郊祀后稷以配天。宗祀文王于明堂以配上帝，余不闻配天也。黄震曰，古说升配天。蔡传以陟为升遐，恐未安。升遐，主人而言；升配，主礼而言。

天维纯佑命，则商实百姓

1.（汉）孔氏传、（唐）陆德明音义、孔颖达疏《尚书注疏》卷十五《周书·君奭》

天惟纯佑命，则商实百姓。

传，殷礼配天，惟天大佑助其王命，使商家百姓丰实，皆知礼节。

疏，正义曰，天惟大佑助其为王之命，则使商家富实百姓，为令使商之百姓家给人足，皆知礼节也。

传正义曰，殷能以礼配天，故天降福。天惟大佑助其王命，风雨以时，年谷丰稔，使商家百姓丰实，家给人足。《管子》曰，"仓廪实而知礼节，衣食足而知荣辱"。

《尚书注疏》卷十五《考证》

"则商实百姓（句）"。

蔡沈以"商实"为句，"百姓"连下"王人"为句。

2. （宋）苏轼《书传》卷十五《周书·君奭第十八》

天惟纯佑命，则商实百姓。王人罔不秉德明恤，小臣，屏侯甸，矧咸奔走。惟兹惟德称用，乂厥辟，故一人有事于四方，若卜筮罔不是孚。

此明主贤臣，为政既久，则天乃为纯佑者，是命商之百族大姓，及王臣之微者，实皆秉德明恤，以至于小臣藩屏侯甸者，皆得其人，况于奔走执事之臣，皆以此道此德，举用乂厥辟，以上下同德，故有事于四方，则民信之若蓍龟然。此又周公久留之意也。

3. （宋）林之奇《尚书全解》卷三十三《周书·君奭》

（归善斋按，见"我闻在昔，成汤既受命"）

4. （宋）史浩《尚书讲义》卷十七《周书·君奭》

（归善斋按，见"我闻在昔，成汤既受命"）

5. （宋）夏僎《尚书详解》卷二十一《周书·君奭》

（归善斋按，见"我闻在昔，成汤既受命"）

6. （宋）时澜《增修东莱书说》卷二十六《周书·君奭第十八》

（归善斋按，见"我闻在昔，成汤既受命"）

7. （宋）黄度《尚书说》卷六《周书·君奭》

天惟纯佑命，则商实百姓，王人罔不秉德明恤，小臣屏侯甸，矧咸奔走，惟兹惟德称用，乂厥辟，故一人有事于四方，若卜筮罔不是孚。

天之所以纯一佑命有商，则实惟商百姓归戴之。王人，与《说命》王人同，称其王之辞也。殷王无不自执德，章明恤念。其小臣与其藩屏侯甸，虽至台舆皂隶，奔走服役者，皆惟以德举，是用乂其君，有事于四方莫不翕然趋之，如卜筮之信。此言商世有圣贤之臣辅其君，其君皆能秉德。其内外，小大之臣，无非德选修身尊贤之序也。夫是以"惟动丕应徯志"，其民莫不信之，言小臣以见卿大夫言；侯甸以见朝廷言，奔走以见指麾者，小臣在内最亲。

8. (宋) 袁燮《絜斋家塾书钞》卷十二《周书·君奭》

(归善斋按，见"我闻在昔，成汤既受命")

9. (宋) 蔡沈《书经集传》卷五《周书·君奭》

天惟纯佑命，则商实百姓。王人罔不秉德明恤，小臣屏侯甸，矧咸奔走。惟兹惟德称用，乂厥辟，故一人有事于四方，若卜筮罔不是孚。

佑，助也。实，"虚实"之"实"。国，有人则实。《孟子》言"不信仁贤则国空虚"是也。称，举也，亦秉持之意，事征伐会同之类。承上章六臣辅君，格天致治，遂言"天佑命有商"。纯，一而不杂。故商国有人而实，内之百官著姓，与夫王臣之微者，无不秉持其德，明致其忧。外之小臣，与夫藩屏侯甸，矧皆奔走服役，惟此之故，惟德是举，用乂其君，故君有事于四方，如龟之卜，如蓍之筮，天下无不敬信之也。

10. (宋) 黄伦《尚书精义》卷四十《周书·君奭》

天惟纯佑命，则商实百姓。王人罔不秉德明恤，小臣屏侯甸，矧咸奔走，惟兹惟德称用，乂厥辟，故一人有事于四方，若卜筮罔不是孚。

无垢曰，言天之所以大佑命商家者，则以商家百姓大族，王人之微者，无不秉德，明恤下民，以至为小臣者，皆可以藩屏侯甸，如所谓赳赳武夫，公侯干城之意。则夫天之佑商家者，则以商家得人故也。

又曰，朝廷、四海形异而心同，势远而理一，故天子出一号，发一令，则四方罔不是而信之，则以上下远近，内外表里，皆有德之士也。呜

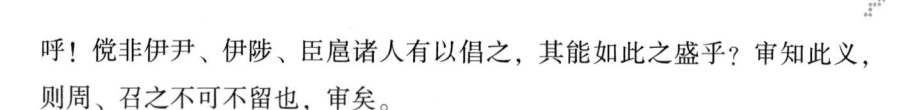

呼！倘非伊尹、伊陟、臣扈诸人有以倡之，其能如此之盛乎？审知此义，则周、召之不可不留也，审矣。

11.（宋）陈经《尚书详解》卷三十六《周书·君奭》

天惟纯佑命，则商实百姓。王人罔不秉德明恤，小臣屏侯甸，矧咸奔走，惟兹惟德称用，乂厥辟，故一人有事于四方，若卜筮罔不是孚。

商家之明君贤臣，相与图治，有以感格乎天，故上天佑之。为圣贤者之多。纯，大也。天有以佑之，故商家人材之盛，充实于其国。《孟子》曰，"不信仁贤则国空虚"。国有人焉则实，无贤者则虚。天之佑人君，莫大于圣贤良弼。曰帝赉而吁俊，所以尊上帝，则贤者之生，岂非天所以佑人君，何以见天之佑商。而使商家人材之富，其在内，而百官族姓王朝之人也，则无不秉持其德，以明其忧国之事，不敢暇逸，以尽其职之所当为者，"秉德明恤"也。其在外，而小臣也，则无不藩屏于侯甸之服，武夫纠纠，为王之卫者，"屏侯甸"也。若在下，而奔走侍御仆从，缀衣趣马之人也，则亦无不惟德之是举，以乂治其君之事。惟夫若内若外，若小若大之臣，各尽其职，各任其事。故一人在上，无事则已，苟有事于四方，则"惟动丕应徯志"，四方之民信其上，如卜筮然。君民之相孚，本于大臣辅相之业，所以至此。夫以商家之臣，如七人者，其功直至于上，得乎？天下得乎贤，其盛若此，则周之治，苟未至于商，则召公其可遽退乎？

12.（宋）钱时《融堂书解》卷十五《周书·君奭》

（归善斋按，见"我闻在昔，成汤既受命"）

13.（宋）魏了翁《尚书要义》卷十六《周书·君奭、蔡仲、多方》

十三、由六臣，殷礼配天，天佑商，实百姓。

"率惟兹有陈，保乂有殷，故殷礼陟配，天多历年所"，言伊尹至甘盘六臣，佐其君，循惟此道，有陈列之功，以安治有殷，故殷礼能升配天，享国久长，多历年所。"天惟纯佑命，则商实百姓，殷礼配天"。惟

1523

天大佑助其王命，使商家百姓丰实，皆知礼节。正义曰，此伊尹甘盘六臣等辅佐其君，率循此为臣之道，有陈列之功，以安治有殷，故殷有安上治民之礼，升配上天，享国多历年之次所。天惟大佑助其为王之命，则使商家富实，百姓为令，使商之百姓，家给人足，皆知礼节也，率，训"循"也。

14.（宋）陈大猷《书集传或问》卷下《周书·君奭》

《书》之文，详略互相备。于殷言，"纯佑命，王人罔不秉德"，故文王止言"亦惟纯佑秉德"。文王言"时昭迪见冒闻"，故武王言"昭惟冒称德"。

15.（宋）胡士行《尚书详解》卷十《周书·君奭第十八》

（归善斋按，见"率惟兹有陈，保乂有殷，故殷礼陟配天，多历年所"）

16.（元）吴澄《书纂言》卷四下《周书·君奭》

天惟纯佑命，则商实百姓，王人罔不秉德明恤，小臣屏侯甸，矧咸奔走，惟兹惟德称用，乂厥辟，故一人有事于四方，若卜筮罔不是孚。

百姓，王畿之民。王人，王朝之士也。承上文言，天惟于商纯笃，佑助而命之者，非特大臣得人而已，则以商家实是内而百姓之贱，王人之微，无不秉执其德，明于其所当忧勤之事；外而侯国之小臣，为藩屏在侯服甸服者，与其一切奔走任事之人，惟此诸臣惟德是举，用以治其国君之事，以此之故，凡天子苟有所为于四方，辟如卜筮之占，无不以实应者。

17.（元）陈栎《书集传纂疏》卷五《朱子订定蔡氏集传·周书·君奭》

天惟纯佑命，则商实百姓。王人罔不秉德明恤，小臣屏侯甸，矧咸奔走，惟兹惟德称用，乂厥辟，故一人有事于四方，若卜筮罔不是孚。

佑，助也。实，"虚实"之"实"。国有人则实，《孟子》言"不信仁贤则国空虚"是也。称，举也，亦秉持之意，事征伐会同之类。承上章六臣辅君，格天致治，遂言"天佑命有商"。纯，一而不杂。故商国有人而实，内之百官着姓，与夫王臣之微者，无不秉持其德，明致其恤；外之小臣，与夫藩屏侯甸，矧皆奔走服役，惟此之故，惟德是举，用乂其君，故君有事于四方，如龟之卜，如蓍之筮，天下无不敬信之也。

纂疏：

孔氏曰，天大佑助其王命，使商家百姓丰实。自汤至武丁，其王人无不持德。

吕氏曰，明恤，犹《易》之显比，显然以至公抚恤，在内，则及卑贱之小臣；在外，则均藩屏之侯甸，恩浃内外，公平周溥，斯乃所秉之君德也。后之君嬖昵左右，如幽王之私趣马，偏爱一国；如平王之贰于虢，非不恤之，可谓之明恤乎？用乂者，规谏箴诲以治之也。

愚按，以格天、格帝，分圣贤。昭受上帝，天其申命，亦有分乎？"率惟兹有陈"，六臣率皆循此，有陈列也。或曰，陈，久也。陟，如"新陟王"之"陟"。殷礼陟配之王祀，之以配天也。实百姓，民生富实也。王人，如言君人也。此章序商六臣之烈，以留召公。六臣辅佐商业如此，召公可不监之而求去乎？

18.（元）许谦《读书丛说》卷六《周书·君奭》

"天惟纯佑命"至"罔不是孚"。

金先生曰，天所以纯佑命者，则商家实有许多故家遗俗，王朝群臣，无不秉持其德，明恤官属，外而藩屏侯甸，况及奔走之人，皆能各用其德，以辅厥辟之治，故一人有所作为于四方，人心无不孚信。

19.（元）董鼎《书传辑录纂注》卷五《周书·君奭》

天惟纯祐命，则商实百姓。王人罔不秉德明恤，小臣屏侯甸，矧咸奔走，惟兹惟德称用，乂厥辟，故一人有事于四方，若卜筮罔不是孚。

佑，助也。实，"虚实"之"实"，国有人则实。《孟子》言"不信仁贤则国空虚"是也。称，举也，亦秉持之意，事征代会同之类。承上章六臣辅君，格天致治，遂言"天祐命有商"。纯，一而不杂。故商国有人而实，内之百官着姓，与夫王臣之微者，无不秉持其德，明致其忱。外之小臣，与夫藩屏侯甸，矧皆奔走服役，惟此之故，惟德是举，用乂其君，故君有事于四方，如龟之卜，如蓍之筮，天下无不敬信之也。

纂注：

孔氏曰，天大佑助其王命，使商家百姓丰实。自汤至武丁，其王人无不持德。

吕氏曰，明忱，犹《易》之显比，显然以至公，抚忱天下。在内，则逮于卑贱之小人；在外，则均屏藩之侯甸，恩浃内外，公平周溥斯，乃所秉之君德也。后之君嬖昵左右，如幽王之私趣马；偏爱一国，如平王之贰于虢，非不忱之，可谓之明忱乎？用乂者，规谏箴诲以治之也。

新安胡氏曰，百姓句。王人，谓王者。明忱，属下句。从孔吕为优。

王氏炎曰，商大臣事业至于有为，而罔不孚。今四国多方，谆谆告命犹惧不信，召公岂可求去？

20.（元）朱祖义《尚书句解》卷十《周书·多方第二十》

天惟纯佑命（天于是纯一，佑助眷命商家），则商实百姓（故使商家人材富盛，内而百官族姓之中，有如前五六大臣者）。

21.（明）王樵《尚书日记》卷十三《周书·君奭》

"天惟纯佑命则商实"至"若卜筮罔不是孚"。

此承上商人格于皇天，格于上帝而言。惟天心眷顾之纯，又使其国有人而实。《孟子》言"不信仁贤则国空虚"，是国以有人为实也。因言其内之百官着姓，与夫王臣之微者，无不秉持其德，明白以忱其君之忱。外之小臣，与夫藩屏侯甸，矧皆奔走所。明忱者，惟兹惟举德，以治其君之事，故不遑于内；所奔走者，惟兹惟举德，以治其君之事，故不遑于外。商得多贤之助如此，故一人有事于四方，四方之人如敬听于卜筮，而无不孚信也。

惟兹，应上之辞。"惟德称"，正义以举贤为说，言内外之臣，惟明忱奔走之，故又皆惟德是举，用治其君之事，言其又能推贤让能，以人事君如此也。一说，此二句，只带外臣一边。"惟兹"，兹字，指"奔走"而言。"德称"亦如内臣之秉德也。"乂厥辟"，亦如内臣之明恤也。"用乂厥辟"，如云"乂王家"相似，又《多方》"夹介乂我周王"。"有事于四方"，蔡氏曰，如征伐会同之类。天之佑商，则百姓，王人罔不秉德明恤，小臣屏侯甸，矧咸奔走。天之弃周，则三事大夫，莫肯夙夜；邦君诸侯，莫肯朝夕。此篇大意专言，国有老成，则天命可固。因言天眷佑人国家，使其臣子多贤，效忠宣力之人，充布内外，足以应其相之旁求，副其君之任使。至是则为相者，可谓不惟以一身之材，能事其君，而以众人之材，能事其君，吾身有时不在，而不患无复如我者焉。如是而功成，身退告老而去，其复何憾。若犹未也，则未可去也。

22.（清）库勒纳等撰《日讲书经解义》卷十《周书·君奭》

天惟纯佑命，则商实百姓，王人罔不秉德明恤，小臣屏侯甸，矧咸奔走，惟兹惟德称用，乂厥辟，故一人有事于四方，若卜筮罔不是孚。

此一节书是，极言六臣辅君之功也。纯，是专一之意。佑，助也。实，虚实之实。恤，忧也。称字，解作"举"字。孚，信也。周公又曰，在昔殷之盛时，有六臣辅君格天，因此上天眷佑之命，纯一不杂，多生贤才，使殷家充实而无乏才之患。在内，则百官之着姓，与王人之微贱者，无不秉持其德，无偏私之蔽，明致其恤，有忧国之心。在外，则微而小臣，与为王藩屏侯甸之诸侯，况皆奔走趋事。惟此内外之臣，皆称举其德，用乂其君，使无过举，故其时，为天子者，以一人而有征伐会同之事于四方，如龟之卜，如蓍之筮，天下之人，皆知其出于至公，而听从悦服，无有不信者矣。夫天下之信服，由群贤布列于中外，而贤才之众多，由六臣匡辅于朝廷。其在今日，君亦如彼六臣可也。

（元）王充耘《读书管见》卷下《君奭》

天惟纯佑命。

天惟纯佑命，则商实。此言有一代之天眷，故有一代之人才，自足以鼓舞天下，而成一代之王业。盖圣贤者所在，则人莫不靡然而信从之，以

1527

其素行足以感人故也。如伯夷、太公归周，是天下之父归之矣，其子焉往，宜其四方信之也。汤一征而天下归之，信其志，在诛暴救民而不为乱，岂止是信汤，只是有伊尹诸人在朝，自足以彰信兆民耳。且人之至信，未有如信卜筮龟焉，告吉未有复疑其为凶筮焉；告凶未有复疑其为吉者。人主所为而，人响应如此，其成功宜哉。

（元）陈悦道《书义断法》卷五《周书·君奭》

天惟纯佑命，则商实百姓。王人，罔不秉德明恤，小臣，屏侯甸，矧咸奔走，惟兹惟德称用，乂厥辟。

天之纯佑商家，以商家有贤人而实也，不信仁贤，则国空虚矣。惟天佑商家，故商实。商之所以实，则以其中外大小之臣，皆秉持称举其德，不至于旷庶官。夫以内之百官、百姓与夫王臣之微，皆秉持其德，以忧君之忧。外之小臣与夫藩屏侯甸，及奔走服役之人，皆惟德是举，以治君之事。此其真才实德之贤，参错而列于中外，而商之国实矣。其实之也以德，其所以实，见天之命也。一时贤才气类之盛，国家气运之昌，兹岂偶然之故哉。

（明）马明衡《尚书疑义》卷六《周书·君奭》

（归善斋按，见"天不可信，我道惟宁王德延"）

王人罔不秉德明恤，小臣，屏侯甸

1.（汉）孔氏传、（唐）陆德明音义、孔颖达疏《尚书注疏》卷十五《周书·君奭》

王人罔不秉德明恤，小臣，屏侯甸。

传，自汤至武丁，其王人无不持德立业，明忧其小臣，使得其人，以为蕃屏，侯甸之服小臣，且忧得人，则大臣可知。

音义，屏，宾领反。

疏，正义曰，王人，谓与人为王，言此上所说成汤、太甲、太戊、祖乙、武丁皆王人也。无不持德立业，明忧小臣，虽则小臣亦忧，使得其贤人，以蕃屏侯甸之服。

传正义曰，王肃云，王人，犹君人也。无不持德立业，谓持人君之德，立王者之事业。人君之德在官，贤人官得其人，则事业立，故传以立业配持德明。忧小臣之不贤，忧欲使得其人，以为蕃屏侯甸之服也。小臣且忧得人，则大臣忧之可知。侯甸尚思得其人，朝廷思之必矣。王肃云，小臣，臣之微者，举小以明大也。君之所重，莫重于求贤官之；所急，莫急于得人，故此章所陈，惟言君忧得人，臣皆举贤。

《尚书注疏》卷十五《考证》

"王人罔不秉德（句）明恤，小臣屏侯甸（句）"。

蔡沈以"罔不秉德明恤"为句，"小臣屏侯甸"为句。

2.（宋）苏轼《书传》卷十五《周书·君奭第十八》

（归善斋按，见"天惟纯佑命，则商实百姓"）

3.（宋）林之奇《尚书全解》卷三十三《周书·君奭》

（归善斋按，见"我闻在昔，成汤既受命"）

4.（宋）史浩《尚书讲义》卷十七《周书·君奭》

（归善斋按，见"我闻在昔，成汤既受命"）

5.（宋）夏僎《尚书详解》卷二十一《周书·君奭》

（归善斋按，见"我闻在昔，成汤既受命"）

6.（宋）时澜《增修东莱书说》卷二十六《周书·君奭第十八》

（归善斋按，见"我闻在昔，成汤既受命"）

7.（宋）黄度《尚书说》卷六《周书·君奭》

（归善斋按，见"天惟纯佑命，则商实百姓"）

8.（宋）袁燮《絜斋家塾书钞》卷十二《周书·君奭》

（归善斋按，见"我闻在昔，成汤既受命"）

9.（宋）蔡沈《书经集传》卷五《周书·君奭》

（归善斋按，见"天惟纯佑命，则商实百姓"）

10.（宋）黄伦《尚书精义》卷四十《周书·君奭》

（归善斋按，见"天惟纯佑命，则商实百姓"）

11.（宋）陈经《尚书详解》卷三十六《周书·君奭》

（归善斋按，见"天惟纯佑命，则商实百姓"）

12.（宋）钱时《融堂书解》卷十五《周书·君奭》

（归善斋按，见"我闻在昔，成汤既受命"）

13.（宋）魏了翁《尚书要义》卷十六《周书·君奭、蔡仲、多方》

十四、明恤小臣，屏侯甸，恤大臣，思朝廷可知。

王人罔不秉德，时恤小臣屏侯甸，自汤至武丁，其王人无不持德立业，明忧其小臣，使得其人，以为蕃屏侯甸之服。小臣且忧得人，则大臣可知。正义曰，王肃云，王人，犹君人也。无不持德，明忧小臣之不贤，忧欲使得其人，以为蕃屏侯甸之服也。小臣且忧得人，则大臣忧之可知。侯甸尚思得其人，朝廷思之必矣。王肃云，小臣，臣之微者，举小以明大也。

14.（宋）陈大猷《书集传或问》卷下《周书·君奭》

（归善斋按，未解）

15. （宋）胡士行《尚书详解》卷十《周书·君奭第十八》

王人（商王，夏氏以为"王人虽微"之"王人"），罔不秉（守）德，明（显）恤（比）小臣（内言小臣，举其目也。小则大可知）。屏（藩）侯、甸（外言侯、甸举其纲也），矧咸（内外皆）奔走（宣力），惟兹（此）惟德称（举）用，乂（助治）厥辟（君），故一人有事（政事）于四方，若卜筮（神），罔不是孚（信）。

此亦辅相之效也。王秉德以明，恤内外之臣，而内外之臣皆称德以助王，苟有为焉，民有不"颙若"者乎。

16. （元）吴澄《书纂言》卷四下《周书·君奭》

（归善斋按，见"天惟纯佑命，则商实百姓"）

17. （元）陈栎《书集传纂疏》卷五《朱子订定蔡氏集传·周书·君奭》

（归善斋按，见"天惟纯佑命，则商实百姓"）

18. （元）许谦《读书丛说》卷六《周书·君奭》

（归善斋按，见"天惟纯佑命，则商实百姓"）

19. （元）董鼎《书传辑录纂注》卷五《周书·君奭》

（归善斋按，见"天惟纯佑命，则商实百姓"）

20. （元）朱祖义《尚书句解》卷十《周书·多方第二十》

王人罔不秉德明恤（以至凡在王朝之人，无不秉持其德，以明其忧国之事），小臣屏侯甸（外而小臣，亦无不藩屏与侯甸之服。屏，饼）。

1531

21. （明）王樵《尚书日记》卷十三《周书·君奭》

（归善斋按，见"天惟纯佑命，则商实百姓"）

22. （清）库勒纳等撰《日讲书经解义》卷十《周书·君奭》

（归善斋按，见"天惟纯佑命，则商实百姓"）

（元）王充耘《书义矜式》卷五《周书·君奭》

百姓、王人，罔不秉德明恤小臣，屏侯、甸，矧咸奔走，惟兹惟德称用，乂厥辟，故一人有事于四方，若卜筮罔不是孚。

职列于内外，而德之同者，无所间；诚协于上下，而事之举者，无所疑。夫内外大小之臣，交相用德，以维持天下，则贯通浃洽之既久，而民罔不信宜也。是以内之百姓，与夫王臣之微者，莫不秉持而用乂其君焉。曰罔不，曰咸，则人臣莫不用德，固已洋溢浃洽于天下矣。"一人有事于四方"，又岂不如龟蓍之卜筮。而相与敬信之乎无他，有禽然用德之效，则有隐然孚契之心，殷之盛时然也（云云）。尝谓，天下之所以敬信，其上者固在于有事之时，而实在于无事之日。于有事之时，惟有以验其诚敬之心于无事之时，必有以尽其维持固然之道。惟夫内外无间，大小如一，浑浑乎相与于道德之中，而后维持固然有可言者，然分职受任，不为不多；建侯树屏亦为不少。苟有一人之非德焉，则其所施于天下者，必不能纯全而无间矣。一旦有事之际，天安有潜孚默契之妙哉？夫百官之著姓，王臣之卑微，此皆在内之官，而职有大小之异者也，秉持其德，而操守不失虑恤以德，而谋虑之不遗合，大小罔不然也。小臣之布列，侯、甸之分职，任此皆在外之官，而职有大小之要者也。奔走服役，莫敢不遑，惟德是称。治其君事，谓咸莫不然也。内之用德者既如此，外之用德者又如彼，自大及小，罔不如此而相承，以此而相应。道德之泽，熏蒸融溢，其渐涵浸渍之久，非一日矣。惟动丕应，徯志理势之必然也。故若征伐，若会同，凡有事于四方，而四方之民，如龟之卜，如蓍之筮，敬之而无忽，信之而不疑矣。孚者，诚之在中者也。天下之敬信，非其事，信其德耳。

抑尝考之，周公此言，盖承上章，言殷之大臣，能辅道其君，有格天致治之效，遂言内外贤人之多，皆伊尹以下诸大臣，号召而倡率之也。有周之兴，既有虢叔、闳夭之徒，而文王之德，降于国人，四方尚迪有德，而武王之德，冒天下，凡内虎贲、缀衣、趣马、小尹，左右携仆；外内大都小伯，以至百司、太史、尹伯，凡官使于文武之世者，无非常德之吉士，亦岂非倡于上者有其人乎？今日之明我俊民，周公、召公之责也。恳切而累言之矣。为召公者，亦宜有动于斯言矣。

（元）陈悦道《书义断法》卷五《周书·君奭》

（归善斋按，见"天惟纯佑命，则商实百姓"）

矧咸奔走，惟兹惟德称用，乂厥辟

1.（汉）孔氏传、（唐）陆德明音义、孔颖达疏《尚书注疏》卷十五《周书·君奭》

矧咸奔走，惟兹惟德称用，乂厥辟。

传，王犹秉德忧臣，况臣下得不皆奔走，惟王此事，惟有德者，举用治其君事。

音义，辟，必亦反。

疏，正义曰，王恐臣之不贤，尚以为忧。况在臣下得不皆勤劳奔走，惟忧王此求贤之事，惟求有德者举之，用治其君之事乎？君臣共求其有德，所在职事皆治。

传正义曰，以王之尊犹尚秉德忧臣，况其臣下，得不皆奔走。惟王此求贤之事，惟有德者必举之置于官位，用治其君事也。

《尚书注疏》卷十五《考证》

"矧咸奔走（句），惟兹（句），惟德称用（句），乂厥辟（句）"。

蔡沈以"惟兹惟德称"为句，"用乂厥辟"为句。

2. (宋)苏轼《书传》卷十五《周书·君奭第十八》

(归善斋按,见"天惟纯佑命,则商实百姓")

3. (宋)林之奇《尚书全解》卷三十三《周书·君奭》

(归善斋按,见"我闻在昔,成汤既受命")

4. (宋)史浩《尚书讲义》卷十七《周书·君奭》

(归善斋按,见"我闻在昔,成汤既受命")

5. (宋)夏僎《尚书详解》卷二十一《周书·君奭》

(归善斋按,见"我闻在昔,成汤既受命")

6. (宋)时澜《增修东莱书说》卷二十六《周书·君奭第十八》

(归善斋按,见"我闻在昔,成汤既受命")

7. (宋)黄度《尚书说》卷六《周书·君奭》

(归善斋按,见"天惟纯佑命,则商实百姓")

8. (宋)袁燮《絜斋家塾书钞》卷十二《周书·君奭》

(归善斋按,见"我闻在昔,成汤既受命")

9. (宋)蔡沈《书经集传》卷五《周书·君奭》

(归善斋按,见"天惟纯佑命,则商实百姓")

10. (宋)黄伦《尚书精义》卷四十《周书·君奭》

(归善斋按,见"天惟纯佑命,则商实百姓")

11. (宋)陈经《尚书详解》卷三十六《周书·君奭》

(归善斋按,见"天惟纯佑命,则商实百姓")

12.（宋）钱时《融堂书解》卷十五《周书·君奭》

（归善斋按，见"我闻在昔，成汤既受命"）

13.（宋）魏了翁《尚书要义》卷十六《周书·君奭、蔡仲、多方》

十五、王恤小臣，矧咸奔走，惟此事举有德。

此章所陈，惟言君忧得人。臣能举贤，以王之尊犹，尚秉德忧臣，况其下得不皆奔走。惟王此求贤之事，惟有德者必举之，置于官位，用治其君事也。

14.（宋）陈大猷《书集传或问》卷下《周书·君奭》

（归善斋按，未解）

15.（宋）胡士行《尚书详解》卷十《周书·君奭第十八》

（归善斋按，见"王人罔不秉德明恤，小臣，屏侯甸"）

16.（元）吴澄《书纂言》卷四下《周书·君奭》

（归善斋按，见"天惟纯佑命，则商实百姓"）

17.（元）陈栎《书集传纂疏》卷五《朱子订定蔡氏集传·周书·君奭》

（归善斋按，见"天惟纯佑命，则商实百姓"）

18.（元）许谦《读书丛说》卷六《周书·君奭》

（归善斋按，见"天惟纯佑命，则商实百姓"）

19.（元）董鼎《书传辑录纂注》卷五《周书·君奭》

（归善斋按，见"天惟纯佑命，则商实百姓"）

20.（元）朱祖义《尚书句解》卷十《周书·多方第二十》

矧咸奔走（况又皆奔走服役也），惟兹惟德称（惟于此惟德之是举），用乂厥辟（以乂治其君之事。辟，壁）。

21.（明）王樵《尚书日记》卷十三《周书·君奭》

（归善斋按，见"天惟纯佑命，则商实百姓"）

22.（清）库勒纳等撰《日讲书经解义》卷十《周书·君奭》

（归善斋按，见"天惟纯佑命，则商实百姓"）

（元）王充耘《书义矜式》卷五《周书·君奭》

（归善斋按，见"王人罔不秉德明恤，小臣，屏侯甸"）

（元）陈悦道《书义断法》卷五《周书·君奭》

（归善斋按，见"天惟纯佑命，则商实百姓"）

故一人有事于四方，若卜筮罔不是孚

1.（汉）孔氏传、（唐）陆德明音义、孔颖达疏《尚书注疏》卷十五《周书·君奭》

故一人有事于四方，若卜筮罔不是孚。

传，一人，天子也。君臣务德，故有事于四方，而天下化服。如卜筮无不是而信之。

疏，正义曰，天子一人有事于四方，天下咸化而服，如有卜筮之验，无不是而信之。贤臣助君，致使大治，我留不去，亦当如此也。

传正义曰，《礼》天子自称曰予一人，故为天子也。君臣务求有德，众官得其人，从上至下，递相师法，职无大小，莫不治理，故天子有事于四方，发号出令，而天下化服，譬如卜筮无不是而信之事，既有验言如是，则人皆信之。

2.（宋）苏轼《书传》卷十五《周书·君奭第十八》

(归善斋按，见"天惟纯佑命，则商实百姓")

3.（宋）林之奇《尚书全解》卷三十三《周书·君奭》

(归善斋按，见"我闻在昔，成汤既受命")

4.（宋）史浩《尚书讲义》卷十七《周书·君奭》

(归善斋按，见"我闻在昔，成汤既受命")

5.（宋）夏僎《尚书详解》卷二十一《周书·君奭》

(归善斋按，见"我闻在昔，成汤既受命")

6.（宋）时澜《增修东莱书说》卷二十六《周书·君奭第十八》

(归善斋按，见"我闻在昔，成汤既受命")

7.（宋）黄度《尚书说》卷六《周书·君奭》

(归善斋按，见"天惟纯佑命，则商实百姓")

8.（宋）袁燮《絜斋家塾书钞》卷十二《周书·君奭》

(归善斋按，见"我闻在昔，成汤既受命")

9.（宋）蔡沈《书经集传》卷五《周书·君奭》

(归善斋按，见"天惟纯佑命，则商实百姓")

1537

10.（宋）黄伦《尚书精义》卷四十《周书·君奭》

（归善斋按，见"天惟纯佑命，则商实百姓"）

11.（宋）陈经《尚书详解》卷三十六《周书·君奭》

（归善斋按，见"天惟纯佑命，则商实百姓"）

12.（宋）钱时《融堂书解》卷十五《周书·君奭》

（归善斋按，见"我闻在昔，成汤既受命"）

13.（宋）魏了翁《尚书要义》卷十六《周书·君奭、蔡仲、多方》

十六、君臣相恤，故有事，如筮之孚。

正义曰，礼，天子自称，曰予一人，故为天子也。君臣务求有德，众官得其人，从上至下，递相师法，职无大小，无不治理，故天子有事于四方，发号出令，而天下化服。譬如卜筮，无不是而信之。事既有验，言如是，则人皆信之。

14.（宋）陈大猷《书集传或问》卷下《周书·君奭》

（归善斋按，未解）

15.（宋）胡士行《尚书详解》卷十《周书·君奭第十八》

（归善斋按，见"王人罔不秉德明恤，小臣，屏侯甸"）

16.（元）吴澄《书纂言》卷四下《周书·君奭》

（归善斋按，见"天惟纯佑命，则商实百姓"）

17.（元）陈栎《书集传纂疏》卷五《朱子订定蔡氏集传·周书·君奭》

（归善斋按，见"天惟纯佑命，则商实百姓"）

18.（元）许谦《读书丛说》卷六《周书·君奭》

(归善斋按,见"天惟纯佑命,则商实百姓")

19.（元）董鼎《书传辑录纂注》卷五《周书·君奭》

(归善斋按,见"天惟纯佑命,则商实百姓")

20.（元）朱祖义《尚书句解》卷十《周书·多方第二十》

故一人有事于四方（故一人苟有所施为于四方），若卜筮（如卜龟筮蓍），罔不是孚（四方之民无不是而信之）。

21.（明）王樵《尚书日记》卷十三《周书·君奭》

(归善斋按,见"天惟纯佑命,则商实百姓")

22.（清）库勒纳等撰《日讲书经解义》卷十《周书·君奭》

(归善斋按,见"天惟纯佑命,则商实百姓")

（元）王充耘《书义矜式》卷五《周书·君奭》

(归善斋按,见"王人罔不秉德明恤,小臣,屏侯甸")

公曰,君奭！天寿平格, 保乂有殷,有殷嗣,天灭威

1.（汉）孔氏传、（唐）陆德明音义、孔颖达疏《尚书注疏》卷十五《周书·君奭》

公曰,君奭！天寿平格,保乂有殷,有殷嗣,天灭威。

1539

传,言天寿有平至之君,故安治有殷。有殷嗣子纣,不能平至,天灭亡,加之以威。

疏,正义曰,周公呼召公曰,君奭,皇天赋命寿,此有平至之君,言有德者必寿考也。殷之先王有平至之德,故能安治有殷,言故得安治也。有殷嗣子纣,不能平至,故天灭亡而加之以威。

传正义曰,格,训"至"也。平,谓政教均平;至,谓道有所至也,言不吊谓道有不至者,此言格谓道至者,天寿有平至之君,有平至之德,则天与之长寿,则知中宗、高宗之属身是也。由其君有平至之德。故能安治有殷。言有殷国安而民治也。有殷嗣子纣。其德不能平至,国不安,民不治,故天灭亡之而加之以威也。孔传之意,此经专说君之善恶,其言不及臣也。王肃以为兼言君臣,注云,殷君臣之有德,故安治有殷,言是者不可不法。殷家有良臣也。郑注以为传言臣事,格谓至于天也,与孔不同。上句言善者兴,而恶者亡,此句令其长安治,及念明道,念上二者,故言今汝长念平至者,而安治,反是者灭亡。

《尚书注疏》卷十五《考证》

"天寿平格"传言"天寿有平至之君"。

臣召南按,孔传属君言,吕氏、朱子谓即指伊尹六臣。以经文上下推之,吕、朱说是。周公之意在留召公也,与《无逸》篇所言不同。

2.（宋）苏轼《书传》卷十五《周书·君奭第十八》

公曰,君奭! 天寿平格,保乂有殷。有殷嗣,天灭威。

天寿此中宗、高宗、祖甲和平至道之王,使保乂有殷。此三王皆能继天灭威。灭威者,除害也。

3.（宋）林之奇《尚书全解》卷三十三《周书·君奭》

（归善斋按,见"我闻在昔,成汤既受命"）

4.（宋）史浩《尚书讲义》卷十七《周书·君奭》

公曰,君奭! 天寿平格,保乂有殷。有殷嗣,天灭威。今汝永念,则有固命,厥乱,明我新造邦。公曰,君奭,在昔,上帝割申劝宁王之德,其集大命于厥躬。惟文王尚克修和我有夏，亦惟有若虢叔，有若闳夭，有若散宜生，有若泰颠，有若南宫括。又曰，无能往来，兹迪彝教文王，蔑德降于国人，亦惟纯佑秉德，迪知天威，乃惟时昭文王，迪见冒闻于上帝，惟时受有殷命哉。

天之所以续永命者，在乎平格。平者，言其德之一。格者，言其德之至。彼有商之君贤圣如此，而天复寿其一德。至德之臣，以保乂如此。纣既迷乱，嗣天灭威，天灭而威之也。今汝忧深思远，念天有固我之命，以治显于我新造邦。则召公闻此忧宜解矣。在昔上帝割丧商邦，而申劝文王之德，以集大命于其身，文王尚克修泰和之治于诸夏，亦惟有若虢叔、闳夭、散宜生、泰颠、南宫括之徒而已。兹五人者，文王疏附先后，奔走御侮之友也。使文王不能与此五人往来，顺其彝伦之教，文王亦无德降于国人矣。今社稷之未安，流言之日至，岂吾二人之德，不及五人者乎？五人者亦惟纯佑文王秉德，迪知天威，故昭文王之德以顺于人以见于远以冒于众用以闻于上帝而遂受商之天命也周公前引有商旧臣之相兹，又以文王之臣所以相武王者，告召公于此，苟能捐身殉国，以图社稷之安乎，又何不说之有？

5.（宋）夏僎《尚书详解》卷二十一《周书·君奭》

（归善斋按，见"我闻在昔，成汤既受命"）

6.（宋）时澜《增修东莱书说》卷二十六《周书·君奭第十八》

公曰，君奭！天寿平格，保乂有殷。有殷嗣，天灭威。今汝永念，则有固命，厥乱，明我新造邦。

坦然无私之谓平格者，通彻三极而无间者也，天无私寿，惟其至平，通格于天者，则寿之平，则常永悠久有寿之道。寿其当寿，无所加损，斯其所以为天也。斯其所以保乂安治，而寿有殷之祚者也。前章序成汤、伊尹而下君臣，各尽其职，不亏不偏，盖平格之实也。天之保乂有殷如此。至于殷纣亦嗣天位，乃骤罹灭亡之威，曾不赖前人而免焉，益见天之无私寿也。"今汝永念，则有固命，厥乱，明我新造邦"者，周公言天命之无

1541

常，而归重于召公。商家先哲王之多也，基业之厚也，一旦失道而灭，天曾不以私寿之。况我新造之周，天命未固者乎？汝召公勉留而为周家永久之念，则有固命矣。国命之固不固，惟系于召公念之永不永。其忍不为此而留哉。召公而永念，则天命必固，其治效亦赫然明着于我新造之邦，而身与国俱显，否则身与国俱辱矣。

7. （宋）黄度《尚书说》卷六《周书·君奭》

公曰，君奭！天寿平格，保乂有殷。有殷嗣，天灭威。今汝永念，则有固命，厥乱，明我新造邦。

平格，言有平一之德，能格天者，而天寿之。此谓老臣，天使此有平一之德，能格天，老臣保乂。殷之后嗣纣，天乃降灭亡之威，今汝必长念，则有心固命，其治昭明我新造之邦。天纯佑殷，历年多，犹不可恃。纣一跌而亡。今周新造，其命未固，其可恃乎？

8. （宋）袁燮《絜斋家塾书钞》卷十二《周书·君奭》

（归善斋按，见"我闻在昔，成汤既受命"）

9. （宋）蔡沈《书经集传》卷五《周书·君奭》

公曰，君奭！天寿平格，保乂有殷。有殷嗣，天灭威。今汝永念，则有固命，厥乱，明我新造邦。

吕氏曰，坦然无私之谓平格者，通彻三极，而无间者也。天无私寿，惟至平通格于天者，则寿之。伊尹而下六臣，能尽平格之实，故能保乂有殷，多历年所。至于殷纣亦嗣天位，乃骤罹灭亡之威，天曾不私寿之也。固命者，不坠之天命也。今召公勉为周家久永之念，则有天之固命。其治效亦赫然明着于我新造之邦，而身与国俱显矣。

10. （宋）黄伦《尚书精义》卷四十一《周书·君奭》

公曰，君奭！天寿平格，保乂有殷。有殷嗣，天灭威。今汝永念，则有固命。厥乱，明我新造邦。

无垢曰，天之所以寿中宗，高宗，祖甲者，以有和平感格之德也，何以明之？有殷之君，大抵嗣天心，以除虐耳，除去虐民之事，则民安矣。灭威者，除虐之谓也。使人君有此和平感格之德，非得贤臣辅相之可乎？

又曰，今汝召公长念人主当有平格之德，尽心以辅相之，则天命坚固，不至涣散，其为治也，郁乎焕然，足以明我周家新造之天下矣。夫人臣事君，动欲上合天心，其敢以私意杂其间乎？此三代之臣所以为纯臣也。

张氏曰，武丁之类，皆有商平格之君也。伊尹、甘盘之徒，皆保乂有商之臣也。平者，言其德不偏也。格者，言其道之有所至也。惠足以辅其君者，保也。才足以治其事者，乂也。天相平格之君，与夫保乂有殷之臣，皆降之以永年，而不中绝其命，故曰天寿。

又曰，乱我新造邦者，所以治之而使不乱。明我新造邦者，所以明之而使不昏也。

吕氏曰，商家君臣之盛，天之所寿者，是至公，极尽道理。商家君臣至公无私，既极其至，所以寿之。扶持辅相，保乂有商，前许多圣贤维持，方到天寿平格，保乂有商地位。今嗣子纣，不能到，天便灭绝，而加之以威。以是知果然天命之不易，天难谌。今命不在天，只在召公永念与不永念，便是天命固处。若知无常，而能时时保护，则有固命。天命亦从而固，其治焕然一新，而能显明于我新造之邦，使亿万斯年而不坠。若不永念，目下便以为安时，岂不知必到覆亡地位。盖天命之固不固，只在召公之念永不永。

11．（宋）陈经《尚书详解》卷三十六《周书·君奭》

公曰，君奭！天寿平格，保乂有殷。有殷嗣，天灭威。今汝永念，则有固命，厥乱，明我新造邦。

周公既说商家贤臣勋业如此，再言商家享国长短，在于人事，而不在乎天。平者，谓下能和平其民也。格者，谓上能感格乎天者也。能和平其民，能感格乎天，享国历年必久，故曰"天寿平格"。此即"求福不回，干禄恺悌"之意也。平格即寿，非平格之外，别有天寿也。商之君臣，能平格，则天寿之。天保乂安治有商。其后之嗣王，如纣者，不能平格，则不为天所寿，不为天所安治，故天灭之以威。兴亡之效，全在人事。今汝

1543

永念，则有固命。固，坚也。永，长也。汝若能为长远之虑，不为目前之计，不安于小成，不止于仅足，即永远也。能永远，则天命有隆勿替，其治将润色显饰，粲然于我新造之邦。周家，对商而言之，文武受命未久，故曰"新造邦"。周公以永念者，期召公，则其所虑，亦深且远矣。

12.（宋）钱时《融堂书解》卷十五《周书·君奭》

公曰，君奭！天寿平格，保乂有殷。有殷嗣，天灭威。今汝永念，则有固命。厥乱明，我新造邦。

此节乃承结上文之意，缴入召公身上也。上言格皇天、格上帝，下言矧曰其有能格。此书专以辅相格天为言，则此所谓格，亦感格之格也。上文云"率惟兹有陈，保乂有殷"，于此遂申言所以保乂有殷者，乃"天寿平格"之故。"天寿"，与上文"多历年所"相应。及其后嗣，不平罔格，天遂灭之以威，非天不寿也。召公可不永念于此，留辅其君平格之道乎？大凡国家，治则明，不治则昏扰。新造邦，指言新邑。

13.（宋）魏了翁《尚书要义》卷十六《周书·君奭、蔡仲、多方》

十七、天寿有平至之德，言有德必寿，如殷三宗。

公曰，君奭，天寿平格，保乂有殷，有殷嗣天灭威，言天寿有平至之君，故安治有殷。有殷嗣子纣，不能平至，天灭亡加之以威。今汝永念，则有固命，明我新造邦。今汝长念至至，则有坚固王命，其治理足以明我新成国矣。正义曰，周公呼召公曰，君奭，皇天赋命，寿此有平至之君。言有德者必寿考也。殷之先王有平至之德，故能安治有殷。中宗，高宗之属是也。由其君有平至之德，故能安治有殷，言有殷国安，而民治也。有殷嗣子纣，其德不能平至，国不安，民不治，故天灭亡之，而加之以威也。

十八、此经孔尊言殷君，郑言臣，王言君臣。

孔传之意，此经专说君之善恶，其言不及臣也。王肃以为，兼言君臣。注云，殷君臣之有德，故安治有殷，言是者，不可不法。殷家有良臣也。郑注，以为专言臣事。格，谓至于天也，与孔不同。

14. （宋）陈大猷《书集传或问》卷下《周书·君奭》

（归善斋按，未解）

15. （宋）胡士行《尚书详解》卷十《周书·君奭第十八》

公曰，君奭，天寿（所寿者）平（至平无私）格（道彻三极之君，一云至也），保乂有殷，有殷嗣（纣），天灭（亡之）威（可畏）。今汝（召公）永念则有固（定）命，厥乱（治），明我新造（立）邦。

天所寿者，平格，无私寿也。保殷方切，纣不平格，则遽夺之矣，何可常也。召公能永念，则天命乃固。其相与乱新立之周邦可也，而可去乎？

16. （元）吴澄《书纂言》卷四下《周书·君奭》

公曰，君奭！天寿平格，保乂有殷。有殷嗣，天灭威。今汝永念，则有固命，厥乱，明我新造邦。

平格，谓无一事不与天通也。心通乎天，必得其寿。伊尹而下六臣，能相其君，以平格于天，故能保乂有殷，多历年所。至于殷纣，亦嗣天位，乃骤罹灭亡之威。天不寿之者，何哉？盖无贤臣辅之，以格于天故尔。今汝永远念及此，则我周可有坚固不坠之命，其能常治而显明我新造之周邦矣。

17. （元）陈栎《书集传纂疏》卷五《朱子订定蔡氏集传·周书·君奭》

公曰，君奭，天寿平格，保乂有殷。有殷嗣，天灭威。今汝永念，则有固命。厥乱，明我新造邦。

吕氏曰，坦然无私之谓平格者，通彻三极而无间者也。天无私寿，惟至平通格于天者，则寿之。伊尹而下六臣，能尽平格之实，故能保乂有殷，多历年所。至于殷纣，亦嗣天位，乃骤罹灭亡之威，天曾不私寿之也。固命者，不坠之天命也。今召公勉为周家久永之念，则有天之固命，

1545

其治效亦赫然明着于我新造之邦，而身与国俱显矣。

纂疏：

孔氏曰，言天寿平至之君，故安治有殷。殷嗣子纣，不能平至，天灭亡之，加之以威。今汝长念平至者，安治；反是者，灭亡，以为法戒，则有坚固之命，其治理，足以明我新成国矣。

18.（元）许谦《读书丛说》卷六《周书·君奭》

（归善斋按，未解）

19.（元）董鼎《书传辑录纂注》卷五《周书·君奭》

公曰，君奭，天寿平格，保乂有殷，有殷嗣，天灭威。今汝永念，则有固命，厥乱，明我新造邦。

吕氏曰，坦然无私之谓平格者，通彻三极而无间者也。天无私寿，惟至平通格于天者则寿之。伊尹而下六臣，能尽平格之实，故能保乂有殷，多历年所。至于殷纣，亦嗣天位，乃骤罹灭亡之威，天曾不私寿之也。固命者，不坠之天命也。今召公勉为周家久永之念，则有天之固命，其治效，亦赫然明着于我新造之邦，而身与国俱显矣。

纂注：

孔氏曰，言天寿有平至之君，故安治有殷。殷嗣子纣，不能平至，天灭亡加之有威。今汝长念平至者安治；反是者，灭亡，以为法鉴，则有坚固王命，其治理，足以明我新成国矣。

新安陈氏曰，"有殷嗣，天灭威"等语，聱牙艰涩，本不可解，不如阙之。蔡传亦未为的，保乂有殷，强拈六臣，经有是意乎。

20.（元）朱祖义《尚书句解》卷十《周书·多方第二十》

公曰，君奭（又呼召公告之），天寿平格（天所以寿商家，使之长久者，以君臣能和平其民，使至于善），保乂有殷（故乂安治有殷天下，而寿其国脉）。有殷嗣，天灭威（其后嗣纣，不能平格，不为天所保，所乂，故天灭之以威）。

21. （明）王樵《尚书日记》卷十三《周书·君奭》

"公曰，君奭，天寿平格，保乂有殷"至"厥乱明我新造邦"。

平，公正也。格，感通也。此又言寿国之道。盖多历年所，天之寿殷也。天岂私于殷哉，实由成汤、伊尹而下君臣，有至平之德，通格于天，故能保乂有殷，多历年所。至于纣，亦嗣天位，乃骤罹灭亡之威，曾不赖前人而免焉，益见天之无私寿也。周公言，天命之无常，而归重于召公。商家先哲王之多也，基业之厚也，一旦失道，而灭天曾不私寿之，况我新造之周，天命未固者乎？今召公能为周家永久之念，则天有巩固之命，其治效亦赫然明着于我新造之邦矣。天寿，指国祚言。保乂有殷，本天意说，重"多历年所"上，此与"率惟兹有陈保乂有殷"，语同而意不同也。永念。欲其置浅近迫切之去志，为天命民心无穷之计，如是，则如商六臣之平格也；固命，则如商六臣之天寿也；"厥乱，明我新造邦"，则如商六臣之保乂也。此处正勉召公以匹休之意也。

吕氏以平格归诸六臣，而君不与，非是。持心如衡，是谓平德。平者，天道，故至平通格于天，天地之道平而已矣。人而平，则通彻三极矣。先正刘文成公言，宰相持心如水，以义理为权衡，而我无预焉，其知平格之道者与。

22. （清）库勒纳等撰《日讲书经解义》卷十《周书·君奭》

公曰，君奭，天寿平格，保乂有殷。有殷嗣，天灭威。今汝永念，则有固命，厥乱，明我新造邦。

此一节书是，欲召公匹休六臣而尽平格之实也。平，谓坦然无私。格，谓通彻无间。固命者，不坠之天命也。乱字，解作"治"字。周公又曰，君奭，凡上天寿人国家，使之绵延长久者，亦以其大臣有至平，通格于天之德故耳。如伊尹而下六臣，能尽平格之实，故能保乂有殷，多历年所。至于殷纣亦嗣天位，然无平格之臣，为之维持天命，乃骤罹灭亡之威。天曾不私寿之也。夫国祚之长短系于平格之臣之有无如此，今汝德尊望重，能为周家永久之念，而不急于求去，则周有平格之臣，以仰承乎天眷，而天有不坠之命，以保佑乎我周，其治效亦赫然明着于我新造之邦，而身与国俱显矣。彼殷之六臣，又岂得专美于前耶。

（元）陈师凯《蔡氏传旁通》卷五《君奭》

通彻三极而无间。
贯通天、地、人之理也。

（元）王充耘《读书管见》卷下《君奭》

天寿平格，保乂有殷，有殷嗣，天灭威。
此三句，疑有阙文，不可强解。

（明）马明衡《尚书疑义》卷六《周书·君奭》

"天寿平格"至"新造邦"，因上言天之保佑乎殷如此，其至纣之承天，一失其道，遂至灭亡，汝诚长念乎。此则天位可固，是宜共治，明显我新集之邦也，而可决于去乎？此言殷之事以告之也。"在昔上帝割"至"丕单称德"，则言周之所以得臣之助者如此。殷周皆由得人而兴。此在今日，周公不得不留，召公所以未可去也。凡周公所言，皆不外殷周之事，不暇远引尧舜者。尧舜世远而事略；殷周迹近，而鉴切也。

（清）王夫之《尚书稗疏》卷四下《周书·君奭》

有殷嗣，天灭威。
旧谓纣为殷嗣，今考本文，上下义旨不属。灭，犹罚也，谓无所用之也。盖言平格者，著保乂之功，故有殷得以继天为君，而天不降之以刑威也。"小子同未在位"上言"予小子旦"，则公既以"小子"自称。此乃以"小子"为成王，此传注家之大谬也。公固尝呼王为"孺子"矣，而"孺子"之与"小子"文似，而实远。言孺子，则但以年言之；曰小子，则狎亵之词也，况菲薄其无所能而曰"同未在位"，则是罚之为不足比数，而谓事权一在于我辈，此非大有无君之心者而敢作此词乎。高澄之所云"狗脚朕"者，亦不过如此而已。在位者，言已在冢宰太傅之位也。公言，我固久在其位，而功德未昭，遽欲告去，同于未在大臣之位者，不以诞大之责为已责，收敛自全，罔勖所不及，徒谓己之年造（造，犹命也）耆老，托于庶官七十致政之例，而德不降下，则物理且不察，而况于天命乎？此为公深于自任之言，而以明大臣之位，义异庶寮，所以破召公之疑者，奈之何断析文句，屈圣人以不道之辞耶。

今汝永念，则有固命，厥乱，明我新造邦

1.（汉）孔氏传、（唐）陆德明音义、孔颖达疏《尚书注疏》卷十五《周书·君奭》

今汝永念，则有固命，厥乱，明我新造邦。

传，今汝长念平至者，安治；反是者，灭亡，以为法戒，则有坚固王命。其治理，足以明我新成国矣。

疏，正义曰，今汝奭当长念天道平至者安治，不平至者灭亡，以此为法戒，则有坚固王命，其治理，足以明我新咸国矣。

传正义曰，念此以为法戒，则有坚固王命，王族必不倾坏，若能如此，其治理足以光明我新成国矣。周自武王伐纣，至此年岁未，多对殷而言，故为新国。传意言不及臣，周公说此事者，盖言兴灭由人，我欲辅王，使为平至之君。

2.（宋）苏轼《书传》卷十五《周书·君奭第十八》

今汝永念，则有固命，厥乱，明我新造邦。
汝若忧思深长，则天命乃可坚固。汝其念，有以济明我邦者。

3.（宋）林之奇《尚书全解》卷三十三《周书·君奭》

（归善斋按，见"我闻在昔，成汤既受命"）

4. （宋）史浩《尚书讲义》卷十七《周书·君奭》

（归善斋按，见"天寿平格，保乂有殷，有殷嗣，天灭威"）

5. （宋）夏僎《尚书详解》卷二十一《周书·君奭》

（归善斋按，见"我闻在昔，成汤既受命"）

6. （宋）时澜《增修东莱书说》卷二十六《周书·君奭第十八》

（归善斋按，见"天寿平格，保乂有殷，有殷嗣，天灭威"）

7. （宋）黄度《尚书说》卷六《周书·君奭》

（归善斋按，见"天寿平格，保乂有殷，有殷嗣，天灭威"）

8. （宋）袁燮《絜斋家塾书钞》卷十二《周书·君奭》

（归善斋按，见"我闻在昔，成汤既受命"）

9. （宋）蔡沈《书经集传》卷五《周书·君奭》

（归善斋按，见"天寿平格，保乂有殷，有殷嗣，天灭威"）

10. （宋）黄伦《尚书精义》卷四十一《周书·君奭》

（归善斋按，见"天寿平格，保乂有殷，有殷嗣，天灭威"）

11. （宋）陈经《尚书详解》卷三十六《周书·君奭》

（归善斋按，见"天寿平格，保乂有殷，有殷嗣，天灭威"）

12. （宋）钱时《融堂书解》卷十五《周书·君奭》

（归善斋按，见"天寿平格，保乂有殷，有殷嗣，天灭威"）

13.（宋）魏了翁《尚书要义》卷十六《周书·君奭、蔡仲、多方》

（归善斋按，未引）

14.（宋）陈大猷《书集传或问》卷下《周书·君奭》

（归善斋按，未解）

15.（宋）胡士行《尚书详解》卷十《周书·君奭第十八》

（归善斋按，见"天寿平格，保乂有殷，有殷嗣，天灭威"）

16.（元）吴澄《书纂言》卷四下《周书·君奭》

（归善斋按，见"天寿平格，保乂有殷，有殷嗣，天灭威"）

17.（元）陈栎《书集传纂疏》卷五《朱子订定蔡氏集传·周书·君奭》

（归善斋按，见"天寿平格，保乂有殷，有殷嗣，天灭威"）

18.（元）许谦《读书丛说》卷六《周书·君奭》

（归善斋按，未解）

19.（元）董鼎《书传辑录纂注》卷五《周书·君奭》

（归善斋按，见"天寿平格，保乂有殷，有殷嗣，天灭威"）

20.（元）朱祖义《尚书句解》卷十《周书·多方第二十》

今汝永念（今召公，若能长以商家享国长短为念，且留辅成王），则有固命（则周家享坚固之天命），厥乱，明我新造邦（其治功当显明于我新造之邦，时新作洛邑，成王新即辟）。

21.（明）王樵《尚书日记》卷十三《周书·君奭》

（归善斋按，见"天寿平格，保乂有殷，有殷嗣，天灭威"）

22.（清）库勒纳等撰《日讲书经解义》卷十《周书·君奭》

（归善斋按，见"天寿平格，保乂有殷，有殷嗣，天灭威"）

（明）马明衡《尚书疑义》卷六《周书·君奭》

（归善斋按，见"天寿平格，保乂有殷，有殷嗣，天灭威"）

公曰，君奭！在昔上帝割申劝宁王之德，其集大命于厥躬

1.（汉）孔氏传、（唐）陆德明音义、孔颖达疏《尚书注疏》卷十五《周书·君奭》

公曰，君奭，在昔，上帝割申劝宁王之德，其集大命于厥躬。

传，在昔，上天割制其义，重劝文王之德，故能成其大命于其身，谓勤德以受命。

音义，重，直用反。

疏，正义曰，公呼召公曰，君奭，在昔，上天断割其义，重劝文王之德，以文王有德，劝勉使之成功。

传正义曰，文王去此未久，但欲远本天意，故云"在昔，上天"，作"久远"言之。割制，谓切割绝断之意，故云"割制其义"。"重劝文王之德"者，文王既已有德，上天佑助而重劝勉文王顺天之意，故其能成大命于其身，正谓勤行德义，以受天命。

《尚书注疏》卷十五《考证》

"在昔，上帝割申劝宁王之德"。

李光地曰，《缁衣》引《君奭》曰"在昔上帝周田观文王之德"，盖数字皆以相似而误也。

2. （宋）苏轼《书传》卷十五《周书·君奭第十八》

公曰，君奭，在昔上帝割申劝宁王之德，其集大命于厥躬。

宁王，武王也。天降割丧文王，申劝武王之德，而集天命也。

3. （宋）林之奇《尚书全解》卷三十三《周书·君奭》

（归善斋按，见"我闻在昔，成汤既受命"）

4. （宋）史浩《尚书讲义》卷十七《周书·君奭》

（归善斋按，见"天寿平格，保乂有殷，有殷嗣，天灭威"）

5. （宋）夏僎《尚书详解》卷二十一《周书·君奭》

公曰，君奭，在昔上帝割申劝宁王之德，其集大命于厥躬。惟文王尚克修和我有夏。亦惟有若虢叔，有若闳夭，有若散宜生，有若泰颠，有若南宫括。又曰，无能往来，兹迪彝教文王蔑德降于国人，亦惟纯佑秉德，迪知天威，乃惟时昭文王，迪见冒闻于上帝。惟时受有殷命哉。武王惟兹四人，尚迪有禄，复暨武王诞将天威，咸刘厥敌。惟兹四人昭武王，惟冒，丕单称德。今在予小子旦，若游大川，予往暨汝奭其济，小子同未在位，诞无我责，收罔勖不及，耇造德不降，我则鸣鸟不闻，矧曰其有能格。

此周公又举文武得人之事，以告召公，以明召公之不可不留也。宁王，谓武王。今以此篇观之，则宁王乃兼文、武也。周公欲详言文、武得人之事。所先总说，谓在昔皇天上帝，断然申劝文、武之德，而使莫大之命集于其躬。其意盖谓，天以大命集于文、武者，以文、武得人之助，故天以是而申劝之也。所谓申劝者，盖以是劝文王，又以是劝武王，故谓之申劝，如《诗》言文王有圣德，故天复命武王者，即申劝之谓也。周公上既总说大意，下乃详言，谓惟文王之兴，所以庶几能修治燮和我所有之诸夏者，亦惟有如虢叔者，有如闳夭者，有如散宜生者，有如太颠者，有

1553

如南宫括者，以文王能修和中夏，皆由得此五人之用也。虢叔，先儒以为文王弟。虢，国；叔，字也。余四人，如闳、散、太、南宫，皆氏也。夭、宜生、颠、括。皆名也。周公既言文王之兴，本于此五人，故又反前意而言曰，若此五人不能为文王往来奔走于此，导迪其常教，则文王亦无德降及于国人。其意盖谓，文王修和之功，由于五人。若无五人则文王亦无德及人矣。是虽文王之圣，不可无贤人之助也。

先儒于此，又曰，乃以为此文王所自言，唐孔氏广之谓，文王既有贤五人，又复言曰，我知得贤臣犹少，无所能往来，五人以此道法教文王，以精微妙蔑之德，下政令于国人。此其意，则以"兹迪彝"为一句，以"教文王蔑德"为一句。夫以"兹迪彝"为此道法，文理既不雅顺，况以"无能往来"为文王自言，为贤臣少，无所能往来，则文王若轻此五人者，故不敢从。

周公既反言文王当时若无此五人，为迪彝教，则亦无德下及于国人，故又正言，亦惟此五人者，乃天纯佑文王，介以如是秉德之人，皆能导迪，以知上天之威。谓天欲成就文王，五人实知之，故于是一德一心，乃明文王导迪之，使其德，着见于上，而覆冒于下，遂能闻于上天。惟是之故，遂能受有殷之天命，是文王之兴，实五人之助也。周公既说文王得人之助，谓武王亦惟此四人，庶几欲道迪之，使武王终有天禄。谓文王三分天下有其二，四人将使武王奄而有之也。前言五人，此言四人者，先儒谓虢叔先死，故只四人。惟此四人，欲迪武王，使终有天禄，故其后，遂与武王俱起，皆杀其为已敌者，谓诛纣也。而此四人，又辅相不倦，乃相与昭明武王，故凡德所冒之地者，皆大尽称举武王之德，是武王之兴，乃赖四人之助也。

周公既详言文、武之兴本乎得人于此，遂言成王今日正赖我与召公二人者，左右赞助，不可遽然而退，谓今日在我小子旦之身，其责重，其事之难，正如游泳于大川。唐孔氏谓，游者入水浮渡之名，谓成王只力艰难，如涉大川，我自此以往，当与汝奭共济，救小子于中流，其所以极力匡救，我与公正当如成王未即位之时。周公居摄，召公与周公一德一心，以国为念，相须相济，不啻左右手，今日亦当如此。召公岂可遽然欲退，尽以责周公哉。此周公所以欲召公同济成王，与成王未即位之时无异，大无尽责于我一人也。盖成王既即政,周公所以不欲遽去者,以成王以幼冲之资,乍履尊位,虽有几务之繁,亦有玩好之奉,苟溺于玩好,则必怠于几务,故周公所以不欲召公,专责于己,盖恐其收成王罔勖不勉之心一有不及,则以成王幼冲之资,必溺于晏安之奉,德不复及于老成,是老成之德自是不复降下于国人,若如此,则为周公者,虽鸣凤之翔,有不得耳闻,况能如伊尹诸臣,事君而至格天、格帝乎?盖鸣凤为太平之瑞。文王之时凤鸣岐山,周公言此盖谓太平之功,尚不敢庶几况望格天、格帝,是召公诚不可不留也。诸儒皆以"耇造德不降",谓周公言我与召公,若收成王不勉之心,亦有不及,则吾二人老成之德,不能降及于民,如此则周公以老成自居,恐不然。故知,耇造者,乃谓成王以幼冲之资,当有老成之德也。

6.(宋)时澜《增修东莱书说》卷二十六《周书·君奭第十八》

公曰,君奭,在昔上帝割申劝宁王之德,其集大命于厥躬。惟文王尚克修和我有夏,亦惟有若虢叔,有若闳夭,有若散宜生,有若泰颠,有若南宫括。又曰,无能往来,兹迪彝教文王,蔑德降于国人,亦惟纯佑秉德,迪知天威。乃惟时昭文王,迪见冒闻于上帝,惟时受有殷命哉。武王惟兹四人,尚迪有禄,后暨武王诞将天威,咸刘厥敌。惟兹四人,昭武王,惟冒,丕单称德。今在予小子旦,若游大川,予往暨汝奭,其济小子同未在位,诞无我责,收罔勖不及,耇造德不降,我则鸣鸟不闻,矧曰其有能格。

商与周接其兴亡,既可见矣。若文、武之朝,则召公回翔其间而身履者也。故周公复举其亲见者以警之。割,裁也。申,重也。劝,勉也。上帝之相文王,裁割其偏,申重劝勉,以日新其德,以集大命于其躬,德成则命集。德者,命之实;命者,德之致也。帝谓,文王无然畔援,无然歆羡,盖所以割文王之德而致其密察之工,文王陟降在帝左右。"亹亹文王令闻不已",盖所以申劝文王之德,而进其缉熙之学。文王之密察缉熙,是乃上帝之割申劝,非复有诏之者也。文王既集大命,则任天下之责,故其心庶几能修和于诸夏,以尽其职分。太和虽贯古今,盈宇宙而不息,然

1555

纣为天下宗主，穷凶极虐，戾气充塞，而和则愆矣。修而复之，实文王责。自朝至于日中昃，不遑暇食，用咸和万民，则修和之实也。所谓修和，盖本于割申劝以修己之和，推而放之于诸夏也。尚克者，望道未之见之心也。如曰已克，则岂所谓纯，亦不已乎？文王之所以内进厥德，外和有夏，合内外之道者，盖亦有贤哲之辅焉。虢叔，闳夭、散宜生、泰颠、南宫括，是五臣者，皆胥附先后，以辅文王，可谓盛矣。文王犹歉然未足，复曰人材之少，无能往来君民之间，以迪导常教于下者，故文王自视蔑有少德，降于国人。贤已众，而视之若寡；德已盛，而视之若无，此乃纯亦不已之心也。想召公闻此言，反视己之功业，眇然一羽之在太空，敢自谓成而欲去乎？文王既不已如此，亦惟五臣者纯一佐佑，秉德不移，蹈履至到，实知天威以显其君，而受殷命，故曰"乃惟时昭文王，迪见冒闻于上帝，惟时受有殷命哉"。迪见者，蹈履而实见，非小知之窥测也。冒闻者，覆冒而遍闻，非一事之感格也。"武王惟兹四人，尚迪有禄"，孔氏谓，虢叔先没，意其或有所传欤。武王继世文王五臣，虽一人先没，惟此四人者，尚蹈有禄位，盖言赖故老之犹存也。"后暨武王诞将天威咸刘厥敌"者，言四人后与武王大将天讨，虔刘其敌，盖言其集大勋也。"惟兹四人，昭武王，惟冒，丕单称德"者，既集大勋，遂显其君，惟覆冒之所及，大尽称武王之德，盖言其达声教于四海也。造端于文王，故论其原成；终于武王，故论其效固，相为终始也。师尚父之事，文、武烈莫盛焉，不预五臣之列，盖一时议论，或详或略，随意而言，主于留召公，而非欲为人物之评也。文、武君臣于天人之际，佑曰纯佑，知曰迪知，见曰迪见，闻曰冒闻，将曰诞将，称曰单称，凡皆致其一，知其至，大其用，极其效，非若后世乍出乍入，安于小成者之为也。"今在予小子旦，若游大川，予往暨汝奭，其济"者，周公言，今两圣五贤之责，皆在我之一身，惧不能胜。若游大川，罔知津涯，岂能独济哉。予往与汝召公其共济可也，求助之切也。"小子同未在位，诞无我责"者，此小子，乃指成王言。成王虽已亲政，然幼冲小子，未知艰难，政当同未在位之时，而尽瘁扶持之，不可以成王既在位，而大责我，以当去也。"收罔勖不及，耉造德不降，我则鸣鸟不闻，矧曰其有能格"者，言召公若收敛退藏，罔勖勉成王之所不逮，以耉老为德，高视远引，不降心而屈留，则周家之治可忧矣。鸣鸟，盖是时周方盛隆，鸣凤在郊，《卷阿》"鸣于高冈"者，乃咏其实。周公谓，召公若收敛以老成自居，不屑国事，则我岂能独保今日之盛，在郊之凤将藏而不复闻其鸣，况敢言进此而有所感格乎？自后世观之，天下可无召公，不可无周公。而周公于召公之去，反惴惴然，惟恐其不留焉，斯周公之所以为周公也。

7. （宋）黄度《尚书说》卷六《周书·君奭》

公曰，君奭，在昔，上帝割申劝宁王之德，其集大命于厥躬，惟文王尚克修和我有夏，亦惟有若虢叔，有若闳夭，有若散宜生，有若泰颠，有若南宫括。

申，重；劝，勉也，有所断割，而重勉之言商事也。武王复受天命，故曰申劝，天所以割殷申劝武王之德，集大命于其躬者，盖惟文王能修德和我有夏，亦惟有此五人者，能辅相文王。虢叔，王季子。

8. （宋）袁燮《絜斋家塾书钞》卷十二《周书·君奭》

公曰，君奭，在昔，上帝割申劝宁王之德，其集大命于厥躬，惟文王尚克修和我有夏，亦惟有若虢叔，有若闳夭，有若散宜生，有若泰颠，有若南宫括。又曰，无能往来，兹迪彝教文王，蔑德降于国人。亦惟纯佑秉德，迪知天威，乃惟时昭文王，迪见冒闻于上帝，惟时受有殷命哉。武王惟兹四人，尚迪有禄。后暨武王诞将天威，咸刘厥敌。惟兹四人昭武王，惟冒，丕单称德。

割，割丧也，割丧殷家而申劝宁王之德。宁王，通文、武而言。文王一怒而安天下之民；武王亦一怒而安天下之民，皆安天下之王也。虢叔、闳夭、散宜生、泰颠、南宫括，是五人盖在当时，卓然可称，系国家之兴亡理乱者。观周公不言他人，而独举此五人，则可见其非常人矣。"曰无能往来，兹迪彝教文王，蔑德降于国人"，味此四句，是五人者，宜何如其人哉？文王，圣人之盛者也，周家之治，文王实致之也。而文王则以无此五人往来于其中，导迪常教我，直是无德降于国人。熟味乎此，可以识古圣人之心矣。盖君臣相须，自是实理。文王虽圣，苟无贤人之助，亦岂能自致天下之治。舜称皋陶以为"俾予从欲以治，四方风动"，惟乃之休君之有资乎？臣从古而然也。降，即"德乃降"之"降"。人君下膏泽于民。如万物方枯。而天降时雨。勃然兴起。是之谓"降"。王者必欲使其德降于天下，普天之下，无不与被其泽，可谓"降"矣。汉唐以后，为天下者，其德皆未尝降其间。贤主亦有能"降"者矣，而视三代，则有间也。纯佑秉德，天眷佑之，而贤才无非秉德之士也。即前所谓"天惟纯佑命，则商实百姓，王人罔不秉德明恤"。观此所谓"秉德"，则知谓王人秉德。为王者不秉，其德失之矣。"迪知天威"者，非徒知之，真能行之也。天之可畏，其谁不知，然五人所知，异于常人之知，故谓之"迪"。昭明文王之德，行于天下，见于天下，而升闻于上帝，故谓之"迪见冒闻"。文王虽未尝称王。然在文王时。天命固已归矣。故谓之"惟时受有殷命"。五人，虢叔先死，至武王时，四人尚有禄位，故能辅相武王伐纣，昭武王之德，覆冒于天下，使天下之人，无不称颂其上，谓之"丕单称德"，言普天之下同然一辞也。文王之事商，武王之伐纣，易地则皆然。观四人在文王时，则迪彝教；在武王时，则将天威，于此便可见矣。

9.（宋）蔡沈《书经集传》卷五《周书·君奭》

公曰，君奭，在昔上帝割申劝宁王之德，其集大命于厥躬。

申，重；劝，勉也。在昔，上帝降割于殷申劝武王之德，而集大命于其身，使有天下也。

10.（宋）黄伦《尚书精义》卷四十一《周书·君奭》

公曰，君奭，在昔上帝割申劝宁王之德，其集大命于厥躬。惟文王尚克修和我有夏，亦惟有若虢叔，有若闳夭，有若散宜生，有若泰颠，有若南宫括。

无垢曰，东坡曰，宁王，武王也。天降，割丧文王，申劝武王而集大命也，盖天劝文王修德久矣。《诗》曰"维天之命，于穆不已"，盖曰天之所以为天也；文王之德之纯，盖曰文王之所以为文王也，纯一不已。文王不已处，即天劝之也。武王有圣德，复受天命，是天重劝武王之德也。以其有德，故集大命于厥躬，而身为天子，富有四海之内，宗庙享之，子孙保之也。有夏，中国也。中国遭纣之乱，其败坏不修，乖离不和也久矣。文王于此时，独能修其败坏，和其乖离，此所以三分天下有其二也。"亦惟有若虢叔，有若闳夭，有若散宜生，有若泰颠，有若南宫括"，言文王修和有夏，亦惟此五人之力耳。孔安国谓，虢，国；叔，字，文王弟。闳，氏；夭，名。

又曰，散、泰、南宫，皆氏；宜生、颠、括，皆名。文王有此五人，亦犹成汤、太甲之有伊尹；太戊、祖乙、高宗之有伊陟、巫贤辈也。是则成王左右，其可一日无周、召乎？然而不及太公者，以太公主兵事，非文王本心也。

吕氏曰，周公前既说商家圣贤之君六七作，所以致如此功业者，皆赖相之人。此又举迫切本家事说与他，盖古人相训告，自远及近，其情渐至，其语渐切，故前面说商家，后面说本家事，所以使召公听之切也。割，裁正之意。申，申重之意。劝，劝相之意。当时，天佑周家，一个委曲裁成辅相如此，故我宁王所以至于动无过，则皆是上帝裁割、申重、劝相，委曲之至如此，见得武王天、人无间处，所以能集天下之大命于其身。

11.（宋）陈经《尚书详解》卷三十六《周书·君奭》

公曰，君奭，在昔，上帝割申劝宁王之德，其集大命于厥躬。惟文王尚克修和我有夏，亦惟有若虢叔，有若闳夭，有若散宜生，有若泰颠，有若南宫括。又曰，无能往来，兹迪彝教文王，蔑德降于国人。亦惟纯佑秉德，迪知天威，乃惟时昭文王，迪见冒闻于上帝，惟时受有殷命哉。

前既历举商家得人之盛矣，此又举周家文、武所以得人之盛。割，裁正也。申，重复也。劝，勉劳也。宁王，即武王也。武王本有德矣，天又从而裁正之，重复而劝勉之。此与"式教用休，阴诱其衷"同意。武王之德，所以极其至，而无有逾越者，皆上帝割申劝之也，故能集有天下之大命于其身。周公先言武王者，盖欲言文王之德，又必举武王。武王所以能集天命于其身者，岂无自而然哉，盖本于文王也。惟文王尚克修和我有夏。修者，因其坏而修治之也；和者，因其乖而和之也。纣在上，三纲五常既坏，而人亦为之不和矣。文、武庶几能修和有夏。虽文王之责，而实不敢自以为功，但庶几而已。当此时，文王惟得此五人者，为之助，虢叔也，闳夭也，散宜生也，泰颠也，南宫括也。不言吕望，以见言兵者，非文王之本心也。文王有此五人为之疏附后先，奔走御侮，故能成修和之功。"又曰，无能往来，兹迪彝教文王，蔑德降于国人"，"又曰"，文王之辞也。文王虽有此五人。文王之心常有歉然不自足之意。且曰。无人能往来为我道常教于天下，无其德以降下于国人。且文王已有人迪彝教，而必曰无能往来；文王已有德降于国人，而必曰蔑德，圣人之心其不自足也。如此"亦惟纯佑秉德"，上文言商家之事，既曰"天惟纯佑命，则商实百姓，王人罔不秉德"矣，故此云"亦惟纯佑秉德"，天心纯一，佑助文王，故生贤佐，皆秉持其德之人。贤者天所生也，故迪知天威，言其践履无不与天合，亦如"迪知上帝命"同。"乃惟时昭文王"，此秉德之臣，能明文王之德，辅相而开导之，使文王之德，所迪行者，皆足以显见覆冒于天下，以此而闻于上帝。惟是贤者能迪知天威，所以能相其君，亦闻于上帝。天为君而生贤，故贤亦以天而辅君也。文王所以能受有商命，皆贤者辅相之功。以文王之圣，犹资贤人之助，而况不为文王者乎。

12. （宋）钱时《融堂书解》卷十五《周书·君奭》

公曰，君奭，在昔，上帝割申劝宁王之德，其集大命于厥躬。惟文王尚克修和我有夏，亦惟有若虢叔，有若闳夭，有若散宜生，有若泰颠，有若南宫括。又曰，无能往来，兹迪彝教文王，蔑德降于国人。亦惟纯佑秉德，迪知天威，乃惟时昭文王，迪见冒闻于上帝，惟时受有殷命哉。武王惟兹四人，尚迪有禄。后暨武王，诞将天威，咸刘厥敌。惟兹四人，昭武王，惟冒，丕单称德。今在予小子旦，若游大川，予往暨汝奭，其济小子同未在位，诞无我责。收罔勖不及，耇造德不降，我则鸣鸟不闻，矧曰其有能格。

上节既以有殷之事，勉留召公，此节遂言文、武得人，辅相亦莫不然。将历叙文、武，且先以武王集大命提起，盖伐商以有天下，实在武王，承上文"有殷嗣天灭威"而立言也。周公语小止，而又言最有力纯佑，即上节天惟纯佑命秉德，即王人罔不秉德有殷。既然故于此复曰"亦惟"。

13.（宋）魏了翁《尚书要义》卷十六《周书·君奭、蔡仲、多方》

十九、上帝割制其义，申劝文王之德。

"在昔，上帝割申劝宁王之德，其集大命于厥躬"，在昔上帝割制其义，重劝文王之德，故能成其大命于其身，谓勤德以受命。

14.（宋）陈大猷《书集传或问》卷下《周书·君奭》

（归善斋按，未解）

15.（宋）胡士行《尚书详解》卷十《周书·君奭第十八》

公曰，君奭，在昔上帝割（制，注绝句）。申（重）劝（勉）宁王（文王）之德，其集（合）大命于厥躬。惟文王尚（庶）克修（治）和（柔）我有夏，亦惟有若虢（封国）叔，（字文王弟）有若闳（氏）夭（名），有若散（氏）宜生（名），有若泰（氏）颠（名），有若南宫（氏）括（名。五臣共辅文王）。又曰（文王犹曰），无（人）能往来（奔走），兹迪（道）彝（常）教文王，蔑（精微）德降（下）于国人。亦惟（五臣）纯佑（助）秉（执）德，迪知天威。乃惟时（是）昭（显）文王，迪（蹈行）见（显见）冒（下民覆）闻（上闻）于上帝（天），惟时受有殷命哉。

"割申劝"，《诗》"帝谓文王"之意也。注以"亦惟纯佑"为文王，亦如殷家，惟天所佐佑。

16.（元）吴澄《书纂言》卷四下《周书·君奭》

公曰，君奭，在昔上帝割申劝宁王之德，其集大命于厥躬，惟文王尚克修和我有夏，亦惟有若虢叔，有若闳夭，有若散宜生，有若泰颠，有若南宫括。又曰，无能往来，兹迪彝教文王，蔑德降于国人。亦惟纯佑秉德，迪知天威，乃惟时昭文王，迪见冒闻于上帝，惟时受有殷命哉。

吕氏曰，割，裁也。澄按，《礼记·缁衣》篇引此"割申劝宁王"，作"周田观文王"。今详"割"字无义,周字,疑当作"用田"观,当从《书》,作"申劝"。宁王,当从《礼记》作"文王"。申,重也,再三丁宁之意,劝犹襃赏之也。言天意用以厚报文王之德,所以集大命于其躬,谓完备无所亏缺。和,犹曰咸和。虢,国;叔,字,文王弟。闳、散、泰、南宫,皆氏。夭、宜生、颠、括,皆名。蔑,无也。文王之心,求贤如不及,视民如伤,虽有五臣为助,而其心歉然,又言,无能往来于此而导迪常教者。德已及民,而自视犹若无德及于国人,圣人之不敢自足者如此。亦惟天笃佑我周家秉德,迪知天威之臣,乃能于是而显其君,使其德着见上,闻于上帝,故能于是而受有殷命也。

17. (元)陈栎《书集传纂疏》卷五《朱子订定蔡氏集传·周书·君奭》

公曰,君奭,在昔,上帝割申劝宁王之德,其集大命于厥躬。

申,重;劝,勉也。在昔,上帝降割于殷申劝武王之德,而集大命于其身,使有天下也。

纂疏:

夏氏曰,天劝文王,又劝武王,故曰申劝,如言天复命武王。

真氏曰,文王羑里之难,乃天降割以申劝其德也。文王生知本不待劝,天乃降割以勉之,故曰申劝。

愚按,"有殷嗣天灭威",与"割申劝",皆不可通。《记·缁衣》作"周田观文王之德",《记》固讹矣,《书》果是乎?宁王,孔注以为文王,蔡氏以为武王,此处必有缺讹。

18. (元)许谦《读书丛说》卷六《周书·君奭》

(归善斋按,未解)

19. (元)董鼎《书传辑录纂注》卷五《周书·君奭》

公曰,君奭,在昔,上帝割申劝宁王之德,其集大命于厥躬。

申,重;劝,勉也。在昔,上帝降割于殷,申劝武王之德,而集大命于其身,使有天下也。

纂注：

夏氏曰，天初劝文王，又劝武王，故曰申劝。如《诗》序言，故天复命武王也。

真氏曰，文王羑里之难，乃天之降割。其降割也，乃所以申劝文王之德也。文王生知者，本不待劝，而天乃降割以勉之，故曰申劝。

新安陈氏曰，割中劝宁王之德。《礼记·缁衣》作"周田观文王之德"，《记》固讹矣，《书》果是乎？宁王，孔注以为文王，蔡传以为武王。果武王也，则下接"惟文王尚克修和我有夏"。必有阙文矣）

20.（元）朱祖义《尚书句解》卷十《周书·多方第二十》

公曰，君奭（又呼召公告之），在昔，上帝割（在昔，上帝割绝殷命）申劝宁王之德（又重勤勉武王修德），其集大命于厥躬（乃众集有天下之大命于武王之身）。

21.（明）王樵《尚书日记》卷十三《周书·君奭》

"公曰，君奭，在昔，上帝割"至"集大命于厥躬"。

割，割殷也。申，重；劝，勉也。宁王，武王也。劝，即"天惟式教我用休"之意。《多方》兼文、武而言，此言申劝宁王之德，则前此式劝文王之德可知矣。申者，继前之辞也。集，犹"大统未集"之"集"，此言周家之命，集于武王，以起下文"文王受命"之意。

22.（清）库勒纳等撰《日讲书经解义》卷十《周书·君奭》

公曰，君奭，在昔，上帝割申劝宁王之德，其集大命于厥躬。

此一节书是，将言文武之赖于诸臣，而先言武王之受命于天也。割，灾害也。申，重也。劝，勉也。宁王，是武王。周公又曰，君奭，昔者，殷王受无道，为上帝之所厌，弃降灾害于殷，惟我武王有大德，克享天心，故天于冥冥之中，申重劝勉武王之德，思或启之，行或翼之，由是德日以盛，真足以为神人之主，遂集此重大之命于一身，而克商以有天下也。

（明）马明衡《尚书疑义》卷六《周书·君奭》

（归善斋按，见"天寿平格，保乂有殷，有殷嗣，天灭威"）

（清）朱鹤龄《尚书埤传》卷十三《周书·君奭》

上帝割申劝宁王。

《礼记·缁衣》引此云，在昔上帝周田观文王之德，盖字之讹也。愚按《多士》云"有命曰割殷"，则"割"为"割殷"何疑？《大诰》云"宁王遗我大宝龟"，则宁王为武王何疑？真西山谓，羑里之囚为天降割，乃所以申劝文王之德，特为《缁衣》注疏所惑耳。又陈新安云，若作武王，则下接文王修和有夏，必有阙文。此亦不然。公意盖主于武王也。此由武王而溯文王，后又由文王而及武王，正古文错综处。

惟文王尚克修和我有夏；
亦惟有若虢叔，有若闳夭

1.（汉）孔氏传、（唐）陆德明音义、孔颖达疏《尚书注疏》卷十五《周书·君奭》

惟文王尚克修和我有夏，亦惟有若虢叔，有若闳夭。

传，文王庶几能修政化，以和我所有诸夏，亦惟贤臣之助为治，有如此虢、闳。闳，氏；虢，国；叔，字，文王弟；夭，名。

音义，虢，寡白反，徐公伯反。闳，音弘。夭，于表反，徐于骄反。

疏，正义曰，故文王能成大命于其身，言文王能顺天之意，勤德以受命。

传正义曰，文王未定天下，庶几能修政化，以和我所有诸夏，谓三分有二属已之诸国也。僖五年《左传》云，虢仲、虢叔，王季之穆也。是虢叔为文王之弟。虢，国名；叔，字。凡言人之名字，皆上氏下名。故闳、散、泰、南宫，皆氏；夭、宜生、颠、括皆名也。

2.（宋）苏轼《书传》卷十五《周书·君奭第十八》

惟文王尚克修和我有夏。

诸夏也

亦惟有若虢叔。

王季子，文王弟。

3.（宋）林之奇《尚书全解》卷三十三《周书·君奭》

（归善斋按，见"我闻在昔成汤既受命"）

4.（宋）史浩《尚书讲义》卷十七《周书·君奭》

（归善斋按，见"天寿平格，保乂有殷，有殷嗣，天灭威"）

5.（宋）夏僎《尚书详解》卷二十一《周书·君奭》

（归善斋按，见"公曰，君奭，在昔，上帝割申劝宁王之德，其集大命于厥躬"）

6.（宋）时澜《增修东莱书说》卷二十六《周书·君奭第十八》

（归善斋按，见"公曰，君奭，在昔，上帝割申劝宁王之德，其集大命于厥躬"）

7.（宋）黄度《尚书说》卷六《周书·君奭》

（归善斋按，见"公曰，君奭，在昔，上帝割申劝宁王之德，其集大命于厥躬"）

8.（宋）袁燮《絜斋家塾书钞》卷十二《周书·君奭》

（归善斋按，见"公曰，君奭，在昔，上帝割申劝宁王之德，其集大命于厥躬"）

9. (宋)蔡沈《书经集传》卷五《周书·君奭》

惟文王尚克修和我有夏，亦惟有若虢叔，有若闳夭，有若散宜生，有若泰颠，有若南宫括。

虢叔，文王弟。闳、散、泰、南宫，皆氏。夭、宜生、颠、括，皆名。言文王庶几能修治燮和我所有诸夏者，亦惟有虢叔等五臣为之辅也。《康诰》言"一二邦以修"，《无逸》言"用咸和万民"，即文王修和之实也。

10. (宋)黄伦《尚书精义》卷四十一《周书·君奭》

(归善斋按，见"公曰，君奭，在昔，上帝割申劝宁王之德，其集大命于厥躬")

11. (宋)陈经《尚书详解》卷三十六《周书·君奭》

(归善斋按，见"公曰，君奭，在昔，上帝割申劝宁王之德，其集大命于厥躬")

12. (宋)钱时《融堂书解》卷十五《周书·君奭》

(归善斋按，见"公曰，君奭，在昔，上帝割申劝宁王之德，其集大命于厥躬")

13. (宋)魏了翁《尚书要义》卷十六《周书·君奭、蔡仲、多方》

(归善斋按，未引)

14. (宋)陈大猷《书集传或问》卷下《周书·君奭》

(归善斋按，未解)

15. (宋)胡士行《尚书详解》卷十《周书·君奭第十八》

(归善斋按，见"公曰，君奭，在昔，上帝割申劝宁王之德，其集大命于厥躬"）

16.（元）吴澄《书纂言》卷四下《周书·君奭》

（归善斋按，见"公曰，君奭，在昔，上帝割申劝宁王之德，其集大命于厥躬"）

17.（元）陈栎《书集传纂疏》卷五《朱子订定蔡氏集传·周书·君奭》

惟文王尚克修和我有夏，亦惟有若虢叔，有若闳夭，有若散宜生，有若泰颠，有若南宫括。

虢叔，文王弟。闳、散、泰、南宫，皆氏。夭、宜生、颠、栝，皆名。言文王庶几能修治燮和我所有诸夏者，亦惟有虢叔等五臣为之辅也。《康诰》言"一二邦以修"，《无逸》言"用咸和万民"，即文王"修和"之实也。

18.（元）许谦《读书丛说》卷六《周书·君奭》

（归善斋按，未解）

19.（元）董鼎《书传辑录纂注》卷五《周书·君奭》

惟文王尚克修和我有夏，亦惟有若虢叔，有若闳夭，有若散宜生，有若泰颠，有若南宫括。

虢叔，文王弟。闳、散、泰、南宫，皆氏。夭、宜生、颠、括，皆名。言文王庶几能修治燮和我所有诸夏者，亦惟有虢叔等五臣为之辅也。《康诰》言"一二邦以修"《无逸》言"用咸和万民"，即文王"修和"之实也。

20.（元）朱祖义《尚书句解》卷十《周书·多方第二十》

惟文王尚克修和我有夏（惟文王当来庶几能修治燮和我所有之诸夏者，亦惟得五人之用），亦惟有若虢叔（王季之子），有若闳夭，有若散宜生,有若泰颠,有若南宫括(五人相与辅赞也)。

21. (明)王樵《尚书日记》卷十三《周书·君奭》

"惟文王尚克修和我有夏"至"文王蔑德降于国人"。

修,犹"一二邦以修"之"修";和,犹"咸和万民"之"和"。曰尚克者。难其事而重其助于臣也。有夏,诸夏也。孔氏曰,虢,国;叔,字,文王弟。闳、散、泰、南宫,皆氏。夭、宜生、颠、括,皆名。凡五臣佐文王,为疏附,奔走先后,御侮之臣。按,言有五臣者为之往来奔走,导迪其常教,故文王之德,能下达,即下文所谓"迪见冒"是也。又反言,若无五臣者,能为文王如此,则文王亦无德降及于国人矣,矧曰修和有夏乎?反复言之,故以"又曰"更端发之。

22. (清)库勒纳等撰《日讲书经解义》卷十《周书·君奭》

惟文王尚克修和我有夏,亦惟有若虢叔,有若闳夭,有若散宜生,有若泰颠,有若南宫括。又曰,无能往来,兹迪彝教文王,蔑德降于国人。

此二节书是,言文王之兴,本于五臣之辅,又反言之,以见其必然也。虢叔、闳夭、散宜生、泰颠、南宫括,皆文王之臣。迪,是导迪宣布之意。彝,常也。蔑,无也。周公又曰,我周之得天下,虽在武王而受天命,实由文王。文王能修治燮和我周家所有之中夏,使三分有二之国,无地不服从政治,无人不涵育教化。此岂文王独以一身劳天下哉,亦惟当时之臣,有如虢叔,有如闳夭,有如散宜生,有如泰颠,有如南宫括,此五臣者,皆名世之贤,同心辅佐,故能使文王修和之泽,达于诸夏而无间耳。周公又曰,若虢叔等五臣,不能为文王往来奔走,勉尽职业于以导迪宣布所当行之常教,则文王虽有爱民之心,而修和之泽,何由而降及于国人乎?于此可见主治在君,宣化在臣。有君无臣,欲以致理难矣。

(元)陈悦道《书义断法》卷五《周书·君奭》

惟文王尚克修和我有夏,亦惟有若虢叔,有若闳夭,有若太颠,有若南宫括(散宜生见而知之。《孟子》《武成》注疏及《史记》亦多载闳夭等事，然非事实，亦不必屑屑举其功也）。

文王之德之政，显于西土，以至三分天下有其二，皆华夏之地，文王一身自足以修治而调和之。故周公称其克修和，以见惟文王能之耳。文王既自能之，又何待于五臣之助哉。周公举此以见文王之治中国，犹可资于五臣，则今日之君奭，若之何而可去也。至治之极，文王能之；辅治之人，文王亦多有之。其止言五人者，举其概。若尚父之功，亦不与焉，以见其不尽纪也。

（明）马明衡《尚书疑义》卷六《周书·君奭》

（归善斋按，见"天寿平格，保乂有殷，有殷嗣，天灭威"）

（清）朱鹤龄《尚书埤传》卷十三《周书·君奭》

虢叔、闳夭、泰颠、散（上声）宜生、南宫括。

孔疏，《左传》云"虢仲、虢叔，王季之穆也"，是虢叔为文王之弟。《国语》"文王敬友二虢"（按，虢仲封东虢，《括地志》洛州汜水县古东虢国是也。虢叔封西虢，《左传》注下阳虢邑，在河东太阳县是也。东虢灭于郑，西虢灭于晋）。

《墨子》"文王举闳夭、泰颠于罝网之中，授之政，而西土服"。

《周本纪》武王及商纣宫散宜生、泰颠、闳夭皆执剑以卫。又云，命闳夭封比干之墓。

赵岐《孟子》注，吕望有勇谋而为将，散宜生有文德而为相。王应麟曰，孔传云，散，氏；宜生，名。按《汉书·古今人表》，女皇，尧妃，散宜氏女，当以散宜为氏。愚按，史载文王羑里之囚，散宜生、闳夭求有莘氏美女及文马奇怪之物，因纣嬖臣费仲献纣，纣大说释之。夫汤囚夏台，文王囚羑里，而皆不死，天之所兴，桀纣不能违也。文王演《易》羑里，惟明天人之道，以顺受之耳，岂有意于必释乎。迨七年之久（羑里之囚七年，见《左传》），克尽臣节而纣亦悔悟释之，且赐之弓矢，得专征伐。所以致此者，实文圣德之所感也，奚待于美女之献乎？况纣之恶，莫甚于冒乱女色。今顾中其所欲，以促其亡亦大非文王服事之心矣。虽脱主于难，不得谓之忠。《孟子》称，散宜生为文王见知，盖圣人之徒

1569

也，而岂出此哉？为此说者，必战国游士之言，大史公好奇而信之，不可不辨（陈启源曰，此辨伟矣，犹未及文王得释之故。《左传》北宫文子曰，纣囚文王七年，诸侯皆从之囚，纣于是乎惧而归之。春秋去周初远，当得其实，《史记》所说定诬）。

《国语》文王咨于二虢，度于闳夭，而谋于南宫。《周本纪》命南宫括、散鹿台之

（清）蒋廷锡《尚书地理今释·周书·君奭》

虢，《汉书·地理志》有三虢，北虢，在大阳（今山西平阳府平陆县东北有大阳故城）；东虢，在荥阳（今河南开封府荥泽县）；西虢，在雍州，韦昭云，西虢，虢叔之后，在镐京畿内，今陕西凤翔府宝鸡县有虢县故城。

有若散宜生，有若泰颠，有若南宫括

1.（汉）孔氏传、（唐）陆德明音义、孔颖达疏《尚书注疏》卷十五《周书·君奭》

有若散宜生，有若泰颠，有若南宫括。

传，散、泰、南宫，皆氏；宜生、颠、括，皆名。凡五臣，佐文王，为胥附、奔走、先后、御侮之任。

音义，散，素但反。颠，丁田反，又音田。南宫括，土活反。南宫，氏；括，名也。马本作南君。胥附，《毛诗》作"疏附"，传曰，率下亲上曰"疏附"。郑笺云，疏附，使疏者亲也。奔走，奔，又作本；走，又作奏，音同诗。传云，喻德宣誉，曰奔奏。郑笺云，奔奏，使人归趋。先后，上悉荐反，下户豆反。《毛诗》传云，相导前后，曰先后。御侮，《诗》传云，武臣折冲，曰御侮。

传正义曰，《诗·绵》之卒章称，文王有疏附、先后、奔奏、御侮之臣。毛传云，率下亲上，曰疏附；相道前后，曰先后；喻德宣誉，曰奔

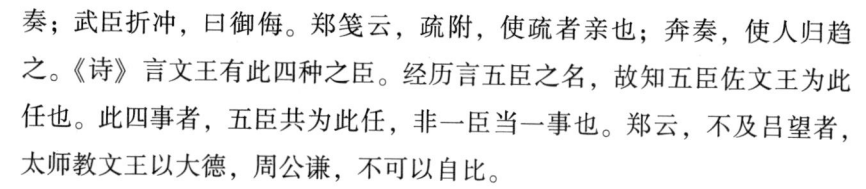

奏；武臣折冲，曰御侮。郑笺云，疏附，使疏者亲也；奔奏，使人归趋之。《诗》言文王有此四种之臣。经历言五臣之名，故知五臣佐文王为此任也。此四事者，五臣共为此任，非一臣当一事也。郑云，不及吕望者，太师教文王以大德，周公谦，不可以自比。

《尚书注疏》卷十五《考证》

"有若散宜生"传"散、泰、南宫，皆氏"。

王应麟曰，按《汉书·古今人表》"女皇，尧妃，散宜氏"，当以"散宜"为氏。

又音义。

监本脱音义共一百十八字，今从旧本及毛本增补。

疏"郑云，不及吕望者，太师教文王以大德，周公谦不可以自比"。

臣召南按，疏凿矣。前文引殷六臣不及傅说，与此正同。吕祖谦曰，盖一时议论，或详或略，但意主于留召公耳。此说甚当。

2. （宋）苏轼《书传》卷十五《周书·君奭第十八》

有若闳夭，有若散宜生，有若泰、颠，有若南宫括。

五人皆贤臣有道德者，不及太公望者。太公专治兵事，功臣，非周公所法也。

3. （宋）林之奇《尚书全解》卷三十三《周书·君奭》

（归善斋按，见"我闻在昔成汤既受命"）

4. （宋）史浩《尚书讲义》卷十七《周书·君奭》

（归善斋按，见"天寿平格，保乂有殷，有殷嗣，天灭威"）

5. （宋）夏僎《尚书详解》卷二十一《周书·君奭》

（归善斋按，见"公曰，君奭，在昔，上帝割申劝宁王之德，其集大命于厥躬"）

6. (宋)时澜《增修东莱书说》卷二十六《周书·君奭第十八》

(归善斋按,见"公曰,君奭,在昔,上帝割申劝宁王之德,其集大命于厥躬")

7. (宋)黄度《尚书说》卷六《周书·君奭》

(归善斋按,见"公曰,君奭,在昔,上帝割申劝宁王之德,其集大命于厥躬")

8. (宋)袁燮《絜斋家塾书钞》卷十二《周书·君奭》

(归善斋按,见"公曰,君奭,在昔,上帝割申劝宁王之德,其集大命于厥躬")

9. (宋)蔡沈《书经集传》卷五《周书·君奭》

(归善斋按,见"惟文王尚克修和我有夏,亦惟有若虢叔,有若闳夭")

10. (宋)黄伦《尚书精义》卷四十一《周书·君奭》

(归善斋按,见"公曰,君奭,在昔,上帝割申劝宁王之德,其集大命于厥躬")

11. (宋)陈经《尚书详解》卷三十六《周书·君奭》

(归善斋按,见"公曰,君奭,在昔,上帝割申劝宁王之德,其集大命于厥躬")

12. (宋)钱时《融堂书解》卷十五《周书·君奭》

(归善斋按,见"公曰,君奭,在昔,上帝割申劝宁王之德,其集大命于厥躬")

13.（宋）魏了翁《尚书要义》卷十六《周书·君奭、蔡仲、多方》

二十、举虢、闳、散、泰、南宫五人，不及尚父

"惟文王尚克修和我有夏，亦惟有若虢叔，有若闳夭"，文王庶几能修政化，以和我所有诸夏，亦惟贤臣之助为治，有如此虢、闳。闳，氏。虢，国，叔字，文王弟。夭，名。"有若散宜生，有若泰颠，有若南宫括"，散、宜、南宫，皆氏。宜生、颠、括，皆名。凡五臣佐文王，为胥附奔走先后御侮之任。僖五年《左传》云虢仲、虢叔，王季之穆也，是虢叔为文王之弟也，虢，国；名叔字。凡言人之名氏，皆上氏下名。故闳、散、泰、南宫，皆氏。夭、宜生、颠、括，皆名也。正义曰，《诗·绵之卒》章称，文王有疏附，先后，奔奏，御侮之臣，此四事者，五臣共为此任，非一人当一事也。郑云，不及吕望者，太师教文王以大德，周公谦不可以自比。

14.（宋）陈大猷《书集传或问》卷下《周书·君奭》

（归善斋按，未解）

15.（宋）胡士行《尚书详解》卷十《周书·君奭第十八》

（归善斋按，见"公曰，君奭，在昔，上帝割申劝宁王之德，其集大命于厥躬"）

16.（元）吴澄《书纂言》卷四下《周书·君奭》

（归善斋按，见"公曰，君奭，在昔，上帝割申劝宁王之德，其集大命于厥躬"）

17.（元）陈栎《书集传纂疏》卷五《朱子订定蔡氏集传·周书·君奭》

（归善斋按，见"惟文王尚克修和我有夏，亦惟有若虢叔，有若闳夭"）

18. （元）许谦《读书丛说》卷六《周书·君奭》

（归善斋按，未解）

19. （元）董鼎《书传辑录纂注》卷五《周书·君奭》

（归善斋按，见"惟文王尚克修和我有夏，亦惟有若虢叔，有若闳夭"）

20. （元）朱祖义《尚书句解》卷十《周书·多方第二十》

（归善斋按，见"惟文王尚克修和我有夏，亦惟有若虢叔，有若闳夭"）

21. （明）王樵《尚书日记》卷十三《周书·君奭》

（归善斋按，见"惟文王尚克修和我有夏，亦惟有若虢叔，有若闳夭"）

22. （清）库勒纳等撰《日讲书经解义》卷十《周书·君奭》

（归善斋按，见"惟文王尚克修和我有夏，亦惟有若虢叔，有若闳夭"）

（元）陈悦道《书义断法》卷五《周书·君奭》

（归善斋按，见"惟文王尚克修和我有夏，亦惟有若虢叔，有若闳夭"）

（明）马明衡《尚书疑义》卷六《周书·君奭》

（归善斋按，见"天寿平格，保乂有殷，有殷嗣，天灭威"）

（清）朱鹤龄《尚书埤传》卷十三《周书·君奭》

（归善斋按，见"惟文王尚克修和我有夏，亦惟有若虢叔，有若闳天"）

又曰，无能往来，兹迪彝教文王，蔑德降于国人

1. （汉）孔氏传、（唐）陆德明音义、孔颖达疏《尚书注疏》卷十五《周书·君奭》

又曰，无能往来，兹迪彝教文王，蔑德降于国人。

传，有五贤臣，犹曰其少，无所能往来。而五人以此道法教文王，以精微之德下政令于国人，言虽圣人亦须良佐。

音义，蔑，徐亡结反。

疏，正义曰，文王既有贤臣五人，又复言曰，我之贤臣犹少，无所能往来。五人以此道法教文王，以微蔑精妙之德，下政令于国人。

传正义曰，无能往来一句，周公假为文王之辞，言文王有五贤臣，犹恨其少，又复言曰我臣既少，于事无能往来，谓去还理事，未能周悉，言其好贤之深，不知厌足也。迪，道；彝，法也。蔑，小也，小谓精微也。而五人以此道法教文王，以精微之德。用此精微之德，下教令于国人，言虽圣人，亦须良佐，以见成王须辅佐之甚也。郑玄亦云，蔑，小也。

《尚书注疏》卷十五《考证》

"兹迪彝教文王蔑德（句），降于国人（句）"。

蔡沈以"兹迪彝教"为句，"文王蔑德降于国人"为句，解全不同。

2. （宋）苏轼《书传》卷十五《周书·君奭第十八》

又曰，无能往来，兹迪彝教文王，蔑德降于国人。

此五人者，文王疏附先后，奔走御侮之友也，故曰文王若不能与此五人者往来，使以常道教文王，则无德以降于国人也。

3.（宋）林之奇《尚书全解》卷三十三《周书·君奭》

（归善斋按，见"我闻在昔成汤既受命"）

4.（宋）史浩《尚书讲义》卷十七《周书·君奭》

（归善斋按，见"天寿平格，保乂有殷，有殷嗣，天灭威"）

5.（宋）夏僎《尚书详解》卷二十一《周书·君奭》

（归善斋按，见"公曰，君奭，在昔，上帝割申劝宁王之德，其集大命于厥躬"）

6.（宋）时澜《增修东莱书说》卷二十六《周书·君奭第十八》

（归善斋按，见"公曰，君奭，在昔，上帝割申劝宁王之德，其集大命于厥躬"）

7.（宋）黄度《尚书说》卷六《周书·君奭》

又曰，无能往来，兹迪彝教文王，蔑德降于国人。亦惟纯佑秉德，迪知天威，乃惟时昭文王，迪见冒闻于上帝，惟时受有殷命哉。

文王虽圣，如其无是五人者，更往迭来，蹈迪常教，则亦无德降于国人矣。文王受教五人者，即《大雅》疏附、先后、奔走、御侮也。尧、舜、禹、汤、文、武，皆有受教之臣。孟子之论本此纯佑秉德，皆因前言而略之。天纯佑，文王亦如殷先哲王，文王亦能秉德蹈道，而知天威，而惟是五人者，大能昭明文王蹈迪，显见覆冒天下，升闻于天，是时，纣犹有殷命，其事未竟。

8.（宋）袁燮《絜斋家塾书钞》卷十二《周书·君奭》

（归善斋按，见"公曰，君奭，在昔，上帝割申劝宁王之德，其集大命于厥躬"）

9．（宋）蔡沈《书经集传》卷五《周书·君奭》

又曰，无能往来，兹迪彝教文王，蔑德降于国人。

蔑，莫结反。蔑，无也。夏氏曰，周公前既言文王之兴，本此五臣，故又反前意而言曰，若此五臣者不能为文王往来奔走于此，导迪其常教，则文王亦无德降及于国人矣。周公反复以明其意，故以"又曰"更端发之。

10．（宋）黄伦《尚书精义》卷四十一《周书·君奭》

又曰，无能往来，兹迪彝教文王，蔑德降于国人，亦惟纯佑秉德，迪知天威，乃惟时昭文王，迪见冒闻于上帝，惟时受有殷命哉。

无垢曰，此言修和有夏，文王全赖此五人也。使文王无此五人，往来中外导此彝常之教于下民，则文王无从有德意，降于国人矣。其败坏乖离，何时而已乎？以文王之圣，尚不可无人为之助，况于成王乃能独为之，而周、召不在朝廷乎？盖周、召天下善类之宗也。周、召去则善类去；善类去，其谁与共治天下乎？又曰"纯佑"，即前"天惟纯佑命"之意。秉德。即"百姓王人罔不秉德"之意，其详已前陈于商家矣。故此以亦惟一语该之，使召公自会也。夫五人昭文王之德意，使文王之德行，显然着见，覆冒西土，下合民心。民心即天帝也。故闻于上帝，而文王受此殷家之天下也。然则文王有此五人，故得有天命。成王无周、召在朝廷，天意未可知也。周公深知天意所在，故为召公别白而言之。

张氏曰，君任道，臣任事。任道者，常逸；任事者，常劳。彝教虽出于文王，往来而迪之，使其德降于国人者，实赖五臣而已。故周公又以谓，若无此五人奔走往来，以为文王之助，则文王虽有彝教，其谁迪之。此文王所以蔑有德而降于国人也。

11．（宋）陈经《尚书详解》卷三十六《周书·君奭》

（归善斋按，见"公曰，君奭，在昔，上帝割申劝宁王之德，其集大命于厥躬"）

12. （宋）钱时《融堂书解》卷十五《周书·君奭》

（归善斋按，见"公曰，君奭，在昔，上帝割申劝宁王之德，其集大命于厥躬"）

13. （宋）魏了翁《尚书要义》卷十六《周书·君奭、蔡仲、多方》

二十一、文王得五臣，又曰无能往来

正义曰，"无能往来"一句，周公假为文王之辞，言文王有五贤臣犹恨其少，又复言曰，我臣既少于事无能往来，谓去还理事，未能周悉，言其好贤之深，不知厌足也。

14. （宋）陈大猷《书集传或问》卷下《周书·君奭》

（归善斋按，未解）

15. （宋）胡士行《尚书详解》卷十《周书·君奭第十八》

（归善斋按，见"公曰，君奭，在昔，上帝割申劝宁王之德，其集大命于厥躬"）

16. （元）吴澄《书纂言》卷四下《周书·君奭》

（归善斋按，见"公曰，君奭，在昔，上帝割申劝宁王之德，其集大命于厥躬"）

17. （元）陈栎《书集传纂疏》卷五《朱子订定蔡氏集传·周书·君奭》

又曰，无能往来，兹迪彝教文王，蔑德降于国人。

蔑，无也。夏氏曰，周公前既言文王之兴，本此五臣，故又反前意而言曰，若此五臣者不能为文王往来奔走于此，导迪其常教，则文王亦无德降及于国人矣。周公反覆以明其意，故以"又曰"更端发之。

18.（元）许谦《读书丛说》卷六《周书·君奭》

（归善斋按，未解）

19.（元）董鼎《书传辑录纂注》卷五《周书·君奭》

又曰，无能往来，兹迪彝教文王，蔑德降于国人。

蔑，无也。夏氏曰，周公前既言文王之兴，本此五臣，故又反前意而言曰，若此五臣者不能为文王往来奔走于此，导迪其常教，则文王亦无德降及于国人矣。周公反覆以明其意，故以"又曰"更端发之。

20.（元）朱祖义《尚书句解》卷十《周书·多方第二十》

又曰（公又言），无能往来（使当时无此五人往来反覆），兹迪彝教（于此启迪文王以五常之教），文王蔑德降于国人（文王亦无德降及于国人）。

21.（明）王樵《尚书日记》卷十三《周书·君奭》

（归善斋按，见"惟文王尚克修和我有夏，亦惟有若虢叔，有若闳夭"）

22.（清）库勒纳等撰《日讲书经解义》卷十《周书·君奭》

（归善斋按，见"惟文王尚克修和我有夏，亦惟有若虢叔，有若闳夭"）

亦惟纯佑秉德，迪知天威，乃惟时昭文王

1.（汉）孔氏传、（唐）陆德明音义、孔颖达疏《尚书注疏》卷十五《周书·君奭》

亦惟纯佑秉德，迪知天威，乃惟时昭文王。

1579

传，文王亦如殷家，惟天所大佑，文王亦秉德，蹈知天威，乃惟是五人，明文王之德。

疏，正义曰，德政既善，为天所佑，文王亦如殷家，惟为天所大佑。文王亦秉德蹈知天威。文王德如此者，乃惟是五人明文王之德使然也。

2. （宋）苏轼《书传》卷十五《周书·君奭第十八》

亦惟纯佑秉德，迪知天威，乃惟时昭文王。迪见冒闻于上帝，惟时受有殷命哉。

迪见者，以道显也。冒闻者，以德被天下闻也。

3. （宋）林之奇《尚书全解》卷三十三《周书·君奭》

（归善斋按，见"我闻在昔成汤既受命"）

4. （宋）史浩《尚书讲义》卷十七《周书·君奭》

（归善斋按，见"天寿平格，保乂有殷，有殷嗣，天灭威"）

5. （宋）夏僎《尚书详解》卷二十一《周书·君奭》

（归善斋按，见"公曰，君奭，在昔，上帝割申劝宁王之德，其集大命于厥躬"）

6. （宋）时澜《增修东莱书说》卷二十六《周书·君奭第十八》

（归善斋按，见"公曰，君奭，在昔，上帝割申劝宁王之德，其集大命于厥躬"）

7. （宋）黄度《尚书说》卷六《周书·君奭》

（归善斋按，见"又曰，无能往来，兹迪彝教文王，蔑德降于国人"）

8.（宋）袁燮《絜斋家塾书钞》卷十二《周书·君奭》

（归善斋按，见"公曰，君奭，在昔，上帝割申劝宁王之德，其集大命于厥躬"）

9.（宋）蔡沈《书经集传》卷五《周书·君奭》

亦惟纯佑秉德，迪知天威，乃惟时昭文王，迪见冒闻于上帝，惟时受有殷命哉。

言文王有此五臣者，故亦如殷为天纯佑命，百姓王人罔不秉德也。上既反言文王若无此五臣，为迪彝教，则亦无德下及国人，故此又正言，亦惟天乃纯佑，文王盖以如是秉德之臣，蹈履至到，实知天威以是昭明文王，启迪其德，使着见于上，覆冒于下，而升闻于上帝。惟是之故，遂能受有殷之天命也。

10.（宋）黄伦《尚书精义》卷四十一《周书·君奭》

（归善斋按，见"又曰，无能往来，兹迪彝教文王，蔑德降于国人"）

11.（宋）陈经《尚书详解》卷三十六《周书·君奭》

（归善斋按，见"公曰，君奭，在昔，上帝割申劝宁王之德，其集大命于厥躬"）

12.（宋）钱时《融堂书解》卷十五《周书·君奭》

（归善斋按，见"公曰，君奭，在昔，上帝割申劝宁王之德，其集大命于厥躬"）

13.（宋）魏了翁《尚书要义》卷十六《周书·君奭、蔡仲、多方》

（归善斋按，未引）

14.（宋）陈大猷《书集传或问》卷下《周书·君奭》

（归善斋按，未解）

15.（宋）胡士行《尚书详解》卷十《周书·君奭第十八》

（归善斋按，见"公曰，君奭，在昔，上帝割申劝宁王之德，其集大命于厥躬"）

16.（元）吴澄《书纂言》卷四下《周书·君奭》

（归善斋按，见"公曰，君奭，在昔，上帝割申劝宁王之德，其集大命于厥躬"）

17.（元）陈栎《书集传纂疏》卷五《朱子订定蔡氏集传·周书·君奭》

亦惟纯佑秉德，迪知天威，乃惟时昭文王，迪见冒闻于上帝，惟时受有殷命哉。

言文王有此五臣者，故亦如殷为天纯佑命，百姓王人罔不秉德也。上既反言文王若无此五臣为迪彝教，则亦无德下及国人，故此又正言，亦惟天乃纯佑文王，盖以如是秉德之臣，蹈履至到，实知天威，以是昭明文王，启迪其德，使着见于上，覆冒于下，而升闻于上帝，惟是之故，遂能受有殷之天命也。

纂疏：

愚谓，此言以文王之圣，犹不可无五臣之助也。

18.（元）许谦《读书丛说》卷六《周书·君奭》

（归善斋按，未解）

19.（元）董鼎《书传辑录纂注》卷五《周书·君奭》

亦惟纯祐秉德，迪知天威，乃惟时昭文王，迪见冒闻于上帝，惟时受有殷命哉。

言文王有此五臣者，故亦如殷为天纯佑命，百姓王人罔不秉德也。上既反言文王若无此五臣为迪彝教，则亦无德下及国人，故此又正言，亦惟天乃纯佑文王，盖以如是秉德之臣，蹈履至到，实知天威，以是昭明文王，启迪其德，使着见于上，覆冒于下，而升闻于上帝，惟是之故，遂能受有殷之天命也。

纂注：

息斋余氏曰，孔云，文王秉德，盖天佑秉德之君也。

20. （元）朱祖义《尚书句解》卷十《周书·多方第二十》

亦惟纯佑秉德（亦惟天纯一佑助文王，故生此五贤佐，皆是秉持其德之人），迪知天威（明知上天可畏之威所在），乃惟时昭文王（于是昭显文王之德）。

21. （明）王樵《尚书日记》卷十三《周书·君奭》

"亦惟纯佑"至"受有殷命哉"。

言天纯佑文王，亦如昔之纯佑于商，而有秉德之臣，践履至到，实知天威之不可违越，以是昭显文王，启迪其德，使之着见于上，覆冒于下，即所谓"西土怙冒"也。于是闻于上帝，即所谓"闻于上帝，帝休"也。"迪见冒闻"，正是"昭文王"处，而见冒闻，又皆迪之使然，惟是之故，遂受有殷之天命。文王止为诸侯，于何见其受命，盖人心归之，三分天下有其二，则天命之可知。文王之臣，后佐武王诛纣，不过卒其伐功而已。上章言商贤圣之君，皆已受天命之君也，故以"一人有事于四方罔不是孚"言之，此言文王始受天命之君也，故以"受有殷命"言之。言文王由五臣之辅，受有殷命，见武王之集大命本于此也。

22. （清）库勒纳等撰《日讲书经解义》卷十《周书·君奭》

亦惟纯佑秉德，迪知天威，乃惟时昭文王，迪见冒闻于上帝，惟时受有殷命哉。

此一节书是，言五臣辅文王，而成化民之功，所以得天而受命者，实本于此也。"迪知"之"迪"，是践履之意。"迪见"之"迪"，是开导之意。见，着见也。冒，覆冒也。周公又曰，我文王之时，有虢叔等五臣为之辅佐，亦惟天意在文王，纯一不二，以佑助之，故生此等秉持明德之人，其践履至到，实知上天显然之威命，可顺而不可违，乃惟同心协力，务光昭文王之德业，开迪启导，使其修和之德，着见于上，无所不照；覆冒于下，无所不被，以致至德馨香，升闻于皇天、上帝。惟是之故，遂能克享天心，而有殷之命，自此始受之矣。

（元）王充耘《读书管见》卷下《君奭》

迪知天威。

与后面"诞将天威"相首尾。盖天有亡殷之意，而此秉德之臣，真知天威所在，知殷必亡之理，于是昭明文王之德，奔走先后，布宣德教，使其德迪见冒闻于上帝，而卒受有殷命也。夫有德之人，善必先知之，不善必先知之。在文王时，殷虽未亡，而已逆知其将亡矣。在武王时，则殷可覆灭矣。故此四人暨武王，诞将天威以伐殷。

（元）陈悦道《书义断法》卷五《周书·君奭》

亦惟纯佑秉德，迪知天威，乃惟时昭文王，迪见冒闻于上帝。

纯佑，承上文"天惟纯佑命"之文也，"秉德"，承上章"百姓，王人，罔不秉德"之文也。"亦惟"者，言文王之德，亦如殷，而略举其文也。天之佑文王，纯一不杂，可谓专矣。人以为天命之纯佑而秉德，五臣独以为天威之照临，若真知威类之，不可犯者。然五臣之相与辅佐文王，相与昭明其德，广宣其化，著见丕冒者，无不覆。夫岂闻而知之乎？纯佑之天命，其又将专归乎？盖群臣虽畏天之威，而不能不明文王之德。天听有不可掩，则天命终不得辞。自天佑之故，宜纯一如此也。

（明）马明衡《尚书疑义》卷六《周书·君奭》

（归善斋按，见"天寿平格，保乂有殷，有殷嗣，天灭威"）

迪见冒闻于上帝，惟时受有殷命哉

1.（汉）孔氏传、（唐）陆德明音义、孔颖达疏《尚书注疏》卷十五《周书·君奭》

迪见冒闻于上帝，惟时受有殷命哉。

传，言能明文王德，蹈行显见，覆冒下民，彰闻上天，惟是故受有殷之王命。

音义，见，贤遍反，注同。冒，莫报反，下同。马作勖勉也。闻，音问，或如字。

疏，正义曰，五人能明文王德使蹈行显见覆冒下民闻于上天，惟是之故得受有殷王之命哉，言文王之圣犹须良佐，我所以留辅成王。

2.（宋）苏轼《书传》卷十五《周书·君奭第十八》

（归善斋按，见"亦惟纯佑秉德，迪知天威，乃惟时昭文王"）

3.（宋）林之奇《尚书全解》卷三十三《周书·君奭》

（归善斋按，见"我闻在昔成汤既受命"）

4.（宋）史浩《尚书讲义》卷十七《周书·君奭》

（归善斋按，见"天寿平格，保乂有殷，有殷嗣，天灭威"）

5.（宋）夏僎《尚书详解》卷二十一《周书·君奭》

（归善斋按，见"公曰，君奭，在昔，上帝割申劝宁王之德，其集大命于厥躬"）

1585

6.（宋）时澜《增修东莱书说》卷二十六《周书·君奭第十八》

（归善斋按，见"公曰，君奭，在昔，上帝割申劝宁王之德，其集大命于厥躬"）

7.（宋）黄度《尚书说》卷六《周书·君奭》

（归善斋按，见"又曰，无能往来，兹迪彝教文王，蔑德降于国人"）

8.（宋）袁燮《絜斋家塾书钞》卷十二《周书·君奭》

（归善斋按，见"公曰，君奭，在昔，上帝割申劝宁王之德，其集大命于厥躬"）

9.（宋）蔡沈《书经集传》卷五《周书·君奭》

（归善斋按，见"亦惟纯佑秉德，迪知天威，乃惟时昭文王"）

10.（宋）黄伦《尚书精义》卷四十一《周书·君奭》

（归善斋按，见"又曰，无能往来，兹迪彝教文王，蔑德降于国人"）

11.（宋）陈经《尚书详解》卷三十六《周书·君奭》

（归善斋按，见"公曰，君奭，在昔，上帝割申劝宁王之德，其集大命于厥躬"）

12.（宋）钱时《融堂书解》卷十五《周书·君奭》

（归善斋按，见"公曰，君奭，在昔，上帝割申劝宁王之德，其集大命于厥躬"）

13. （宋）魏了翁《尚书要义》卷十六《周书·君奭、蔡仲、多方》

（归善斋按，未引）

14. （宋）陈大猷《书集传或问》卷下《周书·君奭》

（归善斋按，未解）

15. （宋）胡士行《尚书详解》卷十《周书·君奭第十八》

（归善斋按，见"公曰，君奭，在昔，上帝割申劝宁王之德，其集大命于厥躬"）

16. （元）吴澄《书纂言》卷四下《周书·君奭》

（归善斋按，见"公曰，君奭，在昔，上帝割申劝宁王之德，其集大命于厥躬"）

17. （元）陈栎《书集传纂疏》卷五《朱子订定蔡氏集传·周书·君奭》

（归善斋按，见"亦惟纯佑秉德，迪知天威，乃惟时昭文王"）

18. （元）许谦《读书丛说》卷六《周书·君奭》

迪见冒闻于上帝，见，谓德昭着于上；冒，谓德覆冒于下，然后闻于上帝。见就自身言，冒就及民言。"收罔勖不及"金先生曰，召公收身而退，不勉其所不及。

19. （元）董鼎《书传辑录纂注》卷五《周书·君奭》

（归善斋按，见"亦惟纯佑秉德，迪知天威，乃惟时昭文王"）

20.（元）朱祖义《尚书句解》卷十《周书·多方第二十》

迪见冒闻于上帝（遒迪文王使其德着见于上覆冒于下遂能升闻于上天），惟时受有殷命哉（文王于是受有殷之天命）。

21.（明）王樵《尚书日记》卷十三《周书·君奭》

（归善斋按，见"亦惟纯佑秉德，迪知天威，乃惟时昭文王"）

22.（清）库勒纳等撰《日讲书经解义》卷十《周书·君奭》

（归善斋按，见"亦惟纯佑秉德，迪知天威，乃惟时昭文王"）

（明）梅鷟《尚书考异》卷五《君奭》

迪见勖闻于上帝。
马本如此，勖勉也。晋人作"冒"。

（明）马明衡《尚书疑义》卷六《周书·君奭》

（归善斋按，见"天寿平格，保义有殷，有殷嗣，天灭威"）

武王惟兹四人，尚迪有禄

1.（汉）孔氏传、（唐）陆德明音义、孔颖达疏《尚书注疏》卷十五《周书·君奭》

武王惟兹四人，尚迪有禄。
传，文王没，武王立，惟此四人，庶几辅相武王，蹈有天禄。虢叔先死，故曰四人。
音义，相，息亮反。

疏，正义曰，文王既没，武王次立。武王初立，惟此四人，庶几辅相武王，蹈有天下之禄。

传正义曰，文王受命九年而崩，十三年方始杀纣。文王没，武王立，谓武王初立之时，惟此四人而已。庶几辅相武王，蹈有天禄。初立则有此志，故下句言"后"，与武王杀纣也。虢叔先死，故曰四人。以是文王之弟，其年应长，故言先死也。郑玄疑不知谁死，注云，至武王时虢叔等有死者，余四人也。

2.（宋）苏轼《书传》卷十五《周书·君奭第十八》

武王惟兹四人。

虢叔亡矣。

尚迪有禄。

3.（宋）林之奇《尚书全解》卷三十三《周书·君奭》

（归善斋按，见"我闻在昔成汤既受命"）

4.（宋）史浩《尚书讲义》卷十七《周书·君奭》

武王惟兹四人，尚迪有禄。后暨武王，诞将天威，咸刘厥敌。惟兹四人，昭武王，惟冒，丕单称德。今在予小子旦，若游大川，予往暨汝奭，其济。小子同未在位，诞无我责，收罔勖不及，耇造德不降，我则鸣鸟不闻，矧曰其有能格。

周公之为此书，历叙有商之相，若伊尹辈，皆以先朝旧老，克相后人。文王五人，至武王之世，虽亡其一，然四友益以相得，同心辅治。既昭文王之德于前，又昭武王之德于后。尚迪有禄者，古以死为无禄。有禄，言其尚无恙也。武王之胜商，惟兹四人之力，昭显武王，使覆冒天下。丕，大也。单，小也。使大小咸称其德也。今在我为相，若游大川，非若伊尹之可以独任，必藉汝奭，同心乃济。今吾二人，既受武王之托，其相成王，亦若四友之相武王可也。与尔未在位时，已皆相与，若同此不替，庶几免责矣。今当收效不勉其不及为耇德老成，而使德不降于人，以去则何所贵于相友。古以鸣鸟喻求友，《伐木》之诗是也。鸣鸟不闻，不得友以成，安能格于至治哉。

5.（宋）夏僎《尚书详解》卷二十一《周书·君奭》

（归善斋按，见"公曰，君奭，在昔，上帝割申劝宁王之德，其集大命于厥躬"）

6.（宋）时澜《增修东莱书说》卷二十六《周书·君奭第十八》

（归善斋按，见"公曰，君奭，在昔，上帝割申劝宁王之德，其集大命于厥躬"）

7.（宋）黄度《尚书说》卷六《周书·君奭》

武王惟兹四人，尚迪有禄，后暨武王，诞将天威，咸刘厥敌。惟兹四人，昭武王，惟冒，丕单称德。

武王之世虢叔已死，惟兹四人辅武王尚能蹈道以有天禄后，暨武王咸刘厥，敌卒其伐功亦惟兹四人者，昭明武王覆冒天下大尽举用，"惟冒，丕单称德"亦与前语相涉而略之。

8.（宋）袁燮《絜斋家塾书钞》卷十二《周书·君奭》

（归善斋按，见"公曰，君奭，在昔，上帝割申劝宁王之德，其集大命于厥躬"）

9.（宋）蔡沈《书经集传》卷五《周书·君奭》

武王惟兹四人，尚迪有禄，后暨武王诞将天威，咸刘厥敌。惟兹四人，昭武王，惟冒，丕单称德。

单，与"殚"通。称，平声。虢叔先死，故曰四人。刘，杀也。单、尽也。武王惟此四人，庶几迪有天禄。其后暨武王尽杀其敌，惟此四人能昭武王，遂覆冒天下。天下大尽称武王之德，谓其达声教于四海也。文王"冒西土"而已。"丕单称德"惟武王为然。于文王言命，于武王言禄者，文王但受天命，至武王方富有天下也。

吕氏曰，师尚父之事，文、武烈莫盛焉。不与五臣之列，盖一时议论，或详或略，随意而言，主于留召公，而非欲为人物评也。

10.（宋）黄伦《尚书精义》卷四十一《周书·君奭》

武王惟兹四人，尚迪有禄，后暨武王诞将天威，咸刘厥敌。惟兹四人，昭武王，惟冒，丕单称德。

无垢曰，此四人后与武王大举天威，皆刘厥敌，谓诛纣伐奄之类也。言四人暨武王，岂以四人主伐纣之谋，与"惟尹躬暨汤"之意同乎。四人在文王时，修和有夏；在武王时，咸刘厥敌，为将为相，无不可者。其亦天下之英杰矣。又曰，此四人所以刘厥敌者，去恶除害，而昭布武王之德意，覆冒天下也。天下尽被武王之德，故无小无大，尽称颂武王之德，而无异辞。四人之功，为如何哉？呜呼，朝廷不可阙人如此。周公与召公，岂忍以脱去为高，而使文、武之德不克终乎。

11.（宋）陈经《尚书详解》卷三十六《周书·君奭》

武王惟兹四人，尚迪有禄，后暨武王，诞将天威，咸刘厥敌。惟兹四人，昭武王，惟冒，丕单称德。

此武王得人之助也。时虢叔已死，故曰四人。惟兹四人，辅相武王，庶几蹈履至于保有天禄。曰"尚"云者，亦与"尚克修和我有夏"同，皆不自恃之意也。其后也，暨及武王，诞行天威，咸刘杀其敌，以兴征伐之师，谓之"尚迪有禄"，则保有天禄者，武王之初心也。"诞将天威"而谓之"后暨"，则征伐者，非武王之初心也，不得已，而后为此举尔，非是武王始便欲将天威也。惟兹四人，明文王之德，使武王之德，覆冒于天下，天下之人尽称颂武王之德，万国同辞。此四人者在文王时，"昭文王"则以其"冒闻于上帝"；在武王时，"昭武王"，则以其"冒"，而使天下之称德，何也？言天，则可以兼人；言人，则可以兼天也。

12.（宋）钱时《融堂书解》卷十五《周书·君奭》

（归善斋按，见"公曰，君奭，在昔，上帝割申劝宁王之德，其集大命于厥躬"）

1591

13.（宋）魏了翁《尚书要义》卷十六《周书·君奭、蔡仲、多方》

二十二、武王惟兹四人，孔云，虢叔先死。郑疑辞。

武王惟此四人，尚迪有禄。文王没，武王立，惟此四人庶几，辅相武王，蹈有天禄。虢叔先死，故曰四人。正义曰，虢叔先死，故曰四人。以是文王之弟，其年应长，故言先死也。郑玄疑不知谁死，注云，至武王时，虢叔等有死者，余四人也。

14.（宋）陈大猷《书集传或问》卷下《周书·君奭》

（归善斋按，未解）

15.（宋）胡士行《尚书详解》卷十《周书·君奭第十八》

武王惟兹四人（孔云，虢叔先没），尚（庶）迪（辅武王而行）有禄（天禄），后暨（及）武王诞将天威，咸（皆）刘（杀）厥敌（纣）。惟兹四人，昭武王，惟冒（冒天下），丕（大）单（尽）称（举）德（武王之德）。在今予小子旦，若游（浮度）大川（无津涯），予往暨汝奭，其济（渡），小子（成王）同（如）未在位（即政时），诞（召公大）无我责（责我强留）。收（召公若收藏）罔（不）勖（勉）不及（所未到），耇（老）造（成）德不降（下），我则鸣鸟（凤凰太平乃出）不闻，矧曰其有能格（感）。

文、武圣人，犹以五臣、四臣而兴，召公可舍成王而去乎？

16.（元）吴澄《书纂言》卷四下《周书·君奭》

武王惟兹四人，尚迪有禄。后暨武王，诞将天威，咸刘厥敌。惟兹四人，昭武王，惟冒，丕单称德。

武王时虢叔已死。死者曰不禄，四人犹及武王之世，故曰"尚迪有禄"，刘，杀也。谓诛纣及其党。单，尽也。四臣能显其君，使遍覆包含，大尽其所称举之德。

林氏曰，文武佐命元功多矣，独称虢叔等五人者，岂其逮事王季遂及文、武耶。伊尹事汤。又事太甲；伊陟乃尹子。臣扈非汤旧臣，即殷世臣。巫咸，巫贤世为大臣。甘盘，小乙旧臣，以遗武丁。周公所举，皆世臣旧德，故武丁世不及傅说，文武、世不及太公。今周公与召公，正如殷之六臣，文、武之五臣，岂可去乎焉。

17.（元）陈栎《书集传纂疏》卷五《朱子订定蔡氏集传·周书·君奭》

　　武王惟兹四人，尚迪有禄。后暨武王，诞将天威，咸刘厥敌。惟兹四人，昭武王，惟冒，丕单称德。

　　虢叔先死。故曰四人。刘，杀也。单，尽也。武王惟此四人，庶几迪有天禄。其后暨武王尽杀其敌，惟此四人能昭武王，遂覆冒天下。天下大尽称武王之德，谓其达声教于四海也。文王冒西土而已。"丕单称德"，惟武王为然。于文王，言命；于武王，言禄者，文王但受天命，至武王方富有天下也。

　　吕氏曰，师尚父之事，文、武烈莫盛焉，不与五臣之列，盖一时议论或详或略，随意而言，主于留召公，而非欲为人物评也。

　　纂疏：

　　吕氏曰，此四人尚蹈有禄位，言故老犹存也。

　　林氏曰，死者称不禄，四人犹及武王之世，故曰尚迪有禄。

　　愚谓，此言以武王之圣，犹不可无四臣之助也。上言殷先王犹有赖于六臣，此二章言周文、武犹有赖于五臣、四臣。召公可不鉴之。而遽求去乎？留之之意切矣。

18.（元）许谦《读书丛说》卷六《周书·君奭》

　　（归善斋按，未解）

19.（元）董鼎《书传辑录纂注》卷五《周书·君奭》

　　武王惟兹四人，尚迪有禄，后暨武王，诞将天威，咸刘厥敌。惟兹四人，昭武王，惟冒，丕单称德。

虢叔先死，故曰四人。刘，杀也。单，尽也。武王惟此四人，庶几迪有天禄，其后暨武王，尽杀其敌。惟此四人，能昭武王，遂覆冒天下。天下大尽称武王之德，谓其达声教于四海也。文王"冒西土"而已，"丕单称德"，惟武王为然。于文王，言命；于武王，言禄者，文王但受天命，至武王方富有天下也。

吕氏曰师尚父之事，文、武烈莫盛焉，不与五臣之列，盖一时议论，或详或略，随意而言，主于留召公而非欲为人物评也。

纂注：

吕氏曰，此四人尚蹈有禄位，言故老犹存也。

林氏曰，死者称不禄，四人犹及武王之世，故曰"尚迪有禄"。

20.（元）朱祖义《尚书句解》卷十《周书·多方第二十》

武王惟兹四人（至武王时，虢叔死，惟得此四人），尚迪有禄（犹尚启迪武王，使终有天禄）。

21.（明）王樵《尚书日记》卷十三《周书·君奭》

"武王惟兹四人，尚迪有禄"至"丕单称德"。

孔氏曰，文王没，武王立。惟此四人，庶几辅相武王，蹈有天禄。虢叔先死，故曰四人。此四人后与武王，皆杀其敌，谓诛纣。惟此四人，明武王之德，使布冒天下，大尽举行其德。"尚迪有禄"，谓有天下，对"文王受命"而言。"惟冒丕单称德"，谓化及天下，对文王"见冒"而言，谓武王诛纣，一天下，而化被天下，使天下尽举行其德也。按，《书》中言称丕显德，言惟德。称，皆训"举"，此"称德"亦合然也。蔡传作"称颂"之"称"更详之。"昭武王"以上文"昭文王"例之，"昭"字内，当带得有"迪"字意。迪，不专是启迪其德。为之导迪彝教。亦迪也。惟冒。冒字内，亦合带得有"见"字意，迪而后见，见而后冒，乃所以"昭"之也。

文王"见冒"，止在西土，至武王"惟冒"始化及天下，但"丕单称德"亦且是大概说，其时殷民未服，奄与淮夷屡叛，故周公自期。又尚有曰"丕冒"云者。"后暨武王",曰"后"者,前承文王之辞也。文王之时,为之导迪彝教,使德降于国人者,此五臣也。武王之时与之咸刘厥敌,使德洽于天下者,此四臣也。四人者出之,可以为将;入之,可以为相,无所不可。《立政》所谓从容德勿替厥义德者,即此也。此数节相承,周公之意尤极分明,盖周家之受命,成之者武王,启之者文王,而五臣、四臣赞助乎其间,则于基命、集命,胥有力焉者也。文王"修和有夏",得五臣之辅,而命于是乎基。武王"丕承厥志",得四臣之辅,而命于是乎集。见得成王以幼冲嗣文、武之基绪,当时之所谓四臣、五臣者又半已雕谢,朝廷尤不可无人之意。

按,文、武之臣,独称五人、四人盖逮事王季,所谓世臣者也。太公归周于文王之时,故不及。先儒徒见周公不称太公,而不得其说。故或以为太公文王师,周公谦不以自比,或以为其时太公尚在,录死勉生,不生诵太公之功。要皆未当,毕竟太公历事文王,又逮见成王之立,世德之臣莫重焉,何得谓周公所举主世臣旧德,故不及乎?故吕氏归,诸偶有详略,非为人物评者,可谓得之。然愚则窃有疑焉。文王之五臣,既历举其名,则下所谓"惟兹四人"者,疑自有四臣之名,而非因乎五臣之辞也。"在昔,上帝割"一节之下,先儒多疑其有阙文,安知此节之下,不尚有云,有若某某者,有若某某者,而太公在其中乎?此章则当在受有殷命之下,然后接之曰"武王惟兹四人尚迪有禄"岂不为顺乎?今也,"在昔上帝割"一节,既越出于文王之前,而下意不接"武王惟兹四人"一句,又突出于五人之后,而上无所承,恐经文无此例也。姑记所疑以俟来者。

22.（清）库勒纳等撰《日讲书经解义》卷十《周书·君奭》

武王惟兹四人,尚迪有禄,后暨武王,诞将天威,咸刘厥敌。惟兹四人,昭武王,惟冒,丕单称德。

此一节书是,言武王之兴亦本于四臣之辅也。四人,指闳夭、散宜生、泰颠、南宫括。此时虢叔已卒,故止称四人。刘字,解作"杀"字。丕,大也。单,尽也。周公又曰,我文王既赖五臣辅佐,以诞膺天命,至武王时,虢叔虽卒,闳夭等四人,尚存,又能同心协力,导迪武王膺受天禄。其后遂与武王大奉上天之威，尽杀其敌。此四人者又以祸乱虽定，而德泽未敷，于是又竭力宣布，用昭显武王之德，惟覆冒乎天下，使天下之人，大尽称颂武王之德。此皆四臣之力也。夫以武王之圣犹，赖四臣以为之助。四臣既辅以"有禄"，又辅以"丕冒"不以功成而退。君何不务所以匹休四臣者哉？

（明）马明衡《尚书疑义》卷六《周书·君奭》

（归善斋按，见"天寿平格，保乂有殷，有殷嗣，天灭威"）

（清）朱鹤龄《尚书埤传》卷十三《周书·君奭》

武王惟兹四人。

太公兴周，不与五人之列，林少颖谓，周公所举皆世臣旧德，故武丁不及傅说，武王不及太公，然太公尝事文王，不同傅说。东莱谓，一时随举而言，非评人物者，得之。

后暨武王诞将天威，咸刘厥敌

1.（汉）孔氏传、（唐）陆德明音义、孔颖达疏《尚书注疏》卷十五《周书·君奭》

后暨武王，诞将天威，咸刘厥敌。

传，言此四人，后与武王皆杀其敌，谓诛纣。

疏，正义曰，其后四人与武王大行天之威罚，皆与共杀其强敌，谓共诛纣也。

2.（宋）苏轼《书传》卷十五《周书·君奭第十八》

后暨武王诞将天威，咸刘厥敌。惟兹四人，昭武王，惟冒，丕单称德。

凡周德之所被及者，其民尽称诵武王也。

3.（宋）林之奇《尚书全解》卷三十三《周书·君奭》

（归善斋按，见"我闻在昔，成汤既受命"）

4.（宋）史浩《尚书讲义》卷十七《周书·君奭》

（归善斋按，见"武王惟兹四人，尚迪有禄"）

5.（宋）夏僎《尚书详解》卷二十一《周书·君奭》

（归善斋按，见"公曰，君奭，在昔，上帝割申劝宁王之德，其集大命于厥躬"）

6.（宋）时澜《增修东莱书说》卷二十六《周书·君奭第十八》

（归善斋按，见"公曰，君奭，在昔，上帝割申劝宁王之德，其集大命于厥躬"）

7.（宋）黄度《尚书说》卷六《周书·君奭》

（归善斋按，见"武王惟兹四人尚迪有禄"）

8.（宋）袁燮《絜斋家塾书钞》卷十二《周书·君奭》

（归善斋按，见"公曰，君奭，在昔，上帝割申劝宁王之德，其集大命于厥躬"）

9.（宋）蔡沈《书经集传》卷五《周书·君奭》

（归善斋按，见"武王惟兹四人，尚迪有禄"）

10.（宋）黄伦《尚书精义》卷四十一《周书·君奭》

（归善斋按，见"武王惟兹四人，尚迪有禄"）

11. (宋)陈经《尚书详解》卷三十六《周书·君奭》

(归善斋按,见"武王惟兹四人,尚迪有禄")

12. (宋)钱时《融堂书解》卷十五《周书·君奭》

(归善斋按,见"公曰,君奭,在昔,上帝割申劝宁王之德,其集大命于厥躬")

13. (宋)魏了翁《尚书要义》卷十六《周书·君奭、蔡仲、多方》

(归善斋按,未引)

14. (宋)陈大猷《书集传或问》卷下《周书·君奭》

(归善斋按,未解)

15. (宋)胡士行《尚书详解》卷十《周书·君奭第十八》

(归善斋按,见"武王惟兹四人,尚迪有禄")

16. (元)吴澄《书纂言》卷四下《周书·君奭》

(归善斋按,见"武王惟兹四人,尚迪有禄")

17. (元)陈栎《书集传纂疏》卷五《朱子订定蔡氏集传·周书·君奭》

(归善斋按,见"武王惟兹四人,尚迪有禄")

18. (元)许谦《读书丛说》卷六《周书·君奭》

(归善斋按,未解)

19.（元）董鼎《书传辑录纂注》卷五《周书·君奭》

（归善斋按，见"武王惟兹四人，尚迪有禄"）

20.（元）朱祖义《尚书句解》卷十《周书·多方第二十》

后暨武王（其后遂与武王俱起），诞将天威（大行天威），咸刘厥敌（皆杀其敌如纣者）。

21.（明）王樵《尚书日记》卷十三《周书·君奭》

（归善斋按，见"武王惟兹四人，尚迪有禄"）

22.（清）库勒纳等撰《日讲书经解义》卷十《周书·君奭》

（归善斋按，见"武王惟兹四人，尚迪有禄"）

（明）马明衡《尚书疑义》卷六《周书·君奭》

（归善斋按，见"天寿平格，保乂有殷，有殷嗣，天灭威"）

惟兹四人，昭武王，惟冒，丕单称德

1.（汉）孔氏传、（唐）陆德明音义、孔颖达疏《尚书注疏》卷十五《周书·君奭》

惟兹四人，昭武王，惟冒，丕单称德。
传，惟此四人，明武王之德，使布冒天下，大尽举行其德。
疏，正义曰，武王之有天下，惟此四人，明武王之德。惟武王布德，覆冒天下，此四人大尽举行武王之德，言武王亦得良臣之力。
传正义曰，单，尽；称，举也。使武王之德布冒天下，是此四人之力，言此四人，大尽举行武王之德也。

2.（宋）苏轼《书传》卷十五《周书·君奭第十八》

（归善斋按，见"后暨武王诞将天威，咸刘厥敌"）

3.（宋）林之奇《尚书全解》卷三十三《周书·君奭》

（归善斋按，见"我闻在昔成汤既受命"）

4.（宋）史浩《尚书讲义》卷十七《周书·君奭》

（归善斋按，见"武王惟兹四人，尚迪有禄"）

5.（宋）夏僎《尚书详解》卷二十一《周书·君奭》

（归善斋按，见"公曰，君奭，在昔，上帝割申劝宁王之德，其集大命于厥躬"）

6.（宋）时澜《增修东莱书说》卷二十六《周书·君奭第十八》

（归善斋按，见"公曰，君奭，在昔，上帝割申劝宁王之德，其集大命于厥躬"）

7.（宋）黄度《尚书说》卷六《周书·君奭》

（归善斋按，见"武王惟兹四人，尚迪有禄"）

8.（宋）袁燮《絜斋家塾书钞》卷十二《周书·君奭》

（归善斋按，见"公曰，君奭，在昔，上帝割申劝宁王之德，其集大命于厥躬"）

9.（宋）蔡沈《书经集传》卷五《周书·君奭》

（归善斋按，见"武王惟兹四人，尚迪有禄"）

10.（宋）黄伦《尚书精义》卷四十一《周书·君奭》

（归善斋按，见"武王惟兹四人，尚迪有禄"）

11.（宋）陈经《尚书详解》卷三十六《周书·君奭》

（归善斋按，见"武王惟兹四人，尚迪有禄"）

12.（宋）钱时《融堂书解》卷十五《周书·君奭》

（归善斋按，见"公曰，君奭，在昔，上帝割申劝宁王之德，其集大命于厥躬"）

13.（宋）魏了翁《尚书要义》卷十六《周书·君奭、蔡仲、多方》

（归善斋按，未引）

14.（宋）陈大猷《书集传或问》卷下《周书·君奭》

（归善斋按，未解）

15.（宋）胡士行《尚书详解》卷十《周书·君奭第十八》

（归善斋按，见"武王惟兹四人，尚迪有禄"）

16.（元）吴澄《书纂言》卷四下《周书·君奭》

（归善斋按，见"武王惟兹四人，尚迪有禄"）

17.（元）陈栎《书集传纂疏》卷五《朱子订定蔡氏集传·周书·君奭》

（归善斋按，见"武王惟兹四人，尚迪有禄"）

1601

18. （元）许谦《读书丛说》卷六《周书·君奭》

（归善斋按，未解）

19. （元）董鼎《书传辑录纂注》卷五《周书·君奭》

（归善斋按，见"武王惟兹四人，尚迪有禄"）

20. （元）朱祖义《尚书句解》卷十《周书·多方第二十》

惟兹四人，昭武王惟冒，丕单称德（此四人又昭显武王之德，使覆冒于天下，大尽称颂武王之德）。

21. （明）王樵《尚书日记》卷十三《周书·君奭》

（归善斋按，见"武王惟兹四人，尚迪有禄"）

22. （清）库勒纳等撰《日讲书经解义》卷十《周书·君奭》

（归善斋按，见"武王惟兹四人尚迪有禄"）

（明）马明衡《尚书疑义》卷六《周书·君奭》

（归善斋按，见"天寿平格，保乂有殷，有殷嗣，天灭威"）

今在予小子旦，若游大川，予往，暨汝奭其济，小子同未在位，诞无我责

1. （汉）孔氏传、（唐）陆德明音义、孔颖达疏《尚书注疏》卷十五《周书·君奭》

今在予小子旦，若游大川，予往，暨汝奭，小子同未在位，诞无

我责。

传，我新还政，今任重在我小子旦，不能同于四人。若游大川，我往与汝奭其共济渡成王，同于未在位即政时，汝大无非责我留。

疏，正义曰，周公言，我新还政成王，今任之重者，其在我小子之身也。我不能同于四人辅文武，使有大功德，但苟求救溺而已。譬如游于大川，我往与汝奭其共济渡小子成王，用心辅弼，同于成王未在位之时，恐其未能嗣先人明德，我当与汝辅之。汝大无非责我之留也。

传正义曰，周公既已还政，则是舍重任矣，而犹言今任重在我小子旦者，周公既摄王政，又须传授得人，若其不能负荷，仍是周公之责。以嗣子劣弱，故言今任重犹在我小子旦也。彼四人者，能翼赞初基，佐成王业，我不能同于四人，望有大功，惟求救溺而已。《诗》云"泳之游之"；《左传》称"阎敖游涌而逸"，则"游"者，入水浮渡之名。譬若成王在大川，我往与汝奭，其同共济渡成王。若云从此向川，故言往也。

《尚书注疏》卷十五《考证》

"予往（句），暨汝奭，其济小子（句），同未在位（句）"。

蔡沈以"暨汝奭，其济"为句，"小子同未在位"为句。

2.（宋）苏轼《书传》卷十五《周书·君奭第十八》

今在予小子旦，若游大川，予往，暨汝奭其济，小子同未在位，诞无我责。

游大川者，必济而后已。令予与汝奭同济小子，其可以中流而止乎？

3.（宋）林之奇《尚书全解》卷三十三《周书·君奭》

今在予小子旦，若游大川，予往，暨汝奭其济，小子同未在位，诞无我责。收罔勖不及，耇造德不降，我则鸣鸟不闻，矧曰其有能格。公曰，呜呼！君肆其监于兹，我受命，无疆惟休，亦大惟艰，告君，乃猷裕，我不以后人迷。公曰，前人敷乃心，乃悉命汝，作汝民极。曰汝明勖，偶王在亶，乘兹大命。惟文王德，丕承无疆之恤。公曰，君！告汝，朕允。保奭，其汝克敬，以予监于殷丧大否。肆念我天威，予不允惟若兹诰。予惟曰，襄我二人，汝有合哉。言曰，在时二人，天休滋至。惟时二人弗戡。

其汝克敬德，明我俊民，在让后人于丕时。呜呼！笃棐时二人，我式克至于今日休，我咸成文王功于不怠，丕冒海隅出日，罔不率俾。公曰，君！予不惠若兹多诰，予惟用闵于天越民。公曰，呜呼！君！惟乃知民德，亦罔不能厥初，惟其终。祗若兹，往敬用治。

周公既言商家之六臣，我周文武之五臣，皆辅政数世，与国同其休戚，商以六臣之故，历数有永绵延不绝，内外之臣莫非忠良，而其发政施教于天下，无不信服而感化；周以五臣之故，仁恩惠泽，浸润于民，必自百里而兴，遂膺天命，以抚方夏，天下莫不称颂其德，而不忘世臣旧德之有益于国也如此，故我二人不可以不留。留则为社稷之利，不留则为社稷之忧，虽功成名遂，奉身而去，其为一身进退之节，固当明白。然国家安危长短之原，实自此而分，尤所当念。自此而下，皆周公言其当留之义也。

游者，涉水也。《诗》曰"就其浅矣，泳之游之"，《庄子》曰"善游者数能"，又曰"见一丈夫游之"，皆涉水也。大川固难于游泳之也，必求其所以济。游而不济，未有不没者也。故周公言，在今我小子当王家艰难之业，负重责大，若游于大川之中。自今以往，我当同汝召公左右辅翼，以济成王，使免于难。同于成王未即政之时，则可以免大责也。"未在位"，指成王未即位之前。成王之未即政，周公共政以弼予一人，使无失德。今既即政，而召公欲告归，故周公留之，而欲其同来在位也。"罔勖不及"，盖恐成王恃其盈成之业，骄怠懈弛，不能自勉，而于治道有所不及，是以欲收之。《孟子》曰"人有鸡犬放则知求之有放心而不知求"。"收"者，教之诲之，防闲其心而不使至于放也。"耇造"者，李博士曰，盖老成之谓也。是也。"耇造德"，言老成而有德也。"鸣鸟"，谓凤也。《礼运》曰"麟凤龟龙，谓之四灵"。《说文》曰"凤，神鸟也。天老曰，凤之象也，鸿前麐后，蛇头鱼尾，鹳颡鸳腮，龙文龟背，燕颔鸡喙，五色备举，出于东方。君子之国，翱翔四海之外，过昆仑，饮砥柱，濯羽弱水，暮宿丹穴，见则天下大宁安。"扬子亦曰，君子在治若凤，在乱若凤。治则见乱，则隐凤在治世之祥也，不闻凤之鸣，则非治世矣。孔子曰"凤鸟不至，吾已矣"。夫孔子之意谓，天下有道，圣人在上，则凤鸟至，河图出，以表国家之祯祥。伤己不逢太平之时，故有此言也。以孔子之言观之，则公谓我则鸣鸟不闻亦，是托此以言，我之不能致太平也。苏氏曰，周家以鹭鹭鸣于岐山为文王受命之符，我与汝奭，皆文王旧臣，同闻鸣鸟者也。天如不欲我终王业，则当时必不使我与汝同闻鸣鸟。其说为曲，不可从也。言我之所以留辅成王者，盖将收成王不勉、不及之心而防闲之，以终其德。汝奭乃老成有德之人，苟不降意留辅天子，我则将不能致太平而闻鸟之鸣，况能如伊尹、陟、臣扈之格于皇天上帝乎？必不能也。召公其可以不留哉？

周公又嗟叹呼召公而告之曰，君，今其当监视于此。其所以当监观于此者，盖我周受天命，卜世三十，卜年八百，子子孙孙方兴而未艾，其休固为无穷，然而有德则祈天永命，不德则早坠厥命。其保守之艰，亦不为小，不可以休之无穷为足恃也。我所以告君以留者，乃谋所以宽我之忧。盖周公之忧，惟恐其成王之弗克负荷，今既在王左右，朝夕纳诲，以辅其德，则可以解周公之忧。惟有以解周公之忧，则不致成王之迷而失道矣。后人，指成王也。下言前人，谓武王，则后人之为成王必矣。我受命无疆惟休，亦大惟艰，此亦指《召诰》所陈之言也。

"敷乃心"正《盘庚》所谓"今予其敷心腹肾肠，历告尔百姓于朕志"是也。苏氏谓，周公与召公同受武王顾命辅成王，故周公曰前人敷其腹心，以命汝位三公，以为民极。此说胜于诸家，当从之。"曰"，昔武王命二公之言也，言汝之明勉以配王，在于诚信以乘此天之大命，惟念文王之德，以辅其君，则可以大承其无穷之忧，君臣相与儆戒，以保天命也。意谓，武王之所以命吾二人者如此，则我家无穷之忧，正吾二人所当任其责，其可以舍而去乎？偶，配也。臣者君之配，犹阴者阳之配也。乘大命者，王氏曰，乘者，以乘车而喻，为彼所载而行是也。《诗》曰"其车既载，不输尔载"，盖亦以乘车喻治天下。乘天之大命者，得其道，则永保天命；不得其道，则天命中绝，正犹乘车者，有"输尔载""不输尔载"之殊。故惟在于诚而已。

周公又言，我之告汝者，皆我之诚心，汝当克敬以留辅成王。以我鉴视于殷，惟其以主荒怠自恣，谓天命可以长保而不之惧，故丧亡而至于"大否"。"否"者，闭而乱也。大往而小来，上下不交，而天下无邦。大否，则其乱甚矣。天之于商，其眷佑之心，亦如我周。然其"丧大否"

如此，故我念天威之不可不畏。其不去者，惟欲延周家之命而已，我不诚惟若是告汝也。我惟曰，王业之成，在我二人而已。汝其有以合于我，以留辅成王也。襄，成也。《左传》曰"雨不克襄事"，杜元凯曰，成也。汝召公之言曰，王业之成，是故在我二人。然天方佑我周家，休祥益至，我二人若以宠利居成功，则深恐其不胜祸自此萌矣。召公之所以不悦而求去者，正虑此也。汉疏广曰，吾闻，知足不辱，知止不殆，功遂身退，天之道也。今仕宦至二千石，功成名立如此，不去惧有后悔。此正召公弗戡之意。周公谓，汝之所以求去者，恐其妨贤者路也。但能敬德，明扬天下贤俊之人而进之，他日让此俊人于冒大之时，何为不可，而必于今自告归哉。

又嗟叹而言，我二人厚辅于君，故能至今日之休。我二人若皆成文王之功业而不怠以终之，则其休益为无穷，其德覆冒之广，至于海隅出日之地，当无不为我之役使也。《尔雅》曰"距齐州，以南戴日，以为丹穴；北戴斗极，为空桐；东至日所出，为太平；西至日所入，为太蒙"。海隅出日，言其甚远也。

苏氏曰，惠，犹言愿也。我岂愿若此多诰于此哉？盖有不得已已。我惟哀闵夫天命之不永，及民之不得其所也。盖使成王逸豫之心一萌于中，则上无以奉天，下无以抚民，天命将自此而断弃，而民有受其祸者。此周公之所闵也。盖"天休滋至，惟时二人弗戡"，则召公之忧；而"予用闵于天越民"则周公之忧。召公之忧者，一时之计；周公之忧者，天下社稷之计。故召公虽以为当去，而周公以为大义当留也。

周公又言，汝君奭，亦知乎凡民之德，无不能有其初，鲜克有终而已。欲其有终，则汝当致敬如此。所言自今以往惟敬以治天下，则终始如一矣。传曰，行百里者半九十，言末路之难也。成王未即政之前，周、召宅三公之官，以为王之辅佐，启沃训迪，固已纳王于善矣，是其初非不谨也。苟以王既听政，遽舍而去，如王之举措失宜，以忝文武之基绪，则前功尽废，虽王之罪，亦吾二人不能终辅成王之过也。尝观唐之君，多有始而无终。高宗用长孙无忌、褚遂良则治；用许敬宗、李义府则乱。明皇用姚宋则治；用李林甫、杨国忠则乱。德宗用崔佑甫则治；用卢杞则乱。宪宗用杜黄裳、裴度则治；用皇甫镈、程异则乱。盖此数君者，中才之主，可与为善，亦可与为恶。故一人之身，而治乱之势，前后相反。使成王之初，虽能致至治以继文武之业，苟不克终，则亦何足道哉。故周公之留召公也，惟欲谨终如始而已。王氏曰，此诰或曰君奭，或曰保奭，或曰君者，主王而言则曰"君奭"，主公事而言则曰"君"而已，主保事而言则曰"保奭"也。王氏喜为凿说，一至于此。信如此言，则《康诰》之篇，或曰"朕其弟小子封"，或曰"小子"，或曰"封"，或曰"小子封"，或曰"汝封"，或曰"汝"，亦皆有说也。《无逸》《君奭》，皆周公所作，方其为成王言，则谓商、周之治，无不在其君之忧勤；及其为召公言，则谓商、周之治，无不在其臣之辅相，言各有所当也。大抵正主御邪臣，不可以致治；正臣事邪主，亦不可以致治。惟有是君，又有是臣，君臣之懿，则其治如响。观舜、皋陶之赓歌可见矣。

4. （宋）史浩《尚书讲义》卷十七《周书·君奭》

（归善斋按，见"武王惟兹四人尚迪有禄"）

5. （宋）夏僎《尚书详解》卷二十一《周书·君奭》

（归善斋按，见"公曰，君奭，在昔，上帝割申劝宁王之德，其集大命于厥躬"）

6. （宋）时澜《增修东莱书说》卷二十六《周书·君奭第十八》

（归善斋按，见"公曰，君奭，在昔，上帝割申劝宁王之德，其集大命于厥躬"）

7. （宋）黄度《尚书说》卷六《周书·君奭》

今在予小子旦，若游大川，予往暨汝奭其济，小子同未在位，诞无我责。收罔勖不及，耇造德不降，我则鸣鸟不闻，矧曰其有能格。

今周道未成，祈天永命，未能如殷，譬若游大川未济也。自武王崩，予及汝辅相小子至此，今在予二人必当共济小子。如未即政在位之时，汝大无我责，若皆务自收敛舍之而去，无以勉其不及耇老成德之人，不肯降意，稍违去就常义，与同济艰难，其或"弗克恭上下，遏佚前人光"，则虽鸣鸟且不闻，况能为殷诸臣相其君，格于皇天、格于上帝乎？鸣鸟，凤也，至治之世，麟凤在郊薮。孔子曰"凤鸟不至，河不出图"，古人不以为异也。致凤非难，格天为难。天犹可格，凤岂难致乎？大司乐一变，致羽物，及川泽之示；六变，致象物，及天神。人主有圣明之资，犹必有所受教之臣而后能格天。纯佑秉德尚贤，迪知天威，若中材常主，而又无斯人焉教迪之，其何以臻此。周公盖以格天事业自任矣。自泰颠，闳夭之徒，文、武旧臣皆已雕落，后来者未见其人，若周、召皆去，则成王诚无与居，"济川"之喻非虚也。周公与伊尹不同。太甲"克终允德"，伊尹去，有伊陟、臣扈可以托后。成王未堪家多难，君陈，毕公，皆不可与于此。《君陈》训辞可见，此周公之所为不可去也。

8.（宋）袁燮《絜斋家塾书钞》卷十二《周书·君奭》

今在予小子旦，若游大川。予往暨汝奭，其济小子，同未在位，诞无我责。收罔勖不及，耇造德不降，我则鸣鸟不闻，矧曰其有能格。

"其济小子"，小子谓成王也。成王已为君矣，然方周公摄政七年之际，成王虽为君，犹未谓之在位，至于复辟之后，始亲政事，始在位矣。周公谓召公尔辅相成王，当常如其未在位之时，不可但责我以去。盖召公之意，谓今成王既亲政事，非前日比，所以浩然有去意。周公之心则不然，盖成王天资，既非刚毅英，果能自强立之人，须常得贤者，左右之，庶其可以无失德。此周公拳拳之心，所以常如未在位之时也。收，敛也。罔勖，不勉也。人主有不勉不及之心，当收敛之，盖不勉不及之心，易得放恣，须是收敛，不使之荡然无制，则是心常存矣。此周公格君心之业也。"耇造德不降"，言老成之人造德不降，鸣鸟且犹恐不得闻，况其能感格皇天乎？降，即"降于国人"之"降"也。古者，以凤凰为瑞。孔子曰"凤鸟不至，河不出图，吾已矣"。夫盖国家将兴，必有祯祥。此其一端也。今须看这"降"字与这"格"字。周公之规模，必欲其德之降于国人，而上能感格皇天、上帝。王佐辅相之业。岂后世所能及哉？

9. （宋）蔡沈《书经集传》卷五《周书·君奭》

今在予小子旦，若游大川，予往暨汝奭其济，小子同未在位，诞无我责。收罔勖不及，耇造德不降，我则鸣鸟不闻，矧曰其有能格。

小子旦，自谦之称也。浮水曰游，周公言承文武之业，惧不克济，若浮大川，罔知津涯，岂能独济哉？予往与汝召公其共济可也。小子，成王也。成王幼冲虽已即位，与未即位同。诞，大也。大无我责，上疑有缺文。"收罔勖不及"未详。"耇造德不降"，言召公去，则耇老成人之德不下于民，在郊之凤将不复得闻其鸣矣，况敢言进此而有感格乎？是时周方隆盛，鸣凤在郊。《卷阿》"鸣于高冈"者，乃咏其实，故周公云尔也。

10. （宋）黄伦《尚书精义》卷四十一《周书·君奭》

今在予小子旦，若游大川，予往暨汝奭其济，小子同未在位，诞无我责。收罔勖不及，耇造德不降，我则鸣鸟不闻，矧曰其有能格。

无垢曰，今我观朝廷之势，如游大川中，向非我与公左右协力辅赞成王以济此艰难，成王在位，如未即政。天下安平时，则我与召公无大责矣，其自任如此，可见周公之忠圣。夫以周公之圣，召公之贤，辅弼成王，疑若无难危事矣，而有大川之喻者，何也？盖天下之事以易自处，则百事皆忽，而祸起于谈笑，以难自处，则思患豫防，而功可成于不日。

又曰，周公之意，必欲辅成王，如商家诸人之格于皇天、上帝，使成王有不勉不及之心，则周、召当左右检束收敛之，使必如商家诸贤君可也。傥老成有德，如召公者以引去为高，不降意以辅成成王，以缵文、武之业，虽前有凤鸣岐山之瑞，我且不得与闻矣，况能格于皇天、上帝乎？

张氏曰，《易》以涉大川喻济大难。高宗之命傅说，若济巨川，用汝作舟楫，然则游大川者，非得臣以为之助，则莫之或济矣。周公自谓予小子旦，当周家艰难之事，若游大川然，故自今已往，暨汝君奭其济小子，助成王是也。若游大川者，必期于济，然后可以无沉溺之患。今我暨汝同心协力，以济成王，同成王未在位时，庶几乎可以无大责也。且成王未在位，未有所知，已得周公、召公为之左右，为之训导，遂至于奄有天下，而承文、武莫大之基绪。今既在位矣。复遭周家之大难，而成王有所

1609

不堪，而二公济之同未在位之时，则其所以辅于成王者，终始之道尽矣。此大臣之节，可以无大责也。

吕氏曰，周公说文王、武王得天之佑，又得许多人，方能济王业，今尽付与小子旦，如何独自做得，且如文、武之时比至如涉大川一般，正要召公同济此大险。周公说前时如此，今日却自教我一人担当此大事，一人划船，如何划得过岸也。

11.（宋）陈经《尚书详解》卷三十六《周书·君奭》

今在予小子旦，若游大川，予往暨汝奭其济，小子同未在位，诞无我责。收罔勖不及，耇造德不降，我则鸣鸟不闻，矧曰其有能格。

文王之治，五人者为之；武王之治，四人者为之。况今日成王之治未成，召公其可不以五人、四人者为心乎？予小子旦，视今之天下，如游大川，然以其险而难济也，任重而不克胜也，必得召公同心辅政，则可。予自今以往，暨汝奭，济小子成王于大川之险，亦如未在位时。召公之心岂不谓成王已即政，已在位，能胜其任矣。殊不知任大责重，非成王所能当。在召公视之，亦当与未在位时同也。"诞无我责"，汝召公不须责我，以为我不当挽留召公也。"收罔勖不及耇造德不降"，收，藏也。勖，勉也。耇造，老成之称也。尔召公倘有意收藏韬晦，无能勉其所不及，则是老成人不肯降下其心，以辅成王也。周家之治，有不逮处，尚望召公加勉，则可。既不能勉所不及，老成人不降下其心，则鸣凤之祥不复闻，矧况敢望其至治之极乎？文王兴于岐山时，有鸣凤之祥，此治之感召也。然则，召公安得不加勉乎？

12.（宋）钱时《融堂书解》卷十五《周书·君奭》

（归善斋按，见"公曰，君奭，在昔，上帝割申劝宁王之德，其集大命于厥躬"）

13.（宋）魏了翁《尚书要义》卷十六《周书·君奭、蔡仲、多方》

二十三、周公虽还政，犹与召公同任济川之责。

正义曰，周公既以还政，则是舍重任矣，而犹言今任重在我小子旦者，周公既摄王政，又须传授得人，若其不能负荷，仍是周公之负，以嗣子劣弱，故言今任重犹在我小子旦也。彼四人者，能翼赞初基，佐成王业，我不能同于四人，望有大功，惟求救溺而已。《诗》云"泳之游之"，《左传》称"阎敖游涌而逸"，则游者入水浮渡之名，譬若成王在于大川，我往与汝奭，其同共渡济成王，若云从此向川，故言"往"也。

14. （宋）陈大猷《书集传或问》卷下《周书·君奭》

（归善斋按，未解）

15. （宋）胡士行《尚书详解》卷十《周书·君奭第十八》

（归善斋按，见"武王惟兹四人尚迪有禄"）

16. （元）吴澄《书纂言》卷四下《周书·君奭》

今予小子旦，若游大川，予往暨汝奭其济，小子同未在位，诞无我责。收罔勖不及，耇造德不降，我则鸣鸟不闻，矧曰其有能格。

游，浮水也。当此重任，若游大川，予之往也。与汝共游，其思所以济我而至于岸。周公居东时，召公专任国事。今周公虽已归而在位，然谓召公今日任事当同于昔日，我未在位之时，大无诿责于我，而欲去。造，犹修为也。鸣鸟，凤也。时周方隆盛，鸣凤在郊。召公若收敛而去，无以勖我之所不及，耇老退处，自修其德，而德不降下于民，则我不能保今日之盛，在郊之凤，将不复鸣，况曰能格于天乎？

17. （元）陈栎《书集传纂疏》卷五《朱子订定蔡氏集传·周书·君奭》

今在予小子旦，若游大川，予往暨汝奭其济，小子同未在位，诞无我责。收防勖不及，耇造德不降，我则鸣鸟不闻，矧曰其有能格。

小子旦，自谦之称也。浮水曰游。周公言，承文武之业，惧不克济，若浮大川，罔知津涯，岂能独济哉？予往与汝召公，其共济可也。小子，

1611

成王也。成王幼冲，虽已即位，与未即位同。诞，大也。大无我责，上疑有阙文。"收罔勖不及"未详。"耇造德不降"，言召公去，则耇老成人之德不下于民，在郊之凤，将不复得闻其鸣矣，况敢言进此而有感格乎？是时周方隆盛，鸣凤在郊。《卷阿》"鸣于高冈"者，乃咏其实，故周公云尔也。

纂疏：

孔氏曰，我往与汝奭，其共济渡成王。

愚谓，大无专责于我，召公苟收敛退藏，不勉王所不及，以老成之德自居，不降心以相从，则治不克终？我恐鸣凤之祥不复闻矣，况曰其有能如古人之格天格帝乎？然此等句，实聱牙难通，惟挽留召公之意，犹可认耳。

18.（元）许谦《读书丛说》卷六《周书·君奭》

（归善斋按，未解）

19.（元）董鼎《书传辑录纂注》卷五《周书·君奭》

今在予小子旦，若游大川，予往暨汝奭其济，小子同未在位，诞无我责。收罔勖不及，耇造德不降，我则鸣鸟不闻，矧曰其有能格。

小子旦，自谦之称也。浮水曰游。周公言，承文武之业，惧不克济，若浮大川，罔知津涯，岂能独济哉？予往与汝召公，其共济可也。小子，成王也。成王幼冲，虽已即位，与未即位同。诞，大也。大无我责上，疑有阙文。"收罔勖不及"未详，"耇造德不降"，言召公去，则耇老成人之德不下于民，在郊之凤，将不复得闻其鸣矣，况敢言进此，而有感格乎？是时周方隆盛，鸣凤在郊。《卷阿》"鸣于高岗"者，乃咏其实，故周公云尔也。

纂注：

夏氏曰，大无尽责于我一人。

息斋余氏曰，古注其济小子句，通"收罔勖不及"，吕云召公若收敛退藏，罔勖勉成王之所不逮，亦通。

张子曰，"耇造德降"，则民诚和而凤可致，故鸣鸟闻，所以为和气之应也。

王氏炎曰，文王之兴，凤鸣岐山，为周受命之符。召公苟去，固不能如五臣辅文王，以闻鸣凤之祥，况能如伊陟、臣扈之格天格帝乎？

20. （元）朱祖义《尚书句解》卷十《周书·多方第二十》

今在予小子旦，若游大川（今旦身任重责，如游大川之中，险而难济），予往暨汝奭，（我自今以往，与汝召公奭），其济小子（其济渡小子成王，于大川之中），同未在位（辅赞之诚，亦如成王未在位之时），诞无我责（其任甚重，大无责我留汝）。

21. （明）王樵《尚书日记》卷十三《周书·君奭》

"今在予小子旦若游大川"至"矧曰其有能格"。

以游大川喻，欲与召公共济。召公意谓王已临政，天下事已略定，其它周公一人自足以任之，故周公言大无我责，欲敛德而退，罔勖勉我之不及，公去则耇老成人之德不下于民，在郊之凤，将不复闻其鸣，矧曰其有能感格于天乎？正义曰，《诗·卷阿之九》章曰"凤凰鸣矣，于彼高冈"，则成王之时，凤凰至也。凤凰至，见太平，此恐其不复能然，故戒之。此经之意，言功格上天难于致凤，故以鸣凤况之。

22. （清）库勒纳等撰《日讲书经解义》卷十《周书·君奭》

今在予小子旦，若游大川。予往暨汝奭其济，小子同未在位，诞无我责。收罔勖不及，耇造德不降，我则鸣鸟不闻，矧曰其有能格。

此一节书是，实勉召公匹休周之五臣、四臣，以辅君，嗣德保业也。小子旦，是周公自谦之称。浮水曰游。耇造，是老成人。鸣鸟，是鸣凤。周自文王及成王时，皆有此瑞。格，感格也。周公又曰，今王业艰难，幼冲在位，我小子旦，惧不克济，若浮于大川，罔知津涯，岂能独济哉。我自今以往，与汝奭同心辅导，共济艰难可也。盖嗣王幼冲，虽已即位，与未即位同，正赖贤臣相与夹辅，汝大不可以此专责于我，而遂求去也。若汝敛迹而退，不肯勉力以助我之不及，则耆老成人之德不下于民，在郊之凤，将不复得闻其鸣矣，况敢言进此而有感格乎。然则汝之不可去明矣。

（元）王充耘《读书管见》卷下《君奭》

予往暨汝奭，其济。

其者，期必之辞，未敢以为决然也。言若游大川，独力岂能济，与汝召公同往，庶几其有济耳。

（明）马明衡《尚书疑义》卷六《周书·君奭》

"小子同未在位"，当云不可以今日亲政，便欲退去，宜同心共济，辅佐小子，同于未在位之时也。"诞无我责，收罔勖不及，耇造德不降"数语，如息斋之说亦通，但亦只是以意为之说耳。

（清）朱鹤龄《尚书埤传》卷十三《周书·君奭》

诞无我责，收罔勖不及

蔡传，上句疑阙文，下句未详。陈师凯曰，"诞无我责"，言大无专责于一人也。"收罔勖不及"，言召公收敛退避，不勖勉王所不及也。此等句实聱牙难通。

收罔勖不及，耇造德不降，
我则鸣鸟不闻，矧曰其有能格

1.（汉）孔氏传、（唐）陆德明音义、孔颖达疏《尚书注疏》卷十五《周书·君奭》

收罔勖不及，耇造德不降，我则鸣鸟不闻，矧曰其有能格。

传，今与汝留辅成王，欲收教无自勉不及道义者，立此化，而老成德不降意为之，我周则鸣凤不得闻，况曰其有能格于皇天乎。

音义，造，才老反，一音七到反。鸣鸟，马云，鸣鸟谓凤皇也。本或作鸣凤者，非。

疏，正义曰，我留，与汝辅王者，欲收教无自勉力不及道义者，我今欲立此化，而老成德之人不降意为之，我周家则鸣凤之鸟，尚不得闻知，况曰其有能格于皇天者乎。

传正义曰，王朝之臣，有不勉力者，今与汝留辅成王者，正欲收敛教诲无自勉力不及道义者，当教之勉力，使其及道义也。我欲成立此化，而老成德之人，不肯降意为之，我周家则鸣凤尚不闻知，况曰其有能如伊尹之辈，使其功格于皇天乎，言太平不可冀也。经言"耇造德不降"者，周公以已年老，应退而留，因即传言已类，言己若退，则老成德者，悉皆退自逸乐，不肯降意为之，政无所成，祥瑞不至，我周家则鸣凤不得闻。则凤是难闻之鸟，必为灵瑞之物，故以鸣鸟为鸣凤。孔子称"凤鸟不至"，是凤鸟难闻也。《诗·大雅·卷阿》之篇，歌成王之德，其九章曰"凤皇鸣矣，于彼高冈"，郑云，因时凤皇至，故以喻焉，则成王之时，凤皇至也。《大雅》正经之作，多在周公摄政之后，成王即位之初，则周公言此之时，已凤皇至，见太平矣。而复言此者，恐其不复能然，故戒之。此经之意，言功格上天，难于致凤，故以鸣凤况之格天。按《礼器》云"升中于天，而凤皇降，龟龙假"。升中，谓功成告天也。如彼《记》文，似功至于天，凤皇乃降，此以鸣凤易致，况格天之难者乎。《记》以龙凤有形，是可见之物，故以凤降龙至，为成功之验，非言成功告天，然后此物始至也。

2. （宋）苏轼《书传》卷十五《周书·君奭第十八》

收罔勖不及，耇造德不降，我则鸣鸟不闻，矧曰其有能格。

周人以"鹭鹭鸣于岐山"为文王受命之符，故其诗曰"凤皇鸣矣，于彼高冈"。我与汝奭，皆文王旧臣，同闻鸣鸟者也。我与汝同闻见受命之符，而今又同辅孺子，其可以不俟王业之大成，而言去乎？我当收蓄成王不勉不及之心，又当留汝奭耇老成人，以自助。汝若不降意小留，则是天不欲我终王业，定天命也。天如不欲我终王业，定天命，则当时必不使我与汝同闻鸣鸟矣，况能格于皇天乎？

1615

3.（宋）林之奇《尚书全解》卷三十三《周书·君奭》

（归善斋按，见"今在予小子旦，若游大川，予往，暨汝奭其济，小子同未在位，诞无我责"）

4.（宋）史浩《尚书讲义》卷十七《周书·君奭》

（归善斋按，见"武王惟兹四人尚迪有禄"）

5.（宋）夏僎《尚书详解》卷二十一《周书·君奭》

（归善斋按，见"公曰，君奭，在昔，上帝割申劝宁王之德，其集大命于厥躬"）

6.（宋）时澜《增修东莱书说》卷二十六《周书·君奭第十八》

（归善斋按，见"公曰，君奭，在昔，上帝割申劝宁王之德，其集大命于厥躬"）

7.（宋）黄度《尚书说》卷六《周书·君奭》

（归善斋按，见"今在予小子旦，若游大川，予往，暨汝奭其济，小子同未在位，诞无我责"）

8.（宋）袁燮《絜斋家塾书钞》卷十二《周书·君奭》

（归善斋按，见"今在予小子旦，若游大川，予往，暨汝奭其济，小子同未在位，诞无我责"）

9.（宋）蔡沈《书经集传》卷五《周书·君奭》

（归善斋按，见"今在予小子旦，若游大川，予往，暨汝奭其济，小子同未在位，诞无我责"）

10. (宋)黄伦《尚书精义》卷四十一《周书·君奭》

(归善斋按,见"今在予小子旦,若游大川,予往,暨汝奭其济,小子同未在位,诞无我责")

11. (宋)陈经《尚书详解》卷三十六《周书·君奭》

(归善斋按,见"今在予小子旦,若游大川,予往,暨汝奭其济,小子同未在位,诞无我责")

12. (宋)钱时《融堂书解》卷十五《周书·君奭》

(归善斋按,见"公曰,君奭,在昔,上帝割申劝宁王之德,其集大命于厥躬")

13. (宋)魏了翁《尚书要义》卷十六《周书·君奭、蔡仲、多方》

(归善斋按,未引)

14. (宋)陈大猷《书集传或问》卷下《周书·君奭》

(归善斋按,未解)

15. (宋)胡士行《尚书详解》卷十《周书·君奭第十八》

(归善斋按,见"武王惟兹四人尚迪有禄")

16. (元)吴澄《书纂言》卷四下《周书·君奭》

(归善斋按,见"今在予小子旦,若游大川,予往,暨汝奭其济,小子同未在位,诞无我责")

17. (元)陈栎《书集传纂疏》卷五《朱子订定蔡氏集传·周书·君奭》

(归善斋按,见"今在予小子旦,若游大川,予往,暨汝奭其济,小子同未在位,诞无我责")

18.（元）许谦《读书丛说》卷六《周书·君奭》

（归善斋按,未解）

19.（元）董鼎《书传辑录纂注》卷五《周书·君奭》

（归善斋按,见"今在予小子旦,若游大川,予往,暨汝奭其济,小子同未在位,诞无我责"）

20.（元）朱祖义《尚书句解》卷十《周书·多方第二十》

收罔勖不及（召公倘果于去国收藏韬晦,无能勉其所不及）,耇造德不降（则是国之老臣造德在躬,不肯降下及民。耇,苟）,我则鸣鸟不闻（我则不闻鸣凤之祥）,矧曰其有能格（其敢言有至治之极）。

21.（明）王樵《尚书日记》卷十三《周书·君奭》

（归善斋按,见"今在予小子旦,若游大川,予往,暨汝奭其济,小子同未在位,诞无我责"）

22.（清）库勒纳等撰《日讲书经解义》卷十《周书·君奭》

（归善斋按,见"今在予小子旦,若游大川,予往,暨汝奭其济,小子同未在位,诞无我责"）

（元）陈师凯《蔡氏传旁通》卷五《君奭》

《卷阿》"鸣于高冈"者,乃咏其实,故周公云尔。
《卷阿》召公所作,曰"凤凰鸣矣,于彼高冈",盖众人之所闻,见喻大贤,处高显之地。召公既言之矣,今乃求去,故周公云"我则鸣鸟不闻"也。

（明）马明衡《尚书疑义》卷六《周书·君奭》

（归善斋按，见"今在予小子旦，若游大川，予往，暨汝奭其济，小子同未在位，诞无我责"）

（明）陈第《尚书疏衍》卷四《周书·君奭》

（归善斋按，见"今在予小子旦，若游大川，予往，暨汝奭其济，小子同未在位，诞无我责"）

（清）朱鹤龄《尚书埤传》卷十三《周书·君奭》

（归善斋按，见"今在予小子旦，若游大川，予往，暨汝奭其济，小子同未在位，诞无我责"）

（清）王夫之《尚书稗疏》卷四下《周书·君奭》

鸣鸟。

谓鸣鸟为凤者，不知所本。鸟为统名，凤特其一。鸟皆能鸣，岂但凤然哉？《卷阿》之诗所云"凤皇鸣矣，于彼高冈"者，亦诗人兴比之词耳。兴固有不因所见而起者，而况于比如宫人之咏后妃，亦安得至河洲，而睹雎鸠？且《卷阿》之诗作于召公，绎其文旨，大抵在周公归老之后，则此言"鸣鸟不闻"者，其在凤鸟已至之余乎，抑凤鸟已至之前也。如在凤未至之前，则周公即刻画己德以明祥瑞，而安知瑞应之至，不为醴泉、朱草、黄龙、白麟，而必以凤哉？如在凤鸟已至之后，则其鸣固可得而闻矣，而又何以云"不闻"耶？蔡氏乃云，在郊之凤，将不复得闻其鸣，岂周公必欲此凤，且夕嗷嗷于耳侧乎？使然，则亦春之莺秋之蝉而不足为凤矣且鸣凤之闻实天休所锡则既能有格而后可以致凤今云鸣凤不闻，矧能有格，则是有格难，而鸣凤易闻也，岂凤既至而尚不可谓有格乎？求之经文，但言鸟而不言凤，其云鸣而不闻者，特不闻而非不鸣也。犹所谓寸叶蔽目不见泰山两豆塞耳不闻雷霆盖以甚言在家不知国政则隔垣之外音响不宣，虽鸟之鸣噪，且不能闻，而况冥不可知之天命，其能有格乎？传注附会失实，乃使本文失理，不足采也。

公曰，呜呼！君肆其监于兹，我受命，无疆惟休，亦大惟艰

1.（汉）孔氏传、（唐）陆德明音义、孔颖达疏《尚书注疏》卷十五《周书·君奭》

公曰，呜呼！君肆其监于兹，我受命，无疆惟休，亦大惟艰。

传，以朝臣无能立功至天，故其当视于此，我周受命，无穷惟美，亦大惟艰难，不可轻忽谓之易治。

疏，正义曰，周公叹而呼召公曰，呜呼，君我以朝臣无能立功至天之故，故君其当视于此，请视此朝臣无能立功之事，我周家受天之命，无有境界惟美，亦大惟艰难，不可轻忽谓之易治。

2.（宋）苏轼《书传》卷十五《周书·君奭第十八》

公曰，呜呼！君肆其监于兹，我受命，无疆惟休，亦大惟艰。告君，乃猷裕我。

谋广我意。

不以后人迷。

3.（宋）林之奇《尚书全解》卷三十三《周书·君奭》

（归善斋按，见"今在予小子旦，若游大川，予往，暨汝奭其济，小子同未在位，诞无我责"）

4.（宋）史浩《尚书讲义》卷十七《周书·君奭》

公曰，呜呼！君肆其监于兹，我受命，无疆惟休，亦大惟艰。告君，乃猷裕，我不以后人迷。公曰，前人敷乃心，乃悉命汝，作汝民极，曰汝明勖，偶王在亶，乘兹大命。惟文王德，丕承无疆之恤。公曰，君，告汝，朕允，保奭，其汝克敬，以予监于殷丧大否，肆念我天威，予不允惟

若兹诰。予惟曰，襄我二人，汝有合哉。

周公既已陈平生相与之意，以勉其留，而宽其不说之心矣。兹又言己之受命于武王者，有无疆之休，亦有无疆之艰，表其成治之不易也。故先告以"君肆其监于兹"，又告以"君乃猷裕我不以后人迷"。猷，谋也，当谋于宽裕，以须其治之成，勿以不说而遽去。后王之迷悟在我，乌可不任其责哉？前人，武王也；后人，成王也。武王，非独命我，亦敷其心腹以悉命汝，是其委任与我同也。"作汝民极"是望汝为民之极，若曰"民心罔中，惟尔之中"也。于是复述武王命二人之言，曰"汝明勖偶王"。夫偶，对也，二人同心之意也。周公为师，召公为保，相成王为左右，言其相须，岂可相舍哉？亶，信也。在亶者，在乎自信，以"乘兹大命"也。我文考之念后人，有无疆之忧，在汝二人丕承而已。夫人臣托六尺之孤。竭其力继之以死可也，岂可以社稷未安，而徒怀忧乎？周公又曰，"告汝朕允"，允，信也，言我之言，出于信汝保奭，当克敬也。我视商之所以丧乱，以无人若伊尹、伊陟、臣扈、巫咸、巫贤、甘盘之徒为之偶也。否，不然也。微子之言纣曰"咈其耇长，旧有位人"。既不用老成人，所谓"大否"也。天威不远，有臣如此，无臣如彼，可谓明效矣。予言苟出于不信，岂敢若此多诰，实欲赞我二人，使终其始。汝试思之，当有合于人心。有合于人心，则无商之"大否"矣。

5.（宋）夏僎《尚书详解》卷二十一《周书·君奭》

公曰，呜呼！君肆，其监于兹，我受命无疆惟休，亦大惟艰。告君，乃猷裕我，不以后人迷。公曰，前人敷乃心，乃悉命汝，作汝民极，曰，汝明勖，偶王在亶，乘兹大命。惟文王德，丕承无疆之恤。

此周公又更端，言召公不可不留之意。周公叹而吁召公曰，君今当遂监视我此言，我国家受命于天而为天子，可谓无疆界广大之休美。然有道而持之，则大安也，大荣也。无道而持之，则大危也，大辱也。能持与不能持之间，而安危分焉。是亦大惟艰难矣。今日利害如此，我所以告君，君必当谋所以宽裕于我。盖谓召公若去，周公以一身当天下，必遑遽憯迫，不得安暇，若留以共治，则三圣贤燮理于一朝之上，其治天下必绰绰有余裕故也。然召公果留，则非特周公得以宽暇，而共治辅正成王。成王有所施设，皆将粹然一出于正，而后人承之必不错迷。若成王失其正，则后人必迷错矣。此周公所以欲召公谋所以裕我，不使后人迷错也。周公既告以此，又更端称文武当时命召公之意，以告之，欲其念文、武责成之意，必留而不去也。周公谓。文、武昔日敷布其心腹之言，而悉命于汝，悉命谓以天下之大，尽命召公，使为汝所治之民之所取中，而其命之之言曰，汝明然自勉，以作配于王。盖臣所以配君，故谓之"偶王"。此盖当时文武命之之言，周公举而告之。周公既举此言，故又勉召公谓，汝今日惟在以诚信，乘载文、武此莫大之命，常思文武之德，不可遽去，且勉留，以大承今日国家无疆界之忧。其意，盖欲召公留，与任艰难之责也。

6.（宋）时澜《增修东莱书说》卷二十六《周书·君奭第十八》

公曰，呜呼，君肆，其监于兹，我受命，无疆惟休，亦大惟艰。告君乃猷裕我，不以后人迷。

周公历陈文、武股肱之盛，复叹息告召公，肆其监于兹，勉其视此而自强也。"我受命，无疆惟休，亦大惟艰"者，周公深思王业，一则以喜，一则以惧。文、武之受命，其休则无疆也。迹夫后稷、公刘以来积累缔造、盖亦艰难之大者也。思其休。岂不可喜，固当有以承之。思其艰，岂不可惧，固当有以保之。苟欲洁其身而不为社稷深长之虑，则亦硁硁然狭隘之甚矣。"告君乃猷裕"者，告召公勿狭隘欲去，盍谋所以宽裕者可也。郑氏谓，召公不说，似隘急，故令谋于宽裕是也。盖大臣之位，百责所萃，震撼击撞，欲其镇定；辛甘燥湿，欲其调齐；盘错棼结，欲其解纾；黮暗污浊，欲其茹纳。自非旷度洪量，与夫患失干没者，未尝无翩然舍去之意。况召公亲遭大变，破斧缺斨之时，屈折调护，心劳力瘁，又非平时大臣之比。顾以成王未亲政，不敢乞身耳。一旦政柄有归，方欲偿前日之志，而反不得遂焉，此所以鞅鞅不悦也，是则然矣。盍谋所以宽裕者乎。诚宽裕其心，远思文武王业之艰难，展布四体，为久大之规摹，则向来倦厌急狭之病，自融释于平宽之域矣。"我不以后人迷"者，周公言，我终不独善，而使后人迷乱，此盖自言其所以不去者，而亦以勉召公也。

7. （宋）黄度《尚书说》卷六《周书·君奭》

公曰，呜呼！君肆，其监于兹，我受命，无疆惟休，亦大惟艰。告君乃猷裕，我不以后人迷。

君当遂监于此，理义此为重也，去轻留重。文、武受命虽美，亦大艰难，告君以道宽裕，我则当留辅后人，不使迷惑。周、召佐文、武造周，天命未固，诚不当去。召公明人臣常义，周公以其义稍变，故反复推明之，欲使召公以道宽裕，我勿拘迫为一切也。

8. （宋）袁燮《絜斋家塾书钞》卷十二《周书·君奭》

公曰，呜呼！君肆，其监于兹，我受命，无疆惟休，亦大惟艰。告君乃猷裕，我不以后人迷。

"我受命，无疆惟休，亦大惟艰"，即召公所谓"今王受命，无疆惟休，亦无疆惟恤"之意也。大抵有莫大之休美，便有莫大之艰难。人主据富贵崇高之势，可谓无疆之休矣。然亦有无限可忧、可惧者，盖此事常相对，未尝只有一边，这边有一分，那边便有一分随其所处之不同。位愈隆，则忧愈重。好处愈多，则不好处亦多。后世人主，大抵只知有无疆之休，不知有莫大之艰，所以周、召恳恳如此。"告君乃猷裕。我不以后人迷"，古人须要到这裕处。裕者，绰然有余。在我常常弘裕也，若自视迫窄，岂所谓裕哉。好问则裕；自用则小。大抵得人辅助。自然是宽裕。苟一己自用，自然是不足。周公以为召公苟去，则在我者不裕矣，要须勉为我留，共辅成王之业，则我绰绰乎有余裕，而人主亦不至于迷惑矣。后人，指成王言也。其德常聪明，而无有惑乱，是之谓不迷。

9. （宋）蔡沈《书经集传》卷五《周书·君奭》

公曰，呜呼！君肆，其监于兹，我受命，无疆惟休，亦大惟艰。告君乃猷裕，我不以后人迷。

肆，大；猷，谋也。兹，指上文所言。周公叹息，欲召公大监视上文所陈也。我文、武受命，固有无疆之美矣，然迹其积累缔造，盖亦艰难之大者，不可不相与，竭力保守之也。告君谋所以宽裕之道，勿狭隘求去。

我不欲后人迷惑而失道也。

吕氏曰，大臣之位，百责所萃，震撼击撞，欲其镇定；辛甘燥湿，欲其调齐；盘错棼结，欲其解纾；黮暗污浊，欲其茹纳。自非旷度洪量，与夫患失干没者，未尝无翩然舍去之意。况召公亲遭大变，破斧缺斨之时，屈折调护，心劳力瘁，又非平时大臣之比。顾以成王未亲政，不敢乞身尔。一旦政柄有归，浩然去志，固人情之所必至。然思文武王业之艰难，念成王守成之无助，则召公义未可去也。今乃汲汲然求去之，不暇其迫切已甚矣。盖谋所以宽裕之道，图功攸终，展布四体，为久大规模，使君德开明，未可舍去而听后人之迷惑也。

10.（宋）黄伦《尚书精义》卷四十一《周书·君奭》

公曰，呜呼！君肆，其监于兹，我受命，无疆惟休，亦大惟艰。告君乃猷裕，我不以后人迷。

无垢曰，有无疆之休，必有无疆之恤，得其人则有无疆之休美，非其人则有无穷之艰难矣。召公视此，其可不留在朝廷乎？以此知周公之留，未尝有一毫为人谋也，为天下国家而已矣。

又曰，周公以谓为召公计，当谋以宽裕为心。以宽裕为心，而不以引去为高，则周公之心已宽裕矣。岂特周公宽裕，贤者举动必为世法。事君以宽裕为心，期以岁月致君于尧舜之上，不当急迫以引去为高，则后世之为人臣者，皆显然知宽裕为臣子之道也。使召公以引去为高，则后人皆迷于事君之义矣。

张氏曰，贵为天子，富有天下，则我之周家受命，可谓有无疆之休矣。然而不钦厥德，则早坠厥命。不常厥德，则九有以亡，故曰"亦大惟艰"。"告君乃猷裕，我不以后人迷"者，周公告召公使之长虑，却顾当谋所以裕我者，使我绰绰然而有裕也。召公之所以谋裕周公者，岂有他哉，盖亦启迪成王而引之以当道，使之不失为持盈守成之君，此周公所以裕也。

11.（宋）陈经《尚书详解》卷三十六《周书·君奭》

公曰，呜呼！君肆，其监于兹，我受命，无疆惟休，亦大惟艰。告君乃猷裕，我不以后人迷。

君奭，不可不以此为监。文王之功如彼，而今日之治未成如此，其当监视于此，我周家受命，虽有无穷之休矣，然有以基之于前，无以成之于后，则前功不可保，岂非亦有大艰难者乎。告君奭当谋所以宽绰其心。欲去者，其心迫窄故也。宽其心，则当为成王留。"我不以后人迷惑"之意，岂为目前苟安而已哉，诚欲后人有所观法，有所循守，不至于迷惑也。此周公所以开召公之心也。

12.（宋）钱时《融堂书解》卷十五《周书·君奭》

公曰，呜呼！君肆，其监于兹，我受命，无疆惟休，亦大惟艰。告君乃猷裕，我不以后人迷。

天下事业，皆从裕中做出。裕则不迫，从容有成。一"裕"字，正切不悦之病。

13.（宋）魏了翁《尚书要义》卷十六《周书·君奭、蔡仲、多方》

（归善斋按，未引）

14.（宋）陈大猷《书集传或问》卷下《周书·君奭》

吕氏曰，大臣之位，百责所萃，震撼击撞，欲其镇定；辛甘燥湿，欲其调齐；盘错纷结，欲其解纾；黮暗污浊。欲其茹纳。自非旷度洪量，未尝无翩然舍去之意，所以欲其猷裕也。又曰，周公勉召公以敬，夫召公所谓不存者，岂若常人然哉，亦毫厘之间耳。惟周公能见而治之，微有不宽，随以猷裕开之；微有不存，随以克敬敛之。开敛于眇忽将形之际，以洙泗炉锤之妙，而用于丰镐鼎铉之间也。

15.（宋）胡士行《尚书详解》卷十《周书·君奭第十八》

公曰，呜呼！君肆其监于兹（前所举商、周辅相之事），我（周）受命无疆惟休（美），亦大维艰（难）。告君，乃猷（谋）裕（宽裕之道），

1625

我不（敢）以后人迷。

裕则休，迷则艰矣。君与我当交尽其心可也。

16.（元）吴澄《书纂言》卷四下《周书·君奭》

公曰，呜呼！君肆，其监于兹，我受命，无疆惟休，亦大惟艰。告君乃猷裕，我不以后人迷。

周公历述殷、周世臣，又叹而言，令召公监视于此者，以我家受命为天子，固有无穷之休祥，然天命未易保，亦有至大之艰难。我告汝以予心所谋，汝当有以裨益我，使我不以文、武之后人，昏迷于永保天命之道也。

17.（元）陈栎《书集传纂疏》卷五《朱子订定蔡氏集传·周书·君奭》

公曰，呜呼！君肆，其监于兹，我受命，无疆惟休，亦大惟艰。告君乃猷裕，我不以后人迷。

肆，大；猷，谋也。兹，指上文所言。周公叹息，欲召公大监视上文所陈也。我文、武受命，固有无疆之美矣，然迹其积累缔造，盖亦艰难之大者不可不相与，竭力保守之也。告君谋所以宽裕之道，勿狭隘求去，我不欲后人迷惑而失道也。

吕氏曰，大臣之位，百责所萃，震撼击撞，欲其镇定；辛甘燥湿，欲其调齐；槃错棼结，欲其解纾；黭暗污浊，欲其茹纳。自非旷度洪量，与夫患失干没者，未尝无翩然舍去之意。况召公亲遭大变，破斧缺斨之时，屈折调防，心劳力瘁，又非平时大臣之比。顾以成王未亲政，不敢乞身尔。一旦政柄有归，浩然去志，固人情之所必至，然思文、武王业之艰难，念成王守成之无助，则召公义未可去也。今乃汲汲然求去之，不暇其廹切已甚矣。盍谋所以宽裕之道，图功攸终，展布四体，为久大规模，使君德开明，未可舍去，而听后人之迷惑也。

纂疏：

吕氏曰，我终不独善，而使后人迷惑。周公自言，所以不去者，以勉召公也。

愚谓，不以后人迷，如以其君霸，以其君显之以留而明保，启迪成王，是不以后人迷；去而听其迷惑，是以后人迷也。

18. （元）许谦《读书丛说》卷六《周书·君奭》

（归善斋按，未解）

19. （元）董鼎《书传辑录纂注》卷五《周书·君奭》

公曰，呜呼！君肆，其监于兹，我受命，无疆惟休，亦大惟艰。告君乃猷裕，我不以后人迷。

肆，大；猷，谋也。兹，指上文所言。周公叹息，欲召公大监视上文所陈也。我文、武受命，固有无疆之美矣，然迹其积累缔造，盖亦艰难之大者，不可不相与，竭力保守之也。告君谋所以宽裕之道，勿狭隘欲去，我不欲后人迷惑而失道也。

吕氏曰，大臣之位，百责所萃，震撼击撞，欲其镇定；辛甘燥湿，欲其调齐；盘错棼结，欲其解纾；黮暗污浊，欲其茹纳。自非旷度洪量，与夫患失干没者，未尝无翩然舍去之意。况召公亲遭大变，破斧缺斨之时，屈折调防，心劳力瘁，又非平时大臣之比。顾以成王未亲政，不敢乞身耳。一旦政柄有归，浩然去志，固人情之所必至。然思文、武王业之艰难，念成王守成之无助，则召公义未可去也。今乃汲汲然求去之，不暇其廹切已甚矣。盖谋所以宽裕之道，图功攸终，展布四体，为久大规模，使君德开明，未可舍去，而听后人之迷惑也。

纂注：

郑氏曰，召公不悦，似隘急，故令谋于宽裕。

吕氏曰。周公自言，我终不独善，而使后人迷惑。自言所以不去者，以勉召公也。

陈氏曰，不以后人迷，谓欲使后人嗣前人恭明德，不至于遏佚前人光也。

新安陈氏曰，不以后人迷，如以其君霸，以其君显之以留，而明保启迪成王，是不以后人迷也；去而听其迷惑，是以后人迷也。

20.（元）朱祖义《尚书句解》卷十《周书·多方第二十》

公曰，呜呼！君（称召公而告之），肆其监于兹（当监视于此），我受命，无疆惟休（我周受天命，虽有无穷之休美），亦大惟艰（亦大有艰难之事）。

21.（明）王樵《尚书日记》卷十三《周书·君奭》

"公曰，呜呼！君肆，其监于兹"至"我不以后人迷"。

兹，指上文所言，告召公肆其监视于此，我文、武受命，固有无疆之美，然迹其积累缔造，盖亦艰难之大者，不可不相与，竭力保守之也。告君盍谋所以宽裕之道乎，苟欲独洁其身，而不为社稷深长之虑，则亦狭隘之甚矣。我道惟宁王德延，终不独善，而以后人迷也。以如以其君霸之以留，而启迪则以予小子，扬文、武烈。去而莫知适从，则是我以其君迷尔。

22.（清）库勒纳等撰《日讲书经解义》卷十《周书·君奭》

公曰，呜呼！君肆，其监于兹，我受命，无疆惟休，亦大惟艰。告君乃猷裕，我不以后人迷。

此一节书是，申结上文，而留召公也。肆，大也。兹字，指上文言。猷，谋也。裕，宽大之意。后人，指成王。周公曰，呜呼！我前言文、武，皆赖贤臣而望君以共济。此是恳切之言，君宜大监视于此，不可忽也。盖我周文、武诞受天命，开子孙万世之业，固有无疆休美，然其积累缔造，亦大是艰难。我今告君，宜谋所以自处宽裕之道，为国家长久之虑，毋徒狭隘求去为也。盖君德成就，系于贤臣，若汝迫切求去，则嗣王之德，何日开明，前王之光，将至遏佚，故我拳拳留君者，正不使后人迷惑而失道，庶几文王艰难之业，可以保守于无穷也。君不勉为后人留，宁不为文王大业计哉？

（元）陈师凯《蔡氏传旁通》卷五《君奭》

震撼击撞，欲其镇定。

言所以处人心之未服者。

辛甘燥湿，欲其调齐（才细反）。

言所以处人情之未和者。

（元）陈师凯《蔡氏传旁通》卷五《君奭》

盘错棼结，欲其解纡（音舒）。

言所以处人事之未靖者。

黯暗污浊欲其茹纳。

言所以处人言之未顺者。

患失干没者。

患失，即《论语》所谓鄙夫干没出。《前汉张汤传》云，始为小吏干没。服虔曰，射成败也。如淳曰，豫居物以待之，得利为干，失利为没。干，音干。

召公亲遭大变破斧缺斨之时。

《诗》云"既破我斧又缺我斨"，言周公东征诛戮，兵器弊坏之时也。

（元）陈悦道《书义断法》卷五《周书·君奭》

君肆其监于兹，我受命无疆惟休，亦大惟艰，告君乃猷裕，我不以后人迷。

人不能大其所监，则必不能裕其所谋。若奭之所当肆监者，周公所言之辞也。君奭之所当猷裕者，前王后王之业也。我周文、武受命之美，实有艰难之责任。我周继王继述之重，实望夫明哲之作，则皆君奭所当宽裕其心，而远为之图者。故周公于召公之求去，力挽而详告之，能大监于此，则必能深谋于彼，庶几可以延洪文、武之天命，昭示嗣王之准则。艰者，不终难；而迷者，不终惑也。

1629

告君，乃猷裕，我不以后人迷

1.（汉）孔氏传、（唐）陆德明音义、孔颖达疏《尚书注疏》卷十五《周书·君奭》

告君，乃猷裕，我不以后人迷。

传，告君汝谋宽饶之道，我留与汝辅王，不用后人迷惑，故欲教之。

疏，正义曰，我今告君，汝当谋宽饶之道，以治下民，使其事可法，我不用使后世人迷惑，故欲教之也。

传正义曰，猷，训为"谋"，告君汝谋宽饶之道，故当以宽饶为法。我留与汝辅王，不用使后人迷惑怪之。无法则迷惑，故欲与汝作法，以教之。郑云，召公不说，似隘急，故今谋于宽裕也。

2.（宋）苏轼《书传》卷十五《周书·君奭第十八》

（归善斋按，见"君肆其监于兹，我受命，无疆惟休，亦大惟艰"）

3.（宋）林之奇《尚书全解》卷三十三《周书·君奭》

（归善斋按，见"今在予小子旦，若游大川，予往，暨汝奭其济，小子同未在位，诞无我责"）

4.（宋）史浩《尚书讲义》卷十七《周书·君奭》

（归善斋按，见"公曰，呜呼！君肆其监于兹，我受命，无疆惟休，亦大惟艰"）

5.（宋）夏僎《尚书详解》卷二十一《周书·君奭》

（归善斋按，见"公曰，呜呼！君肆其监于兹，我受命，无疆惟休，亦大惟艰"）

6. （宋）时澜《增修东莱书说》卷二十六《周书·君奭第十八》

（归善斋按，见"公曰，呜呼！君肆其监于兹，我受命，无疆惟休，亦大惟艰"）

7. （宋）黄度《尚书说》卷六《周书·君奭》

（归善斋按，见"公曰，呜呼！君肆其监于兹，我受命，无疆惟休，亦大惟艰"）

8. （宋）袁燮《絜斋家塾书钞》卷十二《周书·君奭》

（归善斋按，见"公曰，呜呼！君肆其监于兹，我受命，无疆惟休，亦大惟艰"）

9. （宋）蔡沈《书经集传》卷五《周书·君奭》

（归善斋按，见"公曰，呜呼！君肆其监于兹，我受命，无疆惟休，亦大惟艰"）

10. （宋）黄伦《尚书精义》卷四十一《周书·君奭》

（归善斋按，见"公曰，呜呼！君肆其监于兹，我受命，无疆惟休，亦大惟艰"）

11. （宋）陈经《尚书详解》卷三十六《周书·君奭》

（归善斋按，见"公曰，呜呼！君肆其监于兹，我受命，无疆惟休，亦大惟艰"）

12. （宋）钱时《融堂书解》卷十五《周书·君奭》

（归善斋按，见"公曰，呜呼！君肆其监于兹，我受命，无疆惟休，亦大惟艰"）

13. （宋）魏了翁《尚书要义》卷十六《周书·君奭、蔡仲、多方》

（归善斋按，未引）

14.（宋）陈大猷《书集传或问》卷下《周书·君奭》

（归善斋按，未解）

15.（宋）胡士行《尚书详解》卷十《周书·君奭第十八》

（归善斋按，见"公曰，呜呼！君肆其监于兹，我受命，无疆惟休，亦大惟艰"）

16.（元）吴澄《书纂言》卷四下《周书·君奭》

（归善斋按，见"公曰，呜呼！君肆其监于兹，我受命，无疆惟休，亦大惟艰"）

17.（元）陈栎《书集传纂疏》卷五《朱子订定蔡氏集传·周书·君奭》

（归善斋按，见"公曰，呜呼！君肆其监于兹，我受命，无疆惟休，亦大惟艰"）

18.（元）许谦《读书丛说》卷六《周书·君奭》

（归善斋按，未解）

19.（元）董鼎《书传辑录纂注》卷五《周书·君奭》

（归善斋按，见"公曰，呜呼！君肆其监于兹，我受命，无疆惟休，亦大惟艰"）

20.（元）朱祖义《尚书句解》卷十《周书·多方第二十》

告君乃猷裕（我今告召公，当谋宽裕其心，不可褊窄），我不以后人迷（我与汝共辅成王，一出于正，则后人循守不至迷惑）。

21.（明）王樵《尚书日记》卷十三《周书·君奭》

（归善斋按，见"公曰，呜呼！君肆其监于兹，我受命，无疆惟休，亦大惟艰"）

22.（清）库勒纳等撰《日讲书经解义》卷十《周书·君奭》

（归善斋按，见"公曰，呜呼！君肆其监于兹，我受命，无疆惟休，亦大惟艰"）

（元）陈悦道《书义断法》卷五《周书·君奭》

（归善斋按，见"公曰，呜呼！君肆其监于兹，我受命，无疆惟休，亦大惟艰"）

（明）马明衡《尚书疑义》卷六《周书·君奭》

"猷裕"者，宽裕之图，不为狭小迫隘之行也。凡人有狷介之性者，未免近乎迫隘而不宽。召公《旅獒》《召诰》之辞，皆是法度严紧，不肯苟且一毫放过，则其律己处事亦甚严矣。故于此欲去者，以义不可不去也。周公之留，已违其意，奉身而退，盖亦甚决，此所谓守经之法，但道理甚大。大臣之责，亦甚重，况王乃初年，殷未引考，其几一失。虽区区去就之义，何补兴丧之责？周公之意独拳拳，召公有所不及。此猷裕之言，所以发也。呜呼，持狷介之节者，而或虑其近乎隘；循宽裕之道者，则又恐其失乎经。大中不易之理，惟反而求诸吾心而已。然后世大臣之任，其轻重视古有间，其于去就之间，未易以宽裕自委，而使进退之义，卒不得以自明也。

公曰，前人敷乃心，乃悉命汝，作汝民极

1.（汉）孔氏传、（唐）陆德明音义、孔颖达疏《尚书注疏》卷十五《周书·君奭》

公曰，前人敷乃心，乃悉命汝，作汝民极。
传，前人文武布其乃心，为法度，乃悉以命汝矣，为汝民立中正矣。

音义，为，于伪反。

疏，正义曰，周公又言曰，前人文武布其乃心，制法度，乃悉命汝为民立中正之道矣，治民之法已成就也。

传正义曰，乃，缓辞，不训为"汝"。

2.（宋）苏轼《书传》卷十五《周书·君奭第十八》

公曰，前人敷乃心，乃悉命汝，作汝民极，曰汝明勖，偶王在亶，乘兹大命。惟文王德，丕承无疆之恤。

周公与召公同受武王顾命，辅成王，故周公曰，前人敷其心腹，以命汝位三公，以为民极，且曰汝当明勖孺子，如耕之有偶也。在于相信如车之有驭也，并力一心以载天命。念文考之旧德，以丕承无疆之忧。武王之言如此，而可以求去乎？

3.（宋）林之奇《尚书全解》卷三十三《周书·君奭》

（归善斋按，见"今在予小子旦，若游大川，予往，暨汝奭其济，小子同未在位，诞无我责"）

4.（宋）史浩《尚书讲义》卷十七《周书·君奭》

（归善斋按，见"公曰，呜呼！君肆其监于兹，我受命，无疆惟休，亦大惟艰"）

5.（宋）夏僎《尚书详解》卷二十一《周书·君奭》

（归善斋按，见"公曰，呜呼！君肆其监于兹，我受命，无疆惟休，亦大惟艰"）

6.（宋）时澜《增修东莱书说》卷二十六《周书·君奭第十八》

公曰，前人敷乃心，乃悉命汝作汝民极，曰，汝明勖，偶王在亶，乘兹大命。惟文王德，丕承无疆之恤。

此章举文武所以命召公者，以感动之也。"前人敷乃心，乃悉命汝作汝民极，曰汝明勖，偶王在亶，乘兹大命"者，前人文、武也。文、武布宣其心，乃悉倾倒以命汝召公，置之辅佐，仪刑具瞻，俾作汝民之根极，其命之辞，则曰"汝明"，明勉励以配偶辅佐王者，命之大如此，为召公者，在至诚服乘此大命，不可失坠。今而遽去，则是坠此命，而非乘此命矣。"惟文王德，丕承无疆之恤"者，又追文王之殊遇以感之，召公纵不为成王留，不为周公留，盍亦惟念文王前日眷遇之厚德，为我周家，大受无穷之忧责乎？想召公闻斯言，必竦然动于中矣。《洛诰》周公之复留，实以文、武之，故今召公欲去，周公复举文武以感之。非惟周、召一心，而文武所以使人惓惓于再世之后，周公父子、兄弟间，固不待论，而召公之为此，身老而不敢言归，则其待大臣者，亦可得而推矣。

7.（宋）黄度《尚书说》卷六《周书·君奭》

公曰，前人敷乃心，乃悉命汝作汝民极，曰，汝明勖，偶王在亶，乘兹大命。惟文王德，丕承无疆之恤。

前人，武王，布其腹心悉以命汝，使作汝民极。召公为司徒，掌教，所谓"民心罔中，惟尔之中"也。其言固曰，汝当明勉配王。偶，配也。元首、股肱相配而成体也，必在诚信，乘此大命归周。惟文王德，大承无穷之忧恤，而慎固之。今成王未能为此，则民极固未立，武王之所以命汝者，犹未酬，而可以去乎？冢宰、司徒对立，二府其职任俱重，《周礼·太宰》六典可见。

8.（宋）袁燮《絜斋家塾书钞》卷十二《周书·君奭》

公曰，前人敷乃心，乃悉命汝作汝民极。

《周官》设官分职，以为民极。为人主是理会何事立极于上，使天下皆有所法，则皆知所取中焉，是人主之职也，故曰"皇建其有极"，曰"立我烝民莫匪尔极"。三代圣王所以治天下，只是作民之极。其委用辅相大臣，亦是可以作汝民极者。汉唐以后，所用辅相不过办一时之事，求其作民之极则难矣。王吉所谓公卿幸得遭遇其时，言听计从，然未有建万世之长策，举明主于三代之隆者也。其务在于期会簿书，断狱听讼而已。三代之际，虽断狱听讼固亦无非中道之所寓，皋陶作士，而能使民协于

1635

中，非作民极而何？但在后世，则既失其本，斯所以异于三代也。

9.（宋）蔡沈《书经集传》卷五《周书·君奭》

公曰，前人敷乃心，乃悉命汝作汝民极，曰汝明勖，偶王在亶，乘兹大命。惟文王德，丕承无疆之恤。

偶，配也。苏氏曰：周公与召公同受武王顾命辅成王，故周公言前人敷乃心腹，以命汝召公位三公，以为民极，且曰，汝当明勉辅孺子，如耕之有偶也。在于相信如车之有驭也，并力一心以载天命，念文考之旧德，以丕承无疆之忧。武王之言如此，而可以去乎

10.（宋）黄伦《尚书精义》卷四十一《周书·君奭》

公曰，前人敷乃心，乃悉命汝作汝民极，曰汝明勖，偶王在亶，乘兹大命。惟文王德，丕承无疆之恤。

无垢曰：偶，左右之义也。亶，诚信也。盖诚信则能行天命。不信不诚，此鬼蜮中人也。其何以行天命乎？"明勖"，谓昭然见左右成王之道，不可不勉也。无穷之忧，其何以堪承之，欲大承无穷之忧，而不失其道者，止法文王之德而已。文王之德，何德也？即任贤图治之德也。君德在任贤，今周、召皆去，成王何以为君乎？武王顾命如此，召公其可不念诸。

张氏曰：阳奇而阴偶。偶者，二之谓也。妇者，夫之偶也，臣者，君之偶也。臣虽为君之偶，当明勖其所以偶王之道也。明所以偶王之道，而不至于昏昧；勖所以偶王之道，而不至于怠弃。明勖偶王之道，在亶乘兹大命而已。盖有德者，必为天之所命，能惟文王之德，以丕承无疆之恤，则天命固可以永保之也。

11.（宋）陈经《尚书详解》卷三十六《周书·君奭》

公曰，前人敷乃心，乃悉命汝，作汝民极，曰汝明勖，偶王在亶，乘兹大命。惟文王德，丕承无疆之恤。

前人，指武王也。周、召二公，当时亲受武王顾命，托以后嗣之事，故举前日之事以告之，曰前人敷布腹心，以命汝作汝民极。极，中也。使

民皆于汝而取中，故曰"作汝民极"。"曰"者，命之辞也。曰汝当明明勉辅后主。勖，勉也。偶者，匹合。辅，佐也。在亶乘兹大命亶信也。乘，行也。我之命汝如此，汝当以诚信行之，惟法文王之德，以大承当此无穷之忧。盖天下至重，乃是无穷之忧也，欲承此无穷之忧者，苟非法先王之德不可。此皆武王所以命周、召之辞。人情谁独无是爱君之念，周公举武王昔日顾命之辞，以留召公，召公宁不恻然有动于中乎？

12.（宋）钱时《融堂书解》卷十五《周书·君奭》

公曰，前人敷乃心，乃悉命汝，作汝民极，曰汝明勖，偶王在亶，乘兹大命。惟文王德，丕承无疆之恤。

《周礼》六官皆曰，设官分职以为民极，是三百六十官，官官皆为民作极而建也，况顾命大臣乎？《召诰》有曰"惟王受命，无疆惟休，亦无疆惟恤"，周公上云"我受命，无疆惟休，亦大惟艰"，此又云"丕承无疆之恤"，其殆即召公所以告成王者，而还以感动之欤。

13.（宋）魏了翁《尚书要义》卷十六《周书·君奭、蔡仲、多方》

（归善斋按，未引）

14.（宋）陈大猷《书集传或问》卷下《周书·君奭》

（归善斋按，未解）

15.（宋）胡士行《尚书详解》卷十《周书·君奭第十八》

公曰，前人（文武）敷（开）乃心，乃悉（尽）命汝作汝民极（准命汝为民立极），曰（申命）汝明勖（勉厥），偶（配佐）王（王者）在亶（信），乘（服职）兹大命（文武命），惟文王德，丕承（举）无疆之恤（惟难）。

前所监者，我之说公犹可辞也，此文武之命尚可辞乎？

16.（元）吴澄《书纂言》卷四下《周书·君奭》

公曰，前人敷乃心，乃悉命汝，作汝民极，曰汝明勖，偶王在亶，乘兹大命。惟文王德，丕承无疆之恤。

此前人，指武王。偶，犹配也。夫与妻为偶，君与臣为偶。乘，载也，犹负荷也。承，犹当也。周公与召公，同受武王顾命辅成王，故言前人宣布其心，悉以命汝，俾汝位三公，作汝民之极。其意曰，汝当明勉辅所偶之王，在今诚宜负荷。此武王当日之大命，惟率循文王之德，以当此无穷之忧责，其可求去乎？

17.（元）陈栎《书集传纂疏》卷五《朱子订定蔡氏集传·周书·君奭》

公曰，前人敷乃心，乃悉命汝，作汝民极，曰汝明勖，偶王在亶，乘兹大命。惟文王德，丕承无疆之恤。

偶，配也。苏氏曰，周公与召公，同受武王顾命辅成王，故周公言前人敷乃心腹，以命汝召公位三公，以为民极，且曰汝当明勉辅孺子，如耕之有耦也。在于相信如车之有驭也，并力一心以载天命，念文考之旧德，以丕承无疆之忧。武王之言如此，而可以去乎？

纂疏：

孔氏曰，汝明勉配王。

张氏曰，臣者，君之偶，如妇者夫之偶。

陈氏曰，乘，载也，犹负荷。

愚按，以命汝为武王顾命，则兹大命，竟指为武王之命为妥。然苏氏以汝明至之恤，纯为武王之言，不若吕氏只以汝明勖偶王一句，为武之言，较胜。然"偶王""亶乘"等语，实奥涩不可解，略认大意可也。

18.（元）许谦《读书丛说》卷六《周书·君奭》

（归善斋按，未解）

19. （元）董鼎《书传辑录纂注》卷五《周书·君奭》

公曰，前人敷乃心，乃悉命汝，作汝民极，曰汝明勖，偶王在亶，乘兹大命。惟文王德，丕承无疆之恤。

偶，配也。苏氏曰，周公与召公，同受武王顾命辅成王，故周公言前人敷乃心腹以命汝召公，位三公，以为民极，且曰汝当明勉辅孺子，如耕之有偶也。在于相信如车之有驭也，并力心以载天命，念文考之旧德，以丕承无疆之忧。武王之言如此，而可以去乎？

纂注：

孔氏曰，文武布其乃心，乃悉以命汝矣。为汝民立中正矣。汝明勉配王，在于诚信，行此大命而已。惟文王圣德，为之子孙无忝厥祖，大承无疆之忧。

张氏曰，臣者，君之偶，如妇者，夫之偶。

陈氏曰，乘，载也，犹负荷也。

吕氏曰，命作民极，置之具瞻，以为民极也。其命之辞，则曰汝明明勉励以偶配辅佐后王。命之大如此，在今当亶诚以乘载此大命，不可失坠。今而遽去，是坠此命，非乘此命矣。又欲其追念文王眷遇之德，为我周大受无穷之忧责。《洛诰》周公之复留，实以文、武之故，今召公欲去，周公复举文、武以感动之。

新安陈氏曰，以命汝为武王顾命，则兹大命，竟指为武王之命为安。然苏以"汝明"至"之恤"，纯为武王之言，故以大命为天命也，不若吕只以"汝明勖偶王"一句，为武王之言为优。然此等"偶王""亶乘"语，实艰涩不可解，略认大意可也。

20. （元）朱祖义《尚书句解》卷十《周书·多方第二十》

公曰，前人敷乃心，乃悉命汝（周公谓文武昔日，敷布其心腹之言，悉命于汝），作汝民极（使汝作起汝民之中道）。

1639

21.（明）王樵《尚书日记》卷十三《周书·君奭》

"公曰前人敷乃心"至"丕承无疆之恤"。

周公与召公同受武王顾命，以辅成王，故周公言前人布其腹心，以悉命汝，位汝三公，以为民极。民极，谓大臣之职，为民标准。故《周礼》六卿之首，皆曰"以为民极"，精白一心之谓"明"。勉力不怠之谓"勖"。下两即喻以明之。"偶王在亶"，以耕喻也；"乘兹大命"，以车喻也，皆承"明勖"而言。相信并力指召公与王而言。三公为王副贰，如耕之有偶也，在于相信君推诚委任其臣，臣竭诚匡辅其君，志同道合，乃克有济也。三公为王任天下之重，如车之有驭也，在于合力天之难谌，君知不可无臣，而上下勤恤之相资。命之难保，臣不诿于在君，而天寿平格以自任，乘兹大命，乃克不坠也。"惟文王德"者，文王之德，周之所以受命也。积累缔造艰难，召公之所亲见也。常思念此，而不忘则勉辅孺子，自不容于不尽矣。"无疆之恤"者，天下初定，忧虞方多也。"丕承"者，继武王之辞也。武王之言如此，而可去乎？

22.（清）库勒纳等撰《日讲书经解义》卷十《周书·君奭》

公曰，前人敷乃心，乃悉命汝，作汝民极，曰汝明勖，偶王在亶，乘兹大命。惟文王德，丕承无疆之恤。

此一节书是，述武王之顾命以感动召公也。前人，指武王。民极，下民之准则也。偶，配也。亶，信也。乘，是负载之意。周公又曰，我昔与汝奭，同受前人顾命。前人敷布腹心，乃尽以付托之言，命汝使居三公之位，为下民之准则。当时顾命之言曰，嗣王以幼冲在位，汝当精白一心，勉力不怠，其辅弼嗣王也，如农夫之有偶，在于彼此相信，推心相与，不可退托。其乘载天命也，如车之有驭，并力一心，使不至于倾覆。惟追念文王之旧德，常恐失坠，大承受此无疆之忧恤可也，武王顾命之言如此，今汝岂可委而去之也。

（元）王充耘《读书管见》卷下《君奭》

作汝民极。

天子以身建极于上，而谓三公为民极者，何？盖论道经邦，使天下君君、臣臣、父父、子子者，三公之责，是亦所以为民极也。"偶王"者，上而天子，次即三公，相与共治天下，盖三公所以副贰天子，如耦耕相似。在亶乘兹大命。如"亶聪明"之"亶"，言的实如此。夫天之大命，无人焉以乘载之，则坠地矣。故偶王以乘此大命者，公之责也。夫谓之三公，则位不可谓不尊；欲其偶王以承大命，缵文王之德，以承无穷之忧，则责任不可谓不重。武王命召公如此，公乃欲去，独不思念前人之言乎？传云在于相信，如车有驭，非也。

（元）陈悦道《书义断法》卷五《周书·君奭》

前人敷乃心，乃悉命汝，作汝民极。曰，汝明勖偶王在亶，乘兹大命，惟文王德丕承无疆之恤。

曰者，武王之言；所以言者，武王之心也。昔者，武王空臆，以命召公，期之以为民极，故其所言，既欲明勉以辅嗣王，如耕之有偶；又欲其亶诚，以载天命，如车之有驭；又复欲其如文王之旧德，以丕承无疆之休，下辅人君，上乘天命，远期祖德传之无穷。其悉以命汝者，非敷乃心乎？其必自任以天下之重，重非作民极者乎？盖武王之所言，即武王之敷乃心而言之。一节深一节，则所谓无所不用其极者也。召公于此，可以悠然思矣。

（明）马明衡《尚书疑义》卷六《周书·君奭》

"前人敷乃心"一条，则是推武王之意以留之也。"明勖偶王在亶"为句，谓汝当明勉以辅王，在于尽其诚，以乘载此大命也；在于尽其诚，则分毫意念之不周，其诚有未尽也。鞠躬尽力始终其事，然后可谓之尽其诚也。

(明）陈第《尚书疏衍》卷四《周书·君奭》

予往暨汝奭其济，小子同未在位，诞无我责，收罔勖不及，耇造德不降，我则鸣鸟不闻，矧曰其有能格。

小子，即小子旦，周公自谓也，言我同尔未在位，则济不济，谁其收功，责我乎？今既在师保之位，不共勉力则不及济矣，又安得辞其责而委之谁也？故耇能造德者，也不共勖力，则德不降，我则鸣鸟不闻，嘤嘤之和，不及黄鸟矣。矧曰格于皇天，若伊尹辈乎？鸣鸟，不指鸣凤。《诗》曰"伐木丁丁，鸟鸣嘤嘤，相彼鸟矣，犹求友声，矧伊人矣，不求友生"，是其义也。若鸣凤，最难闻，尝一鸣岐山，周人以为文王受命之符，岂可以寻常道乎？《卷阿》之咏，盖以喻君臣，非实言凤也。

曰汝明勖，偶王在亶，乘兹大命

1.（汉）孔氏传、（唐）陆德明音义、孔颖达疏《尚书注疏》卷十五《周书·君奭》

曰汝明勖，偶王在亶，乘兹大命。
传，汝以前人法度，明勉配王，在于诚信，行此大命而已。
音义，亶，丁但反。
疏，正义曰，戒召公，汝当以前人之法度，明自勉力配此成王，在于诚信，行此大命而已，言已有旧法，易可遵行也。
传正义曰，勖，勉也。偶，配也。亶，信也。汝当以前人法度，明自勉力，配成王在于诚信，行大命而已，言其不复须劳心。传以"乘"为"行"，盖以乘车必行，故训"乘"为"行"。
《尚书注疏》卷十五《考证》
"曰汝明勖（句）偶王在亶（句）乘兹大命（句）。"
蔡沈以"曰"字为句，"汝明勖偶王"为句，"在亶乘兹大命"为句。

2.（宋）苏轼《书传》卷十五《周书·君奭第十八》

（归善斋按，见"前人敷乃心，乃悉命汝，作汝民极"）

3.（宋）林之奇《尚书全解》卷三十三《周书·君奭》

（归善斋按，见"今在予小子旦，若游大川，予往，暨汝奭其济，小子同未在位，诞无我责"）

4.（宋）史浩《尚书讲义》卷十七《周书·君奭》

（归善斋按，见"公曰，呜呼！君肆其监于兹，我受命，无疆惟休，亦大惟艰"）

5.（宋）夏僎《尚书详解》卷二十一《周书·君奭》

（归善斋按，见"公曰，呜呼！君肆其监于兹，我受命，无疆惟休，亦大惟艰"）

6.（宋）时澜《增修东莱书说》卷二十六《周书·君奭第十八》

（归善斋按，见"前人敷乃心，乃悉命汝，作汝民极"）

7.（宋）黄度《尚书说》卷六《周书·君奭》

（归善斋按，见"前人敷乃心，乃悉命汝，作汝民极"）

8.（宋）袁燮《絜斋家塾书钞》卷十二《周书·君奭》

曰汝明勖，偶王在亶，乘兹大命。惟文王德，丕承无疆之恤。

偶之为言，匹偶也。君为元首，臣为股肱，明其一体，相待而成。臣者，君之匹也。三代之际，君臣之间，相视如匹偶，有一体之义。秦汉以后，凛然以势分相临，而师友之道丧，不见其为偶者矣。周公告召公，汝当勉勉不已，为王之偶，今一旦欲去，则成王失其偶矣。如"偶"之一字，皆是三代时议论。后世岂复有此等言语。"在亶乘兹大命"，信能乘此大命也。大命,即"乃悉命汝"之"命"。乘,犹乘舟乘车之乘。周公言,召公当服乘此大命,今而欲去,则为坠此命而不能乘矣。"丕承无疆之恤"此"承"字,是"承当"之"承"。"惟王受命,无疆惟休",亦"无疆惟恤",这个"无疆之恤",须有人承当始得。召公苟去,其谁承当此事。周公言此,欲召公身任天下之重也。后世国家大事为宰相大臣者,皆莫能承当,此亦可以见古今之变。

9.（宋）蔡沈《书经集传》卷五《周书·君奭》

（归善斋按,见"前人敷乃心,乃悉命汝,作汝民极"）

10.（宋）黄伦《尚书精义》卷四十一《周书·君奭》

（归善斋按,见"前人敷乃心,乃悉命汝,作汝民极"）

11.（宋）陈经《尚书详解》卷三十六《周书·君奭》

（归善斋按,见"前人敷乃心,乃悉命汝,作汝民极"）

12.（宋）钱时《融堂书解》卷十五《周书·君奭》

（归善斋按,见"前人敷乃心,乃悉命汝,作汝民极"）

13.（宋）魏了翁《尚书要义》卷十六《周书·君奭、蔡仲、多方》

（归善斋按,未引）

14.（宋）陈大猷《书集传或问》卷下《周书·君奭》

（归善斋按,未解）

15.（宋）胡士行《尚书详解》卷十《周书·君奭第十八》

（归善斋按,见"前人敷乃心,乃悉命汝,作汝民极"）

16.（元）吴澄《书纂言》卷四下《周书·君奭》

（归善斋按，见"前人敷乃心，乃悉命汝，作汝民极"）

17.（元）陈栎《书集传纂疏》卷五《朱子订定蔡氏集传·周书·君奭》

（归善斋按，见"前人敷乃心，乃悉命汝，作汝民极"）

18.（元）许谦《读书丛说》卷六《周书·君奭》

（归善斋按，未解）

19.（元）董鼎《书传辑录纂注》卷五《周书·君奭》

（归善斋按，见"前人敷乃心，乃悉命汝，作汝民极"）

20.（元）朱祖义《尚书句解》卷十《周书·多方第二十》

曰汝明勖偶王（故周公又告召公，以汝当明明勉力，与我匹合，辅佐成王），在亶乘兹大命（于于诚信，行此武王大命）。

21.（明）王樵《尚书日记》卷十三《周书·君奭》

（归善斋按，见"前人敷乃心，乃悉命汝，作汝民极"）

22.（清）库勒纳等撰《日讲书经解义》卷十《周书·君奭》

（归善斋按，见"前人敷乃心，乃悉命汝，作汝民极"）

（元）陈悦道《书义断法》卷五《周书·君奭》

（归善斋按，见"前人敷乃心，乃悉命汝，作汝民极"）

（明）马明衡《尚书疑义》卷六《周书·君奭》

(归善斋按，见"前人敷乃心，乃悉命汝，作汝民极")

惟文王德，丕承无疆之恤

1.（汉）孔氏传、（唐）陆德明音义、孔颖达疏《尚书注疏》卷十五《周书·君奭》

惟文王德，丕承无疆之恤。

传，惟文王圣德，为之子孙，无忝厥祖，大承无穷之忧。

疏，正义曰，惟文王圣德，造始周邦，为其子孙，欲令无忝厥祖，大承无穷之忧，故我与汝不可不辅。

2.（宋）苏轼《书传》卷十五《周书·君奭第十八》

(归善斋按，见"前人敷乃心，乃悉命汝，作汝民极")

3.（宋）林之奇《尚书全解》卷三十三《周书·君奭》

(归善斋按，见"今在予小子旦，若游大川，予往，暨汝奭其济，小子同未在位，诞无我责")

4.（宋）史浩《尚书讲义》卷十七《周书·君奭》

(归善斋按，见"公曰，呜呼！君肆其监于兹，我受命，无疆惟休，亦大惟艰")

5.（宋）夏僎《尚书详解》卷二十一《周书·君奭》

(归善斋按，见"公曰，呜呼！君肆其监于兹，我受命，无疆惟休，亦大惟艰")

6.（宋）时澜《增修东莱书说》卷二十六《周书·君奭第十八》

（归善斋按，见"前人敷乃心，乃悉命汝，作汝民极"）

7.（宋）黄度《尚书说》卷六《周书·君奭》

（归善斋按，见"前人敷乃心，乃悉命汝，作汝民极"）

8.（宋）袁燮《絜斋家塾书钞》卷十二《周书·君奭》

（归善斋按，见"曰汝明勖，偶王在亶，乘兹大命"）

9.（宋）蔡沈《书经集传》卷五《周书·君奭》

（归善斋按，见"前人敷乃心，乃悉命汝，作汝民极"）

10.（宋）黄伦《尚书精义》卷四十一《周书·君奭》

（归善斋按，见"前人敷乃心，乃悉命汝，作汝民极"）

11.（宋）陈经《尚书详解》卷三十六《周书·君奭》

（归善斋按，见"前人敷乃心，乃悉命汝，作汝民极"）

12.（宋）钱时《融堂书解》卷十五《周书·君奭》

（归善斋按，见"前人敷乃心，乃悉命汝，作汝民极"）

13.（宋）魏了翁《尚书要义》卷十六《周书·君奭、蔡仲、多方》

（归善斋按，未引）

14.（宋）陈大猷《书集传或问》卷下《周书·君奭》

（归善斋按，未解）

15.（宋）胡士行《尚书详解》卷十《周书·君奭第十八》

（归善斋按，见"前人敷乃心，乃悉命汝，作汝民极"）

16.（元）吴澄《书纂言》卷四下《周书·君奭》

（归善斋按，见"前人敷乃心，乃悉命汝，作汝民极"）

17.（元）陈栎《书集传纂疏》卷五《朱子订定蔡氏集传·周书·君奭》

（归善斋按，见"前人敷乃心，乃悉命汝，作汝民极"）

18.（元）许谦《读书丛说》卷六《周书·君奭》

（归善斋按，未解）

19.（元）董鼎《书传辑录纂注》卷五《周书·君奭》

（归善斋按，见"前人敷乃心，乃悉命汝，作汝民极"）

20.（元）朱祖义《尚书句解》卷十《周书·多方第二十》

惟文王德（惟法文王之德），丕承无疆之恤（且勉留以大承今日国家无疆界之忧恤）。

21.（明）王樵《尚书日记》卷十三《周书·君奭》

（归善斋按，见"前人敷乃心，乃悉命汝，作汝民极"）

22.（清）库勒纳等撰《日讲书经解义》卷十《周书·君奭》

（归善斋按，见"前人敷乃心，乃悉命汝，作汝民极"）

（元）陈悦道《书义断法》卷五《周书·君奭》

(归善斋按，见"前人敷乃心，乃悉命汝，作汝民极")

公曰，君！告汝，朕允

1.（汉）孔氏传、（唐）陆德明音义、孔颖达疏《尚书注疏》卷十五《周书·君奭》

公曰，君，告汝，朕允。
传，告汝以我之诚信。

2.（宋）苏轼《书传》卷十五《周书·君奭第十八》

公曰，君！告汝，朕允。
告汝以我诚心。

3.（宋）林之奇《尚书全解》卷三十三《周书·君奭》

(归善斋按，见"今在予小子旦，若游大川，予往，暨汝奭其济，小子同未在位，诞无我责")

4.（宋）史浩《尚书讲义》卷十七《周书·君奭》

(归善斋按，见"公曰，呜呼！君肆其监于兹，我受命，无疆惟休，亦大惟艰")

5.（宋）夏僎《尚书详解》卷二十一《周书·君奭》

公曰，君，告汝，朕允，保奭，其汝克敬，以予监于殷丧大否。肆念我天威，予不允惟若兹诰，予惟曰，襄我二人。汝有合哉，言曰，在时二人，天休滋至。惟时二人弗戡。其汝克敬德，明我俊民，在让后人于丕时。呜呼！笃棐时二人，我式克至于今日休，我咸成文王功于不怠，丕冒海隅出日，罔不率俾。

此周公又更端以告召公，谓当文、武之时，吾与汝尚相与辅佐，岂今日可以遽去乎？允，信也。周公呼召公为君，谓我告汝以我之所信者。其意谓，我下文之言，皆其心之信然者。既总说此句，遂又呼保奭，谓汝今日须当克敬，不可轻忽，将我所言以监照于殷家丧亡之大恶。否，音鄙，盖鄙恶之意。谓殷之丧亡，大可鄙恶也。既监照于殷，遂念及我国家今日虽已平治，然天威可畏，苟不能敬，则旋踵而败，亦当念其天威之可畏。"予不允惟若兹诰"，周公盖前说"告汝，朕允"之意，谓予若不信，何故惟如此之告汝。此下方详说其所谓信之说。周公谓，我今惟言曰，我今日所以留而不去，惟欲成文、武二人之功，此事须汝当与我意有合，盖欲协力而共赞也。此盖周公平时之言，今日举之，盖谓我乎时常说，欲成文、武之功。庶几汝与我有合，而汝乃有言曰，在是文、武二人之时，其圣德上感于天，天之休美，多至于时，惟是二人受之，有所不胜。其意盖谓，文武创业多受天休，今日基业已固，天命佑于周者甚刚而不可解，我不必留也。周公既举召公之言于上，遂谓汝今惟当能敬其德，显明我国家，或有俊民在下未举者，以待它日之代己。今日实未可去。在让后人于昌大之时也，今日欲去，则未可也。周公既言此，又叹而言，谓我与召公厚辅，是文、武二人，故我周家，用至于今日之休美。我今正欲与汝，皆成文、武之功无有懈怠，使其德日益显着，大能覆冒海角出日之处，使之无不率从吾之所使。其意盖欲召公留，与己共恢张文、武之德，则遐方远国，戴德慕义，而为臣妾，则我与汝方可言退也。

6.（宋）时澜《增修东莱书说》卷二十六《周书·君奭第十八》

公曰，君，告汝，朕允。保奭，其汝克敬，以予监于殷丧大否。肆念我天威，予不允惟若兹诰。予惟曰，襄我二人，汝有合哉。言曰，在时二人，天休滋至，惟时二人弗戡，其汝克敬德，明我俊民，在让后人于丕时。呜呼！笃棐时二人，我式克至于今日休。我咸成文王功于不怠，丕冒海隅出日，罔不率俾。

"告汝，朕允"，周公言凡所以告召公，皆我所确信允当而不可易者，非苟言之也。保奭，呼其官而告之也。"其汝克敬，以予监于殷丧大否，肆念我天威"者，深勉召公之畏天也。是心不存，则虽前日天降祸于殷，覆辙未远，犹不知省其用力于敬，为我监观殷亡之大乱，以此之故，念我天威之可畏，而于时保之，是心存，则天威盖凛然矣。监殷，召公所自监，而谓之以我者，以周公之重，而敦勉之也。召公成德之彦，其操存者熟矣。牧野之事，宁有遗落而忽忘之乎。盖心不可有所倚当，其欲退之心重，则心倚于退矣。倚于此，则遗于彼，此周公所以大儆之以操存之功也。然召公所谓不存者，岂若常人然哉，亦毫厘之间耳。惟周公能见之，惟周公能治之，当其相与语，微有不宽，随以告君"乃猷裕"开之；微有不存，随以其"汝克敬"敛之。开、敛于眇忽将形之际，是以洙泗炉锤之妙，而用于丰镐鼎铉之间，何其盛也。周公复言，予不信惟今日若此告谕，予固每惟曰，所以念天威而保之，实因我二人，岂可舍去。盖尝问汝，汝之见有合于此哉，其不合于此哉，汝则言曰，诚在是二人，但天休滋至，功业日盛，福禄日增，惟是我二人，将不能胜，盍相与避满盈乎？其汝克自敬德，益加抑畏，明扬俊民，布于列位，以尽大臣之职业，以启滋至之天休，毋徒惴惴欲去也。若他日天下廓然无事，则在汝推让后人于大盛之时，超然肥遁，吾不汝禁，今岂辞位之时乎？周公复叹息而言"笃于辅弼"者，是我二人。我用能至于今日休盛功绪既见，要当终之，故我欲咸成文王功业于不怠，孜孜勉勉，必至大冒海隅出日之地，无不率服。惟上所使，然后始厌吾心，始不负大臣之职业，始可谓之丕时，可以让于后人而去也。其后召公历成康，而犹未释大政，岂非念海隅率俾之语而自视，常歉然乎？

7.（宋）黄度《尚书说》卷六《周书·君奭》

公曰，君，告汝，朕允。保奭，其汝克敬，以予监于殷丧大否。肆念我天威，予不允惟若兹诰，予惟曰：襄我二人，汝有合哉，言曰，在时二人，天休滋至。惟时二人弗戡。其汝克敬德，明我俊民，在让后人于丕时。呜呼！笃棐时二人，我式克至于今日休，我咸成文王功于不怠，丕冒海隅出日，罔不率俾。

告汝，朕必信，言召公自武王时为太保，遂相成王，称其官，使知有不得去者。成王弗克负荷，则师保之责岂容以去位免。召公为司徒，极未立，为保王躬，未能自保，皆不当去。前称其名，为论文、武事，且将使成王知之，故用君。前臣名之，义；后独称君不名，朋友，自以理义相切磋。此言欲成文、武功业，故又称其名，犹君前之义也。其汝必能敬，以予监于殷之丧亡，其事大否。我周已受，而不能于时保之，则天亦去之。故念我天威为可畏矣。能左右之，曰，以予欲其相资助也，予岂不信，乃惟若此诰。"予惟曰襄我二人"，襄，上；二人，文、武。增益文、武功业而上之。《小雅》曰"明发不寐，有怀二人"，周人每称文、武为二人。方"天休滋至"，惟是二人，尚弗能胜天。今归周，二人皆不能终其事，故为弗胜。今天休，固未艾也。不及此时慎固之，而吾与汝皆已老，日月逝矣，岁不我与，其亦奚能胜予乎？其必在汝克敬德，如伊巫、虢、夭诸臣，昭明我俊民，使内外小大之臣，蔼然如殷、周盛时，乃可以责后人，于弘大是矣让责也。又叹而言"昔"者，厚辅是二人，我用能至于今日之休，我心皆成文王之功，在于不怠。昔虢、夭诸臣，能昭明文王之德，冒覆天下，故今，我与汝必辅成王，使丕冒海隅出日，无不顺使，乃为吾与汝能自尽也。殷贤圣之君六七作，而皆有贤圣之臣能格于皇天者，辅相之周。自周、召之后，其称于《书》者，君陈、毕公、君牙、伯冏，大略多非受教之臣矣，奚敢望殷诸臣事业。《伊训》《咸有一德》《说命》《高宗肜日》诸书，自《立政》后绝无此作。宣王时，召穆公保卫，仲山甫辅导，亦庶几乎此矣。而宣王不克终，末年虽仲山甫谏亦不听，岂非诸臣力薄无能任格君之事者乎？大抵人臣，无格天之德，诚不足以言格君之事。太甲、成王皆中材，而能登进圣域，成汤、文、武之业，为商、周盛王，伊、周之力也。譬若造化荣藁植僵，其功力岂常人所能仨哉。周公观天意，察时变，精矣。当成王既即政，春秋鼎盛，四方乂安，若使秉德不固，逸乐遂作，事诚难保。观《无逸》《立政》之所以诰；《公刘》《卷阿》之所以戒，训、诰保惠，未尝一日废。然而口舌言语，犹非其至者，所谓"佛时仔肩示，我显德行"，潜消冥化之者，多矣。由此言之，周过其历，岂惟文作武述之为不可及，而成王持守之功深矣。故尝以周公稽田之言，譬之文。武播种立苗，成王灌溉养苗。立而不养，则虽卤莽之熟不可冀。养之益深，则其熟益丰故周人祈天永命之功专在成王。然则周公之留，岂不重于去矣乎？人臣常义，夫岂足以易之，虽然有周公之事业则可，无周公之事业则贪矣。

8. （宋）袁燮《絜斋家塾书钞》卷十二《周书·君奭》

公曰，君，告汝，朕允。保奭，其汝克敬，以予监于殷丧大否，肆念我天威，予不允惟若兹诰。予惟曰，襄我二人，汝有合哉，言曰，在时二人。天休滋至，惟时二人弗戡。其汝克敬德，明我俊民，在让后人于丕时。

周公告召公，汝不可以不敬。何谓敬，战战兢兢，如临深渊，如履薄冰，此敬也。周家之王业，虽已固，然正所当兢兢业业，维持保守之时。谓其已固而便欲去，毋乃不敬乎？既曰敬，又曰敬德，谆谆之辞，惟欲召公不恃其功之已成，常以敬存心也。否者，泰之反。殷家之丧，其否极矣。我其可以不监。恃功之已成，稍有一念之怠，则前日殷家之事，得不为之惧哉？我常以为，辅相成王，此事全在我二人。汝召公之心，与吾之心合，亦曰"在时二人"，举召公之所自言者而喻之，此周公之所以终能留召公也。如前所谓"君已"，曰"时我"，要亦是此意。周公以为这个道理，汝之心，本自分明。然汝以为"天休滋至，惟时二人弗戡"，这却不可。盖周至成王，致治之极，召公以为功成身退，乃天之道。知进而不知退，知存而不知亡，有所不可，所以毅然欲去。然周公之心，初不见天休之滋至，常若有所未足焉，故谓召公，汝不可谓天休之滋至如此，便可已也。汝须当敬己之德，明扬俊民，更收拾人才而列之位，至于功成业遂，治道极隆。如此之时，汝却可让之后人矣。在今日，岂求退之时乎？夫以当时人才之盛而同列相勉，方且更欲明我俊民。三代辅相之心，君子将于是乎观焉。周公复辟之后，便有告归之意，盖当时不求去不得。及成王反复留之，周公便留，盖当时不留亦不得。周公既为成王留，所以亦勉召公为周家留也。

9. （宋）蔡沈《书经集传》卷五《周书·君奭》

公曰，君，告汝，朕允，保奭，其汝克敬，以予监于殷丧大否。肆念我天威。

大否，大乱也。告汝，以我之诚，呼其官而名之言，汝能敬，以我所言，监视殷之丧亡大乱，可不大念我天威之可畏乎。

10.（宋）黄伦《尚书精义》卷四十一《周书·君奭》

公曰，君，告汝，朕允，保奭，其汝克敬以予监于殷丧大否。肆念我天威，予不允惟若兹诰。

无垢曰，允，信也，周公所信者，朝廷有人则治，无人则乱。远观商室，近观文武，莫不若是，故今所告召公者，无非周公所信者，非道听涂说之比也。然而，周公如此，岂非大贤乎？曰，不然也。世已衰矣，事亦急矣。周公倪如召公之去，朝廷则存亡未可知也。故上称"君"言，我之所告无非我之所深信者；今称"保"称"奭"又言"汝当克敬"我之所言。夫何故；以我亲见殷纣之丧亡大乱，及念我周家仗天威以伐纣，以纣不道，朝廷无贤者也，故召公不可不敬我言；而轻言去国也。

张氏曰，否者，泰之反也。否之时，阳消而阴长，大往而小来，上下不交而天下无邦，然则，殷丧大否在，召公不可不让周公而监之也。以殷丧大否之如此，故今我天威不可不念之也。予不允，则是在我者，不能"克敬"也，不能"克敬"则丧亡无日，故亦如此告之所言丧大否也。

11.（宋）陈经《尚书详解》卷三十六《周书·君奭》

公曰，君，告汝，朕允。保奭，其汝克敬以予监于殷丧大否。肆念我天威，予不允惟若兹诰，予惟曰，襄我二人，汝有合哉，言曰，在时二人，天休滋至，惟时二人弗戡。其汝克敬德，明我俊民，在让后人于丕时。

公曰，君，凡我所以告汝者，皆出于中心之诚然。然则，周公岂有不诚者哉，而必曰"告汝朕允"示之以至诚者，盖召公之所见与周公不同，以圣人而与圣人言，则不言而意已传。以圣人而与贤人言，故多言而意始悟。召公下于周公一等者也，故不能无费辞。保奭，既称之曰君，又称其官，皆所以尊召公也。"其汝克敬"，我告汝之言，既出于诚，则汝当敬我之言，不可忽也。其以予之言，监视于商家丧亡大乱，肆念天威之可畏。如此召公安得轻于去天威，而谓之，我者天下无一事，而非吾身之理。天威之可畏者，即其理之可畏者也。"予不允惟若兹诰"，此又周公自谦之辞。我之心未足取信于人，所以如此多言，以见多言非周公之得已也，因言所以明其心也。予之意惟曰，王业之所以成者，在我二人。周公不可一日无召公。汝之意亦会与我合矣，其言曰，诚在是周、召二人矣。犹虑夫周家积累之久，天之美日至，福禄之来无穷，非我二人所能当，盖德不胜福，则必有危。我深以满盈为惧，故欲去也。夫召公所谓在时二人之意，虽与周公合，而惟时二人弗戡之意，则与周公异。周公以王业终始为忧，召公以一身满盈为忧也。"其汝克敬德，明我俊民，在让后人于丕时"，周公以为召公虽以满盈为忧，惟能敬德者，则虽满而不溢。汝盍以敬德为念乎？今日相成王，保治安，持盈成，兢兢业业，不敢少忽者，是乃敬德也。又当于下僚之中，有贤者则明而举之，置之上位。丕，大也。至于他时，国家跻于大安，功业至于大盛，则此时可以逊与后人而去矣。在今日未至于盛大，未有俊民可逊，则召公未可去也。盖大臣之进退，常以人才之得失为虑。有贤者以任其事，则身可以退而无虑。萧何之死，必引曹参以为相。管仲不能荐贤于桓公，徒知三子，非人情不可近，所以不能免后人之议也。召公以满盈为忧，周公所以开拓召公之心，使之以天下为忧也。

12.（宋）钱时《融堂书解》卷十五《周书·君奭》

公曰，君，告汝，朕允。保奭，其汝克敬，以予监于殷丧大否，肆念我天威。予不允惟若兹诰，予惟曰，襄我二人，汝有合哉，言曰，在时二人，天休滋至。惟时二人弗戡，其汝克敬德，明我俊民，在让后人于丕时。呜呼！笃棐时二人，我式克至于今日休，我咸成文王功于不怠，丕冒海隅出日，罔不率俾。

周公前面反复启告，所以留召公者，无所不尽矣。至此一节，凡言二人者，四方，是切己以左右辅相之义告之也。朕允者，我所信也。德，则曰文王德；功，则曰文王功。盖肇造有周之天下，实自文王。凡前日所未集，后人所宜责者，皆文王之功也。

13.（宋）魏了翁《尚书要义》卷十六《周书·君奭、蔡仲、多方》

（归善斋按，未引）

14.（宋）陈大猷《书集传或问》卷下《周书·君奭》

（归善斋按，未解）

15.（宋）胡士行《尚书详解》卷十《周书·君奭第十八》

公曰，君，告汝，朕允（确信非苟言），保奭，其汝克敬，以予监于殷丧大否（乱），肆念我天威（以殷覆辙念天可畏），予不允（信）惟若兹诰。予惟曰，襄（助王格天）我二人（在我二人），汝（君之心）有合（于我）哉，言（亦言）曰，在时二人，天休（休则无畏矣）滋（益）至（来），惟时二人弗戡（亦不敢当之以自恃）。其汝克敬德，明（显用）我俊（贤）民（人），在让（注绝句）。后人于丕（太平）时。

监殷，则天威矣。我二人可不自警，纵使威已为休，犹合弗当，益克敬求贤，以图无疆之恤，太平之时，付之后人，今日则未可言也。

16.（元）吴澄《书纂言》卷四下《周书·君奭》

公曰，君，告汝，朕允。保奭，其汝克敬，以予监于殷丧大否，肆念我天威。予不允惟若兹诰，予惟曰，襄我二人，汝有合哉，言曰，在时二人，天休滋至。惟时二人弗戡。其汝克敬德，明我俊民，在让后人于丕时。呜呼！笃棐时二人，我式克至于今日休，我咸成文王功于不怠，丕冒海隅出日，罔不率俾。

告汝以予中心之诚实。"汝克敬"，谓不敢怠忽也。以我监视于殷之丧亡大否者，我念天威之可畏，不但是中心如此多诰而已，予惟曰，勤力辅治者，我二人也。襄字，义如《皋陶谟》"襄哉"之"襄"。汝之见有合于此，则亦当曰，在是二人也。若曰今日天之休命滋至，功业日隆，福禄日增，惟是二人，将弗能胜，其在汝惟能不怠忽于德，益加抑畏，明扬贤俊之人，布列于位。若他日治功大成之时，汝乃可告于嗣王，辞逊而去，今则未可也。又叹而言，若非是二人，则我周用能至于今日之休美乎？我等皆当同心协力，终始不息，以完成文王治天下之功，大所覆冒，虽海隅出日之地，亦无不属吾之使令者，如此方为丕时。

17.（元）陈栎《书集传纂疏》卷五《朱子订定蔡氏集传·周书·君奭》

公曰，君，告汝，朕允。保奭，其汝克敬，以予监于殷丧大否，肆念我天威。

大否，大乱也。告汝以我之诚，呼其官而名之，言汝能敬以我所言，监视殷之丧亡大乱，可不大念我天威之可畏乎。

18.（元）许谦《读书丛说》卷六《周书·君奭》

（归善斋按，未解）

19.（元）董鼎《书传辑录纂注》卷五《周书·君奭》

公曰，君，告汝，朕允。保奭，其汝克敬，以予监于殷丧大否，肆念我天威。

大否，大乱也。告汝以我之诚，呼其官而名之，言汝能敬，以我所言，监视殷之丧亡大乱，可不大念我天威之可畏乎。

20.（元）朱祖义《尚书句解》卷十《周书·多方第二十》

公曰，君（尊称召公为君），告汝，朕允（谓我告汝，皆中心之信然者）。

21.（明）王樵《尚书日记》卷十三《周书·君奭》

"公曰，君，告汝，朕允"至"肆念我天威"。

大否，大乱也。告勉将终，与之决于一言曰"告汝，朕允"。"保奭"，"朕允"犹言我之情也。惟曰，汝能敬视殷之丧亡大乱，可不大念我天威之可畏乎？殷之丧亡大乱，周、召二公躬尝历之，言之犹且不忍，况见之乎？是时，成王初政，老成凋谢，深虑一旦蹉跌，复蹈其辙，此实周公肝膈之隐而，难于察察言之者。

22.（清）库勒纳等撰《日讲书经解义》卷十《周书·君奭》

公曰，君！告汝，朕允。保奭，其汝克敬，以予监于殷丧大否，肆念我天威。

此一节书是，即在己之诚，以感动召公，使之知所念而不敢求去也，允，诚也。保，是太保，乃召公所居之官。大否，大乱也。周公又曰，汝君奭，我今告汝，以我之诚意，汝勿视为泛常之言也。汝太保奭，其敬慎不怠，以我之言监视殷之丧亡大乱，而大念我天威之可畏可也。盖天命靡常，惟德是辅。殷王受，无平格之臣，所以坠失天命。若嗣王无贤臣辅导，不能敬德，则丧乱之祸，又将在周矣。此汝奭所以不可去也。

保奭，其汝克敬，以予监于殷丧大否

1.（汉）孔氏传、（唐）陆德明音义、孔颖达疏《尚书注疏》卷十五《周书·君奭》

保奭，其汝克敬，以予监于殷丧大否。

传，呼其官而名之。敕使能敬，以我言视于殷丧亡大否，言其大不可不戒。

音义，丧，息浪反。否，方九反。

疏，正义曰，周公呼召公曰，君，我今告汝以我之诚信。又呼其官而名之，太保，奭，其汝必须能敬，以我之言视于殷之丧亡。殷之丧亡，其事甚大，不可不戒慎。

2.（宋）苏轼《书传》卷十五《周书·君奭第十八》

保奭，其汝克敬，以予监于殷丧大否。

殷之丧，其否塞大乱，至于如此，可不惧乎？

3.（宋）林之奇《尚书全解》卷三十三《周书·君奭》

（归善斋按，见"今在予小子旦，若游大川，予往，暨汝奭其济，小子同未在位，诞无我责"）

4.（宋）史浩《尚书讲义》卷十七《周书·君奭》

（归善斋按，见"公曰，呜呼！君肆其监于兹，我受命，无疆惟休，亦大惟艰"）

5.（宋）夏僎《尚书详解》卷二十一《周书·君奭》

（归善斋按，见"公曰，君，告汝，朕允"）

6.（宋）时澜《增修东莱书说》卷二十六《周书·君奭第十八》

（归善斋按，见"公曰，君，告汝，朕允"）

7.（宋）黄度《尚书说》卷六《周书·君奭》

（归善斋按，见"公曰，君，告汝，朕允"）

8.（宋）袁燮《絜斋家塾书钞》卷十二《周书·君奭》

（归善斋按，见"公曰，君，告汝，朕允"）

9.（宋）蔡沈《书经集传》卷五《周书·君奭》

（归善斋按，见"公曰，君，告汝，朕允"）

10.（宋）黄伦《尚书精义》卷四十一《周书·君奭》

（归善斋按，见"公曰，君，告汝，朕允"）

11.（宋）陈经《尚书详解》卷三十六《周书·君奭》

（归善斋按，见"公曰，君，告汝，朕允"）

12.（宋）钱时《融堂书解》卷十五《周书·君奭》

（归善斋按，见"公曰，君，告汝，朕允"）

13.（宋）魏了翁《尚书要义》卷十六《周书·君奭、蔡仲、多方》

（归善斋按，未引）

14.（宋）陈大猷《书集传或问》卷下《周书·君奭》

（归善斋按，未解）

15.（宋）胡士行《尚书详解》卷十《周书·君奭第十八》

（归善斋按，见"公曰，君，告汝，朕允"）

16.（元）吴澄《书纂言》卷四下《周书·君奭》

（归善斋按，见"公曰，君，告汝，朕允"）

17.（元）陈栎《书集传纂疏》卷五《朱子订定蔡氏集传·周书·君奭》

（归善斋按，见"公曰，君，告汝，朕允"）

18.（元）许谦《读书丛说》卷六《周书·君奭》

（归善斋按，未解）

19.（元）董鼎《书传辑录纂注》卷五《周书·君奭》

（归善斋按，见"公曰，君，告汝，朕允"）

20.（元）朱祖义《尚书句解》卷十《周书·多方第二十》

保奭（又称其官，呼其名而告之），其汝克敬（汝听我言，须克敬，不轻忽），以予监于殷丧大否（以我所言，监视殷家之丧亡，大可鄙恶。否，缶）。

21.（明）王樵《尚书日记》卷十三《周书·君奭》

（归善斋按，见"公曰，君，告汝，朕允"）

22.（清）库勒纳等撰《日讲书经解义》卷十《周书·君奭》

（归善斋按，见"公曰，君，告汝，朕允"）

肆念我天威，予不允惟若兹诰，予惟曰，襄我二人

1.（汉）孔氏传、（唐）陆德明音义、孔颖达疏《尚书注疏》卷十五《周书·君奭》

肆念我天威，予不允惟若兹诰，予惟曰，襄我二人。

传，以殷丧大，故当念我天德可畏，言命无常。我不信惟若此诰。我惟曰，当因我文、武之道而行之。

疏，正义曰，以殷丧之大，故当念我天德可畏，言天命无常，无德则去之，甚可畏。我不信惟若此诰而已，我惟言曰，当因我文武二人之道而行之。

1661

《尚书注疏》卷十五《考证》

"予惟曰,襄我二人"传"当因我文、武之道而行之"。

朱子曰,二人周公自谓己与召公。臣召南按,朱子说是。篇中数处言"二人",皆周公自谓己与召公,以应前文六臣也。又蔡沈以下节"汝有合哉"四字连"襄我二人"为句,更确。

2.（宋）苏轼《书传》卷十五《周书·君奭第十八》

肆念我天威,予不允惟若兹诰。予惟曰,襄我二人。

襄,成也。予本不欲如此告也,予惟曰王业之成,在我与汝二人而已。

3.（宋）林之奇《尚书全解》卷三十三《周书·君奭》

(归善斋按,见"今在予小子旦,若游大川,予往,暨汝奭其济,小子同未在位,诞无我责")

4.（宋）史浩《尚书讲义》卷十七《周书·君奭》

(归善斋按,见"公曰,呜呼!君肆其监于兹,我受命,无疆惟休,亦大惟艰")

5.（宋）夏僎《尚书详解》卷二十一《周书·君奭》

(归善斋按,见"公曰,君,告汝朕允")

6.（宋）时澜《增修东莱书说》卷二十六《周书·君奭第十八》

(归善斋按,见"公曰,君,告汝朕允")

7.（宋）黄度《尚书说》卷六《周书·君奭》

(归善斋按,见"公曰,君告汝朕允")

8.（宋）袁燮《絜斋家塾书钞》卷十二《周书·君奭》

（归善斋按，见"公曰，君，告汝，朕允"）

9.（宋）蔡沈《书经集传》卷五《周书·君奭》

（归善斋按，另见"公曰，君，告汝，朕允"）

予不允惟若兹诰，予惟曰，襄我二人，汝有合哉，言曰，在时二人，天休滋至，惟时二人弗戡，其汝克敬德，明我俊民，在让后人于丕时。

戡，胜也。戡、堪，古通用。周公言，我不信于人而若此告语乎。予惟曰，王业之成，在我与汝而已。汝闻我言，而有合哉，亦曰在是二人，但"天休滋至"，惟是我二人将不堪胜。汝若以盈满为惧，则当能自敬德，益加寅畏，明扬俊民，布列庶位，以尽大臣之职业，以答滋至之天休，毋徒惴惴而欲去焉也。他日在汝推逊后人于大盛之时，超然肥遁，谁复汝禁。今岂汝辞位之时乎？

10.（宋）黄伦《尚书精义》卷四十一《周书·君奭》

（归善斋按，另见"公曰，君，告汝，朕允"）

予惟曰，襄我二人，汝有合哉，言曰，在时二人，天休滋至。惟时二人弗戡。其汝克敬德，明我俊民，在让后人于丕时。

无垢曰，召公言曰，成王业诚在吾二人，然而文、武以积德天之休美，杂沓而，至顾我与周公其何以当之，则召公之忧畏，小心亦可见矣。予观周公之心，一以天下国家为重，而召公之心，以慎守名节为重。二人之在朝廷，周公经纶造化，召公弥缝赞襄，天下安得不治，人主安得有过乎。无周公，则几务不理；无召公，则过恶必滋。

张氏曰，在己者，能钦德，则内足以尽己；在人者，能明俊民而让之，则外足以德人。明俊民，则无蔽贤之实；在让，则有不争之德。人臣之善，无大于此，后人所以于汝而大之也。

11.（宋）陈经《尚书详解》卷三十六《周书·君奭》

（归善斋按，见"公曰，君，告汝，朕允"）

12.（宋）钱时《融堂书解》卷十五《周书·君奭》

（归善斋按，见"公曰，君，告汝，朕允"）

13.（宋）魏了翁《尚书要义》卷十六《周书·君奭、蔡仲、多方》

（归善斋按，未引）

14.（宋）陈大猷《书集传或问》卷下《周书·君奭》

（归善斋按，未解）

15.（宋）胡士行《尚书详解》卷十《周书·君奭第十八》

（归善斋按，见"公曰，君，告汝，朕允"）

16.（元）吴澄《书纂言》卷四下《周书·君奭》

（归善斋按，见"公曰，君，告汝，朕允"）

17.（元）陈栎《书集传纂疏》卷五《朱子订定蔡氏集传·周书·君奭》

（归善斋按，另见"公曰，君，告汝，朕允"）

予不允惟若兹诰，予惟曰，襄我二人，汝有合哉，言曰，在时二人，天休滋至。惟时二人弗戡。其汝克敬德，明我俊民，在让后人于丕时。

戡，胜也。戡、堪，古通用。周公言，我不信于人，而若此告语乎。予惟曰，王业之成在我与汝而已。汝闻我言而有合哉，亦曰在是二人，但天休滋至，惟是我二人，将不堪胜，汝若以盈满为惧，则当能自敬德，益加寅畏，明扬俊民，布列庶位，以尽大臣之职业，以答滋至之天休，毋徒惴惴而欲去为也。他日在汝推逊后人于大盛之时，超然肥遁，谁复汝禁。今岂汝辞位之时乎。

纂疏：

陈氏经曰，今时未至盛大，未有贤俊可让，召公未可去也。大臣进退，常以得人为虑。有贤可以让，则身可以退。萧何且死，必引曹参。管仲不能荐贤，所以不免于议也。

愚谓，我天威，如《召诰》言"我受天命"。大臣与国同体。天命、天威皆以我负荷之不敢以不切已视之也。"让"字，贯"俊民"字，谓明俊民而让之。

18.（元）许谦《读书丛说》卷六《周书·君奭》

（归善斋按，未解）

19.（元）董鼎《书传辑录纂注》卷五《周书·君奭》

（归善斋按，另见"公曰，君，告汝，朕允"）

予不允惟若兹诰。予惟曰，襄我二人，汝有合哉，言曰，在时二人，天休滋至，惟时二人弗戡。其汝克敬德，明我俊民，在让后人于丕时。

戡，胜也。戡，堪，古通用。周公言，我不信于人，而若此告语乎。予惟曰，王业之成，在我与汝而已。汝闻我言，而有合哉，亦曰，在是二人，但"天休滋至"，惟是我二人将不堪胜。汝若以盈满为惧，则当能自敬德，益加寅畏，明扬俊民，布列庶位，以尽大臣之职业，以答滋至之天休，毋徒惴惴而欲去为也。他日在汝推逊后人于大盛之时，超然肥遁，谁复汝禁。今岂汝辞位之时乎。

辑录：

"襄我二人"，周公自谓己与召公。《经说》。

纂注：

王氏曰，大臣之善在乎让。让则必推贤扬善，而无妨功害能，此所以能明俊民。

陈氏经曰，今时未至盛大，未有贤俊可让，召公未可去也。大臣进退常以得人为虑。有贤者可以让，则身可以退。萧何且死，必引曹参。管仲不能荐贤，所以不免于议也。

新安陈氏曰，让字，贯"俊民"字，谓明俊民而让之。较优。

1665

20. (元) 朱祖义《尚书句解》卷十《周书·多方第二十》

肆念我天威（遂念我国家今已平治，然天威可畏），予不允惟若兹诰（予若不信，何故如此惟多言告汝）。予惟曰（我意惟言）。襄我二人（所以赞襄，欲成文、武二人之功）。

21. (明) 王樵《尚书日记》卷十三《周书·君奭》

(归善斋按，另见"公曰，君，告汝朕允")

"予不允惟若兹诰"至"在让后人于丕时"。

允，即"朕允"之"允"，言予岂不允而若兹告语乎？予惟曰，王业之成，在我二人而已。汝闻我言，而有合哉，亦曰，在时二人，但"天休滋至"，惟是我二人将不堪胜。汝若以盈满为惧，则当能自敬德，明扬俊民，以尽大臣之职业，庶乎天休可答，毋徒惴惴而欲去为也。他日汝让后人于大盛之时，谁复汝禁。今岂汝辞位之时乎。

文王时五人，至武王时四人，今我二人而已。滋至，则盈盈，则难持，召公所以有盈满之惧。然知惧在于自强，非可以退求自免也。故曰"其汝克敬德，明我俊民"，勉其益修德以自尽，益求贤以自辅尔。惧德之不足以胜，则益自敬德可也。惧二人之不足以胜，则明我俊民可也。益修德，使平格保乂，如商六臣；迪知天威，如周五臣。明俊民，使明恤于内奔走于外，如商；迪见冒于前，昭惟冒于后，如文武。其汝克敬德，有匹休平格之意，明我俊民，有匹休商实之意。让后人，古大臣之心也。"让后人于丕时"，惟周公能及此，惟召公可语此。有贤者可以让，而后其身可以退。

22. (清) 库勒纳等撰《日讲书经解义》卷十《周书·君奭》

(归善斋按，另见"公曰，君，告汝朕允")

予不允惟若兹诰。予惟曰，襄我二人，汝有合哉，言曰，在时二人，天休滋至。惟时二人弗戡。其汝克敬德，明我俊民，在让后人于丕时。

此一节书，是以天眷之当答而明召公不可去也。襄，成也。戡，胜也。俊民，才俊之人。丕时，是大盛之时。周公又曰，凡我勉留汝之言语，岂是不足取信于人，而如此谆谆告汝乎？我之意惟曰，今日上辅嗣君，赞成其业，在我与汝二人而已。若汝闻我之言，而契合于心，亦将曰，在是二人，而不可一人或去也。况天眷我周，休美滋至，即我二人竭力图报，犹恐不能胜任。如汝今日求去，不过以盈满难居，欲避贤路耳。汝若以盈满为惧，则当能自敬德，益加寅畏，明扬俊民，布列庶位，以尽大臣之职业，以答滋至之天休。他日贤才众而治道隆，当国家全盛之时，汝欲推让其位，以事业付与后人，我固不敢阻汝也。今岂汝求去之时哉？

（元）王充耘《书义矜式》卷五《周书·君奭》

予惟曰，襄我二人，汝有合哉，言曰，在时二人，天休滋至，惟时二人弗戡，其汝克敬德，明我俊民，在让后人于丕时。

大臣之勉同列，不以一身之谋，而易其天下国家之计，此所以深有期于同列也。盖满盈之戒，虽大臣之所当知；而王业之重，尤大臣之所当虑也。昔者周公之留召公，谓"予惟曰，襄我二人，汝有合哉"，亦曰在是二人，是王业之重，在予二人也。虽天休之滋至，为可畏，而二人岂可以弗戡而求去哉？惟当敬德而益加谨也。明扬俊民而使之在位也。夫如是，则可以尽大臣之美，可以答上天之休，而在让后人于丕大之时，则始可超然而退矣。大臣知其所当戒，而尤虑其所当重。终（阙）而易其天下国家无穷之计也。呜呼仁哉周公（阙）公能从之。昔者，洛邑之成周公尝（阙）去矣。公以（阙）而不终去。今日召公之去，亦周公前日之心（阙）之留而亦不至于决然焉。盖权势之隆，虽中人犹知为退避之计，况于圣贤能识进退存亡，而不失其正者乎？然而，召公今日求去之决，而他日至辅成王之初政，其故何哉？大抵天下惟不溺于权势者，然后可以任重而致远，是以功加四海，而天下不以为多；威震九重，而人主不以为疑。弼亮四世，而天下不以为固权。一朝释位而去，而惠泽流于子孙而无穷。此非深明大臣出处之道，而无一毫系累之私者，能之乎？盖于是可以明召公之本心也。且文武受命，而周公尝与其创业之政；成王继统而周、召又与其守成之托，是王业之成在我二人也，非予惟之言也。汝闻而有合哉，亦曰在时二人也。然上天之休命，益滋至而无穷，威福之浸明。浸，昌也。权势之愈隆，愈盛也。天其以是而佑我乎，亦将有以儆我乎？此吾二人之所以弗戡也，而召公不得不决于去之时也。然圣贤以至公无我之心，而从容乎出处之际，夫岂无其道乎？是不可专为一身之谋矣。圣贤之心，固无不敬也。然又当敬德焉。益加寅敬而不敢怠也。圣人之心。固未尝蔽贤，也然又当明扬俊民焉，布列庶位而无旷职也。如是而后，俯尽大臣之职业而无愧焉；仰答滋至之天休而无惧焉。贤才足以寄付托之重，而治道日臻夫盛大之时，而后可以言让矣。让，固大臣之美德，然在今日，则未可让；在他日，则不敢不让也。超然远引，于当让之时，而不使吾进退有毫发之遗憾，则所以为天下国家之计，岂不甚远乎？盖惟圣贤，然后能权去就之义，而不失其轻重之宜，故不以一身之利害，而易其天下国家之计也。此所谓尽大臣之道，而天下后世无得而议焉者乎。尝反复《君奭》一书，远述有殷之六臣，近详文王之五臣，曰"若游大川"，而"暨汝奭，其济"，曰"汝明勖偶王在亶乘兹大命"，至"襄我二人"，"笃棐二人"，拳拳言之，而不自知其辞之复也。周公广大公平之心，而为宗社无穷之计者，其虑深远矣。夫岂世之专权固位，而惟恐同列有简之者乎？嗟夫惟大臣有至公之心，而后能尽待同列之道，然后能不止为一身之谋。彼世之所谓权势者视之，若浮云之无有，岂足一动其心哉。今之所以决于去，他日之所以果于留，曾有一毫系累之私乎？呜呼，此周、召所以为一代之宗臣欤。后之为大臣者，可以为鉴矣。

（明）马明衡《尚书疑义》卷六《周书·君奭》

"予惟曰襄我二人，汝有合哉"，语意谓我之心有未信，而若此告语乎。予之所以汲汲不能自已者，惟曰王业平定之责，在我二人，而惟汝之心与我为有合哉。且人之言曰，在我二人，故今日"天休滋至"，夫以天休之至，为由于我二人，则我二人其何以戡之，其惟汝能敬德，明扬俊民，布列庶位，则人心永怀，天命永固，在乎推让后人于大盛之时，此所以为答"滋至"之"天休"也。"在时二人天休滋至"与下文"笃棐时二人，我式克至于今日休"意同。注疏以二人为文、武，自不可通。

汝有合哉，言曰，在时二人，
天休兹至，惟时二人弗戡

1.（汉）孔氏传、（唐）陆德明音义、孔颖达疏《尚书注疏》卷十五《周书·君奭》

汝有合哉，言曰，在时二人，天休滋至，惟时二人弗戡。

传，言汝行事，动当有所合哉。发言常在是文武，则天美周家日益至矣，惟是文武不胜受，言多福。

音义，戡，音堪。胜，音升。

疏，正义曰，汝所行事举动，必当有所合哉，当与文王、武王合也。汝所发言，常在是文王、武王二人，则天美我周家，日日滋益至矣，其善既多，惟在是文、武二人不能胜受之矣。

传正义曰，动当有所合哉，举动皆合文、武也。发言常在是文、武，言非文、武道，则不言。

2.（宋）苏轼《书传》卷十五《周书·君奭第十八》

汝有合哉，言曰，在时二人，天休滋至，惟时二人弗戡。

汝闻我言，而心有合也，曰，信如我言，在我二人而已。然今天方保周，王室日昌，大在我二人，受此福乎？德胜福则安，福胜德则危。今天休滋至，恐二人德不能胜也。由此知召公之不悦，盖以满溢为忧也。

3.（宋）林之奇《尚书全解》卷三十三《周书·君奭》

（归善斋按，见"今在予小子旦，若游大川，予往，暨汝奭其济，小子同未在位，诞无我责"）

4.（宋）史浩《尚书讲义》卷十七《周书·君奭》

（归善斋按，另见"公曰，呜呼！君肆其监于兹，我受命，无疆惟

1669

休，亦大惟艰"）

言曰，在时二人，天休兹至。惟时二人弗戡。其汝克敬德，明我俊民，在让后人于丕时。呜呼！笃棐时二人，我式克至于今日休，我咸成文王功于不怠，丕冒海隅出日，罔不率俾。公曰，君！予不惠若兹多诰，予惟用闵于天越民。公曰，呜呼！君惟乃知民德，亦罔不能厥初，惟其终。祗若兹，往敬用治。

言曰，我之所言如是也，周之治方兴而未洽，周之福方至而日增，以我二人同心故也。我二人何以胜之。汝克敬德，而明俊民，举贤以为助，在进成王于昌大之时也。笃，厚也。棐，辅也。凡周室至于今日休美，以我二人厚辅之也。咸，共也。今勉召公共成文王之功，其勤至于不怠，可以"丕冒海隅出日，罔不率俾"。周都在镐，实中国之西。"海隅出日"，举其甚远者而言之也。"予不惠"者，我不欲若兹多诰，言不欲喋喋言之，诚以畏天命而悯人穷也。周公之本心，今披露于召公，召公于此，能忘情于武王，而以忧畏去乎？又叹曰，君，乃知民德，中庸之德，民鲜能久者，以天生蒸民，其命匪谌，靡不有初，鲜克有终也。我二人既已同心于前，不可以忧畏而不终于后。祗，顺以行。惟敬以用治，不可不勉也。

此书之作，周公不失为圣，召公不失为贤。其初不失同心，其终不失相勉以济治。《周南》《召南》万世知其为不可及也。而解者曰召公疑周公，又曰不说周公归政而复留，又曰不说成王之不知周公，误矣。若曰召公疑周公，则武王不应使之左右。成王不知而使之，是武王之不智也。若曰不说其复留，是召公欲专政，周公力言之以自留，周公之固位也。若曰"不说"，成王之不知，则召公身为大臣，不能开悟人主，而徒为缄默以"不说"，岂所望于召公哉。况《卷阿》《公刘》之戒，召公非不敢言者，何独于周公而默然乎？是知解者之误也。

5.（宋）夏僎《尚书详解》卷二十一《周书·君奭》

（归善斋按，见"公曰，君，告汝，朕允"）

6.（宋）时澜《增修东莱书说》卷二十六《周书·君奭第十八》

（归善斋按，见"公曰，君，告汝，朕允"）

7.（宋）黄度《尚书说》卷六《周书·君奭》

（归善斋按，见"公曰，君，告汝，朕允"）

8.（宋）袁燮《絜斋家塾书钞》卷十二《周书·君奭》

（归善斋按，见"公曰，君，告汝，朕允"）

9.（宋）蔡沈《书经集传》卷五《周书·君奭》

（归善斋按，见"肆念我天威，予不允惟若兹诰。予惟曰，襄我二人"）

10.（宋）黄伦《尚书精义》卷四十一《周书·君奭》

（归善斋按，见"肆念我天威，予不允惟若兹诰。予惟曰，襄我二人"）

11.（宋）陈经《尚书详解》卷三十六《周书·君奭》

（归善斋按，见"公曰，君，告汝，朕允"）

12.（宋）钱时《融堂书解》卷十五《周书·君奭》

（归善斋按，见"公曰，君，告汝，朕允"）

13.（宋）魏了翁《尚书要义》卷十六《周书·君奭、蔡仲、多方》

（归善斋按，未引）

14. （宋）陈大猷《书集传或问》卷下《周书·君奭》

（归善斋按，未解）

15. （宋）胡士行《尚书详解》卷十《周书·君奭第十八》

（归善斋按，见"公曰，君，告汝，朕允"）

16. （元）吴澄《书纂言》卷四下《周书·君奭》

（归善斋按，见"公曰，君，告汝，朕允"）

17. （元）陈栎《书集传纂疏》卷五《朱子订定蔡氏集传·周书·君奭》

（归善斋按，见"肆念我天威，予不允惟若兹诰。予惟曰，襄我二人"）

18. （元）许谦《读书丛说》卷六《周书·君奭》

（归善斋按，未解）

19. （元）董鼎《书传辑录纂注》卷五《周书·君奭》

（归善斋按，见"肆念我天威，予不允惟若兹诰。予惟曰，襄我二人"）

20. （元）朱祖义《尚书句解》卷十《周书·多方第二十》

汝有合哉（汝当与我合心协力），言曰（而汝乃有言曰），在时二人，天休滋至（在是文武二人之时，圣德上感于天，天之休美多至于时）。惟时二人弗戡（惟是文、武受之有所不胜）。

21. （明）王樵《尚书日记》卷十三《周书·君奭》

（归善斋按，见"肆念我天威，予不允惟若兹诰。予惟曰，襄我二人"）

22.（清）库勒纳等撰《日讲书经解义》卷十《周书·君奭》

（归善斋按，见"肆念我天威，予不允惟若兹诰。予惟曰，襄我二人"）

（元）王充耘《书义矜式》卷五《周书·君奭》

（归善斋按，见"肆念我天威，予不允惟若兹诰。予惟曰，襄我二人"）

（明）马明衡《尚书疑义》卷六《周书·君奭》

（归善斋按，见"肆念我天威，予不允惟若兹诰。予惟曰，襄我二人"）

其汝克敬德，明我俊民在，让后人于丕时

1.（汉）孔氏传、（唐）陆德明音义、孔颖达疏《尚书注疏》卷十五《周书·君奭》

其汝克敬德，明我俊民在让，后人于丕时。

传，其汝能敬行德，明我贤人在礼让，则后代将于此道大且是。

疏，正义曰，其汝能敬行德，明我贤俊之人，在于礼让，则后人于此道大且是也。

《尚书注疏》卷十五《考证》

"明我俊民在让（句），后人于丕时（句）"。

蔡沈以"明我俊民"为句，"在让后人于丕时"为句。

2.（宋）苏轼《书传》卷十五《周书·君奭第十八》

其汝克敬德，明我俊民，在让后人于丕时。

周公言，汝奭以满溢为忧乎？则当求俊民，而显明之。他日让此后人，惟昌大之时，而去未晚也。

3.（宋）林之奇《尚书全解》卷三十三《周书·君奭》

(归善斋按，见"今在予小子旦，若游大川，予往，暨汝奭其济，小子同未在位，诞无我责")

4.（宋）史浩《尚书讲义》卷十七《周书·君奭》

(归善斋按，见"汝有合哉，言曰，在时二人，天休滋至，惟时二人弗戡")

5.（宋）夏僎《尚书详解》卷二十一《周书·君奭》

(归善斋按，见"公曰，君，告汝，朕允")

6.（宋）时澜《增修东莱书说》卷二十六《周书·君奭第十八》

(归善斋按，见"公曰，君，告汝，朕允")

7.（宋）黄度《尚书说》卷六《周书·君奭》

(归善斋按，见"公曰，君，告汝，朕允")

8.（宋）袁燮《絜斋家塾书钞》卷十二《周书·君奭》

(归善斋按，见"公曰，君，告汝，朕允")

9.（宋）蔡沈《书经集传》卷五《周书·君奭》

(归善斋按，见"肆念我天威，予不允惟若兹诰。予惟曰，襄我二人")

10.（宋）黄伦《尚书精义》卷四十一《周书·君奭》

(归善斋按，见"肆念我天威，予不允惟若兹诰。予惟曰，襄我二人")

11.（宋）陈经《尚书详解》卷三十六《周书·君奭》

(归善斋按,见"公曰,君,告汝,朕允")

12.（宋）钱时《融堂书解》卷十五《周书·君奭》

(归善斋按,见"公曰,君,告汝,朕允")

13.（宋）魏了翁《尚书要义》卷十六《周书·君奭、蔡仲、多方》

(归善斋按,未引)

14.（宋）陈大猷《书集传或问》卷下《周书·君奭》

(归善斋按,未解)

15.（宋）胡士行《尚书详解》卷十《周书·君奭第十八》

(归善斋按,见"公曰,君,告汝,朕允")

16.（元）吴澄《书纂言》卷四下《周书·君奭》

(归善斋按,见"公曰,君,告汝,朕允")

17.（元）陈栎《书集传纂疏》卷五《朱子订定蔡氏集传·周书·君奭》

(归善斋按,见"肆念我天威,予不允惟若兹诰。予惟曰,襄我二人")

18.（元）许谦《读书丛说》卷六《周书·君奭》

(归善斋按,未解)

19.（元）董鼎《书传辑录纂注》卷五《周书·君奭》

(归善斋按,见"肆念我天威,予不允惟若兹诰。予惟曰,襄我二人")

20. (元) 朱祖义《尚书句解》卷十《周书·多方第二十》

其汝克敬德（汝今惟能敬修其德），明我俊民（显明我国家，或有俊民在下未举者，以待他日之代己），在让后人于丕时（在让后人于昌大之时，若今日欲去未可也）。

21. (明) 王樵《尚书日记》卷十三《周书·君奭》

（归善斋按，见"肆念我天威，予不允惟若兹诰。予惟曰，襄我二人"）

22. (清) 库勒纳等撰《日讲书经解义》卷十《周书·君奭》

（归善斋按，见"肆念我天威，予不允惟若兹诰。予惟曰，襄我二人"）

(元) 王充耘《书义矜式》卷五《周书·君奭》

（归善斋按，见"肆念我天威，予不允惟若兹诰。予惟曰，襄我二人"）

(元) 陈师凯《蔡氏传旁通》卷五《君奭》

超然肥遁。

肥遁，《遁卦》上九爻辞也。程子曰，肥者，充大宽裕之意；遁者，飘然远逝，无所系滞之为善。

呜呼！笃棐时二人，我式克至于今日休

1. (汉) 孔氏传、(唐) 陆德明音义、孔颖达疏《尚书注疏》卷十五《周书·君奭》

呜呼！笃棐时二人，我式克至于今日休。

传，言我厚辅是文武之道而行之，我用能至于今日其政美。

疏，正义曰，周公言而叹曰，呜呼，我厚辅是二人之道而行之，我用能至于今日其政美，言今日政美，由是文、武之道。

2. （宋）苏轼《书传》卷十五《周书·君奭第十八》

呜呼，笃棐时二人，我式克至于今日休。
以我二人厚辅之故，周室乃有今日之休。

3. （宋）林之奇《尚书全解》卷三十三《周书·君奭》

（归善斋按，见"今在予小子旦，若游大川，予往，暨汝奭其济，小子同未在位，诞无我责"）

4. （宋）史浩《尚书讲义》卷十七《周书·君奭》

（归善斋按，见"汝有合哉，言曰，在时二人，天休滋至，惟时二人弗戡"）

5. （宋）夏僎《尚书详解》卷二十一《周书·君奭》

（归善斋按，见"公曰，君，告汝，朕允"）

6. （宋）时澜《增修东莱书说》卷二十六《周书·君奭第十八》

（归善斋按，见"公曰，君，告汝，朕允"）

7. （宋）黄度《尚书说》卷六《周书·君奭》

（归善斋按，见"公曰，君，告汝，朕允"）

8. （宋）袁燮《絜斋家塾书钞》卷十二《周书·君奭》

呜呼！笃棐时二人，我式克至于今日休。我咸成文王功于不怠，丕冒海隅出日，罔不率俾。

笃棐时二人，言厚辅周家者，在我二人而已。我至于今日，固已休矣。然我更当成文王功于不怠。夫文王之功，岂有不成者，而周公又欲成之，盖周公之心常见其不足，未尝见其为已成也。呜呼！人以为"天休滋至"，而我不见其已至；人以为人才极盛；而我方欲明扬俊民。文王之功既极于成矣，而我方欲成其功于不怠。周公之相业，其于是见之矣。丰、镐在极，出日之地在极东。今必欲自天地之西极，而到于天地之东，盛德无不丕冒，盖必如此方可谓致治之极，所谓光被四表是也。大抵古人修己，做得十分，好人不见其为好人；古人治天下做得十分，功业不见其为功业，皆一心而已。若自见得我已是好，我已有功业，便非自强不息之道。

9.（宋）蔡沈《书经集传》卷五《周书·君奭》

呜呼！笃棐时二人，我式克至于今日休，我咸成文王功于不怠，丕冒海隅出日，罔不率俾。

周公复叹息言，笃于辅君者，是我二人，我用能至于今日休盛，然我欲与召公共成文王功业于不怠，大覆冒斯民，使海隅日出之地，无不臣服，然后可也。周都西土，去东为远，故以日出言。

吴氏曰，周公未尝有其功，以其留召公，故言之，盖叙其所已然，而勉其所未至，亦人所说而从者也。

10.（宋）黄伦《尚书精义》卷四十一《周书·君奭》

呜呼！笃棐时二人，我式克至于今日休，我咸成文王功于不怠，丕冒海隅出日，罔不率俾。公曰，君！予不惠若兹多诰，予惟用闵于天越民。

（按，此条经解《永乐大典》原缺）

11.（宋）陈经《尚书详解》卷三十六《周书·君奭》

呜呼！笃棐时二人，我式克至于今日休，我咸成文王功于不怠，丕冒海隅出日，罔不率俾。

周公又叹而言曰，所以厚辅周家者，惟我二人，故能至于今日之美，使社稷安宁，商民已服，成王长而践祚，岂非我二人之力乎？虽然知今日之休为可美，又当知他日之患为可虑。既图之于其始，必当保之于其终。我之意欲与二人者，皆能成文王之功于不怠。言文王之功，有所未备者，当以勤而成之，使海隅出日之邦，际天所覆，极地所载，日月所照，霜露所坠之地，无不率俾，则文王之功始成。苟及于近而不及于远，及于中国而不及于外夷，皆未足为功之至。观此章，以见古之人君，能信任其臣；古之为臣者，能任其责也。"成文王功于不怠，丕冒海隅出日，罔不率俾"，此岂易事哉？而周公所以期望于召公者，皆以是为人臣之职业明乎此，则使是民为尧舜之民者，非伊尹之责乎？四海之内，咸仰朕德者，非傅说之责乎？推而下之，则牛羊之茁壮，会计之当否，果非乘田委吏之责乎？千乘之国，加之以师旅，因之以饥馑，比及三年，可使有勇，果非任千乘国者之责乎？古之为人臣者，随其小大而各任其责如此。后之为人臣者，随其小大而皆不任其责。商财贿之有无，计班资之崇卑，其去古人已远矣。

12. （宋）钱时《融堂书解》卷十五《周书·君奭》

（归善斋按，见"公曰，君，告汝朕允"）

13. （宋）魏了翁《尚书要义》卷十六《周书·君奭、蔡仲、多方》

（归善斋按，未引）

14. （宋）陈大猷《书集传或问》卷下《周书·君奭》

（归善斋按，未解）

15. （宋）胡士行《尚书详解》卷十《周书·君奭第十八》

呜呼，笃（厚）棐（辅）时二人（二公），我式（用）克至于今日休我咸成文王功于不怠丕冒，海隅出日（之处），罔不率俾。

将成文王功，以冒海隅，可以今日休自足乎？

16. （元）吴澄《书纂言》卷四下《周书·君奭》。

（归善斋按，见"公曰，君，告汝朕允"）

1679

17.（元）陈栎《书集传纂疏》卷五《朱子订定蔡氏集传·周书·君奭》

呜呼！笃棐时二人，我式克至于今日休，我咸成文王功于不怠，丕冒海隅出日，罔不率俾。

周公复叹息言，笃于辅君者，是我二人。我用能至于今日休盛，然我欲与召公共成文王功业于不怠，大覆冒斯民，使海隅日出之地，无不臣服，然后可也。周都西土，去东为远，故以日出言。

吴氏曰，周公未尝有其功以其留召公，故言之，盖叙其所已然，而勉其所未至，亦人所悦而从者也。

纂疏：

苏氏曰，以我二人厚辅之故，周室乃有今日之休。然今日之休，未可以为足也，惟至于日月所照，莫不率服乃已耳。

陈氏大猷曰，伐淮夷践奄，在此书后，可见当时未能罔不率俾也。右二章以文武留召公。

愚谓，"告汝，朕允"与"予不允惟若兹诰"，下文"予不惠若兹多诰"语皆相应。告汝，皆我允信之心也，我岂不信而惟若此诰语乎？我岂不相惠顺而若此多诰乎？末谓今日之休，不可恃前人之功所当终，必极天之所覆，日之所照，皆臣服，然后文王之功方可以"成"言。我与汝当同任其责，而咸成之，惟不倦可以成终，召公殆未可去也。前以商六臣、周五臣、四臣留之。末以文武与身留之，谆切至此，召公得不留哉？

18.（元）许谦《读书丛说》卷六《周书·君奭》

（归善斋按，未解）

19.（元）董鼎《书传辑录纂注》卷五《周书·君奭》

呜呼！笃棐时二人，我式克至于今日休，我咸成文王功于不怠，丕冒海隅出日，罔不率俾。

周公复叹息言，笃于辅君者，是我二人，我用能至于今日休盛，然我欲与召公共成文王功业于不怠，大覆冒斯民，使海隅日出之地，无不臣服，然后可也。周都西土，去东为远，故以日出言。

吴氏曰，周公未尝有其功以其留召公，故言之，盖叙其所已然，而勉其所未至，亦人所说而从者也。

纂注：

陈氏大猷曰，伐淮夷践奄，在此书后，可见当时未能罔不率俾也。右二章以文武留召公也。

20.（元）朱祖义《尚书句解》卷十《周书·多方第二十》

呜呼（又嗟叹告召公），笃棐时二人，我式克至于今日休（我与汝厚辅文、武二人，故我周家用至于今日之休美）。

21.（明）王樵《尚书日记》卷十三《周书·君奭》

"呜呼！笃棐时二人"至"海隅出日，罔不率俾"。

笃、棐通，指事文武、成王而言。周家之业始于文王，成于成王。周、召二公则辅其始，辅其成者也。今日休，民风丕变是也。此自文王"怙冒西土"以来，积之有自矣，其功不可以不成也。我欲与公，咸成此功于不怠，大覆冒斯民，使海隅出日之地，无不臣服，然后可尔。周都西土，去东为远，故以出日见远。惟不倦可以成终，故"成"。曰不怠，惟同心可以共济，故"成"。曰咸成文王功，指治化而言，不怠以成之。惟在敬德，荐贤二事。文王曰"见冒"，武王曰"惟冒"，周公自期曰"丕冒"。治化有一处之不被。圣人之心歉然不能已也。伐淮夷践奄，在此书后，可见当时未能致罔不率俾也。

22.（清）库勒纳等撰《日讲书经解义》卷十《周书·君奭》

呜呼！笃棐时二人，我式克至于今日休。我咸成文王功于不怠，丕冒海隅出日，罔不率俾。

此一节书是，勉召公以共图成功，以明必留之意也。笃，厚也。

棐，辅也。周公叹息而言曰，今日朝廷之上，公卿百职，人固众多，而任艰钜，竭诚悃，笃厚于辅君者，是我与汝二人。所以我国家用能集天休于新造邦，至于有今日之盛美焉然。使海宇之广，一夫不获，一方未顺，未可谓功之成也。我与汝二人惟当益加黾勉，共成文王修和见冒之功，不得少有怠心，使前人光显之德泽丕遍覆冒于斯民，虽海隅出日之远地，无不率顺从服，然后文王之功可云能成，我二人笃棐之心于是始慰，庶几永孚于休，而非止今日之休矣。今未能至是，岂遂可以言去乎？此见大臣之辅君，仰成祖烈，永保天命，为生民虑久远，为万世开太平，功不可居，而责有难尽也。咸成、不怠之言，洵为万世人臣法守矣。

（元）王充耘《书义矜式》卷五《周书·君奭》

笃棐时二人，我式克至于今日休。我咸成文王功于不怠，丕冒海隅出日，罔不率俾。

大臣协力以事人君，而致其已然之效，尤当勉力以绍前王，而成其未至之功。盖辅君以广前人之业者，非大臣一人之所能致也，苟不与同列而协力，则不足以成其功。是以一人去之，而一人留之，其拳拳之情，自有不能已者。昔召公之告老而去也，而周公留之，谓能笃于辅君者，惟我与召公二人而已。今日之治至于休盛，亦惟我二人用能有以致之也。然已然之效既出，于二人之协力，则其未至之功，又岂可不相与勉力，以共成之哉？周公之业，始于文王。我与召公共成文王之功业，当相与勉力而不怠，必使天下之民，莫不归于覆冒海隅日出之地，无不为之臣服，庶乎其可也。吁叙其所以然，而勉其所未至。召公其不悦而从之乎（云云）。盖尝求周公、召公之所以为人臣者矣，成王以幼冲之资，嗣天子之位，而周公、召公同受武王顾命，以佐右之，故周公为师，而召公为保，其任大责重，非若平时之为大臣者也。当成王未亲政之时，固不敢以乞身。一旦政柄有归，浩然去志，亦人情之常耳。然思前王功业之未成，念今嗣述之无助，则召公义未可去。况周公与召公，乃同功一体之人，于其去也，得不反复告谕以留之邪。且周公未尝有其功，今乃以"笃棐"而自任，以今日休而自誉，诚以其留召公而言，不得不叙其已然之效。盖"笃棐"云者，同心协力，以佐天子之谓。自今日而观之，流言之祸已息，而无复震撼之势。成王之年已长，而足任守成之责，灿然而纪纲布，焕然而礼乐兴，其治功之休盛如此，孰非我二人笃棐之力，用能有以致之哉。召公之去也，岂不曰盛满之势，不可以久居权要之位，不可以不避。而周公之意则不然，普天之下，有一民之不安，不足以成文王之功；率土之滨有一国之不服，亦不足以成文王之功。今日之休盛，既以我二人笃棐，则其未至之功，亦当并力一心，相与尽赞辅之道，竭忠效职，不可有自怠之意。观其一则曰我，二则曰我，则其以天下为己任者，为何，如诚以文王之时，大勋未集，今欲成其功必也。大覆冒斯民，使海隅出日之地，无不臣服而后可以无愧于文王。日出云者，周都西土，去东为远，故以日出言。以日出之地而臣服，则治功之成也可知。已始之以笃棐，既有以致其已然之效，终之以不怠，又岂不足以成其未至之功。周公之言恳切委曲如此，召公其可以去哉？厥后，召公既相成王，又相康王，再世犹未释其政，此盖有味于周公之言也。夫虽然洛邑告成，周公亦尝有归老之志矣，而成王留之有曰四方迪乱此即叙其已然者也又曰迪将其后此即勉其所未至者也然则周公之，所以留召公者，其亦述成王之所以留己者而留之与。呜呼！君臣同列，更相举留，互相推美，周家太平气象，犹可慨想于千百载之下。

（元）陈悦道《书义断法》卷五《周书·君奭》

笃棐时二人，我式克至于今日休。我咸成文王功于不怠，丕冒海隅出日，罔不率俾（周都西土，去东为远，故以日出言）。

当成王时，泰和休美之治，非二公之棐辅，何以及此。然文祖之成功未竟，四方之政化无穷。近而继志述事；远而布德行化，必使文王之功，成于不怠，海隅之地，莫不率从，然后为笃辅之极。功笃如为信，恭之笃，勉勉益厚，使文谟之丕显者无不成，而极地之载者无不服，庶几可以塞吾二人之责，而无负于笃棐之任焉耳，又岂止如今日之所观而已哉

我咸成文王功于不怠，丕冒海隅出日，罔不率俾

1. （汉）孔氏传、（唐）陆德明音义、孔颖达疏《尚书注疏》卷十五《周书·君奭》

我咸成文王功于不怠，丕冒海隅出日，罔不率俾。

传，今我周家皆成文王功于不懈怠，则德教大覆冒海隅，日所出之地，无不循化而使之。

音义，俾，必耳反。懈，佳卖反。

疏，正义曰，我周家若能皆成文、王之功，于事常不懈怠，则德教大覆四海之隅，至于日出之处，其民无不循我化，可臣使也。戒召公与朝臣，皆当法文王之功。

2. （宋）苏轼《书传》卷十五《周书·君奭第十八》

我咸成文王功于不怠，丕冒海隅出日，罔不率俾。

我以今日之休为未足也。惟至于日月所照，莫不祗服乃已也。

3. （宋）林之奇《尚书全解》卷三十三《周书·君奭》

（归善斋按，见"今在予小子旦，若游大川，予往，暨汝奭其济，小子同未在位，诞无我责"）

4. （宋）史浩《尚书讲义》卷十七《周书·君奭》

（归善斋按，见"汝有合哉，言曰，在时二人，天休滋至，惟时二人弗戡"）

5. （宋）夏僎《尚书详解》卷二十一《周书·君奭》

（归善斋按，见"公曰，君，告汝朕允"）

6.（宋）时澜《增修东莱书说》卷二十六《周书·君奭第十八》

（归善斋按，见"公曰，君，告汝朕允"）

7.（宋）黄度《尚书说》卷六《周书·君奭》

（归善斋按，见"公曰，君，告汝朕允"）

8.（宋）袁燮《絜斋家塾书钞》卷十二《周书·君奭》

（归善斋按，见"呜呼！笃棐时二人，我式克至于今日休"）

9.（宋）蔡沈《书经集传》卷五《周书·君奭》

（归善斋按，见"呜呼！笃棐时二人，我式克至于今日休"）

10.（宋）黄伦《尚书精义》卷四十一《周书·君奭》

（按，此条经解《永乐大典》原缺）

11.（宋）陈经《尚书详解》卷三十六《周书·君奭》

（归善斋按，见"呜呼！笃棐时二人，我式克至于今日休"）

12.（宋）钱时《融堂书解》卷十五《周书·君奭》

（归善斋按，见"公曰，君，告汝朕允"）

13.（宋）魏了翁《尚书要义》卷十六《周书·君奭、蔡仲、多方》

（归善斋按，未引）

14.（宋）陈大猷《书集传或问》卷下《周书·君奭》

（归善斋按，未解）

15.（宋）胡士行《尚书详解》卷十《周书·君奭第十八》

(归善斋按，见"公曰，君，告汝，朕允")

16.（元）吴澄《书纂言》卷四下《周书·君奭》

(归善斋按，见"公曰，君，告汝，朕允")

17.（元）陈栎《书集传纂疏》卷五《朱子订定蔡氏集传·周书·君奭》

(归善斋按，见"呜呼！笃棐时二人，我式克至于今日休")

18.（元）许谦《读书丛说》卷六《周书·君奭》

(归善斋按，未解)

19.（元）董鼎《书传辑录纂注》卷五《周书·君奭》

(归善斋按，见"呜呼！笃棐时二人，我式克至于今日休")

20.（元）朱祖义《尚书句解》卷十《周书·多方第二十》

我咸成文王功于不怠（我二人犹当皆勉力，成文王未成之功，不可倦怠），丕冒海隅出日（必使周家之治，大覆冒于海隅日出之邦），罔不率俾（无不率从惟我所使）。

21.（明）王樵《尚书日记》卷十三《周书·君奭》

(归善斋按，见"呜呼！笃棐时二人，我式克至于今日休")

22.（清）库勒纳等撰《日讲书经解义》卷十《周书·君奭》

（元）王充耘《书义矜式》卷五《周书·君奭》

(归善斋按，见"呜呼！笃棐时二人，我式克至于今日休")

（元）陈悦道《书义断法》卷五《周书·君奭》

(归善斋按，见"呜呼！笃棐时二人，我式克至于今日休")

（清）朱鹤龄《尚书埤传》卷十三《周书·君奭》

罔不率俾。

陈大猷曰，成王伐淮夷践奄，在此书后，可见当时尚能"罔不率俾"。

公曰，君！予不惠若兹多诰，予惟用闵于天越民

1. （汉）孔氏传、（唐）陆德明音义、孔颖达疏《尚书注疏》卷十五《周书·君奭》

公曰，君，予不惠若兹多诰，予惟用闵，于天越民。

传，我不顺若此，多诰而已，欲使汝念躬行之闵勉也，我惟用勉于天道，加于民。

疏，正义曰，公呼召公曰，君我不徒惟顺如此之事，多诰而已，欲使汝躬亲行之。我惟用勉力，自强于天道，行化于民。顾氏云，我亦自用勉劝，躬行于天道，加益于民人也。

2. （宋）苏轼《书传》卷十五《周书·君奭第十八》

公曰，君，予不惠若兹多诰。

惠，犹言愿也。

予惟用闵于天越民。

予惟哀天命之不终，及民之无辜也。

3. （宋）林之奇《尚书全解》卷三十三《周书·君奭》

(归善斋按，见"今在予小子旦，若游大川，予往，暨汝奭其济，小

1687

子同未在位，诞无我责"）

4.（宋）史浩《尚书讲义》卷十七《周书·君奭》

（归善斋按，见"汝有合哉，言曰，在时二人，天休滋至，惟时二人弗戡"）

5.（宋）夏僎《尚书详解》卷二十一《周书·君奭》

公曰，君，予不惠若兹多诰，予惟用闵于天越民。公曰，呜呼！君，惟乃知民德，亦罔不能厥初，惟其终。祗若兹，往敬用治。

此周公又更端而告也。周公呼召公为君，谓我若不顺于理，何为如此多诰。我实是上闵于天，下闵于民。闵谓闵恤，盖忧之也。盖天命难谌，民心难保。周公、召公之身，其去就实系天命之从违，民心之向背。今召公欲去，实周公之忧也。周公既言此又叹而言曰，惟汝知凡民之所为，亦无不能于其初，盖谓皆能善其始，惟善其终则难。故言"惟其终"，周公言此，盖谓凡人之情，皆勤始而怠终，亦欲召公善其终也。"祗若兹"谓，召公自今日始，必当顺此意，往敬用我言，以图治道，不可去也。

6.（宋）时澜《增修东莱书说》卷二十六《周书·君奭第十八》

公曰，君，予不惠若兹多诰。予惟用闵于天越民。

惠，顺也。周公告召公，我所以不顺汝欲去之意，乃若此多诰谆复而留汝者，予惟用闵于天之于民，欲生养之，盖甚艰难，今方有端绪，召公乃舍去而不肯成就之，是诚大可悯也。天地之大德，曰"生"。周公深见于此，故见贤者欲去，民将不得遂其生，则为天悯之也。前以文、武留召公，今以天留召公，意益切矣。召公其敢不留乎。

7.（宋）黄度《尚书说》卷六《周书·君奭》

公曰，君，予不惠若兹多诰，予惟用闵于天越民。

惠，顺；闵，忧也。予岂不顺，故若此多诰，予故曰"弗永远念天威，越我民罔尤违"，其能无忧哉。

8. （宋）袁燮《絜斋家塾书钞》卷十二《周书·君奭》

公曰，君，予不惠若兹多诰，予惟用闵于天越民。

前曰"予不惟若兹诰"，此复曰"予不惠若兹多诰"，言辞之繁，非圣人之得已也，理所当言，只得反复言之。然其本心，岂以多言为美事哉。予惟用闵于天越民，闵天命之无常与，民心之罔常怀，不可保也。

9. （宋）蔡沈《书经集传》卷五《周书·君奭》

公曰，君，予不惠若兹多诰，予惟用闵于天越民。

周公言，我不顺于理，而若兹谆复之多诰耶？予惟用忧天命之不终，及斯民之无赖也。韩子言"畏天命，而悲人穷"，亦此意。前言"若兹诰"故此言"若兹多诰"，周公之告召公，其言语之际，亦可悲矣。

10. （宋）黄伦《尚书精义》卷四十一《周书·君奭》

（按，此条经解《永乐大典》原缺）

11. （宋）陈经《尚书详解》卷三十六《周书·君奭》

公曰，君，予不惠若兹多诰，予惟用闵于天越民。公曰，呜呼！君惟乃知民德，亦罔不能厥初，惟其终，祗若兹，往敬用治。

惠，顺也。我不顺汝之所为，所以如此多诰。召公之意欲去，周公之意欲留。周公安得顺召公之所为，而听其去乎。前言"予不允惟若兹诰"，所以见周公之不自恃。此言"予不惠若兹多诰"，所以见周公之不苟同。天之爱民也，无有穷已。予不以一身为虑，而以天之爱民者为念。闵，念也。"公曰！呜呼"又更端而告之，叹而言曰，惟乃知民德，借民情以为喻也。民之德，罔不能成其始，而怠其终。民之情勤初怠终也如此。既是召公之所熟知，则召公安可以民情自处乎。惟其终可也。当敬顺我此言，自今以往，以敬而用治，尤当谨其治于终也。《语》有之曰"行百里者，半九十"，晚节末路之难也。观此篇，周公所以拳拳于召公者，岂非人臣之晚节乎。

12.（宋）钱时《融堂书解》卷十五《周书·君奭》

公曰，君，予不惠若兹多诰。予惟用闵于天越民。公曰，呜呼！君，惟乃知民德，亦罔不能厥初，惟其终。祗若兹，往敬用治。

周公至此乃总结一书之旨，谓我非乐于如此多端以诰之也。我惟用哀于天及民耳。此书首言"弗永远念天威，越我民，罔尤违"；于此篇末复言"闵于天越民"，始不永念，终于可闵，意更深切也。观此一"闵"字，周公分明以天命之绝续，生民之休戚，悬于召公之去留，且周公圣人也，辅相之事，岂不能身任其责，而所以倚赖同列者如此，然则万世之下，专权独运，排塞贤路，以跻天下于乱者，可以监矣。

13.（宋）魏了翁《尚书要义》卷十六《周书·君奭、蔡仲、多方》

（归善斋按，未引）

14.（宋）陈大猷《书集传或问》卷下《周书·君奭》

（归善斋按，未解）

15.（宋）胡士行《尚书详解》卷十《周书·君奭第十八》

公曰，君，予不惠（顺汝欲去）若（如）兹（此）多诰，予惟用闵（忧）于天越（及）民。

天民之责至无穷也。

16.（元）吴澄《书纂言》卷四下《周书·君奭》

公曰，君，予不惠若兹多诰，予惟用闵于天越民。

言予不但惠顺于汝而若此多诰，予惟用忧天命、人心之不常，所以拳拳留汝辅治也。

17.（元）陈栎《书集传纂疏》卷五《朱子订定蔡氏集传·周书·君奭》

公曰，君，予不惠若兹多诰予，惟用闵于天越民。

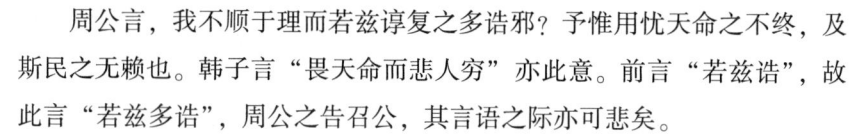

周公言，我不顺于理而若兹谆复之多诰邪？予惟用忧天命之不终，及斯民之无赖也。韩子言"畏天命而悲人穷"亦此意。前言"若兹诰"，故此言"若兹多诰"，周公之告召公，其言语之际亦可悲矣。

纂疏：

夏氏曰，大臣去留系天命之从违，民心之向背。多言以留召公，实忧天及民也。

18.（元）许谦《读书丛说》卷六《周书·君奭》

（归善斋按，未解）

19.（元）董鼎《书传辑录纂注》卷五《周书·君奭》

公曰，君，予不惠若兹多诰，予惟用闵于天越民。

周公言，我不顺于理，而若兹谆复之多诰邪。予惟用忧天命之不终，及斯民之无赖也。韩子言"畏天命而悲人穷"，亦此意。前言"若兹诰"，故此言"若兹多诰"，周公之告召公，其言语之际，亦可悲矣。

纂注：

夏氏曰，天命难谌，民心难保。大臣去留系天命之从违，民心之向背，今召公欲去，实周公之忧也。

陈氏大猷曰，召公去则天命将替，民生失所，此周公所闵也。

20.（元）朱祖义《尚书句解》卷十《周书·多方第二十》

公曰，君（周公又更端呼召公为君而言），予不惠若兹多诰（予若不顺于理，何为如此多诰）。予惟用闵于天越民（我惟用闵念天之于民，未尝不爱之，汝不可便退而不念此也）。

21.（明）王樵《尚书日记》卷十三《周书·君奭》

公曰，君，予不惠若兹多诰。予惟用闵于天越民。

多诰，通指一篇而言，如商、周诸臣之烈，武王顾命之言，天休之当答，祖功之当终，皆是也，是岂不顺于理，而若兹告语之多乎？盖大臣去留，天命、民心实系之。国有老成，则天眷可凝，民心可固。不然则是二者胥可忧矣。予惟上忧天命之不终,下忧斯民之无赖,是以言之不觉其多尔。上言予岂不允,而"惟若兹诰",此又言予岂不顺而若兹诰之多,曰允,曰惠,丁宁上之所言,以见其告语之非得已。

22.（清）库勒纳等撰《日讲书经解义》卷十《周书·君奭》

公曰,君,予不惠若兹多诰,予惟用闵于天越民。

此一节书,是申言天命、民心,以终留召公之意也。惠,顺也。闵,忧也。周公称召公而告之曰,凡予前所诰汝者,岂有不顺于理,又如此言天,言民,多为告语乎。诚以大臣去留,为天命、民心所系。汝若求去,将谁与仰答天休,将谁与丕冒斯民?予惟用忧天命难以永保,及生民无所倚赖。忧深故言切,自不觉其多也。可见予言之顺理,而公宜为予留矣。观老臣忧国之公忠,所始终惓惓者,惟在乎天命、民心,则人主承天子民之际,尚其惕然于斯言哉。

（清）朱鹤龄《尚书埤传》卷十三《周书·君奭》

予不惠。

程伯圭曰,不惠犹后人自称不敏、不佞也。

公曰,呜呼!君!惟乃知民德,亦罔不能厥初,惟其终

1.（汉）孔氏传、（唐）陆德明音义、孔颖达疏《尚书注疏》卷十五《周书·君奭》

公曰,呜呼!君,惟乃知民德,亦罔不能厥初,惟其终。

传,惟汝所知民德,亦无不能其初,鲜能有终,惟其终,则惟君子,戒召公以慎终。

音义,鲜,息浅反。

疏，正义曰，周公叹而呼召公曰，呜呼，君，惟汝知民之德行，亦无有不能其初，惟鲜能其终，言行之虽易，终之实难，恐召公不能终行善政，故戒之以慎终。

传正义曰，《诗》云"靡不有初，鲜克有终"，是凡民之德，无不能其初，少能有终者。

2. （宋）苏轼《书传》卷十五《周书·君奭第十八》

公曰，呜呼！君，惟乃知民德，亦罔不能厥初，惟其终。

（归善斋按，未解）

3. （宋）林之奇《尚书全解》卷三十三《周书·君奭》

（归善斋按，见"今在予小子旦，若游大川，予往，暨汝奭其济，小子同未在位，诞无我责"）

4. （宋）史浩《尚书讲义》卷十七《周书·君奭》

（归善斋按，见"汝有合哉，言曰，在时二人，天休滋至，惟时二人弗戡"）

5. （宋）夏僎《尚书详解》卷二十一《周书·君奭》

（归善斋按，见"公曰，君，予不惠若兹多诰，予惟用闵，于天越民"）

6. （宋）时澜《增修东莱书说》卷二十六《周书·君奭第十八》

公曰，呜呼！君，惟乃知民德，亦罔不能厥初，惟其终。祗若兹，往敬用治。

召公之欲去也，见民之罔尤违，谓民心已安而所可保也。此其欲去之根，故卒章复深言民情难保以警之。叹息而谓，召公惟乃践历谙练之久，固知民之德，亦罔不能厥初，今日之"罔尤违"，盖亦易事。惟念其终，则难保而可畏耳。其祗顺此诰，思保民之难。往矣，敬用其治，不可易也。此召公已留而周公饬遣就职之辞也。然《洛诰》周公之留，则有酬答载于简册，此篇乃无召公肯留之语，盖召公之于周公，犹颜子之于孔子之不违如愚，其领受之意，固见于眉睫之间矣。

7.（宋）黄度《尚书说》卷六《周书·君奭》

公曰，呜呼！君，惟乃知民德，亦罔不能厥初，惟其终。
太甲克终允德，而伊尹去；成王能厥初，未见其终，而周公留。

8.（宋）袁燮《絜斋家塾书钞》卷十二《周书·君奭》

公曰，呜呼！君，惟乃知民德，亦罔不能厥初，惟其终。祗若兹，往敬用治。

周公谓召公汝亦知夫明民德乎？惟皇上帝降衷于下民，其初无有不善，而人心之初，亦无不欲为善也。但后来渐渐不好，所以不能厥终。汝今虽做得前面一段，然若便欲去，则无后面一段矣。尔当祗我之言，自此以往，其敬用治。周公告召公反复乎"敬"之一辞，盖才见功之已成，便非所谓"敬"也。读《君奭》一篇，可以见三代王佐之心，可以见三代王佐之事业。

9.（宋）蔡沈《书经集传》卷五《周书·君奭》

公曰，呜呼！君，惟乃知民德，亦罔不能厥初，惟其终。祗若兹，往敬用治。

上章言天命、民心，而民心又天命之本也，故卒章专言民德以终之。周公叹息谓，召公践历谙练之久，惟汝知民之德。民德，谓民心之向顺，亦罔不能其初。今日固"罔尤违"矣，当思其终，则民之难保者尤可畏也。其祗顺此诰，往敬用治，不可忽也。此召公已留，周公饬遣就职之辞。厥后，召公既相成王，又相康王，再世犹未释其政，有味于周公之言也夫。

10.（宋）黄伦《尚书精义》卷四十一《周书·君奭》

公曰，呜呼！君，惟乃知民德，亦罔不能厥初，惟其终。祗若兹，往敬用治。

无垢曰，民之为德，多锐于始，而怠于终，以言召公初辅成王尽心朝廷，几锐于始矣。成王虽即政，文、武之业未广，乃欲洁身求去，是几于不能终也。惟当与周公尽心以辅成王，使为周家贤君，则可以逃责矣。傥知以去为高，是不善其终也。

张氏曰，靡不有初，鲜克有终。常人之情也。"祗若兹，往敬用治"，所以克慎厥终而已。慎厥终者，将以成民之德故也。虽然慎始非难，而慎终为尤难。周公之告召公，使之相成王，以克成厥终，故其言有及于此。

11.（宋）陈经《尚书详解》卷三十六《周书·君奭》

（归善斋按，见"公曰，君，予不惠若兹多诰，予惟用闵，于天越民"）

12.（宋）钱时《融堂书解》卷十五《周书·君奭》

（归善斋按，见"公曰，君，予不惠若兹多诰，予惟用闵，于天越民"）

13.（宋）魏了翁《尚书要义》卷十六《周书·君奭、蔡仲、多方》

（归善斋按，未引）

14.（宋）陈大猷《书集传或问》卷下《周书·君奭》

（归善斋按，未解）

15.（宋）胡士行《尚书详解》卷十《周书·君奭第十八》

公曰，呜呼！君，惟乃（汝）知民德（民罔尤违），亦罔不能厥初，惟其终（善终之难）。祗（敬）若兹（止其所），往敬用治。

敬则诚，诚则不息，民德终，则天休亦有终矣。

16.（元）吴澄《书纂言》卷四下《周书·君奭》

公曰，呜呼！君惟乃知民德，亦罔不能厥初，惟其终。祗若兹，往敬用治。

惟汝谙历之久，能知民之德人，亦无不能于其初者，惟当于其终，而如其初。汝其敬顺此所诰之言，往而敬用以治事。上章言天命、民心。民心又天命之本，故卒章专言民德，篇内后嗣子孙，冲子，后人，皆谓成王。小子，皆周公自称。

17.（元）陈栎《书集传纂疏》卷五《朱子订定蔡氏集传·周书·君奭》

公曰，呜呼！君，惟乃知民德，亦罔不能厥初，惟其终。祗若兹，往敬用治。

上章言天命、民心，而民心又天命之本也，故卒章专言民德以终之。周公叹息谓，召公践历谙练之久，惟汝知民之德。民德谓民心之向顺，亦罔不能其初。今日固"罔尤违"矣，当思其终则民之难保者尤可畏也。其只顺此诰，往敬用治，不可忽也。此召公已留，周公饬遣就职之辞。厥后召公既相成王又相康王，再世犹未释其政，有味于周公之言也夫。

纂疏：

陈氏经曰，借民情以喻。民情每勤始而怠终，此召公所知，安可以此自处，当惟其终可也。《语》曰"行百里者半九十"，言晚节、末路之难也。

张氏曰，召公辅成王有初矣，而求去不能终也。

董氏鼎曰，此书周公言，殷先王与文武得诸臣之助，文王时五人，至武王时惟有四人，今又止惟我与汝召公二人而已。君更求去，岂我一人所能戡哉。忧之深，故留之切。留之切故言之详。召公得不油然感幡然留哉。

愚谓，盘诰聱牙，君奭尤甚多不可解。惟留召公之意可想耳。姑采众说之略通者，而缺其不可通者可也。

18. （元）许谦《读书丛说》卷六《周书·君奭》

（归善斋按，未解）

19. （元）董鼎《书传辑录纂注》卷五《周书·君奭》

公曰，呜呼！君，惟乃知民德，亦罔不能厥初，惟其终。祗若兹，往敬用治。

上章言天命、民心，而民心又天命之本也，故卒章专言民德以终之。周公叹息谓，召公践历谙练之久，惟汝知民之德。民德，谓民心之向顺，亦罔不能其初。今日固"罔尤违"矣，当思其终，则民之难保者，尤可畏也。其祗顺此诰，往敬用治，不可忽也。此召公已留，周公饬遣就职之辞。厥后，召公既相成王，又相康王，再世犹未释其政，有味于周公之言也夫。

纂注：

陈氏经曰，借民情以为喻也。民情每勤始怠终，此乃召公所熟知，安可以此自处，当惟其终可也。《语》曰"行百里者半九十"，言晚节、末路之难也。

张氏曰，召公初辅成王有始矣，而求去不能终也。

愚谓，一书之中，首言忧国之心非人所知，次言天民可畏惟人是赖，又次言殷先王与我文、武得人之助。然文王时五人，至武王时四人，今又惟我二人而已。君若求去，岂我一人所能戡哉？忧之深，是以留之切。留之切，是以言之详，召公同功一体之人，均有忠君爱国之心者也，安得不油然而感幡然而留哉。

20. （元）朱祖义《尚书句解》卷十《周书·多方第二十》

公曰，呜呼！君（又叹而尊召公告之），惟乃知民德（惟汝知斯民之德），亦罔不能厥初（亦无不能勤其始），惟其终（惟善终则难，亦如召公善终如始也）。

1697

21. （明）王樵《尚书日记》卷十三《周书·君奭》

"公曰，呜呼！君，惟乃知民德"至"往敬用治"。

叹息言，召公践履谙练之久，惟乃知民之德，亦罔不能厥初，惟其终，论理之在民者如此，正所谓"民德"也。民非后罔事，其相得之际，孰不有其始乎？当思其终，谓有尤怨背违之时。初、终，皆指"民德"言。"兹"字，指上三句说。用治，治民也。民德，谓民心之向顺，非向背也。然即其所向顺，终始不恒，则向背在其中矣。天命不外于民心，故篇末专以"民德"言之。

22. （清）库勒纳等撰《日讲书经解义》卷十《周书·君奭》

公曰，呜呼！君，惟乃知民德，亦罔不能厥初，惟其终。祗若兹，往敬用治。

此一节书是，因召公既留，而饬令就职之词也。民德，谓民心之向顺也。若，顺也。周公又叹息而称召公以告之曰，天命不外乎民心。惟汝历练老成，能周知斯民中心向顺之德。今日民无尤怨违背，亦能善其始矣。然民罔常怀，犹必当思其终，使之向顺于后嗣子孙者常保，其如今日将见民德永孚，则天休亦永孚焉。汝其祗顺此初终之语，自今往承汝职，益加敬顺，用以图治可也。盖民心从顺，而诚向于上曰"德"。殷六臣，周五人之秉德，即召公之知民德也。明恤、迪知，总此一知，凡人主委任老臣，与夫老臣之忠君爱国，大要皆不出此。

（元）陈悦道《书义断法》卷五《周书·君奭》

惟乃知民德，亦罔不能厥初，惟其终，祗若兹，往敬用治。

民以顺治为德。若召公者，已知民德之有初矣，而终之未可保也。臣以用治为敬，若召公者，已知此言之当敬矣，而敬之不可已也。此召公已留，周公饬遣之辞，故勉公益持其敬，不可不知民德之有常，敬顺其言而深思天下之用治。召公之敬德有终，则民德亦有终矣。

（元）王充耘《读书管见》卷下《君奭》

亦罔不能厥初，惟其终。
勉召公图功攸终，未可委之而去也。

祗若兹，往敬用治

1. （汉）孔氏传、（唐）陆德明音义、孔颖达疏《尚书注疏》卷十五《周书·君奭》

祗若兹，往敬用治。
传，当敬顺我此言，自今以往，敬用治民职事。
疏，正义曰，汝当以敬顺我此言，自今以往，宜敬用此治民职事，戒之，使行善不懈怠也。
传正义曰，凡民皆如是有终，则惟君子。盖召公至此已说，恐其不能终善，故戒召公以慎终也。郑云，召公是时意说，周公恐其复不说，故依违托言民德，以剀切之。

2. （宋）苏轼《书传》卷十五《周书·君奭第十八》

祗若兹，往敬用治。
（归善斋按，未解）

3. （宋）林之奇《尚书全解》卷三十三《周书·君奭》

（归善斋按，见"今在予小子旦，若游大川，予往，暨汝奭其济，小子同未在位，诞无我责"）

4. （宋）史浩《尚书讲义》卷十七《周书·君奭》

（归善斋按，见"汝有合哉，言曰，在时二人，天休滋至，惟时二人弗戡"）

5.（宋）夏僎《尚书详解》卷二十一《周书·君奭》

（归善斋按，见"公曰，君，予不惠若兹多诰，予惟用闵，于天越民"）

6.（宋）时澜《增修东莱书说》卷二十六《周书·君奭第十八》

（归善斋按，见"公曰，呜呼！君，惟乃知民德，亦罔不能厥初，惟其终"）

7.（宋）黄度《尚书说》卷六《周书·君奭》

祗若兹，往敬用治。
（归善斋按，未解）

8.（宋）袁燮《絜斋家塾书钞》卷十二《周书·君奭》

（归善斋按，见"公曰，呜呼！君，惟乃知民德，亦罔不能厥初，惟其终"）

9.（宋）蔡沈《书经集传》卷五《周书·君奭》

（归善斋按，见"公曰，呜呼！君，惟乃知民德，亦罔不能厥初，惟其终"）

10.（宋）黄伦《尚书精义》卷四十一《周书·君奭》

（归善斋按，见"公曰，呜呼！君，惟乃知民德，亦罔不能厥初，惟其终"）

11.（宋）陈经《尚书详解》卷三十六《周书·君奭》

（归善斋按，见"公曰，君，予不惠若兹多诰，予惟用闵，于天越民"）

12.（宋）钱时《融堂书解》卷十五《周书·君奭》

（归善斋按，见"公曰，君，予不惠若兹多诰，予惟用闵，于天越民"）

13.（宋）魏了翁《尚书要义》卷十六《周书·君奭、蔡仲、多方》

（归善斋按，未引）

14.（宋）陈大猷《书集传或问》卷下《周书·君奭》

（归善斋按，未解）

15.（宋）胡士行《尚书详解》卷十《周书·君奭第十八》

（归善斋按，见"公曰，呜呼！君，惟乃知民德，亦罔不能厥初，惟其终"）

16.（元）吴澄《书纂言》卷四下《周书·君奭》

（归善斋按，见"公曰，呜呼！君，惟乃知民德，亦罔不能厥初，惟其终"）

17.（元）陈栎《书集传纂疏》卷五《朱子订定蔡氏集传·周书·君奭》

（归善斋按，见"公曰，呜呼！君，惟乃知民德，亦罔不能厥初，惟其终"）

18.（元）许谦《读书丛说》卷六《周书·君奭》

（归善斋按，未解）

19.（元）董鼎《书传辑录纂注》卷五《周书·君奭》

（归善斋按，见"公曰，呜呼！君，惟乃知民德，亦罔不能厥初，惟其终"）

20.（元）朱祖义《尚书句解》卷十《周书·多方第二十》

祗若兹（汝惟敬顺我此言），往敬用治（自今以往，以敬而用治，乃是终始如一矣）

21.（明）王樵《尚书日记》卷十三《周书·君奭》

（归善斋按，见"公曰，呜呼！君，惟乃知民德，亦罔不能厥初，惟其终"）

22.（清）库勒纳等撰《日讲书经解义》卷十《周书·君奭》

（归善斋按，见"公曰，呜呼！君，惟乃知民德，亦罔不能厥初，惟其终"）

（元）陈悦道《书义断法》卷五《周书·君奭》

（归善斋按，见"公曰，呜呼，君，惟乃知民德，亦罔不能厥初，惟其终"）